国家卫生健康委员会“十四五”规划教材
全国高等学校器官-系统整合教材

Organ-system-based Curriculum
供临床医学及相关专业用

肿瘤学概论

Introduction to Oncology

第2版

主　　审　赫　捷

主　　编　王锡山　李宗芳　苏　敏

副主编　王伟林　曲国蕃　张　毓　赵永祥

编　　者　（以姓氏笔画为序）

丁克峰（浙江大学医学院附属第二医院）
王伟林（浙江大学医学院附属第二医院）
王昆华（昆明医科大学第一附属医院）
王贵玉（中国科学院大学附属肿瘤医院）
王锡山（中国医学科学院肿瘤医院）
田东萍（汕头大学医学院）
冯　利（中国医学科学院肿瘤医院）
曲国蕃（哈尔滨医科大学附属肿瘤医院）
任正刚（复旦大学附属中山医院）
刘云鹏（中国医科大学附属第一医院）
刘林林（吉林大学第二医院）
孙应实（北京大学肿瘤医院）
苏　敏（汕头大学医学院）
杜奕奇（海军军医大学长海医院）
李宗芳（西安交通大学第二附属医院）
吴　宁（中国医学科学院肿瘤医院）
张　毓（锦州医科大学）
张云艳（哈尔滨医科大学附属肿瘤医院）
张喜平（中国科学院大学附属肿瘤医院）
陆　舜（上海交通大学附属胸科医院）
周黎明（四川大学华西医学中心）
郑雄伟（福建省肿瘤医院）
赵方辉（中国医学科学院肿瘤医院）
赵永祥（广西医科大学）
胡　海（中山大学孙逸仙纪念医院）
聂勇战（空军军医大学西京医院）
顾艳宏（南京医科大学第一附属医院）
曹广文（海军军医大学）
崔书中（广州医科大学附属肿瘤医院）
章　真（复旦大学附属肿瘤医院）
韩　骅（空军军医大学基础医学院）
韩丽丽（西安交通大学第二附属医院）
戴广海（中国人民解放军总医院）
魏永长（武汉大学中南医院）

编写秘书　赵志勋（中国医学科学院肿瘤医院）　唐　源（中国医学科学院肿瘤医院）

人民卫生出版社
·北　京·

图书在版编目（CIP）数据

肿瘤学概论 / 王锡山，李宗芳，苏敏主编．—2 版．—北京：人民卫生出版社，2021.4（2025.1 重印）

全国高等学校临床医学专业第二轮器官－系统整合规划教材

ISBN 978-7-117-30859-5

Ⅰ. ①肿… Ⅱ. ①王…②李…③苏… Ⅲ. ①肿瘤学—高等学校—教材 Ⅳ. ①R73

中国版本图书馆 CIP 数据核字（2020）第 214670 号

肿瘤学概论

Zhongliuxue Gailun

第 2 版

主　　编：王锡山　李宗芳　苏　敏

出版发行：人民卫生出版社（中继线 010-59780011）

地　　址：北京市朝阳区潘家园南里 19 号

邮　　编：100021

E - mail：pmph @ pmph.com

购书热线：010-59787592　010-59787584　010-65264830

印　　刷：北京铭成印刷有限公司

经　　销：新华书店

开　　本：850 × 1168　1/16　　印张：23

字　　数：680 千字

版　　次：2015 年 12 月第 1 版　　2021 年 4 月第 2 版

印　　次：2025 年 1 月第 4 次印刷

标准书号：ISBN 978-7-117-30859-5

定　　价：89.00 元

修订说明

20世纪50年代，美国凯斯西储大学(Case Western Reserve University)率先开展以器官-系统为基础的多学科综合性课程(organ-system-based curriculum，OSBC)改革，继而遍及世界许多国家和地区，如加拿大、澳大利亚和日本等国的医学院校。1969年，加拿大麦克马斯特大学(McMaster University)首次将以问题为导向的教学方法(problem-based learning，PBL)应用于医学课程教学实践，且取得了巨大的成功。随后的医学教育改革不断将OSBC与PBL紧密结合，出现了不同形式的整合课程与PBL结合的典范，如1985年哈佛大学建立的"New Pathway Curriculum"课程计划，2003年约翰斯·霍普金斯大学医学院开始的"Gene to Society Curriculum"新课程体系等。

20世纪50年代起，西安医学院(现西安交通大学医学部)等部分医药院校即开始OSBC教学实践。20世纪80年代，西安医科大学(现西安交通大学医学部)和上海第二医科大学(现上海交通大学医学院)开始PBL教学。20世纪90年代，我国整合课程教学与PBL教学模式得到了快速的发展，北京医科大学(现北京大学医学部)、上海医科大学(现复旦大学上海医学院)、浙江医科大学(现浙江大学医学院)、华西医科大学(现四川大学华西医学中心)、中国医科大学、哈尔滨医科大学、汕头大学医学院以及锦州医学院(现锦州医科大学)等一大批医药院校开始尝试不同模式的OSBC和PBL教学。

2015年10月，全国高等学校临床医学及相关专业首轮器官-系统整合规划教材出版。全国62所院校参与编写。教材旨在适应现代医学教育改革模式，加强学生自主学习能力，服务医疗卫生改革，培养创新卓越医生。教材编写仍然遵循"三基""五性""三特定"的教材编写特点，同时坚持"淡化学科，注重整合"的原则，不仅注重学科间知识内容的整合，同时也注重了基础医学与临床医学的整合，以及临床医学与人文社会科学、预防医学的整合。首轮教材分为三类共28种，分别是导论与技能类5种，基础医学与临床医学整合教材类21种，PBL案例教材类2种。主要适应基础与临床"双循环"器官-系统整合教学，同时兼顾基础与临床打通的"单循环"器官-系统整合教学。

2015年10月，西安交通大学、人民卫生出版社、国家医学考试中心以及全国62所高等院校共同成立了"中国医学整合课程联盟"(下称联盟)。联盟对全国整合医学教学及首轮教材的使用情况进行了多次调研。调研结果显示，首轮教材的出版为我国器官-系统整合教学奠定了基础；器官-系统整合教学已成为我国医学教育改革的重要方向；以器官-系统为中心的整合教材与传统的以学科为中心的"干细胞"教材共同构建了我国临床医学专业教材体系。

经过4年的院校使用及多次调研论证，人民卫生出版社于2019年4月正式启动国家卫生健康委员会"十四五"规划临床医学专业第二轮器官-系统整合教材修订工作。第二轮教材指导思想是，贯彻《关于深化医教协同进一步推进医学教育改革与发展的意见》(国办发〔2017〕63号)文件精神，进一步落实教育部、国家卫生健康委员会、国家中医药管理局《关于加强医教协同实施卓越医生教育培养计划2.0的意见》，适应以岗位胜任力为导向的医学整合课程教学改革发展需要，深入推进以学生自主学习为导向的教学方式方法改革，开展基于器官-系统的整合教学和基于问题导向的小组讨论式教学。

第二轮教材的主要特点是：

1. 以立德树人为根本任务，落实“以本为本”和“四个回归”，即回归常识、回归本分、回归初心和回归梦想，以“新医科”建设为抓手，以学生为中心，打造我国精品 OSBC 教材，以高质量教材建设促进医学教育高质量发展。

2. 坚持“纵向到底，横向到边”的整合思想。基础、临床全面彻底整合打通，学科间全面彻底融合衔接。加强基础医学与临床医学的整合，做到前后期全面打通，整而不乱、合而不重、融而创新；弥合临床医学与公共卫生的裂痕，加强疾病治疗与预防的全程整合；加强医学人文和临床医学的整合，将人文思政教育贯穿医学教育的全过程；强调医科和其他学科门类的结合，促进“医学＋X”的快速发展。

3. 遵循“四个符合”“四个参照”“五个不断”教材编写原则。“四个符合”即符合对疾病的认识规律、符合医学教育规律、符合医学人才成长规律、符合对医学人才培养岗位胜任力的要求；“四个参照”即参照中国本科医学教育标准（临床医学专业）、执业医师资格考试大纲、全国高等学校五年制本科临床医学专业规划教材内容的深度广度以及首轮器官 - 系统整合规划教材；“五个不断”即课程思政不断、医学人文不断、临床贯穿不断、临床实践和技能不断、临床案例不断。

4. 纸数融合，加强数字化，精炼纸质教材内容，拓展数字平台内容，增强现实（AR）技术在本轮教材中首次大范围、全面铺开，成为新型立体化医学教材的精品。

5. 规范 PBL 案例教学，建设与整合课程配套的在线医学教育 PBL 案例库，为各院校实践 PBL 案例教学提供充足的教学资源，并逐年更新补充。

6. 适应国内器官 - 系统整合教育“单循环”教学导向，同时兼顾“双循环”教学实际需要。

7. 教材适用对象为临床医学及相关专业五年制、“5+3”一体化本科阶段，兼顾临床医学八年制。

第二轮教材根据以上编写指导思想与原则规划为“20+1”模式，即 20 种器官 - 系统整合教材，1 种在线数字化 PBL 案例库。20 种教材采用“单循环”器官 - 系统整合模式，实现基础与临床的一轮打通。导论和概论部分重新整合为《医学导论》（第 2 版）、《人体分子与细胞》（第 2 版）、《人体形态学》（第 2 版）和《人体功能学》（第 2 版）等 7 种。将第一轮教材各系统基础与临床两种教材整合为一种，包括《心血管系统与疾病》（第 2 版）等教材 13 种，其中新增《皮肤与感官系统疾病》。1 种 PBL 综合在线案例库，即中国医学教育 PBL 案例库，案例范围全面覆盖教材相应内容。

第二轮教材有全国 94 所院校参与编写。编写过程中正值新冠肺炎疫情肆虐之际，参编专家多为临床一线工作者，更有很多专家身处援鄂抗疫一线奋战。主编、副主编、编委一手抓抗疫，一手抓教材编写，并通过线上召开审稿会和定稿会，确保了教材的质量与出版进度。百年未遇之大疫情必然推动百年未有之大变局，新冠肺炎疫情给我们带来了对医学教育深层次的反思，带来了对医学教材建设、人才队伍培养的深刻反思。这些反思和器官 - 系统整合教材的培养目标不谋而合，也印证了我们教材建设的前瞻性。

第二轮教材包括 20 种纸数融合教材和在线数字化中国医学教育 PBL 案例库，均为**国家卫生健康委员会“十四五”规划教材**。全套教材于 2021 年出版发行，数字内容也将同步上线。希望广大院校在使用过程中能够多提宝贵意见，反馈使用信息，以逐步修改和完善教材内容，提高教材质量，为第三轮教材的修订工作建言献策。

OSBC 主审简介

赫 捷

男，1960 年生于长春。我国著名的肿瘤学、胸外科专家，中国科学院院士，北京协和医学院教授、博士生导师。现任国家癌症中心主任、国家肿瘤临床医学研究中心主任、中国医学科学院肿瘤医院院长。兼任中国临床肿瘤学会理事长、中华医学会胸心血管外科学分会主任委员、中国医师协会副会长、中国医院协会副会长兼肿瘤医院管理分会主任委员、中国抗癌协会副理事长，以及《中华肿瘤杂志》《中国肿瘤》杂志主编；被推选为亚洲胸外科医师协会主席、美国外科学院院士（FACS）、美国 MD Anderson 癌症中心、梅奥医学中心和加利福尼亚大学洛杉矶分校（UCLA）的客座教授等。

本科就读于原白求恩医科大学临床医学专业，在北京协和医学院获得肿瘤学硕士和博士学位；长期从事肺癌、食管癌等胸部恶性肿瘤的外科治疗和规范化综合诊疗研究，是我国最早创立肿瘤遗传资源库和转化研究实验室的临床肿瘤专家之一，主要开展肺癌、食管癌的分子分型与个体化诊疗的基础研究和临床试验，绘制了我国食管癌的基因突变图谱和食管鳞癌、肺鳞癌的非编码 RNA 表达谱，筛选发现并验证了 IDH1 等多个新的肿瘤分子标志物。主持国家重大公共卫生专项、国家重点研发计划、高技术研究发展计划、科技支撑计划等多项国家级重大项目，作为通讯作者在 *CA*：*A Cancer Journal for Clinicians*、*Nature Genetics*、*Gut*、*Clinical Cancer Research* 等肿瘤学、遗传学国际权威学术期刊发表论文百余篇，获得发明专利 9 项；牵头制定我国《食管癌规范化诊治指南》《肺癌规范化诊治指南》《食管癌诊断标准》《肺癌诊断标准》等行业标准，主编国家级医学专业规划教材《肿瘤学》《临床肿瘤学》，以及《食管癌》《食管癌微创外科手术教程》等学术专著十余部；以第一完成人领衔的“食管癌规范化治疗关键技术的研究及应用推广”成果荣获国家科学技术进步奖一等奖。

OSBC 主编简介

王锡山

男，1966年11月生于内蒙古自治区，北京协和医学院教授、博士生导师。现任国家癌症中心/中国医学科学院肿瘤医院结直肠外科主任。兼任中国医师协会结直肠肿瘤专业委员会主任委员、中国抗癌协会大肠癌专业委员会主任委员、中国抗癌协会大肠癌专业委员会青年委员会主任委员，中国医师协会第四届理事会常务理事，中国医师协会结直肠肿瘤专业委员会NOSES专委会主任委员、国际NOSES联盟主席、中国抗癌协会肿瘤转移专业委员会副主任委员、中国抗癌协会整合肿瘤学分会副主任委员以及《中华结直肠疾病电子杂志》主编等。先后获得全国"大医精神"奖，"金柳叶刀"奖以及2019年度十大医学原创突破和吴阶平-保罗·杨森医学药学奖等荣誉称号。

从事结直肠恶性肿瘤的外科治疗、规范化诊疗研究以及肿瘤基础研究，开展结直肠肿瘤的微创治疗，提出并完善了经自然腔道取标本手术(NOSES)系列术式和理论体系的建立。先后完成多种结直肠肿瘤高难度手术，细化晚期结直肠癌TNM分期，显著提高晚期结直肠癌患者的生存率。主持国家重点研发计划"精准医学研究"重点专项1项，国家自然科学基金面上项目4项，"十一五"国家科技支撑计划项目等国家级及省部等科研项目共计20余项。发表论文500余篇，SCI收录论文200余篇，主编、参编国家规划教材以及手术音像教材40余部，开展医疗新技术20余项。

李宗芳

男，1964年1月生于陕西省扶风县。二级教授，博士生导师。现任西安交通大学第二附属医院院长兼肿瘤病院院长、药物临床研究机构主任、住院医师规范化培训基地主任、生物诊断治疗国家地方联合工程研究中心主任、陕西省肝脾疾病临床医学研究中心主任。兼任国际肝胆胰协会会员、中华医学会外科学分会委员、脾脏及门静脉高压症学组副组长、西安医学会外科学分会主任委员、陕西省抗癌协会副理事长、肿瘤生物样本库专业委员会主任委员；《中华实验外科杂志》《国际外科学杂志》等杂志副总编辑；国家自然科学基金及科技部、教育部、陕西省科技计划评审专家，“新世纪百千万人才工程”国家级人选，国家卫生计生突出贡献中青年专家，教育部“长江学者和创新团队发展计划”创新团队带头人；享受“国务院政府特殊津贴”专家，“中国医师奖”获得者。

从事医学临床、教学、科研工作35年，在恶性肿瘤生物诊疗、原发性肝癌综合治疗与基础研究方面成绩卓越。主持国家自然科学基金重大研究计划集成项目、面上项目、国家发展和改革委员会等国家级项目及省部等科研项目共计20余项；获得国家职务发明专利14项。获国家科学技术进步奖二等奖、陕西省科学技术进步奖一等奖等科技成果奖6项。发表论文400余篇，SCI收录论文200余篇。主编（译）、参编（译）国家规划教材、专著等30部。

苏　敏

男，1957 年 7 月生于南昌。汕头大学医学院国家重点学科病理教研室主任、临床病理研究所所长，医学院特聘教授，博士生导师、博士后合作教授；汕头大学司法鉴定中心机构负责人，主任法医师，病理尸检授权签字人；中国医师协会病理科医师分会常务委员，中华预防医学会劳动卫生与职业病分会常务委员，职业与环境病理学组负责人，中国毒理学会毒性病理学专业委员会副主任委员，粤港澳大湾区病理联盟副主任委员，广东司法鉴定协会法医病理专业委员会主任委员，《环境与职业医学》杂志编委；汕头大学医学院 - 英国剑桥大学、牛津大学食管癌国际合作平台负责人。先后主持 9 项国家自然科学基金，获发明专利 4 项。担任强制性国家职业卫生标准《职业性尘肺病的病理诊断》（GBZ 25—2014）项目与配套诊断图谱负责人。

从事高校病理教学 38 年，原西安医科大学病理学教研室主任、教授。曾留学日本京都府立医科大学，并赴英国剑桥大学短期访问学习。主编中英文病理相关教材 6 部，主讲的“病理学”课程被评为国家精品课程、国家双语示范课程、国家级精品资源共享课；被评为广东首届高校名师，首届“广东特支计划”领军人才(教学名师)，曾获国家优秀教学成果二等奖。获“广东省五一劳动奖章”“广东省劳动模范”称号。

OSBC 副主编简介

王伟林

男，1963年6月出生于浙江省义乌市，外科学博士，教授，主任医师，博士生导师，浙江省特级专家，香港外科医学院荣誉院士，现任浙江大学医学院附属第二医院院长，浙江省肝胆胰肿瘤精准诊治研究重点实验室主任，浙江省肝癌诊治技术研究中心主任，中国医院协会副会长、中华医学会外科学分会常务委员、中华医学会器官移植学分会委员、国家卫生健康委员会加速康复外科专家委员会主任委员、中国医师协会外科医师分会加速康复外科专家委员会主任委员、浙江省医学会外科学分会候任主任委员、浙江省医学会肿瘤外科学分会候任主任委员。

从事肝胆胰外科临床、科研和教学工作30余年，发表高水平学术论文300余篇，以主要完成人获国家科学技术进步奖一等奖2项、国家科学技术进步奖二等奖1项、浙江省科学技术奖一等奖4项。

曲国蕃

男，1962年12月出生于黑龙江省鸡西市，中共党员，教授，主任医师，黑龙江省癌症中心主任，哈尔滨医科大学附属肿瘤医院院长。中国抗癌协会常务理事，《实用肿瘤学杂志》主编等。

从事骨科临床、科研和教学工作35年，擅长骨与软组织肿瘤的综合治疗，四肢骨与软组织肿瘤的保肢治疗，脊柱肿瘤、骨盆肿瘤的外科治疗等。主持及参加国家“863计划”课题，国家自然科学基金，黑龙江省自然科学基金重点项目等科研课题。参编著作4部。获“全国五一劳动奖章”“全国先进工作者”等荣誉称号。

张　毓

男，1963年11月出生于安徽庐江，现任锦州医科大学生命科学研究院院长，辽宁医学会微生物与免疫学分会主任委员，《免疫学杂志》副主编。1984年本科毕业于第四军医大学，1997年获多伦多大学博士学位，2004—2016年任教于北京大学医学部，历任免疫学系教授、系主任、基础医学院副院长。长期从事淋巴细胞发育肿瘤免疫研究，发现多个新的发育调控分子和肿瘤抗原。相关工作发表在*Nature Immunology*，*PNAS*等期刊，相关成果获得多项专利授权。2005年和2010年分别获聘教育部"长江学者"特聘教授和科技部重大研究计划项目首席科学家。

赵永祥

男，1965年9月出生于湖北省石首市，教授，主任医师，国家生物靶向诊治国际联合研究中心主任。中国生物医药整合联盟常务副理事长，全国科技领军人才联盟副理事长，全国科技领军人才联盟生物医药专业委员会主任，国家"万人计划"科技创新领军人才，国家创新人才推进计划重点领域创新团队/"长江学者奖励计划"创新团队带头人。

长期从事肿瘤生物靶向诊治研究，主持国家科技重大专项"重大新药创制"等项目共35项。以第一或并列第一/通讯或共同通讯作者在*Nature Biotechnology*等杂志上发表SCI论文100余篇。获国际学术奖1项、教育部自然科学奖一等奖1项。发明专利71项，其中，中国授权专利15项，美国授权专利2项。1.1类新药1个，且已经完成临床验证。

前 言

根据国际癌症研究中心2018年发布的数据显示，全球恶性肿瘤每年新发病例约1 810万，死亡约970万。近十多年来，随着中国人口老龄化加剧，社会经济发展及城市化进程加快，环境因素和生活方式不断改变，恶性肿瘤患者人数逐年增多。根据2019年中国国家癌症中心发布的数据显示，中国2015年恶性肿瘤新发病例约392.9万，死亡233.8万。癌症已经成为我国居民最主要的死亡原因，也成为非常重要的公共健康问题。因此，我国的肿瘤防治任务异常艰巨，如何有效提高肿瘤防治水平，培养大量从事肿瘤相关专业的高素质人才迫在眉睫。

肿瘤学是研究肿瘤的发病特征、发生发展、诊断治疗以及预后转归等一系列问题的学科，涉及了生命科学的每一个分支以及其他自然科学和人文社会科学。随着生命科学的进步，尤其是分子生物学技术的快速发展，人们对肿瘤的认识越来越深入。全面了解人类与肿瘤长期斗争的历程和经验，有利于从全方位、多角度理解临床肿瘤学这门学科，从深层次、新思路去认识并攻克肿瘤这一顽疾。

《肿瘤学概论》作为国家卫生健康委员会"十四五"规划临床医学专业第二轮器官-系统整合教材，在主审赫捷院士的大力支持下，主编组织全国肿瘤界知名专家、学者进行编写。编写过程中，编委会组织多次会议，在强调"三基"、肿瘤综合治疗理念的基础上，将上版教材内容进行分割和整合，贯彻"横向整合，实现临床各学科间有机融合"和"纵向对接、实现基础与临床贯通"的方针。通过贯通基础与临床知识，达到知识之间的融通。此外，本教材结合最新研究进展，利用纸质版和数字化内容相结合的方式对知识内容进行全方位展示，力求实现教材的先进性和引领性。与此同时，本教材注意人文教育内容的加强，潜移默化渗透、强化医学人文思想。最后，根据临床医学专业五年制、"5+3"学制医学生进行内容的编排，充分体现本教材的实用性。

教材编写过程中，得到了参编学者们的全力支持。正是他们的无私奉献和辛勤付出，让本书科学权威、内容新颖、可读性强、实用性强。在此表示衷心的感谢！

然而，由于时间仓促，水平有限，书中内容可能仍有疏漏或不妥之处，诚请多多批评指正。

王锡山

2020年6月

OSBC 目 录

绪论

肿瘤是一种古老的疾病，最早关于肿瘤的记载可以追溯至公元前古埃及时代。随着医学的进步和发展，人们对于肿瘤有了进一步的认识。现代医学认为，肿瘤（tumor/neoplasm）是机体在内、外各种致瘤因素的长期协同作用下，局部组织细胞在基因水平上失去对其生长的正常调控，导致细胞异常增殖而形成的新生物。依据肿瘤的生物学特性以及对身体的危害程度，分为良性肿瘤（benign tumor）、恶性肿瘤（malignant tumor）以及交界性肿瘤（borderline tumor）三大类型。其中恶性肿瘤又包括癌（carcinoma）和肉瘤（sarcoma）。恶性肿瘤形成后，便不受机体控制而自主性生长，对邻近正常组织造成侵犯，并可经淋巴管或血行途径转移至全身，直至引起患者死亡。

恶性肿瘤是威胁人类健康和社会发展最为严重的疾病之一。国际癌症研究中心 2018 年发布的数据显示，全球恶性肿瘤每年新发病例约 1 810 万，死亡约 970 万。而根据 2019 年中国国家癌症中心发布的数据显示，中国 2015 年恶性肿瘤新发病例约 392.9 万例，死亡 233.8 万例。全球 185 个国家和地区中，中国的恶性肿瘤发病率位居中等偏上水平。随着人口老龄化加剧，社会经济发展，工业化、城市化进程加快，环境因素、生活方式不断改变，中国恶性肿瘤患者人数逐年增多，严重影响人民健康。如果不采取有效措施，预计到 2030 年，全球每年将出现 2 411 万新增病例，死亡人数将达到 1 303 万，中低收入国家将成为癌症肆虐的“重灾区”。据不完全统计，到 21 世纪末，癌症将成为全球头号“杀手”，也是阻碍人类预期寿命延长的最大“拦路虎”。如何有效控制恶性肿瘤的肆虐，已经成为当前临床医学，尤其是肿瘤工作者的重点和难点内容。

第一节　肿瘤学的发展历史及现状

随着生命科学的进步，尤其是分子生物学技术的快速发展，人们对肿瘤的认识越来越深入。全面了解人类与肿瘤长期斗争的历程和经验，有利于从全方位、多角度理解临床肿瘤学这门学科，从深层次、新思路去认识并攻克肿瘤这一顽疾。

一、肿瘤病因和发病机制认识的发展

人类对恶性肿瘤发生发展的认识和研究历史悠久，不同时代认识不同，概括起来，经历了从宏观到微观，从表象到本质的过程，大致可分为以下几个阶段：

1. 表象认识阶段　从公元前 1500 年到 19 世纪 50 年代，在 3 000 多年的时间里，人类对肿瘤的认识仅停留在对肿瘤表象的描述上。3 500 年前，我国殷周时代出土的甲骨文中出现“瘤”字的记载。西汉时期记载：嵒（音 yán），肿也，凹凸起伏如山岩不平者，谓之嵒（嵒与岩通用）。在西方，古希腊的希

波克拉底(Hippocrates,公元前460—前377年)和古罗马的盖伦(Galen,公元129—199年)都对恶性肿瘤进行过描述和分类。希波克拉底在描述恶性肿瘤时,发现其形状似螃蟹,无限制浸润生长,向外周扩散且难以除净,因而用"crab"(蟹)来命名此类疾病,并演变成了今天的"cancer"。

2. 细胞水平阶段 19世纪50年代,随着显微镜的出现,肿瘤研究开始进入细胞水平,特别是1858年,德国病理学家Virchow的《细胞病理学》一书中对肿瘤进行了基本论证:"机体是一个有序的细胞社会,在发育过程中细胞要服从自然的规律,如有扰乱,就可以产生疾病""癌症是细胞的疾病"。这些观点为癌症的病理诊断,也为临床肿瘤学的建立和发展奠定了基础。从这个时期开始,人类开始对肿瘤的病因进行了探讨,提出了物理致癌、化学致癌和病毒致癌学说,对恶性肿瘤的病因和发病机制有了初步的认识。

3. 亚细胞水平及分子水平阶段 1931年电子显微镜的出现,使医学深入到亚细胞水平;1953年DNA分子结构的发现,使医学开始进入分子水平时代。20世纪60年代,多种癌基因和抑癌基因相继被发现,20世纪70年代"癌症是基因改变性疾病"的观点被科学家们广泛讨论。20世纪80年代以来对表观遗传学的研究,使人们对肿瘤发生发展的认识进入基因属性的另一个层面。随着从分子水平上对肿瘤生物学行为的深入研究,人们对恶性肿瘤发病机制的认知已从过去的单一致癌学说,上升到多基因改变、多因素参与、多步骤演变的综合致癌理论。相信在不久的将来,肿瘤的病因及发病机制一定能得到更加清晰的阐述。

二、肿瘤诊断技术的发展及现状

纵观恶性肿瘤诊断的发展历程,在广度上经历了从单一的病理诊断到病理、影像、标志物及内镜相结合的综合诊断过程;而在深度上也从解剖部位、大体形态诊断深入到了分子水平和功能水平的诊断。

1. 病理诊断 19世纪50年代,人类开始通过显微镜认识细胞,Virchow认为肿瘤的发病基础是细胞结构改变和功能障碍,成为细胞病理学的开端。20世纪30年代,电子显微镜的诞生使肿瘤的病理诊断提高到亚细胞水平。20世纪50年代免疫组化技术的应用,使肿瘤的病理诊断从形态发展到免疫病理阶段。近20年来,随着分子生物学的飞速发展,基因测序技术的不断成熟,分子病理学应运而生,出现了分子诊断、分子分型、分子分期及分子预测等概念。分子病理学的发展改变了传统病理学的内涵,从分子水平研究肿瘤发病机制、侵袭转移规律,尤其在指导肿瘤诊断和分期、基因分型、疗效及预后判断、制订个体化治疗方案等方面,展示出病理学发展的全新方向。

2. 影像学诊断 1895年伦琴发现X线,奠定了医学影像学形成和发展的基础。近30年来,医学影像学发展迅速,计算机体层成像(computed tomography,CT)、磁共振成像(magnetic resonance imaging,MRI)、超声、放射性核素扫描、数字减影血管造影(digital subtraction angiography,DSA)、单光子发射计算机断层成像(single-photon emission computed tomography,SPECT)及正电子发射断层成像(positron emission tomography,PET)等新技术不断出现并发展,使肿瘤的诊断水平不断提高,肿瘤影像诊断也超过了原有的解剖形态学范畴,深入到了组织、细胞、分子水平,代谢显像、分子显像有了长足的发展。尤其是PET等分子影像学诊断的出现,在肿瘤诊断和指导治疗方面显示出独特的优越性。

3. 肿瘤标志物诊断 1848年,Bence Jones在多发性骨髓瘤患者的尿液中发现了一种特殊蛋白(即Bence Jones蛋白),这是世界上首个肿瘤标志物,也是肿瘤标志物诊断的开端。20世纪30年代,随着生化及免疫检测技术的进步,在肿瘤患者体液中逐渐发现了各种与肿瘤相关的激素、酶类、胚胎抗原及糖蛋白等物质,即体液肿瘤标志物。20世纪70年代,原癌基因*V-SRC*被发现,使肿瘤标志物的检测深入到分子水平。特别是近20年来,生物芯片、质谱及组学技术的进步,各种分子标志物不断被发现,又涌现出包括循环肿瘤细胞(circulating tumor cell,CTC)、循环肿瘤DNA(circulating tumor DNA,ctDNA)等检测指标。这些标志物在肿瘤发生发展过程中的作用被不断确认,并用于肿瘤的预警、筛查、诊断、评估、治疗和随访的全过程。分子标志物的出现，为肿瘤的诊断、复发监测、预后判定等提供有一定参考意义的指标和依据。

4. 内镜诊断 内镜问世已100多年，随着科学技术的进步，从最初的硬式内镜、纤维内镜发展到现今的高清晰电子内镜，操作更简便、更舒适，观察更可靠。近年来，诊断内镜向微观化方向发展，在高清晰的基础上发展出特殊内镜技术，包括染色内镜、放大内镜、荧光内镜、共聚焦内镜等，能够显示普通内镜无法显示的特殊微小结构，甚至可直接观察到细胞结构。内镜检查术给肿瘤诊断甚至是治疗带来了突破性的进展。内镜已经从单纯的诊断工具发展为微创治疗的手段之一。内镜能深入各种腔道进行观察诊断、活体取材，结合内镜超声技术，对肿瘤病变部位和累及深度的定位定性诊断更加精确，同时也使某些肿瘤的镜下微创治疗成为可能。

三、肿瘤治疗的发展及现状

恶性肿瘤的治疗已经从单一的手术治疗时代发展到了包括手术、放疗、化疗、生物治疗、介入治疗和姑息治疗等在内的多学科综合治疗及个体化治疗的时代。

1. 肿瘤的外科治疗 随着麻醉、抗菌术以及输血技术的发展，使手术能在更安全的无痛条件下施行，外科得到相应发展，肿瘤外科随之出现并迅速发展。肿瘤外科治疗是始于19世纪初，1809年，美国医师McDowell进行了卵巢肿瘤切除术，拉开外科治疗肿瘤的序幕。继而，1882年美国医师Halsted首创了乳腺癌根治术，奠定了肿瘤外科治疗的两大基本原则，即整块切除和淋巴结清扫，成为肿瘤外科发展史上的里程碑事件。回顾肿瘤外科的发展历程，肿瘤外科从最初的减状手术向根治性手术发展，经过不断探索，向扩大根治手术方向过渡。尤其是近20年，腔镜技术的普及、机器人辅助手术技术的应用等，使肿瘤外科治疗更加精细、准确、微创化。随着治疗理念的更新和新技术的开展，肿瘤外科趋向于缩小手术范围、重视保留功能，进入肿瘤功能外科阶段，并结合多学科综合治疗，由传统的“解剖型手术”向“功能外科型手术”发生蜕变。与此同时，随着快速康复外科等各种新兴理念的推广和应用，肿瘤外科的范畴以及治疗模式正在发生巨大的变化，除了传统上应用于早期肿瘤的根治外，越来越多地涉及减瘤、重建、康复等肿瘤治疗的各方面。纵观肿瘤外科的发展，经历了从根治到改良根治，从功能破坏到功能保留，从程度较重的有创操作到微创或无创操作，从单一学科到多学科参与的过程。

2. 肿瘤的放射治疗 自1902年首次报道了放射线成功用于皮肤癌的治疗，肿瘤放射治疗已历经100余年历史。随着对放射物理、放射生物与肿瘤学研究的深入，医学影像及计算机、精密机械技术的快速发展，放射治疗从一维、二维时代，向着三维、四维、五维时代迈进。近年来，以PET-CT检查为基础的生物靶区放射治疗；以高剂量率后装治疗、组织插植治疗、粒子植入治疗等为代表的近距离治疗；以伽马刀、X刀、射波刀等为代表的立体定向放射治疗；以三维调强、容积调强为代表的调强放疗；以及质子、重离子治疗设备的临床应用，使肿瘤放射治疗呈现出百花齐放、全面发展的景象。这些治疗方法相互融合、相互渗透；在多学科综合治疗的模式下，充分发挥了放射治疗对肿瘤治疗的优势与特点，使得放射治疗更加广泛地应用于肿瘤治疗领域中。

3. 肿瘤的化学药物治疗 1946年，Gilman和Philips将氮芥用于治疗淋巴瘤，揭开了现代肿瘤化疗的序幕。1965年，Holland医师等首次提出联合化疗（combination chemotherapy）的概念，并在儿童急性淋巴细胞白血病（acute lymphocytic leukemia，ALL）患者中获得了较长的疾病缓解期，奠定了肿瘤联合化疗的基础。20世纪80年代，肿瘤化疗进入快速发展期，一方面，不同作用机制的新型药物不断问世，如蒽环类、紫杉类、拓扑异构酶抑制剂、新型抗代谢类药物等，大大丰富了化疗的选择，进一步提高了疗效；另一方面，随着分子生物学的进步，药物转运蛋白的基因多态性、药物敏感性及耐药性位点的筛选、药物代谢酶学的差异等与药物相关的遗传学信息逐渐被获得，并开始用于指导临床用药选择、疗效预测、降低不良反应等，由此产生了个体化化疗的概念，并成为未来肿瘤化学治疗的发展方向。

4. 肿瘤的生物治疗　肿瘤的生物治疗是在免疫治疗的基础上逐渐发展起来的。早在19世纪末20世纪初，Coley将链球菌及黏质沙雷菌裂解物制备成Coley毒素应用于肿瘤患者的治疗，翻开了肿瘤生物治疗的新篇章。20世纪80年代，Oldham提出生物反应调节剂的概念，并将生物治疗列为肿瘤治疗的第4种模式，进一步确立了肿瘤生物治疗的地位。近年来随着生物技术的发展，肿瘤生物治疗在理论、内容和方法上增添了很多新的内涵，其范畴也不断扩大。越来越多的学者认为应用现代生物学技术或其产品，调节机体自身的生物学反应，从而直接或者间接抑制肿瘤或减轻相关不良反应的治疗都应归为生物治疗。其中肿瘤免疫治疗、分子靶向治疗及基因治疗等有着巨大的治疗潜力和生命力，尤其是分子靶向治疗及免疫治疗，在临床实践中取得了良好的治疗趋势，引发了抗癌治疗理念的变革，把肿瘤治疗推向了一个前所未有的新阶段。

5. 肿瘤的介入治疗　肿瘤介入治疗学是近年来发展起来的融放射影像学和临床治疗学为一体的新兴学科，具有创伤小、并发症少、定位精准、治疗安全的特点。肿瘤的介入治疗起源于1904年，德国的Dawbam医师将凡士林和蜡制成的栓子注入颈外动脉，进行肿瘤手术前栓塞。而1953年，瑞典放射学家Seldinger发明的经皮血管穿刺插管术，则奠定了现在肿瘤血管性介入治疗的基础。20世纪80年代出现的DSA设备使介入治疗的发展如虎添翼。近20年来，腔内支架置入术、肿瘤局部消融术、放射性粒子植入术的蓬勃发展，开启了非血管性介入治疗的新时代。目前，介入治疗已达到一个相对稳定的高水平阶段，多种介入治疗技术的综合应用已成为肿瘤介入治疗发展的方向，越来越多地参与到肿瘤的多学科综合治疗中。

6. 肿瘤的其他治疗手段　包括肿瘤的姑息治疗、心理治疗、营养支持治疗及中医中药治疗等。20世纪80年代，在西方各国“临终关怀运动”的基础上，姑息医学这一独立的临床学科逐渐形成。2005年，世界姑息治疗日诞生，同期WHO将姑息治疗列入与预防、诊断和综合治疗并列的对肿瘤工作者的四大要求之一，足见其在肿瘤治疗中的地位。近年来，心理、营养支持及中医中药治疗等也逐渐应用于肿瘤的综合治疗中。我国中医中药在肿瘤治疗中扮演着重要角色。这些治疗注重改善症状，提高患者生活质量，延长生存期，已经成为肿瘤综合治疗的重要组成部分。

第二节　临床肿瘤学的设置及其研究范畴

一、临床肿瘤学的形成及相关学科

恶性肿瘤是一类古老的疾病，所有生物包括动物和植物都可能发生肿瘤。肿瘤学是研究肿瘤的学科，主要在显微镜应用后逐渐形成，涉及生命科学的每一个分支以及其他自然科学和人文社会科学。而临床肿瘤学作为肿瘤学的重要分支，是以人类肿瘤为研究对象的肿瘤学，是当今医学科学发展最快的领域之一。临床肿瘤学（clinical oncology）是以1965年美国临床肿瘤学会（American Society of Clinical Oncology，ASCO）的成立作为其创立的标志。随着肿瘤对人类生命威胁的不断加大，临床肿瘤学已经成为一门年轻而又发展迅速的临床医学学科，也是医学研究最为活跃的领域之一。

临床肿瘤学是以人类肿瘤为研究对象，研究肿瘤发生、发展及转归的本质与规律，揭示其临床特点，尤其是在此基础上探索肿瘤诊断、治疗和预后方法的综合性学科。它涉及面广，是医学类多门二级学科的综合体，包括内科学、外科学、妇产科学、儿科学、放射医学、病理学、影像诊断、超声诊断、内镜诊断和临床检验等学科。根据其与基础或临床医学各学科的渊源关系，肿瘤学还可进一步分为：

肿瘤病理学(oncopathology)、肿瘤外科学(surgical oncology)、肿瘤内科学(medical oncology)、肿瘤放射学(radiation oncology)、妇科肿瘤学(gynecological oncology)等。

二、本书课程设置及目标

随着人类社会的进步,疾病谱也在不断发展变化。肿瘤是威胁人类健康的主要疾病,因此在临床医学生中设置临床肿瘤学课程至关重要。恶性肿瘤所造成的严重危害已经引起全球关注,因而,半个多世纪以来,对恶性肿瘤的研究和探索不断深入,同时也带来临床肿瘤学的快速发展。社会的迫切需求、学科的快速发展,都在呼唤着更多肿瘤学专业人才的成长。如何更好地开展医学生临床肿瘤学的教学工作,培养适应时代发展的高素质医学人才,是对高等医学教育提出的一个时代性课题。探索肿瘤学课程的建设及其教学模式的构建,是肿瘤学、临床医学,乃至整个医学教育领域迫在眉睫的重要工作。

肿瘤学概论的课程设置是将分散在基础及临床多个学科中的肿瘤学相关内容系统地整合,对肿瘤的流行病学、病因、发病机制、诊断方法及治疗原则进行系统阐述,旨在通过临床肿瘤学概论课程的学习,使医学生建立完整的肿瘤学知识体系,构建科学、合理的肿瘤综合诊治理念,为其将来从事肿瘤学及相关领域工作奠定必要的知识基础。为保证课程中的相关知识科学规范,编者们查阅资料、反复商讨、集体论证、交叉互审,力求最大可能准确无误。为此,对临床肿瘤学领域中尚未达成共识的新观念、新进展、新信息,放在数字内容中适当体现,旨在进一步拓宽医学生的视野,引导学生了解肿瘤学的发展动态和方向,以培养学生对肿瘤学的兴趣,并开发和提高学生从事肿瘤学专业的潜能和意愿。

三、肿瘤学概论的学习理念

肿瘤性疾病的特殊性、复杂性,涉及学科的广泛性、交叉性以及肿瘤学科发展的迅速性、迫切性,决定了学好肿瘤学、做一名合格的肿瘤医师需要付出更多的努力。要认识到肿瘤学不是一门纯自然的科学,它的外延已经深入到心理学、社会学,甚至经济学和文化传统之中。一名好的肿瘤专业医师不仅是肿瘤诊治方面的专家,还应该具备一定的心理、人文社会知识和科研、医患沟通能力。要学好肿瘤学,须从以下几方面做起。

(一)贯彻预防为主的肿瘤防治理念

从以治疗为主转向以预防为主已成为全球医务工作者的共识。肿瘤是一种慢性病,它的发生发展需要经历一个长期过程,正像人们所比喻的:“临床上可见的肿瘤只是整场戏的后半部或尾声,在这之前还有很长的故事。”这就为肿瘤的早预防、早诊断、早治疗提供了可能。WHO 很早就提出癌症三级预防的原则,这项伟大的工程需要医学生现在或将来的不断贡献与努力,加之全社会的共同关注,采取积极行动,通过改善环境、戒烟、健康饮食、锻炼身体、减少酒精摄入、预防 HBV、HPV 感染等方式来完成。预防是战胜恶性肿瘤的根本之计,更是值得重视的长远课题。

(二)深入认识和理解肿瘤异质性和个体化治疗的意义

肿瘤异质性(heterogeneity of tumor)是肿瘤普遍存在的现象,随着大规模基因测序等技术手段和对肿瘤生物起源和发展的了解,人们对肿瘤异质性有了进一步的认识。肿瘤异质性主要包括时间异质性和空间异质性,而随着技术水平的提高,研究者对于肿瘤异质性的认知已经从过去的组织病理水平提升到了基因层面,并对多种肿瘤进行了异质性分析。由于肿瘤异质性的存在,促使肿瘤的生长速度、侵袭转移能力、药物敏感性和预后等方面产生巨大差异,因此使肿瘤的治疗陷入了困境。随着国内外研究学者对肿瘤异质性研究的不断深入,针对肿瘤异质性的特征和表型为患者制订的个体化方案已经成为当今肿瘤个体化治疗的重点范畴,“同病异治”和“异病同治”则是肿瘤个体化治疗表现最为突出的治疗模式。通过对肿瘤异质性更深入的了解,有利于我们通过更多的个体化治疗手段,针对肿瘤异质性采取措施来治疗肿瘤。

(三) 坚持循证医学理念指导下的临床实践原则

长久以来，医学研究和临床实践一直承袭着以经验和推理为主的信息模式，而这种方式存在明显弊端，有碍于当今医学的整体发展。肿瘤学的研究迅猛发展，新药、新技术不断涌现和开发，临床方案不断推陈出新。要科学地认识和利用这些接踵而至的新知识、新进展，就要把握循证医学（evidence-based medicine，EBM）的科学思维方式。EBM 主要包含两部分：一方面以证实依据开展实践工作，从指导思想上重视系统研究的结论，客观看待权威意见，即树立循证理念；另一方面则是通过认真分析实践中遇到的问题，需要解决问题的信息，并加以科学筛选，即提供一种科学实践方法。

EBM 强调医师慎重、准确和明智地应用当前最新、最可靠的临床研究证据，同时结合医师的专业技能和临床经验，考虑患者的价值观和意愿，完美地将三者结合在一起，从而保证患者得到当前最好的治疗效果。因此，医师不仅要阅读文献，还要学会追踪和鉴赏医学文献，保证知识的不断充实和快速更新，才能适应现代临床肿瘤医学的飞速发展，做出更准确的诊断，选择更佳的治疗，争取更好的预后。

(四) 建立和推广肿瘤多学科协作诊疗模式

多学科综合治疗理念指导下的肿瘤学临床实践，需要掌握和了解的内容更广、更深，要求更高，除了掌握本专业的知识外，还要对其他相关学科知识全面了解。就诊断而言，不仅涉及内科查体、外科活检等临床技能，还要熟悉影像、病理、内镜及标志物诊断等各方面的知识。在治疗时，也会因患者的基本特征及疾病的分期等不同，需要外科治疗、放疗、介入治疗、化疗、内分泌治疗、分子靶向治疗、免疫治疗、姑息治疗和营养治疗等多学科知识的综合应用。因此，对医师知识和技能的要求更高、更全面。而整个诊治过程中，掌握一定的心理学、临床经济学知识和必要的医患沟通技能也是不可缺少的。多学科团队（multidisciplinary team，MDT）协作诊疗模式是于 20 世纪 60 年代提出的诊疗模式，其特征是针对特定患者，制订出最优治疗方案，确保患者获益最大化。MDT 不仅是治疗方法的突破，也是治疗流程的完善，它通过实施方案的科学化，做到以患者为中心，以疾病为导向，以预后为根本，充分考虑患者具体情况，避免单学科缺陷，同时也可以避免过度治疗与治疗不足，科学、客观地评价治疗风险及效果，让患者得到最优治疗方法。

(五) 深化医患协同的生物 - 心理 - 社会临床决策模式

临床决策是临床工作的科学规划和策略选择，是临床工作成败的关键。在现代医学领域中，医学模式已经由以疾病为中心向以患者为中心的“生物 - 心理 - 社会”综合治疗模式发生转变。由于肿瘤治疗效果的不确定性、治疗费用高、治疗方案复杂，制订恶性肿瘤的临床决策具有更高的复杂性和特殊性。医患共享决策模式应作为临床决策的基本原则，而多学科协作是决策成功的重要保障。多学科医师帮助患者考虑各类与患者目的相符的医疗选择，患者提供有关其生活经历、社会关系、资源、选择、价值和希望等方面的信息。医患之间在相互信任和充分沟通的基础上协同工作，以决定双方均可接受的最适当的医疗方案。作为一名医学生，应该在学好专业知识的同时培养与患者的沟通能力，加强训练以人为本的医疗行为思维模式，在以后的医务工作中更广泛、更深入地践行该医学模式。

(六) 临床和科研共济为战胜肿瘤提供智慧源泉

临床肿瘤学的发展和肿瘤学科研的进步相辅相成、密不可分。肿瘤诊疗水平每次跨越性的提高都依赖于科学研究的重大突破。近年来，转化医学在肿瘤领域的渗入，使大批基础科研成果迅速转化应用至临床，新药、新技术不断涌现，临床肿瘤学正以空前的速度飞速发展。攻克肿瘤，不仅要具备扎实的临床技能，还要具备良好的科研思维和科研能力，掌握基本的信息处理能力及必要的实验技能。只有学会和运用科学研究的方法，不断更新知识、不断探索创新、不断实践求证、不断总结反思，才能置身于肿瘤领域的最前沿，逐步接近战胜肿瘤的最终目标。

(七) 中西医并重为肿瘤治疗另辟蹊径

经过多年的探索，中医药与现代医学结合治疗肿瘤，已逐步积累了一定的治疗经验和规律，从 20

世纪 50 年代开始，中国学者对肿瘤的中医病因及理法方药进行系统整理和研究，结合现代医学提出了中西医结合治疗肿瘤的基本方法与思路。目前认为，中药能促进肿瘤患者的术后康复，对放疗、化疗或靶向药物有一定的增效减毒作用，能在一定程度上预防肿瘤转移与复发。但是目前中西医结合治疗肿瘤仍存在不少问题，如临床规范化不足、疗效欠缺标准化、作用机制不明、循证医学缺乏证据等。但是总体而言，中医药的抗肿瘤机制研究是中药现代化的重要内容，在转化医学理念推动下进行高质量的研究并运用到临床实践中，让肿瘤患者在现代肿瘤医学治疗模式下多了一种治疗选择。此外，中医药在治未病方面具有一定作用，中医药在干预癌前病变以及预防、延缓、降低癌症复发等方面都具有其特有的作用，因此中西医结合治疗方法为肿瘤治疗另辟蹊径。

第三节　临床肿瘤学的发展前景

回顾肿瘤学虽短暂却丰富的发展历程，可以清晰地认识到肿瘤学是一门年轻又飞速发展的学科。肿瘤的发生发展及生物学行为的复杂性和不均一性，使得人类战胜肿瘤这一美好愿望的实现异常曲折和艰辛。这样的系统工程，非多学科的协同作战、非几代人的持续努力难以完成。

在理念上，肿瘤学在未来的发展中应凸显其多学科协作、个体化诊治的特点，贯彻以预防为主，早期诊断、早期治疗的方针，降低肿瘤的发病率和死亡率。在这个过程中要借助转化医学的成果，从肿瘤发生和发展的本质上进行干预，阻断肿瘤发生的始动环节，寻找有效控制肿瘤的分子靶点，并开发针对这些靶点的有效药物和治疗方法；同时，对各种肿瘤治疗手段包括手术、放疗、化疗、生物治疗和微创治疗等进行优化、组合，在不同水平上实现对肿瘤的全程管理。此外，医生和患者也更在意治疗的感受，更应该注重生存期和生活质量的平衡与兼顾。

由于技术平台的不断研发，肿瘤诊断治疗设备的迭代更新，未来肿瘤的诊治必将会在多方面取得进一步的提升。因此，伴随着设备平台技术的创新，各种手术方式和手术技巧也会随之改变，并通过开展一系列临床研究，逐步规范和实施。另一方面，随着对肿瘤发生发展的深入了解，针对肿瘤发病的分子机制包括关键基因、调控分子和受体的认识，针对表皮生长因子受体（epidermal growth factor receptor，EGFR）、血管内皮生长因子（vascular endothelial growth factor，VEGF）的单克隆抗体、酪氨酸激酶抑制剂和基因治疗已经开始应用于临床治疗，在未来也会有更多新型抗癌药物被开发并应用于临床。

而从肿瘤的预防策略来看，为了全面提高我国肿瘤整体诊治水平，癌症的管控应该从 3 个战略层面上加强，即国家层面、社会层面和个人层面。在国家层面上，应做到战略上“关口前移，预防为主”。我国在医疗卫生领域投入巨大，但大部分资源投入在治病方面，而不是在公共卫生领域和预防方面。在当前的医疗体制下偏重被动的疾病治疗，而忽视了主动的健康促进，因此，在这一层面应当做到癌症的预防大于治疗，增加肿瘤预防资源投入，大力推广肿瘤的早期筛查及相关措施。另一方面，随着中国医疗体制的多元化、自主化的改革和发展，出现了许多全国级别同质性的医疗行业协会，但是其职能重叠、业务交叉，甚至是为成立协会而成立。因此在社会层面上，包括医院、学会、协会以及媒体在内的各社会部门应当齐心协力，研究制定相关政策，做到“专科医生同质化，患者治疗规范化”，形成肿瘤全链条防诊治路径，最终达到一个科学、规范、合理的高度。在个人层面上，呼吁和号召公众珍爱健康，提高每个人的防癌意识，改变不良的生活方式和饮食习惯，让每个人都了解肿瘤，进一步意识到肿瘤给个人、家庭以及社会带来的危害，并予以重视。通过多种形式广泛宣传抗癌防癌科普知识，使广大人民群众提高防癌意识、增加科学知识。

智慧医疗行业随之崛起，可以更好地利用大数据改善医疗服务，应用于医学影像、辅助诊断、药物研发、健康管理、疾病预测等几大应用领域。在此契机下，智慧医疗模式在肿瘤预防、诊断及治疗中也必定会发挥重要作用。一方面通过智能医疗可以用于帮助医生为肿瘤患者做出更好的决策，从而可以提高诊断的准确性。另一方面利用机器学习技术，通过提供大量医学数据来创建模型，协助某些肿瘤的诊断或预测。

本章小结

肿瘤作为严重威胁人类健康和社会发展的疾病，长久以来人们在肿瘤的相关研究中付出了巨大的努力。随着生命科学的进步，人们对肿瘤病因和发病机制的认识逐步加深，肿瘤的诊断技术不断发展，肿瘤治疗的方式和理念不断更新，进而促使肿瘤学成为近年来发展最为迅速的学科之一。肿瘤学概论的课程设置是将分散在基础及临床多个学科中的肿瘤学相关内容系统整合，对肿瘤的流行病学、病因、发病机制、诊断方法及治疗原则与手段进行系统阐述。旨在通过临床肿瘤学概论课程的学习，使医学生建立完整的肿瘤学知识体系，构建科学、合理的肿瘤综合诊治理念，为其将来从事肿瘤学及相关领域工作奠定必要的知识基础。

思考题

1. 什么是肿瘤？
2. 人类对于肿瘤的病因和发病机制经历了哪几个阶段？
3. 目前常见肿瘤诊断技术有哪些？
4. 目前常见肿瘤治疗方式有哪些？
5. 当今医学领域中肿瘤防诊治战略有哪些，并结合自身谈一谈你对肿瘤和肿瘤学的认识。

（王锡山）

器官-系统
整合教材
OSBC

第一篇
肿瘤流行病学

第一章　肿瘤流行病学概论

第二章　肿瘤的危险因素

第三章　肿瘤的预防策略和措施

第一章
肿瘤流行病学概论

恶性肿瘤是严重威胁人类生存和社会发展的重大疾病。随着人均寿命延长、工业化加速、环境污染加重及生活方式的改变，全球恶性肿瘤的发病率和死亡率均呈持续上升趋势，恶性肿瘤成为全球所面临的重要公共卫生问题，癌症防控被列为世界各国政府的卫生战略重点。因此，我们需要运用肿瘤流行病学了解恶性肿瘤的流行特征、可疑病因及危险因素，探讨危险因素与肿瘤的关系，积极采取有效的干预防控措施，预防肿瘤的发生，减少由癌症引发的卫生经济负担。

第一节　概　　述

肿瘤流行病学(cancer epidemiology)是研究肿瘤及其相关健康问题在人群中的分布规律及影响因素，并借以制定和评价肿瘤预防、控制及健康促进的策略与措施的一门学科。实际上，肿瘤流行病学不仅研究恶性肿瘤，而且研究癌前病变(如宫颈上皮内瘤变等)及一些与恶性肿瘤相关的特性(如生长发育)。肿瘤流行病学的研究立足于总体，以群体为研究对象，其主要任务是掌握恶性肿瘤的相关情况，通过描述肿瘤的人群、时间和地理分布，了解、掌握并探讨外在危险因素与肿瘤的关系，制订针对肿瘤防控及公共卫生等有效的预防、控制措施和策略，对个人、家庭、社会具有重要意义。

一、肿瘤流行病学的产生与发展

肿瘤流行病学是流行病学的重要分支学科，其伴随流行病学的发展而出现。随着多学科如统计学、分子生物学等学科的引入，肿瘤流行病学的研究内容和方向不断完善、丰富，对肿瘤防控发挥着重要的作用。

(一) 国外肿瘤流行病学发展简史

1. 学科萌芽时期　最早的肿瘤流行病学研究可追溯到17世纪。1620年，英国医师Thomas Venner发表了吸烟与健康相关的著作，为后续吸烟引起肺癌提供研究依据。1713年，意大利医师Bernardino Ramazzini提出肿瘤的发生可能与生活习惯有关。1775年，英国医师Percival Pott报道了清扫烟囱的童工阴囊癌发病率显著高于一般人群，首次发现职业暴露与肿瘤发生有关。随后Henry Butlin和Waldron证实清扫烟囱的童工阴囊癌的发生与是否采取防护措施有关，从此拉开了探讨职业致癌因素研究的序幕。这三个重大发现奠定了肿瘤流行病学的基础。

2. 学科形成时期　伴随着其他学科的发展，肿瘤流行病学作为一门独立的学科受到人们的关注。这一时期具有代表性的研究包括：1842年，意大利医生Rigoni-Stern在Verona将修道院的修女患子宫颈癌的风险与普通妇女进行了量化比较，发现子宫颈癌在修女中较罕见，而城内已婚妇女较多。同时，发现乳腺癌好发于修女，并提出可能由于修女的紧身胸衣过紧所致。Rigoni-Stern 的研究可能是现代流行病学史上首个真正意义上的肿瘤流行病学研究。1895 年，Ludwig Rehn 提出芳香胺可能引起膀胱癌。1912 年，Isaac Adler 提出吸烟可能与肺癌的发生有关。1915 年，Hoffman 发表的世界癌症死亡统计资料，成为世界上最早的比较全面的肿瘤死亡资料。1926 年德国建立了第一个以人群为基础的肿瘤发病和死亡登记，为全世界建立和完善肿瘤登记奠定了基础。

3. 快速发展时期　20 世纪 50 年代，肿瘤流行病学进入快速发展时期。此时，开展的两项队列研究在肿瘤流行病学史上具有里程碑意义：一项是 Hill 和 Richard Doll 研究证实吸烟与肺癌的发生相关并提供了最具说服力的流行病学证据；另一项是 Case 和 Person 在英国化学生产行业开展膀胱癌危险因素的流行病学调查，解释了职业暴露与肿瘤的关系。1971 年，Herbst 等正式提出已烯雌酚（DES）与年轻女性罕见的阴道透明细胞腺癌之间的关系。20 世纪 70 年代，肿瘤流行病学研究确立了膳食与肿瘤之间的关系，为后续研究人群中外在因素与肿瘤发病之间的关联奠定了基础。

4. 现代发展时期　20 世纪 70 年代起，肿瘤流行病学又有了新发展——干预试验和人群研究等流行病学的理念与方法及分子生物学、基因组学等技术运用到肿瘤病因学及预防研究中。Geoffrey Rose 和 Linda Colwell 采用随机临床对照试验的方法，证实戒烟能提高身体健康状况，降低罹患肺癌的风险。1971 年，Shapiro 等开展了通过乳腺癌筛查降低其发病率的干预研究。1976 年，德国病毒学家 Harald zur Hausen 的研究证实人乳头瘤病毒（human papilloma virus，HPV）与宫颈癌之间的病因关系，并获得 2008 年诺贝尔生理学或医学奖。1985 年，美国国立卫生研究院的 Douglas R.Lowy 和 John T.Schiller 等在此基础上开发了 HPV 预防性疫苗的核心成分，同期澳大利亚的 Ian Fraze 和周健博士在昆士兰大学实验室用重组 DNA 技术人工合成了内核不含 DNA 的 HPV 病毒样颗粒，并在临床试验中进行验证，最终获得美国食品和药物管理局（Food and Drug Administration，FDA）上市批准。1982 年，Perera 等提出肿瘤分子流行病学（molecular cancer epidemiology），此后对于肿瘤的研究逐渐向致癌物的代谢、致癌靶向生物学效应等方向发展。1987 年，Gambia 小组开展了接种乙肝疫苗预防肝癌的研究。1985 年，美国学者 Wattenberg 提出化学预防的定义。1989 年，他莫昔芬（三苯氧胺）预防试验正式开展。1990 年，相关学者证明了化学预防的作用。20 世纪 90 年代至今，随着人类基因组计划的实施和迅猛发展，人类基因组流行病学（human genome epidemiology，HuGE）应运而生，使得探讨基因改变对人类健康和肿瘤危险度的影响成为可能。

另一个新的发展是肿瘤登记制度。1966 年国际癌症登记协会成立，截至 2019 年，全球共有 540 个肿瘤登记处注册成为会员，每 5 年出版一卷《五大洲癌症发病率》，每 4 年更新一次全球肿瘤流行病统计数据（GLOBOCAN），这些为全球肿瘤流行病学、病因学及癌症防控提供了大量重要的信息，对于肿瘤流行病学的学科发展以及针对性防治策略和措施的制订及实施有着深远的影响。

（二）我国肿瘤流行病学的发展状况

我国肿瘤流行病学虽然起步比较晚，但是肿瘤防治工作不仅为我国肿瘤防治事业奠定了基础，而且也在世界癌症防治研究中占有一席之地。具体可以分为如下阶段。

1. 肿瘤地域聚集性，高发现场的确定　本阶段（1949—1970 年）研究旨在探索中国肿瘤的流行病学特征，为肿瘤防治工作及后续研究提供基线水平。新中国成立前，我国肿瘤流行病学的研究基本处于空白。1959 年，河南林县成为我国最早的肿瘤登记点。1963 年，上海率先在城市地区开展肿瘤登记，并成为中国首个被收入《五大洲癌症发病率》书中的资料。20 世纪 70 年代起，我国的肿瘤流行病学取得了长足的发展，尤其是 1973—1975 年全国肿瘤防治研究办公室开展了我国 8 亿多人口的死因调查并出版了《中华人民共和国恶性肿瘤地图集》，首次揭示了全国范围内常见恶性肿瘤流行病学特征，获得国际同行的高度认可。

2. 开展肿瘤的“三级预防”网络，综合防治肿瘤　本阶段及后续研究（20 世纪 80 年代起），从三级预防的角度采取具体措施对高发、常见肿瘤进行综合防治，目的是降低其发病率和死亡率。首先，从一级预防即病因预防的角度初步探索肿瘤致病因子，从单个高发恶性肿瘤到目前涵盖了的常见的恶性肿瘤，采取具体的防治措施，并取得了一定的成果。其次，采取二级预防的手段，将预防与治疗相结合，领导、群众、专家相结合，现场、实验室、临床相结合，开展了肿瘤登记、病因探索、筛查和早诊早治相结合的综合防治方案，走出了具有中国特色的肿瘤预防控制之路。如20世纪70~80年代，河南省林县开展的食管癌综合防治项目、江苏启东的肝癌早诊早治、江西靖安的宫颈癌筛查等项目，使恶性肿瘤的死亡率明显下降。与此同时，我国采取了肿瘤预防干预措施并评估其对恶性肿瘤的防治效果。如20世纪90年代，河南省林县开展补充硒等多种微量营养素使食管癌发病率有所下降。21世纪以来，以政府为主导的公共卫生项目将肿瘤的筛查和早诊早治逐步拓展到我国常见的8种主要癌症：宫颈癌、乳腺癌、食管癌、结直肠癌、肝癌、胃癌、鼻咽癌和肺癌。目前，除宫颈癌和乳腺癌筛查在全国范围开展，其他肿瘤的筛查项目尚局限在肿瘤的高发现场，处于经验探索阶段。

3. 肿瘤防治的新进展和新措施　近年来，为预防和控制肿瘤发生，肿瘤流行病学研究的理念愈发新颖，研究方法也更加丰富。随着基因组学、蛋白质组学、代谢组学、宏基因组学及免疫组学等各种新技术的发展与整合，并与大规模流行病学前瞻性研究设计相结合，为肿瘤流行病学在肿瘤病因及预防研究中提供了新机遇和拓展空间。我国结合多学科，从多角度及不同层面研究肿瘤病因、机制及防治措施等，从而达到降低癌症疾病负担的目的。目前，针对肿瘤免疫预防和治疗性疫苗研究处于热点之中，尤其是针对宫颈癌病因的人乳头瘤病毒（HPV）预防性疫苗的研发成功并上市，使得宫颈癌能够成为世界上第一种通过疫苗、筛查和治疗全面消除的恶性肿瘤。尽管肿瘤流行病学是相对年轻的学科，但其发展迅速，目前已成为一门研究肿瘤分布、探索病因及发病规律、指导预防对策和评价预防措施的完整学科。

二、肿瘤流行病学的研究对象及特点

（一）肿瘤流行病学研究对象

肿瘤流行病学与临床医学最大的区别是研究对象的不同，临床医学的研究对象是患者，关注的是个体；而肿瘤流行病学的研究对象是人群，关注的是群体，是研究肿瘤疾病在人群中的流行规律。

（二）肿瘤流行病学研究特点

1. 群体观点，观察性研究为主　肿瘤流行病学的研究对象是以群体为单位，研究肿瘤的发病情况及流行特征等。对人体有害的暴露不能通过干预性试验进行研究，只能进行观察性研究。

2. 长期随访　从接触致病因子到肿瘤发生需要较长时间，因此，肿瘤流行病学研究需要随访观察较长时间，才能出现结局事件。

3. 研究方法涉及广泛　肿瘤流行病学研究中，利用循证医学、统计学及分子生物学等学科的理念、先进技术与方法，揭示肿瘤的本质，体现思辨和求证的特点。

4. 研究内容涵盖肿瘤发生发展的全过程　肿瘤流行病学通过征集、整理现有的资料，了解和掌握肿瘤的流行病学特征及发生、发展规律，为揭示病因、制订防治策略和措施提供依据。

5. 研究目的体现以预防为主的思想　肿瘤流行病学采用肿瘤的三级预防措施及病因研究成果，制订并开展有针对性的群体防治策略和措施，以预防肿瘤发生为最终目的，保护人群健康。

三、肿瘤流行病学研究的应用领域及发展前景

（一）肿瘤流行病学研究的应用领域

肿瘤流行病学研究的用途广泛，既研究恶性肿瘤的病因又评价防治措施，既涉及流行病学现场又涵盖实验室研究，覆盖了医疗健康领域的各方面，主要概况如下。

1. 恶性肿瘤的病因研究　肿瘤病因探索是肿瘤流行病学最主要的研究内容。目前恶性肿瘤的病因尚不完全明确，肿瘤流行病学还需要结合其他学科的力量，如肿瘤分子流行病学、大数据以及人工智能等深入探究其病因、危险因素以及生存情况，掌握肿瘤发生的自然史。只有透彻地了解疾病发生、发展或流行的原因，才能更好地防治乃至消灭疾病。

2. 肿瘤的监测与登记　肿瘤登记系统可以及时、全面地了解肿瘤的发病和死亡情况，为开展流行病学研究提供了宝贵的数据资源。只有坚持长期、系统地收集和分析肿瘤资料，才能更好地了解肿瘤的流行趋势及其影响因素。

3. 肿瘤的预防和控制　采用肿瘤的三级预防措施，利用肿瘤流行病学病因研究成果，开展有针对性的防治措施及相应的效果评价，预防和控制肿瘤发生是肿瘤流行病学的最终目标。

（二）肿瘤流行病学的发展前景

1. 学科发展面临的机遇　随着各学科新知识和新技术的不断深入，肿瘤流行病学正面临着前所未有的机遇。尤其是高通量分子生物学、后基因组时代、大数据及人工智能的到来，为肿瘤流行病学的发展提供了新机遇和拓展空间。

（1）肿瘤新的危险因素研究：从微观角度深入探索在肿瘤发生、发展过程中环境致病因素和宿主遗传因素的交互作用，探索炎症、免疫因子及肠道菌群等在肿瘤发生、发展过程中的生物学效应，从分子水平认识肿瘤发生、发展、复发及转移机制。

（2）大数据的挖掘：基因测序、代谢组学及蛋白质组学等研究产生了海量信息数据，肿瘤流行病学需不断吸收先进理论与方法，挖掘海量数据中与肿瘤相关的有效信息并进行整合创新，实现精准预防。

（3）新筛查技术的开发及策略研究：肿瘤筛查可早期发现肿瘤及癌前病变。开展肿瘤筛查时需要权衡过度诊断、过度检查、成本 - 效果以及给受检者带来的焦虑、压力等潜在风险。虽有部分癌症种类如宫颈癌、乳腺癌、大肠癌等已明确适合筛查，但目前仍在探索新的筛查手段和成本 - 效果分析，期待灵敏度和特异度更高，成本更低且简便、无创等筛查技术的发现和应用。

（4）个体化预防的实现：后全基因组关联研究时代，人们对肿瘤遗传易感基因的认识越来越深入，分子生物学的快速发展为暴露、效应、易感及预后标志物的探索和发现提供了理论与技术支持，如何正确分析和评估基因与环境的交互作用，建立风险评分，预测个体的肿瘤发病风险，最终实现个体化预防，需进一步探索。

2. 学科发展面临的挑战　肿瘤的发生是一系列环境因素与遗传因素共同作用的结果，因此，在肿瘤发生的不同阶段确定环境危险因素的剂量 - 反应关系、个体遗传易感性，确定直接或间接因果关系等，最终实现有针对性的预防肿瘤的发生是一项长期而艰巨的任务。同时，肿瘤的防控受到人口老龄化、分子生物学、基因组学和遗传学等新技术的发展、人群多样化等多种因素的影响，肿瘤流行病学的发展面临着巨大的挑战。

（1）目前尚有许多肿瘤病因不明确，须采取不同的研究方法明确病因。

（2）即使已明确癌症的某种确切病因（如吸烟），但由于政治、经济、文化等因素的影响，某些行为方式较难改变，尚需致力于策略研究，使更多人群受益。

（3）我国恶性肿瘤癌谱种类多，呈现明显上升、年轻化趋势，且存在地理差异，尚须慎重分析、合理运用国外的肿瘤防治研究成果，积极探索适合我国区域性的防治策略。

（4）相比其他疾病，肿瘤的发病率较低且病因复杂。肿瘤流行病学研究尤其是队列研究尚须开展大样本量（数十万至上百万）定期随访研究，目前多以协作组形式开展合作研究。

（5）须重视肿瘤流行病学研究中的伦理问题。

（6）须强化肿瘤流行病学在循证医学中的作用。

第二节 肿瘤流行病学研究内容

随着人均寿命延长，生活行为方式等环境因素的改变，恶性肿瘤已成为21世纪世界最严重的公共卫生问题之一。癌症控制已被列为世界各国政府的卫生战略重点。采取有效措施加强癌症的防控工作，减少癌症引发的卫生经济负担，对构建和谐社会意义重大。

一、恶性肿瘤的流行趋势

（一）全球恶性肿瘤流行特征

从世界范围来看，恶性肿瘤的发病率和死亡率呈逐年上升趋势。据世界卫生组织和国际癌症研究机构（International Agency for Research On Cancer，IARC）公布的GLOBOCAN 2018数据显示，2018年约有1 808万新发癌症病例，发病率为236.9/10万，世界标准人口标化发病率为197.9/10万；癌症死亡病例约956万例，死亡率为125.2/10万，世界标准人口标化死亡率为101.1/10万。世界范围内最常见癌症依次为肺癌（209.4万）、乳腺癌（208.9万）、结直肠癌（185.0万）、前列腺癌（127.6万）和胃癌（103.4万），最主要致死癌症为肺癌（176.1万）、结直肠癌（88.1万）和胃癌（78.3万）（图1-1-1）。

目前，在人类发展指数（human development index，HDI）较高的国家中，男性最常见的新发肿瘤是肺癌和前列腺癌，女性为乳腺癌和结直肠癌；男性死亡人数较多的癌症种类是肺癌和肝癌，女性为肺癌和乳腺癌。而中低HDI的国家中，男性最常见的新发肿瘤是肺癌和前列腺癌，女性为乳腺癌和宫颈癌；男性死亡人数较多的癌症种类是肺癌和肝癌，女性为乳腺癌和宫颈癌。世界不同地区肿瘤的流行情况也有所差别，亚洲癌症发生数量最多（部分原因是全球近60%的人口居住在亚洲），约占48.4%；欧洲占23.4%，美洲占21.0%。亚洲的癌症死亡数约占全球癌症死亡的57.3%，欧洲和美洲的癌症死亡数则分别占20.3%和14.4%。据预测，2030年全球恶性肿瘤的新发病例将达到2 126万，死亡病例将达到1 308万，全球半数以上的肿瘤病例将发生在欠发达地区，究其原因可能为：①欠发达地区传染性疾病得到较好的控制，人均寿命延长；②人口增长、人口老龄化及生活方式的改变使恶性肿瘤的发病率增加；③发达国家

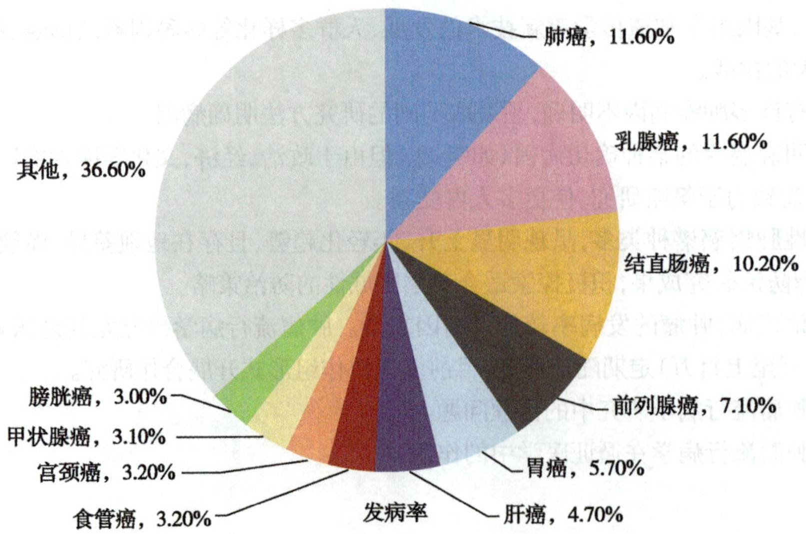
肺癌，11.60%
乳腺癌，11.60%
其他，36.60%
结直肠癌，10.20%
膀胱癌，3.00%
前列腺癌，7.10%
甲状腺癌，3.10%
宫颈癌，3.20%
胃癌，5.70%
食管癌，3.20%
发病率
肝癌，4.70%

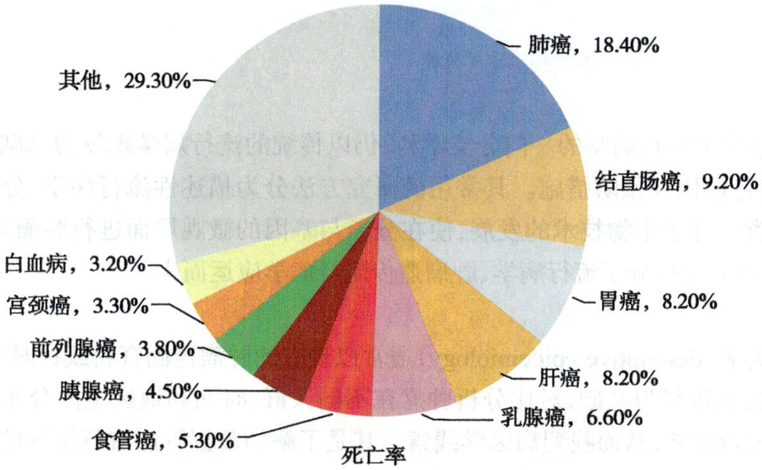
肺癌，18.40%
其他，29.30%
结直肠癌，9.20%
白血病，3.20%
宫颈癌，3.30%
胃癌，8.20%
前列腺癌，3.80%
肝癌，8.20%
胰腺癌，4.50%
乳腺癌，6.60%
食管癌，5.30%
死亡率

图 1-1-1　全球总癌症发病和死亡病例数构成比

癌症预防和早期发现、干预的工作开展较早，取得了显著的效果，而欠发达地区在此方面的工作仍然较落后；④发达国家肿瘤患者的生存率已得到明显改善，而欠发达地区恶性肿瘤患者的生存率较低。

此外，不同地区(国家)、人群(性别、年龄、种族以及职业)恶性肿瘤流行特征及癌症种类不同，可能与遗传背景、经济、饮食文化以及接触致病因素的机会不同有关。恶性肿瘤不仅严重威胁人类的健康，还加重了医疗、科研、预防和干预等各层面的经济负担以及劳动力的损失。

(二) 我国恶性肿瘤的流行现状

我国是世界上恶性肿瘤的高发国家。根据国家癌症中心发布的最新数据显示，2015 年全国新发恶性肿瘤病例数约为 392.9 万例，其中男性约为 215.1 万例，女性约为 177.8 万例。城市地区恶性肿瘤发病率(304.96/10 万)高于农村地区(261.40/10 万)。全国恶性肿瘤死亡例数约为 233.8 万例，其中男性约为 148.0 万例，女性约为 85.8 万例。城市地区恶性肿瘤死亡率(172.61/10 万)高于农村地区(166.79/10 万)。根据全国肿瘤登记中心 2006—2015 年的数据资料分析结果显示，近 10 年来，中国癌症整体发病、死亡呈逐年上升趋势，且女性增幅高于男性，农村增幅高于城市。调整年龄结构后，癌症发病增长趋势变缓，死亡趋于平稳。但随着人口老龄化趋势加剧及不良生活方式的广泛存在，我国癌症防治任务异常艰巨(图 1-1-2)。

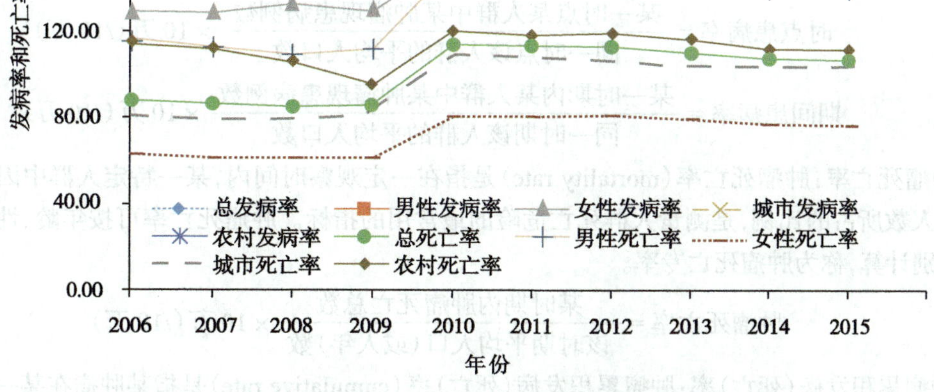
(1/10万)
240.00
200.00
160.00
120.00
80.00
40.00
0.00
发病率和死亡率
总发病率
男性发病率
女性发病率
城市发病率
农村发病率
总死亡率
男性死亡率
女性死亡率
城市死亡率
农村死亡率
2006
2007
2008
2009
2010
2011
2012
2013
2014
2015
年份

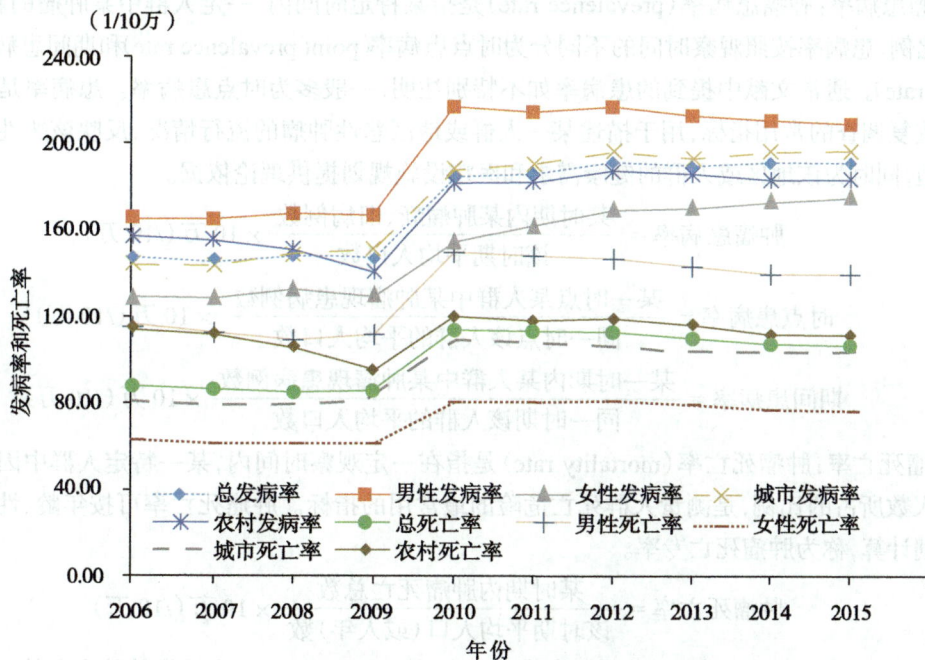

图 1-1-2　中国 2006—2015 年总的肿瘤发病和死亡趋势

二、肿瘤流行病学常用的研究方法

肿瘤流行病学作为流行病学的一门分支学科，仍以传统的流行病学现场为基础，研究肿瘤在人群中的分布规律、流行原因及预防措施。其常用的研究方法分为描述性流行病学、分析流行病学、实验性流行病学三大类。分子生物技术的发展，使在分子与基因的微观层面进行肿瘤流行病学的研究变成可能，肿瘤标志物和肿瘤分子流行病学、肿瘤遗传流行病学应运而生。

（一）描述性流行病学

描述性流行病学（descriptive epidemiology）通常以现有的肿瘤监测资料或针对某种肿瘤开展的专项调查所获得的数据资料为基础，对比分析肿瘤在不同人群、时间和地区上的分布差异，描述恶性肿瘤的发病状况和流行趋势，从而找到病因学线索。其是了解和掌握肿瘤流行情况的首选方法，是开展其他肿瘤研究工作的基础。

1. 肿瘤统计资料来源

（1）肿瘤登记报告：是掌握一个国家、地区肿瘤发病、死亡动态的一种基本方法。

（2）肿瘤死亡回顾调查：在短期内获得较大范围地区居民死亡情况、死因全部资料，为肿瘤“三早”（早发现、早诊断、早治疗）预防及开展现场防治研究提供科学依据。

（3）肿瘤病例资料：对门诊、住院的肿瘤病例进行统计分析，可以了解各种肿瘤大致比例情况，但不能真实反映该地区肿瘤发病情况。

2. 常用统计指标　掌握肿瘤的分布特征是进行肿瘤流行病学研究的基础。定量描述肿瘤分布的指标包括：构成比、比和率。描述性流行病学常用的指标包括：发病率、发病人数、患病率、患病人数、死亡率、死亡人数、生存率等。

（1）肿瘤发病率：肿瘤发病率（incidence rate）表示在一定时期内，某一特定人群中某种恶性肿瘤新发病例出现的频率。比较不同人群的肿瘤发病率，有助于探索肿瘤的发病因素。肿瘤发病按照不同的特征，如年龄、性别、地区、民族和婚姻状态等分别计算，称为肿瘤的发病专率。

$$\text{肿瘤发病率}=\frac{\text{某时期内某肿瘤的新发病例数}}{\text{该时期该人群中存在罹患同种肿瘤风险的平均人口数}}\times 10\text{万}(/10\text{万})$$

（2）肿瘤患病率：肿瘤患病率（prevalence rate）是指某特定时间内、一定人群中某肿瘤的新、旧病例数所占的比例。患病率按照观察时间的不同分为时点患病率（point prevalence rate）和期间患病率（period prevalence rate）。通常文献中提到的患病率如不特别注明，一般多为时点患病率。患病率是横断面研究及多次重复调查的常用指标，用于描述某一人群或地区恶性肿瘤的流行情况，反映该恶性肿瘤所致的疾病负担，同时为该地区或人群的健康需求和医疗设施规划提供理论依据。

$$\text{肿瘤患病率}=\frac{\text{某时期内某肿瘤新、旧病例数}}{\text{该时期平均人口数}}\times 10\text{万}(/10\text{万})$$

$$\text{时点患病率}=\frac{\text{某一时点某人群中某肿瘤现患病例数}}{\text{同一时点该人群的平均人口数}}\times 10\text{万}(/10\text{万})$$

$$\text{期间患病率}=\frac{\text{某一时期内某人群中某肿瘤现患病例数}}{\text{同一时期该人群的平均人口数}}\times 10\text{万}(/10\text{万})$$

（3）肿瘤死亡率：肿瘤死亡率（mortality rate）是指在一定观察时间内，某一特定人群中因某种恶性肿瘤死亡人数所占的比例，是测量人群死亡危险的最常用的指标。肿瘤死亡率可按年龄、性别、地区、民族等分别计算，称为肿瘤死亡专率。

$$\text{肿瘤死亡率}=\frac{\text{某时期内肿瘤死亡总数}}{\text{该时期平均人口（或人年）数}}\times 10\text{万}(/10\text{万})$$

（4）肿瘤累积发病（死亡）率：肿瘤累积发病（死亡）率（cumulative rate）是指某肿瘤在某一年龄阶段

内的按年龄（岁）的发病（死亡）率进行累积的总指标。累积发病（死亡）率消除了年龄构成不同的影响，故不需要标准化即可与不同地区直接进行比较。一般是计算 0~74 岁的累积发病（死亡）率。

$$\text{累积发病（死亡）率} = \sum[\text{年龄组发病（死亡）率} \times \text{年龄组距}] \times 100\%$$

（5）恶性肿瘤生存率：又称存活率（survival rate），指接受治疗的肿瘤患者或某肿瘤患者，经过 n 年（通常为第 1、第 3、第 5 年）随访后，仍存活的病例数所占的比例。生存率可以反映疾病的危害程度和患者的预后，同时也可以用于评价肿瘤治疗的远期效果。临床上常使用 5 年生存率对肿瘤治疗效果进行评价。

$$\text{恶性肿瘤生存率} = \frac{\text{经过若干年观察后尚生存的病例数}}{\text{最初的新诊断病例总数}} \times 100\%$$

值得注意的是，在比较不同地区、时间和人群中肿瘤发病率或死亡率时，应该比较对各年龄组结果进行调整的标化率，或者分别比较各年龄组的发病（死亡）率。如比较两组不同年龄结构的肿瘤发病率或死亡率，必须首先对两组人群的年龄结构进行标化，然后比较标化后的发病率或死亡率。标化的方法有直接法和间接法。

3. 常用研究方法　横断面研究是描述性流行病学主要的研究方法。

（1）定义：横断面研究（cross-sectional study），又称现况调查（prevalence survey），是指在某一人群中，应用普查或抽样调查的方法系统地收集在特定时间内这一人群中恶性肿瘤相关的所有资料，并对收集到的资料进行分析、总结，从而对恶性肿瘤的分布及与肿瘤相关的危险因素进行描述，为病因研究提供线索。

（2）设计类型：横断面研究的设计分为普查和抽样调查两种研究设计类型。普查（census）是指在特定时期和范围内，以符合条件的全部人群为研究对象，开展针对某一种恶性肿瘤的系列调查。抽样调查（sampling survey）是按照一定的比例，从所有符合条件的总体中随机抽取有代表性的一部分人作为样本进行调查，通过对样本研究对象的调查来估计其所在总体的情况。样本含量和随机抽样是决定样本是否具有代表性的基本原则。

（3）研究用途：横断面研究主要用于了解恶性肿瘤的发病情况和流行特征，为病因研究提供线索。

（二）分析流行病学

分析流行病学（analytic epidemiology）是根据描述性流行病学提供的线索，进一步在选择的人群中观察和分析恶性肿瘤的危险因素与恶性肿瘤之间的关联，检验所提出假说的一种方法。其研究目的是检验病因假设，并对危险因素的作用程度进行估计。分析流行病学包括队列研究和病例对照研究两种设计类型。

1. 队列研究

（1）定义：队列研究（cohort study），又称随访研究（follow-up study）、前瞻性研究（prospective study），是将某一特定人群按照是否暴露于某可疑因素或暴露程度分为不同的亚组，追踪观察一定的时间，比较两组或不同亚组结局发生率的差异，以检验该因素与某疾病有无因果关联及关联强度大小的一种观察性研究方法。其中的“暴露”是流行病学研究常用的术语，指研究对象接触过与结局有关的某物质、具备某些特征或处于某种状态。

（2）设计类型：根据研究对象进入队列和观察时间的先后顺序，队列研究可分为前瞻性、回顾性和双向性队列研究。

（3）研究对象：根据研究对象是相对固定还是不断变化，分为固定队列和动态队列。队列研究中研究对象的选择主要包括暴露组和非暴露组的选择。暴露组的研究对象应暴露于某研究因素并可以提供可靠的暴露和结局信息；非暴露组应是暴露组所来源的人群中非暴露者的全部或其随机抽样的样本，除研究因素外，其他与结局有关的因素在暴露组和非暴露组之间应可比。

（4）统计分析：队列研究最大的优势是可以直接计算发病率，因此可以根据其计算相对危险度、归因危险度（attributable risk，AR）、归因危险度百分比（attributable risk percent，AR%）、人群归因危险度

(population attributable risk, PAR)及人群归因危险度百分比(population attributable risk percent, PAR%)等。相对危险度(relative risk, RR)是指暴露组发病率(死亡率)与未暴露组的发病率(死亡率)之比，暴露组的发病或死亡危险性是非暴露组的多少倍(表 1-1-1)。RR 越大，暴露与疾病的关联强度越大；RR<1 表示该暴露因素有一定的保护效应。

(5)研究特点：队列研究属于观察法范畴；由“因”及“果”，可以判断因果关系；设立对照组；可同时观察和推断一种暴露与多种疾病之间的关联。

(6)研究用途：队列研究可用于检验病因假设；描述恶性肿瘤的疾病自然史；为制订有针对性的防治措施提供依据，并对其实施效果进行评价。

2. 病例对照研究

(1)定义：病例对照研究(case-control study)是一种由果及因的回顾性研究方法，是以确诊的患有某种恶性肿瘤的人群作为病例组，以不患有该种疾病但具有可比性的个体为对照，利用已有的记录或采用问卷调查等流行病学方法、实验室检查等手段，了解其过去的暴露情况，比较两组暴露于某危险因素的百分比，判断暴露因素与所研究恶性肿瘤之间关联的一种观察性研究方法。

(2)研究设计：病例对照研究的设计可分为病例与对照匹配和不匹配两种设计类型。病例与对照匹配可分为频数匹配(frequency matching)和个体匹配(individual matching)，1∶1 匹配又称配对(pair matching)。匹配(matching)是一种采用部分限制选择对照的方法，要求对照除了研究因素以外的其他因素或特征与病例保持一致，排除其他混杂因素。匹配的目的在于：①增加研究对象的信息量，减少样本量，从而提高研究效率；②控制混杂因素，避免混杂偏倚。需要注意的是，匹配的变量应是已知或有理由怀疑的混杂因素，否则会造成匹配不当。

(3)研究对象：病例对照研究的研究对象(包括病例和对照)多来源于研究总体的随机样本。病例主要来自医院和社区，而对照则为来自同一总体未罹患所研究疾病的有代表性的个体。

(4)统计分析：病例对照研究采用比值比来估计暴露和疾病之间的关联强度。比值比(odds ratio, OR)是病例组中暴露比值与对照组中暴露比值之比(表 1-1-1)。当 OR>1 时，说明暴露使疾病发生的危险增加，是疾病的危险因素，称为“正关联”；当 OR=1 时，两者没有关联；当 OR<1 时，说明暴露使疾病发生的危险降低，是疾病的保护因素，称为“负关联”。

表 1-1-1 分析流行病学资料整理及统计方法

A. 队列研究资料整理及统计方法

暴露的情况	患病	未患病	合计
暴露	a	b	$a+b$
非暴露	c	d	$c+d$
合计	$a+c$	$b+d$	n

RR= $[a/(a+b)]/[c/(c+d)]$

B. 病例对照研究(非匹配)资料整理及统计方法

暴露的情况	病例组	对照组	合计
暴露	a	b	$a+b$
非暴露	c	d	$c+d$
合计	$a+c$	$b+d$	n

病例组暴露的情况 = $[a/(a+c)]/[c/(a+c)]$

对照组暴露的情况 = $[b/(b+d)]/[d/(b+d)]$

OR= $(a/c)/(b/d)=ad/bc$

续表

C. 病例对照研究(匹配)资料整理及统计方法

对照组暴露的情况	病例组暴露情况		合计
	暴露	非暴露	
暴露	a	b	$a+b$
非暴露	c	d	$c+d$
合计	$a+c$	$b+d$	n

OR=b/c

(5)研究特点:病例对照研究属于观察研究;由"果"探"因",不能做因果关联的判断;设立对照组;可同时观察和推断一种疾病与多种因素之间的关联。

(6)研究用途:病例对照研究一般可用于初步验证病因假设;提供病因线索;为制订有针对性的防治措施提供依据,并对其实施效果进行评价。

(三)实验性流行病学

1. 概述

(1)定义:实验性流行病学(experimental epidemiology)是研究者根据研究目的,将研究对象分为不同的暴露组,人为施加不同水平的暴露因素(干预或对照措施)后,对研究对象随访观察,比较分析不同暴露组间结局发生的不同,以判断暴露因素是否对结局发生有效应。当研究对象不能随机分组或无平行对照时,称为类实验(quasi-experiment)或准实验研究。不设立对照组时,常以自身前后对比或与他人结果对比。

(2)设计类型:实验性流行病学一般分为临床试验和干预试验。

(3)研究特点:实验性流行病学区别于观察流行病学之处在于研究者可以人为地施加干预措施。其主要特征:①施加干预措施;②随机分组;③设立平行对照组。

(4)研究用途:实验性流行病学研究多用于验证病因假设,确定疾病的危险因素,以及评价干预手段预防疾病的效果。

(5)实验性流行病学中的规范与伦理学问题:实验性流行病学以人为研究对象开展研究,研究对象的安全与健康不受侵害是首要原则。在研究开展的全过程中都必须严格遵守临床试验规范(Good Clinical Practice,GCP)和伦理规范,应遵循研究的科学性和伦理的合理性两大基本原则。研究对象必须充分了解研究项目内容,知晓研究的目的、方法、预期效果以及可能的风险,自愿参加并签署知情同意书。

2. 临床试验

(1)定义:临床试验(clinical trial)是在人群尤其是患者中,通过设立对照,按照随机分组的形式,试验组给予新药或新疗法,对照组给予常规疗法,随访观察,以评价新药、新疗法的治疗效果,收集不良反应,为药物进入临床使用提供有效性与安全性依据。

(2)遵循的原则:临床试验必须遵循的原则是随机化、盲法、对照、多中心研究及符合伦理道德。

(3)研究设计:临床试验根据其研究目的可分为探索性试验(例如:Ⅱ期新药临床试验)和验证性试验(例如:Ⅲ期新药临床试验);依据设计方案可以分为平行设计、交叉设计、析因设计及序贯设计等类型。

(4)研究对象:临床试验的研究对象应根据研究目的进行选择。不论研究对象来自何处,选择应严格遵循统一的诊断标准、纳入标准和排除标准。

(5)统计分析:临床试验的结果应报告随机进入各组的实际病例数、失访和剔除的病例数及其原因、不同组间的基线特征比较并以此确定是否可比,并对所有疗效的评价指标进行统计和临床意义分析。此外,安全性评价应包含不良临床事件和实验室指标的统计分析,对严重不良事件应详细描述和评价。

(6)常用指标：临床试验的常见结局为疾病的治愈或改善、症状的缓解、生存时间的延长，也包括疾病的复发、患者死亡等。常用的指标有：

有效率(effective rate)= 治疗有效例数 / 治疗的总例数 ×100%

死亡率(mortality)= 死亡例数 / 治疗的总例数 ×100%

事件发生时间(time to event)= 从试验开始到研究结局发生所经历的时间

不良反应发生率 = 发生不良反应的例数 / 可能发生不良反应的治疗例数 ×100%

(7)临床试验分期：新药临床试验根据研究阶段和目的分为4期：Ⅰ期临床试验目的是在动物药理毒理实验基本成功的基础上，首次应用于人体，初步评价新药的人体耐受性和药动学试验，研究对象10~30人。Ⅱ期临床试验(探索性临床试验)的目的是初步评价药物或治疗手段的有效性和安全性，为Ⅲ期临床试验的设计、终点和方法学提供依据，研究对象100~300人；Ⅱ期临床试验设计根据有无对照组，分为单臂试验和随机对照试验(randomized controlled trial，RCT)。Ⅲ期临床试验(确证性临床试验)一般称为RCT设计，确证药物的疗效、安全性和不良反应，研究对象1 000~3 000人。Ⅳ期临床试验于新药上市后开展，一般为开放队列研究，监测和收集药物的疗效、适应证和不良反应等信息。

(8)研究用途：临床试验常用于评价药物或治疗方法的效果。

3. 干预试验

(1)定义：干预试验(intervention trial)是指在研究者的控制下，对自然人群采取某项干预措施，施加或消除某种因素，来评价其对该人群恶性肿瘤相关结局事件的影响。

(2)遵循的原则：干预性研究是一种前瞻性研究，需要遵循随机化、盲法和对照的原则。但若受实际条件所限不能随机分组或不能设立平行的对照组时，可以按照类实验设计。

(3)研究设计：干预试验包括现场试验和社区干预试验。现场试验根据其用途不同，又可分为预防性试验和病因试验。

(4)研究对象：现场试验的研究对象为未患某种恶性肿瘤的人群，一般需要到"现场"，如工作场所、家庭、部队、学校等进行调查或建立研究中心。现场试验与临床试验相同之处在于研究对象均按随机的原则分为试验组(或称干预组)和对照组。社区干预试验是现场试验的扩展，主要涉及整个社区范围的干预，两者的根本区别在于干预措施的目标对象，是针对个人的，还是针对一定地域、行政区域或某特定人群的。例如人乳头瘤病毒疫苗是针对个人的现场试验，针对某一个社区的戒烟干预项目则是社区干预试验。

(5)统计分析：干预试验的结果应报告未施加干预措施前人群的基线情况，对比施加干预措施以后所研究疾病的发生情况，对所有疗效的评价指标进行统计和临床意义分析。此外，还应描述出现的不良临床事件，并对其实验室指标进行统计分析。

(6)研究终点的选择：干预研究一般以某种肿瘤发病率和死亡率作为研究终点，也可以选择替代性研究终点(中间结局变量)，如癌前病变的发生率等，选择替代性研究终点可以使观察期缩短，减少所需样本量。

(7)研究特点：干预试验属于实验法而非观察法；一般设立严格的对照组；样本量大、研究时间长；实验的方向是前瞻性的。

(8)研究用途：干预试验常用于验证恶性肿瘤的病因，评价预防恶性肿瘤措施或公共卫生策略的效果。

(四)肿瘤筛查

肿瘤的三级预防包括：一级预防，主要针对病因和危险因素进行干预；二级预防，着重于早期发现、早期诊断和早期治疗；三级预防，主要是改善肿瘤患者的生活质量和预后等。其中，肿瘤筛查是最为常用的二级预防方法。

1. 定义　肿瘤筛查(cancer screening)是通过快速、简便的检验 / 检查或其他措施，在健康人群中发现那些表面健康但可能患有某肿瘤的人。其目的是早期发现肿瘤患者或者肿瘤的高危人群，通过尽早地干预、诊断和治疗，以防止或延缓疾病的进展及其并发症（包括死亡）。

2. 对肿瘤筛查试验进行评价　采用盲法将新的筛查方法与标准方法（即“金标准”）进行同步比较，获得筛查结果的真实性和可靠性结果。需要考虑：①是否有公认可靠的肿瘤诊断“金标准”；②是否准确地设立对照组；③是否明确定义诊断试验的阳性和阴性；④是否采用了盲法；⑤是否准确地列出了四格表；⑥是否准确地计算了灵敏度、特异度、阳性与阴性预测值。

3. 评价指标　筛查试验评价指标一般包括灵敏度、特异度、似然比、符合率、Kappa 值、预测值等。

（五）生物标志物及肿瘤分子流行病学

肿瘤分子流行病学通过研究肿瘤标志物在高危人群和癌症患者中的分布及影响因素，对机体致癌物质暴露、生物学效应以及个体遗传易感性进行测量和评价，试图打开肿瘤病因的“黑箱”，全面阐明癌症发病的疾病自然史，为肿瘤病因研究和预防措施评价开辟新的途径。肿瘤分子流行病学最重要的特点就是肿瘤生物标志物的应用。肿瘤标志物（tumor marker，TM）是指肿瘤细胞区分于正常细胞的分子特征，可以由肿瘤本身产生，也可由其他组织如免疫系统应对癌症所产生。根据肿瘤发生、发展的生物变化过程，可将 TM 分为 4 大类：体内暴露剂量、生物有效剂量、早期生物学反应及遗传易感性标志物。肿瘤生物标志物在致癌物暴露测量、危险性评价、筛查和诊治手段选择、疗效评估、预防策略制订等方面起着非常重要的作用。

理想的肿瘤标志物应具有下列特征：①特异性好，仅在肿瘤患者中升高，非肿瘤患者中应为阴性；②敏感度高，在所有肿瘤患者的早期即能检测到；③器官特异性，仅在某种特定肿瘤中升高，而其他类型的肿瘤无升高现象；④与肿瘤大小或分期有关，最好能呈线性关系；⑤对疗效监测和预后判断有参考价值。目前绝大多数肿瘤标志物的敏感性和特异性都达不到单独诊断肿瘤的要求，在临床上需结合病理学和影像学等一起应用。

（六）肿瘤遗传流行病学

肿瘤遗传流行病学（cancer genetic epidemiology）是从人群角度研究肿瘤的分布规律及病因，了解遗传因素与环境因素在一般人群和家系人群中的分布及影响分布的因素，发现定量遗传与环境因素的交互作用，为肿瘤的预防和控制提供依据。在进行肿瘤遗传流行病学研究时，通常须从群体和家系两方面进行考虑。核心方法包括：①非血缘关系的一般人群的描述性研究、分析性研究（如基因、环境的相关分析）；②血缘关系的家系群体的描述性研究、分析性研究（如双生子研究、分离分析、连锁分析等）。同时还应注重基因 - 基因、基因 - 环境的交互作用。

三、肿瘤流行病学研究的真实性

在肿瘤流行病学的研究中，无论采用何种研究方法都需要考虑研究结果的真实性，而真实性又取决于研究结果的有效性和精确性，重点关注内部的有效性和精确性。

（一）基本概念

真实性（validity）又称效度，是指研究结果与客观事实保持一致的程度，或者说不存在误差的程度。研究结果与客观实际偏离越大，真实性就越差。真实性的反面就是误差。

误差（error）是指研究测量值和真实值之间的偏差，包括系统误差和随机误差。这两类误差贯穿于流行病学研究的设计、实施、分析和推断的全过程。根据误差产生的来源，可以从内部真实性和外部真实性两方面进行评价。

内部真实性（internal validity）是指研究结果与实际研究对象真实情况的符合程度，可以正确地反映研究因素与疾病之间真实关联的程度，内部真实性越高，该项研究就越有价值。

外部真实性（external validity）又称普遍性（generalizability），是指研究结果可以外推到除研究人群以外的人群中的程度，外部真实性越高，研究结果越具有普遍性推广意义。

内部真实性是流行病学研究的必要条件，如果没有内部真实性，就不可能具备外部真实性；但是，具有内部真实性却不一定就具备外部真实性。想要获得真实、可靠的研究结果，需充分考虑随机误差和系统误差的产生原因、性质、评价指标等，从两者的特点出发，采取相应的预防措施和控制方法，尽量减少随机误差，有效控制或消除系统误差。

（二）随机误差

随机误差（random error）又称为机遇误差（chance error），或称偶然误差（accidental error），是指随机抽样所得的均值与总体参数的差异，源于随机抽样和测量的随机变异，包括抽样误差和随机测量误差等。随机误差只能减少，不可避免。随机误差的大小可以反映研究的精确性，随机误差小则研究信度高，精确性好。精确性的提高有赖于样本量的增加、选择合适的研究对象和研究指标以及适当的统计分析方法。

（三）系统误差

系统误差（systematic error）又称偏倚（bias），是指在研究设计、实施、分析或推论过程中，所得的结论系统地偏离真实值。偏倚具有方向性，它既可能夸大效应值也可能缩小效应值，根据偏倚对结果的影响，可以分为正偏倚(结果被高估)和负偏倚(结果被低估)。根据偏倚产生的阶段，可以分为选择偏倚、信息偏倚和混杂偏倚 3 类。

1. 选择偏倚　研究设计阶段，选入的研究对象在暴露或疾病有关的特征上与未被选入者有系统误差，使得暴露与疾病之间的关联系统地偏离了目标人群中该因素与疾病之间的真实联系，即为选择偏倚（selection bias）。控制选择偏倚的有效方法包括科学严谨的设计、严格实施研究方案及合理分析资料等。

2. 信息偏倚　研究实施阶段，从研究对象获取的关于暴露和疾病的信息时出现的系统误差，即为信息偏倚（information bias），主要来源于测量或资料收集方法的问题。控制信息偏倚的有效方法包括校准测量工具、采用盲法和客观评价指标、提高调查技巧等。

3. 混杂偏倚　由于一个或多个外来因素的作用，影响了暴露与疾病之间本来的关联，称为混杂偏倚（confounding bias），引起混杂的因素称为混杂因素（confounding factor）。混杂因素应符合以下条件：①必须与所研究疾病的发生有关，是该病的危险因素之一；②必须与所研究的暴露因素有关；③一定不是暴露因素与疾病病因链上的中间环节。控制混杂偏倚的有效方法包括设计阶段采用限制、随机化和配比的方法，分析阶段采用标准化、分层分析和多因素分析的方法等。

（四）真实性的把握

在研究设计之初，就需要关注各环节可能出现的偏倚和混杂，注意完善设计方案、选择恰当的研究方法、合理把握研究的真实性。具体措施包括：①严格选取有代表性的研究对象，争取患者良好的依从性，减少其失访率；②尽可能选取随机分组，使得病例和对照组之间可比，设立严格的纳入和排除标准；③测量和判定结果时应实行盲法，多使用客观指标，保证资料精确可靠；④分析时采用分层分析或多因素分析，排除已知混杂因素的干扰；⑤明确资料收集方法，进行严格的质量控制。

本章小结

1. 恶性肿瘤近年来在全球的发病率和死亡率明显升高，预计未来仍将保持持续增长趋势，形势严峻，不容乐观，成为亟待解决的重大全球性公共卫生问题。

2. 肿瘤流行病学不仅可以掌握肿瘤的流行病学特征、可疑病因及发病机制，还可为高危人群、全人群的筛查和防控提供参考依据，尤其是分子生物技术、大数据等手段的应用，对肿瘤的防治具有重要意义。

3. 肿瘤流行病学的研究包括传统的描述、分析、实验性研究和新型肿瘤分子流行病学及肿瘤遗传流行病学研究等。传统肿瘤流行病学的研究从宏观层面探索、揭示肿瘤病因并验证预防措施效果，而肿瘤分子流行病学和肿瘤遗传流行病学则从微观层面探究肿瘤遗传因素的作用。

4. 学习和掌握肿瘤流行病学的研究方法，对于更好地认识恶性肿瘤的病因和危险因素，探讨有效的治疗措施，积极地预防和控制恶性肿瘤有着重要的意义。

思考题

1. 肿瘤流行病学的研究对象和研究特点是什么？
2. 目前肿瘤流行病学面临哪些具体的挑战？对我国肿瘤防治具有什么样的认识？
3. 肿瘤流行病学的主要研究方法有哪些，各种方法的优缺点是什么？
4. 肿瘤流行病学结果外推受哪些因素影响？如何控制这些因素，可以使结果的外推性更好？

（赵方辉）

第二章
肿瘤的危险因素

肿瘤的发生是一个极其复杂的过程，它是宿主与环境之间复杂、动态的相互作用过程。宿主因素主要是机体的遗传和健康状况（如免疫、生理、心理和神经内分泌等）。环境因素包括化学因素、物理因素和生物因素，通过生产和生活方式接触暴露（如空气污染、食物和水污染、职业接触、吸烟和过度饮酒等）。各种环境和遗传因素协同作用导致机体慢性炎症，引起细胞遗传学改变并不断积累，最终导致肿瘤的发生。

第一节　肿瘤的环境危险因素

根据目前对肿瘤病因的认识，80%~90% 的人类肿瘤与环境因素有关。环境因素主要包括化学因素、物理因素和生物因素。环境污染物（如空气污染）、职业暴露（如苯暴露）、生活方式（如吸烟、过度饮酒、腌制食物、过热饮食等习惯）、社会压力等均属于环境因素。各种环境因素对肿瘤发病的影响程度不同。在与肿瘤相关的环境危险因素中，化学因素最常见。

根据与肿瘤发生相关性证据的强度，世界卫生组织（WHO）所属的国际癌症研究机构（IARC）综合评价某种因素的人类致癌证据、实验动物致癌证据及致癌机制方面的证据，将致癌物分为下列类别：

1 类致癌物：确定对人类致癌，如苯、甲醛、X 线、乙型肝炎病毒感染等。

2 类致癌物：可能对人类致癌，根据对人类致癌性证据的水平，这一类又被分为 2 个亚类，即 2a（很可能对人类致癌）和 2b（可能对人类致癌）。与 2b 类的致癌因子相比，2a 类证据更加充分一些。2a 类致癌物在实验动物中致癌证据充分但在人类致癌证据有限，如食用红肉、苯乙烯、超过 65℃热饮 / 食等；2b 类致癌物在人类中致癌证据有限，在动物实验中发现的致癌性证据尚不充分，对人体的致癌性的证据有限的，如抗艾滋病药物齐多夫定、铅、汽油等。

3 类致癌物：对人类致癌性暂不能分类，根据现有证据无法将该物质对人类的致癌性进行分类。

目前，IARC 已将 1 000 多种物质对人类的致癌性进行了评估分类，1 类致癌物有 120 种，2a 类有 83 种，2b 类有 314 种，3 类有 500 种。人类致癌物通常具有一个或多个特征。基于致癌机制研究结果，IARC 总结了致癌物的 10 个特征：①为亲电体，或经代谢后为亲电体；②具有遗传毒性；③改变 DNA 修复能力或导致基因组不稳定性；④引起表观遗传改变；⑤引起氧化应激；⑥引起慢性炎症；⑦抑制免疫；⑧调节受体介导效应；⑨导致永生化；⑩改变细胞增殖、细胞凋亡或营养供应。其中具有遗传毒性是最普遍的机制特征。

肿瘤的发生发展可分为启动（initiation）、促进（promotion）和进展（progression）3 个阶段。环境因素是肿瘤发生的始动因素。环境致癌因素可直接或间接经细胞生物转化后，与靶细胞基因组 DNA 或蛋白质相互作用，引起基因结构和功能的改变，经细胞分裂增殖固定下来，造成单个或少量细胞发生永久性、不可逆的遗传性改变，导致细胞增殖和分化异常，这是肿瘤发生的启动阶段。此后，已启动癌变过程的细胞可在已改变基因组因素的作用下，在促癌炎症微环境的培育和选择下，形成具有侵袭性的恶性肿瘤。

一、化学因素

1915 年，日本学者山极胜三郎和市川厚一用煤焦油多次涂搽兔耳，诱发了皮肤癌，为化学因素致癌提供了直接的动物实验证据，引发了人们对化学物质致癌的广泛深入研究。化学致癌物指能引起或诱导正常细胞发生恶性转化并发展为肿瘤的一类化学物质。主要包括烷化剂、多环芳烃、芳香胺、亚硝胺、脂肪烃类。苯、环氧乙烷、芥子气和氯乙烯都属于烷化剂。多环芳烃以苯并(a)芘最为典型。亚硝胺类，如硝酸盐和亚硝酸盐发生仲胺反应后生成的亚硝胺。脂肪烃类，如双氯甲醚和聚氯乙烯单体等。这些化学致癌物有的是天然存在的，如黄曲霉毒素；有的是吸烟、食品加热处理、发动机加热等生产生活过程中产生的致癌物质，如高温烹饪过程产生高浓度的丙烯酰胺；有的是人工合成的物质，如工业制品、溶媒、食品添加物、药品等。

这些化学致癌物分布于人类生产和生活环境中，包括污染的空气、水体和食物。例如，甲醛是一种重要的化工原料，主要用于生产脲醛、酚醛、三聚氰胺 - 甲醛树脂和缩醛树脂等，这些树脂被用作黏合剂和浸渍树脂以生产刨花板、纤维板、胶合板等木制品，以及纺织、皮革、橡胶等。甲醛还可用作消毒剂、杀菌剂和防腐剂等。IARC 将甲醛列为 1 类致癌物，经呼吸暴露是一般人群最主要的暴露途径。流行病学研究表明，甲醛暴露与鼻咽癌危险度升高相关，甲醛暴露人群白血病尤其是髓细胞性白血病的危险性显著升高。多环芳烃是环境中有机物热解和不完全燃烧的产物，如工业加工和燃烧过程，固体废弃物焚烧、烟草烟雾等。多环芳烃广泛分布于大气、水、土壤等环境介质中，是世界各国共同关注的有机污染物。目前发现有 400 多种多环芳烃具有致癌作用，其中苯并(a)芘是致癌性最强的多环芳烃化合物之一，其可通过皮肤、呼吸道、消化道被人体吸收，有诱发皮肤癌、肺癌、结直肠癌、胃癌、膀胱癌等作用；苯是一种重要的工业化学品，被广泛用作溶剂及化工原料，用于生产染料、洗涤剂、塑料等产品，同时也被用作汽油添加剂。苯作为 1 类致癌物，可导致急性髓细胞性白血病等。

烟草的使用是迄今为止导致人类肿瘤发生和死亡的最主要原因。有充分证据证明吸烟可导致的肿瘤有肺癌、口腔癌、咽癌、喉癌、鼻咽癌、胰腺癌、膀胱癌、肾癌、食管癌、胃癌、结直肠癌、肝癌、宫颈癌和急性白血病。二手烟(环境烟草烟雾)已被证明能够使不吸烟者罹患肺癌。烟草烟雾中有超过 70 种化合物对人类或实验动物有致癌性，其中 16 种为 1 类人类致癌物，例如：苯、苯并(a)芘、*N'*- 亚硝基降烟碱(NNN)、4-(N- 甲基亚硝胺基)-1-(3- 吡啶基)-1- 丁酮(NNK)、甲醛、乙醛、环氧乙烷等。无烟烟草(也被称为口用烟草、嚼烟或鼻烟)已知含有多种致癌化合物，包括高水平的烟草特异性亚硝胺，可导致口腔癌、食管癌和胰腺癌。酒精及酒精饮料中的乙醇代谢(分解)物乙醛，均为 1 类人类致癌物，酒精诱发人类口腔、咽喉、食管及肝脏等器官癌症的证据充分。

饮用水或室内和周围空气污染可能会带来环境致癌化学物质暴露。燃煤造成的室内空气污染使肺癌发生风险加倍。据报道，带有致癌化学物质的空气、水和土壤环境污染导致的癌症占癌症总病例的 1%~4%。全世界由于使用家用燃煤导致室内空气污染而造成的肺癌死亡约占肺癌死亡总数的 1.5%。致癌物还可因化学物质造成的食品污染而暴露，如黄曲霉毒素或二噁英。

化学致癌物的作用机制很复杂。一些致癌物质进入人体后可以直接诱发肿瘤，这种物质称为直接致癌物，如甲醛、硫芥、环氧乙烷；而大多数化学致癌物进入人体后，需经过体内代谢活化或生物转化，成为具有致癌活性的最终致癌物，方可引起肿瘤发生，这种物质称为间接致癌物，如多环芳烃和苯。化学致癌物的常见共同特征为带有或激活后带有亲电子基团，这种亲电子化合物可与核酸或蛋白质形成共价结合，导致 DNA 损伤或蛋白质功能改变。DNA 损伤如果不能被有效修复，严重者细胞将发生凋亡，但逃避了凋亡的细胞终将造成基因突变而在子代细胞中保留下来。目前认为，化学致癌物引起的DNA核酸序列编码信息改变，从而导致癌基因和抑癌基因突变是细胞恶变的分子基础。此外，一些化学物质可诱导基因组表观遗传改变，如DNA甲基化、组蛋白修饰、microRNA表达等，从而影响基因表达水平或DNA修复，在肿瘤发生发展中发挥作用。

二、物理因素

1895年伦琴发现X射线，不久人们就意识到电离辐射具有致癌性。1945年原子弹在日本广岛和长崎爆炸后的幸存者中，白血病发病率明显增高，而且距爆炸中心越近，接受辐射剂量越大者，白血病发病率越高。1986年苏联切尔诺贝利核电站泄漏，当地儿童和青少年患甲状腺癌的风险增加5倍以上。1925—1943年美国放射科医生的白血病死亡率较一般医生高10倍以上。这些证据均证实了辐射的致癌风险。目前已经肯定的物理致癌因素主要包括：电离辐射、太阳和紫外线辐射、某些矿物纤维如石棉和毛沸石。另外，某些粉末及细小颗粒如木尘、皮革粉末、石英或方石英形式的晶状硅尘，以及含颗粒物的室外空气污染均被列为1类致癌物。

辐射是指能量以电磁波或粒子的形式向外扩散的一种现象，主要分为电离辐射和非电离辐射。电离辐射是一切能引起物质电离的辐射总称，包括高频的电磁辐射（如X射线和γ射线）和粒子辐射（如α射线、β射线、中子射线和质子射线等）。非电离辐射的能量比较低，不能使物质原子或分子产生电离辐射，如紫外线、可见光、无线电波等。

X射线和γ射线均是高能电磁辐射，均能与机体相互作用时产生带电的次级粒子，从而引起构成生物机体的物质，特别是水分子和生物大分子的电离与激发。X射线和γ射线电离密度小，但穿透能力很强，能穿透深层组织，造成较大损伤。α射线的电离密度大，但穿透能力很弱，因此外照射时对机体的损伤作用很小，而在体内照射时对机体的损伤作用很大。β射线的电离能力小于α射线，但穿透能力较大，外照射时可引起皮肤表层损伤，内照射也可引起明显的生物效应。

根据来源，电离辐射可分为天然辐射和人工辐射。天然辐射又称为本底辐射，我们每个人都暴露于来自土壤、宇宙射线、岩石及建筑材料等的辐射中。暴露于外部辐射约占全球平均天然辐射剂量的40%，其余是由于内部辐射，主要来自氡。氡作为一种放射性气体，在铀的天然放射性衰变中产生，主要来源于地基和周围的岩石土壤中，它无色、无味，很容易脱离地面进入空气，在空气中衰变为氡子体。氡子体附着在微小的灰尘粒子上被吸入肺中，可在肺内沉积，其衰变产生的α粒子可造成DNA损伤，导致非正常分裂，引发癌症。据估计，居住地土壤和建筑材料中的氡气暴露导致的肺癌占肺癌总数的3%~14%，成为继烟草之后的第二大肺癌病因。人工辐射主要来自：①人工放射性核素，如核爆炸可产生2 000多种放射性核素；②各种不同类型的放射源和射线装置，如影像诊断、核医学和肿瘤放射治疗相关的射线装置；③核反应，如核反应堆、核电站在产生巨大能量的同时，也产生大量放射性核素和辐射。尽管各种电离辐射致癌物的来源、能量水平、穿透活体组织的能力不同，但主要的致癌机制相似。电离辐射可能通过释放能量或电离产生自由基，直接或间接产生广泛的DNA损伤和突变，导致基因缺失、染色体损伤和遗传不稳定，进而引发癌症。电离辐射可引起人类多种癌症，如白血病、肺癌、甲状腺癌、肝细胞癌、胃癌、食管癌、胆囊癌、结直肠癌、乳腺癌、肾癌、膀胱癌、多发性骨髓瘤、恶性淋巴瘤、皮肤癌、脑瘤、神经母细胞瘤等。不同的组织器官对辐射致癌的敏感性不同，有些组织器官至今未见辐射诱发的癌症，如前列腺癌、睾丸癌、宫颈癌等。此外，一些癌的遗传易感者同时也具有较高的辐射致癌敏感性。如Li-Fraumeni综合征患者放疗时具有辐射致癌超敏感性，放疗后二次肿瘤死亡危险较一般人增高约10倍。

紫外线辐射（ultraviolet radiation，UVR）是波长位于100~400nm的电磁辐射总称，主要来源于太阳光。太阳辐射的致癌性与UVR组分有关。根据波长可将UVR分为3个波段：长波紫外线（UVA，320~400nm）、中波紫外线（UVB，280~320nm）及短波紫外线（UVC，190~280nm）。正午太阳地面辐射的 UVR 组分为 95% 的 UVA 和 5% 的 UVB，UVC 和大部分 UVB 被大气臭氧吸收。紫外线暴露是各种类型皮肤癌发生的主要危险因素。生活在紫外线高或者年平均太阳亮度较高的地区会增加患皮肤癌的风险，其中患鳞状细胞癌的风险最大，其次是基底细胞癌，然后是黑色素瘤。职业性紫外线暴露会使鳞状细胞癌和基底细胞癌的风险升高。紫外线晒黑设备同样会导致皮肤恶性黑色素瘤和眼部黑色素瘤。目前认为紫外线的致癌机制主要与 DNA 损伤有关，具有较高能量的 UVB 和 UVC 可直接引起 DNA 损伤，如引起 DNA 链断裂或链交联；而 UVA 主要通过产生氧化物间接损伤 DNA。普遍的效应是相邻嘧啶碱基之间产生环丁烷二聚体，影响 DNA 的复制和转录功能。如果紫外线辐射产生的 DNA 损伤不能被机体有效修复，则可能引起癌症。皮肤色浅的人群更容易受日光紫外线的损伤，患紫外线相关皮肤癌的风险较高。

石棉是一系列天然的纤维状硅酸盐类矿物质的总称，为 1 类致癌物。主要的暴露途径是吸入。石棉引起的恶性肿瘤最常见的是肺癌，其次是恶性间皮瘤、胃肠道肿瘤。石棉致癌过程涉及石棉纤维和靶细胞之间的相互作用。主要致癌机制可能涉及以下 3 方面：①诱导巨噬细胞活化和持续炎症，导致慢性肺纤维化或石棉肺、基因毒性和表观遗传改变；②产生氧自由基导致 DNA 损伤；③通过直接物理作用干扰有丝分裂。另外，毛沸石是一种天然纤维状钠钾钙铝硅酸盐矿物，其许多性质与石棉相似，在 IARC 中为确定致癌物，其致癌机制与石棉相似，可引起肺癌和胸膜间皮瘤。

三、生物因素

生物致癌因素主要是致癌性病毒，也包括一些细菌及寄生虫。凡能引起人或动物肿瘤或是体外能使细胞恶性转化的病毒称为致瘤病毒（oncovirus）。致瘤病毒按其核酸的种类分为 DNA 致瘤病毒和 RNA 致瘤病毒。DNA 病毒类的乙型肝炎病毒（hepatitis B virus，HBV）与肝细胞癌，人类疱疹病毒（Epstein-Barr virus，EBV）与鼻咽癌和 Burkitt 淋巴瘤，人乳头瘤病毒（HPV）与宫颈癌的发生密切相关。RNA 病毒类的人 T 细胞白血病病毒 -1（human T-cell lymphotropic virus type 1，HTLV-1）与成人 T 细胞白血病 / 淋巴瘤、卡波西肉瘤疱疹病毒（Kaposi sarcoma herpes virus，KSHV）与卡波西肉瘤、丙型肝炎病毒（hepatitis C virus，HCV）与肝细胞癌的发生密切相关。

某些细菌或寄生虫感染也与肿瘤的发生相关，例如幽门螺杆菌（*Helicobacter pylori*，Hp）感染与非贲门部胃癌的发生密切相关。1994 年，IARC 将幽门螺杆菌确定为 1 类致癌物。肿瘤相关寄生虫主要是肝吸虫（华支睾吸虫）和裂体吸虫（日本血吸虫和埃及血吸虫）。在我国分布的华支睾吸虫为 2a 类致癌物，与胆管癌的发生密切相关；日本血吸虫为 2b 致癌物，与结直肠癌相关；埃及血吸虫为 1 类致癌物，可诱发膀胱癌。

不同病原体的致癌机制不尽相同，主要有以下 3 种途径：

（一）直接致癌

目前发现的直接致癌的病原体主要是病毒。致癌性病毒感染细胞后，可通过转导或插入诱变两种机制将其遗传物质整合到宿主细胞 DNA 中，使病毒基因成为宿主细胞 DNA 的一个组成部分，干扰细胞分裂、分化，使其发生癌变，这种现象也称细胞转化。判定一种病毒是否直接致癌须同时满足以下 3 个条件：①在每个癌细胞中都能检测到该病毒的基因组或其部分基因；②该病毒能在体外环境使靶细胞永生化；③能表达与细胞蛋白相互作用的癌基因，并有破坏细胞周期检查点、抑制细胞凋亡、使细胞永生化的多功能特性。致癌机制为直接致癌的病原体包括 HBV、HPV、EBV、HTLV-1 和 KSHV。

（二）经慢性炎症间接致癌

部分病原体感染人体后形成慢性炎症，导致感染细胞或炎症细胞分泌大量细胞因子、趋化因子和前列腺素，释放大量氧自由基，通过致突变作用致癌。HCV、幽门螺杆菌以及寄生虫类病原体均属此类机制。

(三) 经免疫抑制间接致癌

病原体可通过引起机体免疫抑制，间接引发肿瘤。人类免疫缺陷病毒1型(human immunodeficiency virus type 1，HIV-1)主要攻击人体免疫系统，当免疫系统功能下降，尤其是免疫监视功能逐渐丧失时，感染者发生多种肿瘤的风险增加，特别是卡波西肉瘤和淋巴瘤。

四、行为及生活方式

上述致癌性理化因素和生物因素无不是通过人们的生活方式及生产活动而侵入人体。因此，近年来大量肿瘤流行病学研究发现，多种不良生活方式与肿瘤发生风险相关，包括不良饮食习惯、吸烟、过度饮酒、肥胖、体力活动不足等。WHO估计，至少1/3的癌症病例是可以通过改善行为得到预防的。

吸烟会引起罹患多种类型肿瘤的风险增加，如肺癌、胰腺癌、膀胱癌、肾癌、胃癌、结直肠癌、肝癌等。约70%的肺癌负担仅由吸烟引起。吸烟量越大，吸烟时间越长，发生癌症的风险就越高。2018年，955万癌症死者中有约240万由于使用烟草导致。无烟烟草暴露会增加患口腔癌、食管癌和胰腺癌的风险。过度酒精摄入会增加患口腔癌、喉癌、食管癌、肝癌、乳腺癌和结直肠癌的风险。大量饮酒可使肝癌死亡率增加50%。嚼槟榔会增加口腔癌和食管癌的发病风险。红肉和加工肉类长久摄入过多为结直肠癌发病危险因素，在我国人口食物结构改变和结直肠癌发生率增加关系中特别明显。各种不良行为导致的慢性病毒性感染常是肝癌或宫颈癌的危险因素，如性生活过早、多性伴侣、HPV慢性感染导致患宫颈癌发病风险增加。这些生活方式危险因素往往体现了一些综合的致癌物暴露情况，如吸烟涉及多种致癌物的暴露，在烟草中发现超过70种致癌物，其中16种为1类确定人类致癌物；饮酒涉及酒精及其代谢产物乙醛暴露；谷物在储存过程中易受霉菌污染产生黄曲霉毒素，加工肉类及腌制品中含大量的硝酸盐和亚硝酸盐，这些致癌因素可以随食物进入人体。

女性生育情况、哺乳以及外源性雌激素的暴露与乳腺癌、卵巢癌、子宫内膜癌发病相关。性激素(雄激素、雌激素和孕激素)在肿瘤的发生发展过程中发挥重要作用，尤其是女性生殖器官肿瘤，包括卵巢癌、子宫内膜癌和乳腺癌。长时间和/或高水平暴露于这些激素与乳腺癌的风险增加相关，如月经初潮早、绝经晚、初次怀孕晚和从未生育都会引起内源性性激素暴露的增加，从而使患乳腺疾病的危险性增高。此外，外源性性激素暴露，如口服雌激素-孕激素避孕药、绝经后雌激素治疗、雌激素-孕激素更年期治疗，会增加女性生殖器官肿瘤和乳腺癌的发生风险。

目前有证据表明肥胖与多种肿瘤的发生风险增加密切相关，包括食管癌、乳腺癌(在已绝经的妇女中)、肝癌、胆囊癌、胰腺癌、肾癌、结直肠癌等。随着经济发展和城市化进程，人们身体活动的水平日益下降，而静态的生活方式尤其是久坐行为正成为一种不良习惯。久坐行为被证实与多种肿瘤风险增高有关，包括结直肠癌、子宫内膜癌等。WHO统计，16%的结直肠癌和10%的乳腺癌发病可归因于身体活动的不足。通过增加身体活动降低肿瘤发生风险的机制主要包括：①影响能量平衡、减少肥胖；②降低激素水平(胰岛素和雌激素)；③改善免疫系统功能；④减少慢性炎症。另外，身体活动可改善胆汁酸代谢，利于肠道蠕动，减少食物通过消化系统所需的时间，降低肠道和食物残渣中有害物质的接触时间。

五、其他

1. 职业接触与肿瘤　从事某些职业的人员由于工作过程接触了某些化学致癌物或物理致癌物而发生的肿瘤，称为职业性肿瘤。据WHO统计，每年至少有20万人死于与工作场所相关的肿瘤，其中肺癌、膀胱癌和间皮瘤是常见的职业性肿瘤。我国已将石棉、联苯胺、苯、氯甲基甲醚、砷、氯乙烯、焦炉烟气、铬酸盐所致的肿瘤，列入职业病名单。IARC将艾其逊法(用电弧炉制碳化矽)、铝生产、金胺生产、赤铁矿开采(地下)、钢铁铸造、品红生产、画家、油漆工、粉刷工、橡胶制造业、烟囱清洁工等的职业暴露列为 1 类致癌因素，将涉及昼夜节律打乱的轮班工作列为 2a 类致癌因素。

2. 精神心理与肿瘤 人格、抑郁、应激及应激生活事件与恶性肿瘤的发生有一定关联。重大不良生活事件、抑郁、退缩的 C 型性格引起持续的心理应激状态，可能导致机体神经内分泌系统紊乱和免疫力下降，从而增加患癌风险。但目前仍缺乏明确的、直接相关的证据支持。

3. 重金属及化合物与肿瘤 砷、铬、镍、铍、镉等金属及某些金属化合物也属于常见的环境致癌物。这些物质可通过自然因素（如火山活动）及人为因素（化石燃料燃烧、垃圾焚烧及其他工业活动）释放到空气、水体或食物链中，对环境造成污染。这几种金属及其化合物的摄入可导致以肺部为主的呼吸系统癌变，也可能导致胃肠及性器官不同部位的癌变，如饮食摄入砷可致膀胱癌、皮肤癌，也可能会导致肝癌、肾癌或前列腺癌。在孟加拉国的砷污染地区，5%~10% 的癌症死亡可归因于砷暴露。

4. 药物与肿瘤 有部分药物被认为会引起或促进人类肿瘤的发生。IARC 所公布的人类致癌因素中，包括 13 种抗肿瘤药物及化疗方案、7 种激素类药物、2 种免疫抑制剂、2 种中药类成分、1 种解热镇痛药和 1 种皮肤用药。虽然抗肿瘤药物在肿瘤化疗中起重要作用，但这类药物也可能诱导原发肿瘤“完全反应”的患者发生二次肿瘤。可诱发肿瘤的抗肿瘤药物（环磷酰胺、美法仑、曲奥舒凡等）主要为烷化剂类，可通过烷化 DNA 中的嘌呤碱基而产生基因毒性。免疫抑制剂药物（硫唑嘌呤、环磷酰胺、环孢素等）则通过抑制人体免疫系统，从而可能引起肿瘤，长期使用免疫抑制剂可能会导致患皮肤恶性肿瘤和非霍奇金淋巴瘤的风险升高。

第二节 肿瘤的遗传危险因素

一些肿瘤的发生存在家族聚集现象，具有肿瘤家族史的人患肿瘤的危险性明显高于无肿瘤家族史的人，如前列腺癌、乳腺癌等。肿瘤家族史作为肿瘤发生的危险因素，提示肿瘤的发生可能与遗传因素有关。绝大多数肿瘤与环境致癌因素有关，但有同样暴露的一群人，有人发生肿瘤，而另一些人则不发生肿瘤。这种差异与机体的遗传背景密切相关，即肿瘤发生与否还与个体自身的遗传易感性有关。肿瘤是一类遗传基因结构和功能改变的疾病，环境因素必须通过改变遗传因素才能引起细胞癌变。因此，虽然环境致癌因素可能是肿瘤发生的始动因素，但个人的遗传特征可能是决定肿瘤易患与否的重要因素。目前认为与肿瘤易感性有关的遗传因素主要包括人群中罕见的、高外显率的种系突变和人群中较常见、低外显率并影响个体对致癌因素敏感性的遗传多态性。种系突变和遗传多态性本质都是先天性的遗传突变，种系突变在人群中出现频率低于 1%，常导致机体出现某种遗传综合征，而遗传多态性在人群中出现频率高于 1%，常导致携带者对环境因素致癌作用的敏感性升高。

一、种系突变与肿瘤易感性

一些家族性种系突变会产生遗传病，除了特定的遗传病以外，特定肿瘤的发生率也显著增加，因此这种遗传病又称“遗传性肿瘤综合征”。遗传性肿瘤综合征具有明确的遗传规律，按经典孟德尔方式遗传。根据 Knudson 的二次打击假说，当遗传性肿瘤家族连续传递时，子代个体抑癌基因的一个等位基因已携带了种系突变，若另一等位基因再发生体细胞突变即可导致肿瘤发生。遗传性肿瘤综合征涉及癌变通路上关键基因突变，多为抑癌基因或 DNA 修复基因突变，常发生在基因编码区，往往引起蛋白质功能改变，因此具有高度外显性，易感基因携带者患特定肿瘤和其他部位肿瘤的风险较一般人高数十倍至数百倍，如 *BRCA1* 和 *BRCA2* 基因种系突变导致家族性乳腺癌 - 卵巢癌综合征、*RB1* 基因种系突变导致的家族性视网膜母细胞瘤等(表 1-2-1)。遗传性肿瘤综合征又可分为常染色体显性遗传和常染色体隐性遗传两类:①常染色体显性遗传的肿瘤(如视网膜母细胞瘤、肾母细胞瘤等)及一些癌前疾病(如结肠多发性腺瘤性息肉病、神经纤维瘤病等本身并不是恶性疾病,但恶变率很高)都属于单基因遗传,以常染色体显性遗传的规律出现,受环境因素作用较小;②常染色体隐性遗传的肿瘤,如Bloom 综合征易发生白血病和其他恶性肿瘤;毛细血管扩张性共济失调综合征患者易发生急性白血病和淋巴瘤;着色性干皮病患者经紫外线照射后易患皮肤基底细胞癌、鳞状细胞癌、黑色素瘤。这些肿瘤易感性高的人群常伴有某种遗传性缺陷,以上 3 种遗传综合征均涉及 DNA 修复基因突变。

表 1-2-1 由基因变异导致的综合征及其相关肿瘤

相关基因	癌前改变 / 综合征	相关肿瘤类型
ATM	共济失调毛细血管扩张症	白血病与淋巴瘤
BLM	Bloom 综合征	所有癌症
BRCA1,*BRCA2*	乳腺癌 - 卵巢癌综合征	乳腺癌、卵巢癌、胰腺癌和前列腺癌
PTEN	Cowden 综合征	乳腺癌、甲状腺癌和子宫内膜癌
APC	家族性腺瘤性息肉病(FAP)	结直肠癌
CDKN2A	家族性非典型性多发性痣和黑色素瘤综合征	黑色素瘤
RB1	家族性视网膜母细胞瘤	视网膜癌
FACC,*FACA*	Fanconi 贫血	白血病
MLH1,*MSH2*,*MSH6*,*PMS2*	遗传性非息肉病性结直肠癌 /Lynch 综合征	结直肠癌
PRSS1,*SPINK1*	遗传性胰腺炎	胰腺癌
TP53	Li-Fraumeni 综合征	白血病、乳腺癌、脑癌和软组织肿瘤
MEN1	多发性内分泌腺瘤病 1 型	胰腺癌、垂体腺瘤、良性皮肤肿瘤和脂肪瘤
RET,*NTRK1*	多发性内分泌腺瘤病 2 型	甲状腺癌、嗜铬细胞瘤
STK11/LKB1	Peutz-Jeghers 综合征	胰腺癌、肝癌、肺癌、乳腺癌、卵巢癌、宫颈癌和睾丸癌
VHL	von Hippel-Lindau 综合征	脊髓、小脑、视网膜、肾上腺和肾脏肿瘤
WT1	肾母细胞瘤	肾癌
XPD,*XPB*,*XPA*	着色性干皮病	皮肤癌

资料来源:美国癌症研究协会(AACR)Cancer Progress Report 2019。

注:该列表并不详尽,但包括了常见的癌症综合征。

与散发性肿瘤相比,遗传性肿瘤有如下特点:①可在全身细胞中检测出致病性基因突变;②具有显著家族聚集现象;③发病年龄明显低于一般人群,如遗传性乳腺癌患者发病年龄比散发性乳腺癌患者早 10~30 岁;④肿瘤呈多发性,成对器官也常为双侧受累;⑤常伴有其他罕见的遗传性疾病。

二、遗传多态性与肿瘤易感性

大多数常见肿瘤是散发性的,散发性肿瘤的遗传易感性因素尚没有被完全阐明。近年来发现了一些遗传多态性,发生在基因表达的调控区,不影响蛋白质活性但影响表达水平,一般不显现疾病表型，但常导致携带者对环境因素致癌作用的敏感性升高，使发生肿瘤的风险增加。

单核苷酸多态性（single nucleotide polymorphism，SNP）是指基因水平上某个单核苷酸变异引起的DNA序列多态性，是最常见的遗传多态性形式，在人群中的发生率>1%。人类基因组中存在上千万个SNP位点，构成了人与人之间基因组结构上的细微差异，常表现为人种差异性。这些小的基因组结构差异并不显著影响个体的健康状态，但可能导致个体在致癌物的吸收、代谢、活化、降解及对DNA损伤修复的应答等方面的不同，进而影响机体对环境致癌因素的敏感性。例如，酒精的代谢产物乙醛是1类确定人类致癌物。当人体编码乙醛脱氢酶的基因发生突变时，机体无法及时将乙醛代谢为乙酸，从而延长了暴露于乙醛的时间，因此携带突变的乙醛脱氢酶基因的饮酒者发生食管癌和肝癌的危险性就显著高于携带正常基因的饮酒者。

根据肿瘤易感性的高低，可以分为高危险易感基因和低危险易感基因。携带种系突变相关的突变基因者患肿瘤的风险虽然很高，但这类人的数量很少。而低危险的易感基因一般具有基因多态性，每个基因致癌危险性小，主要通过多个基因与环境危险因素协同作用或交互作用来提高肿瘤危险性。该种基因虽然危险性低，但人群基因多态性频率高，人群归因危险度较高。人群中大多数肿瘤在遗传危险因素上所表现的是多基因与环境因素综合作用，从而共同促进了恶性肿瘤的发生发展。

本章小结

肿瘤的发生是一个多阶段、多因素共同作用的结果。尽管肿瘤的病因多种多样，但目前普遍认为是环境致癌因素和人体遗传因素共同作用的结果。环境致癌因素包括化学因素、物理因素和生物因素，通过生活方式和生产活动作用于机体，是肿瘤发生的始动因素，80%~90%的人类肿瘤可能由环境致癌因素引起或与环境致癌因素相关。遗传因素决定了个人对环境因素致癌的易感性，基因结构和功能的改变是肿瘤发生发展的基本特征。这些有关肿瘤病因和危险因素的知识，有助于专业人员及大众开展肿瘤个体化精准预防实践。

思考题

1. 简要论述国际癌症研究机构对致癌物质的分类。
2. 举例说明与肿瘤发生有关的环境因素。

（曹广文）

第三章
肿瘤的预防策略和措施

2018年世界卫生组织公布的《全球癌症报告》显示，全世界范围内约新增1 810万例癌症患者，新增死亡人数约960万。21世纪以来，全球肿瘤的发病率和死亡率都呈现出持续上升趋势。因此，做好肿瘤的预防，尤其是一级和二级预防，对解决人类癌症问题和改善人民的身体健康，减轻国家和个人的医疗经济压力具有重大作用。

第一节 肿瘤预防的概述

肿瘤预防（cancer prevention）是以人群为对象，以降低肿瘤发病率和死亡率为目的，是人类抗癌活动的重要组成部分。肿瘤预防涵盖的范围很广泛，包括某种肿瘤有针对性的人群预防（如以健康生活方式为主的行为干预和化学干预）、全民范围的健康教育、某种肿瘤的人群筛查（如有针对性的早期发现、早期诊断和早期治疗）、肿瘤患者的康复治疗和姑息治疗等。此外，肿瘤预防范畴还应该包括危险因素评估、肿瘤发病登记、人群监测、相关法律法规的制定以及由政府主导的国民健康工程和涉及社会、生产、生活、教育导向及卫生资源等众多肿瘤控制的相关内容。

WHO在其公布的《癌症报告》中指出：1/3的肿瘤是可以预防的；1/3的肿瘤是可以通过早期发现、早期诊断、早期治疗而治愈的；而另外1/3的肿瘤可以通过治疗减轻痛苦、延长生命，提高患者的生活质量。

早在3 500多年前的殷周时代，古人对肿瘤就有所了解，至战国－秦汉时期，就初步形成了中医肿瘤的防治体系。自20世纪80年代以来，世界范围内系统开展了肿瘤预防工作，通过几十年的努力使某些肿瘤的发病率大幅度下降。在美国，烟草的控制和早期检测手段及治疗手段的提高，使得肺癌的死亡率下降了29%。90年代起前列腺特异性抗原的检测大大提高了前列腺癌的早期检出率，使前列腺癌的死亡率20年内连续下降（平均每年约4%）。另外，我国通过开展大规模的宫颈癌普查，使宫颈癌的死亡率下降了约70%。这些肿瘤的预防措施及早诊早治的实践均充分表明肿瘤是可以预防的。

第二节 肿瘤的三级预防

WHO将肿瘤的预防分为三级。一级预防即病因预防，针对致病的危险因素进行预防；二级预防即发病学预防，早发现、早诊断和早治疗；三级预防即康复预防，主要是改善肿瘤患者的生活质量和预后。

一、一级预防

通过消除已知的或可能的致癌因素所采取的预防措施称为一级预防。

(一) 减少或消除肿瘤危险因素

1. 控制环境中的致癌因素 加强对已明确的环境化学致癌物的检测、控制和消除,制定其环境浓度标准,防治环境污染。尽力去除或取代与职业接触相关的致癌因素;提供有效的防护措施,定期体检,及时诊治。

2. 控制物理致癌因素 物理致癌因素主要包括各种辐射,如核辐射、X 射线及紫外线等。通过屏蔽防护、距离防护等措施,尽量减少和消除环境中的物理致癌因素。

3. 控制生物致癌因素 生物因素包括病毒、细菌及寄生虫等。全世界范围内约 15% 的肿瘤与感染相关。与肿瘤发生相关的生物因素主要包括 HBV 感染、HCV 感染、HPV 感染,EB 病毒感染及 Hp 感染等。通过切断传播途径、接种疫苗、根治感染等方式,防治上述感染是预防肿瘤的有效途径。

(二) 改变生活方式

近年来,已经证实某些生活方式与癌症的发生有关。改变生活方式,建立良好的生活习惯已成为预防肿瘤发生的有效手段。

1. 控制吸烟 目前认为吸烟是全世界癌症的单一最大可预防致癌因素。吸烟与肺癌的因果关系已被多项流行病学研究所证实。吸烟还可以增加头颈部肿瘤、食管癌、膀胱癌、宫颈癌、胃癌和肝癌等的发病风险。戒烟后患癌风险逐渐下降,受益者包括吸烟者及被动吸烟者。控烟措施主要包括两方面:一是吸烟者个人戒烟,二是创造不利于吸烟的环境,并通过健康教育改变人们的不良行为。

2. 节制饮酒 酒精是辅助致癌物,可以改变口腔细胞与食管细胞中致癌物质的代谢,通过致癌物在一定器官中诱导癌症的产生;并能抑制人体免疫系统而增加患癌风险。癌症发生风险与酒精摄入量有一定相关性,目前认为过量饮酒与肝癌、口腔癌、食管癌、乳腺癌及结肠癌等肿瘤的发生有关。因此世界癌症基金会建议最好是避免饮酒。

3. 调整膳食结构和饮食习惯 减少应用不必要的食品添加剂;饮食多元化,以谷类为主,多食蔬菜、瓜果类食物,适当进食富含膳食纤维的食物,常吃豆类及奶类制品,适量食用禽、鱼、蛋、瘦肉类等;避免食用发霉、变质食物,少食烟熏、腌制、油炸、烧烤类食物,多吃蒸、煮类食物;养成良好的饮食习惯,个体化制订餐食计划,饥饱适当。

4. 适量运动,保持健康体重 多数癌症,如结直肠癌、乳腺癌、子宫内膜癌、前列腺癌等的发生都与缺乏充足的体力活动、体重超重有关。《健康中国行动(2019—2030 年)》中建议每周参加体育锻炼频度 3 次及以上,每次体育锻炼持续时间 30min 及以上,每次体育锻炼的运动强度达到中等及以上。

此外,在提倡健康生活方式的同时,还应提倡注意口腔卫生以预防口腔癌、舌癌等;注意性卫生以预防宫颈癌、阴茎癌;注意心理平衡,保持乐观心态,从而增强机体抗癌能力。

(三) 化学预防剂的应用

肿瘤的化学预防是指应用化学药物预防肿瘤的发生或者使肿瘤细胞分化逆转,从而达到预防肿瘤的目的。例如他莫昔芬可用于预防乳腺癌,对高危妇女可降低 30% 乳腺癌发病率;有研究显示,非甾体消炎药可降低家族性腺瘤息肉进展为结肠癌。

二、二级预防

二级预防主要是针对特定高风险人群筛检癌前病变或早期肿瘤病例,抓住肿瘤治疗的最佳时期,使肿瘤患者得到及时治疗而康复痊愈。二级预防的意义在于早期发现、早期诊断和早期治疗,从而降低患者的病死率。

(一) 做好癌症的筛检普查工作

癌症的筛检普查是早期发现肿瘤的主要措施，包括选择合适的癌症类型，采用有效的筛检方法及确定高危人群等。

1. 适合筛检的癌症需满足的条件　发病率及死亡率高，危害严重；具有有效的手段发现并根治早期病变；早期治疗的预后明显优于中晚期治疗；符合成本 - 效益原则。

2. 有效的筛检方法需满足的条件　具有较高的灵敏度和特异性，并能与当地社会发展及经济水平相适应。例如：宫颈脱落细胞涂片检查；大便隐血、肛门指诊、结肠镜检查；血清前列腺特异性抗原检测；肝脏超声及甲胎蛋白检测等。

3. 确定肿瘤的高危人群　通过大量的临床实践和流行病学资料证实，在某些具有一定群体特点的人群中，一些特定的肿瘤有较高的发病率，在流行病学上将这类人群称为该肿瘤的高危人群，针对这类高危人群选择有效的筛查方法，并对高危对象做干预性治疗和长期监护。

(二) 警惕肿瘤的早期信号

肿瘤的早期表现常没有特异性，因此需通过健康教育增强人们对肿瘤早期信号的了解：①长期不明原因的发热和贫血；②身体任何部位的非外伤性溃疡；③不正常的出血或分泌物；④进食时胸骨后闷胀、灼痛、异物感；⑤久治不愈的刺激性干咳和血痰；⑥长期消化不良、腹胀、进行性食欲减退而原因不明者；⑦大便习惯改变或有便血；⑧鼻塞、鼻出血者；⑨黑痣突然增大或有破溃出血者；⑩无痛性血尿。出现上述症状时应注意鉴别并进一步明确诊断。

(三) 及时治疗癌前病变

癌前病变是指那些病变本身不是癌，但部分情况下其中一小部分可能发展为癌的疾病状态。例如交界痣，尤其生长在手掌、足底等易磨损部位，恶变率较高，应早期进行切除并行病理检查。

(四) 合理治疗早期肿瘤

作为二级预防的主要目的，对于早期病例进行根治性治疗可使很多肿瘤患者长期无病生存或治愈。依据循证医学和肿瘤诊治指南进行规范化治疗，使早期肿瘤患者最大获益。

此外，还可通过防癌健康教育、社区早诊早治等方法来促进癌症的二级预防。

三、三级预防

经过临床治疗后的定期复查随诊，防治转移，监测新的病灶，同时对晚期患者进行姑息治疗以减轻患者痛苦、提高生活质量和延长生命(图 1-3-1)。

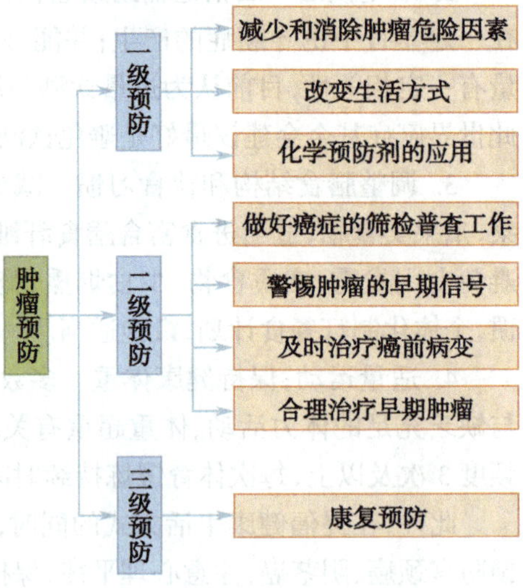
肿瘤预防
一级预防
减少和消除肿瘤危险因素
改变生活方式
化学预防剂的应用
二级预防
做好癌症的筛检普查工作
警惕肿瘤的早期信号
及时治疗癌前病变
合理治疗早期肿瘤
三级预防
康复预防

图 1-3-1　肿瘤三级预防

第三节　肿瘤的预防策略及措施

肿瘤的预防是一项长期的、系统的、整体的工作，需整合多方面的力量和努力才能做好肿瘤的预防。

一、加强政府对恶性肿瘤预防及控制工作的领导

各级政府利用政府职能适当地组织、协调肿瘤的预防控制工作，制订肿瘤预防控制规划和具体实施计划，明确目标责任，落实防治经费，并监督计划执行。

二、健全恶性肿瘤防治网络，加强防治队伍建设

建立健全恶性肿瘤防治网，有计划、有步骤地开展恶性肿瘤登记和监测，组建和完善各级肿瘤防治组织，加强恶性肿瘤防治队伍建设。定期举办各种形式的肿瘤预防及控制学习班，开展肿瘤专科教育、继续教育以及网络教育，培训技术骨干，提高专业队伍素质及恶性肿瘤防治研究的整体水平。

三、依靠科技进步，提高恶性肿瘤防治水平

现场防治、人群干预、临床诊治及康复指导等一系列肿瘤防治工作，都必须建立在现代科学技术的基础上。根据肿瘤防治工作的需要并结合实地情况引进国内外先进的肿瘤防治理念及高新技术设备，提高肿瘤防治的整体水平。

四、广泛动员社会力量，加强科技交流与合作

加强恶性肿瘤的防治宣传，普及恶性肿瘤防治知识，充分发挥大众宣传媒介如广播、电视、报纸、杂志等的作用；与肿瘤防治机构合作，将健康教育、恶性肿瘤预防、临床诊治及康复指导有机地结合起来，最终达到全面提高恶性肿瘤防治效果的目的（图 1-3-2）。

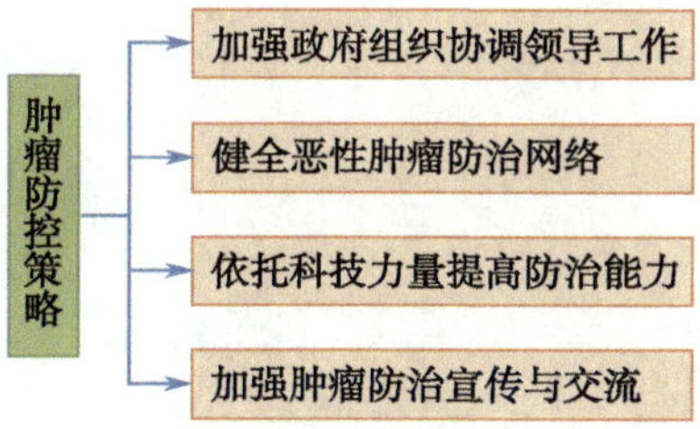
肿瘤防控策略
加强政府组织协调领导工作
健全恶性肿瘤防治网络
依托科技力量提高防治能力
加强肿瘤防治宣传与交流

图 1-3-2 恶性肿瘤的预防及控制策略

本章小结

肿瘤预防是降低恶性肿瘤的发病率和致死率的有效方式。肿瘤预防除了一级、二级和三级预防外，还应该包括肿瘤发病登记、人群监测、相关法律法规的制定以及由政府主导的国民健康工程等众多肿瘤控制相关内容。目前，我国恶性肿瘤发病率依然呈逐年增长趋势，恶性肿瘤的预防控制工作任重而道远。肿瘤领域应该由“重治轻防”局面逐步向“由治转防”转变，预防为主，利用更多的高新技术，采取切实可行的有效综合预防措施，在降低肿瘤发病率的同时提高生存率，从而减轻癌症带来的经济社会负担。

思考题

1. 肿瘤的一级预防、二级预防和三级预防有何不同？
2. 癌症筛查普查的内容包括什么？
3. 肿瘤的预防和控制策略有哪些？

（曲国蕃）

第二篇

肿瘤发生及发展机制

器官-系统整合教材
OSBC

04章

第四章

肿瘤发生发展的分子机制

随着肿瘤分子生物学的不断发展，人们对肿瘤发生发展的分子机制有了更深刻的了解。肿瘤的发生是一个多因素、多基因、多阶段性的过程，癌基因和抑癌基因是肿瘤相关基因中最重要的两类基因，癌基因的异常激活或抑癌基因的异常失活，都可导致细胞增殖失控，进而促进肿瘤形成。在肿瘤细胞中，各种信号转导通路构成了一个错综复杂的信号通路网，细胞内信号转导分子的异常改变，同样能引起细胞增殖失控而促进肿瘤发生。研究肿瘤发生的分子机制对肿瘤的临床治疗将起到非常重要的作用。

第一节　肿瘤分子生物学基础

一、肿瘤发生的多病因、多基因、多阶段性

肿瘤是指机体易感细胞在各种致癌因子作用下，在基因水平上失去对其生长的正常调控，局部组织细胞异常增生的疾病。肿瘤的发生是多病因长期作用、多基因协同参与、多阶段逐渐形成的过程。

虽然肿瘤的病因多种多样，但目前认为肿瘤发生是外因和内因共同作用的结果。肿瘤发生的外因即环境因素，包括化学、物理和生物因素。但环境因素仅仅是肿瘤发生的始动因素，个体的遗传因素即肿瘤发生的内因才是肿瘤在分子水平上最直接的病因。个体的遗传特性、年龄、性别、免疫和营养状况等，在肿瘤的发生发展过程中具有重要作用。目前认为肿瘤是由于多种基因结构和表达的改变引起的多阶段过程，可分为启动、促进和进展 3 个阶段，而每一个阶段都与一定的基因变化有关。

（一）肿瘤发生的启动阶段

肿瘤发生的启动阶段是正常细胞单一或短暂暴露于致癌因子后发生基因改变的过程，发生肿瘤启动的细胞具有了向恶性细胞转变的风险，习惯上也称之为“第一次打击”。此过程比较短暂，但往往不可逆。进入机体的致癌因子经过活化代谢后与细胞膜、DNA 或蛋白质相互作用，造成基因结构和功能的改变，从而引起细胞增殖和分化异常。基因的改变包括传统的遗传学改变和基因以外的表观遗传变化。前者指基因的碱基序列发生变化，如基因突变、基因杂合丢失和微卫星不稳定性（microsatellite instability，MSI）等，后者则是指基因的碱基序列并未发生改变，而是 DNA 或染色质蛋白的某个或某些基团结构异常，继而使基因调控和表达发生变化，导致细胞持续增殖和分化异常，如 DNA 甲基化和基因组印记等。

（二）肿瘤发生的促进阶段

肿瘤发生的促进阶段是指发生了基因改变的启动细胞持续暴露于促癌因子，发生选择性克隆扩增，获得肿瘤细胞的某些表型，形成了在病理形态学上可以鉴别的病灶。在促进阶段，孕育着第二次、

第三次甚至多次的遗传改变。肿瘤的促进阶段与启动阶段相比历时较长。在促进阶段初期，这些遗传异常可能被人体自身修复机制所纠正，具有可逆性；但在后期，细胞内“受损基因”不断累积，造成细胞不可逆转的形态和功能失常，并能逃脱人体防御肿瘤的免疫监视，进入增殖失控阶段，逐步呈现恶性表型。

（三）肿瘤发生的进展阶段

进展阶段是肿瘤发生的最后阶段。在进展因素的作用下，癌前状态的细胞再次发生遗传物质的不可逆性改变，并获得一些新的生物学特性，如自主性和异质性增加、增殖和侵袭能力增强、出现浸润和转移的恶性生物学行为等，最终导致肿瘤的发生。

二、肿瘤发生分子机制研究的新兴领域

正是由于肿瘤发生具有“多病因”“多基因”和“多阶段”的特性，并且这一过程存在长期性，因此，肿瘤发生的分子机制研究仍举步维艰。随着分子生物学领域的发展，在表观遗传学、微小 RNA、长链非编码 RNA、肿瘤干细胞及其微环境、组学等方面均展开了系统的研究，为肿瘤发生分子机制的深入探索开辟了新的途径。

（一）表观遗传学

表观遗传（epigenetics）指不引起基因的碱基序列改变、在细胞分裂和增殖中可遗传的基因修饰作用，该作用可影响基因表达，从而决定细胞乃至个体表型。表观遗传的变化包括 DNA 甲基化、基因组印记、母体效应、基因沉默、核仁显性、休眠转座子激活和 RNA 编辑等，这些分子调控机制在基因表达调控过程中发挥着重要作用。

越来越多的研究发现，大部分人类肿瘤中的抑癌基因、细胞周期调节基因以及 DNA 修复基因等在转录水平上的基因沉默（即基因功能缺失）与 DNA 异常甲基化水平相关。作为肿瘤治疗的新切入点，如 5- 氮杂胞嘧啶核苷（azacitidine，5-Aza-CR）及其脱氧类似物 5- 氮杂脱氧胞嘧啶核苷（5-Aza-2′-deoxycytidine，5-Aza-CdR），这两种有效的 DNA 甲基转移酶（DNA methyltransferase，DNMT）抑制剂已被广泛应用于 DNA 甲基化生物研究和治疗骨髓增生异常综合征（myelodysplastic syndrome，MDS）。

（二）微小 RNA

微小 RNA（microRNA，miRNA）是一组由 19~25 个核苷酸组成的非编码单链 RNA，广泛存在于从病毒到人类的各种生物中。一般可通过与靶基因 mRNA 的 3′ 端非翻译区（untranslated regions，UTR）以互补配对的方式结合，而引起靶基因 mRNA 的降解或翻译抑制，以达到在转录后水平调控靶基因表达的作用。一个 miRNA 可以有多个靶基因，而多个 miRNA 亦可调节同一个基因。

miRNA 表达存在明显的组织细胞特异性，特定 miRNA 在各种肿瘤组织中的表达水平有不同程度的上调或下调，有学者将某些过表达的 miRNA 命名为“oncomirs”（癌 miRNA），而表达减少的 miRNA 则被视为抑癌 miRNA。目前认为 miRNA 的突变、缺失及表达水平的异常均与人类肿瘤的发生、发展密切相关，它参与肿瘤细胞的增殖、分化、凋亡及转移过程。

（三）长链非编码 RNA

长链非编码 RNA（long non-coding RNA，lncRNA）是一类长度超过 200 个核苷酸而不编码蛋白的 RNA。其序列保守性不高且表达丰度较低，在组织和细胞中表现出较强的特异性，可在 DNA、RNA 和蛋白多种分子水平通过作为支架、诱饵、信号分子和向导分子，或通过基因靶向、顺式或反式调节等多种作用机制参与基因表达调控。

现有大量研究发现 lncRNA 在肿瘤中异常表达，可通过多种信号通路影响肿瘤细胞的增殖、分化和死亡。如 lncRNA MHENCR 可作为竞争性内源 RNA 与 miR-425、miR-489 特异性结合，上调靶基因 *IGF1* 和 *SPIN1* 的表达，激活 PI3K-AKT 信号通路，促进黑色素瘤的发展。目前关于 lncRNA 在肿

瘤发生、发展中的研究越来越多，其在基础、转化、临床肿瘤学的应用将有可能超过蛋白编码基因的作用。

（四）肿瘤干细胞

肿瘤干细胞（cancer stem cells，CSCs）是指肿瘤中具有自我更新能力并能产生异质性肿瘤细胞的细胞，是肿瘤中一小部分具有干细胞性质的细胞群体，是形成不同分化程度的肿瘤细胞和肿瘤不断扩大的源泉。虽然 CSCs 在肿瘤组织中数量极少，仅占肿瘤组织群体数的 0.01%~1%，但这些细胞具有无限自我更新的潜能，对肿瘤的启动、存活、增殖、转移及复发有着重要作用。

肿瘤干细胞与正常组织干细胞有相似的表型，如正常造血干细胞和急性髓系白血病（AML）中的表型均为 $CD34^{+}/CD38^{-}$；正常神经干细胞和脑胶质瘤 CSC 的表型均为 $CD133^{+}$。

由于肿瘤干细胞理论认为 CSCs 是导致肿瘤组织发生发展、耐药、复发和转移的关键因素，所以肿瘤治疗的焦点是杀死 CSCs。目前针对 CSCs 治疗肿瘤已经取得一定进展，现已应用于临床的吉姆单抗 / 奥佐米星是人源化的抗 CD33 单抗和细胞毒抗肿瘤抗生素刺孢霉素的偶联物，用于治疗复发的 AML。

（五）肿瘤微环境

肿瘤微环境（tumor microenvironment）由间质细胞和细胞外基质成分组成，在肿瘤的发生发展中起了非常大的作用。与正常组织不同，肿瘤微环境发生了明显改变，包括炎症细胞异常浸润、血管密度和结构改变、结缔组织增多、细胞外基质成分的改变以及异常活化的肿瘤相关成纤维细胞、肿瘤相关巨噬细胞、肿瘤细胞分泌的外泌体等。

肿瘤相关成纤维细胞（cancer-associated fibroblasts，CAFs）：是一个来源多样化的细胞群体，其来源包括局部基质成纤维细胞，上皮间充质的转化（epithelial to mesenchymal transition，EMT），内皮间质转化（endothelial to mesenchymal transition，EndMT），骨髓干细胞，脂肪干细胞等。CAFs 是一种处于持续活化状态的成纤维细胞，可通过与癌细胞的直接接触、分泌多种因子、对肿瘤干细胞的调控以及对肿瘤细胞外基质的改造，促进肿瘤的发生发展。

肿瘤相关巨噬细胞（tumor-associated macrophages，TAMs）：TAMs 是肿瘤基质的重要组成，也是肿瘤内主要的免疫细胞。TAMs 有两种表型，M1 型 TAMs 可分泌包括 IL-6、IL-12、IL-23 及肿瘤坏死因子 α（tumor necrosis factor-α，TNF-α）在内的促炎因子，其高表达的主要组织相容性复合物（major histocompatibility complex，MHC）Ⅱ类分子可提呈肿瘤特异性抗原，因而被认为是具有杀伤肿瘤细胞并可分泌多种促炎细胞因子的细胞；而 M2 型 TAMs 被认为是一种具有抗炎及促癌作用的细胞，其通过高表达免疫抑制因子 IL-10 与 TGF-β 等，从而抑制 T 细胞的免疫应答，并具有促进血管再生、修复及重建损伤组织的作用。

肿瘤细胞分泌的外泌体（exosome）：可通过多种途径参与肿瘤微环境的调控。外泌体是由多种类型活细胞分泌的直径为 40~100nm 的盘状囊泡，广泛分布于血液、唾液、尿液等多种体液中，其内含有大量功能性蛋白质、mRNA、miRNA、DNA 片段等多种生物活性物质，这些生物活性物质可在细胞之间穿梭传递并介导细胞间的物质转运和信息交流。研究发现肿瘤细胞分泌的外泌体可以促进肿瘤血管生成、诱导 CAFs 的分化、参与肿瘤微环境的免疫调控和肿瘤转移前微环境的调控，进而在肿瘤的发生发展中发挥重要作用。

肿瘤微环境对肿瘤干细胞稳态的调节起着重要作用。正常情况下，微环境维持增殖信号和抑制增殖信号之间的动态平衡是干细胞稳态调节的关键，从而使干细胞既能进行自我更新，又能支持相应组织再生。而肿瘤微环境中促进细胞增殖的信号常常显著大于抑制增殖的信号。当组织慢性损伤时，受损和坏死细胞释放的信号分子，激活 Hh、Wnt 等信号通路，使干细胞处于持续性激活的状态，易发生恶性转化而导致肿瘤的发生。

此外，细胞外基质（extracellular matrix，ECM）的重建、缺氧、炎症反应微环境等显著影响肿瘤细胞的发生发展。

(六) 肿瘤组学

组学(omics)一词来源于拉丁文后缀“ome”,意为“集合”“大量”。组学研究是指采用各种高通量分子生物学及生物信息学技术,从基因、转录、蛋白质、生物代谢等方面全景式探讨生命现象的科学,其目的在于对海量数据进行筛选与提炼,然后分析与鉴定关键基因及其通路的功能机制。组学研究最显著的特点在于大量研究对象和研究方法的系统性与复杂性。

20 世纪 90 年代以来,人类基因组学的研究有力推动了转录组学(transcriptomics)、蛋白质组学(proteomics)和代谢物组学(metabonomics)等多种组学的进步。目前有学者引入“整合组学”(interatomic)或“组学对接”(omics docking)的观点,即将各类组学的理论、技术和方法进行整合用于肿瘤发生机制的研究,从而可在整体水平多角度、多层面、多系统地了解细胞内信号转导通路,并可综合多种生物学效应来阐明肿瘤相关调控网络,为肿瘤诊断及治疗提供新的思路。

第二节　肿瘤发生相关基因

一、癌基因

癌基因(oncogene)是一类存在于病毒或细胞基因组中,表达产物在一定条件下可以使正常细胞转变为恶性细胞的核苷酸序列,又称为转化基因。存在于病毒内的癌基因称为病毒癌基因(viral oncogene),存在于细胞内的癌基因称为细胞癌基因(cellular oncogene)。病毒癌基因分为 RNA 病毒癌基因和 DNA 病毒癌基因。细胞癌基因在正常情况下无促癌活性,因此被称为原癌基因(proto-oncogene)。原癌基因在生物进化过程中高度稳定,对细胞无害,只有在环境致癌因素作用后使原癌基因突变或被异常激活成为具有转化活性的细胞癌基因,才引起细胞癌变。

(一) 原癌基因的分类

Cooper 等于 1990 年根据原癌基因产物的功能将其分为 5 类。

1. 生长因子　*SIS*、*MOS* 和 *BST* 等原癌基因可产生相应的血小板衍生生长因子、前表皮生长因子和成纤维细胞生长因子。其产物分布于细胞外,可作用于自身和其他细胞,促进细胞生长。

2. 生长因子受体　包括 *ERB*、*ERBA* 和 *FMS* 等,其产物均在细胞膜上,可与外来配体结合,传入生长信号。正常的受体基因可因结构变化而被激活,从而导致细胞持续分裂增殖。

3. 非受体蛋白激酶　人基因组中有 90 个酪氨酸激酶,其中 58 个是受体酪氨酸激酶,另外 32 个是非受体酪氨酸激酶,也称胞质激酶。非受体酪氨酸激酶共有 10 个亚家族,包括 ABL、ACK、CSK、FAK、FES、SYK 和 TEC 等,其原癌基因编码产物具有酶活性,可使蛋白质上的丝氨酸、苏氨酸或酪氨酸残基发生磷酸化。

4. *RAS* 基因产物　包括 *H-RAS*、*K-RAS* 和 *N-RAS*。*RAS* 基因定位于染色体 1p22 或 1p23,其编码产物为鸟苷酸结合蛋白,具有鸟苷三磷酸(guanosine triphosphate,GTP)酶活性,定位于细胞膜的内侧面,参与生物信息的跨膜传递,启动细胞分裂。

5. 核蛋白　癌基因的编码产物可以是转录因子,包括 MYC、MYB、FOS 和 JUN 等,它们都是核蛋白,位于细胞核内,控制基因的表达和转录,对生长因子传导的信息以及细胞生长和增殖进行调控。

(二) 原癌基因的激活机制

1. 基因突变　即基因在编码序列的特定位置上有一个或几个核苷酸发生改变,是癌基因激活的主要方式。基因突变包括点突变、移码突变和其他复杂的核苷酸序列变化。如 *RAS* 基因家族经常出现点突变，即原癌基因编码的第 12 位甘氨酸残基被替换为缬氨酸残基。该突变使 *RAS* 基因编码的 RAS 蛋白丧失 GTP 酶活性，无法把 GTP 水解为鸟苷二磷酸(guanosine diphosphate，GDP)，从而使下游信号通路持续激活，引起细胞失控性生长，导致肿瘤发生。约有 30% 的肿瘤组织存在 *RAS* 基因突变，因此，检测 RAS 基因突变有助于诊断某些肿瘤。

2. 基因扩增　基因扩增是 DNA 过度复制所致。原癌基因扩增是指基因拷贝数增加，编码的蛋白量也往往增加。如 20%~30% 的乳腺癌患者中可出现 *HER-2* 基因扩增。HER-2 是表皮生长因子受体(EGFR)家族成员之一，该基因扩增提示患者预后不佳，易发生复发转移，同时也是临床应用抗 HER-2 的靶向治疗药物曲妥珠单抗(trastuzumab)的重要依据。

3. 染色体易位和基因重组　当基因从一个染色体上的正常位置移到另一染色体的某个位置，叫作染色体易位(chromosomal translocation)，可导致癌基因的重排或融合，产生异常的蛋白而使细胞转化。染色体易位常通过两种方式影响原癌基因：一种是原癌基因与其他基因重组形成融合基因(fusion gene)并表达融合蛋白，如慢性髓细胞性白血病(chronic myelogenous leukemia，CML)中肿瘤标记 Ph 染色体是 9 号和 22 号染色体长臂易位的结果。另一种是原癌基因易位于其他强启动子控制之下，如 Burkitt 淋巴瘤中位于 8 号染色体上的 *C-MYC* 基因易位至 14 号上的免疫球蛋白重链基因的调节区，在此调节区序列控制下被转录激活，产生大量 MYC 蛋白，驱动淋巴细胞大量恶性增殖，引发肿瘤。

4. 插入诱变　在研究慢性转化性 RNA 病毒的致癌机制中，发现该病毒本身不含病毒癌基因，但此类病毒的基因组两端含长末端重复序列，在感染细胞后，长末端重复序列可以插入到原癌基因附近或内部，通过长末端序列中启动子和增强子的调控使癌基因表达增强，称为插入诱变，从而导致肿瘤发生。

5. DNA 甲基化(DNA methylation)　DNA 甲基化水平和模式的改变是肿瘤发生的一个重要因素，这些变化包括 CpG 岛局部的高甲基化和基因组 DNA 低甲基化状态。在正常细胞中，位于抑癌基因启动子区域的 CpG 岛处于低或未甲基化状态，此时抑癌基因处于正常的开放状态，抑癌基因不断表达从而抑制肿瘤的发生。而在肿瘤细胞中，该区域 CpG 岛被高度甲基化，染色体构象发生改变，抑癌基因的表达被关闭，从而导致细胞进入细胞周期、凋亡丧失、DNA 修复缺陷、细胞黏附功能缺失等，最终导致肿瘤的发生。

二、抑癌基因

抑癌基因(tumor suppressor gene，TSG)也称抗癌基因(anti-oncogene)，是一类存在于正常细胞内、可抑制细胞生长并具有潜在抑癌作用的基因。抑癌基因在控制细胞生长、增殖及分化过程中起着十分重要的负调节作用，它与原癌基因相互制约，维持正、负调节信号的相对稳定。这类基因的缺失或失活可导致细胞增殖失控，甚至促进肿瘤形成。确定一种抑癌基因在理论上需符合 3 个基本条件：①此基因在该恶性肿瘤对应的正常组织中必须正常表达；②此基因在该恶性肿瘤中应有结构改变或表达缺陷或功能失活；③将此基因的野生型导入基因异常的肿瘤细胞内，可部分或全部改变其恶性表型。临床上常见的抑癌基因包括 *TP53*、*RB1*、*APC*、*p16*、*PTEN* 和 *FHIT* 等。

1. *TP53* 基因　是迄今为止发现的最重要的抑癌基因。其定位于人类染色体 17p13 上，由 11 个外显子和 10 个内含子组成，编码产物为相对分子质量 53 000 的 TP53 蛋白。TP53 是一转录因子，通过调节许多靶基因表达从而实现多种功能，主要包括诱导细胞周期阻滞、DNA 修复、凋亡、衰老和抑制血管生成等。其重要的一项生物学功能为 G_1 期 DNA 损伤的检查点(check point)，当 DNA 受损时，*TP53* 基因被激活，TP53 蛋白累积，DNA 复制停止，使 DNA 损伤得以修复。但若细胞遭遇大量不可修复的 DNA 损伤时，TP53 则启动细胞凋亡程序，阻止细胞向恶性转化。

2. 视网膜母细胞瘤基因(retinoblastoma，*RB1*)　定位于人染色体 13q14，有 27 个外显子，其主要产物为相对分子质量 105 000 的核磷蛋白，称 P105-RB。P105-RB 在细胞核中以活化的脱磷酸化和失活的磷酸化形式存在，其活化形式具有抑制细胞增殖、促进细胞分化的功能。P105-RB 能控制细胞由 G_1 期进入 S 期，对细胞增殖起负调节作用。*RB1* 基因异常主要表现为等位基因缺失和基因突变，与视网膜母细胞瘤、乳腺癌和膀胱癌等肿瘤有关。

3. 结肠腺瘤样息肉病基因（adenomatous polyposis coli，*APC*） 为家族性腺瘤性息肉病（familial adenomatous polyposis，FAP）的易感基因，定位于 5 号染色体，编码产物为相对分子质量 300 000 的蛋白质。APC 蛋白可与 β- 连环蛋白（β-catenin）相互作用，促进 β-catenin 降解，从而下调细胞内 β-catenin 水平而控制细胞增殖。在 FAP 患者中，由于 *APC* 基因失活引起 β-catenin 在细胞内累积，进而导致细胞增殖加快，形成肿瘤。*APC* 基因不仅与 FAP 相关，而且与散发性结肠癌、肺癌等肿瘤也有关。

4. *p16* 基因 也称多肿瘤抑制基因（multiple tumor suppressor gene 1，*MTS1*）。该基因定位于染色体 9p21，由 2 个内含子和 3 个外显子组成，其编码产物是周期素依赖激酶（cyclin-dependent kinase，CDK）的抑制因子，通过抑制 CDK4 对细胞周期起负调控作用，阻止细胞由 G_1 期进入 S 期，从而抑制细胞增殖。*p16* 基因异常与恶性黑色素瘤等多种人类肿瘤的发生有关。

5. *PTEN* 基因 定位于染色体 10q23，由 9 个外显子组成，编码由 403 个氨基酸组成的 PTEN 蛋白，具有磷酸酯酶的活性。PTEN 蛋白可通过拮抗酪氨酸激酶等磷酸化酶活性而抑制肿瘤的发生发展，是 PI3K-AKT 信号途径的负性调控因子。*PTEN* 基因失活的主要方式是等位基因缺失、基因突变和甲基化。*PTEN* 基因异常可存在于 Cowden 综合征、胶质瘤、前列腺癌、卵巢癌、子宫内膜癌、胰腺癌、乳腺癌、甲状腺癌和肺癌等多种肿瘤中。

6. 脆性组氨酸三联体基因（fragile histidine triade，*FHIT*） 脆性组氨酸三联体基因定位于人类染色体 3p14.2，编码含 147 个氨基酸、相对分子质量为 16 800 的蛋白质，是一种典型的二腺苷三磷酸（Ap3A）水解酶。*FHIT* 基因可调控细胞周期、诱导细胞凋亡。*FHIT* 基因失活可导致 Ap3A 水解酶活性丧失，从而引起 Ap3A 水平升高。Ap3A 具有抑制蛋白激酶的活性，其水平升高可阻断抑制途径或凋亡通路，增强生长信号转导途径，导致肿瘤发生。*FHIT* 基因表达下调或缺失与肺癌和浸润性乳腺癌等有关。

三、其他肿瘤相关基因

（一）错配修复基因

DNA 经常受到各种因素的影响而发生核苷酸序列变化，需要通过 DNA 修复系统进行修复。这一功能主要由错配修复（mismatch repair，MMR）基因所表达的蛋白来完成。DNA 的错配修复保证了 DNA 复制的精确性、遗传物质的完整性和稳定性。MMR 基因突变可引起修复功能缺陷，从而使某些原癌基因和抑癌基因的突变快速累积在细胞内，最终导致肿瘤发生。

（二）代谢酶基因多态性

环境中的化学致癌物大多是前致癌物，进入机体后需经过多种代谢酶的生物转化作用。其中代谢酶包括：①参与致癌物活化过程的Ⅰ相酶，如细胞色素 P450（CYP）酶系统；②参与致癌物解毒代谢（使致癌物降解失去其致癌活性）过程的Ⅱ相酶，如谷胱甘肽巯基转移酶（glutathione S-transferase，GST）。

前致癌物最终能否形成终致癌物并启动对靶器官的致癌效应，则是由两类代谢酶"解毒"和"致毒"之间的平衡作用而共同决定的。代谢酶基因多态可以影响酶的活性，而酶活性的个体差异则可能是影响个体肿瘤易感性的因素之一。但是，外源性化学致癌物的体内代谢过程极其复杂，因此在探讨代谢酶基因多态性与肿瘤易感性之间的关系时，不仅要考虑代谢酶基因的单独作用，也需考虑其联合或交互作用。

第三节 细胞信号通路与肿瘤

细胞信号的传递、转化和整合是细胞无时无刻不在进行的活动，这些信号可来自自身，也可来自外界刺激；它既可以影响细胞本身，也可以影响周围细胞群体，形成复杂的生物交流网络。细胞信号与细胞的生命活动息息相关，当细胞受到信号分子的刺激，通过与胞膜受体或胞内受体特异性结合，将信号转换并传递给胞内对应的系统，引起细胞内一系列的化学反应，改变细胞的活动状态，使之与外界相适应，这一级联式反应过程称为细胞信号通路，主要由配体、受体、胞内信使、接头蛋白和胞内激酶组成。近年来，对肿瘤发生机制的研究也在不断深入，在分子水平层面上，肿瘤细胞的信号通路已与正常细胞产生了巨大的差异，在配体、受体或胞内系统等多方面都发生了改变，最终导致了肿瘤的无限生长和转移。因此，研究肿瘤细胞信号通路的改变，对于肿瘤的诊断与治疗药物的研发均具有重大的意义。

一、主要的细胞信号转导通路

1. MAPK 转导通路　是近年来研究最广泛的蛋白激酶转导通路。MAPK 通路的基本组成是一种从酵母到人类都保守的三级激酶模式，包括 MAPK 激酶激酶（MAP kinase kinase kinase，MAPKKK）、MAPK 激酶（MAP kinase kinase，MAPKK）和 MAPK。这 3 种激酶能依次激活。这些激酶是细胞内广泛分布的丝氨酸 / 苏氨酸激酶，在与细胞生长、分化、凋亡等密切相关的信号转导途径中发挥关键性作用。该通路可由生长因子、激素、细胞因子、应激等多种方式激活。MAPK 是该转导通路中的重要枢纽，平时位于胞质信号转导通路的终末位置，活化后迅速转位到细胞核内，通过直接激活核内转录因子或者激活另外一些蛋白激酶来调节一些特定基因的转录活性，从而干扰细胞的正常生命活动过程，最终导致肿瘤形成。

2. PI3K 转导通路　磷脂酰肌醇 3- 激酶（phosphatidylinositol-3-kinase，PI3K）信号通路参与细胞生长、增殖、黏附、分化等多种重要的细胞功能。PI3K 激活后可促使磷脂酰肌醇二磷酸酯（phosphatidylinositol 4，5-bisphosphate，PIP2）转化为磷脂酰肌醇三磷酸酯（phosphatidylinositol 3，4，5-triphosphate，PIP3）。PIP3 作为第二信使，激活下游激酶如 AKT 等；激活的 AKT 转移至细胞核内，通过磷酸化作用调控多种转录因子，如核转录因子 κB（nuclear transcription factor-κB，NF-κB）和下游靶蛋白哺乳动物雷帕霉素靶蛋白（mammalian target of rapamycin，mTOR），从而导致肿瘤发生。

3. TNF 受体介导的转导通路　肿瘤坏死因子(TNF)具有多种生物学效应，如促进细胞增生、分化、凋亡，诱发炎症及调节免疫等。TNF 受体不仅在正常细胞表面广泛存在，而且也分布于多种肿瘤细胞表面。TNF 诱导的各种生物学效应都是通过细胞表面两种特异性 TNF 受体——TNFR1 和 TNFR2 相互作用而引发的，这两种受体均为跨膜蛋白，介导细胞凋亡的主要是 TNFR1。TNF 激活的下游信号转导蛋白主要包括 Caspase 蛋白酶、转录因子 NF-κB 和 JNK 蛋白激酶。其中 Caspase 蛋白酶激活后可产生级联激活反应，最终引起细胞凋亡；而 NF-κB 和 JNK 激活后，则抑制细胞凋亡。

4. TGF-β 受体介导的转导通路　转化生长因子 -β（transforming growth factor-β，TGF-β）超家族是一类由多种组织细胞合成的多功能细胞因子。TGF-β 受体是位于细胞表面的跨膜蛋白，具有丝氨酸 / 苏氨酸激酶活性。当 TGF-β 与 TGF-β 受体结合后，活化的 TGF-β 受体使其位于羟基端的丝氨酸发生磷酸化，使 SMAD 蛋白形成二聚体复合物，这一复合物转运至细胞核，行使转录因子的功能。

TGF-β 受体介导的信号转导通路在肿瘤发生发展过程中起到“双刃剑”的作用，即兼具致癌和抑癌的双重作用。在肿瘤发生早期，TGF-β 可起到抑癌因子的作用，抑制肿瘤细胞生长；而在肿瘤发展后期，该信号通路中的某些成员可发生功能缺陷如 *SMAD* 基因突变等，从而使细胞增殖失控，并可促进肿瘤内血管形成，为肿瘤生长和转移提供良好的微环境。

5. 整合素转导通路　整合素（integrin）是细胞表面受体的主要家族，是一种跨膜糖蛋白，介导细胞与细胞外基质的黏附，也在白细胞黏附过程中介导细胞与细胞之间的相互作用。整合素是由 α 和 β 两个亚单位通过非共价键形成的异源二聚体，目前至少发现 18 种 α 亚单位和 8 种 β 亚单位。整合素的信号转导通路主要通过激活黏着斑激酶（focal adhesion kinase，FAK）介导。整合素转导通路与肿瘤形成、生长、分化、凋亡和转移等过程存在密切联系。

6. Wnt 转导通路　*Wnt* 基因最早是通过研究果蝇发育机制发现的。高度保守的 Wnt 信号蛋白家族在胚胎发育中发挥重要的作用，若被异常激活可导致肿瘤的发生。通过不同信号分子间的相互作用，Wnt 蛋白可调节细胞生长、迁移、分化及发育等多方面复杂的信号级联反应。20 多年的研究已经鉴定出人类基因组存在 19 个不同的 *Wnt* 基因。研究显示，Wnt 信号至少存在下列路径：经典的 Wnt/β-catenin 通路（包括 Wnt-1、Wnt-3a 及 Wnt-8a 等）和非经典的 Wnt 通路（包括 Wnt-4、Wnt-5a、Wnt-11 等）。目前研究发现，乳腺癌、结直肠癌和卵巢癌等多种肿瘤中均存在 Wnt 信号转导通路的异常。

7. JAK-STAT 转导通路　两面神激酶（Janus kinase，JAK）是一类非跨膜型非受体型蛋白酪氨酸激酶家族，在细胞因子信号传递过程中起重要作用。之所以称 JAK 为两面神激酶，是由于其既能磷酸化与其相结合的细胞因子受体，又能磷酸化多个含特定 Src 同源 2 结构域（Src homology 2 domain，SH2）的信号分子。信号转导子和转录激活子（signal transducer and activator of transcription，STAT）是 JAK 的底物。当细胞因子与其靶细胞上的特异性受体结合后，可使 JAK 活化，继而催化受体上的酪氨酸残基发生磷酸化，并形成相应的 STAT 与受体复合物结合“停泊位点”（docking site）。最后，JAK 激酶催化 STAT 蛋白磷酸化，活化的 STAT 形成同源或异源二聚体后，进入细胞核内与特定的靶基因结合，调控目的蛋白表达。JAK-STAT 信号转导途径的异常活化与肿瘤、白血病等多种疾病的发生、发展和预后密切相关。

上述各条通路构成了一个错综复杂、受诸多因素影响的信号转导网络，并且不同转导通路之间既有特异性，又可产生交互作用。通过干扰细胞内的信号转导通路，特异性地控制细胞生长、分化和凋亡等过程，从而为肿瘤治疗提供新的切入点。

二、肿瘤形成与信号通路异常

肿瘤细胞的信号通路转导异常可涉及配体、受体、细胞内信号转导分子和细胞核内转录因子等多环节和多水平，最终均导致肿瘤细胞增殖失控和转移。

（一）配体

某些肿瘤细胞可异常分泌生长因子样的活性物质，从而刺激自身增殖。如在人神经胶质母细胞瘤、骨肉瘤和纤维肉瘤中均可见 *SIS* 原癌基因的异常表达，*SIS* 原癌基因的编码产物与血小板衍化生长因子 -β（PDGF-β）链高度同源，从而导致细胞可脱离外来生长信号的调控，成为“自我刺激”生长的细胞。

（二）受体

受体异常可分为两类：

（1）受体下调或减敏：前者是指受体数量减少，后者则是指靶细胞对配体刺激的反应性减弱或消失。

（2）受体上调或增敏：前者是指受体数量增加，后者则是指靶细胞对配体刺激的反应增强过度。这两种受体异常均可导致细胞信号转导障碍，进而影响肿瘤的发生发展。

(三) 细胞内信号通路的改变

细胞内信号转导分子的突变,同样能引起细胞增殖失控而发生细胞转化。例如:

1. RAS 信号通路 RAS 途径是与肿瘤细胞生长失控最密切相关的信号转导通路,介导大多数生长因子刺激的细胞增殖。*RAS* 基因编码的 RAS 蛋白可在 SOS 催化下,通过与 GTP 结合而依次激活 RAF(MAPKKK)、MEK(MAPKK)和 MAPK[包括细胞外信号调节激酶(extracellular signal-regulated kinase,ERK)、c-Jun 氨基末端激酶(c-Jun N-terminal kinase,JNK)及 P38 等]通路。若 RAS、RAF、MEK 和 MAPK 通路中的任何环节发生改变导致该通路持续激活时,则会导致细胞增殖失控。目前已发现有约 30% 的人类肿瘤存在不同性质的 *RAS* 基因突变。

2. PI3K 信号通路 PI3K 信号通路与多种肿瘤发生发展密切相关。AKT 是 PI3K 信号通路中的重要蛋白分子,在 10%~20% 的胰腺癌、40% 的肝癌和 50% 的结肠癌患者中都可以检测到 *AKT* 的突变。在一些原发性结肠癌或卵巢癌中也检测到 PI3K 调控亚基 p85 的突变。

3. JAK-STAT 信号通路 JAK-STAT 信号通路的异常激活与多种肿瘤发生和发展密切相关。例如造血系统的肿瘤(包括白血病和淋巴瘤)中常见 STAT1、STAT3 和 STAT5 的激活。

4. NF-κB 信号通路 NF-κB 信号通路具有明显的抑制细胞凋亡的功能,NF-κB 的持续激活会刺激细胞生长,导致细胞增殖失控。在人类肿瘤尤其是淋巴系统的恶性肿瘤中,常可发现 NF-κB 家族基因的突变。

5. Wnt 信号通路 很多肿瘤如超过 90% 的结肠癌均与 Wnt 信号通路的异常激活密切相关。β-catenin 是 Wnt 通路核心蛋白,其基因突变可导致 β-catenin 蛋白无法被磷酸化和泛素化降解,致使 β-catenin 在胞质内大量聚集,从而进入细胞核并激活与细胞分裂和生长调控相关的基因(如 *c-MYC* 和 *Cyclin D1* 等基因),引起细胞增殖失控,导致肿瘤发生。

本章小结

肿瘤的发生涉及多种因素、多种基因的影响和参与,并经过多个阶段逐渐得以形成。当正常细胞发生癌变后,其自身活动不再受到机体的控制,表现为无限生长、增殖和扩散等特性。在分子水平上,肿瘤细胞内出现了多种原癌基因的激活,抑癌基因的失活,这些基因突变导致了异常蛋白表达上调,信号通路也出现了异常的改变和激活。

思考题

1. 有哪些分子机制在肿瘤的发生和发展中起到了重要作用?
2. 原癌基因激活和抑癌基因失活的主要机制是什么?两种类型的基因在肿瘤的发生发展中各起到什么作用?
3. 试述导致肿瘤细胞过度增殖的信号转导异常。

(赵永祥)

第五章
肿瘤的生物学行为

肿瘤起源于机体细胞的基因突变。从发生基因突变到形成难以控制的恶性肿瘤，需要经历一个漫长的过程。在这个过程中，恶性肿瘤细胞需要不断积累突变和表观遗传改变，并改变代谢模式，从而强化增殖促进信号、对抗增殖抑制信号以及老化、凋亡机制；同时，肿瘤还需要通过招募、改造机体的多种细胞如血管细胞、组织基质细胞、免疫细胞等，来营造适合于自身生长的肿瘤微环境。肿瘤的这些改变构成了肿瘤的基本特征(图 2-5-1)。本章将着重介绍肿瘤细胞最为突出的生物学行为——不可控增殖的特征和机制，进而讨论肿瘤的新生血管和肿瘤基质，以及肿瘤的侵袭和转移行为。肿瘤中的免疫学行为将在第六章专门介绍。

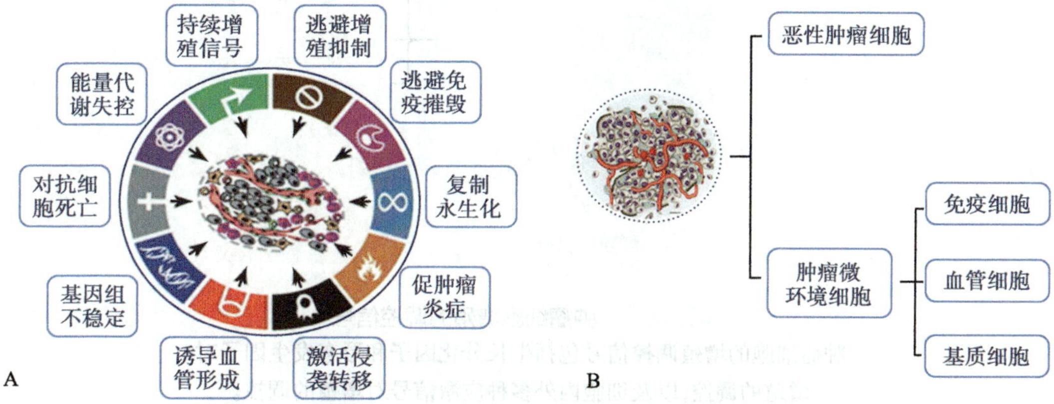

持续增殖信号
逃避增殖抑制
逃避免疫摧毁
复制永生化
促肿瘤炎症
激活侵袭转移
诱导血管形成
基因组不稳定
对抗细胞死亡
能量代谢失控
A
恶性肿瘤细胞
肿瘤微环境细胞
免疫细胞
血管细胞
基质细胞
B

图 2-5-1　恶性肿瘤的基本特征和细胞构成

A. 恶性肿瘤的基本特征；B. 恶性肿瘤的细胞构成。

第一节　肿瘤细胞的增殖与调控

非可控增殖是肿瘤细胞最基本的特征之一。虽然肿瘤细胞增殖的基本过程与正常细胞增殖相同，但肿瘤细胞所具有的多种基本特征，如持续增殖信号、增殖抑制信号缺陷、细胞老化和死亡信号的缺陷以及细胞代谢的变化，造成肿瘤细胞增殖的不可控。

一、肿瘤细胞增殖的特征

正常体细胞的增殖通过细胞有丝分裂完成。在不同组织来源的体细胞，有丝分裂的过程基本上是一致的，被称为细胞周期。细胞周期是指细胞从一次有丝分裂完成到下一次有丝分裂结束所经历的全过程，分为DNA合成前期(G_1期)、DNA合成期(S期)、DNA合成后期(G_2期)、有丝分裂期(M期)。前3期无细胞形态的明显差别，称为间期；有丝分裂期可见到细胞形态的改变，也称为分裂期。细胞周期进程由一组周期素(cyclin)依赖的丝/苏氨酸蛋白激酶即周期素依赖激酶(CDK)催化进行，并受到多种CDK抑制物的负调控。

肿瘤细胞也采取与正常细胞相同的细胞周期进程。肿瘤组织中往往可以见到更多的处于有丝分裂期的细胞，说明虽然细胞分裂的过程与正常细胞相同，但肿瘤中有更多的细胞处于活跃的分裂状态，造成肿瘤的快速生长。

二、肿瘤细胞增殖的调控

肿瘤细胞的不可控增殖是由多种基因突变和表观遗传改变造成的。总体来说，这些基因突变和表观遗传改变强化了肿瘤细胞的增殖促进信号，而削弱了其增殖抑制信号(图2-5-2)。

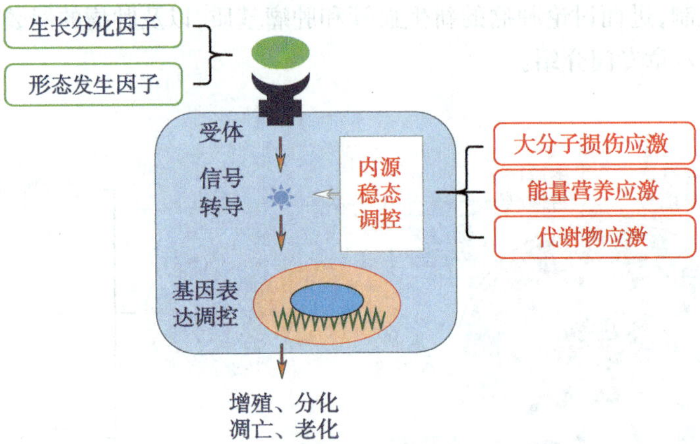

生长分化因子
形态发生因子
受体
信号
转导
内源
稳态
调控
大分子损伤应激
能量营养应激
代谢物应激
基因表
达调控
增殖、分化
凋亡、老化

图2-5-2 肿瘤细胞增殖的调控信号

肿瘤细胞的增殖调控信号包括生长分化因子和形态发生因子对增殖的调控，以及细胞内外多种应激信号对增殖的调控。

(一) 肿瘤细胞获得持续增殖信号

肿瘤细胞的持续增殖信号主要来自癌基因的突变，其突变的机制包括病毒基因启动子及增强子的插入、染色体易位、原癌基因扩增以及点突变等。细胞主要的原癌基因被分为6个家族，即*Src*、*ras*、*myc*、*sis*、*erb*和*myb*家族，其产物大多是细胞促增殖信号通路上的关键分子，包括细胞生长因子、生长因子受体、生长因子受体信号转导通路的关键分子，以及生长因子受体信号的核内基因表达调控因子等。所以，原癌基因获得功能性突变，使得细胞的促增殖信号持续增强且不受调控，造成细胞的不可控增殖。

例如，表皮生长因子受体(EGFR)家族的erb-B2(又称HER-2，NEU，CD340)是原癌基因*erb-B2*编码的185kDa的细胞膜受体，在多种肿瘤如乳腺癌、肺癌、胃癌等中经常发生基因扩增、点突变等形式的变异，造成其高表达或高活性。erb-B2高表达的肿瘤细胞中Ras-MAPK和PI3K-AKT信号转导活性较高，细胞增殖能力较强，分化成熟和凋亡机制受到抑制，细胞恶性程度也较高，因此成为这类肿瘤的治疗靶点。

(二) 肿瘤细胞存在增殖抑制信号缺陷

正常细胞中存在着多种强大的增殖抑制信号以维持正常细胞的周期和增殖。发挥这类增殖抑制作用的蛋白往往由抑癌基因编码。抑癌基因(tumor suppressor gene)也称为肿瘤抑制基因，是一类在调控细胞生长、增殖和分化过程中起着重要的负向调节作用，并能潜在抑制肿瘤生长的基因。在肿瘤中抑癌基因失活的机制是多方面的，包括基因突变，即抑癌基因位点的两个等位基因分别突变，造成基因产物活性丧失；有些抑癌基因产物有单倍剂量不足（haploinsufficiency），单个等位基因的突变造成基因产物活性下降，也可促进肿瘤发生。启动子甲基化（methylation）导致的抑癌基因表达抑制是抑癌基因失活的另一个重要机制，其作用十分广泛。在一些家族性遗传性肿瘤中，抑癌基因位点的杂合性丢失（loss of heterozygosity，LOH）也是抑癌基因失活的重要机制。

抑癌基因编码的增殖抑制信号分子中，一类是直接对细胞周期起负调控作用，限制细胞的过度增殖，如 Rb 蛋白。Rb 蛋白由抑癌基因 *Rb* 编码，可以和转录因子 E2F 相结合，并抑制 E2F 的转录活性，进而抑制与细胞周期运转相关的多种基因的表达；CDK4 可以催化 Rb 的磷酸化，而磷酸化的 Rb 蛋白与 E2F 的结合能力下降，E2F 的转录活性升高，促进细胞周期的运转。当 *Rb* 基因突变时，这一细胞增殖的负性调控机制丧失，促进了肿瘤细胞的增殖。另一类增殖抑制分子则参与各种应激应答。其中最典型的是 p53 蛋白。p53 蛋白由抑癌基因 *TP53* 编码，可在多种应激反应中被上调，如 DNA 损伤应激、核糖体应激、端粒酶活性异常升高、癌基因活化和低氧等。上调的 p53 可促进 CDK 抑制物 p21 等的表达，抑制细胞周期的运转。值得注意的是，许多重要的抑癌基因，其突变和表观遗传介导的表达下降与多种肿瘤的发生和发展直接相关。

抑癌基因的突变不仅直接丧失对细胞周期运转的抑制而促进肿瘤细胞增殖，还可通过其他机制促进肿瘤的生长。凋亡（apoptosis）是指细胞在一定的生理或病理状态下活化促凋亡基因表达程序而发生主动死亡过程。p53 是调控促凋亡信号的关键转录因子之一，在多种应激条件下上调促凋亡基因的表达而促进细胞凋亡。老化（senescence）是机体另一种控制细胞数量的方式，是指细胞在一定条件下永久退出细胞周期，并最终被机体的固有免疫细胞所清除的过程。细胞老化由特定的信号所触发，主要分为增殖诱导的老化和突变诱导的老化，前者多由 Rb-p16 信号所介导，后者则主要由 p53-p21 信号介导。在肿瘤中，*p53*、*Rb* 等抑癌基因的缺失使得肿瘤细胞可以对抗细胞凋亡并免于细胞老化，促进肿瘤生长。此外，抑癌基因的失活还作用于肿瘤微环境细胞，如血管内皮细胞、免疫细胞等，促进肿瘤生长。

（三）肿瘤细胞的代谢重编程促进增殖

细胞增殖不仅需要促增殖信号的增强和增殖抑制信号的失活，还需要细胞代谢的协调，为细胞创造增殖的物质条件，如糖类、脂类分子、氨基酸和核酸分子合成的原料等。因此，肿瘤细胞往往对其代谢模式加以改变，以适应细胞增殖的需要。这一过程被称为肿瘤细胞的代谢重编程（metabolic reprogramming）。经典的代谢重编程即 Warburg 效应，指细胞在有氧条件下进行的葡萄糖的糖酵解代谢，以在快速供给能量的同时，通过磷酸戊糖途径产生合成脂类、核酸等细胞分裂必需物质的底物和用于合成代谢 NADPH。目前，肿瘤细胞代谢重编程还包括除 Warburg 效应之外的肿瘤细胞特有的代谢模式，其对肿瘤的意义也从简单的提供能量和合成代谢底物发展到形成多种可以参与蛋白质翻译后修饰、调控基因表达的小分子代谢物的层面。多种癌基因和抑癌基因突变及表观遗传调控参与肿瘤细胞的代谢重编程，促进肿瘤细胞增殖。

（四）肿瘤微环境为肿瘤细胞提供增殖信号

细胞增殖不仅取决于细胞内在的促增殖信号、抑制增殖信号和代谢状态，还取决于细胞间的相互作用，即其他细胞提供的细胞因子，尤其是生长因子。肿瘤组织中的生长因子，一方面可以来自肿瘤细胞自身。例如 *sis* 癌基因本身就编码血小板来源生长因子（PDGF）。另一方面，肿瘤微环境细胞往往可以产生各种生长因子和细胞因子。

三、针对肿瘤细胞增殖的治疗策略

抑制肿瘤细胞增殖长期以来就是抗肿瘤治疗的主流思路之一。传统的化疗主要是通过各种小分子药物抑制肿瘤细胞的周期运转。近年来针对癌基因和抑癌基因通路,开发了各种针对肿瘤细胞特有的促增殖分子和信号通路的治疗药物,即分子靶向治疗药物。

(一) 针对细胞周期的抗肿瘤药物

肿瘤组织中,更多的肿瘤细胞处于活跃的有丝分裂中。传统的化疗药往往就是针对肿瘤细胞的这一特点,作用于细胞周期的不同时相,如抑制 DNA 合成、抑制有丝分裂等,以阻断细胞周期进展进而达到抑制肿瘤生长的目的。这类药物不能区分正常细胞和肿瘤细胞,因此往往有比较强的毒副作用。

(二) 针对促增殖分子和信号通路的抗肿瘤药物

原癌基因的突变造成的细胞促增殖信号通路的持续激活是肿瘤细胞持续增殖的关键因素,因此通过特异性的抑制剂阻断这些促增殖信号通路就是对抗肿瘤细胞增殖重要策略,这就是分子靶向治疗的基本思路。到目前为止,已经针对不同的癌基因信号通路开发了大量的分子靶向药物,有些获得了很好的临床疗效。

(三) 激发肿瘤细胞应激通路抑制肿瘤细胞增殖

多种抑癌基因产物参与细胞应激应答,促进细胞的增殖抑制、凋亡及老化等。抑癌基因的丧失功能使得肿瘤细胞失去了增殖抑制通路,因此可以通过基因治疗等向细胞中导入野生型的抑癌基因来抑制肿瘤细胞增殖;还可以通过某种方式激发细胞的应激反应来促进抑癌基因的表达,达到抑制肿瘤细胞增殖的目的。有些临床治疗措施如放射治疗,其部分机制也是通过激发 DNA 损伤应答而抑制肿瘤细胞增殖。

(四) 对抗肿瘤细胞代谢重编程抑制肿瘤细胞增殖

随着对肿瘤细胞代谢重编程认识的不断深入,尤其是不断发现肿瘤细胞产生的某些代谢产物对肿瘤细胞的增殖和肿瘤微环境具有重要的调控作用,针对相应的酶开发特异性抑制剂就成为对抗肿瘤细胞增殖的大有前途的策略。有关药物的研发也在进展中。

四、肿瘤细胞的异质性和肿瘤干细胞

肿瘤一般被认为是一种克隆性疾病,即所有的肿瘤细胞最初起源自一个突变的细胞。然而,肿瘤细胞之间在增殖能力、分化程度、侵袭转移能力、药物敏感性等方面存在着巨大差异,这种现象被称为肿瘤细胞的异质性(heterogeneity)。异质性的肿瘤细胞中存在一群具有干细胞特征的肿瘤细胞,称为肿瘤干细胞(CSCs),在肿瘤的耐药、转移和复发中发挥重要作用。本节将以肿瘤干细胞为例,讨论肿瘤细胞异质性的形成机制及其在肿瘤中的意义。

(一) 肿瘤干细胞的特征

干细胞指一类具有自我更新及分化能力的细胞,可终身存在于体内维持特定组织的稳态,如造血干细胞等。肿瘤干细胞就是存在于肿瘤中的一群具有自我更新和分化能力的肿瘤细胞。目前,在恶性血液病、神经胶质瘤、结直肠癌、乳腺癌、黑色素瘤等实体肿瘤中已经发现了肿瘤干细胞。因此,这可能是恶性肿瘤的一个共性。

与正常干细胞类似,肿瘤干细胞具有以下特征:

1. 自我更新能力　指肿瘤干细胞能通过不对称分裂产生一个与之性质相同的肿瘤干细胞和一个普通的肿瘤细胞,以维持肿瘤干细胞数目的稳定。自我更新能力是肿瘤干细胞最基本的特征。

2. 增殖能力　与正常干细胞类似,肿瘤干细胞可快速增殖产生具有祖细胞特征的肿瘤细胞。肿瘤干细胞的快速增殖通常表现为以克隆性肿瘤细胞球(tumor sphere)的形式生长。

3. 分化能力　肿瘤干细胞具有分化和产生“成熟”肿瘤细胞的能力。分化成熟能力则依靠特定的分化成熟标志进行判断。

4. 表达干细胞标志分子　肿瘤干细胞可以表达与正常干细胞类似的干性(stemness)标志分子。

如干性相关的转录因子 Oct4、Nanog、c-Myc 以及 Sox2、端粒酶等；干细胞的标志分子，如 CD133。

（二）肿瘤干细胞的形成机制

关于肿瘤干细胞的来源尚不完全清楚。一种理论认为肿瘤干细胞起源于组织中的成体干细胞的突变。成体干细胞终身存在于组织中，容易累积各种基因突变。一旦突变涉及癌基因 / 抑癌基因，则形成肿瘤干细胞并进而形成肿瘤。另一种理论认为肿瘤干细胞来源于肿瘤细胞自身的演变，即在特定环境下任何肿瘤细胞都可能转变为肿瘤干细胞。目前看来，在内、外因素作用下，普通的肿瘤细胞都可具有一定程度的干性，其中的一部分则可能逆分化形成肿瘤干细胞。这些影响肿瘤细胞逆分化的因素一方面是肿瘤细胞的基因组不稳定，如肿瘤中活性氧簇（ROS）分子的累积、放化疗造成的 DNA 损伤，以及肿瘤细胞的快速增殖和对抗凋亡，使得 DNA 突变更加容易固化在基因组中。另一方面是肿瘤微环境中存在大量影响肿瘤细胞增殖分化的因素，如低氧、酸化、各种细胞因子、损伤相关分子模式（damage-associated molecular pattern，DAMP）等，作用于肿瘤细胞的多种信号途径，最终引起肿瘤细胞基因组的表观遗传修饰改变并获得干性。

（三）肿瘤干细胞在肿瘤进展与治疗中的意义

肿瘤干细胞之所以引起广泛关注，主要在于其干细胞特性对于肿瘤的进展和治疗都有较大的影响。肿瘤干细胞在形成和分化的过程中，往往会涉及上皮 - 间充质转化（epithelial-mesenchymal transition，EMT）相关的分子和信号通路。EMT 可以促进肿瘤细胞迁移。此外，肿瘤干细胞在远距离转移的过程中更容易存活，而且在新的转移灶中更容易成瘤。这些特征都使肿瘤干细胞促进肿瘤的侵袭转移。肿瘤干细胞还可以长期隐藏在肿瘤原发灶和转移灶，促进肿瘤的复发。此外，肿瘤干细胞高表达多种药物外排转运体，并且具有抗辐射、抗凋亡等特性，还可处于休眠状态而对杀伤肿瘤细胞的外界理化因素不敏感，因此拥有较强的耐药性。

肿瘤干细胞所具有的特征及其在肿瘤进展和耐药中的主要意义，促使人们寻找能够靶向清除肿瘤干细胞的方法，但到目前为止收效不佳。

第二节　肿瘤的血管生成与调控

实体肿瘤作为由恶性肿瘤细胞为主形成的混乱组织，可以诱导新生血管化（neovascularization）。新生血管不仅是肿瘤持续生长的前提条件，也是肿瘤远处转移的重要通道，还影响肿瘤的放化疗及免疫治疗的效果。针对肿瘤新生血管已开发出供临床治疗的靶向药物。

一、肿瘤新生血管的特征

正常发育过程中，新生血管方式主要有血管发生（vasculogenesis）和血管形成（angiogenesis）。肿瘤可以多种方式形成新生血管。

（一）肿瘤新生血管的基本机制

据认为，实体肿瘤的体积超过 2~3mm^3 时，单纯的氧气扩散将无法支撑瘤体生长，必须有新生血管形成才能支持其继续生长。肿瘤新生血管主要有 3 种方式。

1. 血管形成　血管形成是肿瘤血管化的主要方式，指在原有微血管的基础上生长形成新生血管的过程，主要有两种方式，即出芽式血管形成（sprouting angiogenesis）和套入式血管形成（intussusception angiogenesis）。血管出芽过程中，内皮细胞在局部血管生成因子的作用下活化，使局部微血管基底膜降解，内皮细胞进而分化成顶端细胞（tip cell）和茎秆细胞（stalk cell），形成血管芽。位于血管芽顶端的顶端细胞在血管生成因子作用下迁移而对血管芽进行导向，而茎秆细胞通过增殖使血管芽生长。血管芽最终融合并形成管腔，再招募周细胞，形成成熟的新生血管。

套入式血管形成不需要内皮细胞出芽，而是已有的毛细血管内皮细胞呈柱状插入管腔，在血管腔内形成套入式微柱。大量的跨血管组织微柱使毛细血管在自身基础上扩张，形成新的血管网。

2. 血管发生　血管发生是由内皮祖细胞（endothelial progenitor cell，EPC）聚集形成的血管网。近年来人们发现在骨髓中含有能迁移到外周组织并分化为成熟内皮细胞的 EPC，可参与或者促进肿瘤新生血管形成。

3. 其他替代新生血管　肿瘤除了采用上述生理性的血管发育机制外，还可以采用非生理的替代方式形成新生血管。其中一种方式是血管生成拟态（vasculogenic mimicry），即由肿瘤细胞和肿瘤干细胞转分化而形成血管样结构。另一种方式是嵌合性血管生成，由肿瘤细胞直接整合入血管壁形成。

（二）肿瘤新生血管的结构功能异常

虽然肿瘤新生血管主要依赖正常血管发育的信号分子和通路，而且肿瘤新生血管也可以发挥一定程度的血液循环作用，但其结构是高度异常的，主要表现在以下方面（图 2-5-3）：

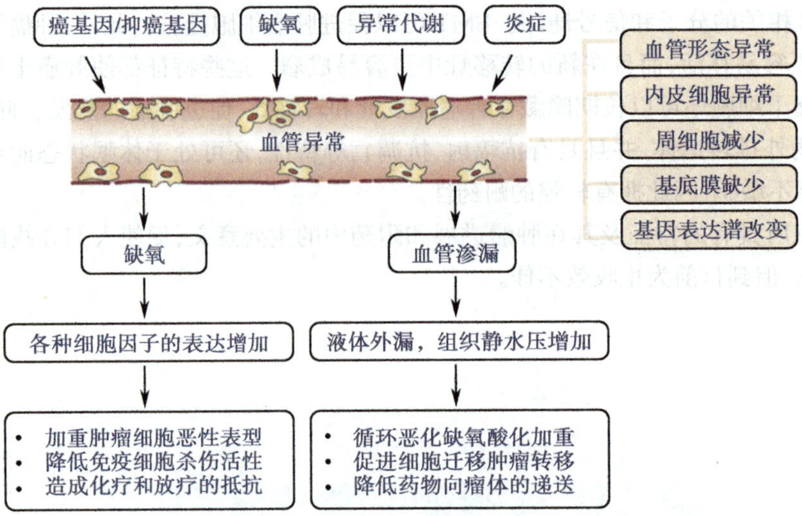

癌基因/抑癌基因
缺氧
异常代谢
炎症
血管形态异常
内皮细胞异常
周细胞减少
基底膜缺少
基因表达谱改变
血管异常
缺氧
血管渗漏
各种细胞因子的表达增加
液体外漏，组织静水压增加
加重肿瘤细胞恶性表型
降低免疫细胞杀伤活性
造成化疗和放疗的抵抗
循环恶化缺氧酸化加重
促进细胞迁移肿瘤转移
降低药物向瘤体的递送

图 2-5-3　肿瘤新生血管的结构功能异常

1. 肿瘤新生血管的结构异常　在形态上，肿瘤血管扩张、迂曲、形成囊状结构和无规则连接的分支及异常的血管分流，肿瘤组织中血管密度分布不均匀。肿瘤内皮细胞的形态不规则，排列混乱、细胞重叠，细胞间连接减弱，血管间隙增加，使血管通透性增加。血管周细胞减少或消失、形态异常，与内皮细胞连接松弛，表达未成熟和低收缩标志物。基底膜与内皮细胞结合疏松、厚度异常。内皮细胞和周细胞的基因表达谱混乱。

2. 肿瘤新生血管的功能异常　肿瘤新生血管是病理性新生血管，对肿瘤生长有多方面的促进作用，包括促进肿瘤组织缺氧而促进肿瘤生长；增加肿瘤血管通透性引起血液成分外漏、组织间隙静水压增加；肿瘤内皮细胞和周细胞还产生多种细胞因子和生长因子，加重炎症应答、支持肿瘤干细胞和转移灶的形成。

二、肿瘤新生血管生成的调控

虽然肿瘤新生血管在结构和功能上都是异常的，但肿瘤新生血管基本采用了与正常血管发育相同的调控机制，包括各种血管生成因子、抑制因子及其下游信号通路。由于肿瘤中血管生成调控因子的失衡，使血管处于持续生长、重塑状态，形成结构、功能异常的新生血管。

（一）正常新生血管生成的调控因子和作用机制

具有促血管生成活性的内源性分子已达数十种。其中部分细胞因子直接作用于内皮细胞表面的受体，有些则通过刺激血管内皮生长因子等表达，或招募相关细胞而发挥促血管生成的作用。

1. 新生血管生成的生长分化因子

(1) 血管内皮生长因子（vascular endothelial growth factor，VEGF）：可由多种细胞产生，在促进内皮细胞增殖和迁移、抑制内皮细胞的凋亡中发挥重要作用；同时可增加血管通透性、调节血管生成过程中基底膜的降解。VEGF 家族有多个成员，作用于其特异性受体 VEGFR，引发一系列信号转导过程。VEGFR 有 VEGFR1（Flt-1）、VEGFR2（Flk-1）和 VEGFR3（Flt-4），属于 Fms 样酪氨酸激酶（Fms-like tyrosine kinase，Flt）家族。VEGF-VEGFR 信号在各种形式的新生血管生成中发挥关键作用。在血管出芽中，VEGFR 信号促进局部血管通透性增加和基底膜的降解，并促进内皮细胞增殖；同时 VEGFR 上调顶端细胞上的 Notch 配体 Dll4 的表达，以维持血管芽的生长和调控血管网的密度。

(2) 血管生成素（angiopoietin，Angpt）：是第一个被确定来源于人肿瘤组织、具有促血管生成作用的蛋白质家族，包括 Angpt-1、Angpt-2、Angpt-3 和 Angpt-4，可与内皮细胞表面特异性受体 TIE-2 结合，调控血管生成。

(3) 成纤维细胞生长因子（fibroblast growth factor，FGF）：是除 VEGF 家族外最主要的血管生成因子家族。其受体 FGFR 与 VEGFR 同属于受体酪氨酸激酶，与 FGF 结合后使其发生同源或异源自身磷酸化而激活，导致内皮细胞的增殖、迁移和分化，促进血管的生成。

(4) 基质金属蛋白酶（matrix metalloproteinase，MMP）：是一类 Zn^{2+} 依赖性的内源性蛋白水解酶，通过降解细胞外基质（ECM）促进血管生成，是重要的血管生成因子。已经发现 20 多种 MMP。除了参与新生血管生成，还广泛参与肿瘤侵袭和转移。

(5) 血管生成抑制因子：组织中存在多种可以抑制新生血管形成的蛋白，包括一些大分子蛋白前体的酶解片段、细胞因子、某些蛋白酶抑制剂等，如血管抑素（angiostatin）、内皮细胞抑制素（endostatin）等。此外，干扰素（interferon，IFN）-α/β 和 IFN-γ 可通过下调肿瘤细胞中 VEGF、bFGF 等生长因子的表达水平而发挥血管生成抑制作用。

2. 形态发生因子　各主要的形态发育调控信号途径，包括 TGF-β 信号、Wnt 信号、Hedgehog 信号、Notch 信号等，都深度参与血管形成过程。以 Notch 信号为例，在血管出芽中，VEGF 刺激上调内皮细胞的 Notch 配体 Dll4 表达，刺激相邻内皮细胞的 Notch 受体，使之在跨膜区发生由 γ- 分泌酶催化的蛋白裂解，释放 Notch 受体的胞内区，进入细胞核转录激活 RBP-J，促进下游基因的表达，使得细胞放弃顶端细胞命运而选择茎秆细胞命运。这一命运选择贯穿于出芽过程，对血管形成具有根本性的支撑作用。

3. 周细胞招募和血管成熟的调控因子　周细胞（pericyte，PC）是指毛细血管中位于内皮细胞外侧的壁细胞。周细胞通过直接接触以及旁分泌通路与内皮细胞相互作用，一个周细胞可以同时与多个内皮细胞接触。周细胞与内皮细胞相互作用，共同调控新生血管生成和成熟，其主要调控通路包括调控周细胞增殖与迁移的 PDGF/PDGFR-β 信号通路、调控周细胞分化的 TGF-β 信号通路、调控血管稳定的 Argpt/TIE-2 及 S1P/Edg 信号通路等，其中 PDGF/PDGFR-β 信号通路在肿瘤血管生成及转移中发挥着重要调控作用。

（二）肿瘤新生血管结构异常的机制

虽然肿瘤新生血管采用了与正常血管发育相同的调控机制，但由于血管生成调控因子的失衡，使血管处于持续生长、重塑状态，形成结构、功能异常的新生血管。参与这一过程的因素主要有癌基因激活 / 抑癌基因失活、肿瘤组织缺氧、肿瘤代谢异常和肿瘤组织的非可控炎症。

1. 癌基因激活和抑癌基因失活　多种原癌基因激活可促进肿瘤的新生血管生成。*RAS* 激活既可以直接上调肿瘤细胞中 VEGF 的表达水平，又可以通过刺激环氧合酶 -2（cyclooxygenase-2，COX-2）

上调邻近基质细胞中 VEGF 的表达水平，促进血管的生成。此外还有超过 20 种的原癌基因通过诱导 VEGF 的表达，促进肿瘤血管生成。

抑癌基因 *TP53* 编码的产物 TP53 蛋白通过抑制缺氧诱导因子 -1α（hypoxia inducible factor-1α，HIF-1α）的转录激活并促进 MDM2 介导的 HIF-1α 的泛素化和蛋白酶体降解，下调胞内 HIF-1α 的水平，从而抑制 HIF-1 靶基因 VEGF 的表达，进而抑制血管的生成。TP53 还可刺激抑制血管生成基因 *SMAD4* 等表达，从而抑制肿瘤血管的形成。

2. 肿瘤组织缺氧 低氧是肿瘤组织的固有特征。细胞内多种分子参与 O_2 的感受，但 HIF 家族转录因子是最关键的低氧应答分子。肿瘤细胞的持续增殖、癌基因 / 抑癌基因的异常以及肿瘤微环境的变化，使肿瘤组织处于持续和不均一的低氧状态，导致结构、功能异常的新生血管生成。

3. 肿瘤代谢异常 肿瘤中的多种异常代谢物参与肿瘤新生血管生成。乳酸堆积是肿瘤微环境中的常见现象。乳酸可以作用于 G 蛋白偶联受体 GPR81，通过活化内皮细胞、上调巨噬细胞的 VEGF 表达、引起细胞外环境酸化等机制而促进肿瘤新生血管生成。

4. 肿瘤组织炎症 肿瘤组织存在持续的炎症反应，被称为非可控炎症。炎症细胞产生的大量细胞因子参与肿瘤新生血管生成的各环节。肿瘤相关巨噬细胞是启动肿瘤新生血管生成的主要细胞亚群，可产生多种促血管因子，促进肿瘤新生血管生成。

三、针对肿瘤新生血管的靶向治疗

血管生成是恶性肿瘤的重要病理特征，抑制血管的生成对治疗肿瘤有重要意义。抗血管生成治疗（anti-angiogenesis therapy，AAT）通过阻断肿瘤新生血管形成来阻断其营养供应、抑制肿瘤生长。血管生成抑制剂以血管内皮细胞为靶点，具有低毒、广谱及不易产生抗药性的优点。2004 年，第一个用于肿瘤治疗的血管生成抑制剂贝伐珠单抗（bevacizumab）被批准上市，此后又有多种针对不同靶点的抗肿瘤血管生成药物用于肿瘤治疗。但这些药物单独使用疗效不满意，需要与其他抗肿瘤药物合用。其治疗的作用机制不在于减少血管生成，而是促进了血管结构和功能的正常化（normalization），改善肿瘤细胞恶性行为，提高化疗和放疗效果，改善抗肿瘤免疫，减少肿瘤转移。

第三节 肿瘤相关成纤维细胞与肿瘤基质

肿瘤中存在大量的间充质细胞（mesenchymal cells），在肿瘤的恶性特征中发挥重要作用。这些细胞来源不同，但都有成纤维细胞样的形态和功能，其基因表达谱具有成纤维细胞的某些特征，因此笼统地被称为肿瘤相关成纤维细胞（cancer-associated fibroblasts，CAFs）。

一、肿瘤相关成纤维细胞的来源和调控

CAF 的来源是高度异质性的。而且在肿瘤微环境的作用下，其细胞行为也发生了很大变化。

（一）肿瘤相关成纤维细胞的来源

一般认为 CAF 有 4 个主要来源（图 2-5-4）。

1. 组织定居成纤维细胞 正常组织中的成纤维细胞在肿瘤细胞和肿瘤微环境的刺激下，可活化成为 CAF，进而分化成肌成纤维细胞（myofibroblast），表达 α-SMA、PDGF 受体等特征性基因。

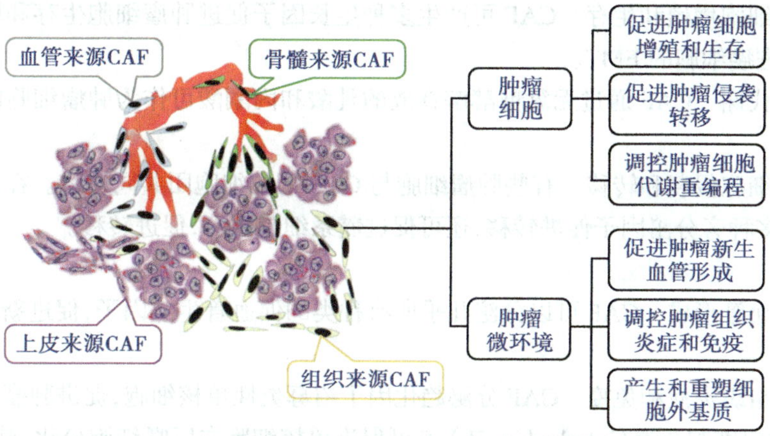
血管来源CAF
骨髓来源CAF
上皮来源CAF
组织来源CAF
肿瘤细胞
肿瘤微环境
促进肿瘤细胞增殖和生存
促进肿瘤侵袭转移
调控肿瘤细胞代谢重编程
促进肿瘤新生血管形成
调控肿瘤组织炎症和免疫
产生和重塑细胞外基质

图 2-5-4　肿瘤相关成纤维细胞的来源和作用

2. 骨髓来源的成纤维细胞　骨髓来源间充质干细胞（mesenchymal stem cell，MSC）以及血液中的纤维细胞（fibrocyte）可进入肿瘤组织，再分化或活化成 CAF。

3. 血管壁细胞　血管壁细胞包括在小血管外层的平滑肌细胞和毛细血管外表面的周细胞，可以在血管旁发挥 CAF 的作用。

4. 上皮细胞 / 内皮细胞的间充质转化　上皮细胞和内皮细胞都可以在肿瘤微环境中的 TGF-β、PDGF 等细胞因子的作用下发生上皮 - 间充质转化（epithelial-mesenchymal transition，EMT）或内皮 - 间充质转化（endothelial-mesenchymal transition，EndMT），成为具有 CAF 特征的细胞。

（二）肿瘤相关成纤维细胞的特征

与正常的组织成纤维细胞类似，CAF 是肿瘤实体的生长支架。同时在肿瘤微环境的作用下，具有多种突出特点，促进肿瘤的生长。

1. 旁分泌能力　活化的 CAF 具有较强的旁分泌能力。除了合成细胞外基质（extracellular matrix，ECM）外，可以产生多种旁分泌因子，包括趋化因子、细胞因子、生长因子、细胞外囊泡（extracellular vesicle，EV）等，调控肿瘤中其他细胞的增殖和功能状态。

2. 迁移能力　CAF 活化后可分化为肌成纤维细胞，获得很强的迁移能力，同时分泌较高水平的生长因子和趋化因子，因此可促进肿瘤细胞的侵袭和转移。

3. 肿瘤相关成纤维细胞的老化　老化（senescence）是细胞在增殖耗竭、DNA 损伤和应激等因素作用下永久退出细胞周期的状态。细胞老化在出现形态改变、染色质表观遗传改变的同时，会因 NF-κB 的激活等机制产生多种旁分泌因子，包括炎症因子如 IL-6、IL-1、IL-8，趋化因子如 CXCL1、CXCL2 以及黏附分子等，称为老化相关分泌表型（senescence-associated secretory phenotype，SASP），有助于促进衰老细胞清除。CAF 由于过度增殖、肿瘤微环境的刺激等因素而发生老化，分泌的 SASP 促进炎症、促进肿瘤细胞增殖。

二、肿瘤相关成纤维细胞在肿瘤中的作用

正常成纤维细胞调控上皮细胞增殖，CAF 在肿瘤中也发挥多种调控作用。

（一）CAF 对肿瘤细胞的作用

1. 产生和重塑细胞外基质　CAF 分泌胶原、纤维粘连蛋白等 ECM 分子，形成组织的结构支架。ECM 进而交联、成束，造成基质硬化（stiffening），可以通过浓缩生长因子、机械刺激、活化整合素信号等机制促进肿瘤细胞增殖和生存。CAF 分泌的蛋白酶可促进 ECM 降解和重塑，促进肿瘤生长、侵袭和血管形成。

2. 促进肿瘤细胞增殖和生存 CAF可产生多种生长因子促进肿瘤细胞生存和增殖；产生TGF-β等细胞因子可促进癌细胞的EMT。

3. 调控肿瘤代谢 CAF通过无氧糖酵解释放的乳酸和丙酮酸可作为肿瘤细胞的能源，支持肿瘤生长。

4. 促进肿瘤细胞侵袭和转移 有些肿瘤细胞与CAF形成细胞团共同转移。在转移部位，活化的成纤维细胞产生多种旁分泌因子促进转移，还可促进髓系细胞招募，促进转移。

（二）CAF对肿瘤微环境的作用

1. 促进肿瘤血管形成 CAF可以分泌几乎所有种类的促血管生成因子，促进新生血管生成、EPC和周细胞的招募。

2. 调控肿瘤组织炎症和免疫 CAF分泌趋化因子招募炎性单核细胞，促进肿瘤的生长、侵袭和转移。来自CAF的白细胞介素（interleukin，IL）-6可促进单核细胞向巨噬细胞分化、减少DC分化；IL-4则促进M2极化，IL-6和IL-8促进单核细胞转变为髓系来源抑制细胞和肿瘤相关巨噬细胞，促进和维持肿瘤的非可控炎症。IL-6还促进肥大细胞向肿瘤浸润，促进肿瘤侵袭和转移。对于淋巴细胞，CAF产生趋化因子促进T细胞招募，但可以改变促肿瘤淋巴细胞（Treg、Th2、Th17）和抑肿瘤淋巴细胞（杀伤T细胞、Th1）的平衡，促进免疫微环境由Th1向Th2转变，并促进Th17的产生和增殖及Treg的产生和招募。

三、肿瘤相关成纤维细胞在治疗中的意义

由于CAF在肿瘤生长中的促进作用，所以理论上可以通过某种干预CAF的手段进行肿瘤的治疗。例如成纤维细胞激活蛋白（fibroblast activating protein，FAP）在CAF高表达，可促进肿瘤生长。用抗FAP抗体可以减少炎症细胞招募，同时增强Th1应答，抑制肿瘤生长。但由于CAF表达的许多分子都是非特异的，在特异性干预上还有很大困难。

第四节 肿瘤侵袭及转移

侵袭（invasion）与转移（metastasis）是恶性肿瘤危及生命的最主要的生物学特征。侵袭是指肿瘤细胞通过各种方式破坏周围正常组织结构，脱离原发肿瘤并异常地分布于周围组织及其间隙的过程，其标志是肿瘤细胞突破基底膜。转移是指恶性肿瘤细胞脱离其原发部位，在体内通过各种途径的转运，到达与原发部位不连续的组织继续增殖生长，并形成与原发肿瘤同样病理性质的继发肿瘤的全过程。侵袭及转移是肿瘤远处转移过程的不同阶段，侵袭贯穿转移的全过程，侵袭是转移的前奏，转移是侵袭的结果。

一、肿瘤侵袭及转移的主要过程

肿瘤侵袭及转移包括多个步骤，可被形象地称为侵袭-转移级联反应（invasion-metastasis cascade），主要包括以下几个过程：①原发性肿瘤细胞局部侵袭入周围ECM和基质细胞层；②肿瘤细胞与局部毛细血管或毛细淋巴管内皮细胞密切接触并穿透其管壁进入循环；③进入循环的肿瘤细胞存活下来，并相互聚集形成微小癌栓；④微小癌栓在远处转移灶循环系统管壁上定植；⑤肿瘤细胞迁

移出循环；⑥肿瘤细胞在远处转移灶微环境中存活，以形成微转移；⑦肿瘤细胞在继发部位生长；⑧转移灶肿瘤细胞继续重复以上步骤，发生二次转移（图 2-5-5）。

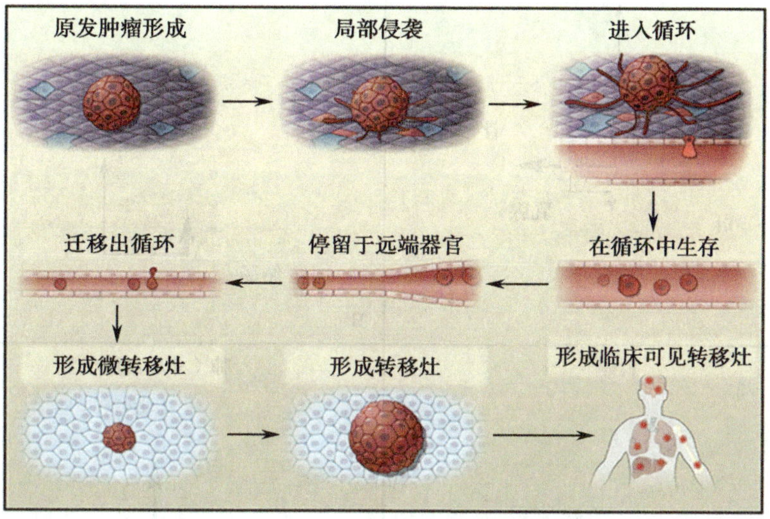
原发肿瘤形成
局部侵袭
进入循环
在循环中生存
停留于远端器官
迁移出循环
形成微转移灶
形成转移灶
形成临床可见转移灶

图 2-5-5 肿瘤侵袭及转移的主要过程

1. 瘤细胞脱落并侵入基质 部分肿瘤细胞能分泌一种物质，抑制黏附因子表达，增加肿瘤细胞运动能力，使其从肿瘤母体脱落形成游离细胞。脱落的肿瘤细胞通过分泌多种蛋白水解酶，分解 ECM，从而侵入基质。

2. 肿瘤细胞进入循环系统 肿瘤细胞与局部毛细血管或毛细淋巴管内皮细胞密切接触并穿透其管壁进入循环系统的过程称为内渗（intravasation）。进入循环系统的肿瘤细胞称为循环肿瘤细胞（circulating tumor cell，CTC），大部分 CTC 在进入血液或淋巴后发生凋亡或被免疫细胞吞噬，仅有少数能够逃逸并锚定发展成为转移灶。

3. 癌栓形成 进入淋巴系统并存活下来的肿瘤细胞聚集形成微小癌栓，一般是指 CTC 通过与血小板的相互作用形成的相对较大的栓子。微小癌栓既能保护肿瘤细胞不受血流剪切力损伤，又能在很大程度上逃避免疫监测。

4. 微小癌栓在远处血管 / 淋巴管壁上定植 尽管随着血液或淋巴液的流动，CTC 在理论上有能力传播到各种次级位点，但临床上常见的是特定的肿瘤仅在有限种类的靶器官中形成转移，如前列腺癌的骨转移和结肠癌的肝转移（图 2-5-6）。这说明 CTC 从循环系统中逸出具有一定的组织特异性。肿瘤细胞能够在特定的组织中形成特定的黏附作用，促进其在特定位点的定植，如乳腺癌细胞表达 Metadherin，通过与肺血管的结合而导致乳腺癌细胞向肺的归巢。

5. 肿瘤细胞迁移出循环系统 CTC 在靶器官毛细血管床内停滞并生长形成微集落，使周围血管壁破裂，最终使肿瘤细胞直接与远处转移灶组织实质接触；癌细胞也可通过特异性黏附作用定植在特定位点，并穿透内皮细胞和周细胞层从血管腔或淋巴管腔进入组织实质，这一过程称为外渗（extravasation）。

6. 肿瘤细胞在远处转移灶微环境中存活形成微转移灶 肿瘤细胞可反应性通过自分泌、旁分泌或内分泌方式产生多种信号因子，促进自身在远处组织实质微环境中的生存，并在各类因子的作用下增殖，最终形成微转移灶，即预转移龛（premetastatic niche）。

7. 肿瘤细胞在继发部位生长 微转移灶的形成仍然不能保证肿瘤细胞在继发部位增殖并形成宏观的转移灶。相反，绝大多数播散性肿瘤细胞要么在数周和数个月内缓慢死亡，要么作为微克隆持续存在，并处于长期的休眠状态。只有通过遗传和 / 或表观遗传改变的累积，激活肿瘤细胞自我更新和增殖的能力，以及诱导新生血管形成、诱导基质细胞分泌生长因子等途径建立适宜生存的外部微环境，微转移灶才可成功完成转移定植过程，从而形成宏观的、临床可检测的转移灶（图 2-5-7）。

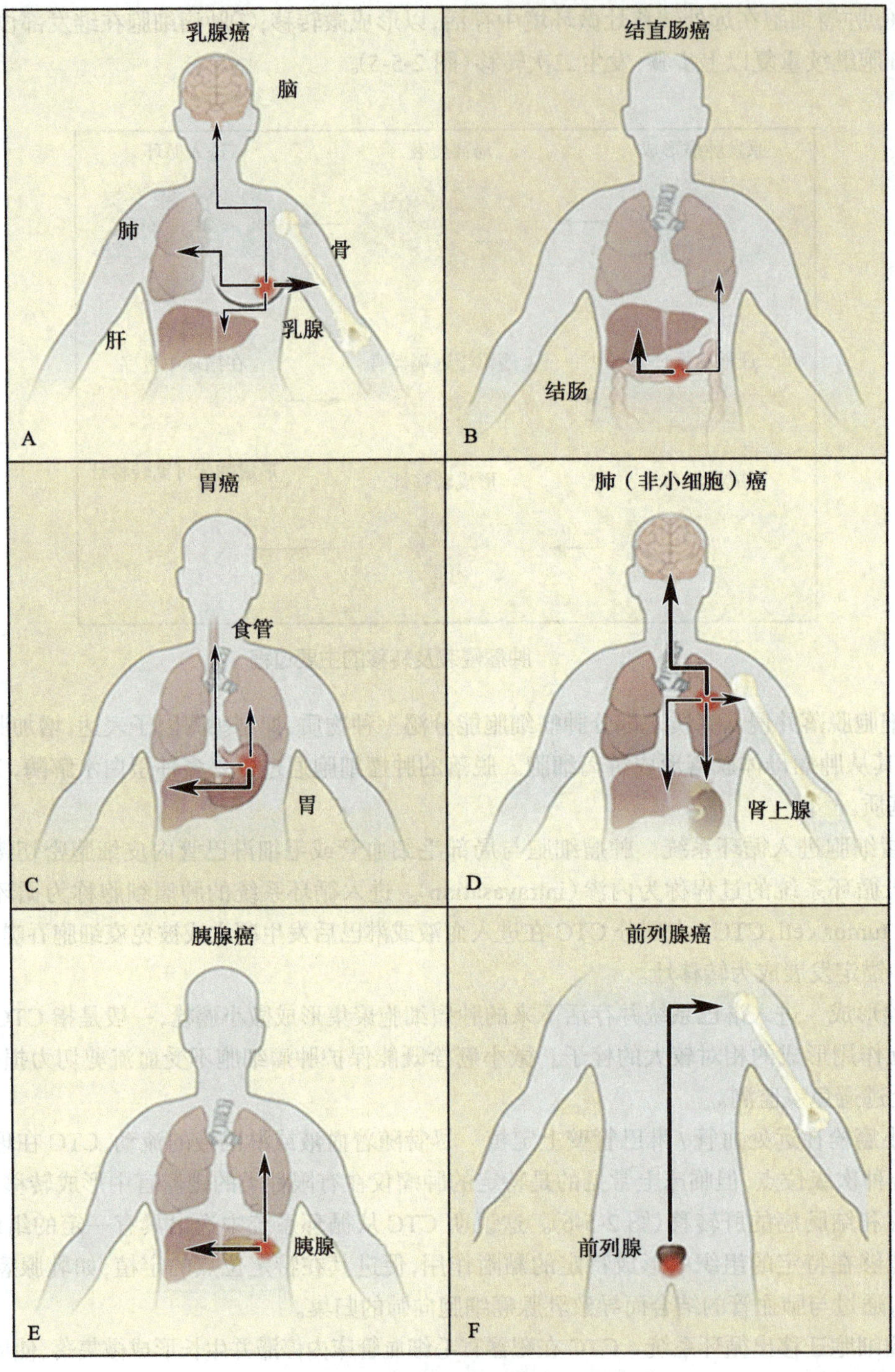
乳腺癌
脑
肺
骨
肝
乳腺
A
结直肠癌
结肠
B
胃癌
食管
胃
C
肺（非小细胞）癌
肾上腺
D
胰腺癌
胰腺
E
前列腺癌
前列腺
F

图 2-5-6 常见肿瘤转移部位的倾向性

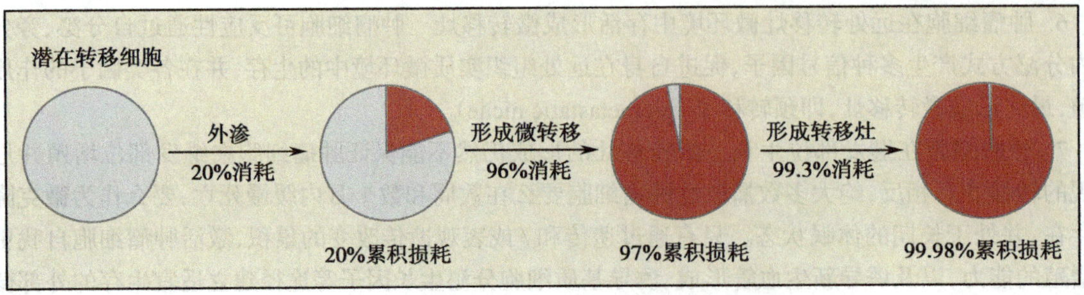
潜在转移细胞
外渗
20%消耗
形成微转移
96%消耗
形成转移灶
99.3%消耗
20%累积损耗
97%累积损耗
99.98%累积损耗

图 2-5-7 肿瘤细胞成功形成转移灶的比例示意图

8. 转移灶肿瘤细胞继续扩散 与原发肿瘤一样，当转移瘤灶体积增长到一定程度时，新生毛细血管网随之形成。转移瘤灶的肿瘤细胞亦可以通过脱落、侵入循环系统产生二级转移瘤灶，这就是所谓的“转移之转移”。

二、肿瘤侵袭及转移的主要途径

(一) 肿瘤侵袭的主要途径

1. 沿组织间隙侵袭 肿瘤细胞侵及周围间质后，一般都在基质中压力最小处增殖生长，形成不规则肿块，即所谓“直接播散”或“直接蔓延”。另外，有相当一部分肿瘤沿神经周围间隙浸润，尤见于前列腺癌和唾液腺腺样囊性癌。

2. 沿淋巴管侵袭 肿瘤细胞侵入局部淋巴管，沿淋巴管连续生长蔓延，尤见于晚期肿瘤淋巴回流受阻时。扩张的充满肿瘤细胞的淋巴管可形成白色条状细网，曾称之为“淋巴管癌病”。

3. 沿血管侵袭 肿瘤细胞侵入局部毛细血管或小静脉后，沿血管壁生长蔓延。肿瘤的血管侵袭比较常见。

4. 沿浆膜面或黏膜面侵袭 肿瘤可通过浆膜或黏膜下隙，在浆膜或黏膜面蔓延生长，如宫颈癌向宫腔扩展。

(二) 肿瘤转移的主要途径

1. 淋巴转移 淋巴转移是肿瘤常见转移途径，特别是上皮组织起源的恶性肿瘤多经淋巴转移。

2. 血行转移 血行转移是指在周围间质中浸润的肿瘤细胞穿过血管内皮细胞间隙，在血管内形成瘤栓。

3. 种植转移 种植转移是指除淋巴转移、血行转移以外的一种恶性肿瘤转移途径，可导致浆膜面、黏膜面或其他部位转移瘤的生长，肿瘤细胞可由浆膜破口或直接由黏膜面脱落进入腔道。

三、肿瘤侵袭及转移的分子机制

肿瘤的侵袭和转移涉及肿瘤细胞基因组、表面结构、抗原性、侵袭力、黏附能力、产生局部凝血因子或血管形成的能力、分泌代谢功能，以及肿瘤细胞与宿主、肿瘤细胞与间质之间相互关系。

(一) 基因表达和信号转导

肿瘤侵袭和转移是一个十分复杂的过程。肿瘤细胞由于癌基因和抑癌基因的表达失调，蛋白质的异常翻译后修饰，或是细胞信号紊乱引起的功能改变，与正常细胞相比，往往一些通路处于异常活跃状态，而有一些通路却传递受阻，导致细胞信号传递网络的异常，对促进肿瘤侵袭和转移起着重要的作用。

1. 癌基因和抑癌基因 肿瘤转移涉及多个癌基因与抑癌基因的改变，并与癌基因及抑癌基因之间的失衡有关。至少有十余种癌基因被证实具有诱发或促进癌细胞侵袭或转移的潜能，如 *BCL-2*、*MYC*、*SER*、*FOS*、*TP53*（突变型）、*ErbB-2* 等。而肿瘤转移抑制基因，如 *NM23*、*TIMPs*、*KISS-1*，也逐渐成为近年来备受关注的研究领域。

2. 蛋白翻译后修饰 特定蛋白功能的异常变化是肿瘤发生发展和获得恶性生物学表型的始动因素，而蛋白质的功能不仅与其表达量密切相关，同时依赖于自身活性的变化。蛋白质的翻译后修饰（post-translational modification，PTM）是调节其功能活性的主要方式之一。异常翻译后修饰在肿瘤发生发展中发挥了至关重要的作用，通过调节蛋白质的功能、构象、定位、转运、稳定性以及蛋白质间的相互作用，密切参与了肿瘤侵袭和转移。例如，在胃癌和结直肠癌中，O-GlcNAc 糖基化修饰的异常升高分别通过上调 CD36 和 EZH2 的表达，促进其侵袭和转移。

3. 信号通路 肿瘤转移涉及多条信号通路的异常。这些信号通路可通过调控细胞之间的黏附、肿瘤新生血管的形成、细胞外基质的黏附与降解等复杂生物学过程参与肿瘤的侵袭和转移。

(二) 表观遗传修饰

表观遗传是指基于非基因序列改变所致基因表达水平变化，如DNA甲基化和染色质构象变化等。目前已发现，在肿瘤发生发展的过程中，肿瘤细胞DNA、RNA以及染色质的表观修饰与正常细胞存在较大差异，广泛参与肿瘤侵袭转移。

非编码RNA（non-coding RNA）也属于广义上表观遗传修饰的范畴。非编码RNA是指不编码蛋白质的RNA，其中包括rRNA，tRNA，snRNA，微小RNA（miRNA）和长链非编码RNA（lncRNA）等已知功能和未知功能的RNA。这些RNA的共同特点是都从基因组上转录而来，但是不编码蛋白质，在RNA水平上行使各自的生物学功能。

1. DNA和组蛋白表观遗传修饰　表观遗传修饰包括DNA的修饰、组蛋白的各种修饰等。DNA超甲基化和组蛋白修饰，可解释某些转移相关基因和miRNA的失活，进而参与肿瘤侵袭和转移的调控。例如，E-钙黏素(E-cadherin)基因CpG岛的高度甲基化修饰导致其表达缺失，进而促进肿瘤上皮-间质转化。

2. RNA表观修饰　RNA也存在广泛的表观修饰，例如N6-甲基腺嘌呤（m6A）与N5-甲基胞嘧啶（m5C）修饰。RNA表观修饰可以调控多种RNA的功能，如mRNA的翻译和降解，以及lncRNA的稳定性，调控基因表达，进而参与肿瘤侵袭和转移的调节。

3. miRNA　miRNA是一类进化上保守、长度为20~25nt的非编码RNA，在转录后水平通过抑制靶mRNA翻译或诱导靶mRNA降解来调控基因表达。由于单个miRNA可以靶向几十甚至几百个基因，而单个靶基因往往包含多个miRNA结合位点，因此在基因与miRNAs之间形成十分复杂的调控网络，广泛参与肿瘤侵袭转移过程。例如，在胃癌中，miR-7的下调也通过促进RelA蛋白的表达激活NF-κB信号转导通路，促进侵袭和转移。

4. lncRNA　lncRNA是长度超过200个核苷酸、不编码蛋白质的RNA。lncRNA主要以3种方式调控基因表达：①招募具有表观修饰活性的复合体如PRC2到特定位点，介导相关基因的沉默；②直接作用到基因启动子区，调控基因的转录；③在转录后水平与mRNA形成双链调控基因表达。通过这3种方式，lncRNA广泛参与多种与肿瘤侵袭和转移密切相关基因的表达调控。

(三) 细胞间连接

细胞之间通过细胞黏附作用来稳定组织的完整性。黏附作用主要由存在于细胞表面的细胞黏附分子（cell adhesion molecule，CAM）所介导。CAM种类繁多，其中钙黏素和整合素与肿瘤侵袭和转移的关系最为密切。

1. 钙黏素　钙黏素是一种跨膜糖蛋白家族，主要参与同源细胞间的连接，分为E、P和N三种。E-钙黏素主要分布在各种上皮组织，P类主要分布在上皮组织和胎盘的基底层，而N类多分布在神经组织、心脏、骨骼肌和角膜组织。E-钙黏素是3种钙黏素中对肿瘤侵袭转移影响较大的一种，具有抑制转移的作用。

2. 整合素　整合素是一类膜镶嵌糖蛋白，作为细胞表面受体在细胞信号转导中扮演重要角色，可将接收的信号传递入细胞核内。整合素对肿瘤细胞的侵袭和转移作用除了直接介导黏附于细胞外基质、影响细胞外环境外，另一重要作用是通过调节细胞内信号通路、控制细胞骨架变形和能量代谢，从而改变细胞的形态、移动、增殖和寿命。

(四) 肿瘤细胞亚群

1. 肿瘤干细胞　肿瘤干细胞（CSC）可能是肿瘤转移的根本原因，是肿瘤转移的“种子”细胞。同一肿瘤各转移灶的细胞核型相同，提示各转移灶是由单细胞克隆增生形成的。

2. 循环肿瘤细胞　循环肿瘤细胞（CTC）指存在于外周循环血的肿瘤细胞。进入循环系统的CTC绝大多数在机体免疫系统识别及杀伤作用下死亡，只有极少数可以存活。这些CTC在一定条件下可发展成转移灶。

（五）肿瘤免疫及微环境

肿瘤的无限增殖，需要不停地建立适于自己生长的外部组织环境。微环境是肿瘤在其发生过程中所处的内环境，肿瘤微环境是一个复杂的综合系统，它由许多基质及细胞组成，包括细胞外基质、成纤维细胞、免疫和炎症细胞、脂肪细胞、胶质细胞、平滑肌细胞以及一些血管细胞等。这些细胞可以被肿瘤细胞诱导，在其周围产生大量的生长因子、细胞趋化因子以及基质降解酶，有利于肿瘤细胞的增殖和侵袭。

1. 肿瘤免疫　机体免疫监视杀伤系统包括自然杀伤细胞（natural killer cell，NK cell）、T 细胞、巨噬细胞、TIL 细胞等，在全身和局部发挥免疫作用。CTC 必须逃逸上述各种细胞的杀伤因素，才能在继发器官定位生长。只有极少数肿瘤细胞能获得这种能力并最终形成转移灶。免疫编辑概括了免疫系统与肿瘤之间的互动关系。肿瘤细胞通过免疫编辑过程可以改变其免疫原性，使肿瘤细胞在具有免疫活性的宿主中逃避免疫排斥并形成临床上观察到的肿瘤。通过免疫编辑，肿瘤细胞的侵袭和转移能力经过筛选得到强化，使得肿瘤的发展更为迅速。

2. 细胞外基质（ECM）　主要由胶原、糖蛋白、蛋白多糖和氨基葡聚糖等组成。ECM 与肿瘤侵袭和转移的关系密切。ECM 在上皮或内皮细胞的基底部以基底膜的形式存在；在细胞间黏附结构以间质结缔组织形式存在。肿瘤的侵袭和转移需要完成对 ECM 蛋白的降解。

3. 血管生成　肿瘤新生血管的形成对原发肿瘤细胞本身的增殖和生长是必不可少的，同时也是肿瘤侵袭转移的必要条件，贯穿肿瘤转移的全过程。

4. 基质金属蛋白酶与组织金属蛋白酶抑制剂　ECM 的破坏和降解需要相应的酶参与。基质蛋白水解酶是一个庞大的家族，包括基质金属蛋白酶（matrix metalloproteinase，MMP）。MMP 和相应的组织金属蛋白酶抑制物（tissue inhibitor of metalloproteinase，TIMP）在肿瘤的侵袭和转移中担任重要角色。

5. 纤溶酶及其调节因子　纤溶酶原在纤溶酶原激活剂（plasminogen activator，PA）的作用下形成纤溶酶，后者可降解消化大多数基质组分，并促使胶原酶原变为活性的胶原酶，共同参与基质降解。

6. 外泌体　外泌体（exosome）是一种由细胞分泌的、直径为 40~130nm 的亚细胞囊泡结构。外泌体中包含大量的蛋白质、核酸和脂质等，介导细胞间的物质信息交流。肿瘤细胞释放更多的外泌体，其中所包含的一系列蛋白质和核酸组分通过自分泌和旁分泌的方式调节肿瘤微环境、促进肿瘤转移侵袭。

四、肿瘤侵袭及转移与抗肿瘤治疗

尽管目前已初步阐明了肿瘤侵袭转移的基本机制，但有效抗转移的治疗药物的研发却相对滞后。肿瘤细胞从原发瘤的生长到远处转移瘤的形成要经过漫长的过程，理论上只要阻断上述 8 个阶段中的任何一个步骤，转移将不能进行。目前针对肿瘤侵袭及转移的治疗药物和措施主要包括基因治疗、细胞因子抑制剂、MMP 抑制剂、血管形成抑制剂等。

大部分癌症患者在首次诊断时，其血液、骨髓和远处的器官部位已经含有大量播散性肿瘤细胞。因此，真正有效的抗转移疗法必须能够抑制已经扩散的癌细胞的增殖和存活，而不是仅仅试图阻止这些细胞从原发性肿瘤中逃逸，这是抗转移治疗药物设计中的一个关键因素。然而，目前正在研发的许多靶向药物，如 MMP 抑制剂、Axl 激酶抑制剂 R428 等，都是主要针对肿瘤转移的起始步骤，而对循环系统中已经存在的 CTC 杀伤作用有限，因此这些药物都没有表现出预期的抗肿瘤转移效果。其次，由于这些药物的几乎不可避免的副作用，因此它们作为抗肿瘤转移的预防性用药的作用也有限。如在涉及 MMP 抑制剂的临床试验中仅能观察到有限的获益，却存在严重的副作用。重要的是，针对杀伤原发肿瘤细胞的治疗方法，包括一般的细胞毒性药物和特定的靶向药物，通常对相应的 CTC 的作用有限。一方面，可能是由于药物很难在全身循环系统中达到杀伤浓度而不产生严重的毒副作用，或是靶器官的解剖位置如血脑屏障可部分阻挡药物的渗透等；另一方面，早期形成的 CTC 增殖缓慢，处于一种休眠状态，可以在一定程度上抵抗细胞毒性药物的作用。因此，CTC 比相应的原发肿瘤内的细胞具有更强的耐药性。此外，原发肿瘤细胞和转移性肿瘤细胞可能具有不同的分子表型，使得针对原发肿瘤的某些治疗策略对相应的转移灶无效。因此，针对 CTC 或形成 CTC 之前的过程真正有效的抗转移疗法尚未进入临床实践。

靶向肿瘤转移的微环境也可以是有效的抗转移策略。例如，双膦酸盐、抗 RANK 抗体地诺单抗(denosumab)和各种 TGF-β 抑制剂如 SD-208 和 LY2157299，可有效抑制乳腺癌和肺癌患者的骨转移。这些药物通过抑制破骨细胞介导的骨降解，进而抑制肿瘤细胞的骨转移。因此，靶向非肿瘤基质细胞的药物也是治疗转移性肿瘤的一项重要措施。FDA 已经批准多项抗肿瘤血管生成药物进入临床应用。如贝伐珠单抗可结合 VEGF、防止其与内皮细胞表面受体结合，抑制内皮细胞增殖，减少新生血管的形成，限制肿瘤生长的同时，阻止肿瘤的侵袭及转移(图 2-5-8)。

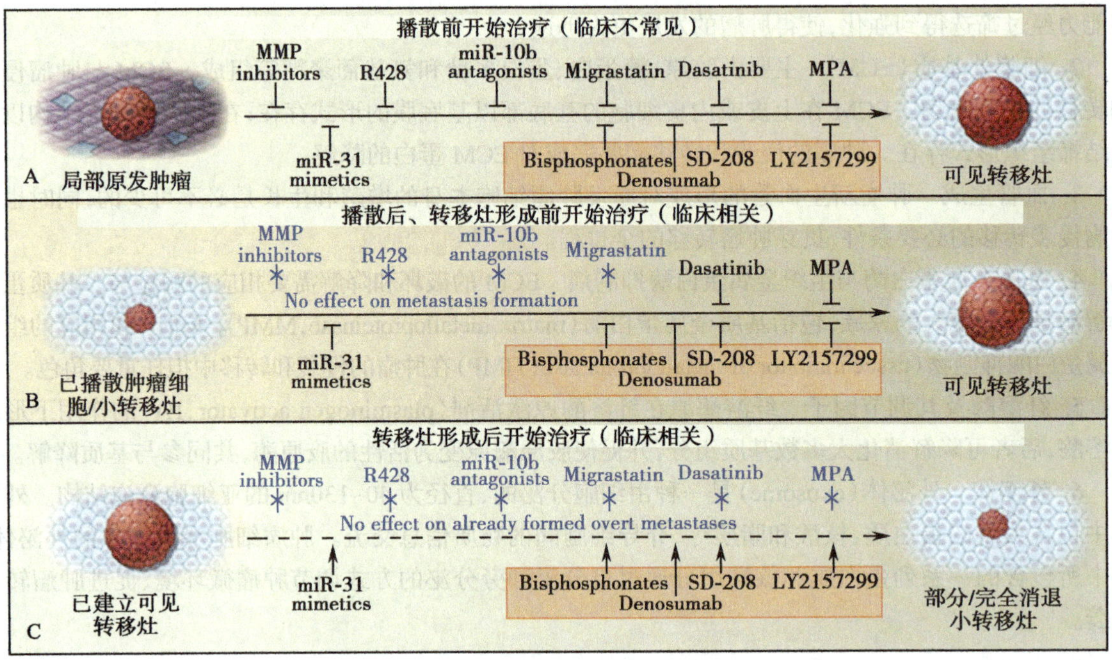

播散前开始治疗（临床不常见）
MMP inhibitors
R428
miR-10b antagonists
Migrastatin
Dasatinib
MPA
miR-31 mimetics
Bisphosphonates
SD-208
LY2157299
Denosumab
A
局部原发肿瘤
可见转移灶
播散后、转移灶形成前开始治疗（临床相关）
MMP inhibitors
R428
miR-10b antagonists
Migrastatin
Dasatinib
MPA
No effect on metastasis formation
miR-31 mimetics
Bisphosphonates
SD-208
LY2157299
Denosumab
B
已播散肿瘤细胞/小转移灶
可见转移灶
转移灶形成后开始治疗（临床相关）
MMP inhibitors
R428
miR-10b antagonists
Migrastatin
Dasatinib
MPA
No effect on already formed overt metastases
miR-31 mimetics
Bisphosphonates
SD-208
LY2157299
Denosumab
C
已建立可见转移灶
部分/完全消退小转移灶

图 2-5-8 肿瘤侵袭及转移的治疗

本章小结

1. 肿瘤细胞的不可控增殖源于其基因突变和表观遗传改变造成的多维度、多层次调控机制的异常。癌基因异常激活造成肿瘤细胞增殖促进信号的持续活化；抑癌基因失活造成肿瘤细胞增殖抑制信号的丧失；代谢重编程为肿瘤细胞提供能量和大分子合成底物，并促进其行为异常；细胞程序性死亡机制和老化机制的破坏，使肿瘤细胞进一步脱离体内增殖控制机制；基因组不稳定使肿瘤细胞产生不均一性，形成诸如肿瘤干细胞等特殊的肿瘤细胞，使肿瘤细胞能适应各种环境。

2. 肿瘤中存在来自宿主的间质细胞，即肿瘤微环境细胞，为肿瘤的持续生长和恶性行为做出重要的贡献。肿瘤新生血管是肿瘤中依赖正常血管发育机制形成的、结构与功能异常的血管。参与肿瘤新生血管调控的各种细胞因子、形态形成因子等与正常血管发育无异，但在肿瘤细胞和异常肿瘤微环境的作用下，其产生在时间、空间、持续时间等定量参数上持续异常，形成了结构功能异常的肿瘤新生血管，促进肿瘤恶性行为。肿瘤中的基质细胞在异常环境作用下成为肿瘤相关成纤维细胞，通过多种机制促进肿瘤细胞的不可控增殖和肿瘤微环境的持续恶性化。

3. 肿瘤侵袭及转移是多步骤的侵袭-转移级联反应，主要的侵袭途径有组织间隙、淋巴管、血管和浆膜面或黏膜面；转移途径有淋巴转移、血行转移和种植转移。影响肿瘤侵袭转移的信号有些来自肿瘤细胞，如肿瘤细胞的异常基因表达和信号转导、表观遗传印记、细胞间连接，以及有些特殊的肿瘤细胞亚群如肿瘤干细胞；有些则来自肿瘤微环境，如非可控炎症和异常免疫应答、异常的血管结构和功能以及异常的基质微环境。

思考题

1. 恶性实体肿瘤中，肿瘤细胞中的哪些恶性行为会引起肿瘤瘤体的不断增长?
2. 肿瘤新生血管有什么特征? 靶向新生血管治疗通过何种机制发挥治疗作用?
3. 什么是肿瘤微环境? 肿瘤微环境中的哪些因素促进了肿瘤的侵袭和转移?

（韩 骅 聂勇战）

第六章 肿瘤与免疫

肿瘤与免疫的关系一直备受关注。多年的研究表明，免疫系统与肿瘤之间存在着复杂的相互作用。一方面，免疫系统能通过多种机制清除肿瘤细胞，控制肿瘤的发生与发展；另一方面，肿瘤也发展出多种机制逃避免疫系统的攻击，甚至“绑架”免疫系统，使之为肿瘤生长、转移提供助力。随着对抗肿瘤免疫效应机制和肿瘤免疫逃逸机制认识的加深，人们开始尝试以免疫学手段治疗肿瘤。过去的十年，免疫治疗取得了令人瞩目的发展，已逐渐成为一种与经典的手术、化疗和放疗比肩的肿瘤治疗手段。

第一节 肿瘤免疫监视学说与肿瘤免疫编辑学说

对于肿瘤和免疫的关系，人们的认识可谓跌宕起伏。早在20世纪50年代，Burnet和Thomas就提出了免疫监视理论，认为免疫系统能够识别并清除肿瘤。有关化学诱变剂和致癌病毒诱发的肿瘤的研究为该理论提供了重要支撑。然而，与野生型小鼠相比，裸鼠自发肿瘤的发生率并无明显升高。在人类，免疫缺陷（如HIV所致的获得性免疫缺陷）也只是增加了部分病毒相关肿瘤的发生率。这些发现给免疫监视理论带来了严峻的挑战，令人怀疑此前观察到的免疫监视功能可能只是针对转化病毒，而非肿瘤细胞本身。但是，此后更为细致的研究肯定了NK细胞、T淋巴细胞等免疫细胞，以及IFN-γ、穿孔素/颗粒酶等免疫效应分子在控制肿瘤发生发展中的重要性。而且，越来越多的证据表明，免疫系统其实具有双重作用：一方面，抗肿瘤免疫应答抑制肿瘤的发生发展；另一方面，免疫压力不断重塑肿瘤微环境，使其向有利于肿瘤生长的方向发展。因此，Schreiber提出了肿瘤免疫编辑的概念，从免疫学角度把肿瘤发生发展分为清除、平衡和逃逸3个阶段。该学说系统解释了肿瘤和免疫系统之间的关系，为免疫监视理论做出了重要补充。

一、免疫系统的“免疫监视”功能

免疫监视功能最早的证据来源于20世纪中叶在移植瘤模型上所作的研究。研究者通过注射化学诱变剂诱导肿瘤，然后再将肿瘤移植给遗传背景完全相同的同品系小鼠。通常情况下，移植瘤将在受体鼠体内持续生长。然而，如果先给小鼠接种少量照射过的肿瘤细胞进行免疫，随后植入的同种肿瘤细胞就无法成瘤。值得注意的是，植入的若是另一种肿瘤细胞，移植瘤仍能正常生长（图2-6-1）。以上结果说明免疫应答确有抗肿瘤作用，而且这种作用具有肿瘤特异性。

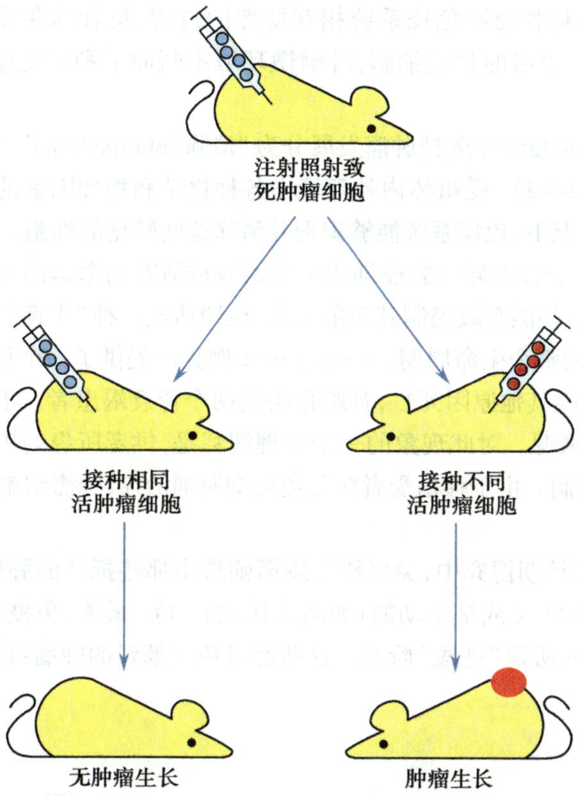
注射照射致
死肿瘤细胞
接种相同
活肿瘤细胞
接种不同
活肿瘤细胞
无肿瘤生长
肿瘤生长

图 2-6-1　免疫接种对移植瘤的保护作用及其特异性

20 世纪 90 年代以后，利用特异性抗体阻断和基因敲除技术，人们逐渐解析了在抗肿瘤免疫发挥重要作用的细胞群体和效应分子：①在前述移植瘤模型中，删除 T 细胞将导致接种所致保护作用的消失；② RAG 敲除小鼠缺少 T、B 淋巴细胞，接受化学诱变剂注射后，肿瘤形成时间提前，发生频率增加；③ γδ T 细胞缺失显著增加小鼠对化学诱变剂引起的皮肤癌的易感性；④删除 NK 细胞，小鼠对化学诱变剂诱导肿瘤的敏感性较正常小鼠上升 2~3 倍；⑤ NKT 细胞缺失导致化学诱变剂诱导的骨肉瘤发生率增加；⑥ IFN-γ、受体或下游信号分子 STAT1 缺陷导致移植瘤生长加快，对化学诱变剂敏感性增加，肠道和乳腺肿瘤发生率上升；⑦ CTL 和 NK 细胞对肿瘤的杀伤作用很大程度上依赖穿孔素 / 颗粒酶，穿孔素缺陷鼠在化学诱变剂处理后更易形成肿瘤，而且自发淋巴瘤发生率也显著上升。值得注意的是，不同免疫细胞和效应分子缺失影响的肿瘤谱有所不同，背后的机制尚不完全明了。原因之一可能关乎不同细胞在体内的分布，如 γδ T 细胞在皮肤组织中的高度富集可能解释了它在控制皮肤癌发生中的重要性。

除实验动物研究结果，免疫监视功能也得到了临床数据的支持。首先，肿瘤组织常有淋巴细胞浸润，而且这些肿瘤浸润淋巴细胞（tumor infiltrating lymphocyte，TIL）体外确有特异性杀伤肿瘤细胞的能力。在多种肿瘤中，包括结肠癌、食管癌、口腔鳞癌、卵巢癌、胰腺癌、恶性黑色素瘤等，TIL 可作为独立因素预测患者的存活期。其次，回顾性研究表明，由于免疫抑制剂的使用，器官移植后患者多种肿瘤发生率显著增加。

二、肿瘤“免疫编辑”理论

随着研究的进一步深入，人们发现肿瘤和免疫的关系远比预想的复杂。虽然免疫系统具有杀伤肿瘤的能力，但很多时候肿瘤仍进行性生长。众多证据显示，肿瘤甚至能够利用免疫系统促进自身的生长。有鉴于此，Schreiber 提出了肿瘤免疫编辑（immunoediting）的概念。其核心思想是，肿瘤发生发展过程也是肿瘤和免疫系统相互博弈的过程，抗肿瘤免疫造成的压力客观上帮助选择出那些能够抵抗免疫攻击的肿瘤细胞，肿瘤微环境不断向不利于免疫而适于肿瘤生长的方向演变。

肿瘤免疫编辑理论从免疫学角度把肿瘤发展分为“清除（elimination）”“平衡（equilibrium）”和“逃逸（escape）”3 个阶段（图 2-6-2）。受机体内外环境中各种化学和物理因素的影响，体内会不时地出现新转化的细胞。大多数情况下，免疫系统能够识别并清除这些转化的细胞。这即所谓“清除”阶段，体现的正是免疫监视功能。少数变异的肿瘤细胞可能逃脱被清除的命运而继续生长。此时，免疫系统虽不足以完全清除肿瘤，但仍能有效遏制其无限生长，也即达成一种“平衡”状态。这个阶段可以持续相当长的时间，甚至个体的整个生命周期。一个临床实例为此提供了一个很好的注脚：某位黑色素瘤患者被成功治愈，16 年后因其他原因死亡，肾脏移植给两个肾衰竭患者。不久后，两位移植受者先后发生黑色素瘤，均为供者来源。对此现象的一个合理解释是，供者所患的黑色素瘤并未被彻底清除，而只是被免疫系统有效控制。由于移植受者接受免疫抑制剂治疗，肿瘤细胞从“平衡”中释出，进而快速增殖并扩散。

在肿瘤与免疫系统的长期博弈中，免疫压力逐渐筛选出那些抵抗的肿瘤细胞。导致抵抗的原因可能是被动的（如丢失抗原），又或是主动的（如高表达 PD-L1）。最终，免疫系统完全失去对肿瘤生长的控制，肿瘤发展因而进入所谓“逃逸”阶段。这些经过免疫编辑的肿瘤可在短期内成长为临床可见的肿瘤。

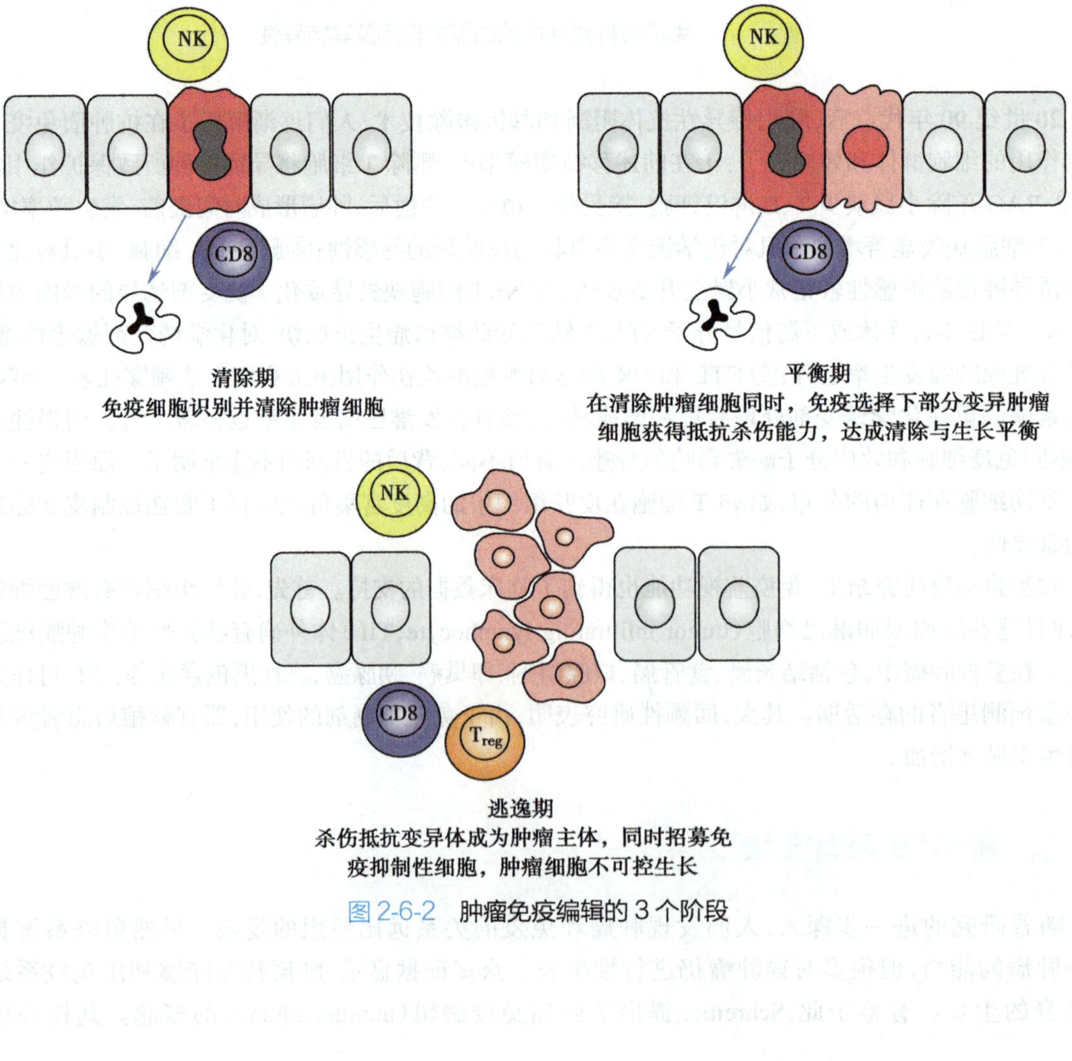
NK
CD8
清除期
免疫细胞识别并清除肿瘤细胞
NK
CD8
平衡期
在清除肿瘤细胞同时，免疫选择下部分变异肿瘤细胞获得抵抗杀伤能力，达成清除与生长平衡
NK
CD8
T_{reg}
逃逸期
杀伤抵抗变异体成为肿瘤主体，同时招募免疫抑制性细胞，肿瘤细胞不可控生长

图 2-6-2 肿瘤免疫编辑的 3 个阶段

第二节　肿瘤抗原及其临床意义

抗肿瘤免疫应答产生的基础是肿瘤抗原的存在。肿瘤抗原是对细胞癌变过程中出现的新抗原、肿瘤细胞异常或过度表达的抗原物质的总称，其主要来源包括：①基因突变或重排；②分化抗原的过表达；③胚胎和生殖组织抗原的异位表达；④蛋白质修饰异常；⑤致癌病毒成分等（表 2-6-1）。

表 2-6-1　不同机制产生的常见人类肿瘤抗原

产生机制	肿瘤抗原	肿瘤类型
基因突变产物	突变的 p53 蛋白	约 50% 人类肿瘤
基因重排产物	BCR-ABL 融合蛋白	慢性粒细胞白血病
癌基因产物	过表达的 HER-2	乳腺癌等
癌 - 睾丸抗原	黑色素瘤抗原（MAGE-1、MAGE-3）	黑色素瘤等
致癌病毒产物	人乳头瘤病毒 E6 和 E7 蛋白	宫颈癌
	EB 病毒核抗原 1（EBNA-1）蛋白	EBV 相关淋巴瘤、鼻咽癌
分化抗原	Gp100，MART	结肠癌等多种肿瘤
	CD19，CD20	B 细胞淋巴瘤
糖基化异常	神经节苷脂（GM2、GD2）	黑色素瘤
	表面黏蛋白（MUC1）	黑色素瘤等
胚胎抗原	癌胚抗原（CEA）	结肠癌等多种肿瘤
	甲胎蛋白（AFP）	肝癌

目前已鉴定出的肿瘤抗原多达 3 000 余种，可大致分为肿瘤特异性抗原和肿瘤相关抗原两大类。

一、肿瘤特异性抗原

肿瘤特异性抗原（tumor specific antigen）是指仅在肿瘤细胞表达，而不见于正常细胞的抗原物质。此类抗原多由细胞恶性转化过程中基因突变或基因重排产生的，如突变的 p53 蛋白、突变的 Ras 蛋白、BCR-ABL 融合蛋白等。由于它们系癌变过程中新产生的抗原，所以又被称作新抗原（neoantigen）。另外，B 细胞淋巴瘤或白血病细胞表面的免疫球蛋白虽是正常表达的产物，但拥有各不相同的独特型决定簇，因此也可视作肿瘤特异性抗原。个体发育过程中，免疫系统不曾暴露于这类新抗原，没有形成免疫耐受，因而可以对其产生较强的免疫应答。有人认为，抗肿瘤免疫应答很大程度是由这类新抗原激发的。新近的一些研究尝试从全基因组水平通过高通量测序发掘新抗原和由此衍生的新表位（neoepitope），以此作为疫苗，诱导或增强患者的抗肿瘤免疫应答。在小样本临床试验中，该策略展现出令人鼓舞的疗效。然而，不是所有的突变产物都能被正确地加工提呈。据估计，每种特定肿瘤组织中仅包含 10~15 个由突变导致的能被 T 细胞识别的新表位。

二、肿瘤相关抗原

肿瘤相关抗原(tumor-associated antigen,TAA)指的是高表达于肿瘤细胞,但在部分正常细胞也有表达的抗原分子。此类抗原在细胞癌变时含量明显增加,仅表现量的变化而无严格肿瘤特异性。目前研究的多数肿瘤抗原属于肿瘤相关抗原。根据其来源,肿瘤相关抗原又可分为以下一些亚类。

1. 胚胎抗原 这类抗原正常情况下仅表达于胚胎组织,而在成年组织不表达或仅有极微量表达。当细胞发生癌变时,此类抗原可重新合成而大量表达。肝癌细胞产生的甲胎蛋白(α-fetoprotein,AFP)和结肠癌表达的癌胚抗原(carcinoembryonic antigen,CEA)是人类肿瘤中研究最为深入的两种胚胎抗原。因为曾在胚胎期出现过,宿主对其已形成免疫耐受。因此,它们在宿主体内不能激发有效的免疫应答。

2. 分化抗原 又称为组织特异性抗原,常表达于某种特定的正常组织细胞或其某一特定分化阶段。肿瘤细胞是来源于单一细胞的克隆性扩增群体,常过量表达正常细胞较少表达的某种分化抗原。可以通过检测分化抗原确定肿瘤的组织起源,同时分化抗原可作为免疫治疗的潜在靶点。来源于黑色素瘤患者的CTL识别的抗原很多都是黑色素细胞分化抗原,如tyrosinase、gp100和MART-1。CD19和CD20也属于分化抗原,特异性表达于B淋巴细胞表面,常被用作B细胞白血病或淋巴瘤治疗(抗体或CAR-T)的靶点。值得一提的是,虽然这类治疗也导致正常B细胞的清除,但长寿命浆细胞不表达CD19或CD20,因而对既往曾经暴露过的抗原的抗体产生影响较小。

3. 癌-睾丸抗原(cancer-testis antigen,CT antigen) 这类抗原在多种肿瘤均有表达,而在正常组织中的表达仅限于睾丸和/或胎盘。CT抗原虽在睾丸和/或胎盘表达,但由于这些组织属于免疫豁免区,此类抗原用作免疫治疗靶点可避免对正常组织的破坏,被认为是较好的靶抗原。自1991年第一个CT抗原MAGE-A1被鉴定以来,现已报道的CT抗原有100多个,如MAGE、BAGE、CAGE、NY-ESO-1、SSX-2等。目前,MAGE-3蛋白疫苗已进入Ⅲ期临床试验,用于非小细胞肺癌的免疫治疗。NY-ESO-1蛋白疫苗用于黑色素瘤治疗已进入Ⅱ期临床试验。用作其他肿瘤治疗的试验还处于Ⅰ期临床试验。

4. 致癌病毒相关抗原 某些肿瘤的发生与病毒感染相关,例如,EB病毒(EBV)与B细胞淋巴瘤和鼻咽癌的发生有关,人乳头瘤病毒(HPV)与人宫颈癌的发生有关,乙型肝炎病毒(HBV)和丙型肝炎病毒(HCV)与人原发性肝癌有关。癌变的肿瘤细胞仍表达相关的病毒成分,如B细胞淋巴瘤和鼻咽癌细胞的EBV EBNA-1抗原,宫颈癌细胞表达的HPV E6和E7抗原,肝癌细胞表达的HBV表面抗原等。作为非自身来源的抗原,它们免疫原性良好,在试验性免疫治疗中常被用作TCR-T的靶点。

第三节 机体抗肿瘤的免疫作用及机制

由于肿瘤细胞的组织来源和发生方式等不同,其免疫原性的强弱有较大差别,故不同类型的肿瘤诱导的机体抗肿瘤免疫应答也有所差异。大体上,由NK细胞等固有免疫细胞介导的应答构成了抗击肿瘤的第一道防线,其后介入的是适应性免疫应答,尤为重要的是细胞免疫应答。总而言之,机体的免疫功能与肿瘤的发生、发展有着密切关系。当宿主免疫功能低下或受抑制时，肿瘤发病率增高，而在肿瘤进行性生长时，肿瘤患者的免疫功能受抑制，两者互为因果，双方的消长对于肿瘤的发生、发展与预后有重要的影响。

一、固有免疫细胞的抗肿瘤作用

固有免疫细胞是机体抵抗肿瘤的第一道防线。其中，NK 细胞的作用最为重要，而巨噬细胞则是一柄“双刃剑”。此外，γδT 细胞和 NKT 细胞等也参与机体的抗肿瘤免疫效应。

（一）NK 细胞对肿瘤的杀伤作用

作为一种特殊类型的淋巴细胞，NK 细胞无须预先致敏即可杀伤靶细胞，如病毒感染的细胞和肿瘤细胞。将 MHC Ⅰ类分子缺失的肿瘤细胞接种到小鼠体内，它在野生型小鼠中的生长反而快于在裸鼠中的生长，原因在于裸鼠虽没有 T 细胞，但却有更高水平的 NK 细胞。因此，NK 细胞是一类非常重要的抗肿瘤免疫效应细胞。

NK 细胞的杀伤活性受到其表面不同受体转导信号的严密调控。已知的 NK 细胞受体有数十种，从功能角度可分为两大类，即活化型受体（activating receptor，AR）和抑制型受体（inhibitory receptor，IR）。正常细胞表达的 MHC Ⅰ类分子与 NK 细胞表面抑制型受体结合传递抑制信号，使其不会受到 NK 细胞的攻击，而肿瘤细胞丢失 MHC Ⅰ类分子，抑制信号缺失导致 NK 细胞活化，诱发杀伤作用。此外，某些肿瘤细胞表达有活化型受体的配体，如 MICA、MICB，能够直接激活 NK 细胞（图 2-6-3）。

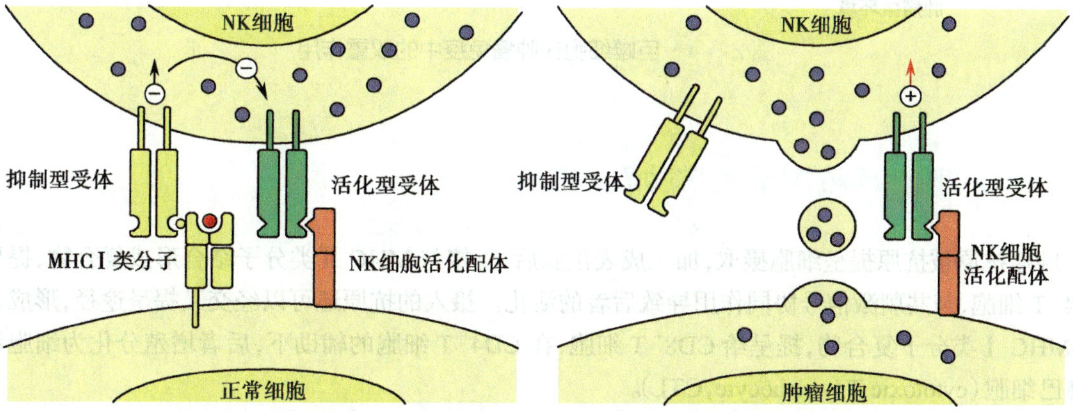
NK细胞
抑制型受体
活化型受体
MHCⅠ类分子
NK细胞活化配体
正常细胞
NK细胞
抑制型受体
活化型受体
NK细胞
活化配体
肿瘤细胞

图 2-6-3　NK 细胞对正常细胞和肿瘤细胞的识别

NK 细胞通过不同途径杀伤靶细胞：①通过穿孔素 / 颗粒酶系统介导的靶细胞破坏；②通过 Fas/FasL 途径诱导靶细胞凋亡；③ NK 细胞表面有 Fc 受体的表达，可与包被在肿瘤细胞上的抗体结合，通过抗体依赖细胞介导的细胞毒作用（ADCC）杀伤肿瘤细胞。

（二）巨噬细胞在肿瘤免疫中的双重作用

使用选择性的巨噬细胞抑制剂或抗巨噬细胞血清给小鼠注射，能加速小鼠体内肿瘤的生长。如用 BCG 或短小棒状杆菌等巨噬细胞刺激剂，则肿瘤生长受抑制，扩散转移减少。巨噬细胞的抗肿瘤作用主要体现在两方面：①作为抗原提呈细胞（antigen presenting cell，APC）可以加工、提呈肿瘤抗原，诱导特异性抗肿瘤免疫应答；②活化的巨噬细胞可非特异性吞噬并直接杀伤肿瘤细胞，也可通过分泌 TNF、NO 等细胞毒性因子间接杀伤肿瘤细胞，还可通过 ADCC 途径杀伤肿瘤细胞。然而，肿瘤细胞分泌的某些物质可以“驯化”巨噬细胞，使之获得免疫抑制活性，反而促进肿瘤的发展。后一类巨噬细胞又称为肿瘤相关巨噬细胞（TAM）（图 2-6-4）。

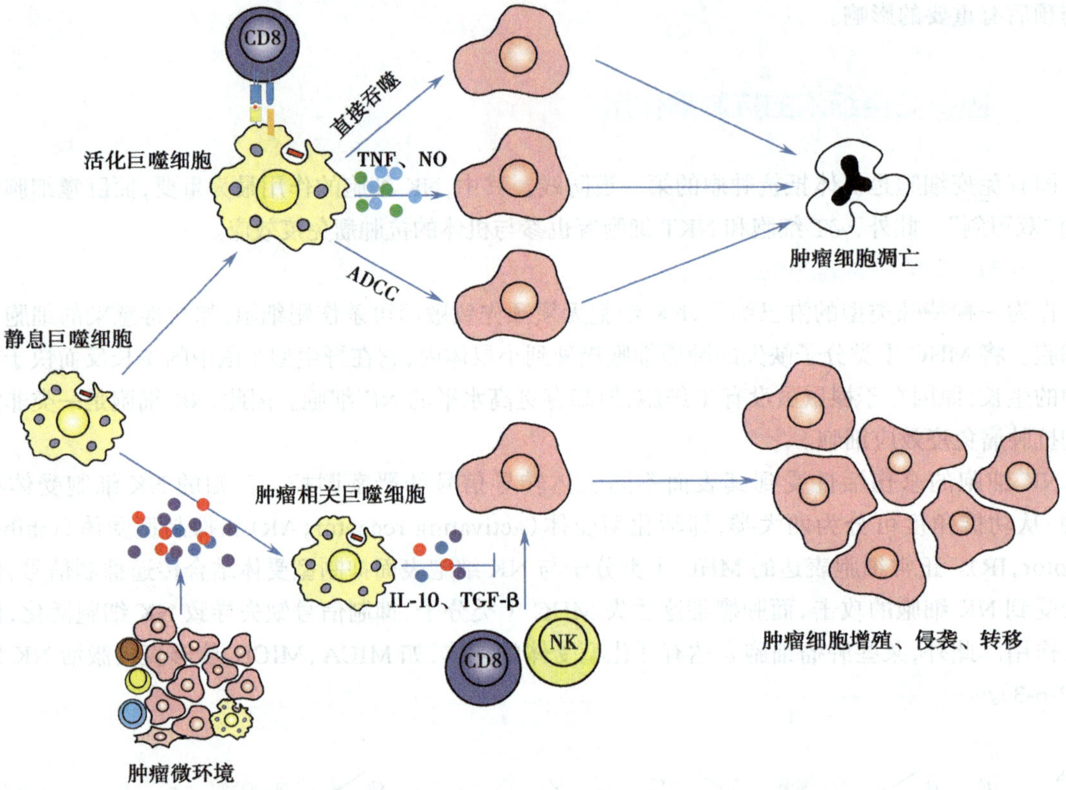
CD8
直接吞噬
活化巨噬细胞
TNF、NO
ADCC
肿瘤细胞凋亡
静息巨噬细胞
肿瘤相关巨噬细胞
IL-10、TGF-β
CD8
NK
肿瘤细胞增殖、侵袭、转移
肿瘤微环境

图 2-6-4　巨噬细胞在肿瘤免疫中的双重作用

二、T 细胞介导的特异性抗肿瘤免疫应答

肿瘤抗原被抗原提呈细胞摄取，加工成表位肽后，直接与 MHC Ⅱ类分子结合形成复合物，提呈给 $CD4^+$ T 细胞，与共刺激信号协同作用导致后者的活化。摄入的抗原还可以经交叉提呈途径，形成表位肽 -MHC Ⅰ类分子复合物，提呈给 $CD8^+$ T 细胞，在 $CD4^+$ T 细胞的辅助下，后者增殖分化为细胞毒性 T 淋巴细胞（cytotoxic T lymphocyte，CTL）。

（一）CTL 介导的肿瘤杀伤作用

CTL 能高效、特异性地杀伤肿瘤细胞，是特异性抗肿瘤免疫的主要效应细胞。其发挥效应功能的基本过程如下：① TCR 识别肿瘤细胞提呈的特异性抗原肽，同时 CTL 高表达黏附分子（如 LFA-1、CD2 等）与肿瘤细胞上的相应配体（ICAM-1、LFA-3 等）结合，形成免疫突触；② CTL 胞质颗粒向效 - 靶细胞接触部位聚集；③ CTL 启动脱颗粒程序，释放其中的穿孔素和颗粒酶，快速杀伤肿瘤细胞。此外，CTL 还表达 FasL，分泌 TNF-α，它们与肿瘤细胞表面的死亡受体（Fas、TNF 受体）结合，启动凋亡相关信号，导致肿瘤细胞凋亡（图 2-6-5）。

（二）$CD4^+$ T 细胞抗肿瘤免疫效应机制

$CD4^+$ 辅助 T 细胞在肿瘤免疫中的重要性正日益受到关注。首先，它们可为效应 CTL 的分化提供细胞因子。其次，肿瘤抗原特异性的辅助 T 细胞可分泌 TNF-α 和 IFN-γ，促进肿瘤细胞表达 MHC Ⅰ类分子，使肿瘤细胞对 CTL 的杀伤作用更敏感，IFN-γ 还可激活巨噬细胞杀伤肿瘤细胞。此外，还有研究提示，$CD4^+$ T 细胞也可直接杀伤肿瘤细胞，但具体机制尚不清楚。

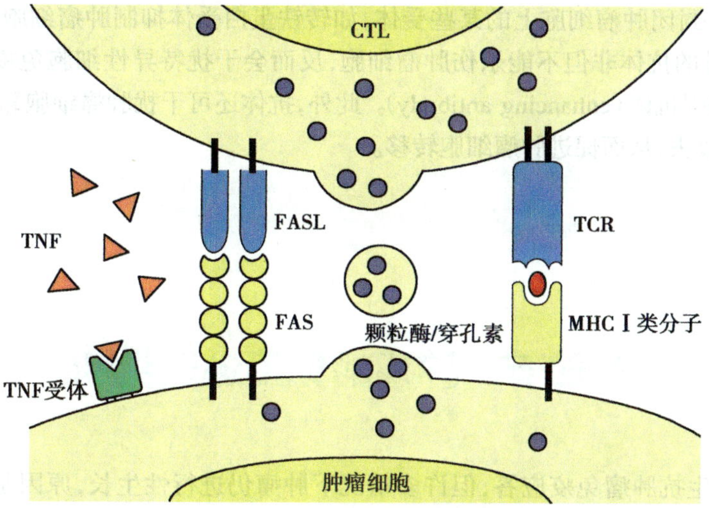
CTL
TNF
FASL
TCR
FAS
颗粒酶/穿孔素
MHC I 类分子
TNF受体
肿瘤细胞

图 2-6-5　CTL 杀伤机制

三、抗体在抗肿瘤免疫中的双重作用

肿瘤患者体内可检出多种针对肿瘤抗原的抗体。实际上，这类抗体的存在也是血清学方法筛选肿瘤抗原的基础。不过，这些自发产生的抗体通常亲和性和滴度都不高，在抗肿瘤免疫中所起的作用有限，甚至可能促进肿瘤的生长和转移（图 2-6-6）。抗体发挥抗肿瘤作用的可能机制包括：①激活补体杀伤肿瘤细胞；②与表达 Fc 受体的 NK 细胞或巨噬细胞协同发挥 ADCC 效应；③通过调理作用增强

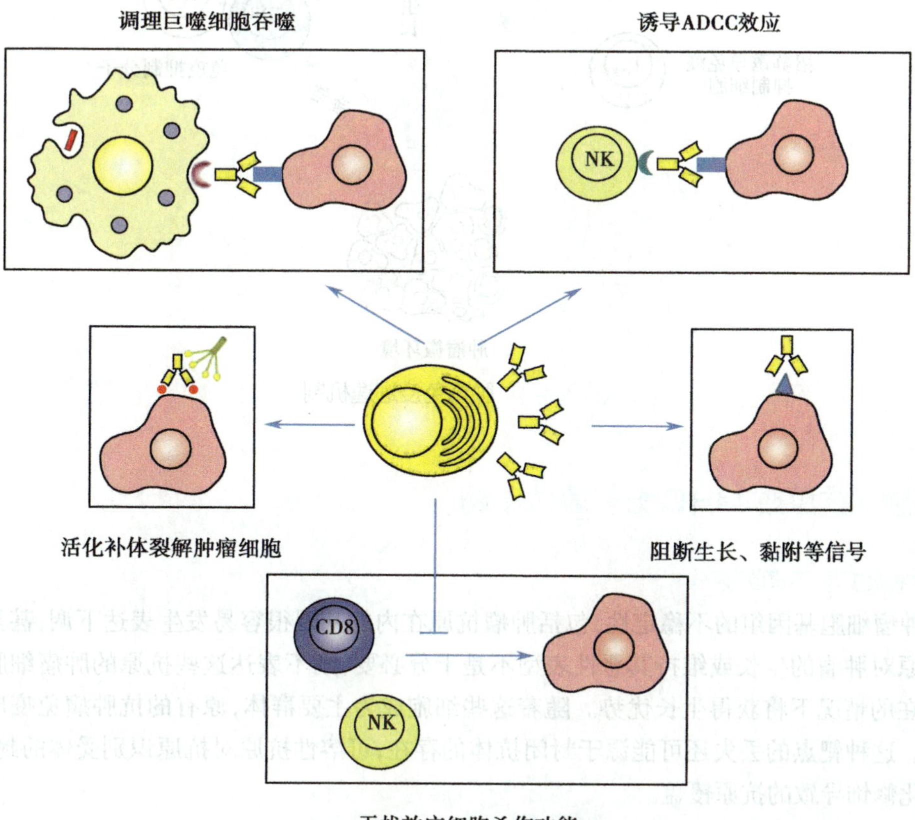
调理巨噬细胞吞噬
诱导ADCC效应
NK
活化补体裂解肿瘤细胞
阻断生长、黏附等信号
CD8
NK
干扰效应细胞杀伤功能

图 2-6-6　抗体在抗肿瘤免疫中的双重作用

吞噬细胞的功能；④封闭肿瘤细胞上的某些受体，如转铁蛋白受体抑制肿瘤细胞生长。然而，某些情况下，肿瘤抗原诱导的抗体非但不能杀伤肿瘤细胞，反而会干扰特异性细胞免疫应答而促进肿瘤生长，这类抗体又称增强抗体（enhancing antibody）。此外，抗体还可干扰肿瘤细胞黏附作用，使肿瘤细胞的黏附特性改变或丧失，从而促进肿瘤细胞转移。

第四节 肿瘤的免疫逃逸机制

免疫系统能产生抗肿瘤免疫应答，但许多情况下肿瘤仍进行性生长，原因是它们成功逃避了宿主免疫系统的攻击。肿瘤免疫逃逸机制涉及肿瘤细胞本身、肿瘤微环境和宿主免疫系统等多方面（图 2-6-7）。

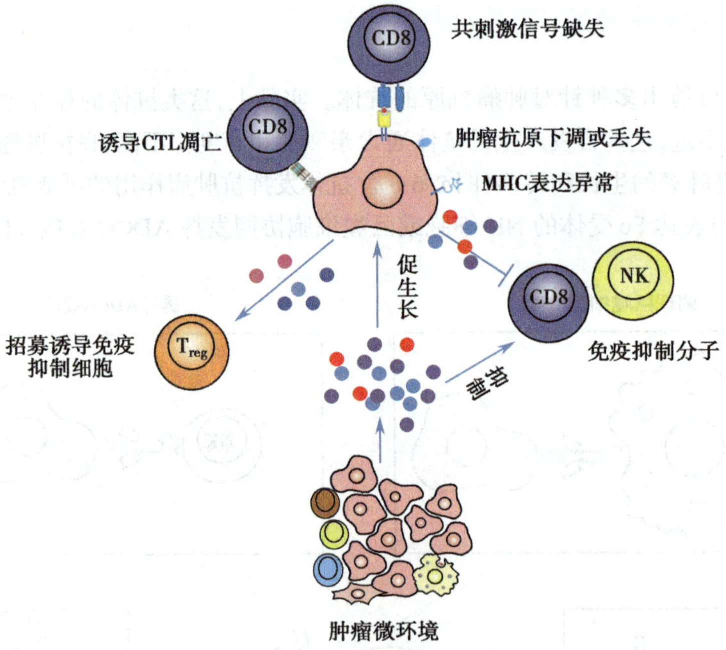
CD8
共刺激信号缺失
CD8
诱导CTL凋亡
肿瘤抗原下调或丢失
MHC表达异常
促生长
NK
CD8
免疫抑制分子
招募诱导免疫抑制细胞
T_{reg}
抑制
肿瘤微环境

图 2-6-7 肿瘤免疫逃逸机制

一、肿瘤抗原或 MHC 分子表达下调

（一）肿瘤抗原下调或丢失

由于肿瘤细胞基因组的不稳定性，包括肿瘤抗原在内的基因很容易发生表达下调，甚至丢失。如果某些抗原对肿瘤的生长或维持其恶性表型不是十分必要，则不表达这些抗原的肿瘤细胞在免疫选择压力存在的情况下将获得生长优势。随着这些细胞成为主要群体，原有的抗肿瘤免疫应答也就失去了靶点。这种靶点的丢失还可能源于封闭抗体的存在，可溶性抗原对抗原识别受体的封闭作用，或异常糖基化修饰导致的抗原覆盖。

（二）MHC 分子表达异常

肿瘤抗原经蛋白酶体加工成肽段后，转运至内质网，与 MHC Ⅰ类分子形成复合物，再通过高尔基体转运到细胞表面，进而被 T 细胞识别。诸多分子的缺陷均能导致 MHC- 抗原肽复合物表达下调或丢失：①蛋白酶体中的抗原加工机器组分（如 LMP-2 和 LPM-7）的缺陷；②肽转运蛋白 TAP-1 或 TAP-2 缺陷；③编码 MHC Ⅰ类分子的重链基因丢失、突变或转录异常；④编码 β_2 微球蛋白基因的突变或丧失。如此，CTL 也就失去了识别的靶点。通过 IFN-γ 诱导肿瘤细胞 MHC Ⅰ类分子的表达，可增加这些细胞对 CTL 杀伤的敏感性。

二、共刺激信号缺失

除抗原刺激，初始 T 细胞活化需要由 CD28 转导的共刺激信号。多数肿瘤细胞不表达协同刺激分子，T 细胞与缺乏协同刺激分子的肿瘤细胞结合后，不仅不被活化，反而发生失能或凋亡。将编码协同刺激分子 CD80 和 CD86 的基因转染至肿瘤细胞后能增强 T 细胞应答。由于 CTL 介导的杀伤作用在效应阶段不再需要协同刺激分子的参与，如此诱导的 CTL 也能有效地杀伤不表达共刺激分子的亲本细胞。

三、免疫抑制性分子

肿瘤微环境中存在多种具有免疫抑制活性的分子，它们或是由肿瘤细胞产生，或是由包括免疫细胞在内的基质细胞产生。这些分子很多为可溶性抑制因子，如 TGF-β、IL-10、VEGF 等。

TGF-β 可通过影响多种免疫细胞的存活、分化和增殖，负向调控机体的抗肿瘤免疫应答：①下调穿孔素、颗粒酶等基因表达，抑制 CTL 细胞毒效应；②诱导 Foxp3 表达，促进调节性 T 细胞（regulatory T cells，Tregs）产生；③抑制 NK 细胞的增殖，下调 NKp30、NKG2D 等受体的表达，从而抑制 NK 细胞的杀伤活性；④促进肿瘤相关巨噬细胞（TAM）的产生。在小鼠模型中，通过在乳腺上皮细胞强制表达活化的 TGF-β_1 或 TGF-β 受体 1 可导致肿瘤肺转移增加，而抑制 TGF-β 信号通路则能抑制肿瘤的肺转移。

IL-10 在多种类型的肿瘤细胞中高表达，且与肿瘤患者预后呈负相关。IL-10 发挥免疫抑制作用的主要机制包括：①阻碍树突状细胞（dendritic cell，DC）的分化和成熟，抑制其抗原提呈作用和 IL-12 的分泌；②抑制肿瘤浸润淋巴细胞对肿瘤细胞的裂解，该作用可被 IL-10 中和抗体所逆转；③下调肿瘤细胞表面 MHC 分子和共刺激分子的表达；④抑制 IL-2、IFN-γ、TNF-α 等多种细胞因子的产生。

VEGF 除促进血管内皮细胞生长外，还具有很强的免疫抑制活性：①招募骨髓中未成熟的髓系细胞向肿瘤组织富集；②干扰 DC 的分化、成熟。

肿瘤微环境中免疫抑制分子还包括 FasL、CTLA-4 和 PD-1 等膜结合型分子，以及 iNOS、IDO 和 ARG1 等酶分子。FasL/Fas 途径直接诱导肿瘤特异性 T 细胞的凋亡。CTLA-4、PD-1 等介导的信号抑制 T 细胞活化和功能。iNOS 催化 L- 精氨酸产生 NO，后者可抑制肿瘤局部的 T 细胞功能。IDO 能够直接降解 T 细胞增殖和分化所必需的色氨酸，从而抑制 T 细胞的克隆扩增，甚至促进 T 细胞的凋亡。

四、免疫抑制性细胞亚群

肿瘤组织中聚集有多种免疫抑制性细胞亚群，它们或是招募而至，或是局部诱导产生。这些细胞通过多种机制抑制抗肿瘤免疫应答，其数量与肿瘤患者的不良预后密切相关。肿瘤组织中，主要抑制性细胞类型包括 Treg、肿瘤相关巨噬细胞、髓系来源抑制性细胞。此外，也有调节性树突状细胞、调节性 B 细胞、调节性 NK 细胞等的报道。

（一）调节性 T 细胞

调节性 T 细胞（regulatory T cells，Tregs）是一个异质性的群体，主要包括自然产生的 $CD4^+CD25^+Foxp3^+$

Treg、抗原诱导的 Tr1、Th3 细胞。在正常生理状态下,其功能主要是抑制免疫系统对自身抗原的免疫应答。在多种肿瘤,如肺癌、乳腺癌、肝癌、卵巢癌、胃癌、淋巴瘤中可见有大量这类细胞的累积。其中,最主要的是 $CD4^{+}CD25^{+}Foxp3^{+}$Treg。Treg 数量的增加通常预示着不良的预后。

Treg 既能抑制初始 T 细胞的增殖与分化,也能抑制 T 细胞的效应功能。此外,它对 NK 细胞、NKT 细胞、B 细胞和 DC 也具有抑制作用。Treg 介导免疫抑制的机制主要有以下几方面:①分泌免疫抑制性细胞因子,如 TGF-β、IL-10、IL-35 等;②分泌颗粒酶和穿孔素直接杀伤效应细胞;③效应 T 细胞存活依赖 IL-2,Treg 高表达 CD25 而大量消耗 IL-2,导致局部 IL-2 缺乏,进而使效应 T 细胞发生凋亡;④通过其所表达的 CD39 和 CD73 促进微环境内腺苷的产生,后者与效应细胞表面的 A2A 结合发挥抑制作用;⑤通过表面表达的 CTLA-4 与 DC 表面 CD80/CD86 结合,阻断抑制协同共刺激信号,或通过 LAG3 抑制 MHC Ⅱ类分子的表达,二者均可诱导 DC 耐受。

(二) 肿瘤相关巨噬细胞

早在 1863 年,Rudolf Virchow 就发现在肿瘤组织中有大量炎症细胞的浸润,其中巨噬细胞最多,占细胞总数的 30%~50%,在乳腺癌中更是占 50% 以上。这类浸润到肿瘤组织内的巨噬细胞即为肿瘤相关巨噬细胞(tumor-associated macrophages,TAMs)。TAMs 曾被视作重要的抗肿瘤效应细胞,但现在认为 TAM 其实是促进了肿瘤生长。

循环中的单核细胞在 CCL2 趋化吸引下进入肿瘤组织,进而发育为成熟巨噬细胞。在不同环境因素影响下,巨噬细胞经进一步分化获得不同表型特征和功能特点。IFN-γ、TNF-α、GM-CSF 诱导产生 M1 型巨噬细胞,而 IL-4、IL-10、IL-13 促使其向 M2 型巨噬细胞转化。M1 型巨噬细胞表达高水平 MHC Ⅱ类分子和共刺激分子,具有很强的抗原提呈功能,分泌高水平的细胞因子如 IL-12、TNF-α,是机体免疫防御和抗肿瘤的主要效应细胞,而 M2 型巨噬细胞却能抑制炎症反应、血管生成及组织修复。TAM 类似于 M2 型巨噬细胞,分泌高水平的抑制性细胞因子,如 TGF-β、IL-10 等。TAM 的主要生物学效应包括:①表达和分泌多种细胞因子,如表皮生长因子(EGF)、血小板衍生生长因子(PDGF)、$TGF-\beta_1$、肝细胞生长因子(HGF)、碱性生长因子(bFGF),促进肿瘤细胞存活与增殖;②分泌 MMP、组织蛋白酶 B、纤溶酶、uPA 等降解细胞外基质,促进肿瘤侵袭转移;③产生大量的促血管形成因子,如 VEGF、PDGF、$TGF-\beta_1$ 等,参与肿瘤血管形成;④分泌 TGF-β 和 IL-10 等抑制 T 细胞应答。

(三) 髓系来源抑制性细胞

肿瘤患者的肿瘤组织、脾和外周血中广泛存在着一群骨髓来源的具有很强免疫抑制功能的细胞群体,称为髓系来源抑制性细胞(myeloid-derived suppressor cell,MDSC)。MDSC 来源于骨髓的髓系前体细胞,主要包括未成熟的巨噬细胞、粒细胞和树突状细胞。在小鼠,MDSC 表达髓系分化抗原 Gr.1 和 CD11b。在人类,MDSC 表型为 $CD14^{-}CD11b^{+}$。MDSC 功能受到多种因子的调节。其中,PGE_2、GM-SCF、M-CSF、IL-6、VEGF 主要调节 MDSC 的扩增和募集,而 IFN-γ、IL-4、IL-13、TGF-β 主要调节 MDSC 的活化。MDSC 主要通过精氨酸酶、活性氧、活性氮及表面表达的抑制分子发挥免疫抑制作用。精氨酸酶可使精氨酸分解,导致 CD3ξ 链发生翻译阻滞,阻碍 T 细胞对抗原刺激的应答。ROS 导致 TCR、CD4、CD8 分子结构异常,影响 T 细胞对 MHC- 肽复合物的识别,导致 T 细胞无能。

本章小结

肿瘤抗原诱导的抗肿瘤免疫应答能够识别和清除癌变的细胞,细胞免疫应答,特别是 CTL 介导的特异性免疫应答和 NK 细胞介导的非特异性免疫应答在其中发挥了关键作用。然而,在免疫选择压力之下,肿瘤微环境也不断发生重塑,演化出一系列机制抵抗免疫攻击,如下调抗原表达,产生免疫抑制分子，招募和驯化抑制性细胞群体等。随着具有抵抗能力的肿瘤细胞占据主导地位，肿瘤最终逃脱免疫系统的监视，开始不可控生长。

思考题

1. 肿瘤免疫编辑学说的核心思想是什么？
2. 简述肿瘤抗原的分类和各类肿瘤抗原的主要特点。
3. NK 细胞和 CTL 如何发挥抗肿瘤作用？
4. 试述肿瘤细胞免疫逃逸的主要机制。

（张　毓）

第七章
肿瘤病理学

肿瘤病理学是肿瘤学的重要组成部分。其主要任务是研究肿瘤的发病机制、病理变化、临床病理联系以及发生发展规律，确定肿瘤的诊断与鉴别诊断，为肿瘤的临床治疗及预后提供科学的依据。

第一节　肿瘤性增生和肿瘤的形态结构

一、肿瘤性增生

肿瘤性增生（neoplastic hyperplasia）以单克隆性进行增生，与正常组织增生相比具有异型性，细胞基因、形态、结构和功能，较正常细胞发生改变，不同程度地丧失分化成熟的能力，不受机体控制，生长具有相对自主性，即使祛除致瘤因素仍继续增生，该种病变对机体有害，可破坏组织器官并影响其功能。

肿瘤性增生与某些病理状态下发生的非肿瘤性增生有本质的区别。机体在生理状态下以及在炎症、损伤修复等病理状态下也常有细胞、组织的增生，如适应性增生、化生、损伤修复时的再生、炎性增生等称为非肿瘤性增生。这类增生有的属于正常新陈代谢所需的细胞更新；有的是针对一定刺激或损伤的防御性、修复性反应，皆为机体生存所需。同时这类增生的细胞、组织能分化成熟，不具有异型性，并在一定程度上能恢复原来正常组织的结构和功能。并且这类增生是有一定限度的，一旦增生的原因消除后就不再继续。而肿瘤性增生却与此不同，肿瘤性增生在瘤细胞染色体和基因水平上发生了很大的改变，二者有着本质上的区别。

肿瘤细胞的特征：自给自足生长信号；抗生长信号不敏感；抵抗细胞死亡；潜力无限的复制能力；持续的血管生成；组织浸润和转移；避免免疫摧毁；促进肿瘤的炎症；代谢重编程；基因组不稳定和突变等。

二、肿瘤的一般形态和结构

肿瘤形态可以在一定程度上反映其良、恶性。

（一）肉眼观形态

1. 肿瘤数目和大小　肿瘤多为1个，有时也可为多个。肿瘤的大小与肿瘤的性质（良性、恶性）、生长时间和发生部位有一定关系。生长于体表或体腔内的肿瘤有时可生长得很大，而生长于密闭狭小腔道内的肿瘤一般较小。体积极大者，有生长空间，生长时间长，多数为良性。

2. 肿瘤的形状

(1)在脏器界面:向界面外生长常呈息肉状、乳头状、菜花状、蕈伞状。基底无浸润多为良性,基底有浸润常为恶性。向界面内生长伴坏死常呈大溃疡状,沿管壁生长呈缩窄状、硬化状、弥漫肥厚状均为恶性(图 2-7-1)。

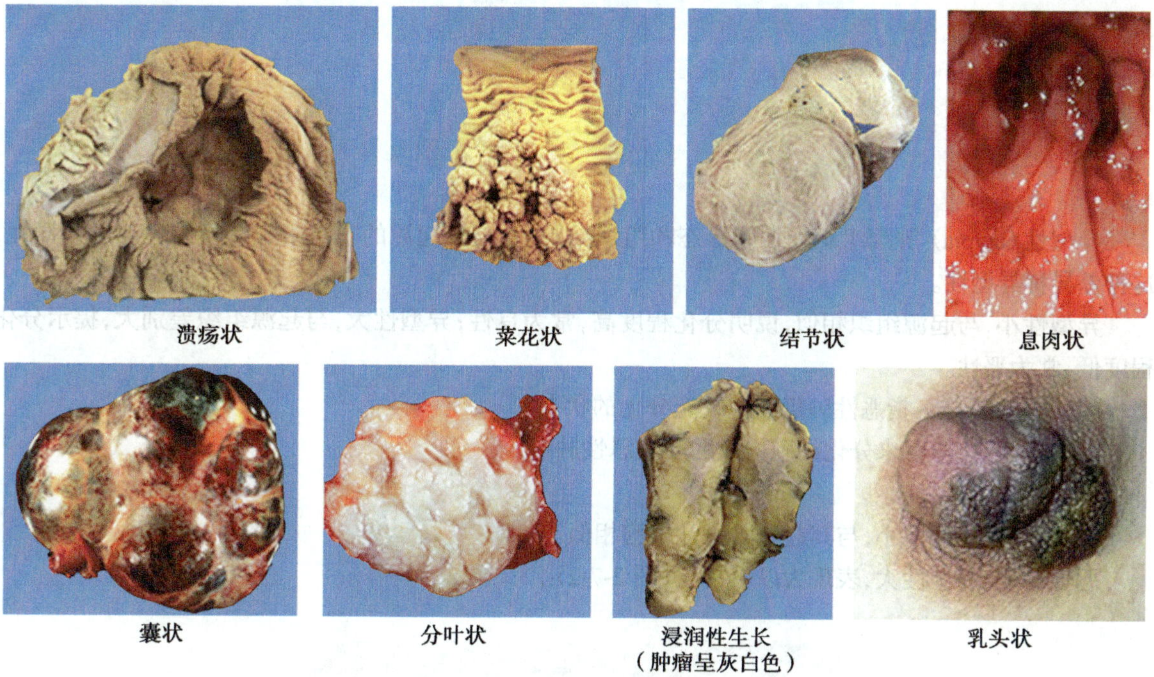
溃疡状
菜花状
结节状
息肉状
囊状
分叶状
浸润性生长
（肿瘤呈灰白色）
乳头状

图 2-7-1 肿瘤的各种外观形状

(2)在实质脏器内:结节状若界限清楚、有完整包膜,多为良性;分叶状可为良性亦可为恶性,弥漫状、蟹足状、树根状均高度提示恶性。

3. 肿瘤的颜色 肿瘤的颜色与其组织来源、继发改变、血液供应、色素的沉积等有关,如:脂肪瘤呈黄色;血管瘤为暗红色;黑色素瘤多显黑色;绿色瘤(髓性白血病)常呈绿色。

4. 肿瘤的硬度 与起源的组织有关,骨组织肿瘤最硬,上皮组织肿瘤较硬;而脂肪、血管组织相关肿瘤较软。若肿瘤实质多间质少者相对较软,反之肿瘤实质少间质多者相对较硬。如果肿瘤实质出现继发变化,如坏死、出血者,则相对变软;出现骨化、钙化者变硬。

(二) 肿瘤的组织结构

肿瘤组织成分可多种多样,但其基本成分只有肿瘤实质和肿瘤间质两类:

1. 肿瘤的实质 即肿瘤细胞。

(1)肿瘤的实质成分,大多仅有 1 种肿瘤细胞,少数可由多种肿瘤细胞构成。

(2)决定该肿瘤的性质、来源、生长方式、形态结构,也是命名依据。

(3)按分化程度:组织结构与起源的正常组织相近似为分化好,反之则分化差。

2. 肿瘤的间质 即非主要成分,如结缔组织、血管、免疫细胞等。

(1)结缔组织、血管对肿瘤起支持和营养作用。

(2)免疫细胞主要为淋巴细胞、浆细胞、单核细胞、NK 细胞等,具有抗肿瘤反应。

(3)肌成纤维细胞可限制肿瘤细胞扩散。

不同的肿瘤,其实质各异,但间质成分基本类同。

第二节 肿瘤的异型性与分化

一、异型性

异型性(atypia):肿瘤组织在细胞形态和组织结构上,与其起源的正常组织有不同程度的差异性,这种差异称异型性。

异型性小,与起源组织相似,说明分化程度高,常为良性;异型性大,与起源组织差别大,提示分化程度低,常为恶性。

间变(anaplasia):指恶性肿瘤细胞缺乏分化的状态。

间变性肿瘤:指由未分化细胞构成的高度恶性肿瘤。

(一) 肿瘤细胞的异型性

良性肿瘤:异型性小,与其起源的正常细胞相似。

恶性肿瘤:异型性大,表现为以下特点(图 2-7-2):

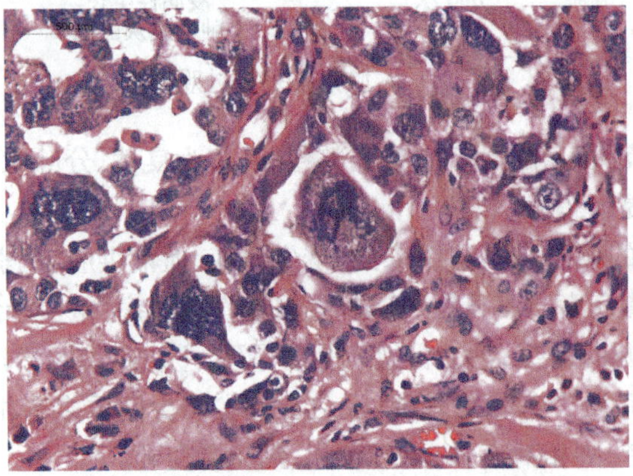

图 2-7-2 皮肤恶性肿瘤细胞的异型性

1. 瘤细胞的多形性 瘤细胞体积大小不等,形态不一,少数分化极差时,细胞小而相对一致。有时可出现瘤巨细胞。

2. 核的多形性 即瘤细胞核大小不等,形状不一。核大染色深,核形不规整。

核质比失调[核质比大于正常 1:(4~6)]。出现巨核、双核、多核、奇异形核。核膜增厚,染色质粗,核仁增大,数目增多。核分裂多见,并出现病理性核分裂象(即不正常的核分裂,如:不对称、多极、顿挫性等)(图 2-7-3,图 2-7-4)。

3. 细胞质改变 嗜碱性增强,可见瘤细胞产生的不同分泌物或代谢产物:黏液、糖原、脂质、角质和色素等。

(二) 肿瘤组织结构的异型性

组织结构的异型性:是指失去正常的组织结构,排列紊乱,失去极性[极性,又称极向(polarity),指组织细胞排列的方向性和结构的规律性],细胞层数异常。

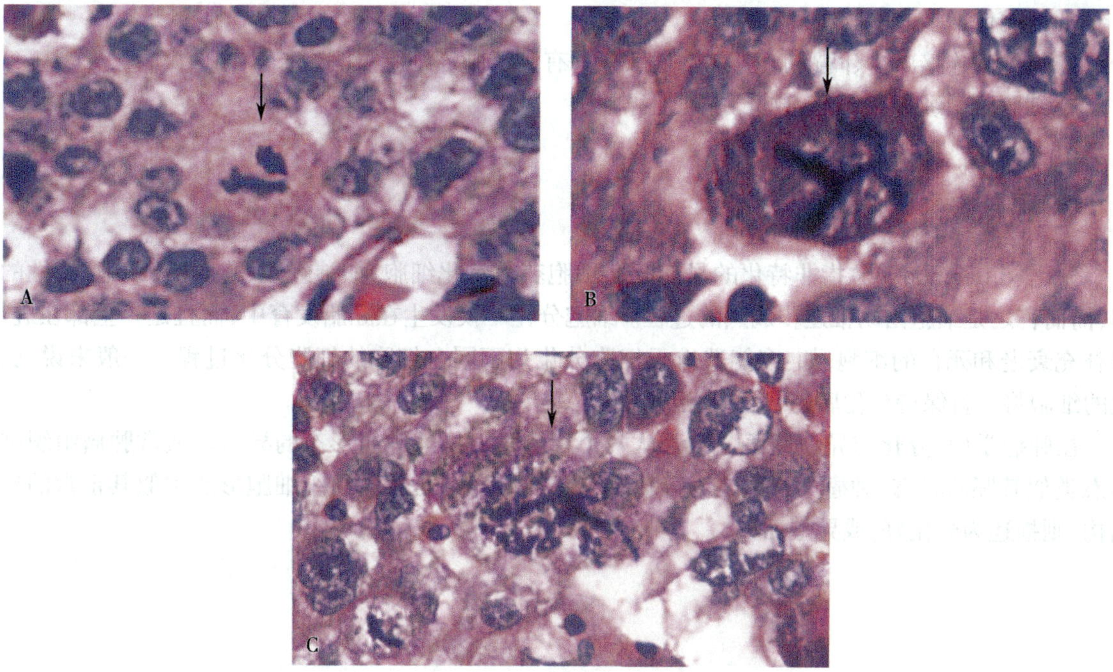
A
B
C

图 2-7-3　病理性核分裂
A. 不对称型;B. 四极核分裂;C. 流产型。

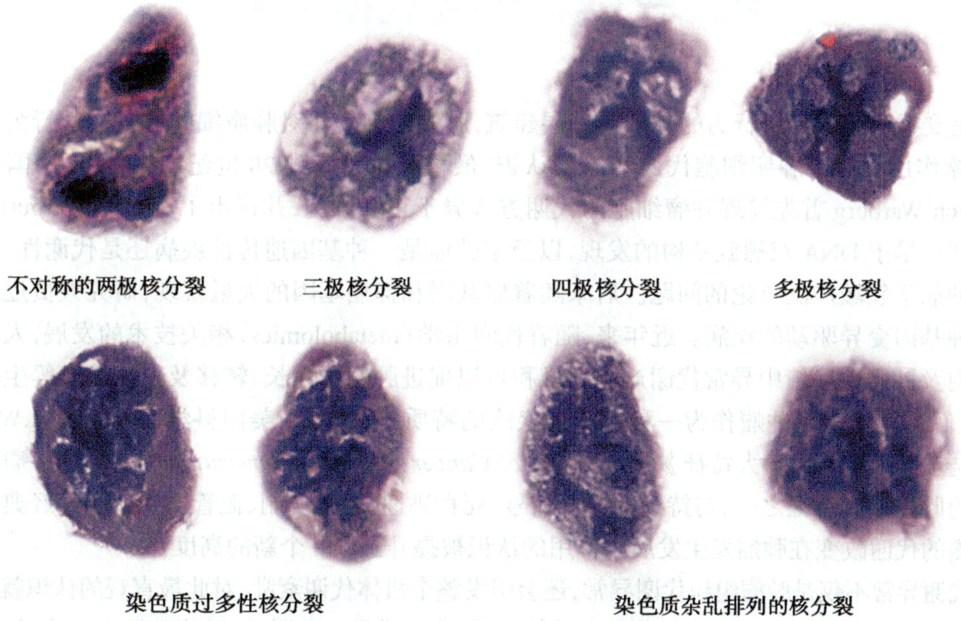
不对称的两极核分裂
三极核分裂
四极核分裂
多极核分裂
染色质过多性核分裂
染色质杂乱排列的核分裂

图 2-7-4　恶性肿瘤细胞病理性核分裂

良性肿瘤:细胞的异型性不明显,仅有组织结构的异型性是良性肿瘤诊断的重要依据。

恶性肿瘤:细胞的异型性大,组织结构紊乱明显。

(三) 肿瘤超微结构上的异型性

主要表现为量上的差异。

1. 核大、核仁大,数目增多,形状不规则。
2. 异染色质增加,凝集或聚集在核膜下。
3. 线粒体、内质网、高尔基体等细胞器不发达,发育不良或形态异常。
4. 细胞质内游离的核糖体数量增多——合成供自身生长的蛋白质。

5. 溶酶体增多——与浸润有关。
6. 细胞间连接减少、间距加宽、黏着松散——有利于肿瘤细胞浸润生长。
7. 细胞膜微绒毛在形态、数量、排列上异常。

二、分化

分化(differentiation)指非特化的早期胚胎细胞获得特化细胞(如神经元、心肌、肝细胞)特性的过程,简而言之是细胞由幼稚逐步成熟的过程。细胞分化不仅发生在胚胎发育中,而且是一生都在进行,以补充衰老和死亡的细胞,如:多能造血干细胞分化为不同血细胞的细胞分化过程。一般来说,已分化的细胞将一直保持分化后的状态,直至死亡。

在肿瘤学中,分化与异型性两个术语从两个相反角度描述肿瘤形态的异常。通常肿瘤组织细胞形态类似其胚胎状态,肿瘤学者称之为分化差,或异型性大;若肿瘤组织细胞形态类似其正常的形态结构,则描述为分化好,或异型性小。

(苏 敏 田东萍)

第三节 肿瘤细胞代谢特点

代谢是支撑和调控细胞行为的基础与底层建筑,肿瘤细胞代谢对肿瘤细胞的生物学行为起到了关键的支撑作用。对于肿瘤细胞代谢特点的认识,最早可以追溯到20世纪20年代。德国科学家Otto Heinrich Warburg首先发现肿瘤细胞的代谢方式异于正常细胞,并提出了著名的Warburg效应,这一发现甚至早于DNA双螺旋结构的发现,以至于肿瘤是一种基因遗传性疾病还是代谢性疾病,曾一度成为肿瘤学领域广泛争论的问题。后来随着癌基因和抑癌基因的大量发现,研究人员逐渐认为肿瘤是一种基因变异驱动的疾病。近年来,随着代谢组学(metabolomics)相关技术的发展,人们发现肿瘤细胞内及肿瘤微环境中异常代谢产物的堆积可以促进肿瘤的生长、转移及免疫逃逸等生物学行为,这使人们重新认识到肿瘤作为一种代谢性疾病的特质。2011年,美国科学家Robert A.Weinberg在*Cell*杂志发表了《肿瘤十大特征》(*Hallmarks of Cancer*:*The Next Generation*)一文,将肿瘤细胞代谢异常列为肿瘤十大特征之一,与持续的生长信号、死亡逃逸、永生复制、血管再生等肿瘤经典特征并列。对肿瘤的代谢改变在肿瘤发生发展中作用的认识被提升到了一个新的高度。

肿瘤代谢异常不仅是肿瘤组织代谢异常,还会引发整个机体代谢紊乱,对此最直观的认识就是由肿瘤引起的恶病质。肿瘤增殖需要大量营养和前体物质,为了满足这些需求,肿瘤细胞产生多种活性肽、糖蛋白并诱导宿主细胞产生各类细胞因子,导致机体产生一系列代谢改变,如葡萄糖合成率变化、糖异生和糖酵解增加、脂肪动员和氧化加速、蛋白质合成减少等,出现营养物质合成代谢和分解代谢失衡,这些系统性代谢紊乱引发恶病质并促进肿瘤快速进展。近来的研究表明,肿瘤代谢异常出现在肿瘤发病全程的各阶段,并驱动了肿瘤的发生发展。这些异常几乎出现在所有的代谢途径及相关代谢信号通路。

1. 能量代谢 新陈代谢包括物质代谢和能量代谢。能量代谢为有机体在物质代谢过程中能量的释放、转换和利用的过程。细胞最重要的能源物质是腺苷三磷酸(adenosine triphosphate,ATP),正常细胞能量代谢是在缺氧情况下进行糖酵解供能和在有氧情况下利用线粒体的氧化磷酸化(oxidative phosphorylation,OXPHOS)供能。但肿瘤细胞中相当比例的ATP来自低产能效率的糖酵解,而不是来源于高效的氧化磷酸化。这种现象在肿瘤细胞中普遍存在,即使在氧气供应充足的条件下,肿瘤细胞也优先使用糖酵解功能而不是氧化磷酸化，这种现象被称为有氧糖酵解（aerobic glycolysis），是肿瘤细胞的代谢基本特征之一。这个代谢特征由德国生化和生理学家 Otto Heinrich Warburg 于 1924 年首先提出，因此又称为 Warburg 效应。随着研究不断深入，人们发现肿瘤细胞中 Warburg 效应的主要驱动机制包括促癌或抑癌信号转导通路的激活或失活以及代谢酶的表达紊乱等。近年来还发现肿瘤微环境与肿瘤细胞相互作用也可诱导肿瘤细胞 Warburg 效应，即所谓的“逆向瓦博格效应（reverse Warburg effect）”。肿瘤微环境中的间质细胞通过糖酵解产生 L- 乳酸和酮体并转运至肿瘤细胞，驱动其线粒体代谢。肿瘤微环境中的巨噬细胞也可诱导肿瘤细胞的瓦博格效应。

线粒体是细胞进行有氧代谢和能量转换的主要场所，在物质代谢、氧自由基的生成、基因组调控中也发挥着非常重要的作用。肿瘤细胞表现出的代谢异常与线粒体功能异常关系密切。肿瘤细胞可发生线粒体相关结构蛋白异常或代谢酶突变，使得线粒体结构、功能和呼吸能力缺陷，导致其氧化磷酸化障碍，进而依赖于糖酵解。线粒体功能的实现依赖于其结构和代谢链条的完整，当细胞线粒体 DNA（mitochondrial DNA，mtDNA）突变、线粒体膜稳定性以及线粒体结构动态改变时，线粒体功能发生紊乱并造成肿瘤的发生发展。mtDNA 是细胞中唯一存在的核外遗传物质，能编码呼吸链相关蛋白与线粒体蛋白合成有关的 tRNA 和 rRNA。线粒体受到核 DNA（nuclear DNA，nDNA）和 mtDNA 的共同调控，由于 mtDNA 缺乏组蛋白保护，且没有抗氧化机制和有效的修复系统，容易受到氧化损伤引起 mtDNA 突变。mtDNA 突变引起的线粒体能量代谢改变可驱动肿瘤发生及肿瘤耐药。针对肿瘤细胞线粒体异常代谢通路，我们可以研制靶向特定代谢酶的高效抗肿瘤药物，从而纠正线粒体功能紊乱或利用其特性诱导肿瘤细胞死亡，比如甲萘醌可以通过抑制 mtDNA 聚合酶，降低 mtDNA 复制，造成肿瘤细胞凋亡。

线粒体有氧代谢过程的中间产物是众多生命物质从头合成途径的起点，包括核苷酸、氨基酸、脂类等。这些物质为肿瘤细胞旺盛的合成代谢提供充足的物质来源。活性氧（ROS）是细胞代谢过程中产生的一类含氧的分子或原子团，肿瘤细胞旺盛的代谢引起 ROS 生成增加，ROS 可以直接作用于基因组，引起 DNA 链断裂以及 DNA 交联，导致癌基因激活或抑癌基因抑制。线粒体代谢损伤导致 NADPH 供应减少，肿瘤细胞内氧化还原失衡，加重 ROS 的积累，从而形成恶性循环，引起肿瘤发生和进展。

2. 糖代谢　糖是人类食物的主要成分，为生命活动提供能量和碳源，葡萄糖也是肿瘤细胞最重要的能量和物质来源。正常细胞中葡萄糖的代谢被胰岛素、胰高血糖素等内分泌激素精密调控。然而，肿瘤细胞可以逃逸这些内分泌调控网络的监管，自主活化细胞糖代谢，从而支撑和改变细胞的增殖、衰老和细胞周期。也就是说肿瘤细胞糖代谢的改变与肿瘤发生发展密不可分、互为因果。由于肿瘤细胞需要更多能量和物质来维持其旺盛的合成代谢与快速的细胞分裂，肿瘤细胞的糖酵解极其活跃，对葡萄糖的摄入也大大多于正常细胞。PET-CT 利用 ^{18}F- 氟代脱氧葡萄糖（^{18}F-FDG）替代葡萄糖作为显影剂示踪肿瘤就是基于这个原理。^{18}F-FDG 与葡萄糖具有相似的结构，也能够被细胞表面葡萄糖受体转运进入细胞。由于肿瘤细胞摄入的 ^{18}F-FDG 大大多于周围正常组织，于是肿瘤组织被显影出来。另一方面，肿瘤患者正常细胞葡萄糖利用效率明显下降，这也是造成肿瘤患者消瘦的部分原因。临床上肿瘤患者主要表现出一定程度的葡萄糖利用障碍和胰岛素抵抗。肿瘤患者中血糖升高（空腹血糖 >6.1mmol/L）者约占 30%，机体对胰岛素敏感性和处理葡萄糖能力降低及糖耐量异常的肿瘤患者所占比例超过 30%。此外，肿瘤患者摄入葡萄糖后诱导胰岛素急性分泌增加的幅度减少了 40%~50%。这种糖代谢相关的内分泌失调加剧了肿瘤患者后期的恶病质症状。

糖代谢异常在肿瘤代谢异常中表现得尤为突出。糖代谢主要包括糖酵解（glycolysis）、磷酸戊糖途径（pentose phosphate pathway，PPP）和三羧酸循环（tricarboxylic acid cycle，TCA cycle）等。诱导肿瘤糖代谢异常的因素包括：肿瘤糖代谢酶异常、糖代谢相关酶和转运载体异常、癌基因激活和抑癌基因失活、线粒体损伤，诱导糖酵解代偿性增强的信号转导通路异常以及肿瘤微环境改变等。肿瘤细胞通过糖代谢重编程平衡能量和碳源供应，满足肿瘤细胞快速增殖等行为的需求。

(1)糖酵解途径：肿瘤细胞最重要的代谢特征之一就是葡萄糖的有氧糖酵解。与线粒体的有氧代谢相比较，糖酵解产生 ATP 的能力很低。1 分子葡萄糖通过糖酵解通路仅能生成 2 分子 ATP，如果进一步通过线粒体氧化磷酸化则可以最终生成 30 分子或 32 分子 ATP。

为什么肿瘤细胞选择这种看似低效的代谢机制呢？我们知道糖酵解是很多基本生物分子合成的起点。如糖酵解的中间产物葡萄糖-6-磷酸(glucose-6-phosphate，G-6-P)和甘油醛-3-磷酸(glyceraldehyde-3-phosphate，G-3-P)进入磷酸戊糖途径生成核糖，甘油酸-3-磷酸(glycerate-3-phosphate，3-PG)可用于合成丝氨酸(serine)和甘氨酸(glycine)，丙酮酸可用于合成脂肪酸，丙酮酸进入三羧酸循环还可用于合成其他一些非必需氨基酸。另外 G-6-P 进入磷酸戊糖途径是生成 NADPH 的主要途径，对维持细胞内环境氧化还原平衡有重要意义。目前认为对 ATP 的需求已经不是肿瘤生长的第一需求，维持肿瘤细胞合成代谢所需大量生物分子的供应成为了其第一生理需求。而肿瘤细胞高度活跃的糖酵解是提供这些生物分子的主要代谢途径。

另一方面，由于肿瘤生长快速，肿瘤组织内部的细胞常常处于缺氧状态，肿瘤细胞无法通过有氧代谢产能。为适应肿瘤内部的低氧微环境，肿瘤细胞自发激活低氧信号通路，同时对自身代谢网络进行重编程，转向糖酵解通路生成 ATP，从而提高肿瘤对缺氧和缺血的耐受性，避免由线粒体氧化磷酸化抑制引起的细胞凋亡。多种类型肿瘤细胞研究证实，肿瘤细胞的糖酵解能力是正常细胞的 20~30 倍，肿瘤细胞需要通过提高糖酵解速率来弥补糖酵解产能效率低的状况，而糖酵解的增强与肿瘤细胞的生长速度和侵袭性成正比，与肿瘤细胞分化程度成反比。

在肿瘤代谢过程中，代谢酶起关键作用。糖酵解途径首先是肿瘤微环境中的葡萄糖通过细胞膜上的葡萄糖转运体(glucose transporter，GLUT)转运入细胞内，通过己糖激酶、磷酸果糖激酶、醛缩酶、丙酮酸激酶等多种糖酵解酶分解代谢，最终生成丙酮酸。糖酵解途径包括 10 步反应，其中有 3 步不可逆的反应，分别是己糖激酶(hexokinase，HK)、磷酸果糖激酶(phosphofructokinase，PFK)和丙酮酸激酶 M1/M2(pyruvate kinase M1/M2，PKM1/2)催化的反应。这些糖酵解酶在恶性肿瘤细胞中高度表达或异常激活，进而活化肿瘤细胞糖酵解，促进 Warburg 效应。而特异性抑制这些糖酵解酶的活性，切断肿瘤细胞的物质能量供应，已经成为肿瘤治疗最有前景的策略之一。

PI3K-AKT 信号通路在肿瘤细胞中常常处于激活状态。激活的 AKT 可以促进 GLUT1 定位于细胞表面以利于细胞吸收葡萄糖，缺氧诱导因子 HIF-1α 也可以调控 GLUT1 的表达。而抑癌基因产物 p53 和 PTEN 可以抑制 GLUT1 的表达和葡萄糖吸收。一些靶向葡萄糖代谢相关酶的药物研究已经取得了突破性的进展，如 GLUT1 抑制剂利托那韦(ritonavir)，己糖激酶(HK)抑制剂氯尼达明(lonidamine)等。

HK 是糖酵解的第 1 个限速酶，葡萄糖在 GLUT 的作用下进入细胞后，可以被 HK 磷酸化生成葡萄糖-6-磷酸。在非小细胞肺癌和乳腺癌中，K-RAS 和 ErbB2 能够活化 HK，驱动肿瘤的发生和发展，而抑制 HK 的活性能抑制肿瘤生长。PFK 是第 2 个限速酶，能使 6-磷酸果糖生成 1,6-二磷酸果糖，肿瘤细胞可以通过 PI3K-AKT 信号通路调节 PFK 酶活性从而调控糖酵解过程，另外 O-GlcNAc 糖基转移酶(O-GlcNAc transferase，OGT)可以糖基化 PFK 的第 529 位丝氨酸，抑制 PFK 酶活性，促使葡萄糖代谢流转向 PPP 代谢途径，使得肿瘤细胞获得选择性生长优势。PKM 也是糖酵解途径中的限速酶，介导磷酸烯醇式丙酮酸(phosphoenolpyruvate，PEP)转化为丙酮酸，同时生成 ATP。某些肿瘤细胞 PKM2 酶活较低，造成 PEP 和其他中间代谢物的积累，不能完成糖酵解代谢，进而进入其他代谢途径比如己糖胺途径(hexosamine pathway，HBP)、UDP-葡萄糖合成、甘油合成和 PPP 途径等，通过代谢产生大量生物大分子和 NADPH，支持肿瘤细胞的增殖。另一方面，二聚体形式的 PKM2 通过转运入细胞核，与 β-catenin、HIF 等共同参与糖酵解基因的转录调控。

不仅上述糖酵解激酶在肿瘤糖酵解中起到关键的限速作用，近来的研究发现催化可逆反应的酶也起到关键调节作用。如醛缩酶(aldolase)，将 1,6-二磷酸果糖转变为甘油醛-3-磷酸及磷酸二羟丙酮(从 6 碳转变为 3 碳分子)，在正常细胞中定位于细胞骨架而处于失活状态，在肿瘤细胞中 PI3K 通过活化 Rac1 调节细胞骨架重构，使得醛缩酶从细胞骨架解离而活化，进而支持肿瘤的快速增殖。因此通过利用 PI3K 抑制剂下调醛缩酶活性，就能达到抑制肿瘤生长的治疗效果。

糖酵解的代谢产物可对肿瘤微环境产生巨大影响，如乳酸和 H^+，造成细胞外环境的酸化，导致细胞外基质组分例如胶原蛋白的降解，有利于肿瘤细胞发生侵袭转移，同时因为多种可杀伤肿瘤的免疫细胞、免疫分子和抗癌药物在这种环境下效力会显著降低，这也利于肿瘤的生存。乳酸还可以促使免疫细胞从免疫杀伤功能表型转向促肿瘤和血管生成的免疫抑制表型，以及诱导巨噬细胞分化为促进肿瘤的 M2 类似表型。

肿瘤细胞还可以表现出双重代谢特性(dual metabolic natures)，即糖酵解表型和非糖酵解表型。肿瘤细胞在正常情况下表现为糖酵解表型，而在乳酸性酸中毒条件下表现为非糖酵解表型。乳酸性酸中毒使细胞内液酸化、pH 下降，进而减少糖酵解通量(glycolytic flux)、抑制糖酵解酶活性，最终削弱糖酵解。正常情况下，有氧糖酵解与 OXPHOS 分别产生总能量的 23.7%~52.2% 与 47.8%~76.3%；乳酸性酸中毒时，有氧糖酵解与 OXPHOS 分别产生总能量的 5.7%~13.4% 与 86.6%~94.3%。这说明乳酸性酸中毒可以促进肿瘤细胞的代谢从有氧糖酵解向 OXPHOS 转化。

(2) 磷酸戊糖途径：磷酸戊糖途径是细胞内产生核糖的代谢通路，其最终产物为核糖 -5- 磷酸(ribose-5-phosphate，R-5-P)。细胞内磷酸戊糖途径包括氧化和非氧化两条途径。G-6-P 除进入糖酵解代谢途径，还可进入氧化磷酸戊糖途径。进入氧化磷酸戊糖途径的 G-6-P 可被葡萄糖 -6- 磷酸脱氢酶(glucose-6-phosphate dehydrogenase，G-6-PD)和内酯酶催化下生成 6- 磷酸葡萄糖酸(6-phosphogluconic acid，6-PG)，6-PG 在 6- 磷酸葡萄糖酸脱氢酶(6-phosphogluconate dehydrogenase，6-PGD)的作用下生成核酮糖 -5- 磷酸(ribulose-5-phosphate，R-5-P)。氧化磷酸戊糖途径还是细胞内主要的 NADPH 产生途径，包括葡萄糖 -6- 磷酸脱氢酶和 6- 磷酸葡萄糖酸脱氢酶催化的两个脱氢步骤产生 2 分子负氢离子(H^-)。$NADP^+$ 作为电子受体，接受负氢离子生成 NADPH。NADPH 作为细胞内主要 H^- 供体，广泛参与氧化还原反应，维持细胞内氧化还原平衡。在葡萄糖 -6- 磷酸脱氢酶缺乏症患者中，由于 G-6-PD 基因异常而导致葡萄糖 -6- 磷酸脱氢酶的缺乏，红细胞的氧化还原平衡处于脆弱状态。在遇到特殊药物、感染或某些特殊的化学制品等氧化应激情况下，红细胞无足够的 NADPH 维持氧化还原平衡而发生溶解，出现黄疸或溶血性贫血等症状。

磷酸戊糖途径(PPP)增强是肿瘤细胞区别于正常细胞的一个显著特征。在 PPP 代谢中，G-6-PD 和 6-PGD 是关键酶。肿瘤细胞中 TAp73 能激活 G-6-PD 的转录，导致 PPP 代谢途径活性增加，产生核糖和 NADPH 增多。而 p53 作为肿瘤抑制因子，通过抑制 G-6-PD 二聚体的形成来抑制其活性，进而抑制 PPP 代谢途径。6-PGD 是 PPP 代谢途径中介导 NADPH 产生的另一个氧化还原酶，在许多肿瘤中高表达。二氢硫辛酰基乙酰基转基酶(dihydrolipoyl transacetylase，DLAT)和乙酰辅酶 A 乙酰转移酶 2(acetyl-CoA acetyltransferase，ACAT2)催化 6-PGD 发生乙酰化，而乙酰化的 6-PGD 在肿瘤细胞增殖和肿瘤生长过程中发挥着重要作用。

(3) TCA 循环：三羧酸循环(tricarboxylic acid cycle，TCA cycle)在线粒体中进行，是由一系列酶促反应构成的循环反应系统，TCA 过程中产生苹果酸、柠檬酸等多种中间产物，可作为前体物质参与脂肪、蛋白质和核酸的合成。TCA 是三大营养物质(糖类、脂类、蛋白质)的最终代谢通路，又是糖类、脂类、蛋白质代谢联系的枢纽，因此 TCA 循环在细胞增殖过程中发挥着重要作用。

在 TCA 循环中，异柠檬酸脱氢酶(isocitrate dehydrogenase，IDH)催化异柠檬酸生成 α- 酮戊二酸(α-ketoglutaric acid，α-KG)是关键反应之一。IDH 突变常见于神经胶质瘤、髓样恶性肿瘤、急性髓样白血病(AML)以及骨髓增生异常综合征(MDS)等肿瘤中。突变后的 IDH 不能介导 α- 酮戊二酸的生成，取而代之产生 2- 羟基戊二酸(2-hydroxyglutaric acid，2-HG)。2-HG 可抑制脯氨酰羟化酶的活性从而激活 HIF-1。HIF-1 可以通过激活 PDK1 抑制 TCA 循环以及氧化磷酸化。2-HG 还可以抑制琥珀酸脱氢酶(succinate dehydrogenase，SDH)，导致线粒体内琥珀酰化升高，损伤线粒体的氧化磷酸化并诱导细胞抵抗凋亡。靶向突变的 IDH1 和 IDH2 的抑制剂(AG5198、AG6780)，能显著抑制肿瘤细胞的增殖。

随着现代分子生物学技术的广泛应用,对肿瘤代谢异常的认识不再局限于糖酵解和三羧酸循环的改变,脂肪酸代谢、氨基酸代谢、一碳单位代谢、胆碱代谢等诸多代谢通路在肿瘤细胞中也存在不同程度的改变。这些代谢改变被称为肿瘤代谢重编程,共同参与肿瘤发生发展相关的各项生物学行为的调控。

3. 氨基酸代谢　氨基酸是合成蛋白质的基本单位,也是嘌呤和嘧啶核苷酸合成的前体,是连接糖类、脂质以及核苷酸的中间物质。细胞内蛋白质的合成所需要的氮与降解释放的氮,在正常情况下处于动态平衡状态,机体这种氮平衡在细胞的生长、代谢、凋亡等生命活动中具有重要的作用。蛋白质降解途径主要有 3 种:第一种是泛素 - 蛋白酶体(UPS)途径,肿瘤细胞可释放促蛋白分解因子(PIF)激活泛素系统,导致大量蛋白泛素化降解,使患者出现骨骼肌消耗、营养不良等现象。第二种途径是溶酶体 - 自噬途径,溶酶体中含有的多种组织蛋白酶能够降解进入溶酶体的蛋白质,主要降解膜蛋白、细胞内长寿命蛋白质以及细胞外来的蛋白质。第三种是钙降解途径,通过钙蛋白酶对肌原纤维蛋白降解而改变其结构,释放的肌丝最后被溶酶体溶解。整体上,晚期的肿瘤患者多处于负氮平衡状态,即氨基酸 / 蛋白质合成减少而降解增加。由于骨骼肌、内脏蛋白及血浆白蛋白的过度消耗,晚期肿瘤患者多伴有贫血、乏力、肌萎缩、消瘦等恶病质(cachexia)症状。

(1) 氨基酸代谢特点:氨基酸代谢异常也是肿瘤代谢重编程的重要内容之一,为了满足不断增殖的需要,肿瘤细胞会加强蛋白质合成和增加对某些氨基酸的摄取与代谢。例如谷氨酰胺、丝氨酸、天冬氨酸等氨基酸的代谢异常对肿瘤的侵袭转移能力具有调节作用。肿瘤细胞通过上调特定氨基酸转运体和相关代谢酶的表达,增强对非必需氨基酸的摄取和代谢。目前在肿瘤细胞氨基酸代谢重编程中被研究较多的是以谷氨酰胺(glutamine)、丝氨酸(serine)为代表的非必需氨基酸代谢及以甲硫氨酸(methionine)和亮氨酸(leucine)、精氨酸(arginine)为主的必需 / 半必需氨基酸代谢。已有研究证实干预特定的氨基酸代谢,在一些肿瘤的治疗中取得了较好效果。

(2) 谷氨酰胺和谷氨酸:谷氨酰胺是血液中含量最丰富、并且被机体摄取最多的循环氨基酸,它既可以进入三羧酸循环为细胞提供能量和碳源,也可为核苷酸和其他非必需氨基酸的合成提供氮源。进入细胞内的谷氨酰胺通过谷氨酰胺酶(glutaminase,GLS)脱氨形成谷氨酸,谷氨酸经过谷氨酸脱氢酶(glutamate dehydrogenase,GLUD)形成 α- 酮戊二酸和 NADH/NADPH 从而进入 TCA 循环。在线粒体功能障碍或缺氧条件下,肿瘤细胞利用谷氨酰胺代谢生成 α- 酮戊二酸(α-KG),为脂质合成提供原料。同时,谷氨酰胺通过促进谷胱甘肽及 NADPH 的产生,降低肿瘤细胞内部活性氧水平,从而维持氧化还原平衡,抑制细胞死亡。谷氨酰胺虽然是非必需氨基酸,但肿瘤细胞依赖外源性谷氨酰胺为细胞提供能量,对谷氨酰胺的消耗和利用速度远高于其他氨基酸,表现为“谷氨酰胺依赖”状态。c-Myc 在转录水平上促进谷氨酰胺酶的转录和谷氨酸代谢,因此 c-Myc 高表达的肿瘤细胞对外源性谷氨酰胺的摄入量明显增加。当谷氨酰胺代谢被抑制后,癌细胞中 PI3K-AKT 信号通路被激活,驱动糖酵解为细胞提供碳源和能量,使肿瘤细胞更加依赖 PI3K-AKT 信号维持生长。

(3) 丝氨酸:丝氨酸属于非必需氨基酸,既可以通过细胞膜上相应转运受体进入细胞,也可通过内源性的合成途径即丝氨酸合成途径(serine synthesis pathway,SSP)产生。磷酸甘油酸脱氢酶(PHGDH)是丝氨酸合成的限速酶,*PHGDH* 基因在乳腺癌等肿瘤细胞中常有高频扩增,而敲低 *PHGDH* 则显著影响这些肿瘤细胞生长。有研究发现 SSP 的磷酸丝氨酸转氨酶(PSAT1)和去磷酸酶(PSPH)在高转移的乳腺癌中表达水平升高,使肿瘤细胞在细胞外丝氨酸缺乏条件下仍能维持丝氨酸水平,确保肿瘤细胞的增殖所需。丝氨酸在丝氨酸羟甲基酶作用下可以转化为甘氨酸(glycine)。在缺乏丝氨酸或同时缺乏丝氨酸、甘氨酸的情况下肿瘤细胞的增殖受抑制,而单独缺乏甘氨酸时并不影响细胞增殖,这说明丝氨酸是甘氨酸合成的重要来源。在丝氨酸饥饿条件下,p53 可以通过提高 SSP 中代谢酶的表达水平促进丝氨酸的合成,从而保证肿瘤细胞的存活;但是在 p53 和丝氨酸均缺乏的条件下,细胞的生长受到明显抑制。

(4) 天冬酰胺和天冬氨酸:天冬氨酸以草酰乙酸为底物,利用谷氨酸生成 α- 酮戊二酸中产生的氨基作为辅助因子，在天冬氨酸转氨酶（aspartate transaminase，AST）作用下形成；而天冬酰胺是以天冬氨酸作为底物，利用谷氨酰胺形成谷氨酸产生的氨基作为辅助因子，在天冬酰胺合成酶（asparaginase，ASNS）作用下形成的，所以天冬氨酸和天冬酰胺在体内的合成依赖于谷氨酰胺和谷氨酸代谢。天冬酰胺可以抑制肿瘤细胞凋亡，因此ASNS在体内的表达量与肿瘤的发生发展有密切关系。急性粒细胞白血病、急性淋巴细胞白血病及部分非霍奇金淋巴瘤的肿瘤细胞因为不能合成天冬酰胺，对细胞外天冬酰胺水平很敏感。临床上使用L-天冬酰胺酶降解循环系统及肿瘤微环境中的天冬酰胺，以达到治疗肿瘤的效果。

（5）精氨酸：精氨酸对精子形成、胚胎发育、免疫系统应答、心血管以及肝肾系统正常功能等有重要作用。精氨酸合成分两步，首先瓜氨酸在精氨酸代琥珀酸合成酶（argininosuccinate synthase，ASS）的作用下形成精氨酸代琥珀酸，再由精氨酸代琥珀酸裂解酶（argininosuccinate lyase，ASL）裂解形成精氨酸和延胡索酸。其中ASS在精氨酸合成中是限速步骤，很多肿瘤细胞因缺乏ASS而呈现出外源精氨酸依赖性。c-Myc和HIF-1α可在转录水平调控ASS1的表达。精氨酸在一氧化氮合成酶作用下可以转化为瓜氨酸同时产生NO，从而促进肿瘤细胞增殖和肿瘤血管形成。精氨酸在精氨酸酶（arginase）的作用下生成鸟氨酸和尿素，尿素进入尿素循环，而鸟氨酸则在鸟氨酸脱羧酶的作用下生成多胺类物质，促进肿瘤细胞增殖。免疫抑制型巨噬细胞是肿瘤微环境中主要的细胞成分，对于促进肿瘤转移、耐药和免疫逃逸有重要作用。肿瘤微环境的巨噬细胞表达极高丰度的精氨酸酶用于代谢精氨酸，这对于维持肿瘤微环境巨噬细胞免疫抑制表型起到关键作用。目前已有靶向肿瘤微环境巨噬细胞的精氨酸酶抑制剂进入临床研究，用于增加肿瘤免疫检查点药物的抗肿瘤疗效。

4. 核苷酸代谢

（1）核苷酸合成途径：核苷酸由嘌呤碱或嘧啶碱、核糖或脱氧核糖以及磷酸3种物质组成。在细胞内，核苷酸参与诸多重要的生物过程，包括RNA产生和DNA复制，从而保证细胞周期不同阶段合成蛋白质的需求。在生物体内，核苷酸的获取途径主要包括从头合成（de novo synthesis）及核苷酸补救途径（nucleotide salvage）。无论是生成嘌呤核苷酸还是嘧啶核苷酸，都需要将5-磷酸核糖催化生成5-磷酸核糖1-焦磷酸（phosphoribosyl pyrophosphate，PRPP），它是葡萄糖衍生核糖的唯一来源。这一反应过程中的关键酶包括PRPP合成酶、PRPP酰胺转移酶。

嘌呤核苷酸主要由一些简单的化合物合成而来，这些前体物有谷氨酰胺、甘氨酸、天冬氨酸、CO_2及一碳单位等。它们通过11步酶促反应，在PRPP的基础上逐渐加成基团合成次黄嘌呤核苷酸（inosine monophosphate，IMP），IMP是嘌呤核苷酸合成的重要前体，在腺苷酸代琥珀酸合成酶及腺苷酸代琥珀酸裂解酶作用下转变为AMP，在IMP脱氢酶及GMP合成酶作用下转变为GMP。嘧啶核苷酸的从头合成原料为天冬氨酸、谷氨酰胺、碳酸氢盐等，在哺乳动物细胞首先利用上述原料合成嘧啶碱基，再将嘧啶碱基整体链接到PRPP形成嘧啶核苷酸。嘧啶核苷酸合成的主要调节酶是氨基甲酰磷酸合成酶Ⅱ（carbamoyl phosphate synthetase Ⅱ，CPS Ⅱ）、天冬氨酸转氨基甲酰酶（aspartate carbamoyltransferase，ATCase）。另外，核苷酸的合成还包括补救途径的合成。

（2）肿瘤核苷酸代谢的调控：核苷酸生物合成过程中的底物来自糖酵解、PPP、TCA循环、丝氨酸-甘氨酸途径以及谷氨酰胺转氨酶反应提供的前体，包括天冬氨酸、谷氨酰胺、丝氨酸和甘氨酸以及CO_2。在肿瘤细胞中，对这些代谢通路的调节往往也会引起核苷酸代谢通路的变化。例如，限制丝氨酸、天冬氨酸，阻断叶酸途径可降低嘌呤生物合成。

在肿瘤细胞中，尿素循环中的重要代谢酶ASS1的活性降低或缺失可导致嘧啶合成中的重要底物天冬氨酸的积累，导致嘧啶合成的增多，最终促进了肿瘤细胞的增殖。哺乳动物雷帕霉素靶蛋白（mTOR）是调控细胞合成核苷酸的关键调控分子，在肿瘤细胞中普遍活化。活化的mTOR可通过PPP增加核糖合成，提示在mTOR过度活化的肿瘤中靶向核苷酸代谢可能更有效。在PTEN缺失的细胞中，PI3K-AKT-mTOR信号通路异常激活使其对二氢乳清酸脱氢酶（dihydroorotate dehydrogenase，DHODH）的抑制更敏感。嘧啶和嘌呤合成受到mTORC1信号通路的多种转录和翻译后修饰机制的调控。mTORC1 的激活还调控糖和氨基酸的代谢酶转录，促进相关代谢以增加嘌呤合成所需的底物，进而促进嘌呤合成途径。此外，PRPP 的合成也可受到 mTORC1 的影响。

肿瘤细胞中核苷酸补救途径常处于活化状态。嘌呤核苷酸补救合成途径的主要酶包括腺嘌呤磷酸核糖转移酶（adenine phosphoribosyltransferase，APRT）和次黄嘌呤 - 鸟嘌呤磷酸核糖转移酶（hypoxanthine-guanine phosphoribosyl transferase，HGPRT），它们可将活化的 PRPP 与嘌呤碱基直接结合，从而产生核苷酸。有研究发现，多种肿瘤组织中的 HGPRT 的表达量比正常组织高 33%~35%。嘧啶核苷酸的补救途径是在嘧啶磷酸核糖转移酶的作用下，利用尿嘧啶、胸腺嘧啶与 PRPP 结合形成相应核苷酸的过程。需要指出的是，嘧啶磷酸核糖转移酶不能利用胞嘧啶进行胞嘧啶补救合成。嘧啶补救途径中的胸苷激酶 1（thymidine kinases 1，TK1）将脱氧胸苷催化为磷酸脱氧胸苷，在肿瘤细胞中高度表达，被视为重要的肿瘤标志物之一。

5. 脂质代谢　甘油三酯经过水解生成脂肪酸为机体提供能量，磷脂、固醇类主要参与细胞生物膜内部结构的组成。肿瘤患者脂质代谢异常总体表现为血浆脂蛋白、甘油三酯和胆固醇水平升高，外源性脂肪利用下降，脂肪动员增加（内源性脂肪水解、脂肪酸氧化增强、甘油三酯转化增加），这是肿瘤患者体重下降的另一个重要原因。研究发现在肿瘤发生的早期脂代谢便出现异常改变，即早期的肿瘤患者在营养摄入没有减少时，其腹膜后储存脂肪便开始出现明显下降，脂肪组织的大量分解和脂肪酸的氧化使机体脂肪储备能力受损。

（1）脂肪酸的从头合成途径：脂肪酸是细胞膜的关键成分，既可以作为信号分子，又能作为能量储存的成分，细胞中的脂肪酸来源于食物摄入或从头合成，脂肪酸从头合成是以乙酰 CoA 为原料合成的不超过 16 碳的软脂酸，再以此为基础合成硬脂酸、不饱和脂肪酸等。软脂酸反应式为：$CH_3COSCoA + 7HOOCCH_2COSCoA + 14NADPH + 14H^+ \rightarrow CH_3(CH_2)_{14}COOH + 7CO_2 + 6H_2O + 8HSCoA + 14NADP^+$。乙酰辅酶 A 在乙酰辅酶 A 羧化酶（acetyl-CoA carboxylase，ACC）作用下合成丙二酰辅酶 A，7 个丙二酰辅酶 A 分子与 1 个起始的乙酰辅酶 A 分子在脂肪酸合成酶（fatty acid synthase，FASN）催化下，经多次聚合反应生成软脂酸，再经过延长和去饱和化从而衍生出各种不同长度和饱和度的脂肪酸分子。脂肪酸可以转化生成甘油二酯（diacylglycerol，DAG）和甘油三酯（triacylglycerol，TAG），TAG 可转变为脂滴用于储存能量。脂肪酸也可转化为多种磷酸甘油酯，如磷脂酰胆碱（phosphatidylcholine，PC）、磷脂酰乙醇胺（phosphatidyl ethanolamine，PE）等，成为生物膜构建的主要成分。

（2）肿瘤细胞脂质代谢特点：脂类代谢重编程是新近发现的肿瘤特征，肿瘤为了维持自身快速增殖，需要合成大量生物膜及信号分子，脂类摄取、储存、脂肪酸合成因此增加，碳原子从产生能量转向脂肪酸合成。作为合成材料的脂肪酸有外源性及内源性两个来源，前者可通过食物获取，后者指细胞中的从头合成。不同肿瘤细胞可采取不同的脂质获取方式，如通过脂肪从头合成中获取，从血液中直接摄取以及利用储存的甘油三酯水解获取，这些途径均在肿瘤发生发展中发挥作用。总体来说，肿瘤细胞及肿瘤组织中脂肪酸的从头合成较正常细胞有明显升高，以满足细胞快速生长和扩增的需求；此外，肿瘤细胞还会以脂滴形式大量积累脂质。脂肪酸从头合成途径的激活在癌变过程中是必需的，因此靶向脂肪酸从头合成途径可能是治疗某些肿瘤的有效策略。靶向脂肪酸从头合成的关键限速酶 ACC 和 FASN 可以有效阻断脂质利用、阻止脂滴形成。比如降低 ACC 基因的表达可诱导癌细胞凋亡；靶向 FASN 可降低微管蛋白棕榈酰化，破坏微管组织，抑制肿瘤细胞生长。

除了 TCA 来源的乙酰辅酶 A 之外，一些肿瘤细胞可以通过谷氨酰胺的还原代谢来合成柠檬酸，进而生成乙酰辅酶 A。另外在高度依赖糖酵解或缺氧的情况下，某些肿瘤细胞也能利用乙酰辅酶 A 合成酶 2（acetyl-CoA synthetase 2，ACSS2）将细胞质中的乙酸转化为乙酰 -CoA。将乙酸与脂质合成联系起来，从而促进肿瘤的生长和存活。研究表明，ACSS2 介导的乙酸摄入在营养有限的条件下仍能支持肿瘤细胞生存，而且多种肿瘤对 ACSS2 介导的乙酸摄取有较强依赖。

（胡　海）

第四节 肿瘤的命名与分类原则

一、命名原则

人体的任何部位、任何组织、任何器官几乎都可发生肿瘤,肿瘤的形态、生物学行为、对机体的影响也各不相同。因此肿瘤的种类繁多,名称也复杂。一般根据肿瘤发生的组织、肿瘤的性质(良、恶性)作为一般命名原则。

(一) 良性肿瘤

其命名的方式为在其来源的组织名称后加一个"瘤"字。有时还结合肿瘤的形态特点命名。

1. 良性肿瘤的一般命名　部位+来源组织名称+瘤。如皮下纤维瘤、结肠腺瘤、额叶胶质瘤。

2. 有时可结合肿瘤的形态学特点命名　器官名称+瘤形态特征+来源组织名称+瘤。如结肠绒毛管状腺瘤。

(二) 恶性肿瘤

1. 癌　癌(carcinoma)是指上皮来源的恶性肿瘤。

(1)其一般命名原则是:部位+来源组织名称+癌。如食管鳞状细胞癌、直肠腺癌。

(2)有时也可结合肿瘤的大体形态特征+来源组织名称+癌。如乳头状腺癌。

(3)结合肿瘤细胞学形态特征+癌。如透明细胞癌、印戒细胞癌。

(4)癌呈未分化状态:未分化癌。

(5)有鳞状上皮、腺上皮两种分化形态:腺鳞癌。如果腺上皮成分是恶性,鳞状上皮是成熟成分,则称腺棘癌。

2. 肉瘤　肉瘤(sarcoma)是指间叶组织来源的恶性肿瘤。

(1)其一般命名原则是:部位+来源组织+肉瘤。如皮下纤维肉瘤、股骨骨肉瘤。

(2)结合瘤细胞学形态特征+肉瘤。如透明细胞肉瘤。

(3)瘤组织中同时有癌和肉瘤成分时称为癌肉瘤。

(三) 特殊命名原则

"癌症"(cancer)是指所有恶性肿瘤的总称。

1. 以母细胞瘤命名　来源于幼稚组织及神经组织的恶性肿瘤。如神经母细胞瘤、肾母细胞瘤,髓母细胞瘤等。但亦有个别为良性和中间性,如脂肪母细胞瘤;而骨母细胞瘤、软骨母细胞瘤(新版WHO归为中间性肿瘤)。

2. 以"瘤"字命名的恶性肿瘤　如精原细胞瘤、无性细胞瘤、黑色素瘤、内胚窦瘤(又叫卵黄囊瘤)、绿色瘤、多发性骨髓瘤、淋巴瘤等。

3. 在"瘤"字前冠以"恶性"二字的恶性肿瘤　如恶性神经鞘瘤、恶性黑色素瘤、恶性畸胎瘤等。

4. 以病命名的恶性肿瘤　如白血病、佩吉特病(Paget disease)、皮肤蕈样霉菌病。

5. 以人名命名的恶性肿瘤　如霍奇金(Hodgkin)淋巴瘤、尤因(Ewing)肉瘤等。

6. 混合瘤　混合瘤是指2种或2种以上细胞和间叶组织结构形成的肿瘤,称为混合瘤。如腮腺混合瘤、血管脂肪瘤、纤维腺瘤等。

7. 畸胎瘤　畸胎瘤(teratoma)来源于多能性生殖细胞,由多种肿瘤成分组成,含3个胚层成分来源(囊性的多为良性,实性的多为恶性)。如卵巢成熟性囊性畸胎瘤(良性),卵巢未成熟性实性畸胎瘤

(恶性)。

8. 错构瘤　错构瘤(hamartoma)是先天性的局部组织分化异常,形成一局部肿块,但均为分化成熟的成分,本质上并非真性肿瘤。

9. 迷离瘤　迷离瘤(choristoma)指的是误位于异常部位的分化正常的组织;是异位组织形成的局部肿块,而不是真正的肿瘤。甲状腺组织迷离较常见,沿其胚胎发育路线可生在舌盲孔、喉内、甲状舌管两旁、颈前肌、前后纵隔、气管壁、食管壁、心包等处。肾上腺组织可迷离到肾上腺周围、卵巢和膀胱,也可继发肾上腺肿瘤。肠黏膜组织可迷离到肚脐。子宫内膜可迷离到盆腔器官,甚至可见于肺,常被认为癌转移。

二、肿瘤的分类原则

以组织发生为依据,再分为良性、恶性两大类(表2-7-1)。

表2-7-1　肿瘤分类简表

组织来源	良性瘤	恶性瘤	好发部位
一、上皮组织			
鳞状上皮	乳头状瘤	鳞状细胞癌	乳头状瘤见于皮肤、鼻、鼻窦、喉等处。鳞状细胞癌见于子宫颈、皮肤、食管、鼻咽、肺、喉、阴茎
基底细胞		基底细胞癌	头面部皮肤
尿路上皮	乳头状瘤	尿路上皮癌	膀胱、肾盂
腺上皮	腺瘤	腺癌	乳腺、甲状腺、胃、肠
	囊腺瘤	囊腺癌	卵巢
二、间叶组织			
纤维组织	纤维瘤	纤维肉瘤	四肢皮下、筋膜、肌腱
脂肪组织	脂肪瘤	脂肪肉瘤	皮下、腹膜后
平滑肌组织	平滑肌瘤	平滑肌肉瘤	子宫及胃肠
横纹肌组织	横纹肌瘤	横纹肌肉瘤	四肢、头颈
血管组织	血管瘤	血管肉瘤	皮肤、舌、唇等处
淋巴管组织	淋巴管瘤	淋巴管肉瘤	皮肤、舌、唇等处
骨组织	骨瘤	骨肉瘤	骨瘤见于长骨、颅骨。骨肉瘤见于长骨两端,以膝关节上、下多见
软骨组织	软骨瘤	软骨肉瘤	软骨瘤见于手足短骨;软骨肉瘤见于盆骨、肋骨、股骨、肱骨等
间皮	间皮瘤	恶性间皮瘤	胸膜
三、淋巴组织		淋巴瘤	颈部、纵隔、肠系膜和腹膜后淋巴结
四、造血组织		白血病	淋巴造血组织
五、神经组织			
神经鞘细胞	神经鞘瘤	恶性神经鞘膜瘤	良性见于纵隔和腹膜后;恶性见于肾上腺髓质
胶质细胞	胶质瘤	恶性胶质瘤	大脑
原始神经细胞		髓母细胞瘤	小脑
脑膜组织	脑膜瘤	恶性脑膜瘤	脑膜
交感神经节	节细胞神经瘤	神经母细胞瘤	小脑蚓部

续表

组织来源	良性瘤	恶性瘤	好发部位
六、其他肿瘤			
黑色素细胞		恶性黑色素瘤	皮肤、黏膜
胎盘绒毛	葡萄胎	恶性葡萄胎、绒毛膜上皮癌	子宫
生殖细胞		精原细胞瘤	睾丸
		无性细胞瘤	卵巢
		胚胎性癌	睾丸及卵巢
性索	支持细胞瘤	恶性支持细胞瘤	卵巢、睾丸
	间质细胞瘤	恶性间质细胞瘤	卵巢、睾丸
三胚层组织	成熟性畸胎瘤	未成熟性畸胎瘤	卵巢、睾丸纵隔和骶尾部

第五节 肿瘤的生长与扩散

一、肿瘤生长的生物学

细胞遗传学证实肿瘤性增生常常是一种单克隆性增生。

恶性肿瘤的生长过程可分为如下几个阶段(图 2-7-5):

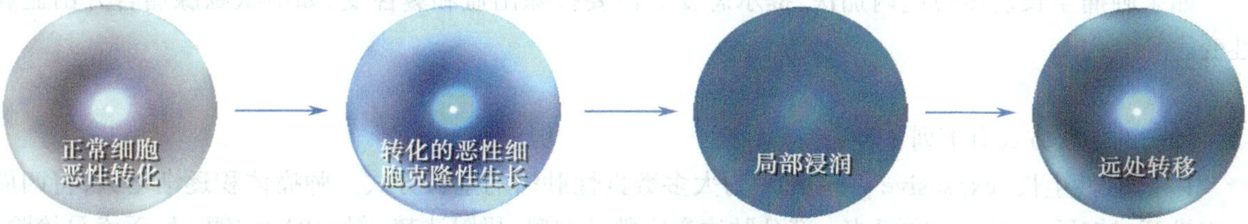
正常细胞
恶性转化
转化的恶性细
胞克隆性生长
局部浸润
远处转移

图 2-7-5 恶性肿瘤细胞生长过程的四个阶段

(一) 肿瘤生长动力学

肿瘤的生长速度取决于以下 3 个因素:

1. 肿瘤细胞倍增时间 与正常细胞相似,或者长于正常细胞(图 2-7-6)。生长周期与正常细胞一样:分为 G_0、G_1、S、G_2 和 M 期。

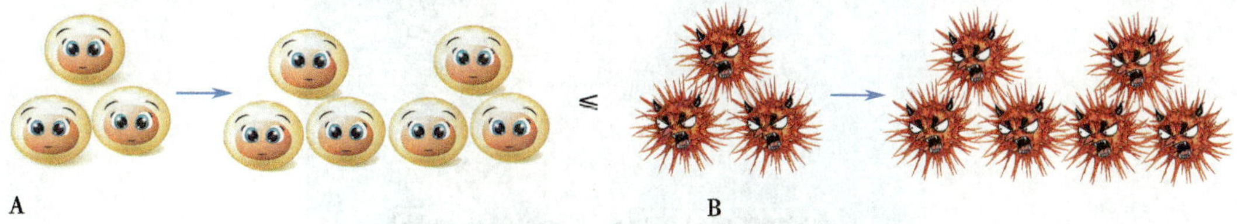
A
≤
B

图 2-7-6 正常细胞和肿瘤细胞的倍增时间

A. 正常细胞的倍增时间;B. 肿瘤细胞的倍增时间。

2. 生长分数 生长分数(growth fraction)是指肿瘤细胞群体中处于增殖状态细胞的比例。即使是迅速生长的肿瘤,其生长分数也只在20%左右。

3. 瘤细胞的生成与丢失 肿瘤是否能进行性生长及其长大速度取决于瘤细胞的生成大于丢失的程度。

(二) 肿瘤血管形成

诱导血管生成是恶性肿瘤能生长、浸润与转移的前提之一。瘤细胞本身及巨噬细胞等能产生血管生成因子如:成纤维细胞生长因子(FGF)、血小板衍生的内皮细胞生长因子(PD-ECGF)、转化生长因子-α(TGF-α)、肿瘤坏死因子-α(TNF-α)、血管内皮细胞生长因子(VEGF)等。

(三) 肿瘤的演进与异质性

1. 肿瘤的演进(progression) 是指恶性肿瘤在生长过程中变得越来越富有侵袭性的现象,与肿瘤的异质性有关。

2. 肿瘤的异质性(heterogeneity) 是指肿瘤在生长过程中,附加的基因突变作用于不同的瘤细胞,使得瘤细胞的亚克隆获得不同的特性。肿瘤细胞的不同亚克隆在侵袭能力、生长速度、对激素的反应、对抗癌药物和放疗的敏感性等方面呈现的差异性,称为肿瘤的异质性。异质性使得肿瘤在生长过程中能保留适应存活、浸润和转移的亚克隆瘤细胞(优胜劣汰)。

在肿瘤的生长过程中,只有那些适应存活力强、生长扩散力强的亚克隆能保留生存,并逐渐占据主导成分。故肿瘤往往越变恶性度越高。如肿瘤切除后,经过一段时间的临床无瘤时期,再复发后,该肿瘤较其初发肿瘤恶性程度增高。

二、肿瘤的生长

(一) 生长速度

1. 良性肿瘤 生长缓慢,几年甚至几十年。如皮下脂肪瘤、子宫平滑肌瘤。

2. 恶性肿瘤 生长快,数个月至数年。如肺癌、乳腺癌、成骨肉瘤。

如果肿瘤生长速度短期内加快,提示恶变。但要排除出血和囊性变,如甲状腺腺瘤合并出血囊性变。

(二) 生长方式

肿瘤的生长方式有下列3种:

1. 膨胀性生长(expansive growth) 为大多数良性肿瘤的生长方式。肿瘤体积逐渐增大,将四周组织推开或挤压,如吹气球样生长。部分肿瘤有完整的包膜,界限清楚。触诊时可以推动,手术易摘除,不易复发(图2-7-7)。

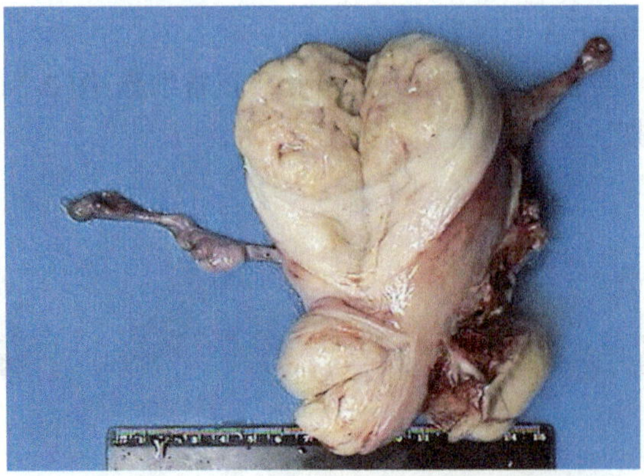

图2-7-7 膨胀性生长(子宫平滑肌瘤)

2. 浸润性生长(infiltrative growth) 为大多数恶性肿瘤的生长方式，像树根长入泥土一样生长，没有包膜，推挤、插入并破坏周围组织(图 2-7-8)。瘤细胞浸润并破坏周围组织(包括组织间隙、淋巴管或血管)，与邻近的正常组织紧密混杂在一起，界限不清，无包膜。手术切除肿瘤时，切除范围虽比肉眼所见肿瘤范围要大，但仍难以切除干净，故术后常复发。

3. 外生性生长(exophytic growth) 发生在体表、体腔或管腔表面的肿瘤，常向表面生长，形成突起的乳头状、息肉状、蕈伞状或菜花状肿物(图 2-7-9)。这种生长方式称为外生性生长。良性肿瘤和恶性肿瘤都可呈外生性生长，但恶性肿瘤在外生性生长的同时，基底部往往也呈浸润性生长。

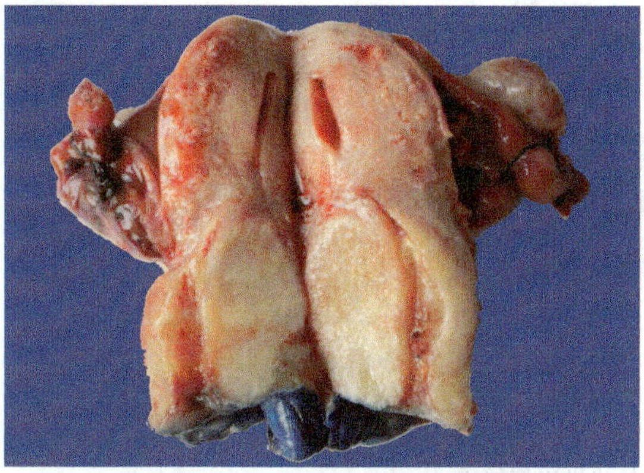

图 2-7-8 恶性肿瘤浸润性生长
宫颈癌(内生浸润型)切面呈灰白色，呈结节状在子宫颈管壁内浸润性生长。

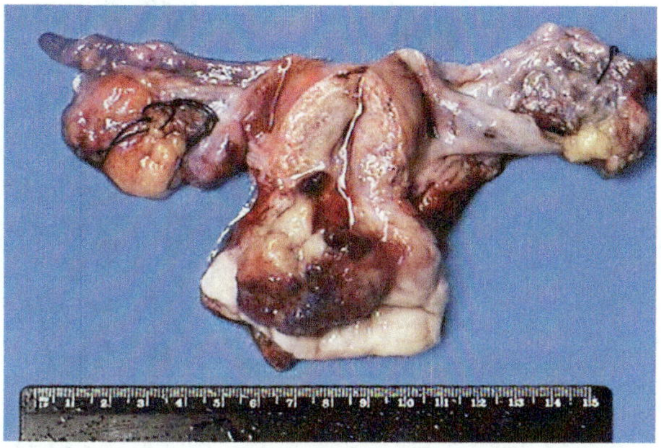

图 2-7-9 外生性生长(宫颈癌)

三、肿瘤的扩散

肿瘤的扩散包括直接蔓延和转移两方面。肿瘤的扩散属恶性生物学行为。

(一) 局部浸润和直接蔓延

瘤细胞沿着周围组织间隙和神经束膜连续不断地侵入并破坏邻近正常器官或组织，并继续生长，称为直接蔓延(direct spreading)。如宫颈癌可以直接蔓延到膀胱和直肠、阴道穹窿和双侧阔韧带。

(二) 转移

瘤细胞从原发部位侵入邻近淋巴管、毛细血管和小静脉的血管腔内或脱落到体腔或自然管腔，迁徙到他处而继续生长，形成与原发瘤同样类型的肿瘤，这个过程称为转移(metastasis)。所形成的肿瘤称为转移瘤(metastatic tumor)或继发瘤(secondary tumor)。

常见的转移途径：

1. 淋巴转移(lymphatic metastasis)

(1) 淋巴转移是癌最常见的转移途径(图 2-7-10，图 2-7-11，图 2-7-12)。

(2) 通常先转移到局部引流的淋巴结。

(3) 过程：瘤细胞→淋巴管→随淋巴引流到达局部淋巴结内的边缘窦→累及整个淋巴结使其肿大并互相融合→下一站远处淋巴结→最终可经胸导管进入血流→再继发血行转移。

当受累淋巴结和淋巴管发生阻塞时，瘤细胞还可通过侧支循环或逆流方向发生跳跃式或逆行性转移。

(4) 意义：追寻原发灶，确定病程及治疗方案。

如胃癌，常首先引起胃周围淋巴结转移，其后可转移至腹主动脉旁淋巴结，由腹壁上行到纵隔，再转移至左锁骨上淋巴结(也称 Virchow 信号结)，提示胃癌已发生远处转移，预后不良。

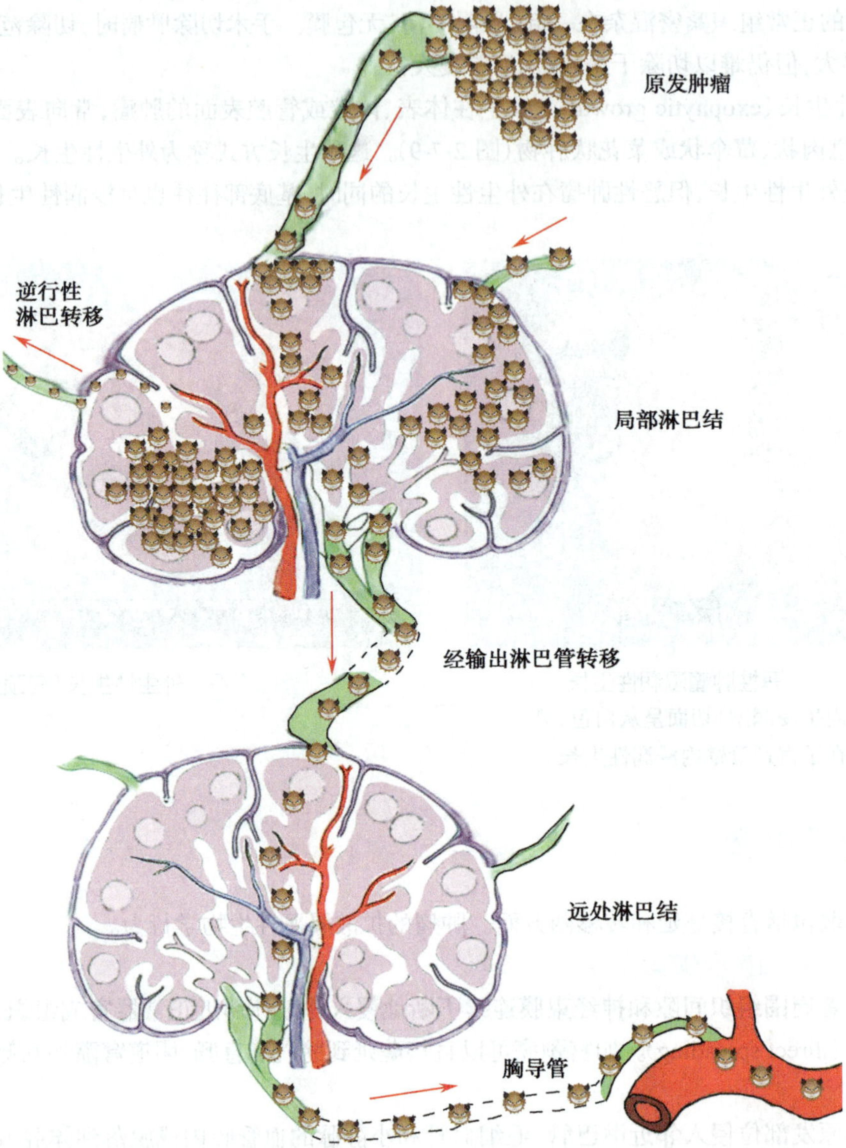
原发肿瘤
逆行性
淋巴转移
局部淋巴结
经输出淋巴管转移
远处淋巴结
胸导管

图 2-7-10　淋巴转移模式图

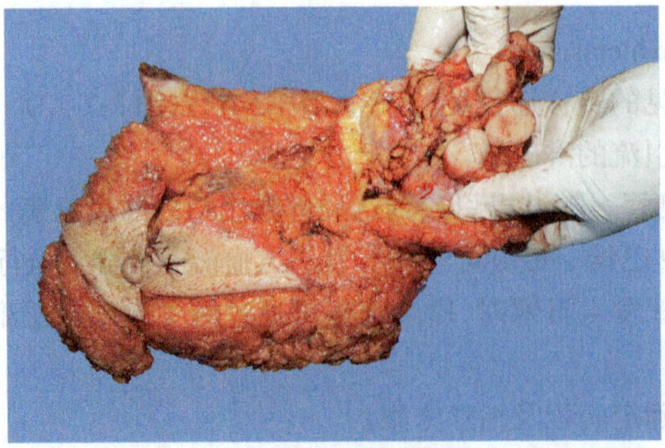

图 2-7-11　乳腺癌腋窝淋巴结转移

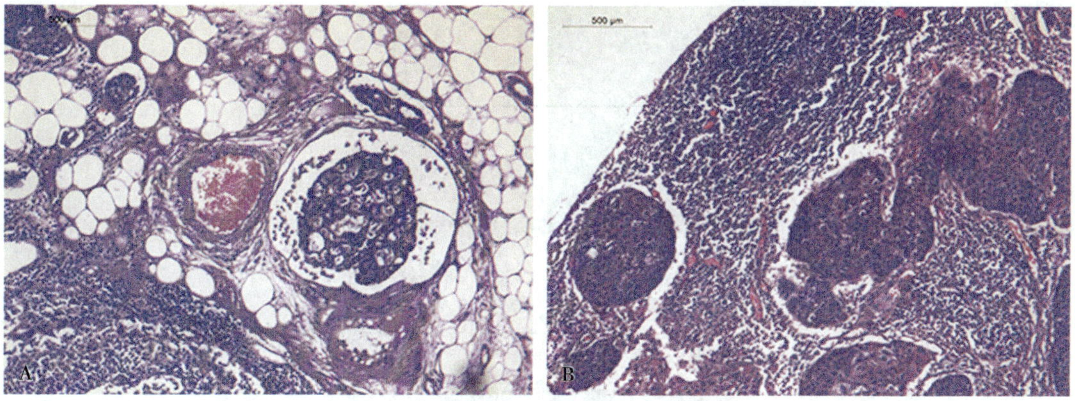

图 2-7-12　瘤细胞淋巴转移镜下证据
A. 淋巴管内的癌栓；B. 淋巴结内转移癌。

前哨淋巴结指的是原发肿瘤发生淋巴结转移所必经的第一站淋巴结。前哨淋巴结作为阻止肿瘤细胞从淋巴道扩散的屏障，其临床意义已受到人们的重视。例如乳腺癌前哨淋巴结活检阴性的乳腺癌患者可避免腋窝淋巴结清扫。也可考虑保乳手术。

2. 血行转移（hematogenous metastasis）　瘤细胞侵入血管后，可随血流到达远隔器官继续生长，形成转移瘤。由于动脉壁较厚且管内压力较高，故瘤细胞多经毛细血管和小静脉入血，少数经淋巴管入血。血行转移的运行途径与血栓栓子运行途径相似（图 2-7-13，图 2-7-14，图 2-7-15）。

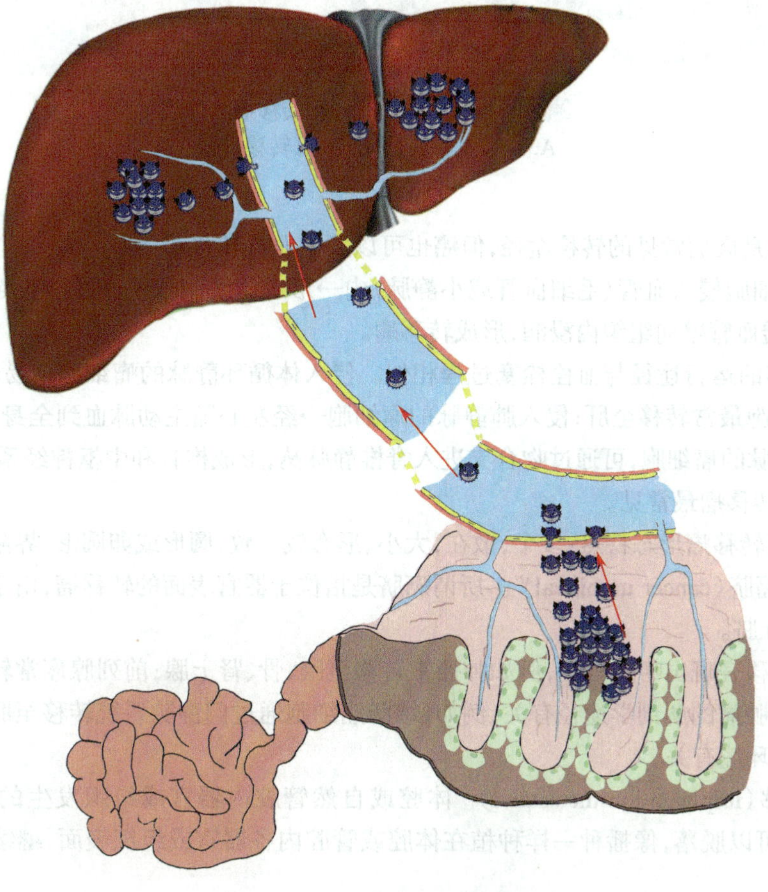

图 2-7-13　恶性肿瘤的血行转移

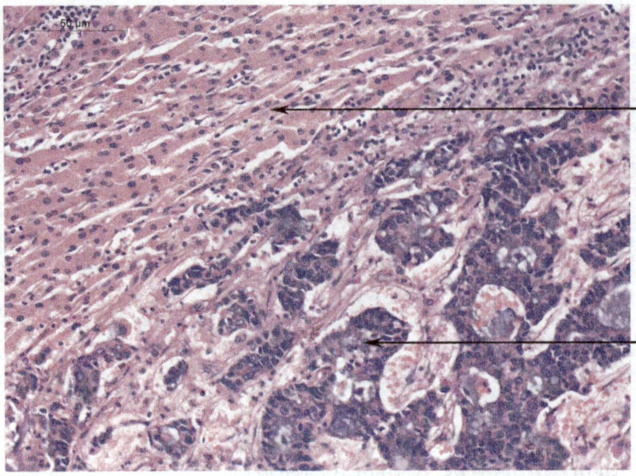
肝细胞
转移的直肠腺癌细胞

图 2-7-14 直肠癌肝转移（血行转移）

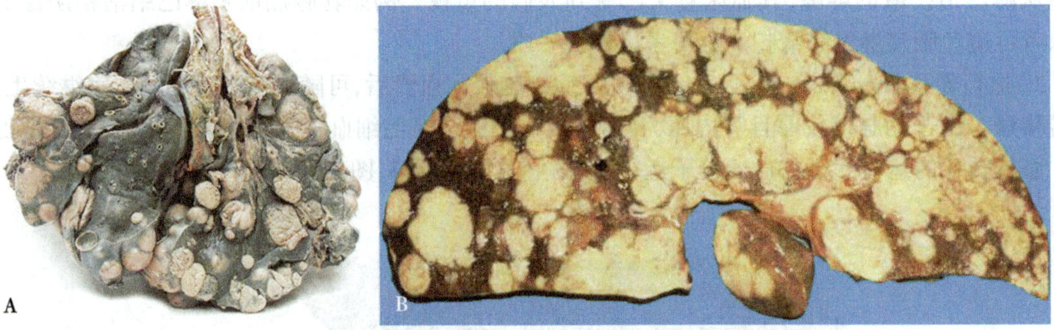
A
B

图 2-7-15 常见器官的血行转移瘤大体观
A. 肺多发性转移瘤；B. 肝转移瘤。

(1) 血行转移是肉瘤常见的转移途径，但癌也可以发生血行转移。

(2) 过程：瘤细胞侵入血管（毛细血管或小静脉）内→形成瘤细胞栓子→脱落→栓塞于小血管内→局部增殖，并穿透血管壁向组织内浸润，形成转移瘤。

(3) 血行转移的运行途径与血栓栓塞过程相似。侵入体循环静脉的瘤细胞最易转移到肺；侵入门静脉系统的瘤细胞最常转移至肝；侵入肺静脉的瘤细胞→经左心随主动脉血到全身各器官。此外，侵入胸、腰、骨盆静脉的瘤细胞，可通过吻合支进入脊椎静脉丛，形成椎骨和中枢神经系统转移。

(4) 以肺、肝转移瘤最常见。

(5) 内脏血行转移瘤形态特点：多个，散在，大小、形态较一致，圆形或卵圆形，界限清楚。位于器官表面时可形成“癌脐（cancer umbilical）”。所谓癌脐是指位于器官表面的转移瘤，由于瘤结中央出血坏死而下陷，状如肚脐。

有些肿瘤转移表现出嗜器官性，例如肺癌常转移至脑、骨、肾上腺；前列腺癌常转移至骨。器官特异性转移可能与肿瘤的解剖学途径有关，例如，结肠癌细胞通过门静脉系统转移至肝。另外也可能与肿瘤所处的生长环境有关。

3. 种植转移（implantation metastasis） 体腔或自然管腔内器官或组织发生的肿瘤蔓延至器官表面时，瘤细胞可以脱落，像播种一样种植在体腔或管腔内各器官或组织表面，继续生长形成多数转移瘤。

腹腔：胃癌→种植到大网膜（图 2-7-16）、腹膜、卵巢等。其中胃的黏液腺癌（也叫印戒细胞癌）穿透胃壁后种植到双侧卵巢，形成 Krukenberg 瘤。

胸腔：肺癌→胸膜。

颅内：脑肿瘤→脑脊髓膜。

特点：多数器官表面瘤结节，血性积液。

肿瘤转移的条件和机制：肿瘤浸润和转移的分子机制复杂，与高侵袭性的瘤细胞亚克隆形成、细胞黏附分子、细胞外基质、上皮间质转化、肿瘤血管生成等密切相关。

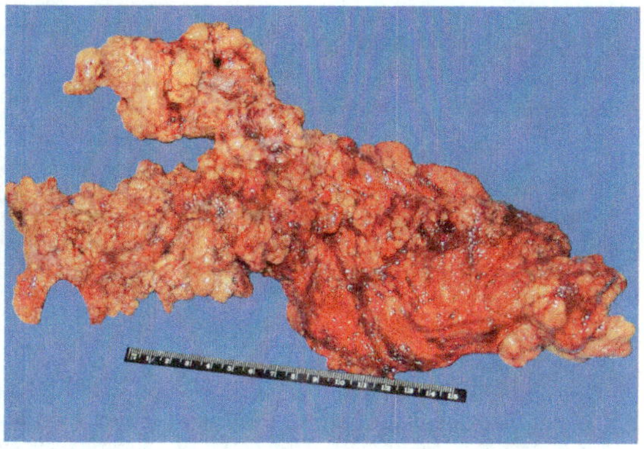

图 2-7-16　胃癌大网膜种植转移瘤

(1)高侵袭性的瘤细胞亚克隆具有更强的肿瘤细胞的运动、浸润能力。

(2)癌细胞表面黏附分子减少，使肿瘤细胞彼此的黏附性下降，易于分离。癌细胞能表达更多的层粘连蛋白受体，分布于癌细胞的整个表面，促使癌细胞与基底膜的黏着增加。

(3)肿瘤细胞分泌的蛋白酶(如基质金属蛋白酶、Ⅳ型胶原酶)增多、活性升高，降解细胞外基质与基底膜，从而增加肿瘤细胞的侵袭力。

(4)肿瘤转移的分子遗传学：肿瘤转移相关基因如下。① *nm23* 基因，高表达者常具有低转移性。② *KAI-1* 基因，定位于 11p11.2，表达于正常前列腺，而转移性前列腺癌不表达。③ *Kiss* 基因，定位于 11 号染色体，可表达于黑色素细胞，而转移的恶性黑色素瘤不表达。

(5)宿主局部组织的特点：转移的器官有无适合转移瘤生长的土壤和条件，故呈现出一定的器官亲和性。

(6)宿主的整体免疫状态与激素的影响。

四、肿瘤的复发

恶性肿瘤经外科手术或放射治疗，临床上获得过一段治愈或缓解期后，重新在原发肿瘤部位出现同样的肿瘤称肿瘤复发。

原因：

1. 肿瘤细胞的残留。
2. 隐性转移灶的存在　有些良性肿瘤，如腮腺多形性腺瘤等切除不彻底也易复发。

第六节　肿瘤的分级与分期

一般用于恶性肿瘤，是肿瘤预后评估、确定治疗方案和疗效评估、肿瘤登记和信息交流的共同语言。

一、分级

根据其分化程度来确定恶性程度的级别。近年多使用三级分级法(图 2-7-17)。

Ⅰ级：高分化(分化良好)，低度恶性。

Ⅱ级：中分化，中度恶性。

Ⅲ级：低分化(分化差)，高度恶性。

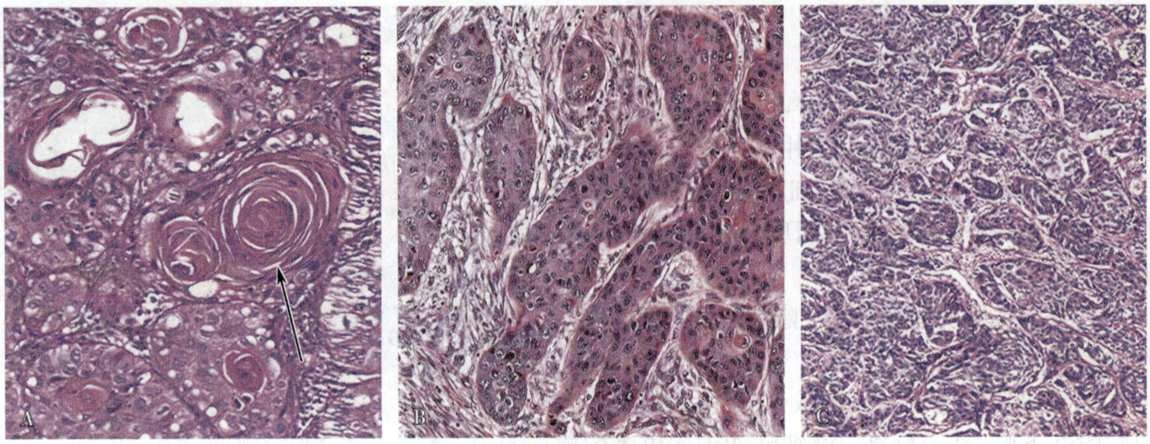

图 2-7-17　鳞状细胞癌的分级

A. 鳞状细胞癌Ⅰ级，可见角化珠（↑）；B. 鳞状细胞癌Ⅱ级；C. 鳞状细胞癌Ⅲ级，低分化。

二、分期

肿瘤的分期（stage）是指恶性肿瘤病程发展的早晚或阶段，主要用于评价恶性肿瘤的扩散范围和程度。统一的恶性肿瘤分期是各科医生（包括临床、病理、影像学）和研究人员（包括基础研究与流行病学）的共同语言。国际上通用 TNM 分期。T 描述原发肿瘤的大小和范围，随着肿瘤体积的增大和邻近组织受累范围的增加，依次用 T_1~T_4 表示，T_{is} 代表原位癌。T_x 代表无法评价原发肿瘤情况。N 为区域淋巴结受累情况，淋巴结未受累时，用 N_0 表示，随着淋巴结受累数目和范围的增加，依次用 N_1~N_3 表示。M 指肿瘤远处转移情况（通常为血行转移），无远处转移者用 M_0 表示，有远处转移者用 M_1 表示。在此基础上，用 TNM 三个指标的组合划出特定的分期（表 2-7-2、图 2-7-18）。TNM 分期一般分 4 期（Ⅰ～Ⅳ期），分期高的恶性肿瘤，其扩散范围越广，预后也越差。

表 2-7-2　食管鳞状细胞癌病理 TNM 分期系统（AJCC，2017）

分期（Stage）	TNM 组合（TNM grouping）		分期（Stage）	TNM 组合（TNM grouping）
Stage 0	Tis N_0 M_0		Stage ⅢA	T_1 N_2 M_0
Stage ⅠA	T_{1a} N_0 M_0 G_1			T_2 N_1 M_0
Stage ⅠB	T_{1a} N_0 M_0 $G_{2\text{-}3}$		Stage ⅢB	T_2 N_2 M_0
	T_{1b} N_0 M_0			T_3 $N_{1\text{-}2}$ M_0
	T_2 N_0 M_0 G_1			T_{4a} $N_{0\text{-}1}$ M_0
Stage ⅡA	T_2 N_0 M_0 $G_{2\text{-}3}$	下段	Stage ⅣA	T_{4a} N_2 M_0
	T_3 N_0 M_0	下段		T_{4b} $N_{0\text{-}2}$ M_0
	T_3 N_0 M_0 G_1	上或中段		任何 T N_3 M_0
Stage ⅡB	T_3 N_0 M_0 $G_{2\text{-}3}$	上或中段	Stage ⅣB	任何 T 任何 N M_1
	T_1 N_1 M_0			

注：AJCC，American Joint Committee on Cancer，美国癌症联合会。

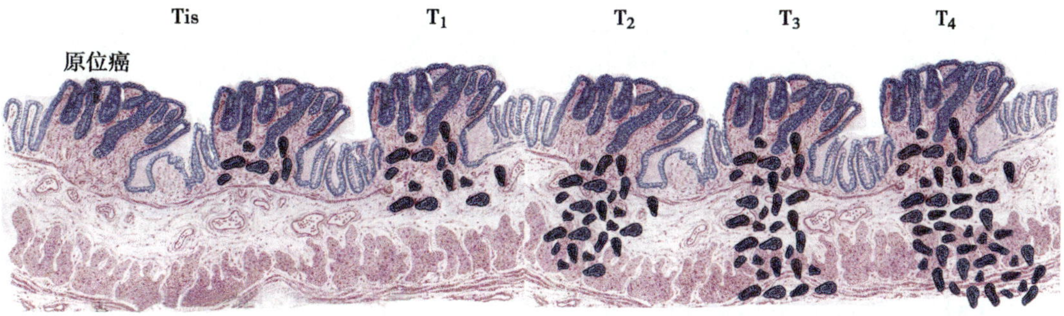
Tis
T1
T2
T3
T4
原位癌

图 2-7-18 胃癌 TNM 分期示意图(T 分期)

目前为避免过度治疗，世界卫生组织将原位癌、黏膜内癌、甚至部分黏膜下癌都归于上皮内瘤变。

第七节 肿瘤对机体的影响

一、良性肿瘤

(一) 局部

主要表现为局部压迫与阻塞，若发生在重要脏器如脑，也可带来严重后果。

(二) 全身

主要为一些良性内分泌性肿瘤产生并释放激素而导致的全身性影响。如垂体腺瘤引起的巨人症、肢端肥大症，胰岛细胞瘤患者引起的血糖过低等。

二、恶性肿瘤

恶性肿瘤无论是在局部还是全身，均对机体产生严重的影响，分别叙述如下：

(一) 局部

1. 阻塞、压迫邻近器官。
2. 破坏组织结构，如在空腔脏器可造成溃疡、穿孔。
3. 出血、感染。
4. 疼痛。

(二) 全身

1. 转移 破坏组织或器官。
2. 激素 引起异位内分泌综合征。
3. 发热 是由于致热蛋白、坏死分解物、感染等所致。
4. 恶病质 指严重消瘦、无力、贫血，全身呈衰竭状态。与出血、感染、发热、中毒、消耗、进食减少、睡眠差等有关。

第八节 良恶性肿瘤的区别及癌与肉瘤的区别

一、良性肿瘤与恶性肿瘤的区别

区别肿瘤的良、恶性，对于正确诊断、治疗及预后估计具有重要的实际意义。

（一）良性肿瘤

良性肿瘤是指无浸润和转移能力的肿瘤。位于皮肤和黏膜表面的良性肿瘤多呈单纯的外生性生长，不向下深入和插入性生长，不破坏组织结构。镜下肿瘤细胞分化成熟，异型性小；肿瘤生长缓慢，常具有包膜或边界清楚，呈膨胀性生长，瘤体多呈球形、结节状。周围常形成完整包膜，因此与正常组织分界明显，用手触摸，推之可移动，手术时容易切除干净，一般不复发，对机体危害较小。

（二）恶性肿瘤

恶性肿瘤具有浸润和转移能力；镜下肿瘤细胞分化不成熟，异型性明显；肿瘤生长快，无包膜，呈浸润性生长，与周围组织分界不清楚，手术不容易切除干净，常扩散转移且易复发，对机体影响较大，破坏组织结构功能，引起出血合并感染，晚期形成恶病质。

（三）交界性肿瘤与中间型（性）肿瘤

肿瘤通常分为良性和恶性，但有时并无绝对界限，有一些肿瘤在形态结构和生物学行为上介于良性和恶性之间的肿瘤，称为交界性肿瘤（borderline tumor）。典型案例如卵巢黏液性或浆液性交界性肿瘤：肿瘤较大，平均直径 >15cm。肿瘤包膜破裂时，肿瘤细胞及黏液外溢，可呈种植性生长。常为多房性，切面可见囊壁增厚区或出现乳头，乳头可呈片状如同天鹅绒，亦可因反复分支而呈疣状突起或息肉样；该交界性肿瘤的上皮细胞增生活跃，细胞层数增加，排列拥挤，细胞核具有一定异型性。保守手术有复发的风险，但复发率较低。个别可以有种植性生长和淋巴转移。

中间型（性）肿瘤（intermediate tumor）也属于交界性肿瘤，但不像卵巢交界性肿瘤那样有严格的界限。但中间型肿瘤的生物学行为仍有差异，应区别对待。2002 年版《WHO 软组织肿瘤分类》将中间型肿瘤又分为局部侵袭性（伴有浸润性和局部破坏性生长，但无转移性潜能）和偶有转移性（转移的概率 <2%）两类；2013 年版《WHO 软组织肿瘤分类》进一步进行细化修订，有些软组织肿瘤很容易复发，却几乎不转移，如纤维瘤病、含铁血黄素沉着性纤维组织细胞脂肪瘤性肿瘤等，即属于局部侵袭性。有些复发率很高，偶尔有转移，如隆突性皮肤纤维肉瘤、炎性肌成纤维细胞性肿瘤、不典型黏液炎性成纤维细胞肿瘤、血管瘤样纤维组织细胞瘤、非典型纤维黄色瘤、骨化性纤维黏液样间叶性肿瘤等，属于偶有转移性。

乳腺良恶性肿瘤比较和良恶性肿瘤的鉴别要点，见图 2-7-19，表 2-7-3。

表 2-7-3 良性肿瘤与恶性肿瘤的区别

	良性肿瘤	恶性肿瘤
组织分化程度	分化好，异型性小，与原有组织的形态相似	分化差，异型性大，与原有组织的形态差异大
核分裂	无或稀少，不见病理性核分裂	多见，可见病理性核分裂
生长速度	缓慢	较快
继发性改变	较少发生坏死、出血	常发生坏死、出血、溃疡

续表

	良性肿瘤	恶性肿瘤
生长方式	膨胀性和外生性生长，常有包膜形成，与周围组织一般分界清楚，故通常可推动	浸润性和外生性生长，无包膜，一般与周围组织分界不清楚，通常不能推动
转移	不转移	可有转移
复发	很少复发	较多复发
对机体影响	小，主要为局部压迫或阻塞	较大，除压迫、阻塞外，还可以破坏组织引起出血合并感染，甚至造成恶病质

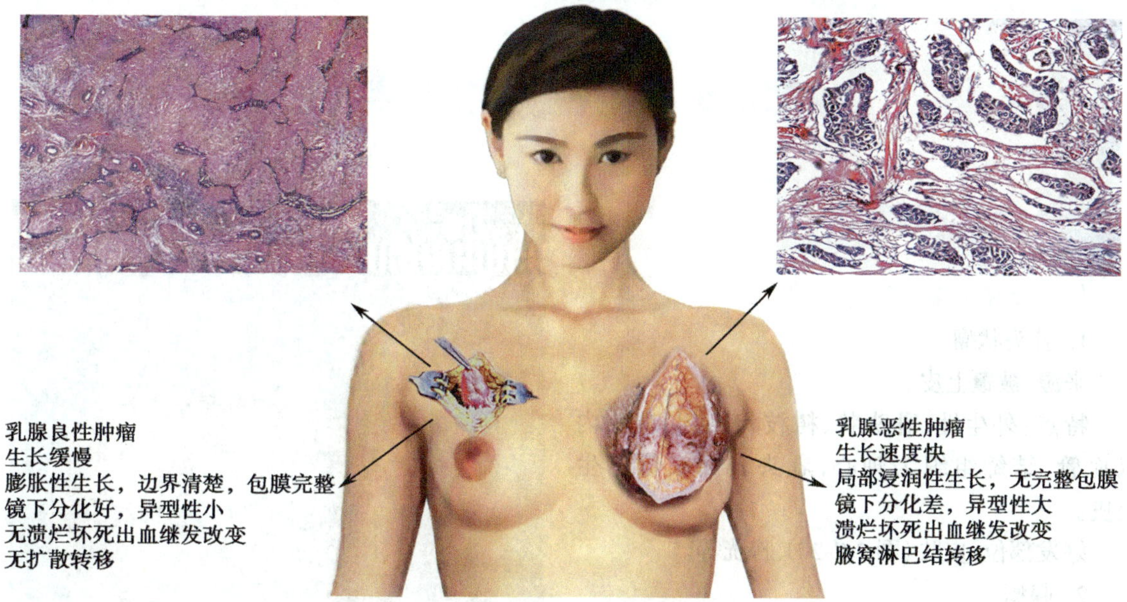
乳腺良性肿瘤
生长缓慢
膨胀性生长，边界清楚，包膜完整
镜下分化好，异型性小
无溃烂坏死出血继发改变
无扩散转移
乳腺恶性肿瘤
生长速度快
局部浸润性生长，无完整包膜
镜下分化差，异型性大
溃烂坏死出血继发改变
腋窝淋巴结转移

图 2-7-19 乳腺良恶性肿瘤的比较

注意事项：

1. 上述良、恶性肿瘤的区别是相对的，需综合形态和生物学行为以及临床表现等方面才能做出正确结论。如血管瘤是良性肿瘤，但边界不清，呈浸润性生长；而基底细胞癌是恶性肿瘤，但很少发生转移。
2. 有些肿瘤介于良、恶性，称交界性肿瘤。
3. 有的良性肿瘤可转变为恶性肿瘤。
4. 恶性肿瘤其恶性程度不一。

二、癌与肉瘤的区别

癌与肉瘤均为恶性肿瘤，两者在组织起源、发病率、发病年龄、好发部位、转移途径、预后上有诸多差异，需要明确鉴别诊断（表 2-7-4）。

表 2-7-4 癌与肉瘤的区别

区别	癌	肉瘤
组织来源	上皮组织	间叶组织
发病情况	较常见，多见于中老年人	较少见，大多见于青少年
大体特点	质较硬、色灰白、干燥，岩石状	质软、色灰红、湿润、鱼肉状
组织学特点	多形成癌巢，实质与间质分界清楚	肉瘤细胞多弥漫分布，实质与间质分界不清，间质内血管丰富

续表

区别	癌	肉瘤
网状纤维染色	癌细胞间多无网状纤维	肉瘤细胞间多有网状纤维
转移	多经淋巴转移	多经血行转移
免疫表型	上皮标记阳性，如细胞角蛋白（CK）、上皮膜抗原（EMA）等	间叶性标记阳性：波形蛋白（vimentin）等

第九节 常见肿瘤病理特点

一、上皮性肿瘤

（一）上皮性良性肿瘤

1. 乳头状瘤

来源：被覆上皮。

特点：外生性、乳头状、树枝状突起，乳头内以血管、结缔组织为轴心，乳头表面被覆增生上皮。

好发部位：皮肤（图 2-7-20）、膀胱等。

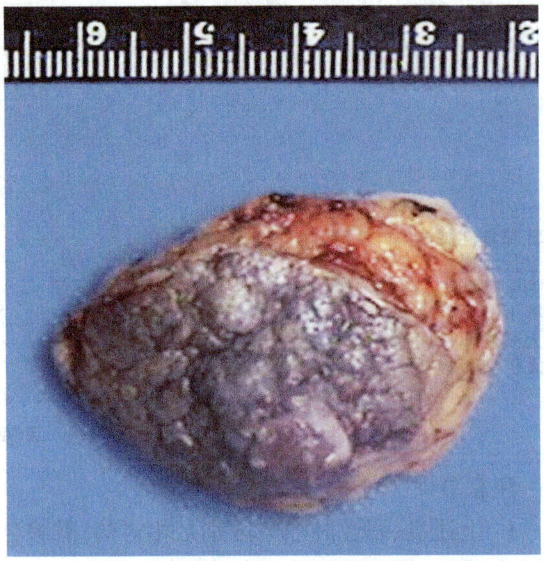

图 2-7-20 HPV 感染的皮肤鳞状上皮乳头状瘤大体观图

2. 腺瘤

概念：由腺上皮发生的良性肿瘤。多见于甲状腺、卵巢、乳腺和结直肠等。

分类如下：（图 2-7-21）

（1）典型腺瘤：腺器官内、结节状、有包膜，由增生腺管、腺泡构成。

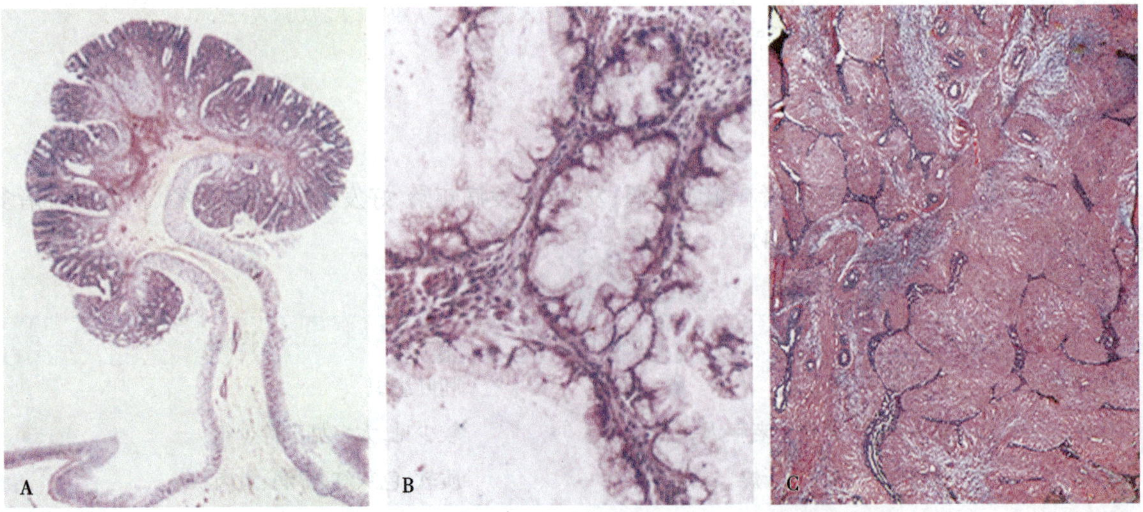

图 2-7-21 腺瘤的组织类型

A. 结肠息肉状腺瘤；B. 卵巢黏液性囊腺瘤；C. 乳腺纤维腺瘤。

(2)囊腺瘤:腺腔内分泌物多而扩大呈囊状,分泌物为浆液、黏液等。黏液性囊腺瘤常为多囊性。

(3)纤维腺瘤:乳腺多见,腺上皮和纤维组织均增生,同为肿瘤的实质成分。

(4)多形性腺瘤:涎腺多见,由腺样组织、黏液样、软骨样组织构成。

(5)息肉状腺瘤:息肉状,由增生腺管构成。可单发,多发者易恶变。

(二) 上皮性恶性肿瘤

名称:癌。

起源:被覆上皮、腺上皮等。

发病:常见,老年人多见。

生长方式:发生于器官内的肿瘤常浸润性生长,呈不规则结节状、树根状。发生于体表和腔面的肿瘤可呈外生性生长;可呈息肉状、菜花状、蕈伞状、溃疡状,其肿瘤基底或根部常浸润性生长。

病理特点:肉眼观,质硬灰白、切面干燥;镜下观,癌细胞呈巢状、条索状,与间质分界清楚,癌细胞之间无网状纤维。

转移:多经淋巴转移。

常见类型:

1. 鳞状细胞癌(squamous cell carcinoma)　常发生在身体原有鳞状上皮覆盖的部位,有些部位如支气管,正常时虽不是由鳞状上皮覆盖,但也可以通过鳞状上皮化生发生鳞状细胞癌。

此癌肉眼上常呈菜花状、溃疡状。癌组织可同时向深层作浸润性生长。镜下可见大小不一的癌巢。在分化好的癌巢中可见细胞间桥,在癌巢的中央可出现呈红色同心圆、层状排列的角化物,称为角化珠(keratin pearl)或癌珠。分化较差的鳞状细胞癌无角化珠形成(图 2-7-22),甚至也无细胞间桥,癌细胞呈明显的异型性并见较多的核分裂象。

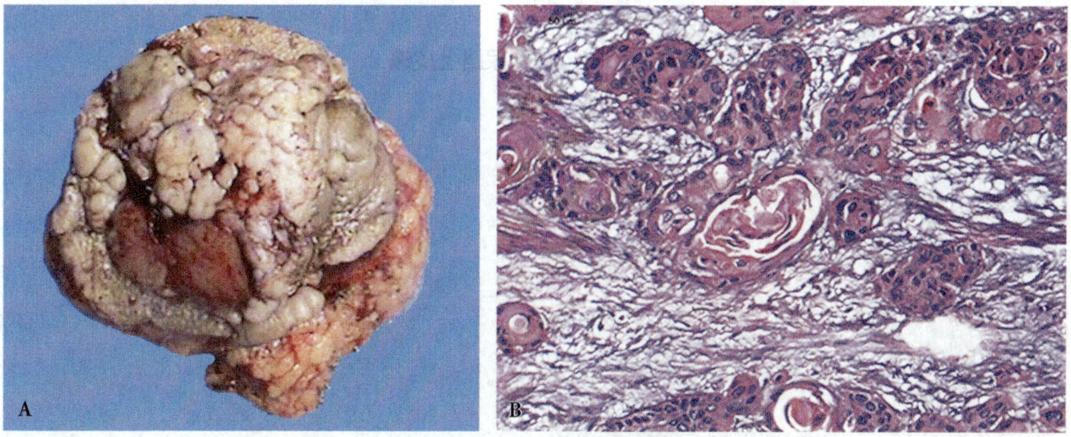

图 2-7-22　皮肤鳞状细胞癌

A. 皮肤鳞状细胞癌:菜花状肿物;B. 高分化的鳞状细胞癌。

2. 基底细胞癌(basal cell carcinoma)

来源:表皮基底细胞。

特点:癌巢主要由基底细胞样细胞构成。本癌生长缓慢,常形成溃疡,并可浸润破坏深层组织,但很少发生转移(图 2-7-23)。多见于老年人面部。对放疗敏感。

3. 尿路上皮癌(urothelial carcinoma)

来源:膀胱或肾盂黏膜尿路上皮。

特点:外生性生长、乳头状结构,被覆多层尿路上皮样细胞(图 2-7-24)。

4. 腺上皮癌

概念:由腺上皮发生的恶性肿瘤。根据其形态结构和分化程度可进一步分为(图 2-7-25):

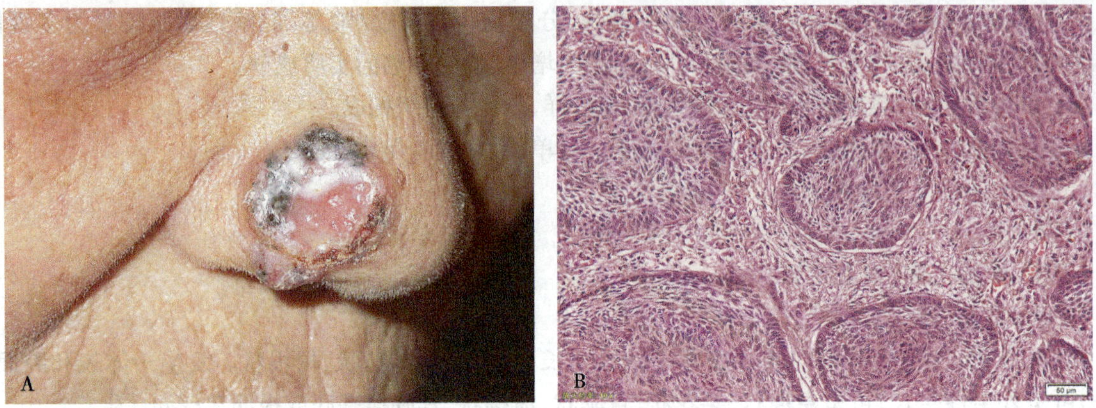

图 2-7-23 鼻翼皮肤基底细胞癌

A. 肉眼见右侧鼻翼溃疡状溃烂；B. 镜下基底细胞癌巢周边细胞呈栅栏状排列。

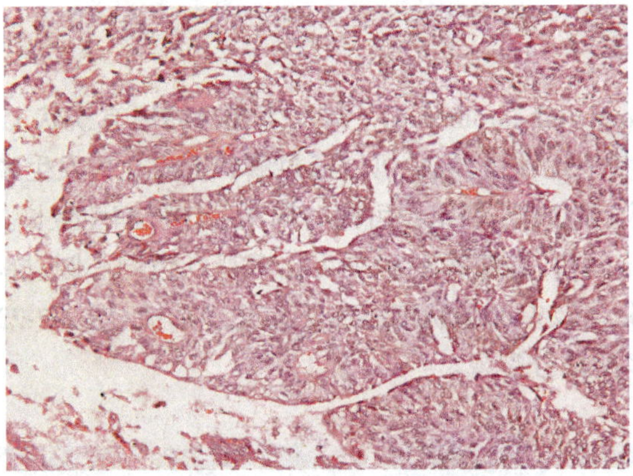

图 2-7-24 膀胱尿路上皮癌

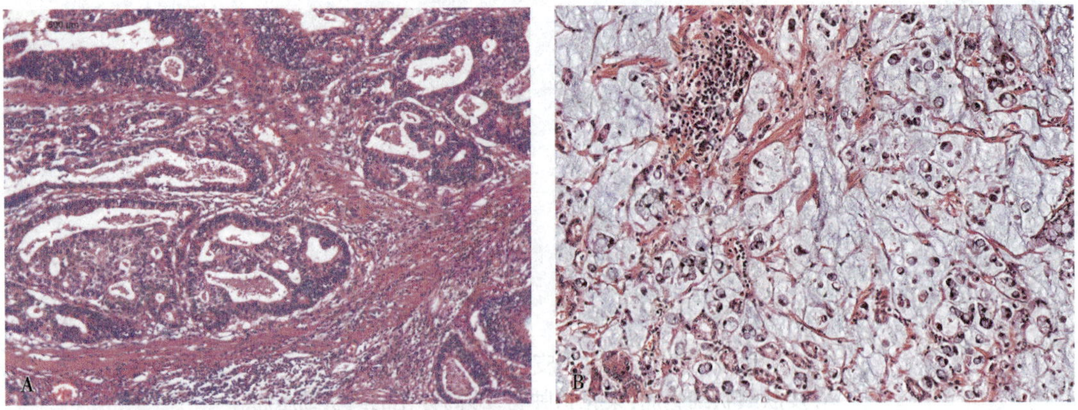

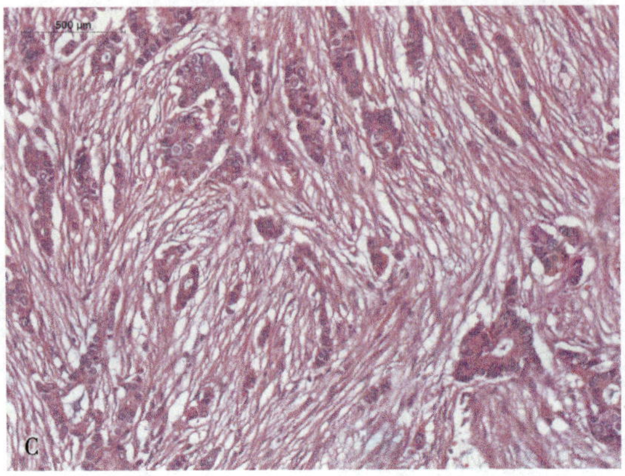

图 2-7-25 腺癌

A.（贲门）管状腺癌；B. 黏液腺癌；C. 浸润性导管癌（单纯癌）。

（1）腺癌（adenocarcinoma）：具有腺体结构。较多见于胃肠道、胆囊、子宫体等。肉眼上呈息肉状、菜花状或结节状、溃疡状。镜下：癌细胞形成不规则的腺体结构，核分裂象多见。当腺癌伴有大量乳头状结构时，称为乳头状腺癌；腺腔高度扩张呈囊状的腺癌称为囊腺癌；伴乳头状生长的囊腺癌称为乳头状囊腺癌。

（2）黏液癌（mucoid carcinoma）：常见于胃肠。镜下观：在肿瘤细胞内外均可见大量黏液，肿瘤细胞漂浮在黏液湖中，故称黏液腺癌。肉眼观：肿瘤湿润半透明如胶冻样，又名胶样癌（colloid carcinoma）。当黏液位于细胞质内时，将细胞核挤压到一侧，犹如戒指样，故称印戒细胞癌（一种低黏附性癌）。

（3）实性癌（solid carcinoma）：又称单纯癌（carcinoma simplex），属低分化腺癌，癌细胞构成实性团块，条索状、小片块状癌巢，无腺腔结构。

二、间叶组织肿瘤

（一）良性

1. 纤维瘤（fibroma）

概念：纤维瘤是由纤维组织发生的良性肿瘤。然而真性纤维瘤少见，只有排除其他纤维组织瘤样增生的病变才可诊断为纤维瘤。见于成年人和儿童；多发生于体表或黏膜表面，也可见于器官内，如口腔、上呼吸道、肠道、卵巢和心脏等。

构成：由纤维瘤细胞和胶原纤维构成，其间质是血管及其周围少量的疏松结缔组织。

形态与分类：瘤组织内的纤维排成束状、编织状。肉眼呈结节状，与周围组织分界明显，包膜完整。切面呈灰白色，编织状，质地韧硬。常见于四肢及躯干的皮下。

纤维瘤可分为硬纤维瘤、软纤维瘤（又称皮赘）和皮肤多形性纤维瘤等。

成纤维细胞/肌成纤维细胞瘤样病变：成纤维细胞是疏松结缔组织的主要细胞成分，由胚胎时期的间充质细胞分化而来。它可以实现与纤维细胞的互相转化。肌成纤维细胞是指含有肌动蛋白、肌球蛋白和其他肌肉蛋白的成纤维样细胞。成纤维细胞/肌成纤维细胞瘤样病变在局部常呈浸润性生长，无包膜，有时成纤维细胞生长较活跃，甚至具有一定异型性，切除不完整可多次复发，但不转移。

2. 脂肪瘤（lipoma）

来源：脂肪组织。脂肪瘤为成年人最常见的软组织良性肿瘤，占软组织良性肿瘤的25%以上。

形态：多为单发，大小不等。扁圆形或分叶状，黄色、质软、有包膜，瘤组织似正常脂肪组织（图2-7-26）。常见于背、肩、颈及四肢近端皮下。

3. 脉管瘤　脉管瘤分血管瘤（hemangioma）和淋巴管瘤（lymphangioma），其中以血管瘤最为常见（图2-7-27）。

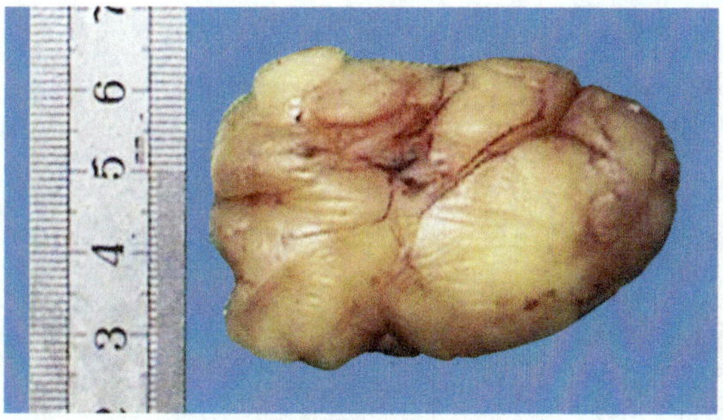

图2-7-26　脂肪瘤大体外表面观
肿瘤呈结节分叶状，有完整薄层包膜、可见血管分布，色黄如脂肪组织。

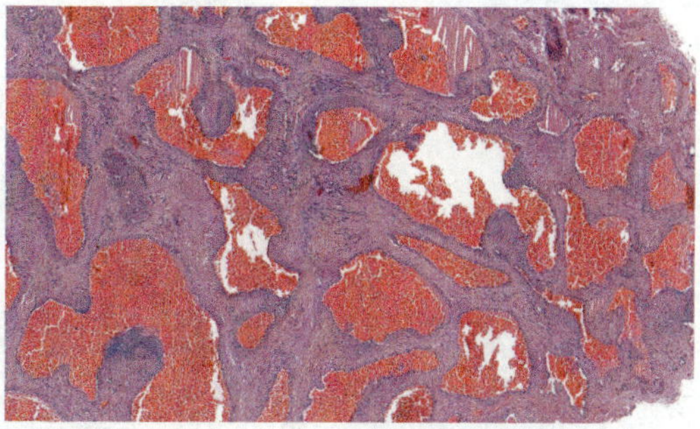

图2-7-27　海绵状血管瘤

良性血管瘤是常见的软组织肿瘤，约占软组织肿瘤的7%。常见于婴幼儿，3/4的患者出生时存在，1/4在婴儿期出现。随着年龄的增长，瘤体逐渐变大，少数可自然消退。

来源：为先天性错构瘤，属于血管畸形，故常见于儿童。

常见部位：皮肤多见，好发于面、颈、唇和舌。

形态：血管瘤呈紫红色或淡红色，平坦或隆起。分毛细血管瘤、海绵状血管瘤和二者并存的混合型血管瘤3种类型。肉眼上观无包膜，与周围组织境界不清，呈浸润性生长。

毛细血管瘤：由扩张和增生的毛细血管构成，肉眼呈草莓状及葡萄酒色斑。草莓状高出于正常皮肤表面，多见于女婴；葡萄酒色斑则是不高于皮面的红色斑块。瘤体境界分明，压之可稍褪色，释手后恢复红色。许多患儿的毛细血管瘤在1岁内可停止生长或消退。

海绵状血管瘤：实质是畸形血管团，好发于头、面、颈部，四肢、躯干次之。病灶外观为紫红色，表面呈桑球状，剖面呈海绵状或蜂窝状。可见大片相互吻合，大小不一的微小静脉构成的薄壁血腔，腔内有多量红细胞。其血管壁由单层内皮细胞组成，缺少肌层和弹力层，管腔内充满血液，可有新鲜或陈旧血栓，易形成钙化。

混合型血管瘤：为毛细血管瘤、海绵状血管瘤等其他类型血管瘤，两种或更多同时存在一起的良性血管瘤。是较常见的一种类型血管瘤，多发生在面颈部，也可发生在身体其他部位。迅速生长，富有侵犯性，其形态不规则，呈紫红色，易发生溃破、出血、感染等。

大血管血管瘤：包括静脉性血管瘤（由厚壁的较大静脉血管构成）和蔓状血管瘤（由动脉和静脉血管构成）。但结构上和正常的动静脉不同，平滑肌排列不规则，管壁结构异常，杂乱地与周围软组织混杂分布。血栓形成和钙化常见。常见于背部、臀部和大腿等部位。

淋巴管瘤：由增生的淋巴管构成，内含淋巴液。淋巴管可呈囊性扩大并互相融合，又称为囊状水瘤（cystic hygroma），多见于小儿。

中间性血管肿瘤：通常称血管内皮（细胞）瘤，其组织形态、生物学行为介于良性的血管瘤和恶性的血管肉瘤，可出现复发或偶有转移。

4. 平滑肌瘤（leiomyoma） 平滑肌肿瘤最常见于子宫、胃肠道、膀胱，少数发生于软组织和皮肤。平滑肌肿瘤的生物学行为不能完全依据肿瘤的组织学特点来确定，不同部位良恶性标准有所不同。

来源：平滑肌组织。

部位：子宫最常见，软组织、皮肤、静脉内亦可发生。

形态：单发或多发，结节状，界限清楚，灰红色，切面编织状，无包膜。镜下，瘤组织由形态比较一致的梭形平滑肌细胞构成，细胞排列成束状，互相编织，核呈长杆状，两端钝圆，同一束的细胞核有时排列成栅栏状，核分裂象少见（图2-7-28）。

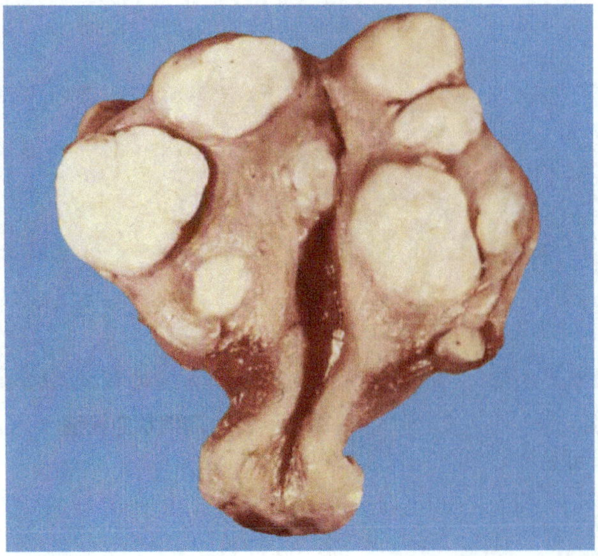

图2-7-28 子宫多发性平滑肌瘤
肿瘤位于子宫肌层内，境界清楚，切面灰白色，挤压宫腔。

免疫表型：瘤细胞表达α-平滑肌肌动蛋白（SMA）、结蛋白（desmin）、高分子量钙调结合蛋白（h-caldesmon）阳性。

皮肤平滑肌瘤，多发生在真皮及皮下，周界不清，常与周围胶原组织相混杂，排列成编织状，核分裂象少（<1个/10HPF）。

有一部分平滑肌肿瘤其生物学行为介于良恶性之间，称为恶性潜能未定的平滑肌肿瘤。

5. 骨瘤（osteoma）

来源：骨组织。

常见部位：面骨、颌骨、四肢骨。

形态：局部隆起，分致密型和疏松型。镜下主要由成熟的骨质组成，但失去正常骨质的排列方向，也缺乏正常哈弗斯管系统的板层结构（图2-7-29）。

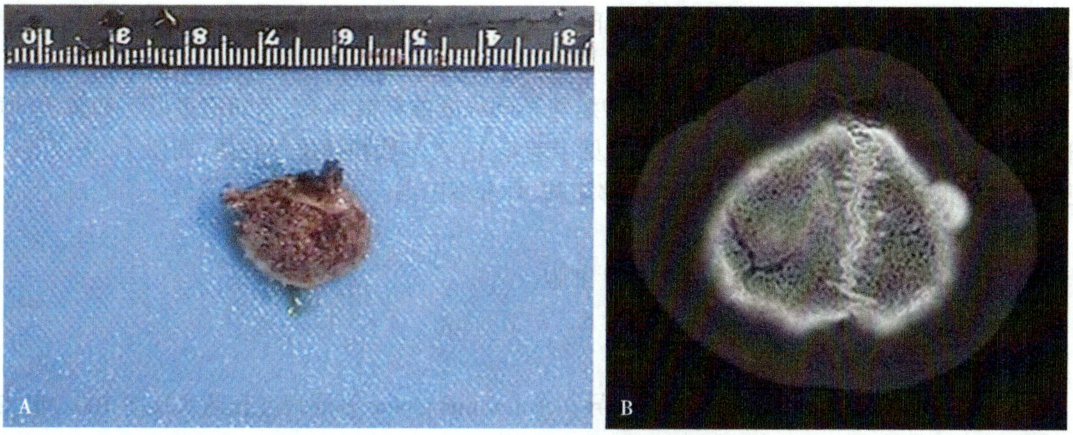

图2-7-29 骨瘤

A. 良性骨瘤大体；B. 右顶骨骨瘤影像图。

6. 软骨瘤（chondroma）

来源：自软骨膜发生者，称外生性软骨瘤。骨髓腔内者称为内生性软骨瘤。

常见部位：手足短骨、四肢长骨骨干（图2-7-30）。

形态：肉眼观，外生性软骨瘤常自骨表面突起，可分叶；内生性软骨瘤使骨膨胀，外有薄骨壳。切面呈淡蓝色或银白色，半透明，可有钙化或囊性变，内含黏液样物质。

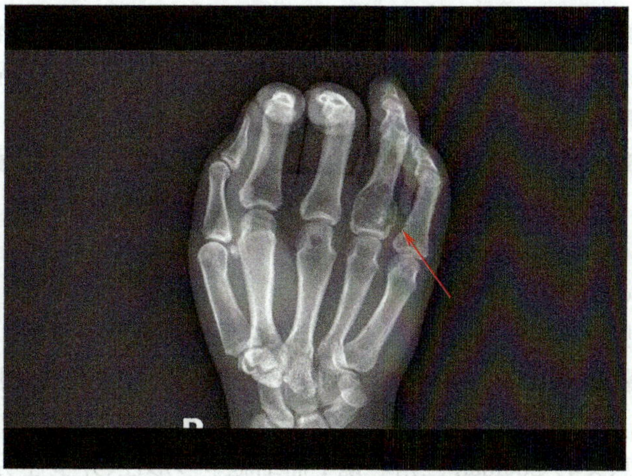

图2-7-30 内生性软骨瘤影像图

(二) 恶性：肉瘤

起源：间叶组织；青少年多见，生长方式为浸润性，结节状或分叶状。

病理特点：肉眼观质软、灰红、均质、湿润、呈鱼肉状。

镜下：异型瘤细胞弥漫分布，与间质分界不清，瘤细胞间有网状纤维。

转移：多经血行转移。癌与肉瘤的区别见前述表 2-7-4。

常见肉瘤有以下几种：

1. 纤维肉瘤（fibrosarcoma）

来源：成纤维细胞。

常见部位：四肢皮下组织。

形态：结节状，边界相对清楚，可有假包膜，切面粉红或灰白色、鱼肉状。瘤细胞呈梭形或椭圆形，具有不同程度异型性。

成人型纤维肉瘤好发于四肢，其次为躯干、头颈部等深部软组织。腹膜后的纤维肉瘤极其罕见。血行转移常转移至肺和骨，淋巴转移少。

黏液性纤维肉瘤是指恶性成纤维细胞肿瘤伴不同程度的黏液基质、瘤细胞多形性和突出的弯曲血管。旧称黏液型恶性纤维组织细胞瘤。常见于老年人，大多数肿瘤位于肢体，而躯干、头颈部、手足少见，腹膜后和腹腔者罕见。可发生远处转移至肺、骨和淋巴结。

2. 横纹肌肉瘤（rhabdomyosarcoma）

来源：横纹肌细胞或向横纹肌分化的间叶细胞。

常见部位：头、颈、泌尿生殖道、四肢等。

预后：极差，5 年生存率不到 10%。

免疫表型：MyoD1、myogenin 最敏感和特异，desmin、myoglobin 不同程度表达，CK、S-100、NF、SMA 偶见。

类型：根据分化程度和大体特点分为：

(1) 胚胎性横纹肌肉瘤：主要发生于 12 岁以下的儿童。最好发的部位为头、颈、泌尿生殖道及腹膜后。镜下主要由未分化的小圆或椭圆形细胞组成。

1) 葡萄状胚胎性横纹肌肉瘤：是胚胎性横纹肌肉瘤（ERMS）的一种亚型，常见于婴儿，好发于鼻咽腔、膀胱、阴道等处。肿瘤以葡萄状息肉样肿物突出于黏膜表面为其特点，有明显侵袭性。镜下见大量黏液样水肿间质中散在的星形原始间叶细胞和圆形或带状的横纹肌母细胞。

2) 间变性横纹肌肉瘤：患儿平均年龄 6 岁，好发于下肢、腹膜后和头颈部；瘤细胞异型性显著，预后差。

(2) 腺泡状横纹肌肉瘤：常见于青少年，好发部位和胚胎性横纹肌肉瘤基本相同，发生于四肢者较为多见。镜下特点为低分化的圆形或卵圆形细胞被含有血管的纤维组织分隔成巢状。瘤细胞巢中有腺泡样结构形成。少数病例可表达 CK 和神经内分泌标记。

(3) 多形性横纹肌肉瘤：非常少见，主要发生在 60~70 岁的中老年人。好发于四肢的大肌肉，特别是大腿更为多见。镜下见肿瘤细胞呈明显的多形性和异型性，细胞质丰富红染，可见纵纹和横纹，核分裂象多见（图 2-7-31）。

3. 骨肉瘤（osteosarcoma） 又称成骨肉瘤。

来源：骨组织。常见部位：四肢长骨，尤其是股骨下端及胫骨或肱骨上端。

形态：瘤组织既向骨髓腔生长，也向外生长形成骨膜下肿块，有时突破骨膜侵入软组织，形成肿瘤性骨质。X 线检查呈现日光放射状阴影。在肿瘤的上下端，骨膜被瘤组织掀起，形成三角状隆起，在 X 线片下呈现具有诊断意义的 Codman 三角。镜下瘤细胞呈多形性、异型性明显，病理性核分裂易见。具有诊断意义的病理特征是可见肿瘤性成骨。分化较成熟的骨肉瘤可见大量肿瘤性骨样组织和骨小梁形成；分化较差者坏死、出血明显，瘤性成骨少见（图 2-7-32）。

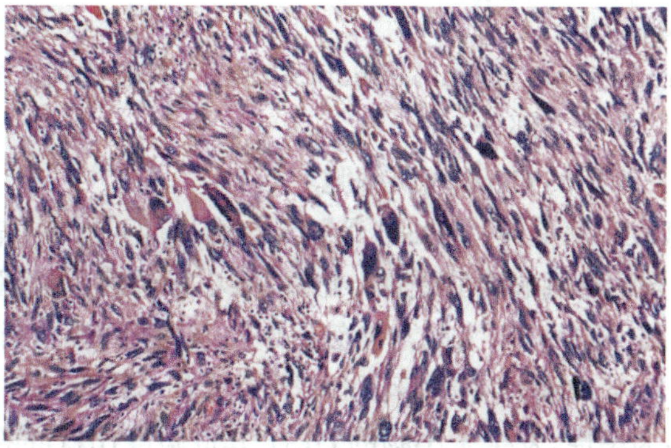

图 2-7-31　多形性横纹肌肉瘤

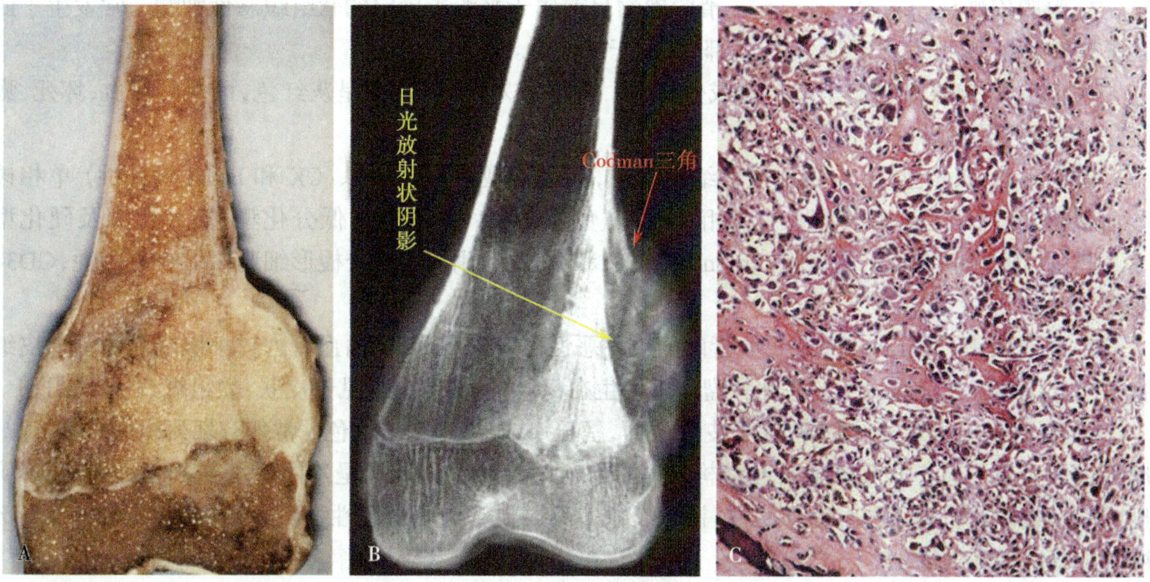
A
B
日光放射状阴影
Codman三角
C

图 2-7-32　骨肉瘤

A. 股骨肉瘤大体改变；B. X线检查改变；C. 镜下改变。

4. 脂肪肉瘤（liposarcoma）　脂肪肉瘤是成人最常见的软组织肉瘤，常见大腿及腹膜后的软组织深部，多见于40岁以上成人。

来源：原始间叶组织，极少从皮下脂肪层发生。

形态：肉眼呈结节状或分叶状，或鱼肉样，或黏液样外观。表面常有一层假包膜。镜下瘤细胞形态多样，可见分化差的星形、梭形、小圆形和多形性脂肪母细胞，也可见分化成熟的脂肪细胞。间质可有黏液样变和多量分支状血管网形成。

该肿瘤的亚型包括：非典型性脂肪瘤性肿瘤 / 高分化脂肪肉瘤、去分化脂肪肉瘤、黏液样脂肪肉瘤、多形性脂肪肉瘤、混合型脂肪肉瘤。

预后：恶性程度高，易复发和转移。

5. 平滑肌肉瘤（leiomyosarcoma）

来源：平滑肌细胞。

较多见于子宫、腹膜后、腹腔、皮肤及皮下等，患者多为中老年人。瘤细胞的异型性大小和核分裂象的多少对判断其恶性程度有重要意义。

免疫表型：瘤细胞呈 SMA、肌特异性肌动蛋白（MSA）、desmin、h-caldesmon 阳性。

该肿瘤亚型包括：皮肤和皮下平滑肌肉瘤、深部软组织平滑肌肉瘤、血管源性平滑肌肉瘤、Epstein-

Barr 病毒相关性平滑肌肉瘤。

6. 胃肠道间质瘤(gastrointestinal stromal tumors,GIST) 胃肠道间质瘤是一类起源于胃肠道间叶组织的肿瘤,占消化道间叶肿瘤的大部分。

来源:胃肠道肌间神经丛周围的 Cajal 间质细胞。

免疫表型:CD117(酪氨酸激酶受体)、CD34(骨髓干细胞抗原)、DOG1 表达阳性。

分子病理特点:常有特异的酪氨酸激酶受体 c-kit 或血小板源性生长因子(PDGFRA)受体 α 突变。

最常见于胃,其次为小肠,较少见于大肠与食管,偶见发生于网膜与肠系膜。表现为圆形肿物,大多数肿瘤没有完整的包膜,可伴随囊性变、坏死和局灶性出血。其恶性度与肿瘤大小、核分裂象及发生部位相关。直径 >5cm 多为恶性,发生于小肠的 GIST 其危险度比胃部的要高。

镜下特点:70% 的胃肠道间质瘤呈现梭形细胞,20% 为上皮样细胞,胃肠道间质瘤免疫组织化学的诊断特征是细胞表面抗原 CD117 阳性,60%~70% 的胃肠道间质瘤中 CD34 阳性。

7. 滑膜肉瘤(synovial sarcoma) 滑膜肉瘤目前属于来源未确定的软组织恶性肿瘤。常发生于四肢深部软组织,也可发生于躯干、头颈部,好发于年轻人。

病变特点:肉眼观肿瘤呈结节状或分叶状。界限相对清楚,切面呈灰红色,可伴有出血、坏死、囊性变。镜下瘤组织常呈双相分化。

常见亚型:双相型(上皮样与梭形细胞构成,免疫表型为 vimentin、CK 和 EMA 均阳性),单相梭形细胞型(免疫表型:EMA 阳性),单相上皮型(免疫表型:CK 阳性),低分化型、高分化型及硬化型(免疫表型:梭形细胞及上皮细胞 vimentin、CK 和 EMA 均阳性,部分梭形细胞 S-100 可阳性,CD34 阴性)。

8. 血管肉瘤(angiosarcoma) 血管肉瘤也称恶性血管内皮瘤,是由血管内皮细胞或向血管内皮细胞方向分化的间叶细胞发生的恶性肿瘤。可发生在身体各处,但更常见于皮肤、软组织、乳腺与肝脏。

病理特点:肉眼观,肿瘤多隆起于皮肤表面,呈丘疹或结节状,暗红色。常伴有坏死出血。镜下观,瘤组织内可见形态不规则的血管腔结构;分化差的血管肉瘤,细胞常呈片团状增生,形成血管腔不明显或仅呈裂隙状。瘤细胞异型性明显,核分裂象多见。血管肉瘤的恶性程度一般较高,易转移至局部淋巴结、肝、肺和骨等处。

免疫表型:瘤细胞表达内皮细胞标记,如 CD31、CD34。

9. Kaposi 肉瘤(Kaposi sarcoma) Kaposi 肉瘤又称为皮肤特发性多发性色素性肉瘤、多发性血管肉瘤、多发性出血性肉芽肿,可能来源于血管内皮或原始间叶细胞的梭形细胞肉瘤。常见于免疫缺陷患者,尤其是艾滋病患者。

Kaposi 肉瘤是一种非常罕见的血管增殖性疾病,多发生于脚部和下肢皮肤,亦可累及淋巴结及内脏。初期为红色或紫色斑块,镜下见皮下组织中血管增多,呈不规则扩张,内皮细胞肿胀、出血、淋巴细胞浸润等,并无明显的异型性。中期为高出皮肤的紫黑色斑块,镜下见血管周围出现梭形细胞,偶见核分裂象。晚期斑块进展为紫黑色结节,镜下见成片异型性大的梭形细胞之间有原始的血管腔和红细胞,类似血管肉瘤。

Kaposi 肉瘤主要有 4 种成分,即梭形细胞、血管裂隙、含铁血黄素和红细胞,有时有一定数目的炎症细胞。

根据临床和流行病学特征,有以下 4 种类型:

(1)经典型惰性 Kaposi 肉瘤:主要发生于地中海、东欧或犹太人后裔的老年男性。

(2)地方性非洲 Kaposi 肉瘤:主要发生于无 HIV 感染的中非中年人和儿童。

(3)医源性 Kaposi 肉瘤:主要发生于器官移植患者或大量使用免疫抑制剂治疗的患者。

(4)AIDS 相关的 Kaposi 肉瘤:此型进展最快,好发于伴有 HIV 感染的同性恋和双性恋的男性。

免疫表型:内皮细胞及梭形细胞对 vimentin 及 UEA-1、CD31、CD34、ERG、D2-40、VEGFR-3 和 Fli-1 阳性,HHV-8 呈不同程度的细胞核阳性。

三、神经外胚叶源性肿瘤

由神经外胚叶起源的肿瘤种类很多，有中枢神经系统和周围神经系统肿瘤、视网膜母细胞瘤、黑色素瘤、分泌多肽激素及其前身的 APUD [amine precursor uptake and decarboxylation，又称为弥散神经内分泌细胞(diffuse neuroendocrine cells)]系统来源的肿瘤。

(一) 中枢神经系统肿瘤(详见神经系统疾病)

以胶质细胞瘤和脑膜瘤最常见。胶质细胞瘤中以星形细胞瘤占多数。中枢神经系统肿瘤无论其组织分化程度如何，都可引起明显的临床症状。

(二) 周围神经系统肿瘤(详见神经系统疾病)

主要有神经纤维瘤与神经鞘瘤。

(三) 视网膜母细胞瘤

视网膜母细胞瘤(retinoblastoma)为来源于视网膜胚基的恶性肿瘤。绝大多数属常染色体显性遗传性疾病，发生于 3 岁以内儿童。肉眼观，肿瘤为灰白色或黄色的结节状肿物，切面有明显的出血或坏死，并可见钙化点；镜下观，可见肿瘤由小圆形细胞构成，核圆形深染，细胞质少。有的瘤细胞围成一个空腔，呈放射状排列，称为“菊形团”。

(四) 黑痣与黑色素瘤

1. 黑痣　又叫色素痣(pigmented nevus)，来源于皮肤的黑色素细胞，为良性增生性病变。为隆起或扁平的黑色斑块，有或无毛发。

痣由含黑色素的痣细胞构成。分为皮内痣、交界痣和由这两型混合的混合痣。交界痣的痣细胞位于表皮与真皮交界处，痣恶变者多为此型(图 2-7-33)。

2. 黑色素瘤　黑色素瘤(melanoma)是一种能产生黑色素的高度恶性肿瘤，可由痣恶变而来，也可一开始即为恶性。除皮肤外，也见于眼、肛门等处。

瘤细胞质内常有黑色素。不含黑色素者称无色素性黑色素瘤。

本瘤早期即可发生广泛的淋巴、血行转移，对放疗不敏感，预后差(图 2-7-34)。

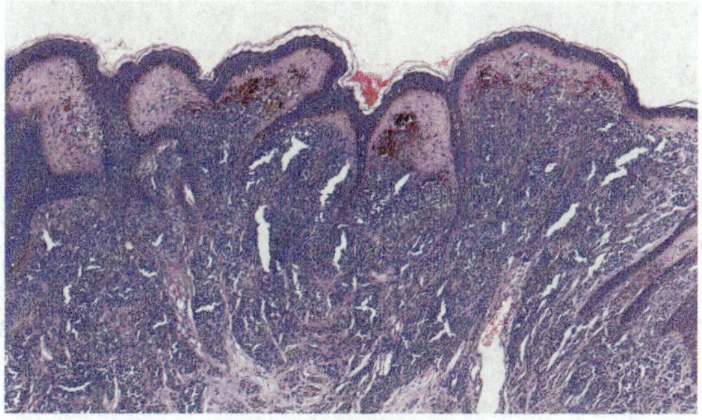

图 2-7-33　皮内痣低倍镜下观
表皮下和肿瘤之间见无细胞区。

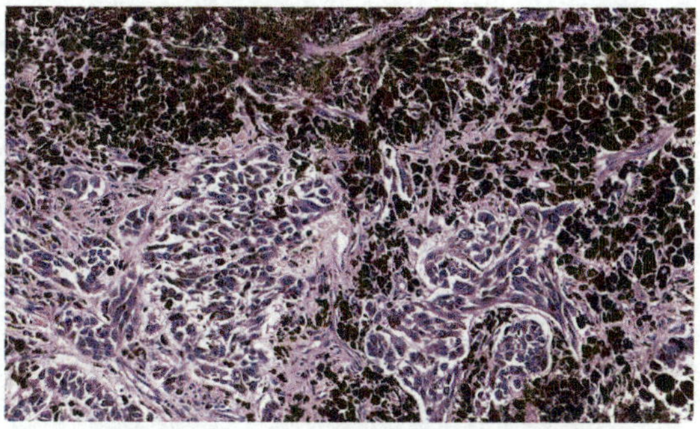

图 2-7-34　皮肤黑色素瘤镜下观
瘤细胞呈不规则上皮样巢状排列，细胞质含有大量黑色素。

四、多种组织构成的肿瘤

(一) 畸胎瘤

由 3 个胚层来源的组织构成。常见于卵巢、睾丸，偶见其他部位。

1. 成熟性囊性畸胎瘤　多为良性，常形成囊腔，也称皮样囊肿。瘤的成分以外胚叶衍化物为主，如皮肤及其附件和牙齿等。囊腔内可有大量角质、毛发和皮脂，多见于卵巢（图 2-7-35）。

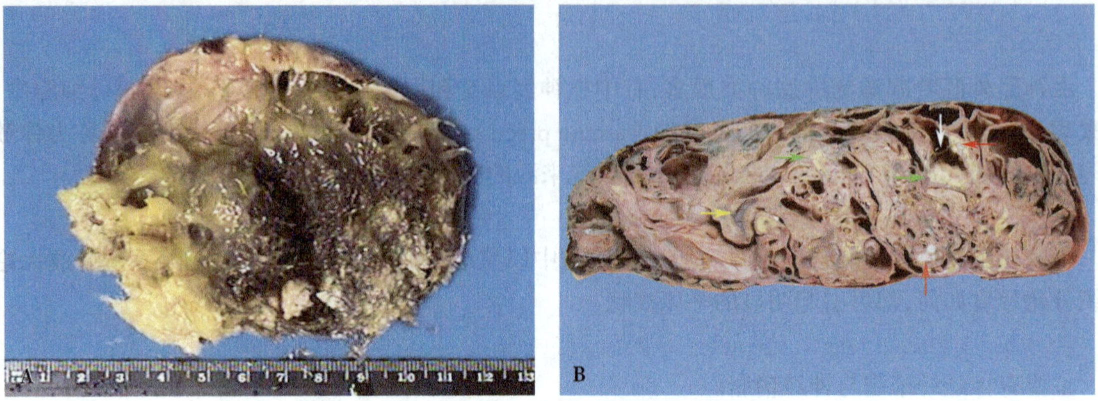

图 2-7-35 畸胎瘤

A. 成熟性囊性畸胎瘤，肿瘤呈囊状，囊内可见皮脂、毛发；B. 未成熟性实性畸胎瘤大体剖面，可见囊腔、黏液分泌物和黄色的脂肪样区。

2. 未成熟性实性畸胎瘤　多为恶性。常见于睾丸，卵巢也可发生。镜下见 3 个胚叶成分的衍化物，分化成熟程度不一，原始神经管成分的多少决定该肿瘤的恶性程度。

（二）肾母细胞瘤

肾母细胞瘤又称 Wilms 瘤，由肾内残留的胚胎组织发展而来。多见于 5 岁以下儿童。

肿瘤常累及单肾，可至小儿头大，球形，界清，软，可见出血、坏死。

瘤细胞成分多样，瘤细胞呈梭形，有肾小球样，肾小管样结构，也可见横纹肌、平滑肌、软骨、骨组织等。

腹部一侧肿块是最常见症状。肿瘤除局部浸润外，可早期转移至肺、肝等。

（三）癌肉瘤

同一肿瘤中既有癌的成分又有肉瘤的成分者称癌肉瘤（图 2-7-36）。

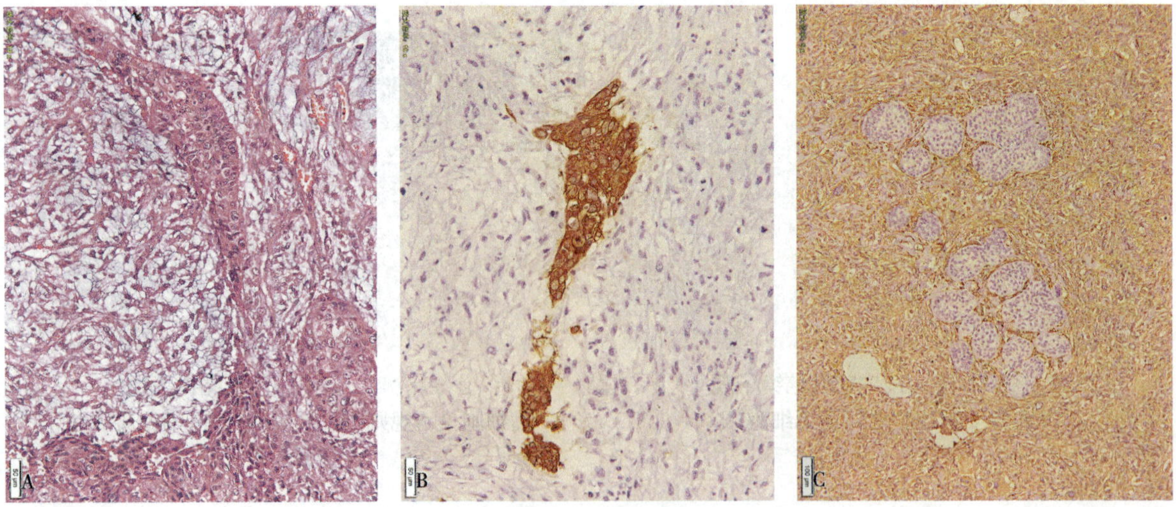

图 2-7-36 癌肉瘤

A. 食管癌肉瘤 HE 染色所见；B. 免疫组化 CK 癌巢呈阳性；C. 免疫组化 vimentin 间质肉瘤呈阳性，癌巢呈阴性。

第十节 癌前病变、异型增生和原位癌

一、癌前病变

癌前病变(precancerous lesions),或称癌前疾病(precancerous conditions)指某些具有恶变潜在可能性的良性病变或疾病。常见的癌前病变有:

1. 黏膜白斑 黏膜上皮过度增生和过度角化,肉眼上呈白色斑块。常见于食管、口腔、子宫颈及外阴等处的黏膜。如长期不愈,有可能转变为鳞状细胞癌。

2. 慢性子宫颈炎 常由链球菌、肠球菌和葡萄球菌、沙眼衣原体、淋球菌、人乳头瘤病毒和单纯疱疹病毒等引起。镜下观,子宫颈黏膜充血水肿,间质内有淋巴细胞、浆细胞和单核细胞等慢性炎症细胞浸润。子宫颈腺上皮可伴有增生及鳞状上皮化生。

3. 纤维囊性增生病 本病由内分泌失调引起,常见于40岁左右的妇女,主要表现为乳腺小叶导管和腺泡的增生及导管囊性扩张。其伴有导管内乳头状增生者较易发生癌变。

4. 结肠、直肠的息肉状腺瘤 较为常见,可以单发也可为多发性,多发性者常有家族史,较易发生癌变(占40%~50%)(图2-7-37)。

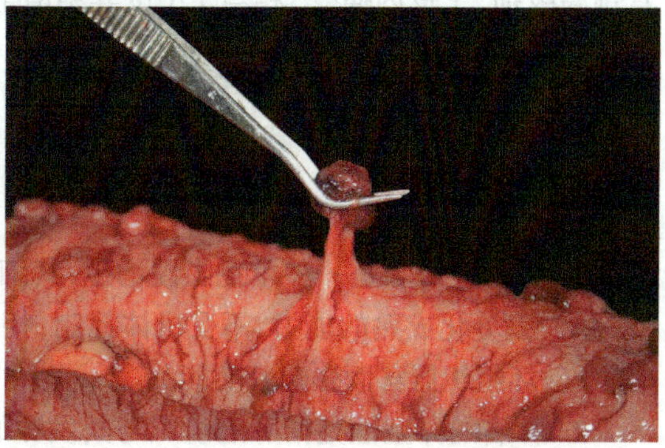

图2-7-37 息肉状腺瘤

5. 慢性萎缩性胃炎及胃溃疡 慢性萎缩性胃炎时,胃黏膜腺体可有肠上皮化生,这种肠上皮化生与胃癌的发生有一定关系。慢性胃溃疡边缘的黏膜因受刺激而不断增生,其癌变率约为1%。

6. 皮肤慢性溃疡 经久不愈的皮肤溃疡和瘘管、窦道,特别是小腿的慢性溃疡,由于长期的慢性刺激,表皮鳞状上皮增生,有的可发生癌变。

7. 其他 还有肝硬化等。

以上常见的癌前病变值得注意。但须指出,癌瘤的形成往往要经历一个漫长逐渐演进的过程,平均为10~20年,并非所有癌前病变都必然转变为癌,还取决于很多因素。故在临床上对此既要认真对待,但又要避免不必要的恐慌与采取过度的治疗措施。

二、异型增生、原位癌和上皮内瘤变

近年来,学术界倾向使用“异型增生(dysplasia)”这一术语来描述与肿瘤形成相关的非典型增生。非典型增生既可见于肿瘤性病变,也可见于损伤修复、炎症等情况(所谓的反应性非典型增生)。异型增生上皮具有细胞核结构异型性,但其并非总是进展为癌,当致病因素祛除后,某些未累及上皮全层的异型增生可能会逆行消退。异型增生一般分为3个级别,Ⅰ级(轻度):异型增生的细胞局限于上皮层的下1/3;Ⅱ级(中度):异型增生的细胞位于上皮层的下1/3~2/3;Ⅲ级(重度):异型增生的细胞超过上皮层的2/3;若占据全层,则被认为是原位癌。

原位癌(carcinoma in situ):指上皮组织癌变,癌变组织未突破基膜,基膜完整。原位癌是一种早期癌变,相当于高级别上皮内瘤变(图2-7-38)。

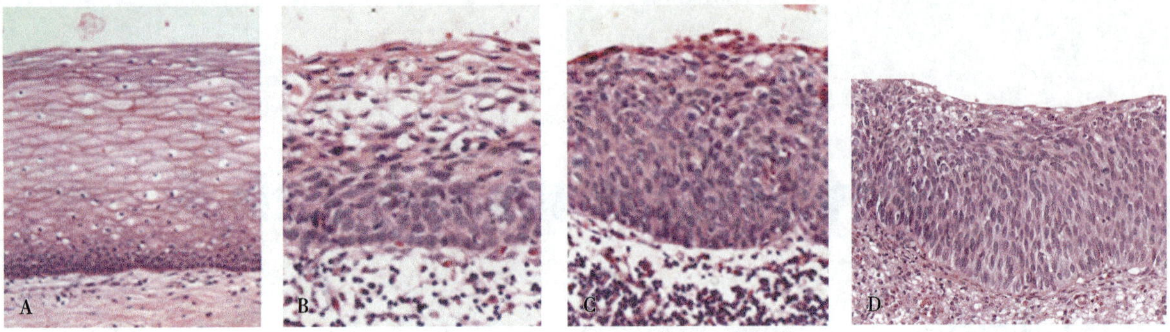
A
B
C
D

图 2-7-38 上皮内瘤变发展阶段

A. 正常鳞状上皮；B. 轻度异型增生；C. 重度异型增生；D. 原位癌。

目前，较多使用“上皮内瘤变（intraepithelial neoplasia）”这一术语来描述上皮的异型增生、原位癌，且多采用两级分类法。如胃肠道黏膜的低级别上皮内瘤变（轻度异型增生和中度异型增生），高级别上皮内瘤变（重度异型增生和原位癌）（图 2-7-38）。这一概念描述了从轻度异型增生到原位癌这一连续的发展过程，将轻度异型增生称为上皮内瘤变Ⅰ级，中度异型增生称为上皮内瘤变Ⅱ级，重度异型增生与原位癌称为上皮内瘤变Ⅲ级。

宫颈鳞状上皮内瘤变（cervical intraepithelial neoplasia CIN）：上皮层内出现异型细胞，核大深染，核质比增大、核分裂象增多，细胞极性紊乱等改变。子宫颈低级别“上皮内瘤变”相当于轻度异型增生，宫颈高级别“上皮内瘤变”相当于中度异型增生、重度异型增生和原位癌。

本章小结

1. 肿瘤性增生是一种单克隆性增生，其细胞形态、结构、基因和功能较正常细胞发生了明显的改变，并失去分化成熟的能力，不受机体控制，相对自主性生长，致瘤因素祛除后仍能继续增生，对机体有害，破坏组织器官而影响其功能。

2. 肿瘤的异型性是指肿瘤组织与其发源的正常组织有不同程度的差异。异型性小，与原组织差别小，分化高，常为良性；异型性大，与原组织差别大，分化低，常为恶性。

3. 分化是指非特化的早期胚胎细胞获得特化细胞（如神经元、心肌、肝细胞）特性的过程。“分化”与“异型性”两个术语从两个相反角度描述肿瘤形态的异常，当肿瘤组织细胞形态类似其胚胎状态，肿瘤学者称之为分化差，或异型性大；若肿瘤组织细胞形态类似其正常的形态结构，则描述为分化好，或异型性小。

4. 肿瘤的命名原则一般是根据肿瘤发生的组织、肿瘤的性质来进行的。来源于上皮的恶性肿瘤叫“癌”，来源于间叶组织的恶性肿瘤称“肉瘤”。

5. 肿瘤的生长方式包括膨胀性生长、浸润性生长和外生性生长。浸润性生长中，浸润能力强的瘤细胞亚克隆的出现和肿瘤血管的形成起重要作用。

6. 肿瘤的扩散属恶性行为，其主要包括：直接蔓延和转移；转移途径有：淋巴转移、血行转移和种植转移。

7. 良恶性肿瘤的区别主要依据异型性、病理性核分裂、生长方式、生长速度、有无转移、继发改变、复发以及对机体的影响进行鉴别诊断。

8. 癌与肉瘤的区别主要依据：起源的组织、网状纤维染色、分子标记、病理大体颜色质地、镜下肿瘤细胞是否排列成巢状、发病年龄、发病率进行鉴别诊断。

9. 某些具有恶变潜在可能性的良性病变或疾病称为癌前病变或癌前疾病。常见的癌前病变有：

黏膜白斑、慢性子宫颈炎、纤维囊性增生病、结直肠的息肉状腺瘤、慢性萎缩性胃炎及胃溃疡、皮肤慢性溃疡以及肝硬化等。

10. 从轻度异型增生到原位癌这一连续的过程称为上皮内瘤变，分低级别和高级别两类。分级的目的是避免不必要的恐慌及过度治疗。原位癌是一种早期癌，指上皮内癌，癌组织尚未突破基膜，基膜完整。归于高级别的上皮内瘤变。

思考题

1. 肿瘤的一般形态与结构有何特点？何谓异型性？
2. 肿瘤命名和分类的原则是什么？
3. 肿瘤的生长方式有哪些？其扩散途径是怎样的？
4. 怎样鉴别良、恶性肿瘤？如何区别癌与肉瘤？
5. 什么是癌前病变（疾病）和原位癌？何谓上皮内瘤变？

（苏 敏 田东萍）

第三篇 肿瘤诊断

第八章　肿瘤临床诊断

器官-系统整合教材 OSBC

第八章
肿瘤临床诊断

第一节 病 史

一、患者基本信息

病史采集是诊疗工作的第一步，系统地采集全面、准确的病史是诊断的重要依据。临床医生在进行其他检查前，询问并倾听患者主诉和回答的要点，可初步得出较为准确的临床诊断，甚至可获得更早期的疾病诊断。

（一）年龄和性别

恶性肿瘤多发生于中老年人，近年来有年轻化趋势，如骨肉瘤多发于青少年；肾母细胞瘤、神经母细胞瘤及视网膜母细胞瘤以5岁前居多。除女性特有肿瘤外，肿瘤的发病率和死亡率男性均高于女性。

（二）出生地和长期生存地

流行病学调查发现人群、地区及时间与肿瘤的分布和病因有关，记录时需要写全患者出生、生活或长期居住地的省、市、县名称。如果是移民，需考虑原生地的遗传因素和长期居住地对疾病的影响，同时要注明起始移民时间、居住地点和时间等因素，进一步探索肿瘤的发病原因。

（三）职业和生活环境

90%以上的肿瘤发病与环境因素相关，部分肿瘤具有明确的病因接触史或与职业相关的特点。在工作或生活环境中长期接触某些致癌物质，特别是化学致癌物，经过潜伏期可诱发特定肿瘤。由职业环境导致的肿瘤称为“职业性肿瘤”。此外，与化学性物质、生物学物质及物理性（放射性）物质接触的环境、工种及接触时间均需做好记录。

（四）婚姻史

泌尿、生殖系统及乳腺肿瘤，需详细询问患者婚育年龄、配偶健康情况、性生活、避孕方法、性病感染史及是否患过影响生育的疾病。女性还需询问月经史、生产史、孕产、现存子女人数、初次妊娠、末次妊娠时间。

（五）生活习惯

某些生活习惯及嗜好，如不良饮食习惯、吸烟、饮酒、肥胖、体力活动不足等均与肿瘤发生有关。对于具有不良生活习惯者，需要特殊询问，详细记录。

（六）社会心理因素

在高压力的现代生活中，心理因素致恶性肿瘤发生、发展的占比日益增高。除工作压力外，重大事件刺激（亲人去世或婚姻失败）、C型性格（内向、情绪不稳定、孤独或抑郁等）等均可增加肿瘤发生风险。不健康的心理因素可引起长期、高强度心理应激，降低免疫力，进一步促进肿瘤的发生发展。

二、病史

(一) 既往病史

系统性回顾患者各项指标,包括长期迁延不愈的慢性炎症(肺部慢性炎症、胃及皮肤慢性溃疡等)、传染病(肝炎或肺结核等)、高血压等慢性病,手术、外伤、输血史,食物或药物过敏,预防接种,是否接受过放化疗等。

(二) 肿瘤家族史

肿瘤具有家族聚集性和遗传性,先天性家族性结直肠多发性息肉、淋巴瘤、乳腺癌、子宫内膜癌、胃癌及视网膜母细胞瘤等肿瘤有遗传倾向,相关疾病患者就诊时,需要咨询其家族成员中有无肿瘤病史,绘制家系图谱,分析发病机制。

三、临床表现

(一) 首发症状和就诊症状

问诊过程中,应注意区分首发和就诊症状及其开始时间,针对两种症状的演变过程询问细节。部分患者可出现多种症状或体征,询问时必须给予针对性的认识和区分,并判定先后顺序,对于不能确认者需要进行非评价式询问和记录。

(二) 局部表现

1. 肿块　肿块是患者就医的最主要原因之一,常见于体表,如皮肤、乳房等部位;身体内部体积大的肿瘤在体表也能触摸到。详见本章第二节体格检查。

2. 肿瘤破坏所在器官结构和功能　由于肿瘤生长带来的压迫和肿瘤细胞的侵袭,可致器官结构和组织破坏,功能丧失。骨肿瘤可引起邻近关节功能障碍、病理性骨折及四肢功能缺失。脑肿瘤压迫周围脑组织可出现颅内高压,甚至破坏各脑区对应的功能,出现抽搐、偏瘫或失语等。肺癌、胃肠道癌及膀胱癌均可破坏所在器官,出现咯血、呕血、便血、血尿等。

3. 肿瘤引起的阻塞症状　肿瘤引起的阻塞部位不同可出现不同症状,多发生于呼吸系统、消化系统及泌尿系统。肺癌可引起支气管阻塞,导致各种呼吸道症状;食管癌可致吞咽困难;胃癌伴幽门梗阻可致呕吐,肠道肿瘤可致肠梗阻;膀胱癌可致尿液阻塞,出现排尿困难甚至尿潴留。

4. 肿瘤引起的压迫症状　压迫症状是因肿瘤体积增大,空间侵占到其他器官所引起的病症。甲状腺肿瘤压迫气管、食管或喉返神经,可致呼吸、吞咽困难,声音嘶哑;纵隔肿瘤压迫上腔静脉致上腔静脉梗阻综合征,出现头、面、颈、上胸壁肿胀,胸壁静脉怒张等症状;前列腺癌可致尿频、少尿、无尿、尿痛等排尿困难症状。

5. 肿瘤引起的溃疡和出血　皮肤、胃肠道、泌尿道、生殖道等屏障部位的肿瘤,可发生溃疡且不易愈合,常有出血,若合并感染,可有脓性、黏液性或腐臭性分泌物排出。

(三) 全身表现

1. 发热　肿瘤晚期患者可出现发热症状,一般为持续性低热,夜间盗汗提示低度发热,偶有高热和弛张热。其机制为肿瘤细胞本身及诱导的白细胞、淋巴细胞浸润产生"内源性致热原",作用于下丘脑致体温调节障碍。此外,肿瘤导致的内出血、坏死、感染、自分泌毒性物质等均可致自身免疫反应,引起发热。

2. 疼痛　肿瘤导致的疼痛俗称癌痛。肿瘤早期不会疼痛,肿瘤晚期大范围侵犯神经丛、压迫神经,可导致顽固性疼痛。发生于神经或压迫神经的肿瘤出现钝痛或隐痛;阻塞空腔的肿瘤引起剧痛。腹部肿瘤引起腹痛,肿瘤骨转移引起骨痛。

3. 皮肤黏膜改变　黄疸应考虑胰头、胰胆管或十二指肠乳头等处发生肿瘤,原发 / 转移肝癌压迫肝门区肝管,也可诱发黄疸。贫血可致皮肤黏膜苍白。

4. 营养不良 营养不良在肿瘤早期一般不会出现，而中晚期常见，40 岁以上主诉进行性消瘦、贫血、乏力者均应仔细检查。肿瘤属于消耗性疾病，消化系统肿瘤由于所在部位功能受损，影响进食、消化吸收，营养不良发生时间较其他患者早，症状重。

5. 疲劳 肿瘤患者因发热、肌肉消耗、贫血或营养不良，常出现疲劳、不适或虚弱乏力等非特异性症状。局部身体乏力（如四肢等）可能由血液系统疾病并发神经系统异常导致。

第二节 体格检查

体格检查是肿瘤患者诊疗中的重要部分，根据患者主诉及某些症状的特点，需对原发病灶和远处转移的器官组织进行有目的的体格检查。

一、全身检查

全身检查可初步确认是否患肿瘤？良性还是恶性？原发还是继发？是否有转移？能否耐受手术或放化疗等，为制订合理的治疗方案提供依据。

首先进行初步判断，测量患者体温、脉搏、呼吸、血压、身高、体重，观察发育情况、营养状态、体位、姿势、步态、神志、表情病容等。初步判断后，采用视诊、嗅诊、听诊、叩诊及触诊五法，对身体其他各部位进行系统检查：

1. 头部 观察头颅、眼、耳、鼻及口腔有无异常。

2. 颈部 观察是否对称、强直、有无颈静脉怒张、肝颈静脉回流征、颈动脉异常搏动、气管及甲状腺位置。

3. 胸部 分别观察胸廓是否对称、畸形、隆起或塌陷；胸壁有无静脉曲张、皮下气肿、压痛，肋间隙有无回缩或膨隆；乳房大小、乳头、有无红肿、压痛、肿块或分泌物。

4. 肺 分别观察呼吸运动（类型、频率、节律或深度）；胸廓扩张度、语音震颤及有无胸膜摩擦感；叩诊是否有清音、浊音，肺上界、下界及肺下界移动度；听诊呼吸音是否正常，有无干、湿啰音及胸膜摩擦音、语音共振等。

5. 心脏 观察心前区有无隆起，心尖搏动位置、范围及强度，心脏左 / 右浊音界，心率、心律及心音强弱。

6. 腹部 测量腹围，观察肝、脾、胆囊、肾及膀胱等器官。

7. 肛门、直肠 直肠指诊，重点观察有无肿块，包括括约肌和前列腺。

8. 脊柱四肢 活动度，有无畸形、压痛或叩击痛。是否存在静脉曲张、水肿、肌肉萎缩或肢体瘫痪等。

9. 神经系统 观察生理、病理反射，以及脑膜刺激征。

10. 生殖系统 根据性别和病情做相应检查，男性检查包皮、阴囊、睾丸、附睾、精索；女性检查内、外生殖器。

11. 皮肤 皮肤颜色（苍白和潮红）、黄疸、瘀点和瘀斑、表皮脱落以及溃疡。

二、局部检查

局部检查可用于确定肿瘤发生的部位与周围组织的关系。

(一) 肿块

肿块检查主要针对可触摸类肿瘤，对于内脏肿瘤，必须借助其他辅助手段如影像学等特殊检查。

1. 部位　明确肿块所在解剖部位，有助于分析组织来源与性质。

2. 形状　一般良性肿瘤为圆形或椭圆形，脂肪瘤可呈分叶状，恶性肿瘤多不规则。

3. 大小　记录肿瘤大小（长度、宽度及厚度），即肿瘤的最长径和最大垂直直径，以毫米（mm）为单位。

4. 硬度　恶性肿瘤多坚硬或韧实，中央坏死有囊性感。恶性淋巴瘤为橡皮样硬度、略带弹性，肉瘤韧实，甲状腺、乳腺癌及卵巢囊性肿瘤呈囊性，海绵状淋巴管瘤质软有压缩性。

5. 活动度　良性肿瘤与周围组织无粘连，活动度好。恶性肿瘤中后期活动度差或完全固定。

6. 压痛　肿块一般无压痛，若出现压痛，一般为炎症、外伤或血肿；若肿瘤溃烂、感染或压迫邻近神经，可引起肿瘤有不同程度的压痛。

7. 皮肤　良性肿瘤表面多平滑，恶性肿瘤表面多凹凸不平，并有静脉怒张或溃疡。由于炎症、皮下充血或肿瘤周围富含血管，肿块局部皮肤温度升高，颜色潮红。

8. 血管　主动脉瘤、蔓状血管瘤及富含血管的恶性肿瘤患者，可触摸到搏动、听到血管杂音，肝癌在腹壁可听到杂音。

(二) 浅表淋巴结

淋巴结遍布全身，体格检查中涉及的是浅表部位淋巴结。正常淋巴结较小，直径多在 0.2~0.5cm，质地柔软，表面光滑，与周围组织无粘连，不易被触及，无压痛。

1. 浅表淋巴结的分布　浅表淋巴结主要分布于头颈部、上肢和下肢三大区，具体见图 3-8-1。

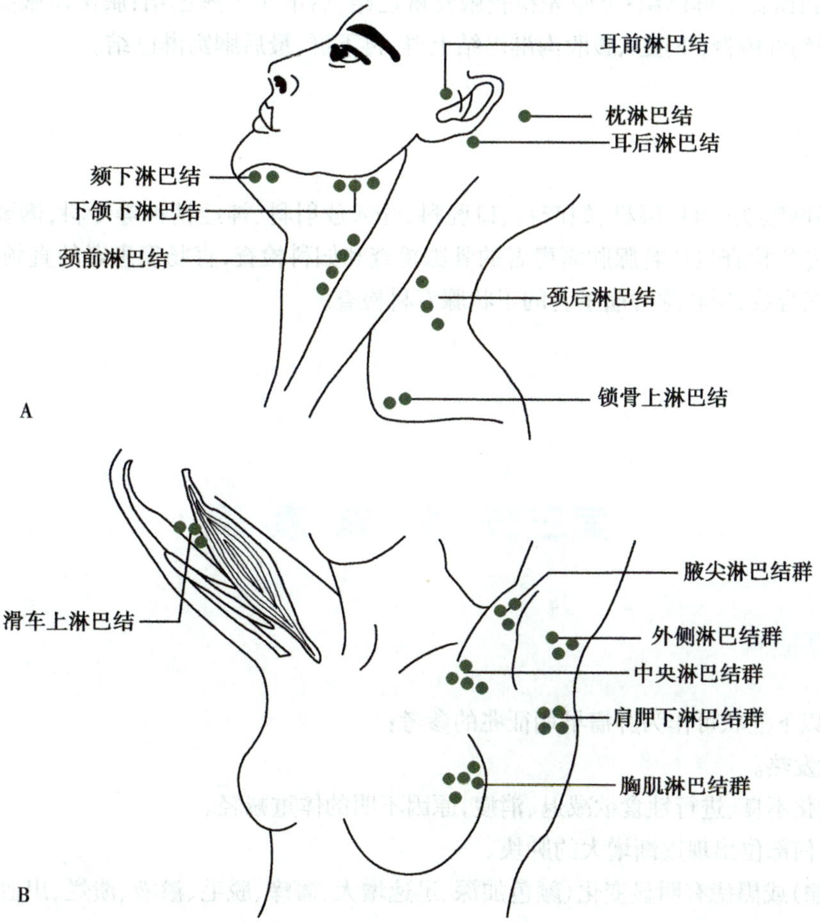
耳前淋巴结
枕淋巴结
耳后淋巴结
颏下淋巴结
下颌下淋巴结
颈前淋巴结
颈后淋巴结
锁骨上淋巴结
A
腋尖淋巴结群
滑车上淋巴结
外侧淋巴结群
中央淋巴结群
肩胛下淋巴结群
胸肌淋巴结群
B

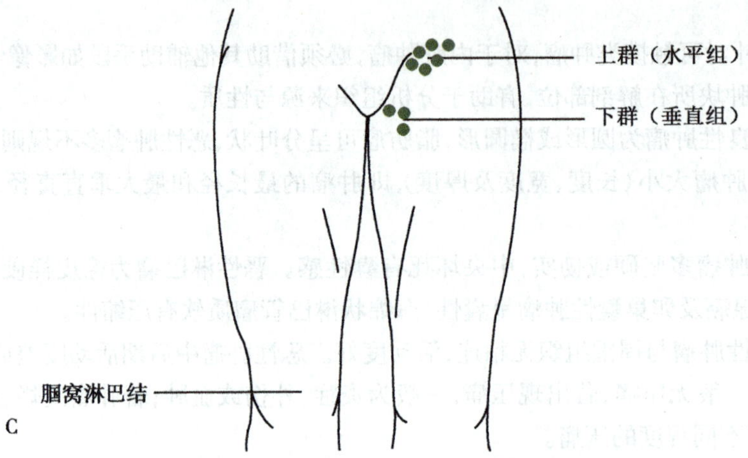
上群（水平组）
下群（垂直组）
腘窝淋巴结
C

图 3-8-1 人体浅表淋巴结群示意图

A. 头颈部浅表淋巴结群;B. 上肢浅表淋巴结群:滑车上淋巴结位于上臂内侧,肱二头肌与肱三头肌之间的间沟内;C. 下肢浅表淋巴结群:腘窝淋巴结位于小隐静脉和腘静脉的汇合处。

2. 检查方法及顺序

(1)检查方法:淋巴结检查主要通过视诊和触诊。视诊时需注意局部表观状态和全身状态;触诊是主要方法,需注意淋巴结与肌肉和血管结节的区别,以及皮肤与皮下组织间的滑动。着重观察淋巴结数量、有无肿大、活动度或粘连度,局部皮肤有无红肿、波动、压痛、瘘管及瘢痕等。

(2)检查顺序:淋巴结数量众多,需要注意检查顺序。头颈部顺序为耳前、耳后、枕部、下颌下、颏下、颈前、颈后到锁骨上淋巴结;上肢先检查腋窝淋巴结,后滑车上淋巴结;腋窝从腋尖群、中央群、胸肌群、肩胛下群到外侧群;下肢从腹股沟淋巴结上群,再下群,最后腘窝淋巴结。

三、专科检查

外科、耳鼻咽喉头颈科、眼科、妇产科、口腔科、介入放射科、神经精神等专科,需要询问和记录相关体征。常见专科检查包括乳腺肿瘤患者的乳腺检查和妇科检查,直肠癌患者的直肠指诊,宫颈癌患者的双合诊及三合诊,甲状腺肿瘤患者的甲状腺专科检查。

第三节 特殊表现

一、警戒信号

患者出现以下症状可作为肿瘤早期征兆的参考:

1. 进行性发热。
2. 长期消化不良、进行性食欲减退、消瘦,原因不明的体重减轻。
3. 身体任何部位出现逐渐增大的肿块。
4. 疣(赘瘤)或黑痣有明显变化(颜色加深、迅速增大、瘙痒、脱毛、渗液、溃烂、出血)。
5. 进食时胸骨后闷胀、灼痛、异物感或进行性加重的吞咽困难。

6. 耳鸣、听力减退、鼻塞、鼻出血，单侧头痛或伴有复视，以及颈部有肿块。
7. 女性出现异常阴道出血，尤其是绝经后妇女的不规则阴道流血。
8. 持续性声音嘶哑伴干咳，痰中带血，且久治不愈。
9. 原因不明的大便习惯改变、带血，或无痛性血尿。
10. 无外伤而发生久治不愈的伤口、溃疡。

二、恶病质

肿瘤为慢性消耗性疾病，中晚期常伴随恶病质，该病征是以骨骼肌量持续下降为特征，可能伴随脂肪减少，不能被营养治疗逆转的综合征，最终可致进行性功能障碍，具体诊断标准参见2011年Fearon K等专家发布的《国际恶病质相关专家共识》。营养不良、恶病质及肌肉减少症可作为除肿块外肿瘤的重要诊断指标，常见发生恶病质的恶性肿瘤，如胃癌、胰腺癌、非小细胞肺癌、前列腺癌及肠癌等引起的恶病质，主要为原发性恶病质。

三、副肿瘤综合征

恶性肿瘤的临床表现，除上述原发或继发性肿瘤导致的症状外，由于肿瘤产生的异常生物活性物质致患者出现全身临床表现，统称为副肿瘤综合征（paraneoplastic syndrome），也称肿瘤"远隔效应"。副肿瘤综合征产生机制复杂，且随着肿瘤增大而变化，可能发生于局部症状前，就诊时及时发现这些表现，有助于患者的早期诊断。

（一）皮肤和结缔组织

40岁以上有进行性瘙痒的患者，应考虑患有白血病和内脏恶性肿瘤。恶性淋巴瘤，特别是霍奇金病患者早期即见皮肤瘙痒，脑瘤患者伴有鼻孔部位瘙痒。

除瘙痒外，部分恶性肿瘤也常见黑棘皮病、皮肌炎、匐行性回状红斑及带状疱疹等皮肤类病症，40岁以上患者如发现以上症状，需要进一步检查。

（二）肺原发性骨关节增生

肺癌、胸膜间皮瘤以及发生胸内转移的其他恶性肿瘤患者，常出现杵状指、肺性关节痛、骨膜炎（男性可见乳房肥大）等。其中原发性肿瘤患者此症状出现于原发症状之前。

（三）心血管系统

游走性血栓性静脉炎可发于内脏肿瘤患者，胰腺癌居多。静脉炎可触及索状物，有局部疼痛、压痛及局部水肿，但不伴红、热等炎症表现，具有游走性，在不同部位反复出现。

胃癌、肺癌或胰腺癌可发生原因不明的非细菌性血栓性心内膜炎，表现为血纤维蛋白在心瓣膜积贮成疣状血栓，可导致脑、冠状动脉或四肢动脉栓塞和患者猝死。

（四）神经-肌肉系统

多种内脏肿瘤及白血病淋巴瘤患者均可出现多发性肌炎，表现为近端肌肉进行性无力，手臂伸肌比屈肌先受累，病变肌肉有触痛但不萎缩，反射减弱或消失。

特别是肺癌，在癌症诊断前几个月甚至前几年，即可能出现肌力减退、乏力、口干、上睑下垂、视力障碍、声音嘶哑及阳痿等，先上肢后下肢肌群无力，称为肌无力综合征。经手术切除病变组织后，或可改善症状。

（五）内分泌与代谢

皮质醇增多症，也称为异位促肾上腺皮质激素分泌综合征，多发于肺癌、恶性胸腺瘤及胰腺癌。表现为皮肤色素沉着、虚弱、肌无力、水肿、糖尿病、高血压及低钾性碱中毒等，或出现精神障碍。

肺癌、肾癌及乳腺癌常伴有高钙血症，表现为厌食、恶心、呕吐、便秘、嗜睡及精神错乱。

血糖含量不稳定也是肿瘤患者常见的合并症，其中功能性胰岛细胞瘤、肝癌、盆腔、腹腔腹膜后间叶组织肿瘤患者常发生低血糖症；肾上腺嗜铬细胞瘤和胰腺癌常发生高血糖症。

肺癌、胰腺癌、胸腺癌、十二指肠癌及恶性淋巴瘤患者可能出现恶心、呕吐和嗜睡，有些出现水中毒症状，为低钠血症。

消化道肿瘤、支气管腺瘤、肺癌、甲状腺髓样癌及胰腺癌等肿瘤患者常发生阵发性潮红、发绀、腹痛、腹泻和哮喘样发作，称为类癌综合征。

（六）血液系统

内脏肿瘤患者由于出血、营养不良、红细胞生成障碍或红细胞寿命缩短等原因，可致慢性贫血。肝或肾所在器官肿瘤可产生类似于由肾、肝产生的促红细胞生成素，诱导红细胞增多，称为红细胞增多症。

由于肿瘤坏死、恶性增殖过程中释放的毒性物质，结肠癌、胰腺癌、胃癌及乳腺癌患者常发生嗜酸性粒细胞增多症。乳腺癌、胃肠肿瘤及肺癌患者常发生淋巴细胞类白血病反应。

肺癌、前列腺癌、急性白血病、胰腺癌等可伴纤维蛋白原缺乏引起的出血性紫癜。慢性粒细胞白血病（chronic myelocytic leukemia，CML）或霍奇金淋巴瘤等肿瘤可出现无法解释的血小板增多症。

四、肿瘤相关的特殊体征

（一）霍纳综合征（Horner syndrome）

肺尖部的肺癌（肺上沟癌），可压迫颈交感神经，引起病侧上睑下垂、瞳孔缩小、眼球内陷及同侧额部与胸壁无汗或少汗。

（二）库瓦西耶征（Courvoisier sign）

是胰腺癌的重要体征，可触及囊状、表面光滑、无压痛且可推移的胀大胆囊。

（三）绿色瘤（chloroma）

眼眶部位多见，可致眼球突出、复视或失明，由于粒细胞肉瘤累及骨膜，聚集成淡绿色肿块。

（四）POEMS 综合征

多发性周围神经病（polyneuropathy）、器官肥大症（organomegaly）、内分泌疾病（endocrinopathy）、单克隆浆细胞病（M protein）及皮肤改变（skin changes）5 种疾病英文单词首字母缩写为 POEMS 综合征，为骨硬化性骨髓瘤患者常见体征。

五、肿瘤转移

侵袭和转移是恶性肿瘤危及生命的最主要的生物学特征，其中侵袭是降低活动度的主要因素，转移指肿瘤细胞脱离原发部位，到达与原发部位不连续的组织继续增殖，形成与原发肿瘤同样病理的继发肿瘤的过程，是侵袭的结果。肿瘤转移的途径主要通过淋巴转移、血行转移及种植转移。其中淋巴转移是常见转移途径，可通过表浅淋巴结检查得到初步诊断，上皮组织起源的肿瘤多经淋巴转移。

（王昆华）

第四节 实验室诊断

一、常规检验

肿瘤常规检验主要是对肿瘤患者的血液、尿液、粪便、痰液等体液和分泌物中的细胞和其他有形成分进行定量与定性检验，是肿瘤实验室诊断的基础指标。肿瘤常规检验指标并不具有诊断特异性，但能为肿瘤诊断提供线索，还需结合肿瘤标志物、影像结果、病理诊断等做出全面综合判断。

(一) 血液一般检验

血液一般检验能够提供肿瘤诊断的线索，尤其对血液系统肿瘤而言是重要的诊断依据。因恶性肿瘤导致慢性失血者，可引起贫血，尤其是消化系统恶性肿瘤常伴有不同程度的缺铁性贫血。白血病、淋巴瘤、肿瘤晚期患者，常有较严重的贫血。肾癌、肝癌、卵巢癌等伴红细胞增多症时也可表现为红细胞计数增多。白血病患者外周血涂片可见大量未成熟白细胞。肿瘤放化疗引起的骨髓抑制可导致三系细胞减少。恶性肿瘤常可导致红细胞沉降率增快。

(二) 尿液一般检验

尿液一般检验用于初步反映泌尿系统病变，是泌尿系统肿瘤诊断的基础。血尿伴有无疼痛是区别泌尿系统疾病良恶性疾病的重要依据，血尿伴排尿疼痛大多与良性病变如膀胱炎或尿石症有关，而无痛性血尿则高度提示泌尿系统肿瘤。尿脱落细胞学检查方便易行，是膀胱癌实验室检查的主要方法之一。尿本周蛋白阳性可见于多发性骨髓瘤患者。

(三) 粪便一般检验

粪便一般检验可用于消化系统炎症、出血、肿瘤等的鉴别诊断。粪便隐血试验持续阳性常提示消化系统恶性肿瘤。粪便镜检如发现有癌细胞高度提示消化系统肿瘤。陶土样便伴有黄疸常是胆管癌或胰头癌堵塞胆道，引起胆道梗阻，胆汁排泄不畅所致。粪便脂肪定量测定可以反映肝胆系统及胰腺的功能。粪便中脂肪含量增加可见于胰腺癌引起的胆道梗阻。多靶点粪便 DNA 检测(multitarget stool DNA testing，mt-sDNA)可以检测粪便中异常 DNA 标志物和人血红蛋白标志物，对于结直肠癌筛查具有较好的灵敏度。

(四) 分泌物及体液检验

痰液和肺泡灌洗液检验对肺部肿瘤的诊断有一定价值。正常人无痰液或仅有少量无色或灰白色痰液，肺部肿瘤破坏毛细血管时，患者可咳红色或棕红色血性痰。肺癌患者痰液或肺泡灌洗液中可带有脱落的癌细胞，如检验方法得当，阳性率较高，对肺癌的诊断和分类有重要价值。子宫颈(阴道)脱落细胞学检查可用于宫颈癌筛查、诊断、疗效和预后判断。

浆膜腔积液检验主要用于判断积液性质，寻找积液病因。恶性肿瘤患者的浆膜腔积液多为渗出液，出现恶性渗出液常是一个不良的预后指标。胸腔、腹腔积液中发现脱落的肿瘤细胞对于肺癌、胸膜间皮瘤、消化系统肿瘤、腹腔转移癌等具有一定诊断价值。脱落肿瘤细胞 DNA 含量和倍体分析可作为辅助检查手段之一。脑脊液检验可用于中枢神经系统肿瘤的辅助诊断，脑脊液涂片检查发现癌细胞有助于中枢神经系统肿瘤的诊断，如白血病患者脑脊液发现白血病细胞，可诊断为中枢神经系统白血病。

二、肿瘤标志物

从 19 世纪 40 年代第一个肿瘤标志物发现至今，临床上发现的肿瘤标志物已有 200 余种，已成为临床肿瘤检验的重要组成部分，发挥着不可替代的作用。近 20 年来，随着分子生物学技术的发展，肿瘤标志物的研究已不再局限于传统的体液肿瘤标志物，基因水平的分子肿瘤标志物研究出现了革命性的进步并日臻完善，为恶性肿瘤的人群普查、早期诊断、病情监测、预后评估、转移及复发风险预测、个体化及预见性治疗提供了重要依据，并从理论上为系统研究肿瘤的发生、发展机制提供了重要手段。

（一）肿瘤标志物的概念及意义

1. 概念 肿瘤标志物（tumor marker，TM）是指由肿瘤组织和细胞产生的与肿瘤形成、发生相关的物质，这些物质存在于肿瘤细胞的胞核、胞质、胞膜上或体液中，进入到血液或其他体液或组织中，或是宿主对体内新生物反应而产生并进入到血液或体液或组织中而含量明显高于正常参考值的一类生物活性物质。它们的存在或量变可以提示肿瘤的性质，借以了解肿瘤的组织发生、细胞分化、细胞功能，以帮助肿瘤的诊断、分类、预后判断以及治疗指导。近 20 年来，随着生物芯片技术、质谱技术及组学技术的飞速发展，越来越多的分子肿瘤标志物诸如甲基化基因、循环肿瘤 DNA（ctDNA）、循环肿瘤细胞（CTC）、非编码 RNA 等不断被发现。目前，肿瘤标志物已发展成为一门系统的学科，即肿瘤标志物学。

2. 肿瘤标志物的特性 理想的肿瘤标志物应具备以下特性：

（1）敏感性高：能够提高早期肿瘤的检出率。

（2）特异性好：能准确鉴别良、恶性肿瘤。

（3）器官特异性：能对肿瘤进行器官定位，从而来判断肿瘤的来源、类型等。例如甲胎蛋白（AFP）对于肝脏和生殖系肿瘤有器官特异性，前列腺特异抗原（PSA）对前列腺癌有特异性，CA19-9 对于胰腺癌有较高特异性。

（4）动态监测：半衰期短，能及时反映肿瘤的动态变化，且含量高低与疾病恶性程度、肿瘤转移有关，可用于监测治疗效果及体内肿瘤发展和变化的实际情况，如 CEA、CA19-9 对消化系统肿瘤的术后评估有重要作用。

（5）易于检测：目前的肿瘤标志物难以覆盖上述全部特性，为达到临床诊疗的目的，通常联合检测多个肿瘤标志物，以提高敏感性和特异性。

3. 肿瘤标志物的临床应用

（1）肿瘤的筛查：大部分肿瘤标志物能为早期无症状肿瘤患者的诊断提供重要线索，可作为肿瘤的辅助诊断工具，如 CEA、AFP、CA19-9、CYFRA21-1 等。但由于多数肿瘤标志物缺乏足够高的敏感性和特异性，很少被用于人群普查。

（2）肿瘤的诊断与鉴别诊断：临床上常根据某些肿瘤标志物表达水平的不同来鉴别良、恶性肿瘤。

（3）肿瘤分期：血清肿瘤标志物升高的水平常与肿瘤的大小及恶性程度相关，肿瘤标志物的定量检测有助于肿瘤临床分期。

（4）疗效与预后判断：大部分肿瘤患者手术、放化疗前后测定的肿瘤标志物变化的程度反映了治疗效果。一般来说，治疗前肿瘤标志物浓度明显升高，表明肿瘤较大，分期较晚，患病时间较长，可能已有转移，预后较差。

（5）临床个体化治疗指导：根据不同患者肿瘤标志物检出的差异性进行个体化治疗药物及方案选择。

（6）肿瘤复发及转移监测：对于术后或放化疗后的患者，连续监测其肿瘤标志物变化，如呈直线上升，提示肿瘤极有可能发生复发或转移。

（7）确定未知来源的转移肿瘤的原发肿瘤：对于未知来源的转移肿瘤，可根据具有器官特异性的肿瘤标志物对肿瘤的来源进行器官定位，从而判断肿瘤的来源、类型等。

4. 肿瘤标志物的局限性及应用原则 肿瘤标志物不是万无一失的，通常需要其他检查来更多地了解可能的癌症或癌症复发。

(1)肿瘤良、恶性鉴别诊断:恶性肿瘤以外的疾病或状况可能使某些肿瘤标志物(TM)显著升高,限制了TM辅助癌症诊断的准确性。但如果同时出现多项TM显著升高,则高度提示恶性肿瘤的可能。

(2)早期肿瘤筛查和辅助诊断:大多数TM在肿瘤早期诊断中的敏感性和特异性不足,阳性率(Ⅰ~Ⅱ期)一般低于20%。因此,不推荐将TM作为无症状人群肿瘤筛查的主要手段。但对筛查特定肿瘤高危人群具有一定的价值,如肝炎患者应定期筛查AFP。

(3)肿瘤分期和器官定位:虽然TM水平与肿瘤临床分期之间存在相关性,但不能成为临床分期的依据。由于肿瘤的异质性,即使同一种肿瘤分泌的TM量也不同,各期肿瘤的TM浓度变化范围较大。由于绝大多数TM器官特异性不强,难以对肿瘤进行准确定位。但少数TM如前列腺特异性抗原、AFP等对器官定位有一定的价值。

(4)TM的联合检测:同一种肿瘤可以产生一种或多种TM,同一种TM也可在多种肿瘤中出现。为了提高TM的诊断效能,可联合应用几项灵敏度、特异度较好,且能互补的TM构成最佳组合。

(5)TM在肿瘤疗效判断和随访监测中的应用:TM最具临床应用价值之处是判断肿瘤疗效和监测复发。通过对肿瘤患者治疗前后及随访中TM浓度变化的监测,尤其是治疗前大于正常上限2倍以上的TM,可作为治疗效果评价和病情监测的重要参考指标。

(6)TM异常值解读:不同TM敏感性和特异性差异较大,一般认为异常值大于正常上限2倍以上临床意义较大。对于异常值在正常上限1倍与2倍之间,需动态观察变化趋势,以及结合其他辅助检查,便于更准确地判定其临床意义。

(二)肿瘤标志物的分类与常见肿瘤标志物

对于肿瘤标志物的分类,目前尚没有统一的方法。本节根据临床需要,分别从基本特性及来源对肿瘤标志物进行分类。

1. 根据肿瘤标志物的化学和生物学特性分类 现较普遍采用的是根据TM的化学和生物学特性分为以下几类:①蛋白质类标志物(不含酶);②激素类标志物(含异源性激素);③酶和同工酶类标志物;④糖类抗原标志物;⑤基因及其产物类标志物;⑥其他标志物:DNA甲基化标志物、肿瘤相关病毒类标志物、非编码RNA、循环肿瘤细胞相关标志物等。

(1)蛋白质类标志物:大多数实体瘤是由上皮细胞衍生而来,当肿瘤细胞快速分化、增殖时,一些在正常组织中不表达的细胞类型或组分大量出现,从而成为肿瘤标志物。其中,常见的胚胎类抗原如AFP和CEA就属于蛋白类标志物范畴。正常情况下胚胎类抗原只在胎儿期存在,成年后逐渐停止合成和分泌,而在癌症患者体内这类抗原会重新出现,可能与恶性细胞转化时激活了某些在成年后已关闭的基因有关。

1)AFP:血清AFP器官特异性高,主要反映肝脏、生殖系胚胎源性疾病,是人类认识较早的比较有价值的肝癌和生殖细胞肿瘤标志物。AFP对肝癌诊断的阳性率约为70%。血清AFP ≥ 400μg/L超过1个月,或≥200μg/L持续2个月,应高度怀疑肝癌。AFP还可应用于原发性肝癌的预后和疗效监测,高浓度的血清AFP,提示预后不良。

2)CEA:是一种具有人类胚胎抗原特性的酸性糖蛋白,参与细胞分化、凋亡及细胞极性的调控。作为一种广谱肿瘤标志物,血清CEA升高可见于肠癌、胰腺癌、胃癌、肺癌和乳腺癌等。通常情况下,手术、放化疗或其他治疗前,CEA水平与肿瘤负荷成正比,且相当比例的肿瘤复发患者可见CEA的显著升高。

3)细胞角蛋白(cytokeratin,CK):是细胞体间的中间丝,在正常及恶性的上皮细胞中起支架作用,支撑细胞及细胞核,细胞分解后可释放至血中。肿瘤细胞中最丰富的是CK18和CK19。CYFRA21-1是角蛋白CK19的一种,被广泛应用于肺癌、食管癌等上皮来源的恶性肿瘤的诊断、临床疗效观察及预后监测等方面,是非小细胞肺癌的首选标志物之一,敏感性达80%。CYFRA21-1水平显著升高通常提示肿瘤晚期或预后较差。

4)鳞状细胞癌抗原(squamous cell carcinoma antigen,SCCA):又称SCC,是一种糖蛋白,于1977

年从子宫颈鳞状细胞分离的抗原亚组分，主要用于辅助诊断鳞状细胞癌的肿瘤标志物，在宫颈鳞状细胞癌、肺鳞状细胞癌患者的血清中会有升高，其升高水平和肿瘤的恶性程度密切相关。有研究报告提示术前血清 SCC 值与是否伴有腹膜后淋巴结转移存在着一定的关联，并认为当 SCC 水平 >3.5μg/L 时是存在转移的高危因素。

5）铁蛋白（ferritin）：是铁的主要贮存形式，对体内铁的转运、贮存以及铁代谢调节具有重要作用，具有促进肿瘤细胞增殖、血管生成、免疫抑制、肿瘤耐药等作用，与疾病进展、预后密切相关。肝脏是合成和清除铁蛋白的重要器官，因此，肝癌常可有铁蛋白的增高。当肝癌 AFP 测定值较低时，可用测定铁蛋白值作为补充，以提高诊断率，并可以作为肝癌治疗疗效监测指标之一。除此之外，很多肿瘤如淋巴瘤、白血病、肝癌、胰腺癌和乳腺癌患者的铁蛋白水平也可升高。

（2）激素类标志物：激素是一类由特异的内分泌腺体或散在的内分泌细胞所产生的生物活性物质。当这类细胞出现异常增生时，激素的分泌量发生异常，即正位激素异常。此外，在恶性肿瘤患者中，原来在正常情况下不分泌激素的非内分泌腺体或细胞也分泌了一种分子结构与正常激素相似的激素，称之为“异位激素”或“异生性激素”。一般情况下，同种肿瘤细胞可分泌一种或多种异生性激素，而一种异生性激素也可由一种或多种肿瘤细胞所分泌。

1）降钙素（calcitonin，CT）：是由甲状腺 C 细胞分泌的一种由 32 个氨基酸组成的多肽。其主要生理功能是降低血钙、血磷的水平。常用于筛查甲状腺髓样癌患者无症状的家族成员，监测甲状腺髓样癌的治疗疗效和疾病复发。其他恶性肿瘤，如燕麦细胞癌、肺癌、胰腺癌、子宫癌、前列腺癌等降钙素也有升高。

2）人绒毛膜促性腺激素（human chorionic gonadotropin，HCG）：主要由胎盘合体滋养层细胞分泌的一种糖蛋白激素，由 α 和 β 两个亚单位组成，肿瘤组织分泌的 HCG 多为 β 亚单位(即 β-HCG)。β-HCG 作为肿瘤标志物，主要应用于滋养细胞瘤、绒毛膜上皮癌、卵巢癌和睾丸癌。

3）雌、孕激素受体：雌激素受体（estrogen receptor，ER）及孕激素受体（progesterone receptor，PR）表达异常可见于乳腺癌、卵巢癌、宫颈癌和子宫内膜癌等多种妇科肿瘤。临床上以乳腺癌较多见，是乳腺癌公认的估测患者预后及选择治疗方案的指标。ER、PR 阳性的乳腺癌一般分化好，发展慢，内分泌治疗有效，预后较好；反之，分化差，恶性程度高。

（3）酶和同工酶类标志物：酶及同工酶是最早出现和使用的肿瘤标志物之一，根据来源可将其分为 2 类。①组织特异性酶：因组织损伤或变化而使储存在细胞中的酶释放，如前列腺特异性抗原等；②非组织特异性酶：主要是肿瘤细胞代谢加强，特别是无氧酵解增强，大量酶释放到血液中，如己糖激酶等。然而，在机体中能造成酶活性变化的因素十分复杂，从而使在诊断肿瘤时的特异性受到很大影响。

1）碱性磷酸酶（alkaline phosphatase，ALP）：是一种去磷酸化酶，在碱性条件下能水解各种磷酸酯键释放出无机磷，在磷酸基的转移中起重要作用，广泛分布于人体肝、骨骼、肠、肾和胎盘等组织，经肝脏向胆外排出。ALP 升高多见于原发和继发性肝癌、胆管癌，其他肿瘤如骨细胞癌和恶性肿瘤骨转移、白血病等 ALP 也会升高。

2）神经元特异性烯醇化酶（neuron specific enolase，NSE）：是参与糖酵解途径的烯醇化酶中的一种，存在于神经组织和神经内分泌系统。NSE 是目前辅助诊断、随访监测小细胞肺癌首选的肿瘤标志物，其在小细胞肺癌中的阳性率高达 65%~100%。NSE 的水平与肿瘤负荷、转移部位数目及治疗反应有关。NSE 升高还可见于神经母细胞瘤、嗜铬细胞瘤、甲状腺癌等患者。

3）前列腺特异性抗原（prostate specific antigen，PSA）：是前列腺上皮细胞分泌的丝氨酸蛋白激酶释放酶，是前列腺癌最主要的肿瘤标志物。它具有高度器官特异性，成为前列腺癌早期诊断的重要参考指标。但其缺乏肿瘤特异性，部分良性前列腺疾病也可以升高。PSA 浓度与肿瘤细胞的数量和增殖能力密切相关，可作为前列腺癌治疗的监测指标。

（4）糖类抗原标志物：这类抗原标志物均有丰富的糖基化修饰，并根据肿瘤细胞株的编号或抗体的克隆号命名。糖类抗原标志物产生又可分为两大类，分别为高分子黏蛋白类如 CA125、CA15-3 和血型类抗原如CA19-9、CA72-4、CA242等。

1）CA125：存在于上皮性卵巢癌组织中，与抗原决定簇和胚胎发育期卵巢上皮的大分子量糖蛋白相关，是目前临床常用的检测卵巢癌的肿瘤标志物。该指标主要在卵巢浆液性癌及未分化癌中表达较高，而在黏液性癌中表达较低，透明细胞癌中不表达。CA125水平和肿瘤大小、分期相关，对卵巢癌的敏感性可达约70%。CA125连续检测可用于卵巢癌化疗的疗效监测和预后评估。

2）CA15-3：是固定于膜上的黏液性糖蛋白。血清CA15-3对乳腺癌的总体敏感性和特异性较低，但晚期转移性或复发性乳腺癌的敏感性和特异性较高。CA15-3与影像学检查及临床体格检查一起，可用于乳腺癌患者治疗反应监测。一般手术前有血清CA15-3升高者，术后可用CA15-3进行随访和监测。另外，CA15-3升高还可见于胰腺癌、肺癌、卵巢癌、直肠癌、肝癌及一些肝脏和乳腺良性疾病等。

3）CA19-9：广泛存在于Lewis抗原阳性的胰管、胆囊、胃肠道、泌尿生殖等上皮细胞的细胞膜，其升高主要见于结肠癌和胰腺癌患者。CA19-9在胰腺癌诊疗中的价值最大，术前血清CA19-9浓度与肿瘤分期、远处转移风险以及预后密切相关，通常参考值是37U/ml，>1 000U/ml应高度怀疑胰腺癌。对于结直肠癌患者，CA19-9的敏感性较低，而特异性较高。CA19-9在其他腺癌中也可升高，如肝胆管癌、胃癌和乳腺癌等。

4）CA72-4：主要存在于胃癌、结肠癌、胰腺癌、乳腺癌和肺癌等肿瘤中，是诊断肿瘤的一个较可靠指标。与其他标志物相比，CA72-4的最主要优势是有极高的特异性，容易对良性病变进行鉴别诊断。和CEA联合应用可提高诊断胃癌的敏感性和特异性。CA72-4水平与胃癌分期有明显相关性，在Ⅲ~Ⅳ期胃癌中可明显增高。另外，CA72-4升高还可见于肺癌、卵巢癌及某些良性胃肠道疾病等。

5）CA242：是一种唾液酸化的黏蛋白，在健康人及少数良性疾病患者中几乎检测不出，而在消化道肿瘤中其检测值可明显升高。血清CA242在胰腺癌和结直肠癌的辅助诊断中有较好的敏感性(80%)和特异性(90%)，对胃癌诊断的灵敏度可达到70%，同时也可用于胃癌预后评价。

(5)基因及其产物类：肿瘤是一类基因性疾病，它的发生、发展、转移及耐药与体内癌基因、抑癌基因、DNA修复基因等的突变和异常表达密切相关。临床上可以从基因及表型水平对此类肿瘤标志物进行检测和分析。

1）癌基因：① *RAS* 基因：*RAS* 基因编码酪氨酸激酶，表达产物为P21蛋白，在传递细胞生长分化信号方面起重要作用。由 *K-RAS*、*H-RAS* 和 *N-RAS* 组成，以 *K-RAS* 基因突变多见，突变后P21蛋白的增加与肿瘤浸润的深度及转移相关，多见于胃肠道肿瘤、膀胱癌、胰腺癌、卵巢癌和乳腺癌等。② *MYC* 基因：由 *C-MYC*、*N-MYC*、*L-MYC* 和 *R-MYC* 组成，以 *C-MYC* 基因最常见。*C-MYC* 具有转化细胞的能力，并具有与染色体DNA结合的特性，在调节细胞生长、分化及恶性转化中发挥作用。在肝癌、胃腺癌、结直肠腺癌、乳腺癌、白血病和淋巴瘤等均可见该基因突变扩增或高表达。③ *C-ERBB* 基因家族：其编码一种具有酪氨酸激酶活性的跨膜糖蛋白，包括HER-1（又称为EGFR）、HER-2、HER-3和HER-4，以HER-1、HER-2最常见。HER-1/EGFR过表达主要见于肺癌、结直肠癌、卵巢癌及头颈部肿瘤等；HER-2过表达主要见于乳腺癌、胃癌和卵巢癌等，以乳腺癌最多见。HER-2基因扩增随乳腺癌分级的增加而增加，高表达的HER-2促进了前哨淋巴结（SLN）的转移，而且HER-2表达和前哨淋巴结转移与乳腺癌预后相关。HER-2是癌症患者预后不良、总生存率降低和疾病复发概率高的指标。HER-2阳性乳腺癌占全部乳腺癌分子类型的15%~20%，该类型乳腺癌恶性程度高，预后差。抗HER-2靶向药物能有效降低这部分乳腺癌复发和转移的风险，延长患者生存期并改善预后。

2）抑癌基因：① *TP53* 基因：表达产物为TP53蛋白，TP53蛋白能调节细胞周期和抑制细胞癌变发生，其突变使这一作用消失，诱发肿瘤。在所有恶性肿瘤中，50%以上出现该基因的突变，如乳腺癌、食管癌、结直肠癌、小细胞肺癌、淋巴瘤和白血病等。② *RB1* 基因：具有维持染色质结构稳定的作用，处于去磷酸化形式的RB1与转录因子E2F1结合，作为细胞周期的负调控因子，阻止细胞通过 G_1-S 检查点，使细胞周期停滞，对抑制多种肿瘤的发生发挥重要的作用。当该基因发生突变时，细胞增殖加速，可导致视网膜母细胞瘤、骨肉瘤、白血病、淋巴瘤、肺癌和乳腺癌等多种类型肿瘤。

3）DNA 修复基因：① *BRCA1* 和 *BRCA2* 基因：主要参与 DNA 损伤的修复和转录的调控，该基因突变与乳腺癌的发病密切相关，也可见于卵巢癌。*BRCA1*、*BRCA2* 突变相关性乳腺癌具有发病早、双侧性等特点。易感基因 *BRCA1* 和 *BRCA2* 可作为肿瘤检测的新手段应用于临床。② *ERCC1* 基因：其产物在核苷酸切除修复途径中起作用，是修复紫外线诱导或顺铂等亲电化合物形成的 DNA 损伤所必需的。*ERCC1* 表达降低提示核苷酸剪切修复能力降低，常导致恶性肿瘤（如肺癌）的发生。*ERCC1* 过度表达可使停滞在 G_2/M 期细胞的损伤 DNA 得到迅速修复，导致其对顺铂化疗药物耐药。

4）转移相关基因：肿瘤转移过程中受很多基因的调控，包括 *MTA-1*、*WDNM*、*MTSL* 和 *VEGF* 等及其产物。其中 VEGF 是一种能与肝素结合的二聚体糖基化的碱性蛋白，编码 VEGF 的基因位于染色体 6p21。VEGF 是最有效的血管生成刺激物，通过与血管内皮细胞的特异性受体结合而促进肿瘤内微血管生成，并与肿瘤的生长及转移密切相关。多数研究表明 VEGF 作为治疗靶点，在乳腺癌、胃癌、肠癌、肺癌等多种癌症中具有临床应用。

5）耐药相关基因：①多药耐药基因（multiple drug resistance，*MDR1*）：该基因编码的蛋白是 P- 糖蛋白（P-glycoprotein，P-gp），是一种跨膜蛋白，其表达水平升高的细胞对化疗药物（如蒽环类、长春碱类及多柔比星等）具有一定的耐药性。② *MRP* 基因：该基因编码的多药耐药蛋白（multiple resistance-related protein，MRP）是一种跨膜糖蛋白，通过直接将药物泵出细胞外或暂时把药物转运到某些细胞器内，从而降低细胞内的有效药物浓度。其表达水平增高导致长春新碱、多柔比星等药物产生耐药。

（6）DNA 甲基化标志物：癌细胞中基因启动子区的 CpG 岛会发生明显的高甲基化现象（CpG island methylator phenotype，CIMP），可能会导致一些重要的抑癌基因、DNA 修复基因的转录沉默，这种 DNA 甲基化异常变化是肿瘤发生发展过程中的标志性事件之一。如血浆 Septin9 DNA 甲基化检测可用于结直肠癌诊断，联合检测血浆 RNF180 和 Septin9 基因甲基化可用于胃癌早期诊断，上述基因甲基化检测试剂盒均已被 CFDA 批准应用于临床。

（7）肿瘤相关病毒类标志物：在人与动物体内引起肿瘤或在体外使细胞恶性转化的病毒称为肿瘤病毒。肿瘤病毒按照其核酸的不同分为两大类，即 DNA 肿瘤病毒和 RNA 肿瘤病毒。① EB 病毒：该病毒感染与 Burkitt 淋巴瘤、鼻咽癌的发生密切相关。Burkitt 淋巴瘤和鼻咽癌患者外周血中均含有高滴度的抗 EB 病毒抗体，其中 EB-IgA 抗体的升高对鼻咽癌具有辅助诊断价值。该指标还可用于鼻咽癌高危人群的筛查及疗效监测。②人乳头瘤病毒：该病毒与女性宫颈癌的发生密切相关。临床上 99.8% 的宫颈癌患者检测到高危险性 HPV，可作为宫颈癌的筛查指标，提高宫颈癌早期诊断率。目前，HPV 检查可通过染色镜检法、DNA 检测法和血清学试验来检查，可以作为宫颈液基细胞学检查法（TCT）的有效补充，二者联合有助于提高筛查的敏感性和特异性。③人类 T 细胞白血病 / 淋巴瘤病毒Ⅰ（human T-cell leukemia/lymphoma virus Ⅰ，HTLV-Ⅰ）：HTLV 属反转录病毒科的 RNA 肿瘤病毒亚科，目前已分离出 HTLV-Ⅰ、HTLV-Ⅱ和 HTLV-Ⅲ三个亚型。HTLV-Ⅰ和成人 T 细胞白血病 / 淋巴瘤（ATL）、皮肤 T 细胞淋巴瘤以及 HTLV 相关脊髓病 / 热带痉挛性截瘫（HAM/TSP）密切相关。④肝炎病毒：乙型肝炎病毒（HBV）和丙型肝炎病毒（HCV）感染在肝细胞癌的发生和发展中起着重要作用，它们不仅可以通过细胞损伤和再生起作用，而且在癌基因的激活和抑癌基因的失活方面产生重要影响。

（8）非编码 RNA：① microRNA（miRNA）：是一类长度为 19~23 个核苷酸的非编码单链小分子 RNA。miRNA 通过控制其靶 mRNA 的表达，促进肿瘤的生长、侵袭、血管生成和免疫逃避。在生物体液中可以检测到与癌症相关的 microRNA 生物标志物，从而实现了对癌症（如胶质母细胞瘤、非小细胞肺癌、食管癌等）的无创监测。miRNA 还可以作为药物疗效和疾病预后的预测因子。② lncRNA（长链非编码 RNA）：是长度 >200 个核苷酸的非编码 RNA，在染色质组织、转录和转录后调控中起着重要的调节作用，它们的表达赋予癌细胞启动、生长和转移的能力。已有研究提示，lncRNA 可能作为膀胱肿瘤和肺癌的诊断标志物与乳腺癌预后的标志物，以及在胶质瘤中作为治疗靶点的潜在临床应用。③ circRNA（环形 RNA 分子，circular RNAs）：是一类新的内源性非编码 RNA，其特征是它们的共价闭环结构，不具有5′末端帽子和3′末端poly(A)尾巴，可能在基因表达和信号通路中起重要作用，参与某些疾病的发展，并在诊断肿瘤方面显示出巨大的潜力。研究提示，circRNA可作为肝癌、胃癌、结直肠癌、血液肿瘤等潜在预后和诊断的生物标志物。

(9)循环肿瘤细胞相关标志物：①循环肿瘤细胞(CTC)：是存在于外周血的各类肿瘤细胞的统称。肿瘤细胞因自发或诊疗操作，从实体肿瘤病灶(原发灶、转移灶)脱落进入循环系统形成CTC。CTC检测通过捕捉外周血中的CTC，监测CTC类型和数量变化的趋势，以便实时监测肿瘤动态、评估治疗效果，实现实时个体治疗。②循环肿瘤DNA(ctDNA)、循环游离DNA(cfDNA)：ctDNA是一种无细胞状态的胞外DNA，存在于血液、滑膜液和脑脊液等中，主要是由单链、双链DNA以及单双链DNA的混合物组成，以DNA蛋白质复合物或游离DNA两种形式存在。它是一种具备广泛应用前景、高敏感性、高特异性的肿瘤标志物，且适用于多种肿瘤。与蛋白类标志物相比，ctDNA来自肿瘤细胞基因组突变，很少出现假阳性，而且ctDNA半衰期短，能准确反映肿瘤当前情况。cfDNA则是血液中存在的游离DNA片段，来源于良性细胞、白细胞和病毒核酸等。肿瘤细胞通过坏死、凋亡、分泌向血液中释放的游离DNA即为循环肿瘤DNA(ctDNA)，属于cfDNA的一种。③肿瘤细胞外泌体：外泌体(exosome)是由细胞主动分泌的微小分泌泡(10~300nm)，由细胞双层质膜包裹，其富含miRNA、热休克蛋白及lncRNA等。对于液体活检，外泌体特点在于其不仅来自肿瘤细胞，也可源自肿瘤间质细胞，可能反映肿瘤微环境的改变；其次，外泌体富含miRNA，可能成为未来基于miRNA分子标志检测的主要来源；外泌体较CTC、ctDNA丰度高，更有利于临床检测。

2. 根据肿瘤标志物的来源分类

(1)组织细胞肿瘤标志物：主要是指肿瘤组织或细胞膜上的表达标志物，如生长因子、激素受体、癌基因和抑癌基因等。其特点是可以从基因水平发现疾病的本质，在肿瘤的早期诊断、个体化治疗和预后判断等方面发挥主要的指导作用。相比于体液肿瘤标志物，组织细胞肿瘤标志物取材操作相对复杂，具有一定的创伤性，且检测时间较长。

(2)体液肿瘤标志物：又称细胞外或循环标志物，由肿瘤组织分泌释放到外周血或其他体液，其浓度高于生理水平，如肿瘤相关抗原(CEA、AFP和CA系列抗原)及其由肿瘤诱导产生的物质。其特点是留取标本方便、操作简便、患者痛苦小和报告方式快捷等，但传统体液肿瘤标志物多缺乏足够的敏感性及特异性，需要将多个肿瘤标志物合理、联合应用，从而最大限度地实现其临床价值。

3. 根据肿瘤标志物的产生方式分类

(1)肿瘤组织产生：分化抗原、胚胎抗原、同工酶、激素、组织特异性抗原、黏蛋白、糖蛋白、糖脂、癌基因及其产物、多胺类等。

(2)肿瘤与宿主相互作用后产生：血清铁蛋白、免疫复合物、急性时相蛋白、同工酶、白细胞介素受体、肿瘤坏死因子等。

4. 按照肿瘤标志物的特异性分类

(1)肿瘤特异性标志物：仅由一种肿瘤产生的特异性物质，如PSA是前列腺肿瘤产生的特异性标志物。

(2)肿瘤非特异性标志物：绝大多数肿瘤标志物是在一类组织类型相似而性质不同的肿瘤中升高，常把阳性率较高的一种或一类肿瘤作为主要的临床应用指标，如CEA。

(三)肿瘤标志物在常见肿瘤中的临床应用

1. 肺癌　肺癌依据病理类型分为非小细胞肺癌(non-small cell lung cancer，NSCLC)和小细胞肺癌(small cell lung cancer，SCLC)，其中NSCLC约占87%，二者生物学行为和阳性肿瘤标志物相差较大。

(1)血液肿瘤标志物：①CYFRA21-1：是NSCLC首选标志物之一，特别是肺鳞癌，具有辅助诊断价值。②CEA：器官特异性较低，在NSCLC患者中可升高，肺腺癌和大细胞癌阳性率高于其他类型。③SCCA：又称SCC，是NSCLC的肿瘤细胞分泌的一种糖蛋白，其升高常见于肺鳞癌。④NSE：是目前SCLC首选的肿瘤标志物，阳性率高达65%~100%，可用于SCLC的辅助诊断和病情监测。⑤胃泌素释放肽前体(progastrin releasing peptide,ProGRP):是SCLC相对特异性的标志物,可与NSE联合检测以提高辅助诊断的效能。

(2)组织细胞肿瘤标志物:①*EGFR*基因:最常见的类型是外显子19中的缺失和外显子21中的L858R替换突变。发生上述基因突变的患者对于EGFR酪氨酸激酶抑制剂(吉非替尼、奥希替尼等)疗效较好。②*K-RAS*基因:携带*K-RAS*基因突变的患者生存期短于*K-RAS*野生型患者。但是目前针对*K-RAS*的靶向药物尚没有成功的临床试验。③棘皮动物微管相关蛋白样4-间变性淋巴瘤激酶(echinoderm microtubule-associated protein-like 4-anaplastic lymphoma kinase,*EML4-ALK*)融合基因:*EML4-ALK*突变主要见于肺腺癌,且在不吸烟和轻度吸烟患者中的检出率明显高于大量吸烟患者。针对*ALK*基因的靶向药物主要为克唑替尼、劳拉替尼等。④其他:*ERCC1*基因表达与铂类抗肿瘤药物耐药的关联,*RRM1*基因与吉西他滨耐药性之间关系密切。

2. 乳腺癌 依据近些年发展起来的组织细胞肿瘤标志物(ER、PR和HER-2)进行分子分型,对乳腺癌临床治疗和预后判断具有重要指导价值。

(1)血液肿瘤标志物:①CEA:早期乳腺癌CEA敏感性低,阳性率仅为10%~30%,乳腺癌转移时检测的敏感性可达50%~75%。②CA15-3:CA15-3是目前公认的对乳腺癌较为特异的肿瘤标志物之一,在早期乳腺癌阳性率低,晚期和转移性乳腺癌阳性率较高,为70%~80%。③TPS:对于乳腺癌早期诊断敏感度相对较高,但特异度较低。

(2)组织细胞肿瘤标志物:①ER和PR:ER和PR是乳腺癌内分泌治疗疗效预测指标和预后指标,该标志物阳性的肿瘤细胞一般分化较好,恶性程度较低,对内分泌治疗有效敏感,预后较好。②*HER-2*基因:在乳腺癌中,*HER-2*基因表达率为20%~30%。其高表达与组织分级高、淋巴结转移、分期晚、预后差呈正相关。针对该基因的靶向治疗可显著改善该类患者预后,代表性药物包括曲妥珠单抗、帕妥珠单抗等。③*BRCA1*和*BRCA2*基因:属于肿瘤易感基因,*BRCA1*和*BRCA2*基因的突变大大增加了女性患乳腺癌和/或卵巢癌的风险。基因突变携带者的乳腺癌发病风险高达90%,且具有一定的遗传倾向。

3. 肝癌 AFP是肝癌诊疗最常用且较为可靠的体液肿瘤标志物,但是目前尚缺乏可靠的、可指导临床实践的组织细胞肿瘤标志物。

血液肿瘤标志物:①AFP:是目前最好的也是常用的肝癌标志物。肝癌AFP阳性率仅为60%~70%,特异性尚可,为80%~90%。该指标异常升高如≥500μg/L持续1个月或≥200μg/L持续2个月以上,谷丙转氨酶基本正常,并能排除妊娠、活动性肝病与生殖腺胚胎性肿瘤等情况者,应高度警惕肝癌。②甲胎蛋白异质体:目前认为AFP至少有3种异质体(AFP-L1、AFP-L2、AFP-L3),其中AFP-L3是肝癌特异性的,其比AFP对于辅助诊断肝癌具有更高的特异性。

4. 胃癌 虽然胃癌患者可见多项肿瘤标志物升高,但尚未发现某一肿瘤标志物能独立应用于胃癌的辅助诊断或预后判断。

(1)血液肿瘤标志物:①CA72-4:该指标是胃癌的首选体液肿瘤标志物,其检测的敏感性为40%~50%,优于CEA和CA19-9。②CEA:该肿瘤标志物敏感性及特异性都不高,其在原发性胃癌中检测阳性率约为25%。③CA19-9:该指标在胃癌的灵敏度为6.8%~51.7%。

(2)组织细胞肿瘤标志物:*HER-2*基因是胃癌的常规检测项目,胃腺癌中*HER-2*基因扩增的比例为10%~20%。对*HER-2*基因扩增的转移性晚期胃癌患者可应用化疗联合分子靶向药物治疗(曲妥珠单抗),从而提高生存时间。

5. 结直肠癌 到目前为止,还没有发现结直肠癌特异性的肿瘤标志物,但对某些组织细胞肿瘤标志物的检测有利于指导临床治疗选择及预后评估。

(1)血液肿瘤标志物:①CEA:其用于结直肠癌诊断的灵敏度为75%~85%,在监测肿瘤复发方面较为优势。②CA19-9:在各种腺癌中都可升高,其用于结直肠癌诊断的敏感性和特异性均低于CEA。③CA242:对结直肠癌的敏感性为60%~70%。有研究显示其敏感性及特异性均优于CA19-9。

(2)组织细胞肿瘤标志物:①错配修复蛋白和微卫星不稳定性:错配修复(MMR)蛋白表达缺失或高度微卫星不稳定性(microsatellite instability-high,MSI-H)是Ⅱ期结肠癌预后良好的标志物,该类患者不能从氟尿嘧啶单药辅助化疗中获益。② *K-RAS* 基因:*K-RAS* 基因突变占结直肠癌患者的40%~45%,该基因突变者对 EGFR 单抗(西妥昔单抗)治疗无效,预后较差。③ *BRAF* 基因:*BRAF* 基因突变占所有结直肠癌患者的 7%,该类患者预后较差。对于 *BRAF* 基因突变患者,不推荐使用 EGFR 抑制剂西妥昔单抗。

6. 妇科生殖系统肿瘤

(1)卵巢癌:卵巢癌组织类型可达几十种,其中上皮癌占 90% 以上,不同组织类型的卵巢癌分泌的肿瘤标志物不同。

血液肿瘤标志物:① CA125 :是最为常用的卵巢癌肿瘤标志物,卵巢上皮癌的首选标志物,其在早期卵巢癌的阳性率为 40%~65%,晚期卵巢癌的阳性率为 85%~90%,但特异性比较差。②人附睾蛋白 4(human epididymal protein 4,HE4):HE4 对卵巢癌鉴别的灵敏度较高,其对卵巢良、恶性疾病鉴别的特异度也显著高于 CA125。③ AFP:该指标是否升高取决于肿瘤组织中是否有内胚窦成分,对内胚窦瘤有特异性诊断价值。④ HCG:可协助诊断卵巢绒毛膜癌或伴有绒毛膜癌成分的生殖细胞肿瘤。

(2)宫颈癌:宫颈癌目前缺乏敏感性、特异性肿瘤标志物,传统肿瘤标志物如 CEA、CA125、SCCA、ER 和 PR 等在宫颈癌的筛查及辅助诊断中的敏感性及特异性均较差,但在宫颈癌治疗后的疗效评价及病情监测方面可发挥一定的作用。

(3)子宫内膜癌:目前尚无敏感性和特异性均达到要求的早期子宫内膜癌肿瘤标志物。CA125 是目前最好的监测子宫内膜癌的肿瘤标志物,约 60% 的 CA125 水平升高的患者会发生子宫内膜癌的复发和转移。

7. 胰腺癌 目前尚没有明确的肿瘤标志物可以进行胰腺癌筛选、发现早期病例,但在监测肿瘤病情演变、观察疗效及判断预后方面仍有重要价值。

(1)血液肿瘤标志物:① CA19-9 :其在诊断胰腺癌的敏感性和特异性最高,分别达 78.2% 和 82.8%,但对诊断早期胰腺癌价值有限。虽然胆胰良性疾病 CA19-9 也可升高,但多数为 CA19-9 单项升高。② CEA:其阳性率一般在 50%~70%,联合 CA19-9 检测可提高胰腺癌检出的敏感性、准确性。可作为 CA19-9 的良好补充,尤其是对于 Lewis 抗原阴性的胰腺癌患者。

(2)组织细胞肿瘤标志物:*K-RAS* 突变是胰腺癌演变过程中的"早期事件",突变率达 90% 以上,突变位点主要集中在第 12 号密码子。*K-RAS* 突变与肿瘤细胞的生长、增殖及血管生成等行为均有一定的关联。可通过对组织、血液或胰液中 *K-RAS* 基因突变的检测,辅助临床诊断。

8. 前列腺癌 血清 PSA 是最具有器官特异性的肿瘤标志物,可用于前列腺癌的筛查。PSA 筛查具有特异性强、灵敏度高、检测准确的优点,可作为人群筛查标志物。正常 PSA<4ng/ml,当 PSA>10ng/ml 时,高度怀疑患有前列腺癌。

9. 血液系统肿瘤标志物 在血液系统中,肿瘤相关基因被激活的最常见原因是染色体易位,尤其是平衡易位,其结果或是造成某一基因表达量的变化,或是使之结构发生改变,形成新的融合基因。

(1)*PML-RARα* 融合基因:它是 15 号染色体上的 *PML* 基因与 17 号染色体的 *RARα* 基因发生重排,从而形成 APL 特异性的分子标志——PML-RARα,是急性早幼粒细胞白血病(acute promyelocytic leukemia,APL)特征性的染色体异常,该类白血病对维 A 酸治疗效果好。

(2)*BCR-ABL* 融合基因:该融合基因是 9 号染色体的 *ABL* 基因易位到 22 号染色体的 *BCR* 基因上。它是一种与慢性粒细胞白血病相关的特殊染色体易位现象,阳性率可达到 95%。该基因具有酪氨酸激酶活性,可被靶向药物伊马替尼有效抑制。

(聂勇战)

第五节 影像学诊断

一、肿瘤常用影像学检查设备介绍

(一) X线摄影

1. 基本原理 X线摄影是透过人体的X线在荧光屏或胶片上形成由黑到白不同灰度的影像。X线可穿透被照射的组织结构;人体不同组织结构密度不同,密度高的组织吸收X线多,密度低的组织吸收X线少,到达荧光屏或X线胶片上剩余的X线出现差别,从而形成黑白对比不同的影像。组织密度越高,X线显示阴影密度越高。人体内部组织密度由高到低分别为骨骼(高密度致密影)、软组织和液体(中等密度阴影)、脂肪(稍低密度影)及气体(低密度影)。

2. 常用技术 普通X线摄影依赖人体内部组织之间密度不同而成像。双对比造影是将对比剂引入器官内部或周围,使之产生密度差别而显影的方法。乳腺X线摄影是钼钨靶X线机产生软射线,使乳腺组织显示,通常采用侧斜位(mediolateral oblique,MLO)和轴位(craniocaudal,CC)。

3. 临床应用

(1) 普通X线摄影:是临床最常用、便捷的检查方法,在骨肿瘤诊断中,X线仍然是不可或缺的检查方法;在呼吸系统肿瘤诊断中,X线可以显示部分肿瘤的特征及继发征象。

(2) 双对比造影:是诊断食管癌、胃癌、结直肠癌重要的方法之一,可清晰显示消化道黏膜面病变,并可动态观察其功能性改变。

(3) 乳腺X线摄影:临床常用的乳腺检查方法,是检出乳腺内部微小钙化的唯一方法,钙化的大小、形态、分布是鉴别良恶性病变的一项重要依据。该项检查已被用于50岁以上妇女乳腺癌的筛查。

4. 发展前景 目前乳腺X线摄影在乳腺肿瘤诊断的研究热点包括乳腺X线增强摄影、乳腺断层摄影、人工智能辅助诊断等。

(二) 超声

1. 基本原理 超声检查(ultrasonography,US):超声波是指频率超过人耳听觉范围(20~20 000Hz)的高频声波,即振动频率>20 000Hz的机械振动波。使用医用超声诊断仪向人体发射的超声波,经不同组织器官传播后,将携带组织器官声学特性的回波信号接受、放大和处理后形成超声图像。

2. 常用技术 肿瘤常用超声诊断技术包括

(1) 二维超声:以不同辉度的光点来显示不同强弱回声而形成的组织器官的灰阶断层图像。

(2) 彩色多普勒超声:利用多普勒频移原理探测人体内血流信号,采用不同颜色代表不同方向的血流,将彩色血流信号叠加在灰阶图像的相应区域内,即为彩色多普勒超声。

(3) 频谱多普勒超声:利用多普勒频移原理探测人体内血流信号,用频谱显示血流速度、方向等血流动力学参数。

(4) 超声造影:通过静脉注入超声造影剂,采集造影剂的信号进行成像。

(5) 弹性成像:利用超声波探测生物组织弹性(或硬度)特征的成像技术。

(6) 腔内超声检查:采用特殊造型的探头经过人体自然腔道进行超声检查,如经阴道、直肠超声。

3. 临床应用 二维超声是所有超声检查的基础,彩色多普勒超声和频谱多普勒超声用于检测肿瘤的血供、血流分布和血流动力学特点,超声造影可以实时观察组织器官及肿瘤的血流灌注情况,弹性成像用于观察肿瘤的硬度特征,腔内超声用于观察女性盆腔、男性前列腺等部位肿瘤。

4. 热点及方向 目前超声在肿瘤诊断应用的研究热点包括乳腺容积成像、靶向声学造影剂、人工智能辅助诊断等。

(三) CT

1. 基本原理 计算机体层成像(computed tomography,CT)以X线束环绕被检体某一选定层面进行扫描,利用探测器测定透过被检体后剩余X线量,转化为数字信号,发送给计算机进行数字化处理,得出选定层面组织各单位容积吸收系数,然后经数字转化为重建模拟图像。CT是断层图像,是由一定数目从黑到白的不同灰度的像素按照固有矩阵排列而成。灰度可反映组织对X线的吸收度,如骨骼吸收X线多,呈高密度影像;气体X线吸收少,呈低密度影像。CT值可定量评估组织器官的密度(CT值越高,组织密度越高),范围为-1 000~1 000HU。目前多排螺旋CT临床应用最广泛,X线连续扫描,可短时间内完成,获得扫描区域内的容积数据。该数据可任意平面重建图像,具有较高的空间分辨率。

2. 常用技术

(1)CT图像后处理技术:为利用计算机软件对螺旋CT获得的容积数据进行处理,包括多平面重建(MPR)、容积成像(VR)、最大密度投影法(MIP)、曲面重建(CPR)、CT仿真内镜(CTVE)等,这些技术提高了CT在肿瘤中的应用价值。

(2)CT造影:包括CT动脉造影(CTA)、CT静脉造影(CTV)、CT泌尿系统造影(CTU)等,有利于显示肿瘤与动脉、静脉或输尿管的关系。

(3)动态增强扫描:腹部肿瘤包括动脉期、门脉期及延迟期,通过观察肿瘤强化特征,提高肿瘤诊断的准确性。

(4)CT灌注扫描:反映肿瘤内部微环境,对肿瘤良恶性鉴别有一定的意义。

(5)双能量CT:可产生不同能量单能图像,提高组织对比度,能够进行物质分离,碘含量测定可反映肿瘤血供特征。

3. 临床应用 CT可适用于全身各部位成像。CT能够用于肿瘤的筛查,如胸部低剂量CT筛查肺癌。CT能够对肿瘤进行定位,鉴别良恶性肿瘤。CT可显示肿瘤与周围血管、脏器的关系,有助于肿瘤可切除性评估及手术方案制订。CT血管造影在显示肿瘤供血血管、肿瘤与邻近血管关系有优势。

4. 发展前景 双能量CT提供的能谱曲线通过曲线斜率来定量评估肿瘤内部不同成分的组织;碘基物质图通过定量碘浓度可以准确反映病变组织对碘对比剂的摄取,从而判断病变组织的血供情况。双能量CT为肿瘤的诊断、分期和疗效评价提供了新的有潜力手段。

(四) MRI

1. 基本原理 磁共振成像(magnetic resonance imaging,MRI)是利用原子核在高强度磁场内发生共振所产生的信号经图像重建的一种成像技术。MRI图像上灰度表示组织和病变的信号强度,反映弛豫时间的长短。MRI具有更高的软组织分辨率,可多序列成像,T_1WI显示解剖结构,T_2WI观察病灶的细节,动态增强扫描可显示肿瘤强化特征。

2. 常用技术

(1)MRI化学位移成像:与同相位比较,反相位信号减低能够提示肿瘤内部存在细胞内脂肪,有助于肝脏、肾上腺等肿瘤的鉴别。

(2)MRI水成像:利用重T_2WI序列,显示人体中水成分较多的管道结构,如胆道(MRCP)、输尿管(MRU)等,可较好地显示肿瘤与管道结构的关系。

(3)扩散成像:反映肿瘤内部水分子扩散状态,可用于肿瘤的诊断与鉴别诊断,全身DWI成像对评估恶性肿瘤全身转移情况有很高的实用价值。

(4)灌注成像:灌注参数可反映肿瘤内部血流动力学改变。用于肿瘤的良恶性鉴别,恶性肿瘤早期疗效评估等。

(5)磁共振波谱成像(MRS):可测得活体组织代谢物的化学成分和含量,可用于神经系统、前列腺肿瘤的鉴别诊断。

3. 临床应用 MRI 在神经系统肿瘤的诊断及鉴别诊断中起到重要的作用。MRI 在腹盆腔肿瘤的分期和疗效评估中有重要的价值。MRI 能够发现肿瘤内部脂肪信号，有利于含脂肪病灶的诊断。MRI 在妇科肿瘤的诊断及鉴别诊断中发挥较大作用。MRI 在腹部肿瘤早期诊断方面有优势，如肝细胞肝癌、胰腺癌、肾癌等。

4. 发展前景 DWI 非高斯模型（如 IVIM、DKI）能够提供更多的参数用于肿瘤的鉴别诊断和疗效评估。基于 MRI 的人工智能辅助诊断评估肿瘤疗效，是下一步研究热点。

（五）SPECT 及 SPECT-CT 成像

1. 基本原理 单光子发射计算机断层成像（single-photon emission computed tomography，SPECT），主要依赖放射性核素发射 γ 射线的示踪现象进行成像。其显像的基本原理是将放射性核素标记的药物注入人体内，放射性核素被组织吸收、代谢和排泄，同时发生衰变、发射 γ 射线，射线被成像仪器定位、定量检测并转换为图像。由于不同组织、器官间、病变组织与正常组织间存在分布、代谢等差异，通过观察放射性核素分布的动态变化及差别，进行脏器功能判断及疾病诊断。相对于 CT 所反映的组织解剖图像，放射性核素图像被称为功能影像。

SPECT 与 CT 的根本区别在于前者仅接收来自患者的 γ 射线进行计算机断层成像，后者则由 CT 扫描仪发射 X 线进行人体扫描，并同时接收衰减后的 X 线进行计算机断层成像。

SPECT-CT 是将 CT 整合于 SPECT 成像仪，实现了 SPECT 功能代谢影像与 CT 解剖形态学影像的同机融合。

2. 显像技术 SPECT 显像常用的核素包括锝（^{99m}Tc）、碘（^{131}I）等。SPECT 显像的技术方法很多，如根据影像获取的状态分为静态显像和动态显像，根据获取部位分为局部显像和全身显像，根据获取层面分为平面显像和断层显像等。

3. 肿瘤最常见的临床应用

（1）全身骨显像：一次扫描可以显示全身骨骼大体情况，简便、直观，是诊断骨转移瘤的首选筛检方法。

（2）^{131}I 诊断性及治疗后全身显像：可用于分化型甲状腺癌患者术后评估及 ^{131}I 治疗后再评估。

（3）^{99m}Tc-MIBI 甲状旁腺显像：多采用双时相法，用于甲状旁腺瘤的定位诊断，SPECT-CT 有助于提高定位的准确性。

4. 发展前景 新型碲锌镉（cadmium-zinc-telluride，CZT）半导体 SPECT 探测器将大幅提高 SPECT 图像的分辨率和灵敏度，从而缩短采集时间、减少显像剂用量并且提高图像质量；随着物理校正和重建方法的进步，SPECT-CT 实现了定量测量，将为临床提供更精准的参考数据。

（六）PET、PET-CT 和 PET-MR

1. PET 成像原理 正电子发射断层成像（positron emission tomography，PET）的显像剂是正电子核素标记的药物，显像剂注射入体内后，正电子与组织中的自由电子结合，电子自身质量消失，转换成两个方向相反、能量均为 511keV 的 γ 光子，这一过程称为湮没辐射，PET 通过探测湮没辐射事件中产生的两个方向相反的 γ 光子，借助符合线路对这一事件进行空间定位，从而定位正电子核素及其标记的药物。临床应用最广泛的正电子核素是 ^{18}F- 氟代脱氧葡萄糖（^{18}F-FDG），它是葡萄糖的类似物，利用肿瘤细胞葡萄糖代谢旺盛的特性进行显像，直观反映了肿瘤的代谢信息。

2. 成像技术

（1）PET-CT：PET-CT 是将 PET 和 CT 两项成熟的影像技术同机融合，同时 X 线 CT 扫描数据可用于 PET 图像的衰减校正。

（2）PET-MR：将 PET 与 MR 同机融合，其优势：①避免了 X 线辐射；② MR 比 CT 有更好的软组织对比度和分辨率，因此在肿瘤定位及浸润情况的评估更有优势；③能提供水弥散及灌注成像、磁共振波谱成像等更加丰富的功能信息。

3. 肿瘤临床应用 ①良恶性肿瘤的鉴别；②肿瘤 TNM 临床分期与再分期，为制订治疗方案提供依据；③监测疗效及预后评价；④鉴别治疗后残存病灶是否具有肿瘤活性；⑤辅助放疗定位；⑥指导组织活检部位的选择；⑦寻找肿瘤原发灶。

4. 发展前景 随着设备和成像技术的发展，PET-CT 辐射剂量的降低和图像质量的提高，PET-MR 在扫描时长、图像伪影、扫描视野范围上的改进，多模态诊断技术的发展，以及人工智能的融入，会使融合成像系统向更加精准、更加灵活、更多功能的方向发展，为临床诊疗提供全方位信息。未来针对不同类型肿瘤的高特异性显像剂的研发成为趋势。

（七）肿瘤的影像学检查方法优选

1. 掌握不同影像学检查的优势和限度 见本节“肿瘤常用影像学检查设备介绍”和数字教材。

2. 根据肿瘤部位优选检查方法

(1) 中枢神经系统：MRI 是颅内及椎管内肿瘤的主要检查方法，但 CT 在显示病变与颅骨的关系，以及病变内的钙化方面更具优势（图 3-8-2）。

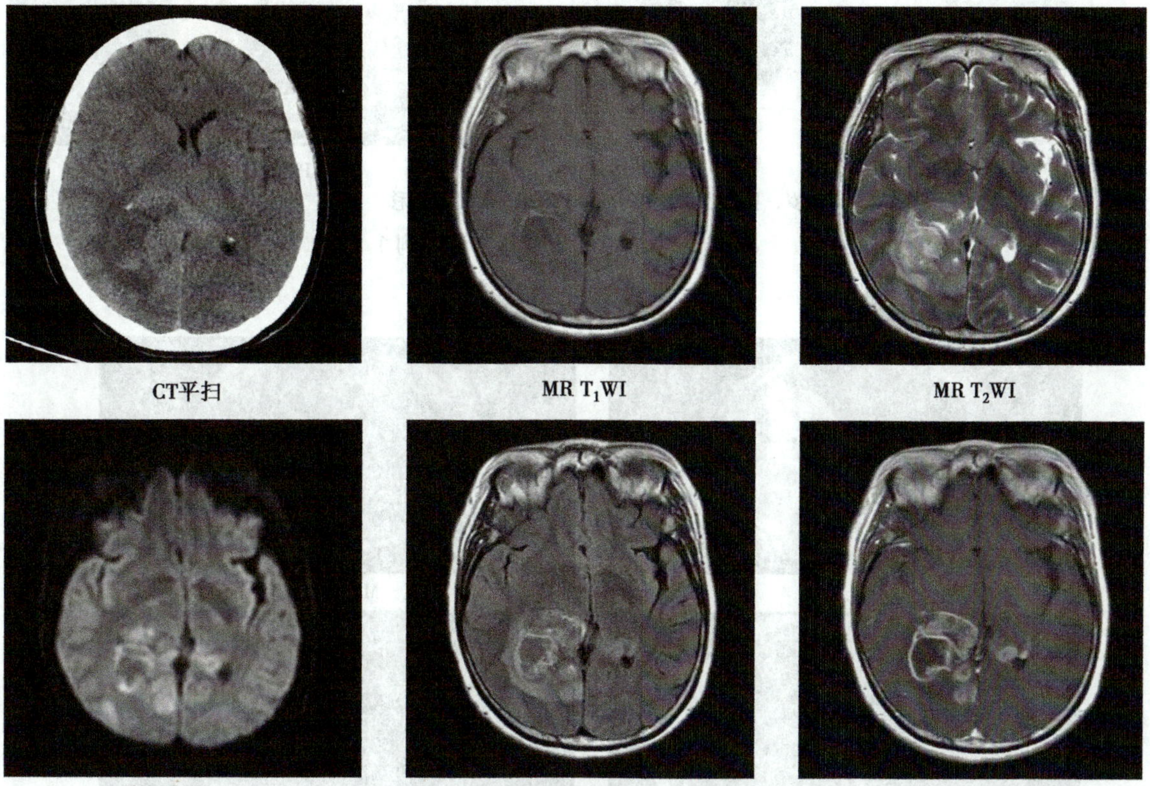
CT平扫
MR T_1WI
MR T_2WI
MR DWI
MR T_2FLAIR
MR T_1WI增强
59岁，女性，胶质细胞瘤，WHO Ⅲ~Ⅳ级

图 3-8-2 脑肿瘤影像学检查方法图例

(2) 呼吸系统：CT 是呼吸系统肿瘤的首选检查方法；肺癌是 PET-CT 应用最多的肿瘤；MRI 有助于区分中央型肺癌与周围不张的肺组织，以及肺上沟癌与周围复杂结构的关系（图 3-8-3、图 3-8-4）。

(3) 乳腺：在中国妇女群体中，目前乳腺检查以 X 线摄影及超声检查为主，MRI 为重要补充，三者各有优劣。乳腺 X 线摄影在检出微小钙化方面独具优势，但容易漏诊致密型乳腺中的病变，而超声从致密型乳腺中检出病变的灵敏度较高，能有效弥补乳腺 X 线摄影的不足。MRI 的软组织分辨率高，对乳腺病变具有很高的敏感性，对于高位、深部病变的显示较好，能有效检出多中心、多灶病变，对胸壁侵犯的观察以及对腋窝、内乳淋巴结转移的显示较为敏感，动态增强检查还可了解病变的血流灌注情况，为良恶性鉴别提供更多信息（图 3-8-5）。MRI 特异性偏低是其不足（图 3-8-6）。

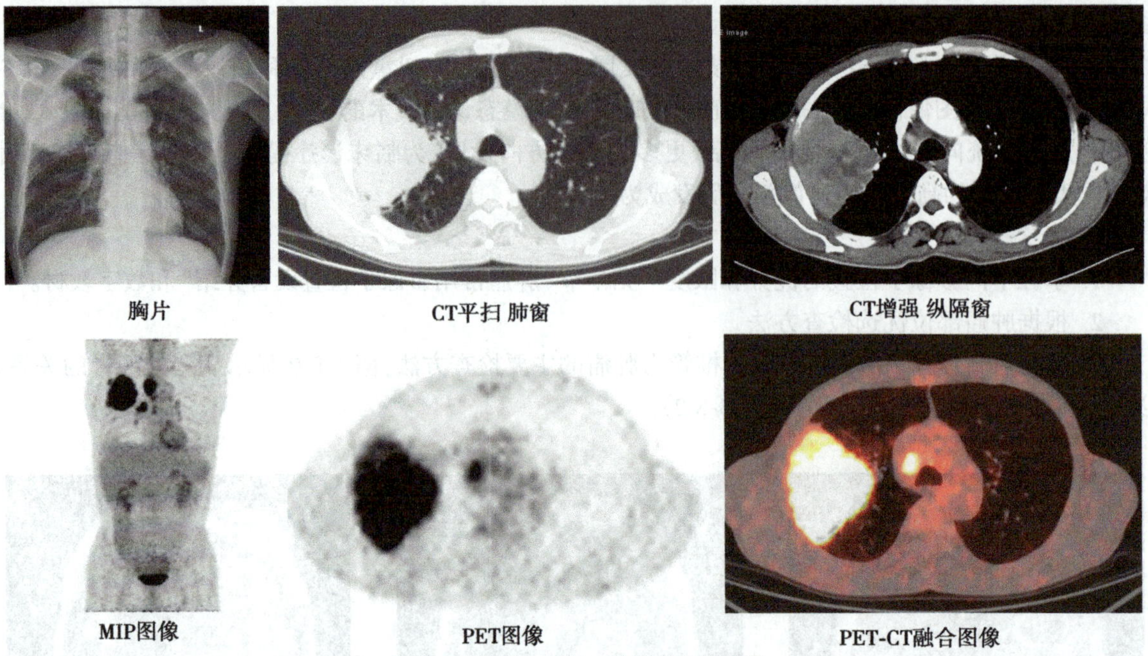
胸片
CT平扫 肺窗
CT增强 纵隔窗
MIP图像
PET图像
PET-CT融合图像

61岁，男性，肺腺癌，肺门、纵隔淋巴结转移

图 3-8-3 肺癌影像学检查方法图例 1

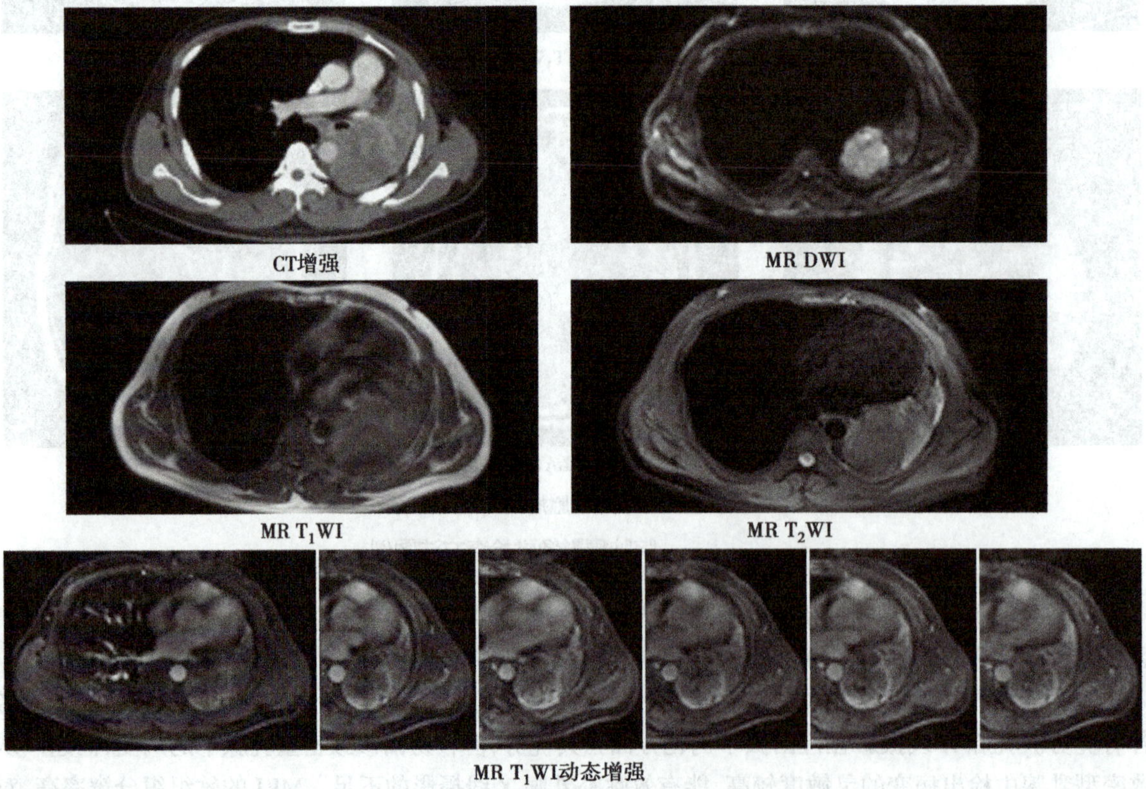
CT增强
MR DWI
MR T_1WI
MR T_2WI
MR T_1WI动态增强

图 3-8-4 肺癌影像学检查方法图例 2

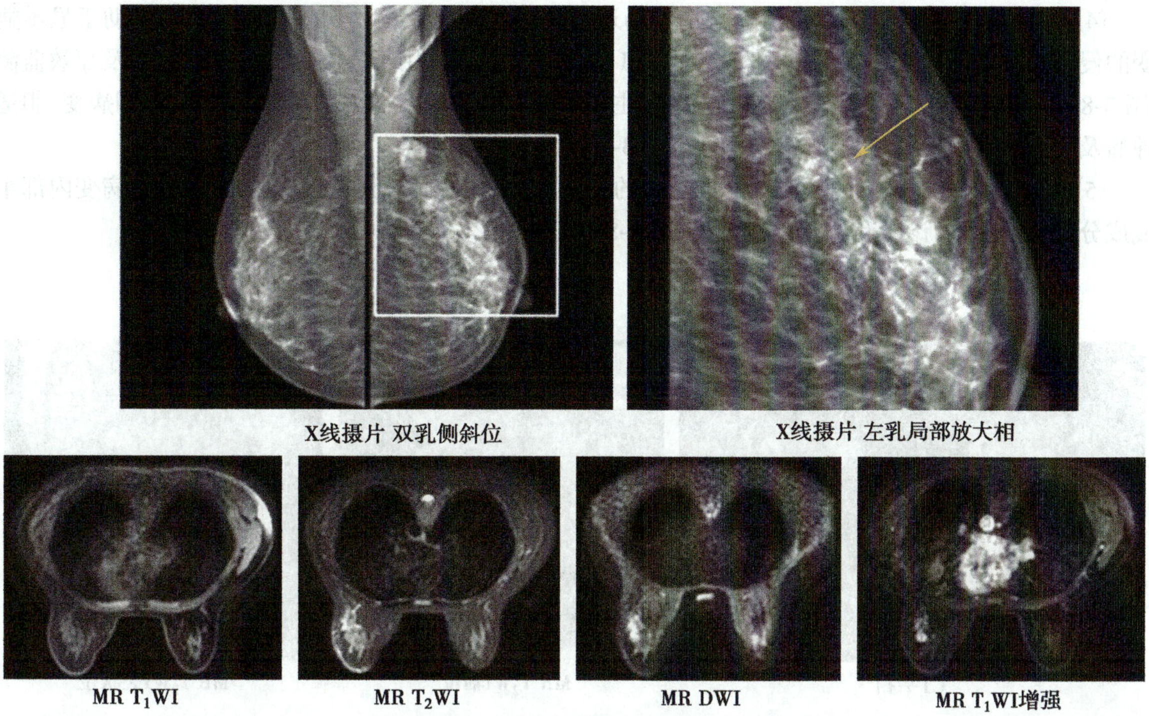
X线摄片 双乳侧斜位
X线摄片 左乳局部放大相
MR T_1WI
MR T_2WI
MR DWI
MR T_1WI增强

图 3-8-5　乳腺癌影像学检查方法图例 1

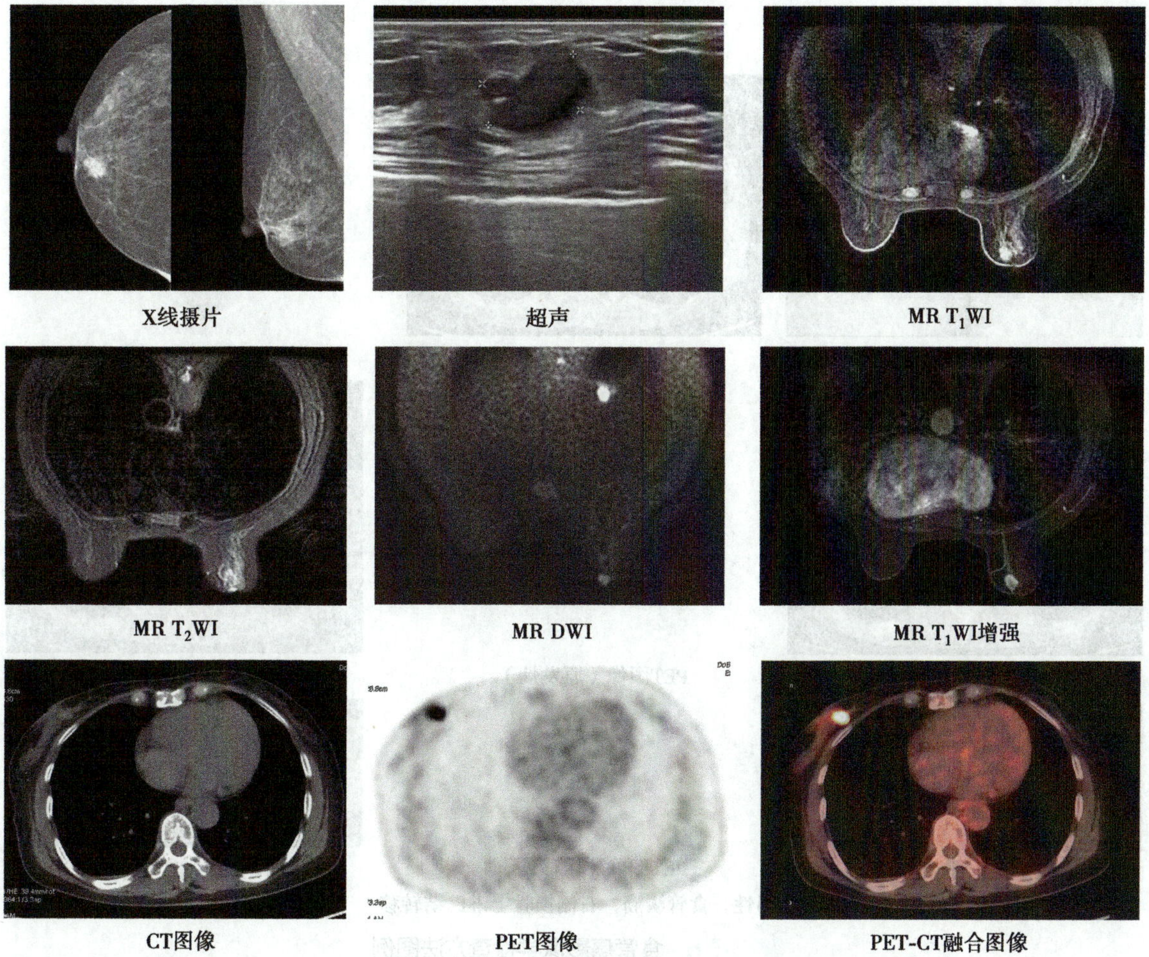
X线摄片
超声
MR T_1WI
MR T_2WI
MR DWI
MR T_1WI增强
CT图像
PET图像
PET-CT融合图像

65岁，女性，乳腺浸润性癌

图 3-8-6　乳腺癌影像学检查方法图例 2

(4)消化系统:消化道造影可清晰显示胃肠道的黏膜面情况及运动功能改变,CT 则有助于显示病变的侵袭范围及与周围组织的关系。目前 MRI 也越来越多地应用于直肠癌的治疗前分期及疗效监测(图 3-8-7)。对于肝胆胰脾肿瘤,CT 和 MRI 为主要检查方法,其中 MRI 对肝脏小病变、早期病变、胆道肿瘤及胰腺肿瘤的诊断方面优于 CT 检查(图 3-8-8、图 3-8-9)。

(5)泌尿系统:CT 是泌尿系统肿瘤最主要的检查方法之一,而 MRI 能够更清晰地显示病变内部组成成分,提供更多的诊断和鉴别诊断信息(图 3-8-10)。

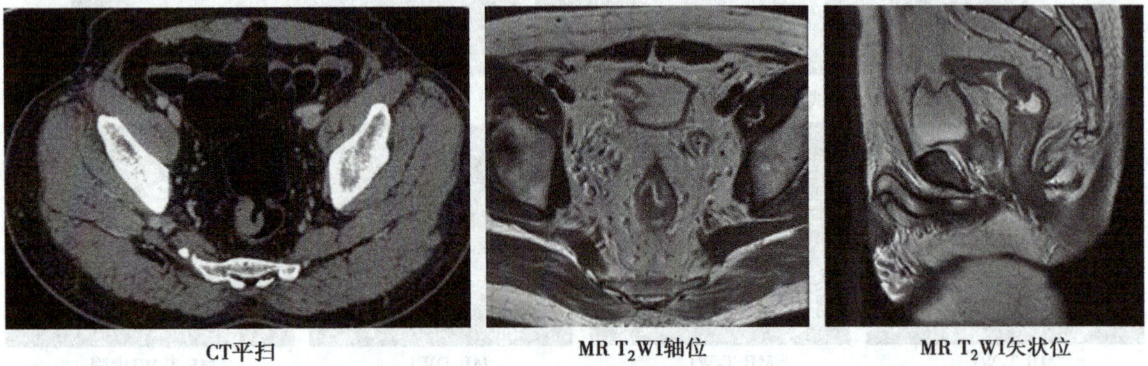
CT平扫
MR T_2WI轴位
MR T_2WI矢状位

图 3-8-7 直肠癌影像学检查方法图例

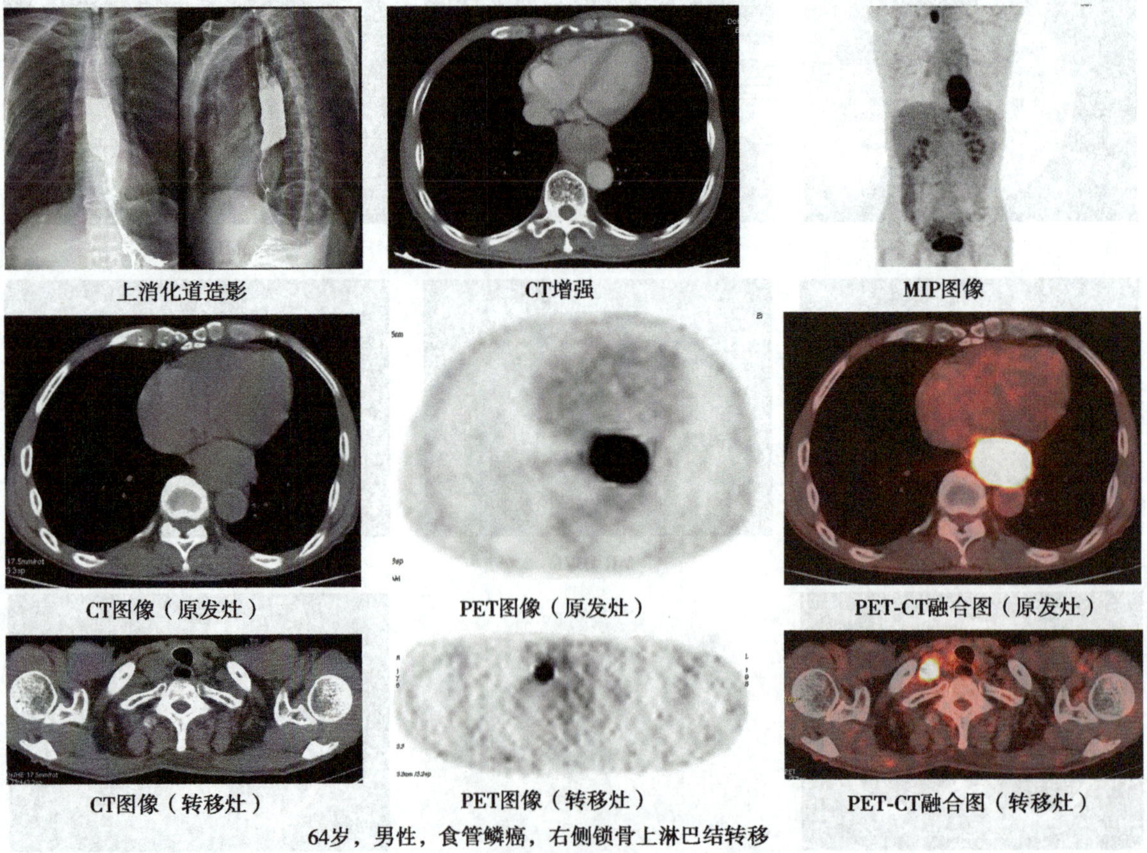
上消化道造影
CT增强
MIP图像
CT图像（原发灶）
PET图像（原发灶）
PET-CT融合图（原发灶）
CT图像（转移灶）
PET图像（转移灶）
PET-CT融合图（转移灶）
64岁，男性，食管鳞癌，右侧锁骨上淋巴结转移

图 3-8-8 食管癌影像学检查方法图例

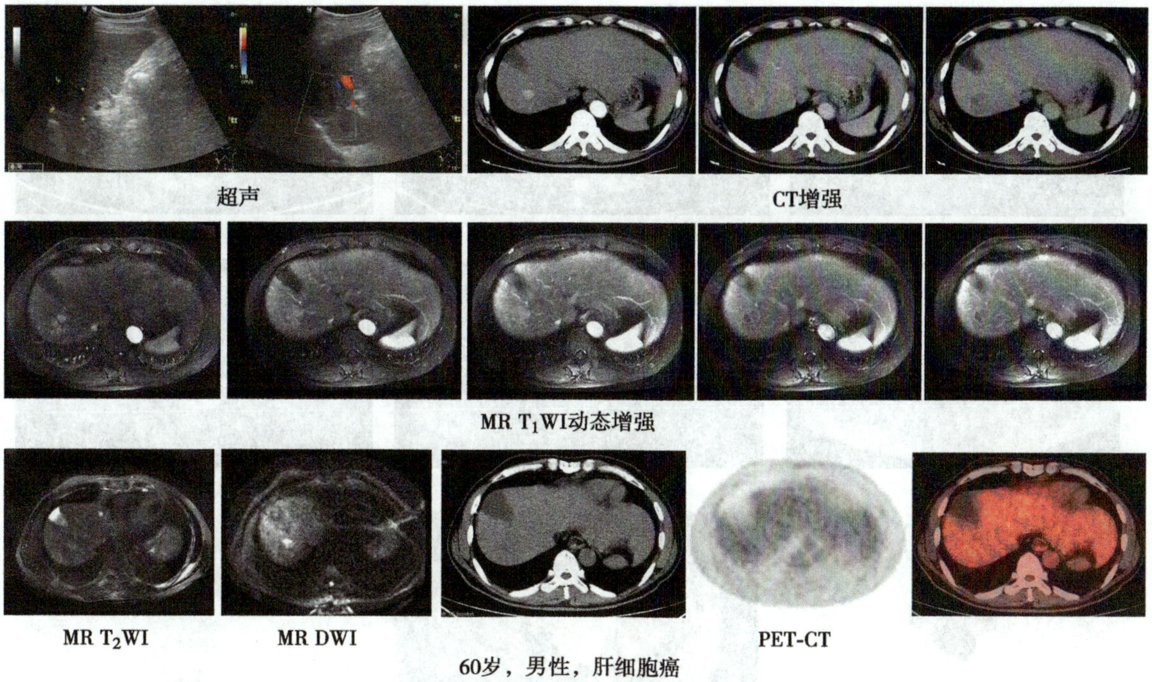
超声
CT增强
MR T₁WI动态增强
MR T₂WI
MR DWI
PET-CT
60岁，男性，肝细胞癌

图 3-8-9　肝癌影像学检查方法图例

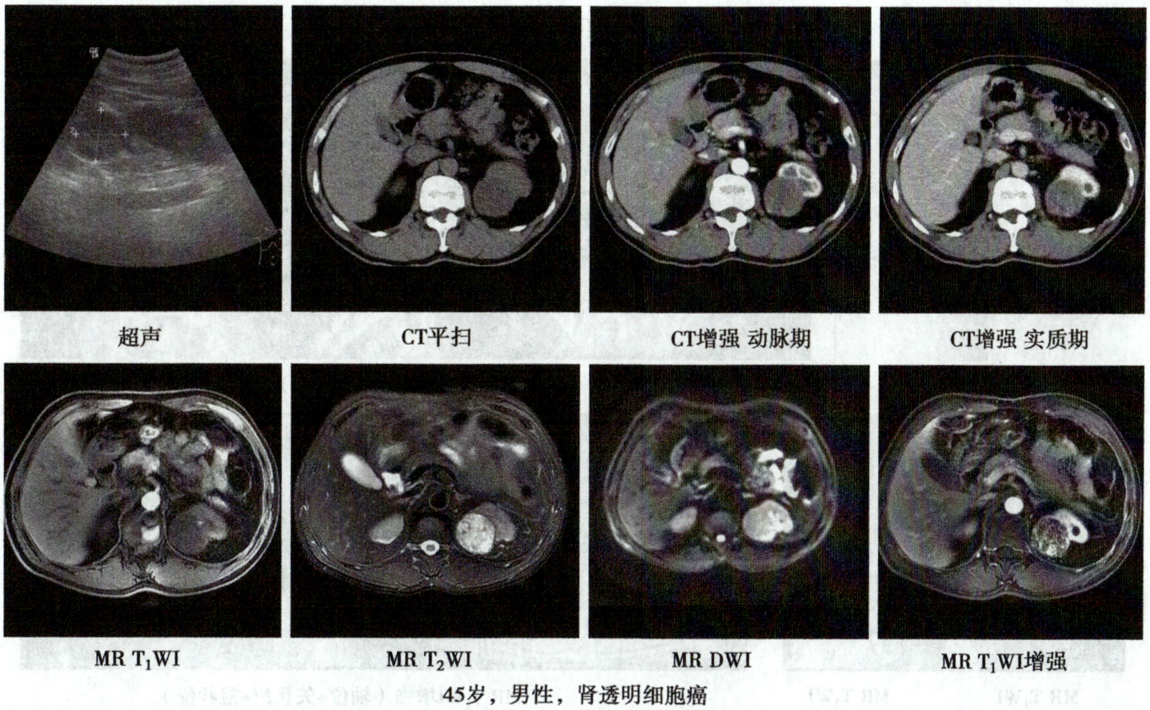
超声
CT平扫
CT增强 动脉期
CT增强 实质期
MR T₁WI
MR T₂WI
MR DWI
MR T₁WI增强
45岁，男性，肾透明细胞癌

图 3-8-10　肾癌影像学检查方法图例

(6)生殖系统：MRI 为生殖系统肿瘤的首选检查方法，CT 主要用于发现区域和远处转移，有利于肿瘤分期(图 3-8-11)。

(7)骨骼肌肉系统：X 线检查是骨骼首选检查方法，但对于解剖结构比较复杂的骨骼可首选 CT 检查；而 MRI 对髓内病变及关节病变的显示更具优势；以显示软组织病变为主时，可首选 MRI 检查(图 3-8-12)。

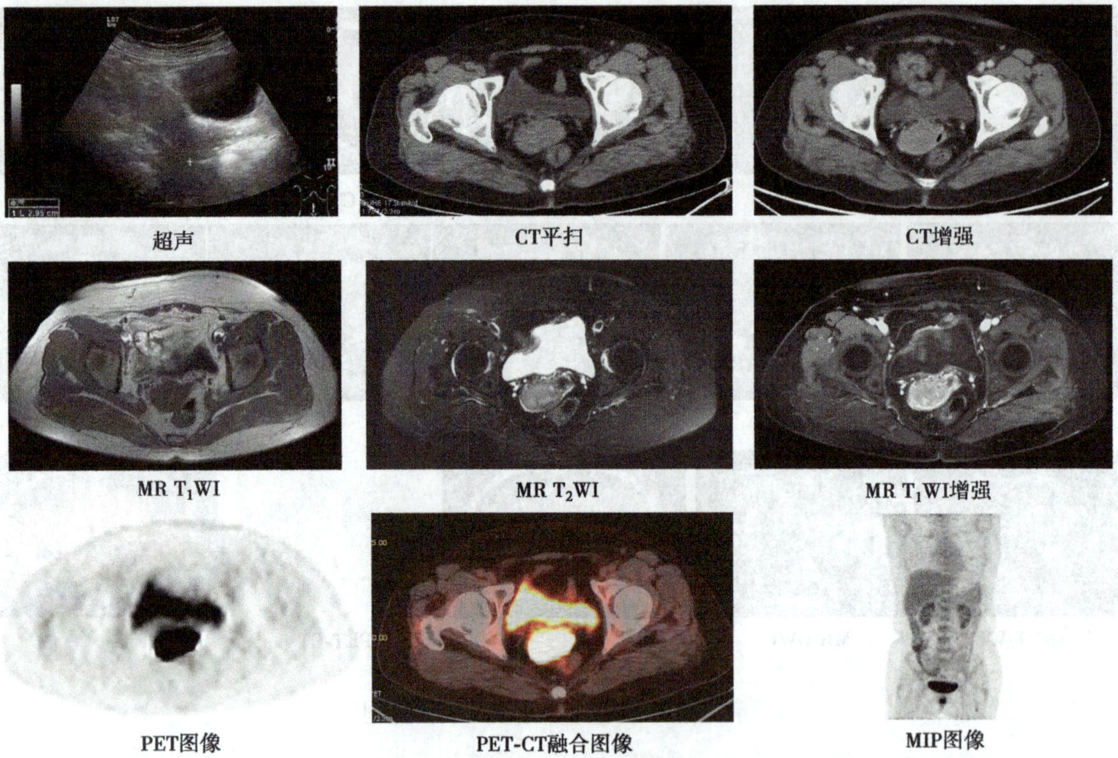
超声
CT平扫
CT增强
MR T_1WI
MR T_2WI
MR T_1WI增强
PET图像
PET-CT融合图像
MIP图像

58岁，女性，宫颈低分化鳞癌

图 3-8-11 宫颈癌影像学检查方法图例

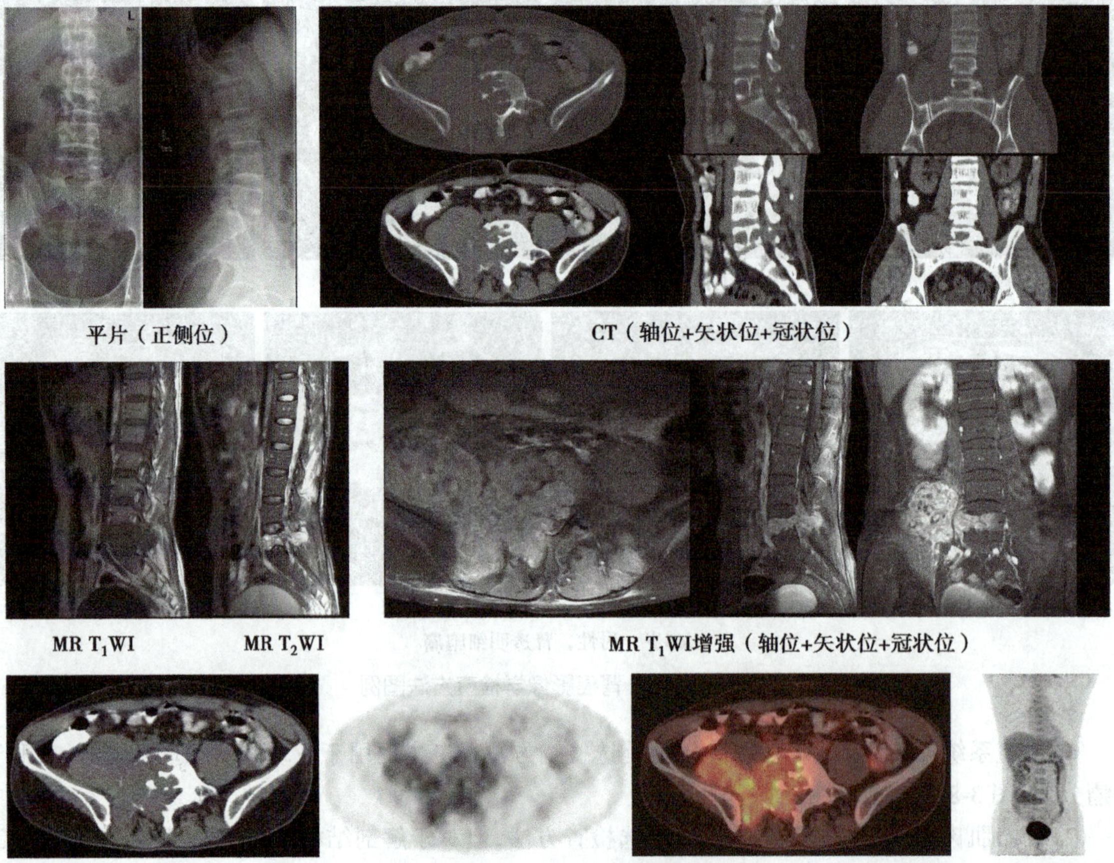
平片（正侧位）
CT（轴位+矢状位+冠状位）
MR T_1WI
MR T_2WI
MR T_1WI增强（轴位+矢状位+冠状位）

PET-CT（CT平扫+PET+融合图+MIP）

41岁，男性，骨巨细胞瘤

图 3-8-12 骨肿瘤影像学检查方法图例

3. 根据患者情况调整检查方案

(1)应充分考虑患者的经济能力，在能够满足诊断要求的情况下，优先选用费用较低的检查方法。

(2)应充分保障患者的安全，如甲状腺功能亢进、碘过敏、肾功能不全患者应避免 CT 增强检查，肾功能不全患者避免行 MRI 增强检查，孕妇和婴幼儿尽可能避免有辐射的影像学检查。

临床工作中选择影像学检查，应在掌握各种成像技术的优势和限度的前提下，遵循由简单到复杂，由无或低辐射到高辐射的原则，权衡利弊，优选经济效益比最佳的检查方法。当仅凭一种成像技术难以诊断时，需多种影像学检查综合应用，互为补充，相互印证。

二、肿瘤影像诊断

(一) 肿瘤的筛查

肿瘤筛查是指通过有效、简便、经济的检查措施，对无症状人群进行检查，以期早期发现、早期诊断及早期治疗肿瘤，其最终目标为降低肿瘤的死亡率。

筛查和早期诊断是肿瘤预防和治疗的关键，然而并非所有肿瘤都适合进行筛查。有效的肿瘤筛查需满足以下条件：①被筛查肿瘤在人群中发病率较高，对公众健康有严重影响；②肿瘤在无症状期可被检出；③肿瘤检出后具备有效的干预措施；④早期治疗能够提高患者的生存率和 / 或改善生活质量；⑤筛查的获益必须超过其所带来的风险，如过度诊疗、射线暴露导致继发肿瘤等；⑥筛查的成本效益必须合理。目前，适合人群筛查的肿瘤包括肺癌、乳腺癌、结直肠癌、宫颈癌、前列腺癌等，而影像学筛查主要用于肺癌和乳腺癌。

1. 肺癌筛查　胸部低剂量 CT(low-dose computed tomography，LDCT)是目前唯一国际公认有效的肺癌筛查方法。1992 年开始的美国国际早期肺癌行动计划(International Early Lung Cancer Program，I-ELCAP)非随机对照研究显示，筛查检出的肺癌约 85% 为 I 期肺癌，其 10 年生存率高达 88%。2011 年，美国国家肺癌筛查试验(National Lung Screening Trial，NLST)的随机对照研究结果显示，与 X 线胸片相比，应用 LDCT 对肺癌高危人群进行筛查可使肺癌死亡率降低 20%。荷兰 - 比利时随机对照肺癌筛查试验(Dutch-Belgian Randomized Lung Cancer Screening Trial，NELSON)通过 10 年随访，证实与非筛查人群对比，LDCT 筛查可使男性肺癌死亡率降低 24%、女性肺癌死亡率降低 33%。

2. 乳腺癌筛查　乳腺 X 线摄影被证实能有效降低女性乳腺癌死亡率，是乳腺癌筛查的主要方法。超声单独作为乳腺癌筛查措施的有效性尚未得到充分的证据证实，但已有研究显示对于致密型乳腺，乳腺超声联合乳腺 X 线摄影较单独乳腺 X 线摄影有更高的筛查敏感度。而 MRI 可用于有早发乳腺癌家族史且自身携带乳腺癌致病性遗传突变的乳腺癌高危风险女性的规律性筛查。

(二) 肿瘤的定位与定性诊断

1. 定位诊断　肿瘤的准确定位是定性诊断的前提，明确病变的起源器官及累及范围是建立正确诊断思路的第一步。当肿瘤较小且局限于器官内部时，较易判断肿瘤的起源器官。但当肿瘤体积较大，与两个甚至多个邻近脏器关系密切时，常常难以判断肿物的来源，给定位诊断造成困难。此时，观察肿物的中心位置、肿物与相邻脏器的接触面形态，对判断肿物的起源有一定帮助：①肿瘤的最大径或肿瘤的中心位置所在器官多为肿瘤的起源器官；②肿瘤与周围脏器之间形成的内夹角若为锐角多提示该脏器为肿瘤的起源器官，若为钝角多提示肿物累及该脏器而非起源于该脏器；③当肿瘤较大而其起源的器官较小时常导致起源器官的正常形态消失，即出现“器官掩盖征”；④若相邻脏器发生受压形变，多提示肿物并非来源于该器官。

2. 定性诊断　肿瘤的定性诊断即明确病变的良恶性，需要结合病变的大小、形态、密度 / 信号 / 回声、内部结构及强化特征、与周围结构的关系等进行判断。良性肿瘤多体积小，形态规则，边缘光滑，密度 / 信号 / 回声多相对均匀，强化相对均匀；而恶性肿瘤常瘤体较大，形态不规则，边缘不光整，密度 / 信号 / 回声常不均匀，出血坏死多见，强化多不均匀，易侵犯周围组织器官等。然而并非所有疾病都有特征性的影像表现，良恶性病变可出现同样或相似的征象，表现为“异病同影”；同一疾病亦可因病期或病理亚型不同，而出现不同的影像学表现，即“同病异影”。在影像诊断的过程中，除了全面分析影像中的异常征象外，还需要紧密结合包括患者年龄、性别、症状、体征、诊疗经过、实验室检查在内的各项临床资料，必要时还需要通过对比既往检查观察病变的变化来作出诊断。只有用全面、综合、演进的思路分析问题，才能提高定性诊断的准确率。

（三）肿瘤的治疗前评价

影像学对肿瘤准确的治疗前评价是指导临床实践、治疗方式个体化及判断患者预后的重要基础，包括 3 方面：评估肿瘤原发灶（T 分期为主）、淋巴结转移（N 分期）及远处转移（M 分期）（图 3-8-13）。

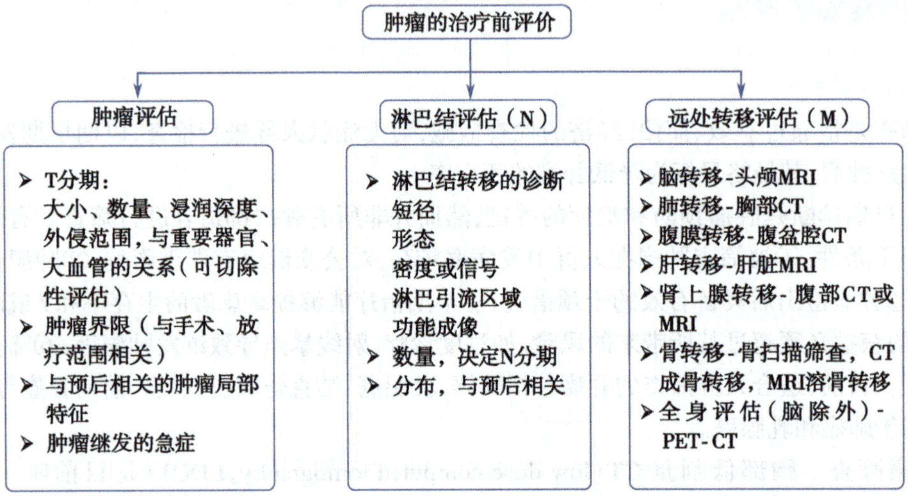
肿瘤的治疗前评价
肿瘤评估
淋巴结评估（N）
远处转移评估（M）
➤ T分期：
大小、数量、浸润深度、外侵范围，与重要器官、大血管的关系（可切除性评估）
➤ 肿瘤界限（与手术、放疗范围相关）
➤ 与预后相关的肿瘤局部特征
➤ 肿瘤继发的急症
➤ 淋巴结转移的诊断
短径
形态
密度或信号
淋巴引流区域
功能成像
➤ 数量，决定N分期
➤ 分布，与预后相关
➤ 脑转移-头颅MRI
➤ 肺转移-胸部CT
➤ 腹膜转移-腹盆腔CT
➤ 肝转移-肝脏MRI
➤ 肾上腺转移-腹部CT或MRI
➤ 骨转移-骨扫描筛查，CT成骨转移，MRI溶骨转移
➤ 全身评估（脑除外）-PET-CT

图 3-8-13 肿瘤的治疗前评价

肿瘤原发灶评估包括 T 分期、肿瘤的界限、与预后相关的局部特征及肿瘤继发的急症等。①肿瘤大小：肿瘤大小与分期呈正相关，是影响预后的主要因素。②肿瘤数量及位置：肿瘤数量越多，分布位置越广，分期越晚。③空腔脏器 T 分期：主要判断肿瘤浸润深度及外侵状态，如食管癌、直肠癌、胃癌、子宫内膜癌及宫颈癌等，高分辨 T_2WI 可以显示空腔脏器分层状结构，此为准确 T 分期基础；脏器与周围高信号脂肪间隙形成天然对比，有利于判断肿瘤外侵状态。④评估肿瘤与周围血管及脏器的关系：如食管癌与胸主动脉及支气管关系、胰腺癌与肠系膜上动脉及腹腔干关系、胃癌与胰腺关系、肺癌与气管隆突关系等，均与肿瘤分期、可切除性及治疗方案选择密切相关。⑤ MRI 可较好地显示肿瘤的界限：区分中央型肺癌与远端肺不张，与放疗范围相关；准确判断肿瘤（食管、直肠、宫颈及子宫内膜等）上下界，与治疗方案选择、手术及放疗范围相关等。⑥肿瘤局部特征与预后相关：如直肠癌侵及系膜筋膜及邻近血管、胰腺癌侵犯邻近血管，预后均不好。⑦警惕肿瘤继发的急症：如消化道肿瘤引起肠梗阻、消化道出血或穿孔，肿瘤破裂出血，右肺上叶及纵隔肿瘤引起上腔静脉阻塞综合征等，则需要临床紧急处理。

N 分期主要指区域淋巴结转移情况。诊断转移淋巴结遵循以下标准。①大小：常用标准为短径 ≥ 10mm 作为转移淋巴结，但采用该标准可能漏诊一些较小的转移淋巴结，某些特殊部位淋巴结采用短径≥ 5mm 或 7mm 作为转移标准。②形态：良性淋巴结多边界清晰，扁平，边缘见尖角；转移淋巴结边界模糊，呈类圆形。③密度或信号：良性淋巴结内部可见钙化或脂肪密度，CT 密度较高或 T_1WI 高信号淋巴结多为良性；转移淋巴结密度或信号较均匀，T_2WI 呈稍高信号，内部可出现坏死，增强扫描环形强化。④淋巴结引流区域：位于肿瘤淋巴引流区域的淋巴结，需要高度可疑转移。⑤功能成像：转移淋巴结 PET 多为高代谢，DWI 高信号及 ADC 值较低也可作为参考指标。转移淋巴结数量与患者预后密切相关，不同的数量决定不同的 N 分期。转移淋巴结数量相等情况下，淋巴结分布越广，预后越差。对于一些部位的早期癌，如直肠癌（T_1）、食管癌（T_{1a}）或胃癌（T_{1a}）等，明确 N_0 至关重要，N_0 患者可通过内镜下或局部切除，而有淋巴结转移的患者则需要行新辅助治疗及手术切除。

M 分期指肿瘤远处转移情况，常见部位为脑、肺、肾上腺、肝脏、腹膜、骨、卵巢等。①肺癌易发生脑转移，主要表现为脑实质内强化结节，MRI 平扫及增强扫描对脑转移瘤检出率明显高于 CT，是临床首选推荐手段。②典型肺转移瘤表现为肺内多发实性结节，好发于肺癌、乳腺癌、肝癌、结直肠癌等，胸部 CT 平扫是首先推荐手段。③肾上腺转移瘤表现为肾上腺稍低环形强化结节，以肺癌好发。④肝转移瘤，MRI 检出肝转移瘤效能明显高于 CT，是临床首选手段，表现为 T_2WI 稍高信号，DWI 高信号，增强扫描环形、低或高强化结节，肝胆特异性造影剂显像能够增加肝转移瘤检出率及诊断准确性。⑤腹膜转移，CT 在腹膜转移检出有明显优势，容易发生腹膜、系膜及网膜转移肿瘤（如胃癌、卵巢癌）建议行腹盆腔 CT 增强扫描，其转移表现为腹膜结节状增厚、腹水、系膜及网膜增厚或“网膜饼”形成。⑥骨转移分为溶骨性、成骨性及混合型转移，骨扫描是常用的筛选手段；成骨性转移 CT 较 MRI 有优势，表现为高密度；溶骨性病灶 CT 表现为低密度，MRI 在检出溶骨性转移效能优于 CT 及骨扫描，特别是早期溶骨性转移，表现为 T_1WI 低信号，T_2WI 抑脂高信号，增强扫描低或环形强化。⑦ PET-CT 对于评估全身转移更具优势。

（四）肿瘤的疗效评价与预后评估

RECIST 1.1 标准是目前公认的实体瘤疗效评价标准，依据测量大小变化的方法来判断病灶治疗反应：完全缓解（complete response，CR），治疗后靶病灶及非靶病灶完全消失，淋巴结短径 <10mm；部分缓解（partial response，PR），与基线比较，治疗后靶病灶长径总和缩小 ≥ 30%；稳定（stable disease，SD），靶病灶长径总和减小程度没有达到 PR，增加程度也没有达到进展；进展（progressive disease，PD），与病灶最小状态比较，病灶增加 ≥ 20%，或出现新病灶，或非靶病灶明确进展。然而，该标准仅依据病灶大小判断疗效，疗效评估相对滞后；肿瘤形态学变化未纳入疗效评估；空腔脏器、骨转移瘤疗效评估受到限制。该标准在免疫治疗疗效评估中的适用性存在争议（图 3-8-14）。

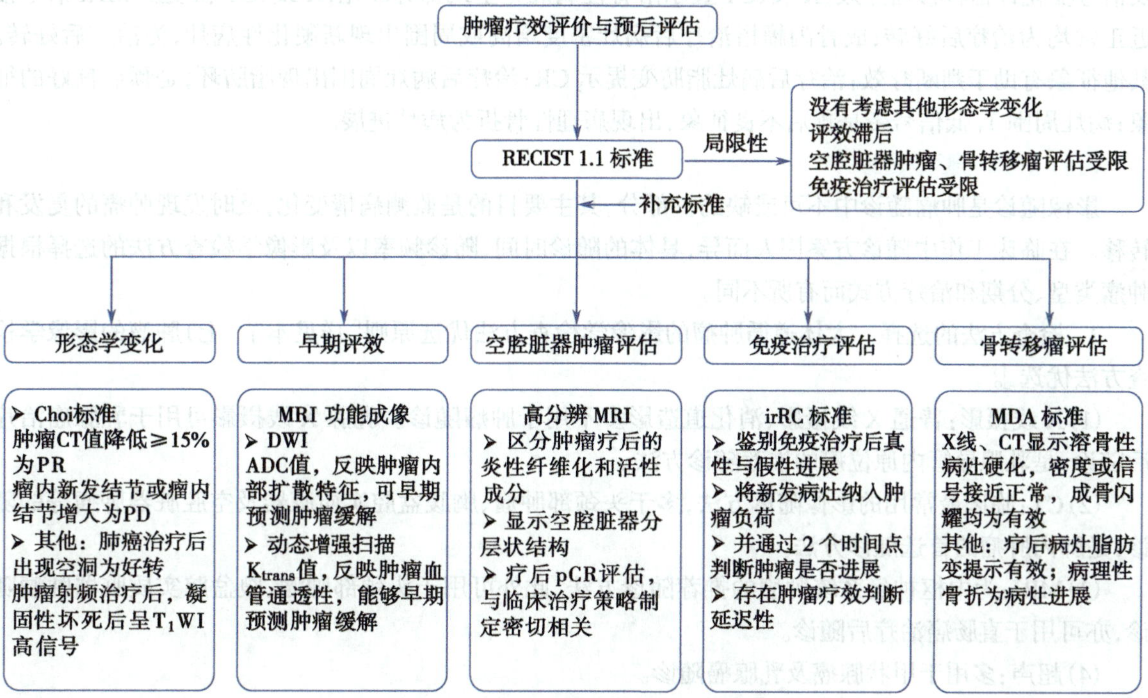
肿瘤疗效评价与预后评估
RECIST 1.1 标准
局限性
没有考虑其他形态学变化
评效滞后
空腔脏器肿瘤、骨转移瘤评估受限
免疫治疗评估受限
补充标准
形态学变化
早期评效
空腔脏器肿瘤评估
免疫治疗评估
骨转移瘤评估
➢ Choi标准
肿瘤CT值降低≥15%为PR
瘤内新发结节或瘤内结节增大为PD
➢ 其他：肺癌治疗后出现空洞为好转
肿瘤射频治疗后，凝固性坏死后呈T1WI高信号
MRI 功能成像
➢ DWI
ADC值，反映肿瘤内部扩散特征，可早期预测肿瘤缓解
➢ 动态增强扫描
Ktrans值，反映肿瘤血管通透性，能够早期预测肿瘤缓解
高分辨 MRI
➢ 区分肿瘤疗后的炎性纤维化和活性成分
➢ 显示空腔脏器分层状结构
➢ 疗后 pCR评估，与临床治疗策略制定密切相关
irRC 标准
➢ 鉴别免疫治疗后真性与假性进展
➢ 将新发病灶纳入肿瘤负荷
➢ 并通过 2 个时间点判断肿瘤是否进展
➢ 存在肿瘤疗效判断延迟性
MDA 标准
X线、CT显示溶骨性病灶硬化，密度或信号接近正常，成骨闪耀均为有效
其他：疗后病灶脂肪变提示有效；病理性骨折为病灶进展

图 3-8-14 肿瘤疗效评价与预后评估

Choi 标准评估实体肿瘤内部实性成分变化，是 RECIST1.1 标准的有效补充。该标准提示肿瘤 CT 值降低 ≥ 15% 是 PR，瘤内新发结节或瘤内结节增大为 PD。肿瘤治疗后其他征象也有助于反映疗效，如囊变、坏死、空洞形成等。肿瘤内部变性坏死、囊变也是治疗后好转的表现，常见于胃肠道间质瘤、

肉瘤、肾细胞癌、肝癌等。肺癌靶向治疗后CT出现空洞而大小未发生变化为有效。肝脏肿瘤射频治疗后，发生凝固型坏死而表现为T_1WI高信号且无强化。部分肿瘤周围可因炎性渗出或肿瘤内出血使病灶体积变大，不要误以为肿瘤进展。

然而，肿瘤治疗后形态学变化在2~3个月才能显示，疗效评估相对滞后，MRI功能成像（如DWI、动态增强扫描）可弥补形态学不足，可较早地反映肿瘤疗效。由于肿瘤治疗导致坏死、细胞变性，扩散受限减低，DWI和表观扩散系数（ADC）可较早预测肿瘤疗效。动态增强扫描常用指标K_{trans}值可反映肿瘤血管通透性，可早期独立预测肿瘤缓解，对评估预后有较高的价值。PET-CT在临床上肿瘤早期疗效评估和疗效预测方面有较多应用。

空腔脏器肿瘤（如消化道肿瘤）疗效评估和再分期是临床面临的热点问题。高分辨MRI依据信号特征能够区分肿瘤治疗后的炎性纤维化改变和活性成分，纤维化为T_2WI与DWI均为低信号，而肿瘤T_2WI为稍高信号，DWI为高信号。高分辨MRI对空腔脏器肿瘤（如食管癌、直肠癌）治疗后再分期的准确性明显高于CT。肿瘤治疗后完全缓解的评估在治疗策略选择方面非常重要，肿瘤治疗后完全缓解患者的预后高于非完全缓解患者，另外与治疗策略的选择相关，如直肠癌的治疗后病理完全缓解患者，可采用“等待-观察”方案从而避免不必要手术。

肿瘤免疫治疗初步应用于临床。免疫治疗过程中，激活免疫应答反应需要一段时间，此时肿瘤细胞可能继续生长或免疫细胞聚集使得治疗反应前出现暂时增大，称为肿瘤的“假性进展”，可见于肺癌、恶性黑色素瘤、肾癌等，消化道肿瘤少见。因此，临床中应用实体瘤免疫治疗疗效评估标准（immune-related response criteria，irRC）评估肿瘤免疫治疗疗效，将新发病灶纳入肿瘤负荷计算，并通过2个时间点判断肿瘤是否进展，但仍未考虑治疗后不同肿瘤微观结构的改变且存在肿瘤疗效判断延迟性。

骨转移瘤疗效评估依据MD Anderson（MDA）标准。该标准除考虑病灶大小变化外，还采用密度及信号变化评估转移瘤疗效，X线、CT显示溶骨性病灶完全或部分硬化，X线、CT密度及MRI信号接近正常均为治疗后好转；成骨闪耀指治疗后病灶密度增高或周围出现新硬化性病灶，为治疗后好转。其他征象有助于判断疗效：治疗后病灶脂肪变提示CR；治疗后病灶周围出现脂肪环，是预后良好的征象；病灶周围T_1低信号带是预后不良征象；出现病理性骨折为病灶进展。

（五）肿瘤的影像随诊

影像随诊是肿瘤随诊中不可或缺的一部分，其主要目的是监测病情变化，及时发现肿瘤的复发和转移。在临床工作中随诊方案因人而异，具体的随诊时间、随诊频率以及影像学检查方法的选择根据肿瘤类型、分期和治疗方式而有所不同。

1. 检查方法的选择　大体遵循肿瘤的影像学检查方法优选原则[详见本节（七）肿瘤的影像学检查方法优选]。

（1）X线摄影：普通X线摄影、消化道造影多不用于肿瘤随诊。乳腺X线摄影可用于乳腺癌治疗后随诊，是乳腺导管内原位癌的推荐随诊方法。

（2）CT：临床最常用的影像随诊方法，多于头颈部肿瘤、胸腹盆腔实质脏器及空腔脏器肿瘤等的随诊，是肺内肿瘤的首选随诊方法。

（3）MRI：为中枢神经系统肿瘤的推荐随诊方法，此外可用于头颈部肿瘤、腹盆腔实质脏器肿瘤随诊，亦可用于直肠癌治疗后随诊。

（4）超声：多用于甲状腺癌及乳腺癌随诊。

（5）SPECT：在临床怀疑有骨转移时行骨扫描检查。

（6）PET-CT：多用于淋巴瘤随诊；对于易发生远处转移的肿瘤，必要时可行PET-CT检查；其余肿瘤不做常规随诊推荐；对于肿瘤标志物持续异常，而其他影像学检查未见明确病灶或者可疑异常时，可行PET-CT检查。

2. 检查范围　除肿瘤所在区域外，还应包含常见肿瘤转移区域。

3. 随诊时间和频率 常规随诊建议于肿瘤治疗后2年内每3个月复查一次,3~5年内每半年复查一次,5年后每1年复查1次。若出现临床症状或肿瘤标志物异常,应缩短复查间隔,可视情况考虑即刻复查。

三、影像引导下活检

(一) 穿刺设备的选择

影像引导下经皮穿刺活检术,是以影像诊断为基础,在医学影像设备超声、CT或MRI引导下,利用穿刺针准确刺入肿瘤,获取病灶组织或细胞学等标本,以获得病理诊断的微创性操作技术。选择穿刺引导设备,需综合考虑以下因素:肿瘤部位、大小和深度、肿瘤周围重要解剖结构及患者配合程度等。应用CT、超声及MRI引导穿刺各具有不同的优劣势。

CT引导下穿刺是较常用的一种安全、准确的穿刺引导模式。CT可对超声显示不佳的肿瘤进行活检,并提供最精确的可视化解剖,避免损伤重要解剖结构。最常用于肺部、胸膜、纵隔肿瘤的穿刺活检,也可适用于颈部、腹部和盆腔的肿瘤,包括腹膜后及盆腔淋巴结。

超声引导下穿刺是利用实时超声成像引导穿刺针进入肿瘤。与CT比较,超声引导穿刺更便捷,成本较低,无电离辐射。缺点为超声无法清晰显示某些特定部位的肿瘤或位置较深的肿瘤。超声引导下穿刺活检通常用于浅表淋巴结、甲状腺、乳腺、肝脏和肾脏、胸腹壁肿瘤等,在肺部、纵隔肿瘤穿刺活检中较少应用。

MRI引导穿刺活检在乳腺及软组织肿瘤方面有其一定的优势。但是,MRI引导下的穿刺活检在极少数情况下使用,原因为MRI穿刺活检费用昂贵,需要特殊的兼容性器械,使其临床广泛应用受到了限制。

(二) 穿刺的适应证和禁忌证

影像引导下穿刺适应证包括:需明确肿瘤良、恶性诊断;需获得组织学或细胞学的肿瘤性病变;需要通过穿刺活检标本获得生物标志物、蛋白质或基因分析等信息,以选择最佳的肿瘤治疗方案;转移性和原发性肿瘤的鉴别诊断;某些弥漫性实质性疾病的诊断(如肝和肾等)。穿刺禁忌证包括:不可纠正的凝血功能障碍;重度的心肺功能不全;患者无法配合;缺乏到达肿瘤的安全路径;妊娠患者(CT引导需要暴露于电离辐射)。

(三) 操作技巧和注意事项

影像引导下经皮穿刺活检术前需要做好各项准备工作,负责医师告知患者及家属的知情同意、风险及注意事项。常规检查包括血常规(血小板计数)、出凝血时间、感染筛查;心、肝、肺功能不全患者,需要行心电图、肝功能、肺功能的评估。穿刺术前常规测量、记录患者的体温、脉搏、呼吸及血压等;建立静脉通路,并给予心电监护等。影像引导下经皮穿刺活检过程中,依据肿瘤部位、大小、深度以及其与周围血管、神经的关系的不同,其操作技巧及其注意事项也会有所变化,其大致的操作技巧及注意事项如下:

1. 穿刺操作技巧 包括以下几方面。①术前麻醉、镇静:戴无菌手套,消毒铺巾,做逐层局部浸润麻醉;②术前影像:病灶定位,调整体位、训练呼吸、设计路径、确定安全靶区等;③影像引导:采用步进式进针,实时观察,适时调整进针方向、角度及深度;④活检取材:确定进针达安全靶区后取材,观察活检的标本量是否确切,必要时重复活检;⑤术后处理:标本置入固定容器;⑥重复影像:观察有无气胸、出血、气栓等并发症。

2. 穿刺注意事项 包括以下几方面。①术前准备:注重患者情绪是否稳定,呼吸训练以患者容易重复、稳定的呼吸时相为原则;②制订活检计划:注意靶病灶内靶区的选择,靶病灶及其与周围血管、神经等关系的判断;③病灶与周围重要解剖结构显示欠清晰时,推荐实时增强成像;④局部麻醉:肺部穿刺时麻醉至胸膜外间隙,尽量避免突破壁层胸膜;⑤步进式进针过程中,尽量避开重度肺气肿、血管、叶间裂结构；⑥取材前，注意再次确定靶区安全；⑦同轴引导取材后，尽量减少同轴套管空气暴露时间。

四、分子影像学进展

（一）分子影像学概况

20 世纪以来，随着人类及其他多种生物基因图谱的完成，医学正式进入分子时代，包括分子影像学在内的数门新兴学科应运而生。分子影像的概念始于 20 世纪末，其建立与发展基于医学影像学、分子医学、细胞与分子生物学、化学、物理、纳米科技、药理学、生物信息学和计算机图像处理技术等多学科融合而成。目前国际公认的分子影像学（molecular imaging）定义为：对人或其他活体在分子和细胞水平的生物学过程进行可视化、特征化和定量化的科学。它的基本原理是针对体内特定的分子靶点设计与其特异性、高亲和力结合的分子探针，利用灵敏度高、分辨率好的成像仪器显像。与传统影像学相比，分子影像学实现了活体状态下无创、早期、动态、实时监测生物学过程，有助于更好地在分子水平理解疾病发生发展过程及治疗机制和效果，未来有望广泛应用于早期精确诊断疾病和评估疗效，协助药物研发与靶向治疗，最终完成个体化医疗模式的转变。

1. 成像技术　目前分子影像学应用的成像技术主要包括放射性核素（radionuclide）发射型成像 / 核医学（nuclear medicine）、X 线计算机体层成像（X-ray computed tomography，X-CT）、磁共振成像（MRI）、超声成像（ultrasonography，US）、光学成像（optical imaging，OI）。不同的成像技术各有其优缺点，其中 CT、MRI、US 主要为解剖成像，检测灵敏度低；核医学和光学成像为功能代谢成像，敏感性高但分辨率低，并且缺乏结构参数。将不同成像技术相结合以各取所长的多模式融合成像（multimodality imaging）已经成为未来分子影像学的重要发展趋势，目前临床应用最广泛的是 PET-CT，PET-MR 开始用于临床。

2. 显像剂　分子影像学的发展很大程度上依赖于高特异性和高敏感性显像剂的研发。显像剂主要用于探寻或耦合感兴趣靶点，通常包括信号显示和靶点结合两部分。常用的靶点结合分子包括小分子、肽、抗体、适配体，近年来纳米微粒逐渐成为多模式融合成像分子探针的新宠，其特有的高表面积 / 体积比允许在内部及表面对配体和不同显像剂进行多种修饰，进一步将药物或基因整合到纳米微粒中可早期筛选出治疗敏感患者并实现药物定向递送。

3. 应用　分子影像学是当前医学影像研究的热点，在诸多领域均显示出良好的应用前景，基于放射性核素建立起来的核医学分子影像学是目前发展最成熟的领域，尤其是以 PET-CT、SPECT-CT 为代表的分子影像学检查已经广泛应用于临床。此外，分子影像学在血管新生、组织缺氧、代谢、细胞增殖与凋亡、细胞示踪、细胞毒性药物与靶向治疗药物的生物分布、炎症与感染等方面均有涉猎。作为转化医学发展的重要工具，分子影像学在神经系统疾病、肿瘤性疾病及心血管疾病中具有举足轻重的作用。

（二）分子影像学展望

分子影像学无疑代表了未来医学影像学发展的重要趋势，目前临床应用仍较为有限，很多技术处于临床前研究或临床初期试验阶段，相关理论、技术和系统尚不完善，尤其是显像剂和成像设备方面仍有许多关键性问题亟待解决。就新型分子探针而言，研发过程需要克服药物递送、生物相容性、种族差异等多项难题。成像设备方面，多模式融合成像愿景虽然美好，但实现过程存在诸多技术难关。此外，作为一门交叉学科，分子影像学的发展涉及众多学科，需要不断加强不同学科之间的交流合作。相信随着科学发展与技术进步，医学影像诊断将逐渐从解剖、血流灌注向分子影像倾斜，分子影像学或将彻底改变人类对疾病的认知和医学诊疗模式。

（吴　宁　孙应实）

第六节 内镜诊断

一、前言

内镜(endoscopy)又称内窥镜,实际上是人眼通过光学/电子系统的延伸,可以进入人体的体腔,直接观察病变,因而在肿瘤的诊断领域发挥越来越重要的作用。如今的内镜技术已广泛应用于人体的各管腔和体腔,随着光学技术的发展,人体中只要有腔道的地方,均可应用内镜进行观察,内镜在肿瘤诊断中发挥着重要作用。通过胃镜、结肠镜和小肠镜,可以完成全消化道的检查;通过支气管镜可以观察至亚段支气管;通过膀胱尿道镜、腹腔镜、纵隔镜、胸腔镜、关节镜、阴道镜、宫腔镜等可以观察到相应腔道的病变。

从镜身的物理特性,可将内镜分为硬镜(直视镜)和软镜(可弯曲镜)两种。实际上随着技术的进步,这种区分也已存在交叉,如传统意义上的腹腔镜、胸腔镜、肾镜等都是硬镜,泌尿系统内镜既往也以硬镜为主,但近年来出现了可弯曲的膀胱镜和输尿管镜,消化道内镜和支气管镜通常是软镜,适用于消化道和呼吸道的多弯曲、多分支解剖形态。

从内镜的用途来分,可以分为消化内镜(包括胃镜、结肠镜、小肠镜、十二指肠镜等)、泌尿内镜、气管支气管镜、胸腔镜、腹腔镜、关节腔镜、脑室镜等,可用于腔道病变的诊断与治疗。

从内镜的功能来分,可分为白光内镜、染色内镜、放大内镜、超声内镜、无线内镜(胶囊内镜)等。伴随着光学工程技术、电子信息技术、生物工程技术以及机械工程技术的全面进步,内镜在肿瘤的诊断领域发挥着愈加重要的作用。

二、内镜用于肿瘤诊断的优势

内镜下病变图像清晰,立体定位强,在肿瘤性疾病的诊治上有着独特优势,主要表现在以下5方面。

(一) 直视病变

与其他影像学技术不同,内镜下可直视腔道内病变。消化系统、呼吸系统及泌尿生殖系统肿瘤等均可通过相应的内镜技术得到观察和诊断。

(二) 可获得活检标本

无论肿瘤病变的形态如何变化和可疑,取得活体组织并获得完整的病理诊断仍是肿瘤诊治过程中的重要一环,在其他影像学难以企及的标本获得领域,内镜有不可替代的作用。尽管部分内镜技术已实现相当程度的智能化,例如胶囊内镜,但不能活检仍是其"痛点",因此内镜的活检功能是至关重要的,至少目前尚无其他方法替代。

(三) 发现早期恶性肿瘤

在直视病变的基础上,通过染色放大或电子染色技术,可早期发现恶性肿瘤,大幅度提高了多种肿瘤如食管癌、胃癌及结肠癌等的早期检出率。

(四) 评价肿瘤的分期

常规内镜可直接观察病变的形态和大小,超声内镜可以明确肿瘤浸润深度、与周围脏器的毗邻关系,均可协助明确肿瘤分期,为治疗决策(手术或放化疗)提供依据。

（五）诊治一体化

内镜下可进行各种微创治疗，使一些原需传统手术方式治疗的疾病避免了较大的创面。如内镜黏膜切除术（endoscopic mucosal resection，EMR）、内镜黏膜下剥离术（endoscopic submucosal dissection，ESD）、内镜下管腔扩张与支架置入术等。

三、内镜的用途分类

（一）胃镜

胃镜（gastroscope）是最常用、最普及的消化道内镜，主要用于上消化道黏膜病变的诊断与治疗。在胃镜的选择上，成年患者可选择常规胃镜；年幼患者或有消化道狭窄的患者可选用超细胃镜（鼻胃镜），其特点是镜身细，可经鼻进入，插入时较少接触舌根神经，可明显减少患者恶心反应，痛苦小。为减少患者插入胃镜的痛苦，可以选择麻醉/镇静胃镜。

1. 适应证 ①反复或持续出现上消化道症状和/或粪便隐血阳性，需做检查以确诊者；②不明原因的上消化道出血者；③X线钡剂检查发现上消化道有病变，而未能确定其性质者；④吞咽困难、吞咽疼痛或胸骨后烧灼感者；⑤胃癌前病变，如慢性萎缩性胃炎伴肠上皮化生、不典型增生等，须按时随访者；⑥药物治疗后随访或手术效果的观察；⑦食管、胃手术后症状复发或加重，怀疑吻合口病变者；⑧需内镜治疗者，如胃内息肉摘除、取管腔异物、局部止血及曲张静脉结扎、硬化等治疗；⑨年龄>50岁、有胃癌家族史等胃癌高危人群的筛查。

2. 禁忌证 ①严重的心、肺、肝、肾功能不全者；②上消化道大出血生命体征不稳者；③精神异常不能配合检查者；④咽部急性炎症者；⑤主动脉瘤；⑥腐蚀性食管炎急性期；⑦疑有胃肠穿孔者。

3. 胃镜在上消化道肿瘤诊治中的应用 胃镜可直接观察胃黏膜的形态、色泽等细微结构，又能同时在胃内摄像、直视下活检及进行组织学活检。胃镜可以发现食管癌、胃癌、十二指肠癌等恶性肿瘤，也可以发现食管和胃的间质瘤、息肉等良性肿瘤，还有助于发现慢性萎缩性胃炎、不典型增生（上皮内瘤变）等癌前病变。胃镜下的肿瘤治疗包括息肉摘除术、食管狭窄扩张/支架置入术、内镜黏膜下剥离术（ESD）、内镜黏膜切除术（EMR）、射频消融术等。其中，ESD是用于早期食管癌和早期胃癌治疗的重要技术，可以完整切除浸润不超过黏膜下层的上消化道早期癌，可以获得完整病理，5年生存率可达到95%以上。此外，ESD对于食管和胃的黏膜下肿瘤也有很好的治疗效果，可以完整切除食管或胃的间质瘤、平滑肌瘤等。

（二）结肠镜

结肠镜（colonoscope）也叫肠镜，是第二常用的消化内镜，主要用于结、直肠和回肠末段黏膜病变的诊断与治疗。因结肠癌的筛查越来越受到关注，结肠镜发挥愈加重要的作用，可以早期发现结肠的癌前病变，如腺瘤性息肉等。对于进展期结肠癌，也是诊断的“金标准”，更为外科手术提供精准的术前分期诊断。

1. 适应证 ①原因不明的下消化道出血；②有下腹痛、腹泻、便秘、贫血、消瘦等症状或体征而原因不明者；③钡剂造影发现肠内有可疑病变，但不能明确病变性质者；④肠道内肿物性质未定，炎症性病变需明确范围、程度或疑有癌变者；⑤结肠息肉、肿瘤、出血等病变需在内镜下治疗或手术定位；⑥炎症性肠病、结肠息肉、结肠癌术后等需定期随访复查者；⑦原因不明的低位肠梗阻；⑧年龄超过50岁或有结肠癌家族史等结肠癌高危人群的筛查。

2. 禁忌证 ①肠道准备欠佳，影响插入和观察者；②严重的心肺功能不全，不能承受检查前清洁肠道准备的患者；③妊娠、高热、身体极度衰弱者；④急性憩室炎者；⑤肠道大出血，生命体征不稳者；⑥结肠急性炎症、重症溃疡性结肠炎、腹膜炎及疑有肠穿孔、肠瘘、腹腔广泛粘连、肠系膜炎症、腹部大动脉瘤、癌肿晚期伴有腹腔内广泛转移者；⑦肝功能明显异常、肝硬化腹水者；⑧精神或心理原因不能配合者。

3. 结肠镜在结肠癌诊治中的应用　结肠镜检查可以通过直视、放大和染色等手段对结肠肿瘤性病变进行仔细观察，并能获取病理标本，为肿瘤的定性诊断提供了重要手段。另外，对于结肠息肉，可以在镜下应用高频电源装置进行单纯切除或黏膜剥离切除，术后病理有助于区分腺瘤性息肉或增生性息肉，对于制订合适的随访策略有积极意义；对于结肠肿瘤伴结肠多发息肉患者或家族性息肉病患者，可在手术台上行术中结肠镜检查，帮助术者定位肠腔内的病变，避免遗漏和不必要的过多切除肠管。

（三）十二指肠镜

十二指肠镜（duodenoscope）不像胃镜、结肠镜和小肠镜都是前视镜，而是侧视镜，当初的设计并不是为诊断十二指肠肿瘤而用（十二指肠肿瘤的诊断主要依靠胃镜），而是为了导管插入十二指肠乳头、完成胆管和胰管病变检查而设计。逆行胰胆管造影术（endoscopic retrograde cholangiopancreatography，ERCP）是应用十二指肠镜诊断胰胆道肿瘤的重要手段。十二指肠镜广泛应用于肝、胆、胰系统疾病的诊断与治疗，如胆管结石、胆管狭窄和畸形、胆囊和胰管病变，并可对壶腹部肿瘤进行直视和活检，对胆管和胰管肿瘤可以进行细胞刷检。

1. 适应证　①疑有胆管结石、肿瘤、炎症、寄生虫或梗阻性黄疸且原因不明者；②胆囊切除或胆道手术后症状复发者；③疑有胰腺肿瘤、慢性胰腺炎或复发性胰腺炎缓解期；④疑有十二指肠乳头或壶腹部炎症、肿瘤或胆源性胰腺炎需祛除病因治疗者；⑤怀疑有胆总管囊肿等先天性畸形及胰胆管汇流异常者；⑥原因不明的上腹痛而怀疑有胰、胆疾病者；⑦因胰、胆疾病需收集胆汁、胰液或行 Oddi 括约肌测压者；⑧因胰、胆疾病需行内镜下治疗者；⑨胰腺外伤后；⑩其他，包括胆道手术误伤后，胰腺先天性变异、肝脏疾病等。

2. 禁忌证　①有上消化道狭窄、梗阻，估计内镜不可能抵达十二指肠降段者；②有心、肺功能不全及其他内镜检查禁忌者；③非结石嵌顿性急性胰腺炎或慢性胰腺炎急性发作期；④胆道狭窄或梗阻，而不具备胆道引流技术者。

3. 十二指肠镜在肿瘤诊治中的应用　在诊断壶腹部肿瘤时，十二指肠镜可直视十二指肠乳头部，直接观察到乳头壶腹肿瘤引起的乳头壶腹区肿大隆起等改变，可在直视下活检。ERCP 是在十二指肠镜下经十二指肠乳头插管注入造影剂，从而逆行显示胰胆管的方法，能对胆总管、肝总管及胰管行全面观察，配合使用胆道内超声及组织活检，能对壶腹部肿瘤等恶性梗阻性黄疸进行定位与定性诊断，是目前公认的诊断胰胆管疾病的“金标准”。十二指肠镜用于胆胰管恶性肿瘤的内镜治疗，包括 Oddi 括约肌切开术、胆胰管支架置入术、胆胰管狭窄扩张术等。

（四）小肠镜

小肠因解剖特点所限，既往一直是消化道检查的盲区。小肠镜（enteroscope）的应用给小肠疾病的诊断和治疗带来了革命性的突破。目前临床上较为常用的是双气囊小肠镜和单气囊小肠镜。小肠镜通过气囊固定小肠，利用长约 200cm 的内镜和长约 150cm 的外套管交替插入，从而完成整个小肠的检查，是小肠疾病包括肿瘤诊断的“金标准”。

1. 适应证　①原因不明的腹痛，经 X 线钡剂检查、胃镜和肠镜检查未发现病变，疑有小肠病变者；②原因不明的消化道出血，经多种检查未能明确病因者；③小肠良、恶性肿瘤；④小肠吸收不良综合征；⑤手术时协助外科医师进行小肠检查；⑥疑有克罗恩病或肠结核者。

2. 禁忌证　①有内镜检查禁忌证者；②腹腔广泛粘连者；③急性胰腺炎或急性胆道感染者。

3. 小肠镜在小肠肿瘤诊治中的应用　小肠肿瘤一直是消化道肿瘤诊断的难点，小肠镜是目前最直观的检查小肠疾病的方法，并能获取病理标本，对可疑小肠肿瘤进行确诊，为进一步治疗提供关键性诊断依据。常见的小肠肿瘤包括小肠腺癌、淋巴瘤、间质瘤、息肉等，虽然小肠镜对小肠肿瘤具有较高的诊断价值，但其费用高昂，耗时费力，通常要选择经口或经肛两次检查才能完成全小肠对接，且需要全身麻醉，技术难度相对较大。因此，通常建议对可疑小肠病变者，先行胶囊内镜和小肠三维 CT/MRI 检查，可为选择小肠镜检查途径提供参考，提高检查阳性率。

(五)胶囊内镜

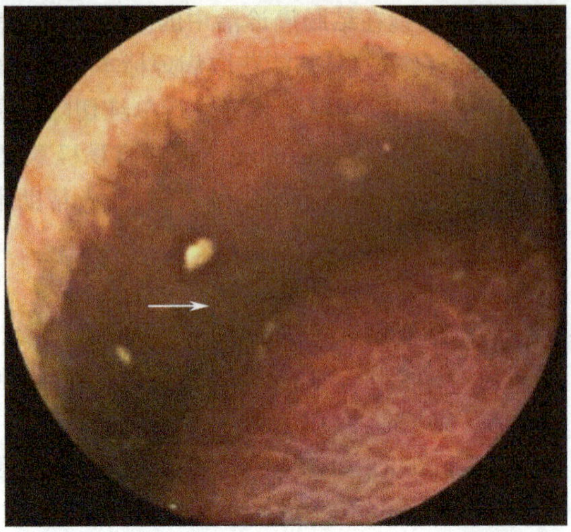

图 3-8-15 胶囊内镜发现的小肠间质瘤

胶囊内镜(capsule endoscope,CE)是无线内镜的一种,其被吞服后,采用无线传输技术将实时的图像传送至体外的数据接收器,从而完成体腔的检查。胶囊内镜最早用于小肠检查,作为一种非侵入性的小肠疾病检查方法,体验舒适且图像清晰,有助于小肠肿瘤的发现和诊断(图 3-8-15)。胶囊内镜目前的设计及技术缺陷导致它无法进行活检,这是胶囊内镜的局限性。因其无创、安全、操作方便、容易耐受,可在老年人、合并有多种基础疾病的患者中广泛应用。

1. 适应证 ①不明原因消化道出血,尤其是经胃镜及结肠镜检查无阳性发现者;②不明原因缺铁性贫血;③疑似克罗恩病但排除肠梗阻;④疑似小肠肿瘤;⑤不明原因的慢性腹痛、腹泻;⑥监控小肠息肉病的发展;⑦疑似小肠吸收不良综合征;⑧非甾体抗炎药的小肠损害。

2. 禁忌证 ①胃肠道梗阻、消化道畸形、狭窄、穿孔或瘘管;②急性肠炎、放射性结肠炎;③吞咽困难或障碍;④心脏起搏器或其他电子设备植入;⑤妊娠。

3. 胶囊内镜在消化道肿瘤诊治中的应用 胶囊内镜作为一种非侵入性胃及小肠疾病的检查方法,体验舒适且图像清晰,有助于上消化道及小肠肿瘤的早发现、早诊断及为治疗方案的制订提供帮助。然而,对疑为小肠肿瘤的患者进行胶囊内镜检查,存在诱发或加重肠梗阻的可能。

近年来,可控制式的胶囊内镜得到了很大发展,目前最成熟和精准的为体外磁控技术控制的胶囊内镜。磁控胶囊内镜(magnetic capsule endoscopy,MCE)主要用于胃部检查,只需随水吞服,进入人体之后会受外部磁场控制,按照由胃底、贲门、胃体、胃角、胃窦、幽门的先后顺序依次观察,保证对胃内各部位观察的完整性,20min 左右就可完成整个胃部检查过程。检查结束后胶囊内镜会随肠道蠕动自然排出体外,是一种舒适化的胃镜检查方式,可用于早期胃癌的筛查。近期多项针对国产磁控胶囊内镜的研究表明,与传统电子胃镜相比,磁控胶囊内镜对胃疾病诊断的敏感度为 85%~92%,特异度为 67%~95%,与胃镜检查结果一致性为 87%~98%。目前针对结肠检查的胶囊内镜也已应用于临床,但是均为非控制型,因而应用尚不普及。针对食管检查的胶囊内镜也在研发中,有助于诊断食管肿瘤。

(六)支气管镜

临床常用的支气管镜(bronchoscope)主要用于下呼吸道疾病的诊断与治疗,具有以下特点:①可视范围大,能探及亚段支气管,包括双上叶亚段支气管;②清晰度好,能清楚观察支气管内的变化;③经鼻腔插入,患者痛苦少;④阳性率高,可用活检、毛刷、小刮匙等,还可行支气管肺泡灌洗液检查;⑤适应证广,并发症少,患者耐受性好;⑥操作简易,易于掌握。

1. 适应证 ①不明原因的慢性咳嗽;②不明原因的咯血或痰中带血;③不明原因的局限性哮鸣音;④不明原因的声音嘶哑;⑤痰中发现癌细胞或可疑癌细胞;⑥胸片和 / 或 CT 检查提示肺不张、肺部结节或团块影、阻塞性肺炎、炎症不吸收、肺部弥漫性病变、肺门和 / 或纵隔淋巴结肿大、气管支气管狭窄以及原因未明的胸腔积液等异常改变者;⑦肺部手术前检查;⑧胸部外伤、怀疑有气管支气管裂伤或断裂;气管、支气管瘘的确诊;⑨肺或支气管感染性疾病(包括免疫抑制患者支气管肺部感染)的病因学诊断;⑩机械通气时的气道管理。

2. 禁忌证 ①一般情况差、体质衰弱不能耐受支气管镜检查者;②精神不正常,不能配合检查者;③慢性心血管疾病,如不稳定型心绞痛、心肌梗死、严重心律失常、严重心功能不全或高血压等;④慢性呼吸系统疾病伴严重呼吸功能不全者；⑤麻醉药物过敏，不能用其他药物代替者；⑥有严重出血倾向或凝血功能障碍者；⑦呼吸道有急性化脓性炎症伴高热、急性哮喘发作或正在咯血者。

3. 支气管镜在肿瘤诊治中的应用 支气管镜是诊断肺部疾病尤其是肺癌的最直接方法。纤维支气管镜由于体积小、可弯曲、窥视范围大（能窥及 4 级的支气管），且能够清楚显示病变，为诊断早期肺癌提供了有效方法。支气管镜用于肿瘤的治疗，可经支气管镜对气道良性肿瘤或恶性肿瘤进行激光、微波、冷冻、高频电刀治疗、置入支架等，必要时可吸出下呼吸道潴留的分泌物或血液，解除肿瘤导致的呼吸道阻塞。

（七）腹腔镜

腹腔镜（laparoscope）检查是进入腹腔进行观察和治疗腹腔脏器疾病的一种内镜检查手段。腹腔镜一般包括传像系统和照明系统两部分，另配备穿刺器、气腹针和冷光源等附属设备。腹腔镜检查不仅能观察腹腔（盆腔）内病变的形态和部位，必要时还可以获取相关组织做病理学检查，以明确诊断。

1. 适应证 ①各种肝脏疾病的诊断；②黄疸的鉴别诊断；③腹腔疾病的诊断；④某些胃肠表面病变的诊断；⑤门脉高压症的鉴别；⑥盆腔疾病的诊断和治疗；⑦各种镜下手术；⑧腹部肿块的鉴别。

2. 禁忌证 ①心肺功能不全；②出血性疾病；③腹腔广泛粘连。

3. 腹腔镜在肿瘤诊治中的应用 腹腔镜更多的应用是用于腹部肿瘤的治疗，较少用于腹腔肿瘤的探查和确诊。近年来，腹腔镜技术在外科手术中的应用已得到迅猛发展，手术技术日臻成熟，其中腹腔镜下行肿瘤切除手术在国内外均已得到普遍开展，尤其在胃癌、肠癌、肝癌和胰腺癌方面取得了令人鼓舞的进步。随着腹腔镜技术的进一步成熟以及新型器械的不断推出，腹腔镜根治或姑息治疗肿瘤会呈现更大的优势。

（八）胸腔镜

胸腔镜（thoracoscope）检查是指将胸腔镜经胸廓插入，对胸膜腔内病变在直视下进行观察、活检及治疗。胸腔镜还是胸外科微创手术的设备基础，胸腔镜下微创手术目前已经广泛应用于胸部疾病的诊断及治疗。

1. 适应证 ①不明原因的胸腔积液或胸膜占位者；②需明确肺部疾病诊断者；③进行胸内恶性肿瘤的分期；④纵隔肿物；⑤心包疾病；⑥胸外伤者。

2. 禁忌证 ①肺功能严重损害者；②合并有严重心脏疾病者；③既往有同侧胸部手术或胸腔感染者；④年龄 <6 个月，体重 <8kg 的婴儿。

3. 胸腔镜在肺部肿瘤诊治中的应用 胸腔镜可以显示胸部 CT 未能显示的胸膜小病灶以及纵隔镜无法到达的部位，如主动脉窗、隆突后间隙、肺门及周围的淋巴结，并能在直视下活检，有助于明确肺癌分期、指导治疗和评估预后。在良、恶性胸腔积液的病因诊断、胸膜间皮瘤及气胸的诊断方面均具有一定价值。胸腔镜手术广泛开展，其适应证与传统的开胸手术相同，临床常用于胸腺及其他纵隔肿瘤切除、食管肿瘤切除、肺肿瘤楔形切除及肺叶切除等。

（九）纵隔镜

纵隔镜（mediastinoscope）检查是通过胸部或颈部小切口，经气管前间隙人工隧道置入内镜，直接对纵隔组织进行视诊和活检的一种检查手段。

1. 适应证 ①需明确纵隔淋巴结是否存在转移者；②气管周围肿物性质不明者；③纵隔及肺内病变需行活检者；④气管周围病变需行切除者；⑤需在纵隔镜下进行手术者。

2. 禁忌证 ①严重呼吸功能不全或心功能不全者；②严重贫血或凝血功能障碍；③大动脉瘤患者；④既往接受过开胸术、胸膜固定术或胸膜炎的患者；⑤严重颈椎病不能后仰者；⑥气管切开造口者；⑦上腔静脉综合征者。

3. 纵隔镜在肿瘤诊治中的应用 纵隔镜可以通过直视、组织活检获取肺癌是否有纵隔淋巴结转移的病理学证据，为肺癌分期和治疗提供准确的依据。对于一些少见的纵隔肿瘤、恶性淋巴瘤、纵隔肉芽肿性疾病及纵隔转移性肿瘤等疑难疾病，进行组织活检以明确诊断。还可用于纵隔镜下治疗，如

对于气管周围 <3cm 的孤立病灶及前、中纵隔直径 <5cm 的囊肿，粘连不严重时，可直接在纵隔镜下切除。

(十) 膀胱镜

膀胱镜(cystoscope)检查是将膀胱镜经尿道插入膀胱以直接观察膀胱和尿道内病变的检查方法。也可向输尿管口插入输尿管导管，分别收集双侧肾盂尿和进行逆行性泌尿系统造影，使肾盂和输尿管的影像更为清晰。经膀胱镜还可进行肿瘤切除、碎石和前列腺增生切除术。

1. 适应证 ①常规检查不能明确诊断的膀胱、尿道和上尿路疾病；②其他系统疾病影响泌尿系统者；③不明原因血尿及需明确出血部位者；④膀胱肿瘤的诊断并对其性质、数目和大小等进行观察；⑤膀胱异物、结石者。

2. 禁忌证 ①尿道狭窄，膀胱镜无法插入者；②膀胱容量 <50ml 者最好避免进行镜检；③ 1 周内已行膀胱镜检查者；④急性膀胱炎者；⑤全身出血性疾病或有重要脏器功能严重损害者。

3. 膀胱镜在泌尿系肿瘤诊治中的应用 膀胱镜是最早用于观察体内器官的检查手段，通过膀胱镜可对膀胱、尿道肿瘤做出精确诊断，对于表浅性肿瘤还可在可弯曲膀胱镜下行切除治疗。

(十一) 宫腔镜

宫腔镜(hysteroscope)采用膨宫介质扩张子宫腔，利用镜体的前部进入宫腔，对宫颈管、子宫内口、子宫内膜及输卵管开口进行观察，对所观察的部位具有放大效应，并可对病变部位进行病理活检及治疗。

1. 适应证 ①异位子宫出血；②宫腔内有异常声像学表现；③长期内分泌治疗患者的定期检测；④有异常宫腔细胞学或异常子宫内膜病理组织表现；⑤不孕症、继发痛经；⑥宫颈癌、子宫内膜癌的诊断和分期；⑦计划生育；⑧宫腔镜下手术。

2. 禁忌证 ①急性子宫内膜炎；②急性附件炎；③急性盆腔炎。

3. 宫腔镜在妇科肿瘤诊治中的应用 宫腔镜检查是诊断宫腔内疾病的“金标准”。宫腔镜可以直视宫腔内病变，并在直视下取材或定位刮宫，明确病变性质，提高诊断准确率，有助于子宫内膜癌的早期诊断和及时治疗。宫腔镜可用于治疗子宫肌瘤、子宫内膜息肉摘除、浅表的子宫内膜癌切除等。

(十二) 阴道镜

电子阴道镜(vaginoscope)是在强光源下直视外阴、阴道及宫颈病变的一种检查手段，其可将宫颈上皮放大 10~40 倍，直视肉眼难以看到的宫颈上皮和宫颈血管的微小病变，同时可以对病变组织进行活检，明确病变性质。

1. 适应证 ①宫颈刮片细胞学检查可疑癌变者或高滴度 HPV DNA 阳性者；②有接触性出血，肉眼观察宫颈无明显改变者；③肉眼观察可疑癌变，须进行定位活检者；④可疑生殖道尖锐湿疣者；⑤可疑阴道恶性肿瘤者；⑥宫颈、阴道及外阴病变治疗后复查和评估。

2. 禁忌证 ①不能配合检查者；②无性生活史者。

3. 阴道镜在肿瘤诊治中的应用 用于诊断阴道和宫颈疾病，阴道镜可直接观察阴道及宫颈病变，并在可疑的病变部位定位活检，提高诊断的准确率，同时明确病变范围，指导治疗。此外，电子阴道镜下可行阴道赘生物的消融和切除术等。

四、内镜的功能分类

(一) 普通白光内镜(white light endoscopy)

大部分内镜采用的光源是普通的自然光(俗称“白光”)，可以直接对病变进行形态的观察和描述，而不改变其原始颜色和形态。根据目镜所见及荧屏的显示，可对疾病做出初步的形态诊断。观察的内容包括：①黏膜的光整度、色泽及血管纹理改变，黏膜皱襞是否有中断、隆起或浸润性改变；②溃疡表面的苔厚度、是否有渗血，溃疡边缘是否有虫蚀样改变、周围黏膜是否僵硬；③空腔脏器的内腔扩张情况，动态观察其收缩和蠕动的情况等。但是因为普通白光内镜受限于光谱的范围较窄，因此对于一些早期肿瘤性病变（尤其是当病变比较平坦时）难以发现，对肿瘤微血管的观察也难以做到对比清晰，在一定程度上降低了早期癌的发现率。不过，白光内镜的局限性已经被电子染色内镜和放大内镜所弥补。

（二）电子染色内镜（electro-chromoendoscopy）

既往应用特殊的染料（如靛胭脂或结晶紫等）对腔道黏膜进行染色，使黏膜的结构更加清晰，从而提高病变的检出率，被称为化学染色，但是应用不方便、不普及。近年来，临床上更多地应用光学电子技术，对腔道黏膜进行染色以更好地观察组织表层结构、毛细血管走向、黏膜微凹凸变化，从而提高病变的检出率。成熟的电子染色内镜技术以内镜窄带成像技术（narrow band imaging，NBI）、智能电子分光技术（Fuji intelligent chromoendoscopy，FICE）和蓝激光技术（blue laser imaging，BLI）等为代表。

1. 内镜窄带成像技术（NBI） 采用窄带滤光器，对不同波长的光进行限定，仅留下绿、蓝色窄带光波。不同窄带光波穿透黏膜的深度不同，故可较好地观察黏膜结构、毛细血管走向，如实反映黏膜微凹凸变化。尤其对于早期胃癌的微血管变化和腺管开口变化最为敏感，因此成为早期消化道肿瘤筛查的“利器”。

2. 智能电子分光技术（FICE） 又称多带显像（multiple band imaging，MBI）。FICE 技术通过电子分光技术将采集到的不同色彩元素进行分解、纯化，可改善病灶与周围组织结构、细微血管与周围组织的对比度，提高了表浅病灶的检出率；也可较准确地判定患者的病变是否可行内镜下切除。

3. 蓝激光技术（BLI） 搭载了“白光观察用激光（450nm）”和“窄波段观察用激光（410nm）”两种光源，包括白光、蓝激光成像、BLI-bright 及联动成像（linked color imaging，LCI）几种模式。白光模式可用于观察外部结构；BLI 模式利用血红蛋白对窄带光的吸收及黏膜对光的反射，突出了黏膜表层的微细血管及黏膜的细微凹凸状况；BLI-bright 模式可以提供更明亮的视野，观察较远端的病变；LCI 是基于 BLI-bright 窄带成像模式，加入红色强调信号，经过特殊图像处理后颜色对比更加鲜明。

（三）放大内镜（magnifying endoscopy，ME）

放大内镜的视频处理系统具有放大倍率的功能，主要用于胃肠镜和宫腔镜，通过放大图像可对微细结构和微小病变清晰观察，有利于微小癌的诊断和鉴别诊断。普通内镜在它的观察深度范围内，最贴近观察目标时所观察到的图像是它最大限度的放大图像。为了得到更大的观察图像而接近观察目标时，会出现观察图像变模糊。通常放大内镜按照其作用原理的不同可分两种：固定焦点式和焦点调节式放大电子内镜。后者因为使用了光学成像位置的修补功能，因此又被称为光学式放大电子内镜。

光学式放大电子内镜采用变焦方法，既能保持相当于普通内镜的远景观察，又能进行放大观察。摄像镜头的一部分可以移动，因此，即使超出通常观察的深度范围，它也有修正摄像镜头成像位置的功能，而不使图像模糊。放大内镜的视频技术可将分辨率较前提高 60%~100%，可区分出 10~71μm 的微小变化，而普通内镜的分辨率仅为 125~165μm。

共聚焦激光显微内镜（confocal laser endomicroscopy，CLE）则在内镜头端加上一个极小的激光共聚焦显微镜，放大倍率进一步提高，可在内镜检查的同时获取消化道上皮及上皮下高度放大的横截面图像，从而在内镜下做出组织学诊断并指导靶向活检，因此又称“光学活检”。

（四）超声内镜（endoscopic ultrasonography，EUS）

EUS 是将微型高频超声探头安置于内镜顶端，当内镜插入体腔后，既可通过内镜直接观察黏膜病变的形态，又可通过实施超声扫描获得管道层次的组织学特征及周围邻近脏器的超声图像。因此，EUS 是内镜影像的进一步延伸，属于“三维立体”的影像范围，非直视影像。EUS 在临床上主要应用于评估肿瘤的侵犯深度、确定有无淋巴结转移及外科手术切除的可能性等。如联合消化内镜超声可用于食管、胃、十二指肠、结肠的检查及其周围脏器（如肝、胆、胰）病变的探查；纤维支气管镜超声即经气管镜超声检查，可以用于肺门、纵隔及胸膜病变的诊断；膀胱镜超声进行泌尿系统肿瘤的评估。

EUS 引导下的细针穿刺细胞学检查(endoscopic ultrasonography guided fine needle aspiration, EUS-FNA)是 EUS 有别于其他内镜的重要特性,对于黏膜下病变或黏膜下浸润性病变,内镜下活检很难取到黏膜下组织,而通过内镜的注射针进行穿刺涂片细胞学诊断可以协助明确病变性质(图 3-8-16)。其中,在 EUS 的引导下,对食管、胃、十二指肠、结肠、胰腺、肺或纵隔等部位肿瘤及其周围的病变行细针穿刺,抽取细胞用于病理学检查、确定病变性质的方法,具有较高的诊断准确性和操作安全性。

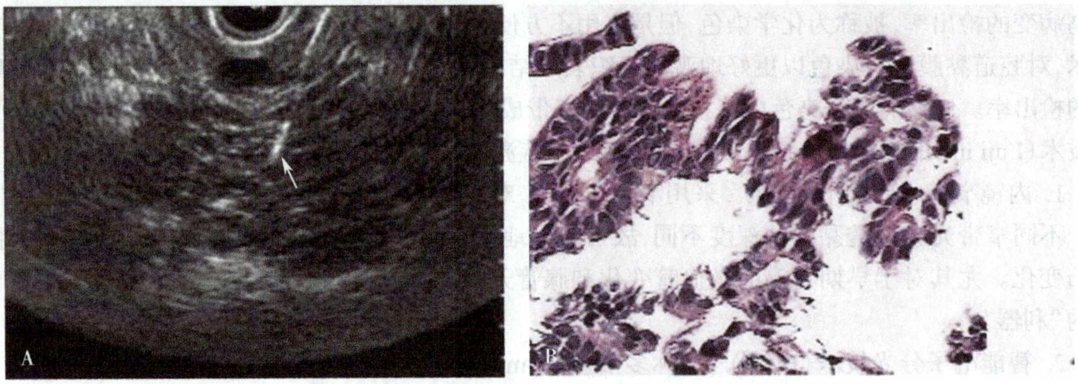
A
B

图 3-8-16 EUS 引导下的胰腺占位 FNA 诊断

A. EUS 引导下的穿刺,箭头所指为细针回声;B. 细胞学检查显示恶性细胞。

五、常见肿瘤的内镜诊断

(一) 食管癌

食管癌(esophagus cancer)是一种常见的消化道恶性肿瘤,恶性程度高,进展迅速。食管癌于食管中段最常见,下段次之,上段最少。其中食管中段以鳞癌为主,食管贲门部则以腺癌为主。食管癌的内镜检查首选普通胃镜,可加做超声胃镜判断食管癌的浸润深度。

1. 早期食管癌的内镜诊断　早期食管癌在内镜白光下表现为黏膜色泽的改变,如发红;黏膜表面结构改变,如浅表的凹陷或隆起;血管纹理改变,如血管纹理消失或可见粗大扭曲的血管。染色及放大内镜有助于发现病变和明确病变范围。如正常的食管鳞状上皮与碘液接触后可呈棕色,而食管癌及炎症、溃疡等病变遇碘不变色;放大内镜在判断食管腺癌的癌前病变 Barrett 食管化生类型有意义。Lugol 碘染色病变不着色,呈"粉红征",NBI 下观察可见背景着色和"银色征",放大观察可见扭曲不规则的毛细血管袢。

2. 进展期食管癌的内镜诊断　通过胃镜可以直接观察病变,进行大体形态学分型,做出初步判断。此外,通过对病灶进行组织病理学活检,可以提供手术治疗前的病理诊断依据。进展期食管癌内镜下典型表现为肿块、溃疡、缩窄等,管腔可出现不同程度狭窄,组织质脆,活检易出血,内镜下往往能做出初步判断。食管癌超声内镜表现为不规则的低回声肿块影,管壁增厚,伴局部或全部管壁结构层次的破坏。超声内镜可用于准确判断癌肿侵犯食管壁的深度、局部淋巴结转移和周围脏器浸润情况,进行 TNM 分期,以指导治疗方法的选择及预后判断;还可评价腹腔干淋巴结是否发生转移,而后者是选择治疗方案的重要依据。

(二) 胃癌

胃癌系胃黏膜上皮细胞的恶性肿瘤。胃癌的发生与遗传、环境或饮食因素有关,其中以食物因素和幽门螺杆菌(Hp)感染较为重要。胃癌的内镜检查首选胃镜,建议选择带有电子染色和放大功能的高清胃镜,有助于发现早期胃癌病变。磁控胶囊胃镜也可以作为体检筛查应用,具有无痛苦、清晰的优点,但是无法取活组织检查,发现可疑病变后尚需胃镜进一步证实。

1. 早期胃癌的内镜诊断 早期胃癌(early gastric cancer,EGC)的内镜白光下表现为黏膜色泽的改变,如黏膜发红或发白;黏膜表面结构改变,如浅表的凹陷或隆起,甚至存在浅表的溃疡;血管纹理改变,如可见粗大迂曲的血管;皱襞的异常,如皱襞中断;靛胭脂联合醋酸染色可观察到病变表面结构不规则,与周围黏膜存在显著差异,NBI、FICE 或 BLI 下放大观察可见不规律表面结构和不规则微血管结构(图 3-8-17)。

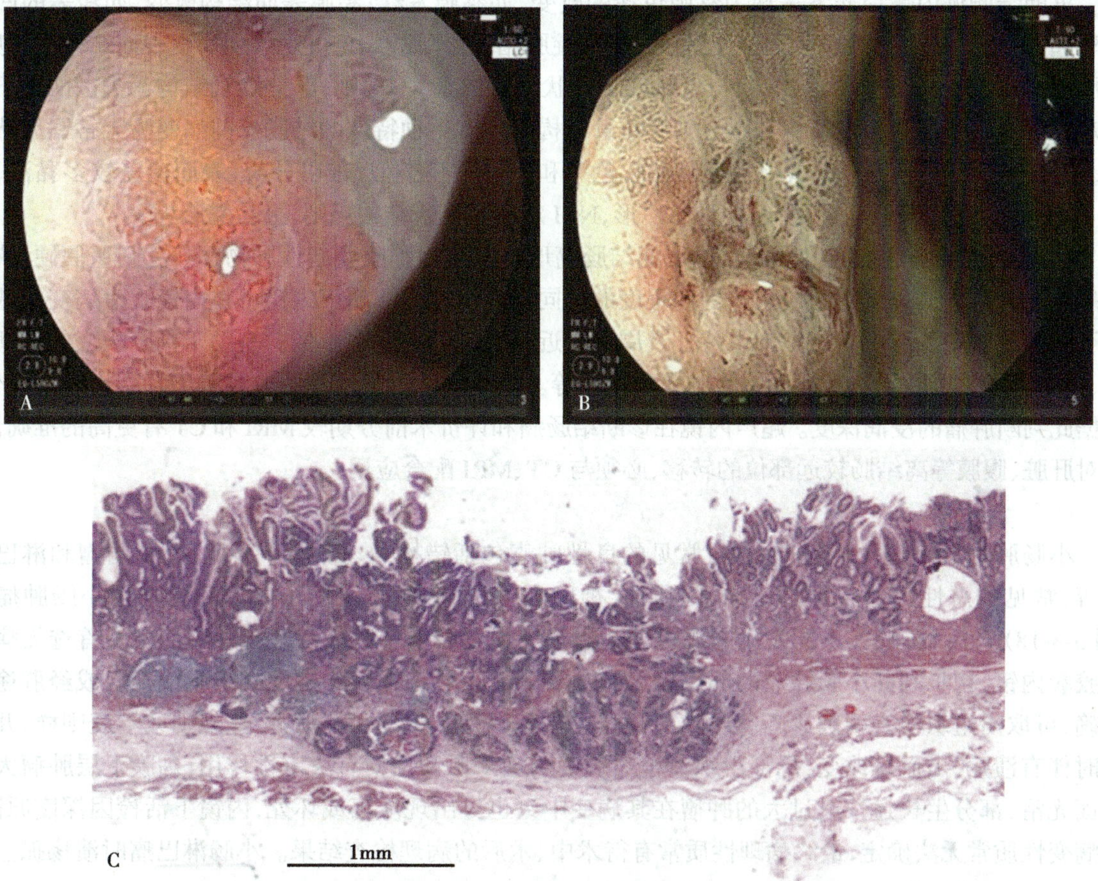
A
B
C
1mm

图 3-8-17 早期胃癌的内镜诊断

A. BLI 染色下的胃角隆起性病变,提示血管异型;B. FICE 染色下的同一病变;

C. ESD 术后的大体病理,显示胃癌浸润至黏膜下层(早期癌)。

早期胃癌定义为垂直方向的浸润深度不超过黏膜下层而无论有无转移的胃癌。内镜下早期胃癌的分型包括Ⅰ型(隆起型)、Ⅱ型(平坦型)、Ⅲ型(凹陷型),其中Ⅱ型可进一步细分为Ⅱa 型(平坦隆起型)、Ⅱb 型(平坦型)、Ⅱc 型(平坦凹陷型)。

通过分析黏膜腺管开口或微血管模式,可获得早期胃癌的形态学改变,对判断病变的良恶性、区分组织学类型以及判断恶性病变的浸润深度有一定帮助。超声内镜能获得胃壁各层的组织学特征以及周围邻近重要脏器的超声影像,评估早期胃癌黏膜下层的浸润深度,为内镜黏膜下剥离术(ESD)提供术前决策支持。

2. 进展期胃癌的内镜诊断 进展期胃癌内镜下病变形态表现为黏膜糜烂、溃疡、肿物、管壁僵硬、管腔狭窄等,活检时质脆,易出血。进展期胃癌内镜下可分为 4 型,即 Borrmann Ⅰ型(息肉型)、Borrmann Ⅱ型(溃疡型)、Borrmann Ⅲ型(浸润溃疡型)和 Borrmann Ⅳ型(弥漫浸润型)。超声内镜表现为不规则的肿块影,管壁增厚,伴局部或全部管壁结构层次的破坏及向周围组织的侵犯。

(三)结肠癌

结肠癌系结肠黏膜上皮的恶性肿瘤,可发生于结肠各段,尤以直肠和乙状结肠多见,预后不良,病死率高。结肠癌的检查首选结肠镜，部分无法完成全结肠检查的困难结肠镜可用气囊小肠镜代替，胶囊结肠镜对于部分抗拒结肠镜检查的患者也可起到筛查作用。

1. 早期结肠癌的内镜诊断 染色、放大内镜可提高早期结肠癌的检出率。常用 0.4% 靛胭脂内镜下喷洒，可将病变表面形态清楚地显示出来，之后采用放大电子肠镜对结肠腺管开口形态进行评价。通过观察，可以对肿瘤性病变和是否为黏膜癌或黏膜下癌做出大致的判断。

早期结肠癌内镜白光下表现为黏膜色泽的改变，如黏膜发红；黏膜表面结构改变，如浅表的凹陷或隆起；血管纹理改变，如可见粗大迂曲的血管；靛胭脂联合醋酸染色可观察到病变表面结构不规则，与周围黏膜存在显著差异，绒毛状与点状或长条状结构混杂，不规则，部分腺管结构消失。NBI 下放大观察可见不规律微腺管结构和不规则微血管结构。还有一种特殊的结肠癌前病变为无蒂锯齿状腺瘤，常发生于右半结肠，为浅表平坦型病变，色泽和周围黏膜类似，难以分辨，表面覆盖较多黏液，醋酸 - 靛胭脂染色后观察，其腺管结构为“O”形，NBI 观察微血管结构规则，极易漏诊。

2. 进展期结肠癌的内镜诊断 进展期结肠癌形态表现为黏膜隆起性肿物、溃疡、肠壁僵硬、狭窄等病变。超声内镜表现则因侵犯范围和程度的不同而有所差异。超声内镜可在内镜观察病变的基础上了解肠道管壁各层的组织学影像特征及周围邻近重要脏器的超声影像。有助于判断病变的浸润深度、有无邻近脏器的侵犯及周围有无肿大淋巴结等。超声内镜可显示黏膜及黏膜下各层组织的变化，可据此判断肿瘤的浸润深度。超声内镜在诊断结肠癌和评价术前分期较 MRI 和 CT 有更高的准确性，但对肝脏、腹膜等离结肠较远部位的转移，必须与 CT、MRI 配合应用。

（四）小肠肿瘤

小肠肿瘤的病理类型复杂多样，常见的良性肿瘤包括错构瘤、腺瘤、平滑肌瘤、脂肪瘤和淋巴管瘤等，常见的恶性肿瘤包括淋巴瘤、间质瘤、神经内分泌肿瘤、原发性小肠癌和转移性小肠肿瘤等（图 3-8-18）。小肠肿瘤按不同发生来源可分为黏膜层或黏膜下层肿瘤。小肠肿瘤的检查首选无痛苦的胶囊内镜，初步判断小肠肿瘤的部位后（如空肠 / 回肠），可选择气囊辅助式小肠镜经口或经肛途径明确，可取活组织检查明确诊断。黏膜层肿瘤主要表现为上皮增殖特征，可呈规则或不规则样，并可同时伴有溃疡、出血等改变，局部组织活检对明确病理来源和性质有决定性作用；黏膜下层肿瘤大多表面光滑，部分生长过快或过大的肿瘤在其病变中央也可出现溃疡或坏死，内镜下活检因深度原因，对病变性质常无法确定，最终病理性质常有待术中、术后的病理检查结果。小肠淋巴瘤时溃疡孤立而深大，表面常覆污苔，病理见淋巴瘤细胞浸润。

（五）胰腺癌

胰腺癌是恶性程度非常高的胰腺肿瘤，就诊时多已至中晚期。影像学检查是目前诊断胰腺癌的主要方法，而超声内镜和胰管内超声则是最佳方法之一。

1. EUS 的直接征象 胰腺形态的失常，肿瘤所在部位胰腺呈结节状、团块状或不规则状局限性肿大，胰腺癌肿块轮廓向外突起或向周围呈蟹足样或锯齿样浸润性伸展，其边缘不规则，边界较清楚；胰腺癌以低回声型多见，部分呈高回声和混合回声型，少数为等回声型及无回声型。

2. EUS 的间接征象 ①胆道扩张：系胰头压迫或浸润胆总管，引起梗阻以上部位的肝内外胆管和胆囊扩张，部分晚期胰体、尾癌因肝内转移或肝门部淋巴结转移压迫肝外胆管，也可引起胆道梗阻；②主胰管扩张；③主胰管浸润性闭塞；④胰腺周围血管如门静脉、脾静脉、肠系膜上静脉、下腔静脉、腹主动脉、肠系膜上动脉等浸润；⑤胰腺毗邻脏器如肝脏、胆囊、胃浸润；⑥十二指肠的浸润性征象；⑦淋巴结转移征象；⑧腹水征。

（六）肺癌

肺癌指原发于肺、气管及支气管的恶性肿瘤，居全世界恶性肿瘤死因首位。组织学上，肺癌主要分为非小细胞肺癌和小细胞肺癌，其中非小细胞肺癌占所有肺癌病例的 85% 以上。肺癌的内镜检查首选支气管镜，按照 CT 等影像提供的肿瘤部位信息，进行针对性探查及活检。

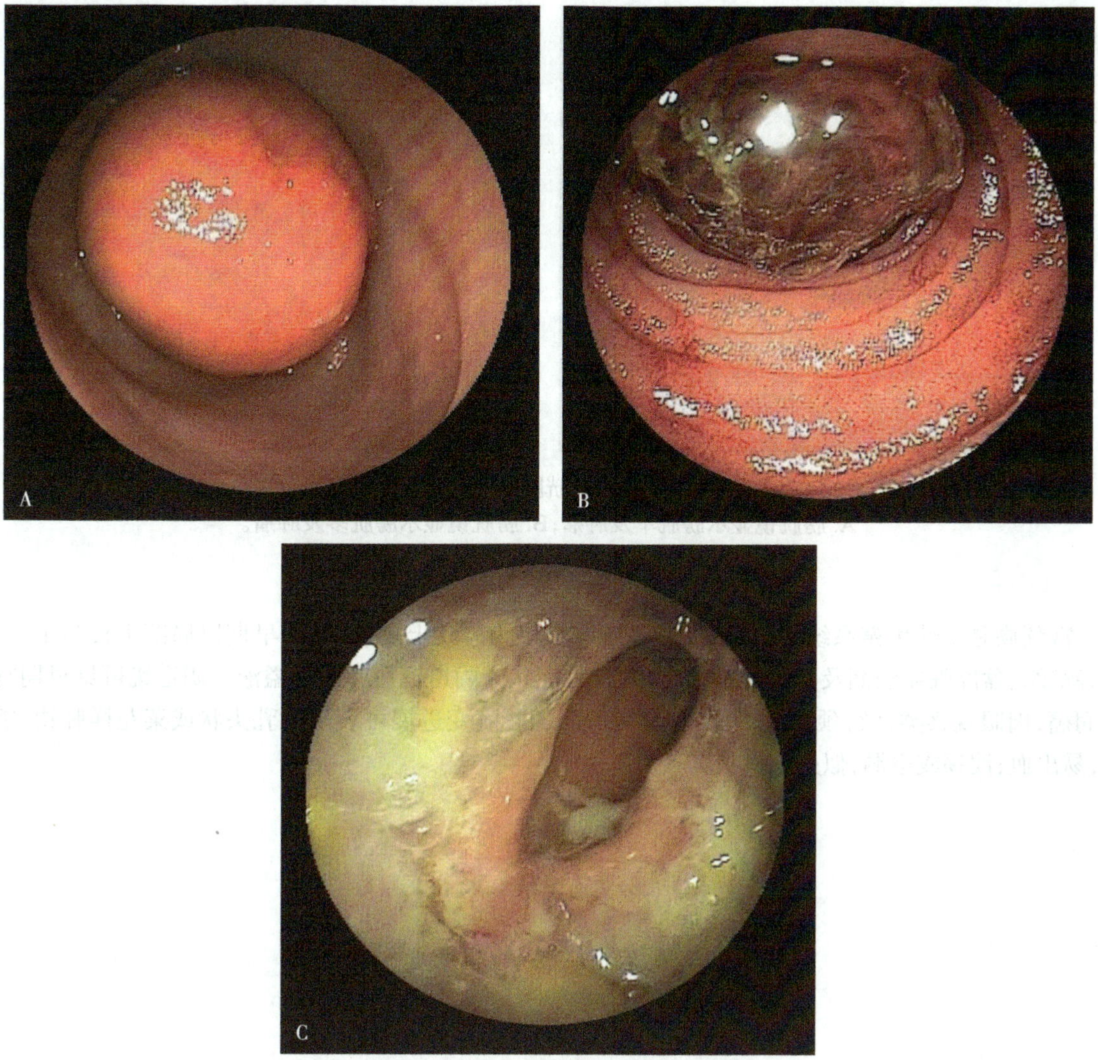

图 3-8-18 小肠镜诊断的小肠肿瘤

A. 回肠间质瘤；B. 空肠腺癌；C. 回肠淋巴瘤。

肺癌的典型内镜表现为支气管镜下的形态变化，可分为肺癌的直接所见和肺癌的间接征象。肺癌的直接所见包括：肿块型、浸润型和肿块伴浸润型。肺癌间接征象是指由于癌肿导致阻塞或压迫等所引起的改变，常见的有气道阻塞、浸润性狭窄、外压性狭窄、血性分泌物溢出、隆突或支气管嵴（次隆突）增宽、固定以及声带麻痹等。超声内镜、纵隔镜、胸腔镜的表现则因肿瘤侵犯的范围和程度不同而有所差异。

（七）膀胱癌

膀胱癌是泌尿系统最常见的恶性肿瘤，多见于男性患者。以无痛性、全程性、间歇性肉眼血尿为其特征性表现。原发性膀胱肿瘤占绝大多数，其中上皮细胞肿瘤占 90%~95%。膀胱镜可以直接观察病变，了解肿瘤所在的部位、大小、数目、形态、蒂部情况和基底部浸润程度（图 3-8-19）。此外，可以对病灶钳取进行组织病理学活检以明确诊断。染色、放大内镜可发现早期病变，常用的染色剂为亚甲蓝。膀胱腔内经亚甲蓝染色处理后，正常上皮不染色，故能早期辨别肿瘤而进行活检，有利于早期诊断。

膀胱癌内镜下可进行大体形态学分型，包括原位癌、乳头状癌和浸润性癌。还可见到晚期肿瘤突破膀胱壁而突出于膀胱腔内，并发生中心坏死。而膀胱继发性肿瘤常为邻近器官肿瘤的直接侵犯，可见膀胱壁被肿瘤抬起，呈球形隆起。

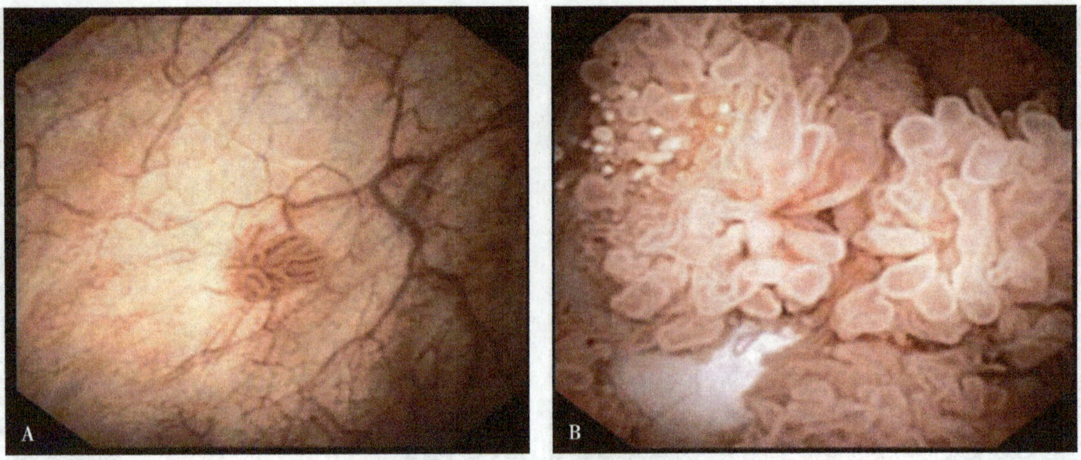

图 3-8-19 膀胱肿瘤的内镜诊断
A. 膀胱镜显示膀胱单发肿瘤；B. 膀胱镜显示膀胱多发肿瘤。

(八) 宫颈癌

宫颈癌是女性生殖系统中最常见的恶性肿瘤，多为鳞状上皮癌，肿瘤早期以局部生长为主，多向宫旁组织、盆腔脏器浸润及盆腔淋巴结转移，常见症状为阴道流血和阴道溢液。阴道镜可见早期宫颈浸润癌，肉眼观察类似宫颈糜烂，无明显异常。而随着病变进展可表现为乳头状或菜花样肿物，组织脆，易出血；溃疡或空洞，似火山口状。

（杜奕奇）

第七节 病理学检查

肿瘤的组织病理诊断是肿瘤诊断最重要和最基本的，常被作为肿瘤诊断的“金标准”。随着病理亚专业化日益发展，肿瘤病理作为外科病理学中的重要组成部分，也进入了精准诊疗的新时代。这也要求病理医师对肿瘤形态学特征充分认识，不仅能够用于诊断，而且能为判断预后和了解发病机制提供新技术，为临床医师提供更精确、更全面的规范化病理报告。病理诊断的主要作用有：①明确疾病的性质；②判断肿瘤的来源；③对肿瘤进行组织学分类、分型；④评价肿瘤的恶性程度或分化程度；⑤确定术后肿瘤病理分期；⑥确定有无肿瘤复发、转移；⑦为某些药物的选择提供依据；⑧新辅助治疗的病理学疗效评价等。

一、肿瘤病理诊断的常见技术

病理技术是病理诊断的重要组成部分，在某种程度上决定了病理诊断的准确性。病理技术的正确选择对肿瘤病理的精准诊断、肿瘤的分型、分期、预后判断及治疗选择有着至关重要的作用。随着病理技术日新月异的发展，技术种类也越来越丰富。分子技术也成为肿瘤病理诊断中越来越重要的技术手段。

(一) 常规组织病理诊断技术

1. 明确送检标本种类

(1)空芯针穿刺活检：空芯针穿刺活检（core needle biopsy）指用带针芯的粗针穿入病变部位，抽取所获得的组织比细针穿刺的大，制成的病理组织切片有较完整的组织结构，可供组织病理诊断。

(2)内镜活检：内镜活检(endoscopic biopsy)指用活检钳通过内镜或其他器械钳取病变组织作组织病理诊断，如消化道、支气管等处的活组织检查。制成的病理组织切片也有较完整的组织结构。

(3)切开活检：切开活检(incisional biopsy)指通过手术切取小块病变组织，活检时应尽可能包括正常组织。

(4)切除活检：切除活检(excisional biopsy)指将整个病变全部切除后获得病变组织。此方法能同时达到对肿瘤进行外科治疗的目的。切除组织可仅为肿块本身或包括肿块边缘组织和区域淋巴结。

2. 组织处理及制片　送检标本离体后必须在 30min 内放入 10 倍体积的 4% 中性甲醛(10% 中性福尔马林)液固定，有些特殊检查需要特殊的固定处理。然后经过一系列复杂的后续处理，才能制成蜡块和切片，染色后由病理医师用显微镜观察诊断。制片的类型和适用范围包括：

(1)常规石蜡制片：是病理诊断中最常用的制片方法。各种病理标本固定后，经取材、脱水、浸蜡、包埋、切片、染色和封片后在光镜下观察。石蜡制片的优点是取材广泛而全面，制片质量较稳定，组织结构清晰。适用于各种标本的组织学检查。

(2)快速石蜡制片：将上述常规石蜡制片过程通过加温或微波等方法加快和简化。组织形态的清晰度不如常规石蜡切片，但可适用于各种标本的快速诊断。

(3)冷冻制片：采用恒冷切片机制片，30min 左右可以完成。整个切片过程均在恒冷箱内进行，组织形态的清晰度可接近于常规石蜡切片，但在诸多形态细节不如石蜡切片，还会存在冷冻制片时的人工假象。冷冻切片常用于与手术方案有关的快速病理诊断。冷冻切片的病理诊断具有更多的局限性和误诊的可能性，只能是初步的参考性诊断意见，需要手术后进一步对冷冻组织和未冷冻的剩余组织进行常规石蜡切片的病理诊断。临床医师必须严格掌握该项诊断的适应证：①需要确定病变性质，如肿瘤或非肿瘤，良性、恶性或交界性肿瘤，以决定手术方案；②了解恶性肿瘤的播散情况，包括肿瘤是否侵犯邻近组织、有无区域淋巴结转移；③确定手术切缘情况，有无肿瘤浸润，以判断手术范围等。

(4)印片：将肉眼检查所见可疑组织与玻片接触制成印片，染色后观察，做出快速诊断。此法虽属细胞学诊断，但常与冷冻切片同时应用。

(二) 组织化学技术

组织化学(histochemistry)染色技术又称为特殊染色，是应用某些能与组织细胞化学成分特异性结合的显色试剂，原位显示病变组织细胞的特殊化学成分(蛋白质、核酸、糖类和脂类等)。目前实验室常用的染色技术主要有以下几种：高碘酸 - 希夫(periodic acid-Schiff, PAS)染色、网状纤维染色、淀粉样物质染色、亲银和嗜银细胞染色、中性脂肪染色、色素染色及黏液染色等。组织化学技术在肿瘤病理的诊断上有较广泛的用途，如用网状纤维染色，可根据网状纤维的分布区分癌与肉瘤、鉴别卵巢颗粒细胞瘤和卵泡膜细胞瘤；弹力纤维的染色可以用于诊断弹力纤维瘤以及判断肺癌的胸膜侵犯；淀粉染色可用于甲状腺髓样癌的诊断；在肿瘤病理诊断中对各种黏液成分和色素的识别等也有重要作用，如黏液染色可鉴别脂肪肉瘤和黏液纤维肉瘤，细胞质内的黑色素颗粒可用于黑色素肿瘤与其他肿瘤的鉴别诊断(图 3-8-20)。

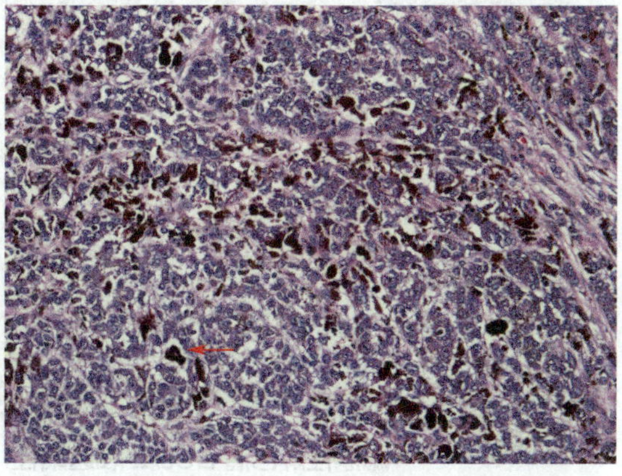

图 3-8-20　恶性黑色素瘤细胞内黑色素颗粒

(三) 免疫组织化学技术

免疫组织化学技术(immunohistochemistry, IHC)是利用抗原抗体的特异性结合反应来检测和定位组织中某种化学物质的一种技术，由免疫学和传统的组织化学相结合而形成。

免疫组织化学技术用于各种蛋白质表达水平的检测(表 3-8-1)，对肿瘤的诊断、治疗及预后判定具有重要的指导作用，临床医师在阅读病理诊断书时也应了解免疫组织化学的价值及应用范围。免疫组织化学技术主要用于：

1. 辅助肿瘤分类　通过特定抗体标记出细胞内相应抗原成分，以分析肿瘤细胞类型、判断肿瘤原发部位、肿瘤的鉴别诊断等。如细胞角蛋白（CK）是上皮性肿瘤的标记，白细胞共同抗原（leukocyte common antigen，LCA）是淋巴造血组织肿瘤标记，Hep Par1 可用于肝细胞癌的诊断和鉴别诊断，GATA 结合蛋白 3（GATA binding protein 3，GATA3）是乳腺癌的敏感标记，甲状腺转录因子 -1（thyroid transcription factor-1，TTF-1）是肺腺癌的敏感标记，降钙素是甲状腺髓样癌的特有标记，结蛋白可识别肌分化肿瘤。在肺癌组织学类型鉴别中，可以使用一组免疫标志物（如 TTF-1、NapsinA、CK5/6、P40、Syn、CgA 等）来鉴别肺鳞癌、腺癌和神经内分泌肿瘤，P40、CK5/6 是鳞癌比较特异的标志物，TTF-1 和 NapsinA 是肺腺癌特异的标志物，而 Syn、CgA 是神经内分泌肿瘤的标志物。胃部发生肿瘤的患者，HE 切片在光镜下无法区分肿瘤为低分化腺癌或淋巴瘤时，可利用免疫组织化学技术标记上皮细胞标志物和淋巴瘤相关的抗体，对其进行正确的分类及分型，有利于选择合理的临床治疗措施并判断预后效果。

2. 辅助病变性质的判定　BCL-2 在区别滤泡性淋巴瘤和反应性滤泡增生方面具有重要价值。滤泡性淋巴瘤的肿瘤性滤泡细胞有 BCL-2 的高表达（图 3-8-21）；而在滤泡反应性增生时，滤泡生发中心细胞不表达 BCL-2 蛋白（图 3-8-22）。一些肿瘤如恶性淋巴瘤分型非常多，不同分型的治疗方案也有所差别，我们需分出具体的亚型，免疫组织化学技术对诊断的帮助必不可少。首先通过 CD21，CD23，CD20，CD3，CD10，BCL-6，Ki-67 一组抗体来确定淋巴结结构并大致区分出是 B 细胞来源还是 T 细胞来源的恶性淋巴瘤；其次若是 B 细胞来源，再用一组抗体（PAX5，MUM1，BCL-2，CD5，CyclinD1，C-myc，CD30 等）进行进一步分型。若是 T 细胞来源，则用一组抗体（CD2，CD5，CD7，CD4，CD8，TIA-1，CD56，粒酶 B，TdT，CD10 等）进行进一步分型。不同恶性淋巴瘤的免疫表型见表 3-8-1。

表 3-8-1　不同恶性淋巴瘤的免疫表型

淋巴瘤类型	免疫表型
弥漫性大 B 细胞淋巴瘤	$CD20^+$，$CD3^-$，$CD10^{+/-}$，$MUM1^{+/-}$，$BCL\text{-}6^{+/-}$
滤泡性淋巴瘤	$CD20^+$，$CD3^-$，$CD10^+$，$BCL\text{-}6^+$，$BCL\text{-}2^+$
套细胞淋巴瘤	$CD20^+$，$CD3^-$，$CD5^+$，$CyclinD1^+$，$SOX11^+$
小淋巴细胞淋巴瘤 / 慢性淋巴细胞白血病	$CD20^+$，$CD3^-$，$CD5^+$，$CD23^+$，$CD43^+$
边缘区淋巴瘤	没有特异性标志物，主要是排除性诊断
Burkitt 淋巴瘤	$CD20^+$，$CD3^-$，$CD10^+$，$BCL\text{-}6^+$，$BCL\text{-}2^-$，Ki-67 高表达，C-myc 高表达
浆细胞肿瘤	$CD20^-$，$CD3^-$，$CD38^+$，$CD138^+$，$MUM1^+$，$Kappa^{+/-}$ 或 $Lambda^{-/+}$
NK/T 细胞淋巴瘤	$CD20^-$，$CD3^+$，$CD56^+$，粒酶 B（或 TIA-1、穿孔素）$^+$
经典型霍奇金淋巴瘤	$CD20^{+/-}$，$CD3^-$，$CD30^+$，$CD15^+$，$PAX5^+$，LCA^-，$BOB1^{+/-}$，$OCT2^{+/-}$

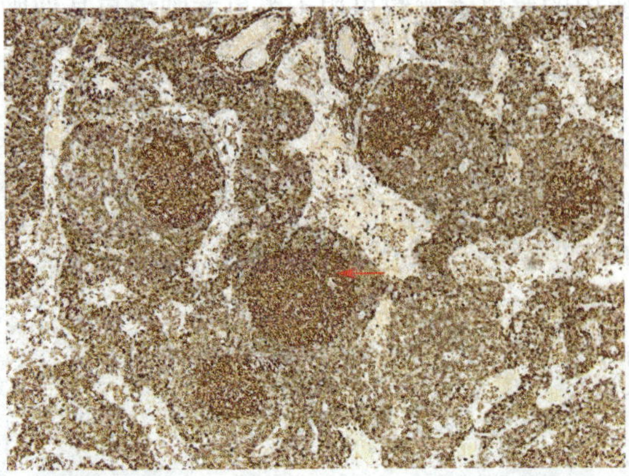

图 3-8-21　滤泡性淋巴瘤 BCL-2 表达阳性

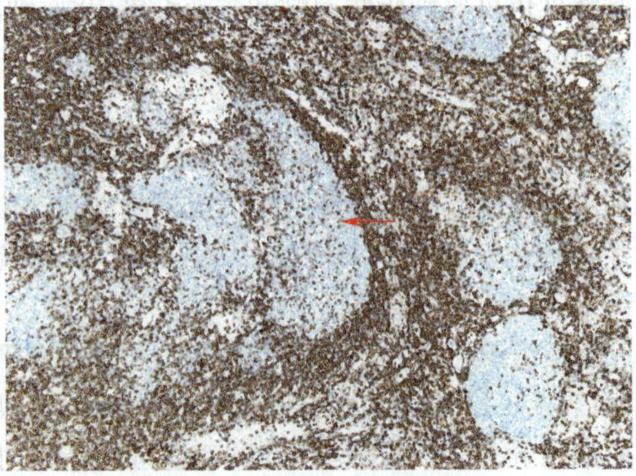

图 3-8-22　淋巴结反应性增生
淋巴滤泡生发中心 BCL-2 表达阴性。

3. 发现微小转移灶、判断肿瘤起源　淋巴结内的微小转移性瘤灶由于肿瘤细胞数量太少或形态不典型，不容易明确；通过应用免疫组织化学方法（如用上皮性标志物）可以检测到微小转移灶，对转移瘤的发现具有很高的价值。对转移性肿瘤也可借助免疫组织化学标记寻找原发瘤，如骨组织内的转移性腺癌若表达前列腺特异性抗原，可提示为前列腺癌转移所致。TTF-1、NapsinA 阳性一般提示肺原发；若 CDX-2、SATB-2 阳性一般提示肿瘤来源于结直肠；GATA3、Mammaglobin、GCDFP-15 阳性一般提示肿瘤来源于乳腺。

4. 辅助肿瘤分期　判断肿瘤是原位还是浸润以及有无血管、淋巴管侵犯与肿瘤分期密切相关。用常规病理方法判断有时十分困难，但用免疫组织化学法可获得重要信息。如采用层粘连蛋白和Ⅳ型胶原的单克隆抗体可清楚显示基底膜的主要成分，通过辅助观察肿瘤细胞是否突破基底膜以判断是否为浸润癌。用第Ⅷ因子相关蛋白、CD31 和 D2-40 等血管和淋巴管内皮细胞的标记则可清楚显示肿瘤对血管或淋巴管的浸润。在肿瘤的分类中，除了原位癌和浸润性癌之外，还经常会碰到微浸润性癌的病变。如乳腺微浸润性癌的定义是癌细胞突破导管 - 小叶系统的基底膜浸润到周围邻近组织，但浸润灶的最大径≤ 1mm，该类病变可以用 CK 和 P63 双标染色标记肿瘤的上皮及肌上皮（图 3-8-23、图 3-8-24），以观察有无突破基底膜。

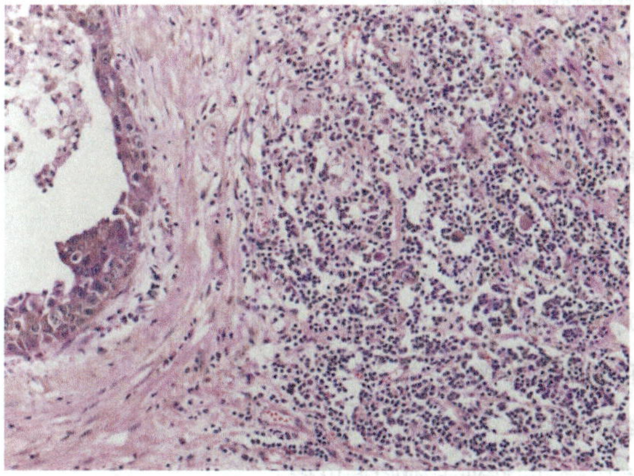

图 3-8-23　乳腺微浸润性癌 HE 染色

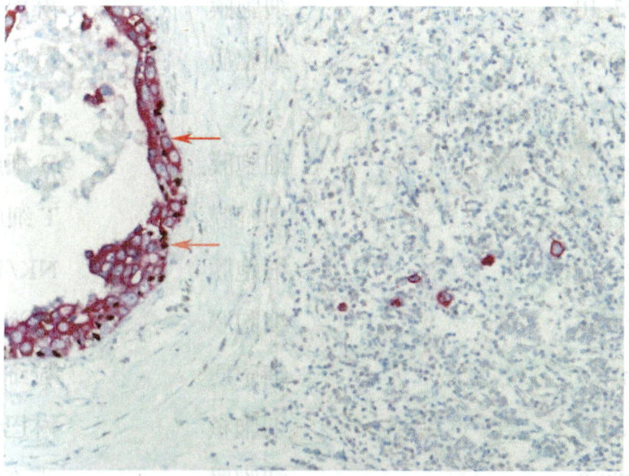

图 3-8-24　乳腺微浸润癌双标染色
红色为 CK 胞质、胞膜显色，棕色为 P63 胞核显色。

5. 指导治疗和判断预后　免疫组织化学标记中与指导治疗和判断预后有关的标记大致可分为 4 类。①类固醇激素受体：如雌激素受体、孕激素受体等，它们与乳腺癌治疗和预后的关系已获公认。激素受体阳性者内分泌治疗效果较好，预后也较好。②肿瘤基因标记：如癌基因 *HER-2*，在乳腺癌中高表达者，提示患者预后较差且应该接受靶向药物如曲妥珠单抗的治疗。非小细胞肺癌 ALK（克隆号 D5F3）阳性的病例可以接受克唑替尼等 TKI 药物治疗（图 3-8-25、图 3-8-26）。③错配修复蛋白（MMR）：

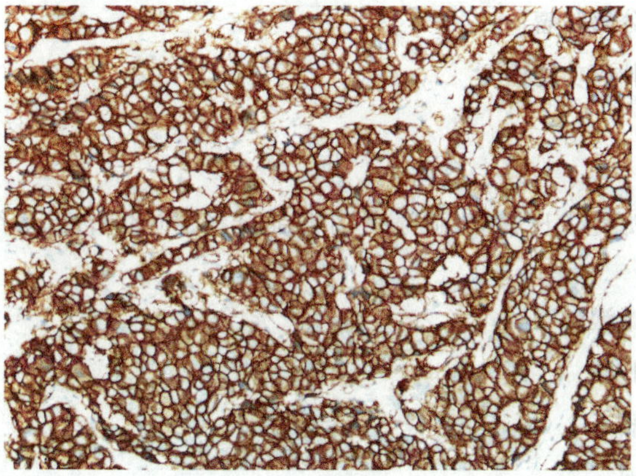

图 3-8-25　HER-2 免疫组化 HER-2（+++）

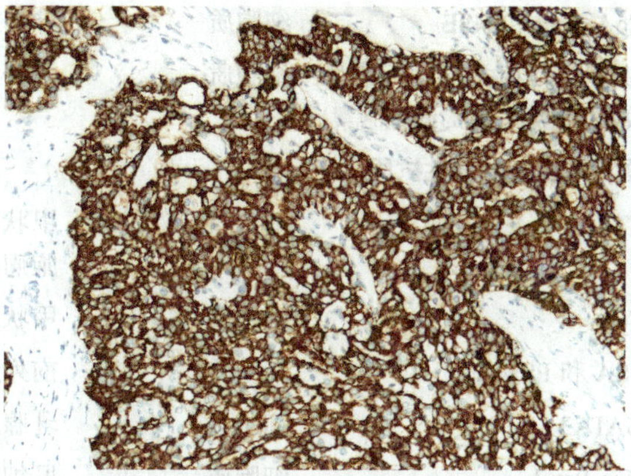

图 3-8-26　浸润性肺腺癌 ALK（D5F3）阳性

可用于指导部分肿瘤患者用药，并预估采用免疫治疗的效果，也可以用于筛查一些具有家族遗传的肿瘤患者，如 Lynch 综合征。④细胞增殖性标记：如 Ki-67、增殖细胞核抗原（PCNA）等，表达指数越高，表明其增殖越活跃，恶性程度越高，预后不良，其中以淋巴造血组织肿瘤较为明显（表 3-8-2）。

表 3-8-2 常用标志物应用举例

标记名称	阳性定位	应用
上皮性标记		
CK	细胞质	癌、间皮瘤、生殖细胞肿瘤，少数肉瘤（滑膜肉瘤，上皮样肉瘤）
EMA	细胞膜	作为上皮细胞的补充标记与 CK 联合应用
非上皮性标记		
Vimentin	细胞质	诊断价值有限，但可用于鉴定组织保存是否完好
Desmin	细胞质	肌分化肿瘤特别是平滑肌和骨骼肌肿瘤
Actin	细胞质	肌分化肿瘤
CD34	细胞质	血管内皮细胞肿瘤，隆突性皮肤纤维肉瘤，胃肠道间质瘤等
D2-40	细胞膜	淋巴管内皮肿瘤、间皮瘤
CD68	细胞质	巨噬细胞，真性组织细胞肿瘤
淋巴造血组织标记		
CD20 和 CD79α	细胞膜	B 细胞淋巴瘤
CD2、CD3、CD5、CD7	细胞膜	T 细胞淋巴瘤
CD56	细胞膜	NK/T 细胞淋巴瘤
CD21	细胞膜	滤泡树突状细胞肿瘤
MPO	细胞质	粒细胞和髓细胞肿瘤
TdT	细胞核	淋巴母细胞肿瘤
CD30	细胞膜	霍奇金淋巴瘤，间变性大细胞淋巴瘤
ALK	细胞核 / 细胞质	间变性大细胞淋巴瘤
神经组织标记		
GFAP	细胞质	胶质肿瘤
NF	细胞质	神经元、神经节细胞及相应的肿瘤
S-100	细胞核 / 细胞质	胶质瘤、黑色素瘤、软组织透明细胞肉瘤
NeuN	细胞核	神经元肿瘤
内分泌和神经内分泌系统标记		
CgA、Syn 和 NSE	细胞质	神经内分泌肿瘤
激素及其相关产物标志物（如垂体激素、胰岛细胞激素）	细胞质	内分泌肿瘤功能检测
器官或组织特异性抗原标记		
TTF-1	细胞核	甲状腺滤泡上皮肿瘤、肺腺癌、小细胞肺癌、肺硬化性肺泡细胞瘤
TG	细胞质	甲状腺滤泡肿瘤
PSA 和 PSMA	细胞质	前列腺肿瘤
GATA3	细胞核	乳腺肿瘤
Hep Par-1	细胞质	肝细胞癌

续表

标记名称	阳性定位	应用
肿瘤相关抗原标记		
AFP	细胞质	肝细胞癌、卵黄囊瘤
CA125	细胞质 / 细胞膜	卵巢浆液性肿瘤
指导治疗和预后判定		
ER 和 PR	细胞核	雌、孕激素靶器官肿瘤，特别是在乳腺癌中的表达情况为选择治疗方案的重要依据
人类表皮生长因子受体 -2（HER-2）	细胞膜	是否过度表达为乳腺癌、胃癌等选择治疗方案的重要依据
MMR 蛋白	细胞核	免疫组织化学评估 MMR 蛋白水平，对患者选择性用药有一定的指导作用
ALK（D5F3）	细胞质	对肺癌患者的靶向治疗用药有一定的指导意义

（四）聚合酶链反应技术

聚合酶链反应（polymerase chain reaction，PCR）是指在 DNA 聚合酶催化下，以母链 DNA 为模板，体外复制出与母链模板 DNA 互补的子链 DNA 的过程。如果提取肿瘤细胞中的 mRNA，经反转录酶作用合成 cDNA，再以此为模板进行聚合酶链反应，称为反转录 PCR（reverse transcription-PCR，RT-PCR）。临床可通过此项技术检测非小细胞肺癌患者中 *EGFR*、*ALK* 及 *ROS1* 的突变状态，进一步指导临床用药；检测 IGH 基因重排以辅助 B 细胞恶性淋巴瘤的诊断；检测结直肠癌患者的 MSI 状态，其主要是检测 DNA 分子链上的 MSI 状态，通常对 5 个位点（NR-27、NR-24、NR-21、BAT-25 和 BAT-26）进行检测，其临床意义在于判断预后、指导临床治疗和帮助筛选 Lynch 综合征；检测 *K-RAS*、*N-RAS* 等基因突变状态以指导临床用药。RT-PCR 还可用于检测腺泡状横纹肌肉瘤中 t(2；13)(q35；q14) 和 t(1；13)(p36；q14) 形成的 *PAX3-FKHR* 与 *PAX7-FKHR* 融合基因以明确诊断等。PCR 技术的敏感性非常高，还可用于微小残留病变的检测。例如可通过检测 *EWSR1-FLI1* 与 *EWSR1-ERG* 融合基因以检测尤因肉瘤患者骨髓的微小残留病变。

（五）核酸原位杂交技术

原位杂交（in situ hybridization，ISH）是核酸分子杂交的一部分，将组织化学与分子生物学技术相结合来检测和定位核酸的技术。它是用标记了的已知序列的核苷酸片段作为探针，通过杂交直接在组织切片、细胞涂片、培养细胞爬片或分裂中期染色体上检测和定位某一特定的靶核苷酸（DNA 或 RNA）的存在。根据所选用的探针和待检测靶序列的不同，核酸原位杂交有 DNA-DNA 杂交、DNA-RNA 杂交和 RNA-RNA 杂交等。常用的技术有荧光原位杂交。

荧光原位杂交（fluorescence in situ hybridization，FISH）是应用荧光素标记已知 DNA 的特定探针与组织切片上的肿瘤组织杂交，在荧光显微镜下能显示与其相应染色体的某个区段或整条染色体。目前在临床上广泛使用，例如滑膜肉瘤 18q11 上的 *SS18* 基因易位用 FISH 检测，对于该肿瘤的确诊具有极为重要的意义。乳腺癌中 17q11-q12 上的 *HER-2* 基因扩增可用 FISH 检测（特别是对于免疫组织化学结果不明确的病例），是选择抗 HER-2 靶向药物治疗乳腺癌的标准检测方法。淋巴瘤中 *BCL-2*、*BCL-6*、*C-myc* 基因扩增或易位的 FISH 检测有助于淋巴瘤的确诊及分型。

（六）DNA 二代测序技术

DNA 二代测序技术（next-generation sequencing，NGS）是 DNA 高通量测序技术的一种，能一次同时对几十万到几百万条 DNA 分子进行大规模且平行测序（massive parallel sequencing）。通过 NGS 技术，病理学家在小圆细胞恶性肿瘤中发现了 *BCOR-CCNB3* 融合基因，并确定为一种尤因样肉瘤新类型。NGS 可助于发现更多类型肿瘤的基因异常，对肿瘤的分子诊断和潜在靶向治疗具有重要价值。

（七）循环肿瘤细胞/基因（CTC/ctDNA）检测技术

CTC的定义为：来源于原发肿瘤或转移肿瘤，获得脱离基底膜的能力并通过组织基质进入血管的肿瘤细胞。目前循环肿瘤细胞是指存在于外周血中的各类肿瘤细胞的统称。而循环肿瘤DNA（ctDNA）是一种无细胞状态的胞外DNA，存在于血液、滑膜液和脑脊液等体液中，其主要是由单链或双链DNA以及二者的混合物组成，以DNA蛋白质复合物或游离DNA两种形式存在；瘤细胞体细胞DNA经脱落或者当细胞凋亡后释放进入循环系统，是一种特征性的肿瘤生物标志物。

（八）流式细胞分析技术

流式细胞术（flow cytometry，FCM）是一种应用流式细胞仪进行快速细胞定量分析和细胞分类研究的新技术，是在细胞分子水平上通过单克隆抗体对单个细胞或其他生物粒子进行多参数、快速的定量分析。主要应用在以下几方面：①分析肿瘤细胞增殖周期，有助于估计肿瘤的生物学行为；②分析细胞增殖与凋亡；③分析细胞分化、辅助良恶性鉴别；④肿瘤相关基因（如*TP53*）定量分析，为预后判断提供依据；⑤多重耐药基因产物的定量，为化疗药物的选择提供依据；⑥肿瘤疗效监测，残存肿瘤细胞检测以及肿瘤有无复发的判断。

（九）数字病理和人工智能

数字病理（digital pathology，DP）是指将计算机和网络应用于病理学领域，其核心技术是全玻片数字扫描技术（whole slide imaging，WSI）。WSI通过全自动显微镜或光学放大系统扫描采集得到高分辨数字图像，再应用计算机对得到的图像自动进行高精度、多视野、无缝隙拼接和处理，获得优质的可视化数据以应用于病理学的各领域。人工智能（artificial intelligence，AI）用于分析高分辨率病理图像。使用AI手段分析病理切片主要分为3方面：①对细胞的检测分割；②图像相关特征的提取；③病理图像的分类和分级。

（十）电子显微镜技术

电子显微镜技术（electron microscopy）（简称电镜技术）是病理形态诊断和研究中的基本技术之一。电镜能清楚显示细胞的微细结构（亚细胞结构），可作为肿瘤病理诊断和鉴别诊断的辅助手段之一。电镜的类型主要包括透射电镜及扫描电镜，其中最常用的为透射电镜。

二、肿瘤病理诊断分类

（一）细胞学

细胞病理诊断（cytopathologic diagnosis）是依据脱落细胞学、穿刺细胞学以及体液离心沉淀后进行涂片检查、细胞蜡块制作而做出的肿瘤病理诊断，其可靠性不能等同于组织病理诊断。

1. 常用方法

（1）脱落细胞学检查：对体表、体腔或与体表相通的管腔内肿瘤，利用肿瘤细胞易于脱落的特点，取其自然脱落或分泌排出物，或用特殊器具吸取、刮取或刷取表面细胞进行涂片检查，亦可在冲洗后取冲洗液或抽取浆膜腔积液，离心沉淀后进行涂片检查。

适用于脱落细胞学检查的标本有宫颈刮片、痰液、各种内镜刷片、胸腔积液、腹腔积液、尿液、乳头溢液等。

（2）细针穿刺细胞学检查：用直径0.6~0.9mm的细针刺入浅表可触及的肿瘤内，吸取细胞进行涂片检查。

2. 涂片制作　取材后应立即涂片，操作应轻巧，避免损伤细胞，涂片须厚薄均匀。液基薄层细胞制片术使脱落细胞学检查的准确性明显提高，也使计算机自动细胞图像分析筛选成为可能。涂片后应在其干燥前立即置于95%乙醇或乙醇-乙醚（各50%）混合液固定至少15min，以保持良好的细胞形态，避免细胞自溶。

常用的染色方法有巴氏（Papanicolaou）法、瑞氏（Wright）法、吉姆萨（Giemsa）法和苏木素-伊红(HE)法等。

3. 细胞蜡块制作　在细胞学涂片技术的基础上,将脱落细胞样本离心,高度浓缩后用固定剂固定,然后进行石蜡包埋制成细胞蜡块,可进一步行 HE 染色、免疫组化染色、分子病理学检测及其他特殊检查等,极大地提高细胞学诊断的阳性率。该技术对患者创伤性小、可能以微小的创伤代价获得更明确的病理诊断,对初诊病例有助于判断肿瘤的来源,为临床后期检查指明方向;对于复诊病例可行相关分子病理学检查,从而利于临床为患者选择合适的分子靶向药物。

4. 应用范围

(1)脱落细胞学检查

1)宫颈脱落细胞学:刮取宫颈的鳞 - 柱上皮交界处(即移行带)细胞制备涂片,通常用巴氏染色。最常用于宫颈鳞状细胞癌的诊断和普查,诊断准确率可达 90% 以上。此外,还可用于观察女性内分泌激素水平的变化。

2)痰涂片和支气管刷片细胞学:主要用于肺癌的诊断,并可根据细胞形态进行组织学分型,如鳞状细胞癌、小细胞癌或腺癌等。

3)浆膜腔积液脱落细胞学:抽取胸腔积液、腹腔积液或心包积液,经离心后吸取沉淀物制备涂片,可用于转移癌和恶性间皮瘤等肿瘤的诊断与鉴别诊断。

4)尿液脱落细胞学:收集尿液,经离心后吸取沉淀物制备涂片,常用于泌尿系统肿瘤的诊断。

5)乳头溢液细胞学:可用于诊断乳腺炎症性疾病、导管上皮细胞增生、非典型增生和乳腺癌等。

6)其他:脑脊液抽取后离心制片,可用于神经系统炎症、原发性肿瘤及转移性肿瘤的诊断。

(2)细针穿刺细胞学检查:某些浅表器官或组织的肿瘤既无自然脱落细胞,内镜检查又不能达到,可用细针穿刺细胞学检查来诊断。

5. 细胞病理诊断报告书

(1)基本内容:一般包括标本部位及诊断结果,通常还需要注明涂片制作方法等。

(2)诊断意见的基本分类

1)直接表述性诊断:根据形态学观察的实际情况,对于某种疾病或病变做出肯定性诊断。偶尔在确实无法得到组织学诊断的情况下,临床医师可依据该诊断报告,结合临床情况尝试进行手术切除、化学治疗或放射治疗;不能完全肯定的、不同程度的意向性诊断,临床医师应重复细胞学检查或做活体组织检查;根据细胞的形态学不足以定性者,只提供形态描述性诊断;送检标本不符合要求者,可告知无法做出细胞学诊断。

2)The Bethesda System(TBS)报告系统:用于宫颈细胞学诊断或甲状腺细针穿刺细胞学诊断。

3)间接分级性诊断:①三级法:分为阳性、可疑和阴性。阳性为查见肯定的恶性细胞;可疑为查见难以确诊的异型细胞;阴性为未查见恶性细胞。②巴氏五级法:分为恶性、高度可疑恶性、可疑恶性、非典型性和阴性。

(3)肿瘤细胞学病理诊断报告的阅读和理解:细胞病理诊断作为诊断病理学的重要分支,在疾病诊治上具有与组织病理学相似的重要地位和作用,不允许出现错误的诊断和对检查结果任意的解读,尤其不能出现假阳性报告。结合目前细胞病理学的发展现状,WHO 建议使用直接表述性诊断细胞病理学的报告模式,弃用巴氏五级法和三级法等数字式分级诊断,对于特殊类别检查则推荐使用相应的报告系统,比如宫颈细胞学和甲状腺细针穿刺细胞学使用各自的 TBS 报告系统。

6. 细胞病理诊断的优点和局限性

(1)优点:细胞病理学检查取材方便,给患者造成的痛苦小,所需设备较简单,操作、制片和检查过程快速,易于推广和重复检查,是一种较理想的肿瘤筛查诊断方法。对难以获取组织进行肿瘤病理诊断的病例,细胞病理诊断具有重要价值。

(2)局限性:细胞病理学检查和其他诊断手段一样,存在一定的局限性。受样本取材等因素的影响,细胞学诊断一般有 10% 左右的假阴性率,因此肿瘤细胞病理学检查阴性结果不能解释为没有肿瘤;早期食管癌、贲门癌和肺癌，尽管拉网或痰液细胞学检查为阳性，若影像学检查不能显示出肿瘤的确切部位，还需进一步做内镜检查等来确定肿瘤的部位。在一定程度上，肿瘤细胞学病理诊断结果的可靠性不能等同于组织病理诊断。对于诊断疑难的病例，细胞病理学也可提请会诊。

（二）组织学

肿瘤组织病理诊断（histopathologic diagnosis of tumor）是指经活检或切除的肿物，通过病理切片进行常规组织形态学检查、免疫组化检查等系列检查后做出的诊断。

1. 临床病史和相关检查结果的重要性　肿瘤病理诊断是由临床医师和病理医师为明确肿瘤诊断共同配合做出的医疗行为，本质是临床科室与病理科之间的一种特殊形式的会诊，对肿瘤的确诊、方案选择和预后判断具有重要的意义。充分了解临床资料，加强临床和病理沟通，是做出病理诊断的必要基础和必须遵循的原则。由于一些肿瘤的病理形态学存在明显的不典型性，许多肿瘤尤其是骨肿瘤等，最终诊断往往需要更充分的临床资料和影像学资料。我们应当充分认识到肿瘤病理诊断远不是仅凭组织病理形态就能做出诊断那么简单。

2. 肿瘤的大体形态观察　对于肿瘤病理的诊断有相当大的作用（详见第七章肿瘤病理学）。

3. 肿瘤组织病理诊断报告的阅读和理解　由于送检样本的局限性等因素，病理诊断会受到不同程度的影响，因此病理诊断在表述上常用下列几种形式：

（1）明确的或基本明确的病理诊断：明确的病理诊断指不加任何修饰词，直接写明“××器官（组织）××病（瘤、癌、淋巴瘤或肉瘤）”。基本明确的病理诊断是指病变性质已明确，如炎症、良性病变和恶性病变等，但对于每类病变中的亚类还不能做出肯定的判断，如“恶性肿瘤”是癌还是肉瘤？或者“肉瘤”是纤维肉瘤还是恶性外周神经鞘膜瘤？由于组织形态不够典型，不易判明。但有时也能给出一定的倾向性意见，如癌（鳞状细胞癌的可能性大）。这在大多数情况下也能为临床诊断和治疗提供很大帮助，因而也属基本上确诊。对于病理上确诊或基本上确诊的病例，临床可以按其确诊的范围作依据进行诊治，病理诊断应对此负责。需要指出的是，若病理诊断与临床诊断差异较大或严重不符，即使对于明确的病理诊断，临床医师也应与病理医师及时沟通并申请复核病理诊断，必要时可提请多学科会诊讨论。

（2）不能完全肯定或有所保留的诊断：指由于各种因素影响，不易判定病变性质或疾病名称，特别对那些仅具备部分诊断标准的病变，常常以这种诊断形式表述，即多在拟诊疾病/病变名称之前或之后加上不同的不太确切含义的修饰词：如“考虑为……”“倾向于……”“病变符合……”“疑似……”“……可能性大”或“不能排除……”等字样。这种表述的病理诊断，临床医师不能作为完全确诊的依据，应根据自己掌握的全面情况进行处理。根据不同情况，只能作为重要的参考，或者结合病理诊断做出自己的诊断进行治疗，或者再进一步检查或观察。

（3）描述性诊断：指送检组织不能满足对各种疾病或病变的诊断要求，如主要为炎性渗出、坏死或仅有正常组织等。因而仅按所观察到的结果进行描述。在诊断栏内，只能写出“见描述”或“请结合临床考虑”等字样。这样的诊断多数对临床帮助不够，常常还需要进一步检查确诊。

4. 病理会诊　肿瘤病理诊断十分重要，但又常会遭遇困难，因此常有讨论和会诊的需要。病理会诊可在病理诊断报告书签发前或签发后。病理诊断报告书签发前的病理会诊多因病例疑难或少见，初诊病理医师难以做出明确诊断。而病理诊断报告书签发后的病理会诊原因可较多，比如，患者因原诊治医院医疗技术不足等转院，新收治医院的临床医师会要求本院病理科会诊；临床医师认为病理诊断结果与临床不符，与病理医师沟通后仍不能达成一致意见，可以提出院外会诊；初诊医院病理科因条件所限，不能进行某些特殊检查等，要求上一级医院会诊；患者及其家属对原诊治医院病理诊断的报告存有疑虑而要求院外会诊等。病理会诊报告是会诊方有关病理医师个人或多位病理医师阅片后的咨询意见，由于接受会诊的病理医师可能并不能完全掌握患者的全部情况，病理会诊报告应注明：“会诊咨询意见仅供初诊病理医师参考”。初诊病理医师要自行决定是否采纳病理会诊的咨询意见和采纳的程度。

（三）分子学

肿瘤分子病理学（molecular pathology of tumor）检测是指基于病理学标本，将分子生物学技术结合分子基础知识应用于肿瘤诊断、预后和/或治疗的检测。分子病理学检测是病理学中新出现的亚类学科。

1. 范围　分子病理技术用于核酸（包括DNA和RNA）水平的检测，对肿瘤的诊断、治疗和预后具有重要的指导作用。主要用于：

（1）肿瘤早筛和遗传筛查：为提高肿瘤的早期筛查率和患者的依从性，肿瘤特异性的基因学及表观遗传学检测开始逐步应用于临床，其样本常为粪便、血清或血浆，侵袭性低。例如，*Septin9*基因甲基化是结直肠癌早期发生发展过程中的特异性分子标志物，2015年Septin9 DNA甲基化检测已获得国家食品药品监督管理总局的批准，用于结直肠癌早期诊断的临床检测。同时，基因检测也应用于许多遗传性肿瘤的诊断，如Lynch综合征中*MMR*基因和乳腺-卵巢综合征中*BRCA1/2*基因检测等。

（2）辅助诊断：分子病理在淋巴瘤、软组织肿瘤等疑难病理的诊断方面也发挥着重要作用。例如，免疫球蛋白和T细胞受体（TCR）基因克隆性基因重排在淋巴瘤的诊断与鉴别诊断、谱系确定、分期和克隆相关性判断等方面均具有应用价值。在大多数软组织肿瘤中，存在克隆性或非随机性的细胞和分子遗传学异常，表现为染色体的数目和结构异常，相应基因出现突变或扩增，染色体的易位及产生融合性基因等。例如，85%的尤因肉瘤细胞遗传学具有t(11；22)(q24；q12)易位导致*EWSRl-FLIl*融合基因，该基因在尤因肉瘤发生中发挥重要的转录因子作用。

（3）分子分型：分子病理的发展为各种肿瘤提供了优化的分子分型，更准确地反映肿瘤的分子生物学行为，为患者的精准诊疗提供理论和实践基础。例如，胃癌癌症基因组图谱（TCGA）的研究将胃癌分为4型：①EB病毒（EBV）阳性型；②微卫星不稳定性（MSI）型；③基因稳定型；④染色体不稳定型。乳腺癌也根据相应的分子分型进入分类治疗的时代，新的乳腺分子分型分为：①Luminal A样型；②Luminal B样型；③HER-2阳性型；④三阴性型。

（4）指导治疗：分子病理检测不仅有助于术式选择，明确淋巴结清扫范围，也可用于指导肿瘤患者的靶向治疗、免疫治疗和化疗。例如，基于分子靶点的个体化靶向治疗已成为非小细胞肺癌临床一线治疗，相应的表皮生长因子受体酪氨酸激酶抑制剂（EGFR-TKI）和间变性淋巴瘤激酶酪氨酸激酶抑制剂药物（ALK-TKI）也进入国家医保范围。又例如，微卫星不稳定性（MSI）是Ⅱ期结直肠癌辅助化疗疗效预测因子，同时也是晚期实体瘤免疫治疗疗效的预测因子。

（5）判断预后：分子病理可用于乳腺癌、慢性淋巴细胞白血病等肿瘤的预后判断。目前慢性淋巴细胞白血病/小淋巴细胞淋巴瘤预后意义比较明确的生物学标志有：免疫球蛋白重链可变区（IGHV）基因突变状态及片段使用，染色体异常[包括CpG寡核苷酸刺激的染色体核型分析，FISH检测del(13q)、+12、del(11q)(ATM基因缺失)、del(17p)(*TP53*基因缺失等)]，基因突变[包括二代基因测序检测*TP53*、*NOTCH1*（含非编码区）、*SF3B1*、*BIRC3*等基因]，CD38及CD49d表达等。IGHV基因无突变状态的CLL患者预后较差；使用VH3-21片段的患者，无论IGHV的突变状态，其预后均较差。具有染色体复杂核型异常、del(17p)和/或*TP53*基因突变的患者预后最差，del(11q)是另一个预后不良标志。

（6）复发耐药监测：分子病理检测还可用于肿瘤患者的复发耐药监测。例如，EGFR-TKI单药治疗是*EGFR*基因突变局部晚期或转移NSCLC患者的标准治疗方案，但大多数患者会在用药后9~14个月发生耐药，其中*EGFR*基因第20号外显子发生错义突变（即T790M突变）是耐药突变中最主要的类型。故EGFR T790M突变的检测对EGFR-TKI耐药的晚期NSCLC患者的后续治疗具有重要的临床指导意义。

2. 分子病理检测报告

（1）基本内容：检测报告应包括患者基本信息、病理号（如有多个蜡块，应写明具体蜡块号）、病理诊断、标本类型、肿瘤细胞含量（肿瘤细胞数量或百分比）、检测项目、检测方法、检测结果、检测基因位点等，并注明报告日期。

(2)检测报告分类

1)定性检测报告:①2级法报告:分为阳性和阴性。阴性即未检测到相关基因目标位点突变,具体写明检测的范围;阳性即检测到相关基因突变,详细报告变异位点和变异结果。②3级法报告:分为阳性、不确定和阴性。例如:常用于乳腺癌HER-2的双探针FISH检测,结合HER-2/CEP17比值和HER-2拷贝数/细胞结果,*HER-2*基因扩增可判读为阳性、阴性和不确定(图3-8-27,图3-8-28,图3-8-29)。③5级法报告:遗传相关基因的检测结果根据ACMG指南,分为致病性、疑似致病性、临床意义未明、疑似良性和良性。

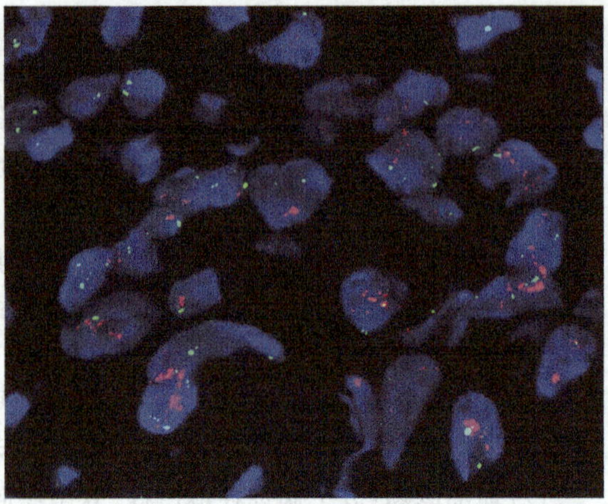

图3-8-27 *HER-2*基因扩增阳性

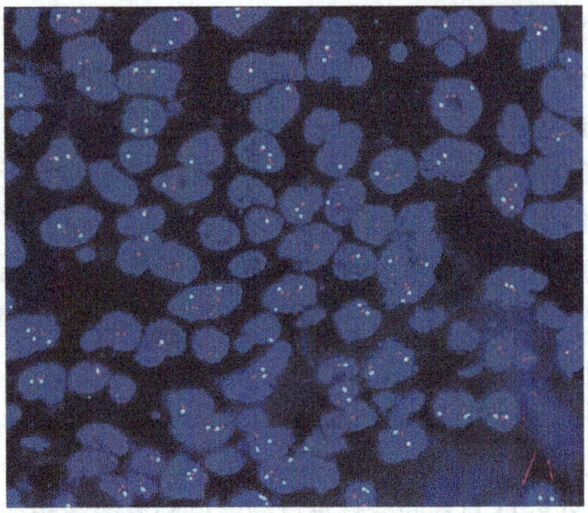

图3-8-28 *HER-2*基因扩增阴性

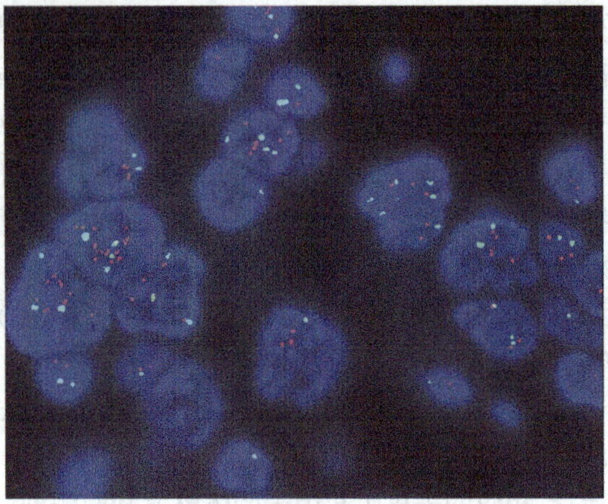

图3-8-29 *HER-2*基因扩增不确定

2)定量检测报告:高通量测序的报告中,应说明目标区域的覆盖度、目标区域的平均测序深度,目标区域的突变丰度(目标区域平均测序深度位点所占的百分比);TMB突变检测中,报告需注明每1Mb碱基的突变个数(图3-8-30)。

(3)分子检测报告的阅读和理解:随着基因检测技术的发展,基因检测方法多样,报告的内容也不尽相同,但是主要原则是一致的。临床基因检测报告一般分为两部分:第一部分是报告正文,包括基本信息、检测结果、对结果的解读说明等;第二部分是补充部分,包括质量控制、背景知识、结果附图等。分子检测报告中还须体现变异类型和变异位点信息,变异类型有重排、点突变、插入、缺失、拷贝数变异等类型。变异命名原则推荐使用人类基因组变异协会命名指南。

结果中基因突变丰度反映了基因突变的比例,丰度越高,代表突变的肿瘤细胞所占的百分比越大。需要注意的是,同一个基因的不同变异类型和变异位点其临床意义可能完全不同。例如,非小细胞肺癌中*EGFR*基因第19号外显子的缺失突变代表对一代和二代EGFR-TKI类表皮生长因子受体酪氨酸激酶抑制剂药物敏感,而*EGFR*基因第20号外显子T790M突变代表对一代和二代EGFR-TKI类药物耐药。同时,明确肿瘤病理类型对于分子检测结果的理解同样重要。例如,BRAF是一类丝氨酸-苏氨酸激酶,是RAS/RAF/MAPK通路的重要组成部分。在结直肠癌中,*Braf*基因常见突变*V600E*会引起RAS/RAF/MAPK通路自发持续异常激活,从而参与结直肠癌细胞对EGFR抗体如西妥昔单抗、帕尼单抗等的耐药。而在黑色素瘤中*Braf V600E*突变对威罗菲尼的治疗有效。在甲状腺癌中*Braf V600E*突变可用于对甲状腺乳头状癌或乳头状癌来源的未分化癌的辅助诊断。

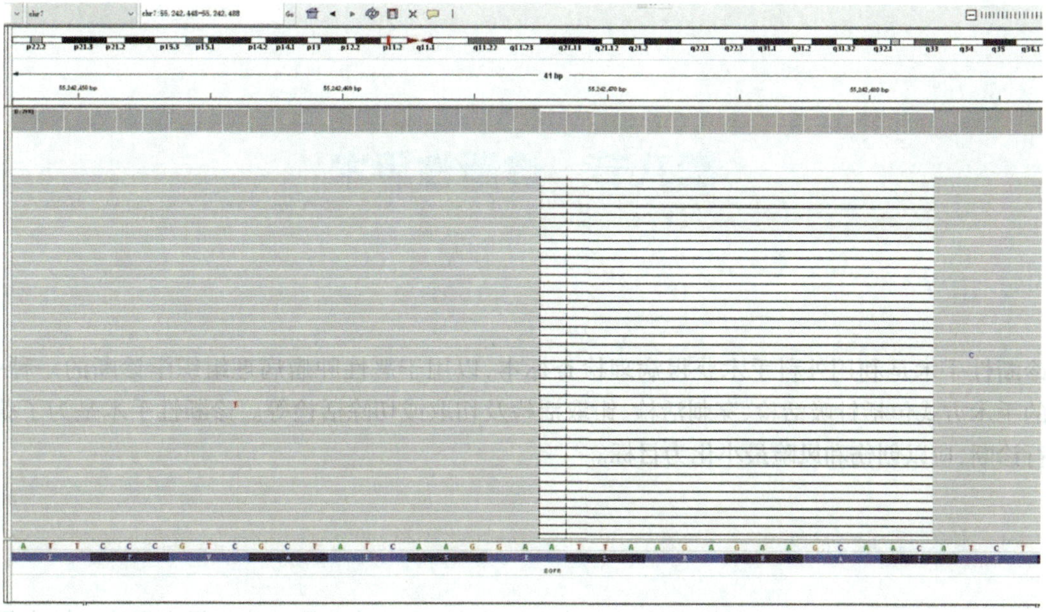

图 3-8-30 *EGFR* 基因 exon 19 del c.2239_2253del(p.L747_T751del)

3. 分子病理检测的优点和局限性

(1)优点

1)灵敏度高:基因突变检测仅需要纳克级别的核酸量,ARMS PCR 灵敏度在 0.1%,数字 PCR 和高通量测序检测,敏感度可以达到 0.1‰ 或者更低。

2)可以发现未知突变,探索疗效监测、预后判断和发现耐药机制等。

3)同一种基因突变检测项目可以采用不同的检测方法,提高检测的准确度。比如 ALK 基因重排检测既可以用 ARMS PCR 的方法,也可以用 FISH 的方法检测,还可以用免疫组化的方法检测。

(2)局限性

1)分子检测的标本首先需要进行严格的病理学质量控制,包括肿瘤来源、肿瘤类型、肿瘤比例。如果肿瘤细胞含量过低,将会对检测结果的准确性造成影响。

2)分子检测对于标本的质量要求高,手术及活检的标本需要及时固定。由于固定不及时或标本保存年限超过 3 年,常会因核酸降解而不宜进行分子检测。

3)分子检测过程中对实验室环境和检测人员有着严格的要求。在实验操作过程中要求人流、物流、气流单向流动,实验室保持固定范围的温、湿度。实验仪器的精密性要求定期进行仪器校准。为保证检测结果的可重复性,需要对试剂和耗材等进行室内质量控制,人员操作需要定期进行培训和考核。每年度需要进行实验室间的质量评价。

尽管各种辅助检查新技术对肿瘤病理诊断具有重要参考价值,形态学检查仍然是诊断的重中之重。病理医师应该注意的是,在缺乏清楚而完整的临床资料情况下,诊断肿瘤往往是片面甚至是错误的。准确而详细描述一个大体肿瘤标本尤其是根治性切除标本,对于诊断、预后以及回顾性病理或临床研究至关重要。标本的采集送检、组织固定及预处理、病理技术人员制片质量对病理诊断及后续分子检测十分重要。肿瘤病理行业规范的制定和实施、质控体系的建立与质量的持续提高、多学科的交流与合作,都是推动肿瘤病理规范发展的重要保障,从而满足临床及肿瘤患者的需求、为个体化诊疗提供精准诊断。

(郑雄伟)

第八节　诊断性手术

一、定义

诊断性手术是利用外科手术获得病理检查标本，以用于恶性肿瘤病理组织学诊断的一种手术。常用的手术方式包括针吸活检、穿刺活检、钳取活检及切取或切除活检等。诊断性手术是为了获得标本进行诊断，应以创伤和风险最小化为目标。

二、常用手术方法

取得明确的病理组织学诊断是恶性肿瘤治疗的前提，外科手术是目前获得病理检查标本最主要的方法。由于诊断性手术的目的重在诊断，所以应尽量选取创伤及风险最小的手术方式来获得组织标本。常用的诊断性手术方法包括：

（一）针吸活检

针吸活检是采用细针穿刺抽吸标本，吸取物涂片做细胞学检查，以了解活检组织是否为肿瘤组织的快速、简便方法。该方法适用于表浅的可疑肿块，如甲状腺结节。针吸活检的正确率可达70%~80%，但有一定的假阳性率或假阴性率。细针穿刺涂片时，有时细胞较为分散，难以诊断，即使是富有经验的医师也难以正确区分是肿瘤细胞还是正常细胞。因此，细胞学检查结果具有一定局限性，不能作为手术治疗时的手术指征。

（二）穿刺活检

穿刺活检是通过特殊的空芯针穿刺肿块，将获得的组织条进行病理学检查的方法，如 CT 或 B 超引导下的穿刺活检。该方法适用于实性肿瘤，均可微创快速获取组织以明确肿瘤的性质和分型。

（三）钳取活检

钳取活检是通过内镜下钳取或直接以活检钳咬取获得皮肤或黏膜表浅肿物的标本进行病理学检查的方法。对于体表肿物，可以用活检钳直接咬取肿块。对于各种腔道内的肿瘤性病变，可在内镜直视下进行，还可以在超声内镜、共聚焦显像技术引导下进行，具有较高的准确性和安全性。

（四）切取活检

切取活检是切取一小块肿瘤组织进行病理学检查的方法。该方法适用于表浅肿物。对于深部肿物或深部组织的较大肿物，无法完整切除，但需要活检了解肿物性质时，亦可采用此法。

（五）切除活检

切除活检是通过手术完整切除肿物进行病理学检查的方法。适用于局限的可切除肿物，包括淋巴结的切除活检。如果组织学检查结果提示肿物为良性，则不必再进一步手术；如果结果提示肿物为恶性肿瘤，则根据肿瘤性质决定进一步的手术方式。

（六）探查活检手术

常见方式包括剖胸探查手术、剖腹探查手术或胸腔镜（腹腔镜）辅助探查手术。

三、手术注意事项

不论选取何种方式行诊断性手术，都应注意以下几点：

1. 诊断性手术与根治性手术之间的时间应尽可能缩短。

2. 注意切口选择，应使进针穿刺的针道或切取活检的切口包含在根治性手术的切除范围内。

3. 注意避免因活检造成肿瘤细胞脱落转移，包括注意保护手术切口、避免反复使用切除肿瘤的器械等。

4. 手术时要确切止血，避免局部血肿形成，为后续手术带来困难，更增加肿瘤细胞播散风险。

5. 切除活检时要标记标本的边缘，为再次手术做重要参考。

第九节 肿瘤诊断的确立

肿瘤的临床诊断是医师对患者全部临床信息的分析过程。获取这些信息包括详细病史采集、细致的体格检查以及适当的辅助检查。正确的诊断也是制订合理治疗方案的前提。完整的肿瘤临床诊断应包括肿瘤的发生部位、病理诊断、临床分期及分子分型。

一、采集临床资料

（一）询问病史

恶性肿瘤的临床表现多种多样，临床医师需要对肿瘤临床表现的共性和个性有充分的了解，并客观、全面、详细地收集相关病史，获取对临床诊断有帮助的信息。

1. 肿瘤相关的全身症状　无病因可以解释的发热及消瘦、食欲减退、黄疸及疲劳虚弱等非特异性症状，都应该高度警惕潜在的恶性肿瘤。

2. 肿瘤的局部症状　肿瘤最常见的局部症状是肿块，可以发生在身体各部位，部位不同，其临床表现也不同，概括起来包括肿瘤相关的阻塞、压迫、破坏等症状。此外，还包括肿瘤直接压迫或侵犯神经所造成的疼痛；肿瘤导致的病理性分泌物，如宫颈癌和阴道癌引起的异常阴道排液、乳腺癌引起的乳腺溢液等。

3. 肿瘤伴随综合征　除局部和全身症状外，还可因肿瘤产生异常生物活性物质等原因引起多系统器官或组织发生病变，出现相应的临床症状，称为副肿瘤综合征（paraneoplastic syndrome）。此类综合征产生机制复杂，临床表现多样，可在肿瘤局部症状出现前、后呈现，且随着原发肿瘤的变化而变化，可能涉及皮肤与结缔组织、神经系统、心血管系统及血液系统等。

4. 其他临床信息　对于肿瘤患者，临床医生在询问病史时，还应关注家族史、生活习惯、职业环境因素；对于女性患者还应关注婚育史；对于既往接受过治疗的肿瘤患者，应详细询问诊断与用药经过。

（二）体格检查

恶性肿瘤的体征包括原发病灶的体征和远处转移的体征，因此，恶性肿瘤患者的体格检查应包括系统的全身检查和对有关器官组织的细致局部检查。

1. 全身检查　系统的全身检查有助于发现肿瘤的异常体征，明确肿瘤是否转移及其累及范围，同时还可系统性评估全身各重要脏器的功能情况，为制订合理的治疗方案提供依据。

2. 局部检查 局部检查可确定肿瘤的发生部位及其与周围组织器官的关系，应注重检查肿块和区域淋巴结受累情况。

(1)肿块检查：通过视诊和触诊了解肿块的部位、大小、形状、质地、表面是否光滑、边界是否清楚、是否有触痛、活动度、与周围组织和邻近器官的关系。

(2)浅表淋巴结检查：恶性肿瘤通常通过淋巴和血行转移，淋巴转移通常遵循一定规律。浅表淋巴结的触诊非常重要，触诊时要注意肿大淋巴结的部位、数量、大小、质地、是否融合、有无压痛、与皮肤或基底是否粘连，从而初步判定肿大淋巴结的性质，推断原发肿瘤的部位。此外，淋巴瘤、白血病等血液系统恶性肿瘤可出现单部位或多部位淋巴结肿大。

（三）辅助检查

临床医师需熟练掌握各项辅助检查的意义、指征及其优劣，能根据病史和体格检查结果选择恰当、合理的检查项目，对其结果进行准确、合理的分析和判断。常用的检查项目如下：

1. 实验室检查 常规化验项目，如血、尿、大便常规，肝、肾功能等。肿瘤相关的特殊化验项目，如肿瘤标志物 AFP、CA125 等。

2. 影像学检查 超声、X 线、CT、MRI、核素扫描及 PET-CT 等。

3. 内镜检查 消化系统内镜、纵隔镜、胸腔镜、腹腔镜、气管支气管镜、膀胱镜及宫腔镜等。

4. 病理学检查 对可疑病变的组织或细胞进行形态学、免疫学、细胞遗传学及分子病理学等检查，获得可靠的病理诊断结果。

二、确立临床诊断

临床诊断恶性肿瘤需要结合多学科知识，临床医师需要在全面、细致掌握患者病史的基础上，结合对患者所做的体格检查与辅助检查，并与各相关科室密切配合，才能做出准确的诊断。

（一）确定肿瘤的原发部位（定位）

即使是同一种病理类型的肿瘤，发生在不同的组织或器官，其治疗方法及预后也是不同的。例如，同样是腺癌，结肠癌的预后优于胃癌；肺的腺癌和胃肠道的腺癌治疗方案完全不同。而发生在同一组织或器官的肿瘤，是原发灶还是转移灶，其治疗方法及预后也不同。例如，肝脏肿物，原发肝癌和转移癌的治疗方法完全不同。因此，原发肿瘤部位的确定对于治疗方法的选择及其预后评估非常重要。

（二）确定肿瘤的病理诊断（定性）

病理学检查是肿瘤诊断的“金标准”。以形态学和免疫学为依据的传统病理学可为判断肿瘤的良恶性、组织起源及分化程度提供基本信息，也可为肿瘤的预后评估和疗效预测提供一定的帮助。近年来，随着细胞分子生物学的发展，现代肿瘤病理学已经深入到分子水平，在揭示肿瘤生物学特性的同时提供更精确的依据。

（三）确定肿瘤的临床分期（定量）

肿瘤临床分期的目的是反映疾病的发展阶段、指导制订合理治疗方案、正确评价治疗效果及协助判断疾病预后，同时也有利于不同癌症诊治中心的信息交流和人类癌症的持续研究。目前临床通用的肿瘤临床分期为国际抗癌联盟（Union for International Cancer Control，UICC）和美国癌症联合委员会（American Joint Committee on Cancer，AJCC）共同修订的 TNM 分期系统（The TNM staging system）。

（四）确定肿瘤的分子分型（定亚型）

肿瘤的分子亚型是指根据肿瘤的某些分子改变对肿瘤再细分为不同的亚型。不同亚型的肿瘤，无论在临床表现、病理、复发和转移等特征上都有明显的不同。例如：乳腺癌 PAM50 分期系统和结直肠癌的 CMS 分期系统等。

本章小结

肿瘤的临床诊断是临床医生对患者全部临床资料综合分析的全部过程。肿瘤诊断需要综合病史采集、细致的体格检查以及适当的辅助检查，必要时需要结合适当的手术诊断方式。在确定诊断的基础上，对肿瘤进行正确分期，从而为患者制订精准的治疗方案。影像学检查在恶性肿瘤诊断与鉴别诊断、分期与再分期、疗效评估与预测以及随诊监测复发中均有重要作用，其贯穿于肿瘤的整个病程，不可或缺且常需多次进行。肿瘤标志物可以通过生化免疫、组织病理、分子生物学及组学技术等方法测定，为恶性肿瘤的人群普查、早期诊断、预后评估、病情监测、个体化治疗方案选择等均提供了重要依据。

思考题

1. 肿瘤患者有哪些特殊临床表现？
2. 试举例说明临床常见肿瘤，如肺癌、胃癌、大肠癌、肝癌、乳腺癌和胰腺癌等常用的血液标志物有哪些？
3. 常用影像学检查设备包括哪些，并试述其临床应用。
4. 内镜用于肿瘤临床诊断的优势有哪些？
5. 肿瘤临床诊断确立的主要内容有哪些？

（王贵玉）

器官-系统整合教材
OSBC

第四篇 肿瘤治疗

第九章
肿瘤的综合治疗与个体化治疗

肿瘤综合治疗是指根据患者的肿瘤分期、肿瘤发生部位、病理分化特点、分子特征、预后情况、身体条件、经济收入及心理承受能力等，合理应用现有多学科多种治疗手段，以合理的费用支出使患者取得较好的治疗效果，达到延长生命、改善生活质量的目的。目前常见的治疗手段包括：外科治疗、内科治疗、放射治疗、热疗、生物靶向治疗、免疫治疗、介入治疗和中医中药治疗等。如今，综合治疗已成为恶性肿瘤治疗的核心内容。这也是多学科综合治疗具体发展的体现形式，代表了当今恶性肿瘤规范化治疗的发展方向。目前，结直肠癌肝转移或远处转移是多学科综合治疗的典范，通过多学科综合治疗，能够明显提高患者的中位生存期，最高可达 30 个月以上，寡转移患者 5 年生存率达 30% 以上。

第一节 肿瘤综合治疗的概述

近半个世纪以来，肿瘤的综合治疗手段已取得极大的进展，很多科技创新也已经应用于肿瘤治疗过程中，如能量平台、吻合器械、基因测序、分子靶点治疗以及免疫治疗等，提高了肿瘤的治疗效果。同时，在循证医学的基础上，越来越重视肿瘤的多学科综合治疗，更加强调肿瘤治疗的精准化、规范化和个体化。循证医学（evidence-based medicine，EBM）的概念就是指在肿瘤患者的诊治过程中，根据目前已获得的临床试验数据、科学试验结论，为其制订最佳治疗方案，做到有据可依、有源可寻。这就要求要有规范统一、客观完善的临床诊治记录，为临床研究提供可查询的资料。在各专业指南进展及学科发展的同时，也要求针对肿瘤患者综合情况，严格遵循国际指南及现有标准，为患者制订最佳综合治疗方案。同时也要综合考虑患者的肿瘤病理特点、肿瘤分期、疾病预后、身体情况、家庭因素、社会背景等要素，科学合理应用现有的治疗手段，以达到延长患者寿命，改善患者生活质量的目的。

多学科团队（multidisciplinary team，MDT）是于 20 世纪 60 年代提出的多学科协作决策诊疗模式。它建立在循证医学基础上，逐步取代了传统经验性医疗模式，其特征是针对特定患者，通过建立一个固定的多学科讨论小组，在固定的时间、地点，通过提供各学科最新诊疗动态，全面评估患者的疾病资料及个人状态、心理特点，根据患者的具体疾病分期、诊疗需求、经济条件、心理因素等，制订出最优治疗方案，并根据疾病发展过程改变诊治方案，规律随访、密切监督方案的执行、定期评估疗效，确保患者获益最大化。这种以患者为中心的诊疗模式可以最大化保证患者的治疗效果，目前已在全国多中心得到广泛应用。MDT 不仅是治疗方法的突破，也是治疗流程的完善，它通过实施方案的科学化，做到以患者为中心，以疾病为导向，以预后为根本，充分考虑患者具体情况，避免单学科缺陷，同时也可以避免过度治疗与治疗不足，科学客观地评价治疗风险及效果，让患者得到最优治疗方法。所以，MDT 逐渐成为国际上高度认可、广泛应用的肿瘤治疗模式之一。

随着科技进步，各种新药物不断被开发出来，同时多种治疗手段、医疗器械、专利技术也层出不穷。而肿瘤本身的异质性、发病机制的复杂性、肿瘤进展的多变性及临床治疗过程存在复杂性和多样性，这些药物、治疗手段、医疗器械、专利技术效果难以确定，新药或新技术的滥用有可能会造成资源的巨大浪费，或让患者承受无谓的伤害与经济压力。在这种形势下，随着生物医学、心理学及其他相关科学的进步，诊疗方式也开始由单纯的生物医学模式逐渐过渡为生物 - 心理 - 社会的医学模式。在疾病诊疗过程中，需要充分考虑患者的心理特点、社会地位、家庭背景和经济条件等。诊疗思路也由以往经验主导的治疗模式转变为以证据为导向的循证医学模式。因为该诊疗模式更注重科学性、证据性及有效性，在肿瘤治疗领域起到了关键的指导作用，已在全世界得到大力推广应用。在临床工作中，“EBM”和“个体化治疗”形成了相辅相成、密不可分的态势。EBM 强调要慎重、正确、理智地应用所能得到的最佳研究证据，科学地诊治患者，要求任何医疗决策都应该来源于临床研究所取得的科学证据，避免经验治疗的不确定性，避免盲目治疗甚至伪科学治疗。伴随着 EBM 的发展，越来越多的临床研究证据被发现，越来越多有利于患者的科学试验被证实，使得肿瘤的综合治疗不仅变得规范合理，而且更有利于积累可靠的治疗手段及药物使用经验。源于 EBM 的结论必须通过采用大样本、随机对照研究而得出，这决定其可以提供可信的证据，可以为检验新的药物、技术提供可靠的手段，可以为新的治疗手段的有效性和安全性提供可靠的临床依据。因此，通过 EBM 提供治疗药物及治疗手段至关重要；同时，在这一过程中也可能会孕育出新的肿瘤治疗方法及治疗手段。

个体化治疗（individualized therapy）：最初由美国的威廉姆斯教授于 1956 年提出，但在医疗界一直未受到重视。进入新的世纪，伴随着人们对基因组序列的认识，肿瘤基因测序的普及，基因组学专家才认识到个体化医学的重要性。在随后肿瘤的治疗过程中，个体化治疗被广泛提出。伴随肿瘤基因组测序特别是单细胞测序进展，肿瘤的个性化特征被充分揭示，不同个体、部位、病理类型甚至同一恶性肿瘤的不同分期、不同发展阶段，其生物学表现、基因序列、表观遗传学改变、基因突变状态也不尽相同，即使是同一肿瘤内部的不同肿瘤细胞，其生物学行为、基因序列、基因突变状况也存在着明显的差异。所以，可根据每一位患者的具体情况，比如临床特点、肿瘤分期、转移情况、肿瘤表型、基因突变特点、肿瘤微环境等，来制订每一位患者的个体化治疗流程，实现每一位患者治疗安全性和有效性的最大化。在针对肿瘤的治疗过程中，不可切断患者与肿瘤的内在联系，只着重肿瘤的治疗。在全程治疗中，采取的治疗方案不可只根据患者病情变化而定，而忽略患者应为整个治疗的“核心”。此外，肿瘤的诊疗应有计划、分阶段、有步骤地实施，在肿瘤的不同阶段，应明确主要的治疗矛盾，采取相应的治疗措施，化解不同阶段主要矛盾，做到每一项治疗措施有目标、有依据、有重点。

总之，在肿瘤的个体化治疗过程中，需正确处理好患者与肿瘤共存、局限与扩散共存、获益与伤害共存这 3 对主要矛盾的关系。

第二节　肿瘤综合治疗的原则

恶性肿瘤的两大特征是局部浸润和远处转移。绝大多数肿瘤的生物学特性、病理类型和分期等存在各种差异。WHO 在报告中指出，约有 45% 的恶性肿瘤患者可通过外科、化疗、放疗、生物治疗和热疗等达到治愈水平。

任何肿瘤治疗方法都有一定的局限性，每种治疗方式仅能解决部分难点，很难达到全面治疗的效果。因此，治疗肿瘤必须充分合理、针对性地结合各学科有效的治疗方式，局部与整体并重，取长补短，才能有效提高肿瘤治愈率。即结合细胞分子生物学的特征，并根据患者和肿瘤的具体情况，合理地运用多学科各种有效治疗方式，以较经济的方式达到最大治疗效果，减少副反应，提高治愈水平，改善生

活质量。所以,重点强调恶性肿瘤治疗过程中需遵守的原则:

一、治疗目的要符合肿瘤细胞的生物学规律

首先,明确选用综合治疗中各种治疗方法的目标:①提高总疗效;②维持器官原有的形态与功能;③便于其他治疗方法的实施;④缓解患者的不适;⑤降低并发症的发生。在确定治疗方案前,需要对患者的具体状况进行全面评估,其机体免疫和骨髓功能应重点观察,并与肿瘤较之孰强孰弱。同时又要充分考虑肿瘤局限与播散,哪个是首要解决的问题或是主要矛盾,还要充分考虑治疗措施对患者带来的利弊。对导致肿瘤治疗不成功的原因进行分析归纳:①肿瘤在局部治疗后复发;②肿瘤转移;③肿瘤在免疫功能下降后获得复发转移的有利条件。因此,治疗过程中应明确 3 个要点:

(一) 患者的机体状况

骨髓功能和免疫状态占有极其重要的地位。免疫系统的不健全促进了肿瘤进展,而肿瘤的进展又更进一步损伤机体的免疫系统。譬如,正常免疫状态下的低度恶性淋巴瘤患者在有效治疗后,其肿大的淋巴结会退缩。因此,健全的免疫系统可最大限度地抑制肿瘤生长。若淋巴瘤患者广泛转移,机体免疫系统较差,在此阶段不适合进行高强度的治疗。在此阶段后,患者进入各方面的恢复状态,特别是骨髓造血系统重建和免疫功能改善的状态,后续视具体情况行相关治疗。同时,不可忽视对肝功能、肾功能、骨髓造血系统的保护。

(二) 局限与播散

多数肿瘤有较局限、无明显播散趋向的特征,如局部进展期胃癌和直肠癌。对于播散趋向明显的肿瘤采取何种治疗方法,则应根据其侵犯的范围决定,如小细胞肺癌、睾丸恶性肿瘤或骨肉瘤。尽管患者处于同一种类型或同一病期,局限与播散的问题也应详细解析。有些患者的肿瘤尽管表观上局限,但内在播散可能较大。例如年轻女性的乳腺癌或卵巢癌,就应优先考虑采取一定程度上的局部或全身控制,如围手术期行放化疗联合手术治疗,可以给患者带来较好的治疗效果。

(三) 治疗的利弊

肿瘤的治疗手段呈现多样化发展态势,安全性也在不断提高。但大多数治疗均具有两面性,有利有弊,所以要全面评估某种治疗可能给患者带来的利弊。很明显,身体状况不佳的患者难以承受创伤较大或毒副作用较高的治疗方式,特别是经历大手术、高剂量的化疗、大面积的放疗以及一些生物治疗。多数中药治疗亦会产生一定副作用,故需本着非常谨慎的态度在上述情况下用药。在根治性治疗方面,应尽量保留患者的器官,以免对患者机体和精神上产生影响。譬如多数肿瘤中心已越来越少行乳腺癌扩大根治术,有许多医院选择在确保肿瘤根治的同时重建乳腺,以保持较好的美观;头颈部肿瘤的手术,现已通过最小创伤的手术和放疗来治疗,从而降低毁容的风险;骨肉瘤以植入义骨的方式来保留功能,从而取代以往的截肢术。直肠癌患者在行根治术的同时也要考虑保肛、保功能,全新辅助放化疗加等待观察治疗的方法应运而生。保守治疗时,需慎重权衡治疗给患者带来的利与弊。

二、安排要合理

综合治疗方案是根据患者的机体状况、肿瘤的病理类型、侵犯范围与分期等综合制订,并不是各种治疗方式的简单叠加。多学科医生经过深入解析和探讨协商后,一同设计出全面、科学的治疗方案。应重点把握各种治疗方式在整个治疗过程中的顺序,必须将整个治疗过程有机地结合起来,使得治疗过程连贯。同时,各学科必须了解其优点,要善于应用这些优点促进本学科治疗的发展。通过学科间的密切协作,共同提高患者的综合治疗效果。

优秀的综合治疗方案应在全面考虑局限与播散、利弊后制订。局部控制是部分肿瘤的核心问题,譬如皮肤癌患者无须进行预防放疗或扩大切除,因手术、化疗和放疗的局部治疗都可将其治愈。但若

患者患有骨肉瘤的情况下，扩大切除和放疗都不能获得最大的疗效，还需采用有效的全身治疗。化疗对一些全身性肿瘤有相当满意的疗效，如白血病和某些恶性淋巴瘤。而以头颈部癌、消化道恶性肿瘤等局部复发为主要问题的肿瘤，需行辅助放化疗，以延长患者生存期。处于不同发展阶段的同一肿瘤，为达到最佳治疗效果，应用的治疗措施也不尽相同。譬如，在疾病迅速发展阶段的肝癌不可贸然切除，应首先采用靶向治疗或介入化疗栓塞，应视肿瘤的稳定情况再考虑手术治疗。手术即可治愈多数早期癌，不必要的放化疗可能适得其反。另一方面，经化疗或放疗取得一定程度控制的晚期消化道恶性肿瘤、卵巢恶性肿瘤，如可择期行切除手术则可提高整体治疗水平。从免疫学分析，术后抑制的免疫状态可引起肿瘤播散。而经其他有效治疗，待肿瘤稳定后行手术切除，则播散机会将大幅度下降。

三、采用最佳组合

筛选单一使用时可产生最小副作用和最佳疗效的治疗方式，再将各种最佳治疗方式有机结合，构成最佳组合的综合治疗方案，以期取得协同和疗效相加的效果，避免产生互相影响及相关风险。即使病情复杂的晚期肿瘤患者，也可延缓肿瘤发展转移。综合治疗方案的最佳组合能让肿瘤患者受益，同时也可一定程度上提高我国肿瘤的全面防治水平。

第三节 肿瘤多学科综合治疗的模式

一、综合治疗的组成

肿瘤多学科综合治疗是根据患者的身心状况，肿瘤的原发部位、病理类型、侵犯转移程度，结合生物学行为特点及肿瘤细胞及其微环境的分子生物学改变，合理应用多学科现有的有效手段和方法治疗肿瘤患者，以最适当的经济费用取得最佳的治疗效果，进而控制疾病的进展，提高患者的生存期，最大限度地改善患者的生活质量。这一概念强调了患者机体状况（生理和心理两方面）与肿瘤情况（部位、类型、进展情况和分子生物学特征），也强调了应有计划、合理地采用不同学科所有有效的治疗方法，强调了成本 - 效益的社会医学观点，而且目的明确，最终的结果是达到治疗效果和生活质量并重的统一。多学科综合治疗包括局部治疗和全身治疗，局部治疗主要包括手术治疗、放射治疗、介入治疗（局部栓塞、局部消融毁损）等，全身治疗包括传统化疗、内分泌治疗、靶向治疗、生物免疫治疗、姑息、营养、心理及康复、中医中药治疗等其他治疗手段。值得一提的是，综合治疗的目的不在于减少各种手段的治疗强度来达到同样的效果，而在于充分利用各种手段的不同作用机制来提高治疗效果的指数。由于治疗目的不同，同一种治疗手段在综合治疗中所起的作用不同，施用的时间、顺序、程度、方法也不同；不同治疗手段之间合理、优化组合方式也不相同。

二、辅助放化疗

辅助放化疗是根治性切除肿瘤后给予辅助性化疗或放疗的手段。目前认为恶性肿瘤是一种全身性疾病，在早期即有可能发生远处转移，因此辅助放化疗的目的是消灭残存的微小转移病灶，减少了肿瘤复发和转移的机会，提高治愈率。根据患者术中情况、病理分期（TNM 分期）、手术情况、肿瘤生物学特性、体力状态等因素制订不同的辅助化疗方案或放疗计划。例如：Ⅱ、Ⅲ期非小细胞肺癌根治术后应行术后辅助化疗，辅助化疗可提高中位生存时间和5年生存率。乳腺癌保乳术后胸壁放射治疗可以减少局部复发，辅助化疗、内分泌治疗可减少肿瘤的复发和转移，延长总生存时间。原发肿瘤位于腹膜返折以下的Ⅱ～Ⅲ期直肠癌，术后行辅助放疗可减少局部复发率。一般建议患者术后3周恢复良好后进行辅助化疗。

三、新辅助放化疗

新辅助放化疗也称为术前放化疗，或诱导放化疗，是针对手术可切除的部分肿瘤患者进行的术前放化疗。通过新辅助放化疗使肿瘤体积缩小、手术难度降低、术中播散的机会减少，从而达到提高根治性切除率的目的，同时还可检验药物敏感性，为术后辅助治疗提供用药指导和判断肿瘤生物学行为。新辅助放化疗在决定治疗方案和时限时既要考虑疗效又要兼顾安全性，不能增加围手术期合并症；新辅助化疗策略目前广泛应用于局部晚期乳腺癌、骨肉瘤、头颈鳞癌、肺癌、直肠癌和胃癌等的治疗，但在不同的肿瘤中所起的作用也不同，整体看增加局部切除机会，减少局部复发率，但总生存时间是否能延长尚不统一。例如，乳腺癌术前诱导化疗能提高乳腺癌的病理完全缓解率和保乳手术比例，但是否能延长总生存时间尚不肯定。ⅢA/B期非小细胞肺癌患者经过术前放化疗可明显提高切除率。T_3以上和/或N+局部直肠癌患者，接受新辅助同步放化疗后可增加局部切除率，提高保肛率，显著改善患者生活质量，但总生存时间是否延长尚不肯定。

四、转化治疗

转化治疗是指针对初始不可切除的晚期肿瘤患者，运用多种手段，包括全身化疗（联合或不联合靶向药物）、放疗、介入治疗等方法，以追求最大影像学缓解为目的，使肿瘤降期，以达到可以手术切除目的的治疗。最早在结肠癌肝转移中提出转化治疗的概念。对于初始不可切除或潜在可切除的结肠癌肝转移患者，根据患者的身体状态、肝转移灶的个数大小和位置、基因状态（*K-RAS*，*N-RAS*，*BRAF*，*MSI*）、经济状态和本人意愿制订转化治疗方案，包括化疗联合或不联合靶向治疗，局部射频消融、立体定向放疗等，使得已有的病灶转化成可切除状态，最终通过手术治疗达到无瘤状态（no evidence of disease，NED）。鉴于该模式在肠癌肝转移转化治疗的成功，其他癌症种类中的应用也已在尝试。

五、同步放化疗

同步放化疗（concurrent chemoradiotherapy）是指全身化疗和局部放疗同时进行的模式，就是在放疗的同时给予患者口服或静脉的化疗药物，小剂量化疗加强放疗的效果，包括单独使用同步放化疗、术前同步放化疗、术后同步放化疗。其特点是：把不同作用机制的化疗和放疗结合起来，起到协同效应；当然，相应毒副作用也会有所相加。这一治疗模式并不是两种治疗方法的简单相加，局部和全身治疗通过何种强度来同时施治，还要期待更多的循证医学证据，是需要继续深入研究的课题。目前同步放化疗常用于头颈部鳞癌、食管癌、小细胞肺癌、肛管癌等肿瘤。大量临床研究表明，同步放化疗能够显著改善5年生存率，成为不可手术的局部晚期头颈鳞癌的标准治疗；另外，对于不可手术的局部晚期食管癌，同步放化疗是首选方案；对于不可手术的ⅢB期原发性肺癌的PS评分0-1的患者，目前推荐放疗、化疗作为标准治疗，一般认为同步放化疗的疗效优于序贯放化疗。

六、靶向治疗与放化疗结合

靶向治疗与放化疗结合就是在传统放化疗基础上联合靶向药物的治疗模式。靶向药物是针对已经明确的致癌位点（该位点可以是肿瘤细胞内部的1个蛋白分子，也可以是1个基因片段），设计相应的治疗药物，药物进入体内会特异地选择致癌位点来发生作用，使肿瘤细胞特异性死亡，而不会波及肿瘤周围的正常组织细胞。靶向治疗联合放化疗的目的是提高放化疗的疗效，延长患者的生存期。目前靶向联合化疗是晚期肿瘤患者常用的治疗方式，比如Ⅳ期非小细胞肺癌一线标准方案为贝伐珠单抗联合化疗；Ⅳ期不可手术切除结直肠癌患者一二线标准治疗是靶向药物（贝伐珠单抗或西妥西单抗）联合化疗；晚期胃癌HER-2阳性患者靶向药物曲妥珠单抗联合化疗可明显延长患者生存期。

七、化疗联合免疫治疗

免疫治疗同时或交替联合化疗是另一抗肿瘤的联合治疗模式，通过各自不同的作用机制起到提高综合治疗疗效的目的。免疫治疗是生物治疗的一个分支，肿瘤免疫治疗是指通过调动宿主的免疫防御机制或给予某些生物活性物质以取得或者增强抗肿瘤免疫效应的治疗方法，主要包括非特异性免疫和特异性免疫。近年来发展最快、临床效果最明显的是免疫检查点抑制剂的临床使用，极大地提高了患者免疫治疗的疗效和生存期，在恶性黑色素瘤、肾癌、肝癌、尿路上皮癌、肺癌、消化道肿瘤等患者群体内均取得了较好的效果。化疗和生物免疫治疗可起到协同的作用，化疗可通过增强肿瘤细胞免疫原性、去除免疫抑制以及调节免疫应答反应等方式增强免疫治疗效果；而生物治疗能够逆转肿瘤细胞的化疗耐药，提高肿瘤细胞对化疗敏感性并降低化疗的毒性作用。如单克隆抗体和化疗的同时应用优于单纯化疗，可改善肺癌、乳腺癌和大肠癌等晚期肿瘤患者的预后。地西他滨联合化疗能有效延缓骨髓增生异常综合征的疾病进展。抗PD-1抗体与化疗联合治疗非小细胞肺癌明显改善了患者的总生存时间。过继性细胞治疗和一些化疗药物的交替使用，能够改善机体免疫抑制状态，增强免疫治疗的疗效，改善总体生存率。

八、MDT综合治疗

MDT综合治疗模式，顾名思义，即由多学科专家围绕某一病例进行讨论，在综合各学科意见的基础上为患者制订出最佳的治疗方案。具有鲜明的以患者为中心、个体化精准化治疗的特点。MDT模式是在固定的时间、固定的地点，相对固定的多学科专家一起协作诊疗，综合考虑各方意见，从多方面及早发现问题而干预，并定期评估治疗效果，调整治疗方案，更切合患者实际。由肿瘤内科、肿瘤外科、影像科、病理诊断科、介入科、中医科、营养科等科室专家组成的MDT模式对患者临床分期进行评估，若不能手术的患者内科制订全身治疗和评估复查计划，或可行新辅助放化疗降期的患者待到肿瘤缩小后再通过MDT评估是否可行手术治疗，术后是否需要行辅助放化疗，根据患者病情随时调整方案。若具有手术指征的患者肿瘤外科给予制订手术方案及根据术后病理综合考虑术后治疗方案，最终达到延长生命、提高生存质量的目的。

第四节 常用肿瘤的综合治疗应用举例

随着多学科团队（MDT）综合治疗理念在常见肿瘤中的推广和应用，直肠癌，特别是局部进展期直肠癌，通过多学科团队协作的综合治疗手段明显降低了死亡率、提高了保肛率，改善了患者的生活质量，是多学科团队综合治疗在大肠癌治疗领域应用的成功模式，现举例如下。

局部进展期直肠癌(locally advanced rectal cancer,LARC),特别是中下段直肠癌,因解剖结构复杂、手术难度大、术后并发症发生率高、功能损伤大、影响生活质量而在大肠癌的治疗中具有一定的挑战性,是大肠癌治疗中的难点。局部进展期直肠癌因多学科的治疗方式不断发展和演进而具有很多的治疗策略。MDT团队由结直肠外科医师、消化内科医师、临床影像科医师、肿瘤内科医师、放疗科医师、肝胆外科医师、胸外科医师、病理学医师、介入影像科医师、营养科医师等医师组成。在术前分期、术前新辅助放化疗、手术切除及术后化疗等领域均需要多学科综合治疗讨论来制订诊断和治疗决策。

1. 术前分期 在直肠癌治疗前,首先需要明确病理,对于明确病理的直肠癌患者,由影像科医师和大肠外科医师、消化内科医师共同完成影像学评估及肿瘤的分期。肿瘤的术前评估和分期在整个治疗中非常重要,直接影响治疗的策略。临床上通常采用国际抗癌联盟(UICC)和美国癌症联合委员会(AJCC)的TNM分期。通过直肠MRI和直肠内镜超声(endoscopicultrasonography,EUS)对肿瘤肠壁外侵犯、系膜浸润深度及环切缘的关系进行T分期判断。淋巴结转移N分期目前没有明确的阈值,通常通过盆腔MRI提高检查的灵敏度,明确淋巴结的形态和大小及鉴别区分转移淋巴结与非转移性淋巴结。除了局部MRI外,还需要胸部CT和腹部CT、MRI明确有无远处转移(M分期)。对于$T_{1-2}N_0M_0$的直肠癌,可以保留肛门者行直肠癌根治术,若保留肛门括约肌有困难者建议造瘘联合根治手术,若患者保肛意愿强烈的建议先给予同步放化疗,根据同步放化疗后的效果决定是否可以达到保肛手术的要求和状态。T_3或$T_{4b}N^+M_0$的患者是治疗上难度最大的一部分人群。通常界定这部分患者为局部进展期,指的是对于原发灶距肛门12cm以内,肿瘤侵出肠壁肌层直至周围有名结构(T_3或T_{4b}),或出现系膜内及真骨盆范围内出现淋巴结转移(N_{1-2}),但未出现远处转移(M_0)。这部分患者需进行多学科综合治疗以提高治愈率,达到临床上最大获益。

2. 新辅助放化疗 以外科为主导的治疗模式仍然是直肠癌的主要治疗模式,即新辅助放化疗、手术、术后治疗,特别针对局部进展期直肠癌。肿瘤综合治疗模式有别于传统的诊疗模式,让更多的科室医生参与到治疗中来,特别对新辅助治疗后的肿瘤退缩评估、治疗方案选择需要不断进行讨论,还有对于手术复杂、疑难病例等需要共同协商完成。新辅助放化疗已成为局部晚期直肠癌不可或缺的治疗部分。其目的是使肿瘤退缩降期,可提高R0切除率;对低位直肠肿瘤,肿瘤的退缩可能增加保留肛门括约肌的机会;降低术中播散的概率;增加术后放疗的敏感性。目前主流的具有循证医学证据的新辅助放疗的方式有两种,第1种是采取瑞典和荷兰的研究中短程快速大分割放疗,每次5.0Gy,共25.0Gy(5次),通常放疗结束后1周内手术。第2种是采取德国CAO/ARO/AIO-94研究中的常规分割,45.0~50.4Gy,每次1.8Gy,通常手术在放疗结束后6~8周进行。长程放化疗中化疗方案的选择,目前的证据主要支持氟尿嘧啶类单药与放疗的联合以改善局部控制率及提高肿瘤退缩率。奥沙利铂、伊立替康增加了不良反应而并不推荐在同步放化疗中使用。由多学科综合治疗团队依据患者治疗目标和两种方式优缺点评估选择治疗方式。长程放疗由于放疗与化疗联合,并且放疗与手术的间隔时间较长,肿瘤可获得足够的退缩时间,近期疗效相对更好,对于低位直肠癌,初始不可切除,推荐常规分割放化疗,可有更多的肿瘤降期,提高R0切除率,降低局部复发,提高保肛率。短程放疗其放疗费用低、治疗时间短,能够较好地节省卫生资源,对于患者年龄较大,期望寿命较短或初始病灶切除满意度高时可考虑。但是整体看来,短程放疗和长程放疗在疾病控制率和改善生存方面没有统计学上的差异。

3. 新辅助治疗的疗效评估 新辅助治疗后需评估新辅助放化疗的疗效。通过直肠MRI评估直肠内肿瘤病灶侵及程度和直肠系膜及周围淋巴结;消化内镜检查直肠黏膜侵犯深度,肛门指诊检查直肠腔内黏膜完整性。若新辅助放化疗后达到临床完全缓解(clinic complete response,cCR)或根治术后病理学完全缓解(pathological complete response,pCR)的标准,需要提交多学科团队讨论以选择后续是否手术或观察。cCR的患者是否手术没有定论,目前的观点是持续cCR(12个月以上)的患者可不马上手术,或可采用观察和等待(watch-and-wait approach)的非手术治疗策略,使患者获得更好的生活质量,但是必须严格判断达到持续cCR的病例,进行持续而密切的随访,必要时及时进行挽救性治疗性局部手术切除。若新辅助化疗后肿瘤达到临床部分缓解(clinic partial response,cPR)或病理学部分缓解（pathological partial response，pPR）就意味肿瘤仍有残留，需要MDT团队选择手术方式和术后辅助治疗方案。若新辅助化疗后临床评价进展（PD），提示患者生物学行为差，对放化疗不敏感，需再次提交MDT团队进行后续方案的讨论。总体而言，cCR的患者可采用观察或局部手术的手段，pPR的患者需行手术治疗，PD的患者需调整治疗策略。

4. 手术治疗　手术切除是局部进展期直肠癌患者获得根治的最重要的治疗手段之一。各种手术方式采用全直肠系膜切除（total mesorectal excision，TME）的原则，以经腹会阴联合直肠癌根治术（abdominoperineal resection，APR）与直肠前切除两种方式为主，若无法手术的患者出现肠梗阻等症状，可行姑息性手术治疗。近几年来开展的微创手术主要包括腹腔镜手术及机器人手术，但是微创治疗能否作为常规开展的标准手术方式之一尚存在一定争议。综上所述，外科医师需根据肿瘤患者的肿瘤部位、身体条件、外侵程度、术前治疗疗效、患者意愿等多种因素选择合适的手术方式，在保证肿瘤根治性切除的基础上，尽量提高患者的生活质量。对于既往手术引起严重腹腔粘连，局部晚期疾病或急性肠梗阻或穿孔的患者，建议行传统的直肠癌根治术。而微创手术应根据患者医院及各医院的实际情况进行开展，推荐在临床研究的基础上逐步累积治疗经验，同时亦要考虑患者经济支出的增加。

5. 术后辅助化疗　对于接受了R0手术切除后的患者是否仍要进一步接受辅助治疗，目前并无定论。所以需要多学科综合治疗团队结合患者治疗后的身体耐受性、术前分期的严重程度、放化疗的敏感性、术后病理分期及其他分子特征（免疫组化检测MLH1、MSH2、MSH6及PMS2，基因检测*K-RAS*、*N-RAS*、*BRAF*等），对患者的药物敏感性和预后预测综合判断，选择是否需要接受术后辅助化疗。在美国，根据美国国立综合癌症网络（National Comprehensive Cancer Network，NCCN）指南，大多推荐术后接受4个月以氟尿嘧啶（5-FU）为主的化疗。但是多项meta分析结果表明，术后以5-FU为主的辅助化疗并未使患者获得显著的生活获益和降低远期复发率，只有在亚组分析中发现肿瘤降期明显、高位直肠癌的患者能够获得3%~4%的生存获益。辅助化疗方案的制订需要根据患者术前放化疗降期的程度和淋巴结转移情况、考虑PS状况和伴随疾病情况，通常ypT3-4或淋巴结阳性的患者给予辅助化疗。常用的化疗方案包括4个月的5-FU/LV、5-FU类单药（卡培他滨）或含奥沙利铂的化疗方案（FOLFOX或XELOX），和结肠癌一样，术后辅助化疗并不推荐含有伊立替康的方案，此外化疗方案中是否加用奥沙利铂需要考虑患者的耐受性和整体状况。

在多学科综合治疗模式下，局部进展期直肠癌的治疗效果得到显著提升，生活质量亦得到显著改善。但是在该领域，目前还存在许多有争议与亟待改善之处，如进一步提高术前分期的准确性，新辅助放化疗的选择，如何提高新辅助治疗的pCR率和保肛率，术前新辅助放化疗患者达到cCR后是否手术的问题，如何降低手术并发症、改善生活质量，术后是否需要辅助化疗防止局部复发和术后远处转移的发生等。所以直肠癌多学科团队综合治疗的模式中尚有许多问题没有定论，需要更多的循证医学证据来支持解决这些问题，以科学、合理的方式真正提高局部进展期直肠癌患者的疗效。

第五节　肿瘤的个体化治疗

肿瘤的个体化治疗，广义来说是指针对肿瘤患者临床特征及分子生物标志物制订的个体化治疗。目前随着现在科技的发展，这一概念已经延伸为多学科团队综合治疗协作组对肿瘤患者提供针对性较强的综合治疗方案。多学科团队的综合治疗是以患者为中心的多学科治疗模式，由多个相关科室相互协作对患者进行诊疗决策，并且通过集体讨论的形式来制订最佳的个体化治疗方案。狭义来说，肿瘤的个体化治疗主要是指分子靶向治疗。分子靶向治疗是在细胞分子水平上，针对已明确的致癌位点，设计相应的治疗药物，使肿瘤细胞特异性死亡，达到高效低毒的治疗效果。肿瘤个体化靶向治疗依赖于人类基因组学的发展和转化医学的拓展，其基石与前提是精准的分子标志物检测。无论是广义的还是狭义的肿瘤个体化治疗，在临床实践中均显著提高了患者总生存时间和生活质量，使患者获益最大化。

多学科综合治疗模式下的肿瘤个体化治疗，是指根据肿瘤患者的身心状况，肿瘤的原发部位、病理类型、侵犯转移程度，结合生物学行为特点、肿瘤细胞及其微环境的分子生物标志物改变，制订有效、合理的个体化方案，以最适当的经济费用取得最佳的治疗效果，最大限度地改善患者的生活质量和延长生存期。这种模式的优势在于可以使患者利益、规范化治疗执行力达最大化，对每个患者的评估和治疗是预先计划与规划的，避免因为专科医师对其他专科知识更新不足带来的局限性。治疗方案的选择主要取决于患者肿瘤负荷、体力状态、脏器功能状态、年龄、既往治疗的方式、时限以及治疗方案构成中各种药物的毒副作用谱等。在治疗开始时考虑在患者有效、稳定或出现肿瘤进展情况下，可能出现的计划外更改治疗策略，以及针对出现某种特定毒副作用的治疗调整计划。

狭义的肿瘤个体化治疗就是分子靶向治疗。在靶向治疗问世之前，晚期肿瘤的治疗主要以放疗和化疗、姑息治疗为主。以分子标志物检测为主导的检测及分子靶向药的诞生推动着个体化靶向治疗的发展，使患者亚组化和治疗个体化，改变了肿瘤治疗的现状和模式。分子标志物检测的目的就是开展药物选择、疗效和不良反应预测等。不同的分子标志物基因检测指导相应的靶向治疗药物。比如EGFR是人类表皮生长因子受体，该基因被认为是肺腺癌的驱动基因（drive gene），临床上肺腺癌患者需要检测EGFR是否突变。多项研究表明针对EGFR突变，使用小分子酪氨酸激酶抑制剂（TKI）为代表的分子靶向药物（吉非替尼、厄洛替尼等）等，能阻断癌细胞生存所依赖的这一信号通路，从而抑制肿瘤细胞的生长。EGFR突变的晚期非小细胞肺癌患者使用EGFR-TKI后疗效高达70%以上，明显提高了晚期肺腺癌的生存期。我们列举了常见癌症基因及相应的分子靶向治疗（表4-9-1）。分子标志物还可以提示疗效和预后。如HER-2是人类表皮生长因子受体-2，在胃癌和乳腺癌中需检测HER-2是否过度表达。25%~30%乳腺癌、7%~34%的胃癌患者*HER-2*基因扩增或过度表达HER-2蛋白，这部分患者可以从曲妥珠单抗的治疗中获益，生存期延长。分子标志物*K-RAS*基因是EGFR信号通路下游的基因，40%~55%肠癌患者伴有*K-RAS*突变，该基因突变不仅提示肠癌患者不能从抗EGFR单抗如西妥昔单抗治疗中获益，还提示患者预后差，生存期短。综上所述，通过分子标志物基因检测可以筛选出不同癌症种类中靶向治疗的优势人群，判断患者预后及治疗，真正做到肿瘤治疗的个体化。

表4-9-1 目前已知的常见癌症基因及其相应的分子靶点药物

肿瘤类型	靶点	药物
非小细胞肺癌	*EGFR*	吉非替尼，厄洛替尼
	EML4-ALK	克唑替尼
	ROS1	克唑替尼
间变大细胞淋巴瘤/大B细胞淋巴瘤/炎性肌成纤维细胞肿瘤	*EML4-ALK*	克唑替尼
恶性黑色素瘤	*BRAF V600E*	维罗非尼
费城染色体阳性的急性淋巴细胞白血病	*BCR-ABL*	甲磺酸伊马替尼，尼洛替尼
慢性粒细胞白血病	*BCR-ABL*	甲磺酸伊马替尼，尼洛替尼
胃肠道间质瘤	*KIT*（*CD117*）	甲磺酸伊马替尼，尼洛替尼
乳腺癌	*HER-2*	曲妥珠单抗
胃癌	*HER-2*	曲妥珠单抗

未来个体化治疗的发展还面临着许多挑战:MDT在国内欠缺规范化,其应用效果尚未全面发挥,同时存在费用高和开展条件的局限性,尚不能让多数患者满意。靶向治疗所应用的药物大部分是针对一个或数个基因的,且有效人群比率较低,治疗过程中容易产生耐药、疾病进展等现象,目前仍缺乏有效的解决方案。真正的分子标志物发现和鉴定困难,有效靶向治疗药物的研发滞后、分子干扰和旁路机制等对治疗结果产生不符合预期效果的影响等,都增加了个体化治疗的难度。所以,目前所谓的个体化治疗还有许多未知领域尚待探索,切实有效开展个体化治疗任重道远。

本章小结

肿瘤综合治疗包括多学科治疗和个体化治疗,二者相辅相成,互相促进。任何肿瘤治疗方法都有一定的局限性,治疗肿瘤必须针对性地结合各学科有效的治疗方式,局部与整体并重,取长补短,才能有效提高肿瘤治愈率。综合治疗的模式多种多样,需要MDT讨论选择最佳治疗模式,以最大程度增加治愈率和提高生活质量,局部进展期直肠癌是MDT模式的最佳范例。个体化治疗是针对肿瘤患者临床特征及分子生物标志物制订的个体化治疗策略,随着对肿瘤研究的不断深入,个体化治疗不断发展,但有许多未知领域尚待探索,切实有效开展个体化治疗任重道远。

思考题

1. 何为MDT?
2. 恶性肿瘤综合治疗过程中需遵守的原则?
3. 在肿瘤综合治疗过程中应明确哪几点?
4. 恶性肿瘤综合治疗过程中需遵守的原则?
5. 肿瘤个体化治疗的概念?

(戴广海　崔书中)

第十章
肿瘤的外科治疗

外科手术是治疗肿瘤最古老、也最有效的方法之一，尤其是对以局部病变表现为主的实体肿瘤，多数情况下外科手术能彻底根除局部病灶。外科手术对局部病灶的彻底清除是大部分肿瘤的治愈性治疗手段。据粗略统计，有60%以上的肿瘤以手术治疗为主，约90%的肿瘤运用手术作为诊断及分期的工具。通过外科手术及术后病理检查，可以最为直接且确切地反映肿瘤浸润程度、侵及范围、脉管瘤栓、神经侵犯以及淋巴结转移等情况，得到正确的病理分期，指导进一步治疗。然而，手术也会对正常组织器官造成损害，术后可能发生相关并发症或功能障碍，对患者的生活质量造成影响。随着肿瘤外科技术及设备的快速发展，术前检查手段更加完备，术前分期更加准确，综合治疗模式更为完善；内镜、激光、射频、冷冻、微创外科以及器官移植等先进技术广泛应用，使肿瘤外科进入了微侵袭的精准治疗时代。同时，随着肿瘤治疗向细胞分子水平的迈进，肿瘤生物学特性认识的逐步深入及放、化疗等辅助治疗手段的发展，肿瘤外科的基本概念、治疗理念发生了巨大变化。目前，建立在以解剖学、病理学、生物学、免疫学和社会心理学基础上的现代肿瘤外科学，已经替代了以解剖学为基础的传统外科学。外科手术与其他治疗手段相结合的多学科综合治疗模式已成为肿瘤治疗的标准化模式。

第一节　肿瘤外科的概述

一、历史回顾

肿瘤外科专业的发展和外科历史密切相关。早在公元前1600年，古埃及就有关于外科手术治疗肿瘤的记录。但是很长一段时间都是集中于体表肿瘤的简单切除。随着麻醉、抗菌术以及输血技术的发展，使手术能在更安全的无痛条件下施行，外科随之得到相应发展，肿瘤患者的手术量显著增加。与此同时，由于无菌术的建立，围手术期不良事件得到明显改善，这些均为日后肿瘤外科的发展打下坚实基础。

而现代肿瘤外科治疗则始于19世纪初期。1809年，McDowell医生完成了第1例盆腹腔肿瘤手术，切除了10kg的卵巢肿物，该患者在术后活了30年，这也让人们对于肿瘤治疗有了进一步的认识。随后，欧洲外科医生Theodor Billroth和Theodor Kocher实施了一系列肿瘤外科手术，肿瘤外科学的发展正式拉开了帷幕。Billroth教授首次报道了远端胃癌的胃大部切除（Billroth Ⅰ式吻合和Billroth Ⅱ式吻合），随后又依次完成了食管胃切除术、喉切除术、小肠广泛切除及重建术，因此他被誉为现代胃肠外科之父。而Kocher教授则因在甲状腺外科方面的杰出贡献，成为第一位获得诺贝尔奖的外科医生。此后，各种肿瘤切除手术蓬勃开展，肿瘤外科及相关的基础学科迅速发展，成为外科学中一个重要分支。

但是人们很快意识到，接受单纯“病灶”切除的患者，大部分会在术后短时间内发生局部复发。直到 1890 年，William Halsted 教授进行乳腺癌手术时将乳腺连同覆盖的皮肤、胸肌和腋窝淋巴结一并切除，并大大提高了乳腺癌患者的生存期。随后，肿瘤的“整块切除”及区域淋巴结清扫被广泛接受，并应用于其他实体瘤的治疗之中，使不少肿瘤的治疗疗效有了很大提高。现代肿瘤外科的标志是切除所属区域淋巴结的根治性手术，从而由减状手术向根治性手术迈进，推动了现代肿瘤外科学的进一步发展，表 4-10-1 中列出了现代肿瘤外科发展的重要事件。

随着科技的进步，设备平台、手术器械的发展，尤其是血管外科、整形外科及器官移植技术的成熟，以及学科间的合作使得肿瘤外科进入扩大根治手术时期，其中也包括联合脏器切除手术和多脏器切除手术。随后腹腔镜技术进军外科领域，使肿瘤外科的格局发生了巨大变化，微创技术和理念在肿瘤外科中扮演着重要的角色。

但是随着人们对肿瘤生物学特征的了解不断加深，以及放疗、化疗、介入治疗等相关学科的发展，促使人们对肿瘤外科的治疗观念有所转变。肿瘤外科治疗的对象并不仅仅是局部的肿瘤，而是全身性的疾病。在肿瘤外科治疗过程中，应当考虑到手术的并发症和患者的生存质量，甚至是器官功能的丧失和保护，以及患者的精神心理状态。在目前阶段，肿瘤外科趋向于缩小手术范围、重视保留功能，并结合多学科综合治疗的方向转变，简而言之是由传统的“解剖型手术”向“功能外科型”手术逐步过渡。近年随着智慧医疗行业随之崛起，可以更好地利用大数据，改善医疗服务，应用于医学影像、辅助诊断、药物研发、健康管理、疾病预测等几大应用领域。在此契机之下，肿瘤外科依托其他学科的快速发展，将朝着智慧肿瘤外科治疗方向进军。肿瘤外科的发展可归纳为以下几个阶段，见图 4-10-1。

表 4-10-1　现代肿瘤外科重要事件

时间 / 年	报道者	内容
1809	McDowell	巨大卵巢肿瘤切除
1846	Warren	乙醚麻醉
1867	Lister	抗菌药物的使用
1860—1890	Billroth	胃肿瘤切除，食管肿瘤切除
1874	Kocher	经骶尾入路结直肠肿瘤切除术
1880s	Kocher	甲状腺切除术
1890	Halsted	乳腺癌根治术
1891	Lücke	肝肿瘤切除术
1896	Beatson	卵巢切除治疗术
1904	Young	前列腺癌根治术
1906	Wertheim	子宫颈癌根治术
1908	Miles	经腹会阴直肠癌根治术
1912	Martin	脊髓侧束切断
1927	Divis	肺转移灶切除
1933	Graham	全肺切除术
1935	Whipple	胰十二指肠切除术
1963	Starzl	肝移植术

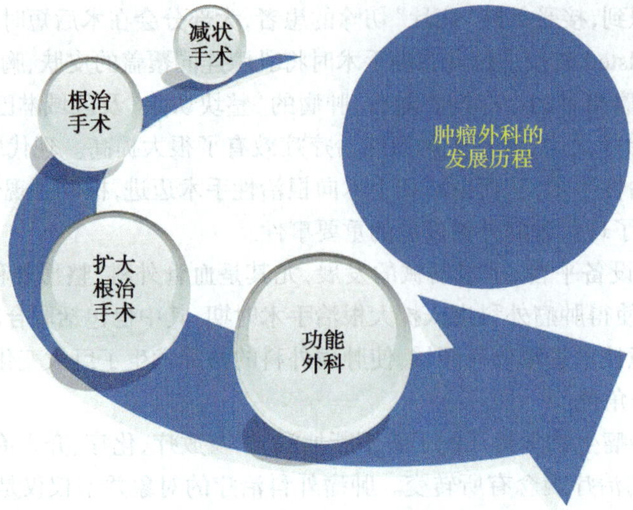
减状
手术
根治
手术
肿瘤外科的
发展历程
扩大
根治
手术
功能
外科

图 4-10-1 肿瘤外科的发展历程

二、外科在肿瘤治疗中的地位与作用

外科手术在恶性肿瘤中的治疗中具有重要地位，许多情况下是首选治疗手段，在合适的治疗策略下，能够获得长期生存是治愈的临床结局。肿瘤外科有别于其他“良性”疾病外科，是一门独特的学科，根据其解剖部位的不同可以分为若干个亚组，如胸部外科肿瘤学组、腹部外科肿瘤学组、头颈外科肿瘤学组、脑外科肿瘤学组等。随着技术的发展，学科细化，出现了进一步划分，例如腹部肿瘤细分为肝胆肿瘤、胃肿瘤、胰腺肿瘤以及结直肠肿瘤等。每一个学组遵循相同的肿瘤学基础理论和处理原则。

恶性肿瘤的治疗应该根据患者的具体情况，尽可能精确其分期。对于多数早期病例，外科治疗常作为首选治疗手段，并且有完全治愈的机会。但是就我国大多数患者而言，就诊时已经属于进展期，需进行以手术为主的综合治疗来延长患者的生存期。

我们必须认识到外科在肿瘤治疗中的作用是重要的，但却不是唯一的。外科医生对于手术适应证的正确掌握和手术技艺的充分发挥关系到患者的预后与生存质量。一名优秀的肿瘤外科医生，并不是自己能做多大的手术，而是知道患者应该接受什么样的手术。因此手术原则、手术时机、手术方式以及手术目的的选择至关重要。

第二节 肿瘤外科治疗原则

一、充分术前评估

由于肿瘤的手术往往切除范围较大，对于机体破坏性较大，为避免误诊误治，手术前获得明确的诊断极为重要。肿瘤的诊断包括病理诊断、临床诊断以及相应的病理分级及临床分期。

（一）术前尽可能获得病理组织学或细胞学诊断

恶性肿瘤的外科治疗往往创伤较大且致残率高，例如乳腺癌根治术术后失去一侧乳房；直肠癌经腹会阴切除术后失去肛门需终身肠造口等。因此，施行这类手术前一定要有明确的组织病理学依据，以免因误诊而造成无法挽回的后果。例如CT检查发现肺部占位的患者，术前通过支气管镜活检或细胞学刷检，可获得病理组织学或细胞学诊断。然而临床中的部分病例术前难以获得明确病理诊断，这时可以通过术中活检并送冷冻病理检查，以确定肿瘤的性质，根据病理诊断结果采用恰当的治疗手段，从而保障外科治疗最大限度地遵循“损伤效益比原则”和“肿瘤功能外科原则”。

肿瘤外科治疗方案的制订需要严格按照肿瘤的病理生理学特点，对不同组织病理学采取不同的治疗方式。例如肛管鳞癌往往首选放疗，因此术前获取组织病理诊断至关重要。

（二）术前尽可能明确临床诊断与分期

病理组织学结果作为定性诊断的依据，而临床影像学检查能够辅以充分分期的依据。因此临床诊断与分期能够清楚地反映出患者具体病情，指导临床选择适当的治疗方法。例如肺部肿瘤患者即使取得活检病理为恶性，但经过其他相关检查，发现有脑、骨等多脏器转移，临床分期Ⅳ期，则属于手术禁忌；直肠癌或食管癌患者的影像学检查显示肿瘤局部浸润严重，与周围组织关系密切，属局部晚期，临床可通过术前放化疗，也称新辅助治疗，使病变降期后再评估手术治疗可行性。因此外科治疗前通过内镜、影像学及实验室等检查手段，完成肿瘤的定性与分期，据此制订恰当的治疗方案，不仅避免盲目或不必要的手术，同时还能为患者带来最大可能的手术获益，因此临床诊断与分期至关重要。

二、外科治疗方案的制订

一旦通过病理或者临床诊断与分期可确定手术，就要制订恰当的手术方案。患者年龄、生理状况、肿瘤生长部位、病理组织学特点、外侵程度、能否根治性切除等成为制订方案的重要依据。一般可根据以下情况制订手术方案。

（一）重视肿瘤局部和机体整体的关系

依据肿瘤的病理及生物学特性选择手术方式，彻底切除肿瘤，力争达到手术治愈。一般而言，对于相对早期的局限性肿瘤，手术切除可达满意的效果，然而对于中晚期患者，肿瘤伴有局部侵犯或者远处转移，手术不但无法达到根治，反而会损害机体的功能或者器官的完整性，并且此时虽然可能会一定程度减轻肿瘤负荷，但是却降低了机体抗肿瘤免疫功能。因此，在拟采取外科手段治疗肿瘤时，应当重视机体和肿瘤局部的关系，既要满足对于肿瘤局部的切除，也要保证机体功能最大程度的保全。

不同病理类型的肿瘤，其生物学特性也有所不同，比如上皮源性恶性肿瘤的淋巴转移率较高，因而对此类肿瘤在治疗原发灶的同时应考虑清扫相应区域的淋巴结。间叶来源的肿瘤以血行转移为主，强调局部扩大切除。但是也有少数肿瘤发生淋巴转移，如滑膜肉瘤、恶性纤维组织细胞瘤等淋巴结转移率可达20%左右，在行扩大切除术的同时还应该考虑相应区域淋巴结清扫。原发肌肉或软组织肉瘤侵犯肌肉时，肿瘤容易沿肌间隙扩散，应将肌肉连同筋膜从起点到止点全部切除。另外，食管或胃肠道等肿瘤有时表现为多原发灶，此时手术切除范围应适当扩大并尽量保证切缘干净。因此既要对肿瘤局部进行精准判定，也要对机体自身器官耐受手术打击进行评估，切忌“成功的手术，失败的治疗”的发生。

（二）损伤效益比原则与肿瘤功能外科原则

迄今对于多数实体瘤而言，手术治愈肿瘤的希望最大，因而术式的选择非常重要。所谓手术的损伤效益比（damage benefit ratio）原则，是指手术切除肿瘤造成的创伤和损伤与组织、器官以及身体获益的比较判定，即哪些患者该做手术，该做什么样的手术，让患者在最小的损伤下获得最大的收益。实际上，肿瘤切除的范围应遵循两个“最大”原则，及最大限度地切除肿瘤保证根治和最大限度地保留正常组织和器官功能，也就是肿瘤功能外科（oncological functional surgery）原则。而近年来随着“肿瘤功能外科”理念的逐步深入和技术手段的提升，肿瘤微创治疗迅猛发展。结直肠癌的微创治疗因其诸多的优势，成为很多肿瘤患者的外科治疗首选。中心型非小细胞肺癌既可全肺切除也可袖状切除时，选择后者不仅完整切除了肿瘤，还最大程度地保留正常肺功能。同理，肝癌患者若肝功能较差，行右半肝切除后肝功能无法代偿时，只能选择其他治疗方式。肿瘤外科手术时遵循的肿瘤功能外科原则是关注肿瘤患者的临床结局，尤其是术后生活质量。损伤效益比原则是外科医生心中的一杆秤，正确评估后能够确保合适的手术应用在合适的患者身上。

（三）严格掌握手术适应证和禁忌证

严格适应证的选择是肿瘤外科手术进行的基础，总体而言要根据患者的病情来评估患者是否应该接受手术，外科医生的技术能否完成手术以及患者能否耐受手术。应基于肿瘤的诊断治疗指南，严格进行手术适应证的筛选。罹患恶性肿瘤者以老年人为主，但是高龄患者器官功能下降，且常合并其他慢性疾病，给手术带来较大风险。原则上，高龄、合并症多、身体状态差的患者，需谨慎选择手术，不宜施行较大手术。恶病质患者属于手术禁忌。个别情况下，患者一般情况很差，但是经手术治疗可能改善。如肺癌患者合并肺不张，食管癌患者完全梗阻，肠道患者合并大出血等，虽然病情严重，通过手术可完全切除病灶，改善患者症状，因而患者术后情况反而可能好转。对于肿瘤外科而言，最重要的就是把握手术适应证和禁忌证，切忌“为了技术而技术”。

（四）无菌无瘤操作原则

肿瘤外科除了要遵循普通外科的无菌操作，充分暴露术野，避免损伤需保留的正常组织等原则外，还要遵循无瘤原则。

1. 探查由远及近，动作轻柔　上腹部肿瘤应先探查盆底，然后逐步向上腹部探查，最后才探查肿瘤。下腹部肿瘤探查顺序则相反。其他部位肿瘤的探查顺序也是如此，即由远及近。探查时动作一定要轻柔，切忌用力挤压肿瘤以防肿瘤细胞脱落播散。腹腔镜辅助下的手术探查原则与上述内容基本一致。

2. 不接触隔离技术　在操作过程中尽可能避免直接接触肿瘤。如有已破溃的体表肿瘤、侵透浆膜的胃肠道肿瘤等，应先用纱布覆盖、包裹，减少或避免肿瘤细胞脱落和种植。如食管癌手术时尽量切除肿瘤周围的脂肪组织及纵隔胸膜，以避免肿瘤直接外露。

3. 肿瘤血管的优先处理原则　术中首先处理肿瘤供应血管，并在根部结扎切断动脉和静脉。其目的是减少术中肿瘤细胞进入血液循环的可能性，减少肿瘤血行转移。

4. 尽量锐性分离、少用钝性分离　锐性分离解剖较为清楚，特别是使用电刀或超声刀可使小的淋巴管或血管封闭，减少癌细胞进入脉管的机会，同时具有杀灭癌细胞的功能。而钝性分离则容易挤压肿瘤，引起肿瘤的播散，导致医源性播散。

5. 整块切除　整块切除是指手术操作应沿肿瘤周围的正常组织间隙向中央区解剖，切忌切入肿瘤内部。淋巴结的清扫也应由远及近，这样可以减少因术中挤压而导致肿瘤细胞沿淋巴管向更远的淋巴结转移。

6. 肿瘤切除后的无瘤处理原则　肿瘤切下后应更换手套、使用过的器械，创面用大量无菌蒸馏水浸泡冲洗，以消灭可能脱落的肿瘤细胞。根据术中情况可以采用术区灌洗化疗，预防肿瘤的播散或种植。

第三节　肿瘤外科手术的分类

（一）诊断性手术

取得明确的病理组织学诊断是恶性肿瘤治疗的前提，外科手术是目前获得病理检查标本最主要的方法。由于诊断性手术的目的重在诊断，所以应尽量选取创伤及风险最小的手术方式来获得组织标本。常用的诊断性手术方法包括：针吸活检、穿刺活检、钳取活检、切取活检、切除活检、探查活检手术等，详见第八章第八节诊断性手术相关内容。

（二）预防性手术

预防性手术（prophylactic surgery）是对具有潜在恶性趋向的疾病和癌前病变作相应的外科治疗，以防病变进一步发展成为恶性肿瘤。预防性手术治疗的常见疾病有：肺不典型腺瘤样增生、家族性或遗传性多发结肠息肉病（家族性腺瘤性息肉病）、溃疡性结肠炎、多发性内分泌增生症、隐睾症、（口腔、外阴）白斑病、食管黏膜重度不典型增生、重度乳腺小叶增生或伴有乳腺癌高危因素者、易受摩擦部位的黑痣等。此外，成人的声带乳头状瘤、膀胱乳头状瘤、卵巢皮样囊肿、大肠腺瘤等均有潜在恶变可能，应作预防性切除术。

（三）治愈性手术

治愈性手术（curative operation）的目的是彻底切除肿瘤，是肿瘤外科最主要的手术类型。凡肿瘤局限于原发部位或仅累及区域淋巴结，均应施行治愈性手术。治愈性手术的最低要求是切缘在肉眼和显微镜下未见肿瘤。

治愈性手术对上皮癌瘤而言为根治性手术。根治性手术（radical surgery）是指：肿瘤所在的器官大部分或全部，连同区域淋巴结作整块切除。若肿瘤侵犯邻近脏器，则受侵犯的器官亦应作部分或全部切除。如右肺下叶周围型肺癌常规行右肺下叶切除加纵隔淋巴结清扫，但若侵犯胸壁或肋骨则一并切除受侵的胸壁或邻近肋骨。

治愈性手术对肉瘤而言称之为广泛切除术。广泛切除术（extensive resection）是指：广泛切除肉瘤所在组织的全部或大部分，以及部分邻近的深层软组织。例如肢体横纹肌肉瘤应将受累的肌肉起止点及其深层筋膜一并切除，有时甚至须将一组肌肉全部切除，以免肉瘤沿肌间隙扩散。

随着外科手术技术和器械的发展以及肿瘤综合治疗水平的提高，某些肿瘤的手术范围有所缩小，在不影响肿瘤根治原则的基础上，保存了器官功能，提高了生活质量，这类手术称之为功能保全性肿瘤根治术。例如，乳腺癌根治术发展到乳腺癌改良根治术，较前者保留了胸大肌、胸小肌，手术范围大大缩小，对整个胸部外形和功能的保留都有了很大改善，而治疗效果并无下降。

在治愈性手术中根据具体的情况，又包含联合脏器切除和多脏器切除两种特殊的手术方式。联合脏器切除（combined organ resection）是指因肿瘤侵犯（炎性或癌性）周围脏器，整块切除 2 个以上相邻脏器的切除术。对于联合脏器切除手术而言，其基本治疗原则是在保证肿瘤根治的前提下，最大限度地将肿瘤进行整块切除，并进行相应区域的淋巴结清扫。联合脏器切除手术的切除范围较大，手术风险较高，需要完善的术前准备，并且严格掌握其适应证。对于局部晚期拟行联合脏器切除的患者，多数是探查后才能确定手术的具体方式，例如右半结肠切除联合胰十二指肠切除术。

多脏器切除（multivisceral resection）则是指因肿瘤转移至远隔脏器，因根治需求，行 2 个以上脏器的切除术。常见于肿瘤发生远隔脏器转移，为了达到根治性切除的目的而进行的外科干预，例如直肠癌原发灶联合肝转移灶同期切除。

（四）姑息性手术

姑息性手术见于两种情况，一种为手术当中发现肿瘤侵袭严重或已经发生转移，不得已采取的姑息性切除手段。如结直肠癌患者，术中发现腹膜播散，无法完整切除肿瘤时仅对其部分切除。另一种情况见于为缓解某些患者无法耐受的症状、减轻痛苦、防止可能发生的严重并发症等情况，而计划性地采取姑息性切除的方法。例如一些晚期消化道肿瘤所致梗阻患者，在病灶无法切除的情况下，还可做转流术或造口术，以改善症状及提高患者的生活质量。切忌做姑息性的“大手术”。

（五）减负荷手术

有些恶性肿瘤体积巨大、外侵严重，难以彻底切除。此时可对原发灶或其转移灶做部分或大部分切除，以减少肿瘤负荷，减轻患者症状，为进一步放疗及化疗创造条件。临床上常使用减瘤性手术的肿瘤是卵巢癌、横纹肌肉瘤、高度恶性脑胶质瘤等。

(六)复发肿瘤的手术

复发性肿瘤手术治疗效果较差，难度也较初次手术有所增加，虽然手术不适用于所有的复发性肿瘤，但是手术结合其他治疗可能达到更佳的治疗效果。不论复发肿瘤或转移性肿瘤都属晚期肿瘤，手术治疗效果总体欠佳，却是一种肿瘤治愈的积极措施。

(七)脏器移植手术

脏器移植手术目前不普适于所有肿瘤的治疗，在我国最常见的是肝癌的治疗，但是肝癌肝移植术后的长期生存率显著低于良性肝病受体，肿瘤复发是主要原因。有文献报道，肝移植后肝癌总体的复发率可达 13%~30%。肝移植术后肝癌复发往往是多发并伴有多脏器的远处转移，病情进展迅速，目前缺乏有效治疗手段，患者生活质量大幅下降。目前移植手术应用于其他肿瘤的治疗仍处于尝试阶段，在某些中心小规模开展，其结果有待于进一步证实。

(八)肿瘤急诊手术

肿瘤本身或其转移灶可引起出血、空腔脏器穿孔、梗阻、严重感染等急症，造成患者病情急剧恶化，甚至危及生命。此时，需要紧急外科手术处理以缓解病情。例如肺癌合并大量咯血，胃肠道肿瘤合并穿孔、出血，气管肿瘤导致窒息等，均需要施行急症手术。

(九)整形修复性手术

根治性手术常会导致正常组织器官受到破坏，甚至会造成功能丧失及心理障碍，因此会对其中一部分患者采取移植修复手术。在头颈部肿瘤手术之中，应用组织及皮瓣转移以重建头、颈部的缺损已有 30 余年的历史，尤其是带有乳内动脉血供的胸三角皮瓣，及其后又发展的胸大肌肌皮瓣及一系列各种组合，甚至带有骨的肌皮瓣，应用于临床均已取得较好的效果。随着显微血管外科技术及分子免疫学的进展，不但游离组织皮瓣将使癌症患者的外科修复取得更进一步进展，而且也能使此技术延伸应用于多种游离脏器的移植。

近年来显微外科和整形外科技术不断进步，重建和修复性手术对于肿瘤根治术所造成的局部解剖缺陷的补救修复能力越来越强。其目的是最大限度地恢复患者的器官形态和功能，并能满足根治性手术对肿瘤大范围切除的需要，提高手术治疗的效果。例如口腔部肿瘤侵犯下颌骨后，使用游离腓骨肌皮瓣修补；舌癌切除术后，应用带状肌肌皮瓣行舌再造术；部分放疗或外科手术导致的肌肉损伤，可通过肌肉挛缩松解术来恢复肌肉功能等。

(十)其他

相关学科的发展为提升外科水平提供了良好的契机，领域内不断发明新的设备、应用新的器械、开拓新的领域、形成新的理念，肿瘤外科面临快速发展的新局面，在今后将会有更多全新的肿瘤外科治疗方式推出和应用。

第四节 肿瘤外科的发展趋势

肿瘤外科的发展经历了两个世纪以上的发展历程，从单纯的外科治疗已发展成如今的多学科综合治疗。在当下随着科技的发展和治疗理念的提升，肿瘤外科学正处在飞速发展阶段。尤其是近年外科能量平台、器械平台和视野平台的协调发展，随之而来的是各种外科治疗手段和创新术式的涌现，辅助治疗方案的发展以及多学科团队协作诊疗模式（MDT）的兴起。肿瘤外科整体发展趋势呈现出理念微创化、诊疗规范化、决策个体化的特点，最终获得让医生和患者满意的结果。

（一）肿瘤外科治疗的微创理念

微创技术就其自身而言，其临床应用的目的在于以最小的创伤或侵袭获得最佳的外科治疗效果。实际上，大多数人眼中的微创手术是指腹腔镜手术，这其实仅仅是“狭义”的微创治疗的概念。近年来，随着基础学科的进步，人们对脏器生理功能以及疾病本身的认识不断深入，新术式、新器械和新理念层出不穷，以腹腔镜手术为代表的微创外科更是异军突起，手术入路从“常规切口”逐渐向“最小切口”甚至“无切口”方向演进。腹腔镜手术仅仅是其中的一种形式，严格意义上而言，腹腔镜技术只是手术入路的一种微创体现，它解决的是手术入路问题，这实际上就是狭义概念上的微创。而从广义上来说微创是一种理念，应当适用于所有具侵袭性的手术操作过程中。这种理念强调的不是片面追求速度，更重要的是需减少组织损伤，尽可能地保住机体的自主功能。其他如术中的轻柔操作、邻近组织器官的保护等，也都应包含在微创理念的范畴中。

微创理念与功能外科的要求也是相辅相成的。近几年来，随着社会医学的发展，临床医生和患者自身更加关注治疗后的生活质量问题，就其肿瘤治疗而言，根治和生活质量并重成为医患的共同目标，在这一背景下肿瘤治疗中功能外科理念应运而生。微创理念与功能外科二者在本质上是辩证统一的，微创的最终目的在于保“功能”。

（二）肿瘤外科质量控制评价体系的建立

手术质量与患者的预后密切相关，建立合理、有效的评价体系是保证手术质量的关键，也是保证患者能够接受规范化外科治疗的基础。然而，外科手术质量体系的建立是一个复杂的过程，它不仅需要对手术本身建立客观有效的评价标准，在以患者为中心的理念下，并发症发生率、病死率、生活质量、总生存时间以及患者的满意度等关键评价都应该纳入其中。同时，整个体系的建立需要有合理的配套制度作为保障，数据的采集与分析以及持续的改进也将是维持体系的关键。

（三）MDT 模式与个体化治疗

肿瘤外科在恶性肿瘤的治疗中具有重要地位，是最有可能治愈肿瘤的手段。但是，肿瘤外科只是多学科综合治疗手段中的一种，随着放疗、化疗、分子靶向治疗等其他手段的进步，综合治疗已经成为多数肿瘤的标准治疗方案。临床试图通过单一外科治疗达到治愈肿瘤的时代已经过去。越来越多的循证医学证据表明，经过合理的综合治疗，如术前放化疗降期后手术，术中放疗、术后放化疗等，不仅使患者的生存期有所提高，同时生活质量及器官功能保全也有明显提升。同时，外科团队作为领导者和组织者，协调其他学科为患者选择最佳的治疗方法，能够为患者选择最佳的治疗手段或者药物、最恰当的治疗时机，让患者在规范化治疗的同时享有个体化治疗带来的益处。

肿瘤 MDT 诊疗模式正在不断发展，并逐渐成为肿瘤治疗中的主流模式。MDT 有助于综合评价患者的病情以及临床分期，从而制订个体化的治疗方案。经过 MDT 的综合评价和讨论，让其中一部分患者根据其病情接受了其他方式的治疗，而不是盲目手术，并显著改善了临床结局。与此同时，MDT 模式在改善患者预后的同时，也加强了医生之间的交流合作，拓展了相关领域的专业知识，提高了业务水平。

（四）创新手术和智能一体化手术

近年来肿瘤外科不断发展，包括能量平台、器械平台和视野平台在内的多平台协调发展，为肿瘤外科手术方式提供了创新空间和发展平台。从传统的手术刀、手术剪逐步过渡到电钩、电铲，再到后来的超声刀，能量平台的发展让手术操作更为精细。另一方面，各种新型器械设备的推出和应用，突破传统手术禁区，拓宽外科适应证。此外，3D 设备和达芬奇设备等高清显示技术能够协助医生判断肌肉组织、神经组织、肿瘤边界，进一步提升手术质量。与此同时，随着医学相关领域的并行发展，人工智能和医学大数据也逐步融入肿瘤的外科治疗中。创新手术和智能一体化手术将作为全新的治疗模式，成为肿瘤外科未来发展方向。

本章小结

外科手术治疗肿瘤经历百年的演变，迄今仍是肿瘤治疗中最为主要和有效的手段之一。随着医疗技术手段的不断进步和医疗设备的更新，肿瘤外科从最初的姑息减状手术阶段、根治手术阶段、扩大根治手术阶段过渡到当前的肿瘤功能外科阶段，已成为具有专业性且相对独立的一门学科。从事肿瘤外科的医生不仅要具备普通外科理论技术，还需要熟练掌握肿瘤外科的学科特点，严格掌握手术适应证，把握好外科治疗的原则与诊疗规范，合理选择手术方式。在制订外科方案的同时要时刻重视机体和肿瘤局部的关系，损伤效益比原则和肿瘤功能外科原则，严格掌握手术适应证和禁忌证并遵循无菌无瘤原则。手术过程中，严格遵守相关操作流程，防止肿瘤的医源性播散与种植。与此同时，随着综合治疗理念的逐步加深，要将其贯穿于肿瘤治疗的各环节，旨在提高患者疗效，延长患者生存期，并提高肿瘤患者的生存质量。

思考题

1. 恶性肿瘤的外科治疗为何强调综合治疗？
2. 良性肿瘤与恶性肿瘤的外科治疗有何区别？
3. 应用肿瘤的外科治疗原则，试述直肠癌肝转移的患者如何有效治疗？

（王锡山）

第十一章
肿瘤放射治疗

放射治疗作为一种传统的治疗方法，在医学、物理学、生物学等的发展中焕发出新的活力。近 20 年来，放疗设备的改进和计算机技术的快速发展，已形成集影像、计算机和加速器为一体的现代放疗技术，包括三维适形放射治疗、调强放射治疗及影像引导放射治疗等。提高肿瘤治疗疗效需要多学科共同参与已成为共识。放疗作为一种有效的治疗手段，在不同肿瘤中发挥着不同的治疗作用，并可与其他治疗手段形成多种联合应用的治疗模式。为了更好地理解放射治疗的原理和指导临床实践，必须了解有关放射物理学、放射生物学和临床放射治疗学的基本知识。

第一节　肿瘤放射治疗的概述

1895 年 10 月，德国人伦琴（Wilhelm Röntgen，1845—1923 年）发现了可以穿透人体的 X 射线。1896 年 3 月，美国芝加哥医学院学生埃米利·葛鲁伯（Emil Grubbe，1875—1960 年）尝试利用 X 射线治疗一位晚期乳腺癌患者，标志着放射治疗的开端。1896 年贝克勒尔发现放射性核素铀，1898 年居里夫妇发现了放射性核素镭，这些物理学上的发现为放射治疗奠定了基础。

此后，放射治疗在设备研发、物理和生物技术方面取得了快速发展。1913 年研制成功了 X 射线管，可控制射线的质和量。1922 年生产了首台深部 X 射线治疗机，使得晚期喉癌患者有了治愈的可能。1934 年，Courtard 建立了分割照射的方式并沿用至今。20 世纪 30 年代建立了物理剂量单位伦琴，50 年代的研究发现了氧效应在放射治疗敏感性中的重要性。这些进步为放射线有效地运用于临床放射治疗提供了技术保证。

1951 年，第一台钴-60 远距离治疗机问世，从此开启了高能放射线治疗深部恶性肿瘤的新时代。20 世纪 50~70 年代，医用直线加速器开始投入临床使用，其主要产生兆伏级（MV）的 X 射线，直线加速器的应用标志着放射治疗成为一门完全独立的学科。70 年代，随着计算机的应用和 CT、MRI 的出现，三维治疗计划系统逐步建立，使放射治疗进入了三维时代。80 年代出现了更为精确的调强放射治疗技术。21 世纪后，伴随着影像技术的进步发展，放射治疗进入了影像引导时代。另一方面，20 世纪 50 年代开始探索利用质子和重离子射线进行临床治疗，并出现了用于质子和重粒子放疗的回旋加速器与同步加速器。到 20 世纪 90 年代，质子放疗技术逐渐成熟，美国洛马林达大学（Loma Linda University）医学中心建立了全世界第一个质子治疗中心。

我国的肿瘤放射治疗始于 20 世纪 30 年代，开始仅局限于上海、北京等城市，且只有一家医院——上海镭锭医院拥有独立的放射治疗科。1949 年中华人民共和国成立时，全国仅有 5 家医院拥有放射治疗设备。改革开放以来，我国放射治疗事业快速发展。1986 年中华放射肿瘤学会成立，并出版了《中华放射肿瘤杂志》。到 2018 年全国放疗单位数量增长到 1463 家，放疗从业人员已达到 29 096 人。现阶段我国不仅实现了利用各类放射治疗技术手段对患者进行治疗，并且拥有自主研发制造各类放射治疗设备的能力，包括产生质子射线的回旋加速器。

放射治疗应用范围广泛，约 2/3 的恶性肿瘤患者需要在病程的某一阶段接受放疗。对于早期声带癌、宫颈癌、前列腺癌、舌癌等疾病，放射治疗后的 5 年生存率与手术相似，而且可保全器官功能。近年来，对于不能耐受手术的早期非小细胞肺癌、肝癌，采用立体定向体部放疗可获得与外科手术相似的结果，为很多不能手术的早期肿瘤的根治性治疗开辟了新途径。同时，将包括放射治疗在内的多种治疗手段有计划、规范性地相结合，实施最适合患者个体化治疗的多学科综合治疗模式，正在逐渐成为肿瘤主要的治疗方式。

新技术的发展不仅能获得精准的照射剂量，而且在提高肿瘤治愈率的同时也明显减少副反应。新辅助放化疗、基于计算机和生物大数据的放疗、精准医学理念下的精确放疗、放疗与免疫治疗等研究不断进步，为未来放射肿瘤学的发展趋势提供了方向。

第二节　放射物理学

一、放射物理学的概述

(一) 放射源的分类

常用的放射源主要有 3 类：放出 α、β、γ 射线的放射性同位素；不同能量 X 射线的治疗机和加速器；产生电子束、中子束、质子束、负 π 介子束以及其他重粒子束的各类加速器。

(二) 常用的放射治疗设备

在临床肿瘤治疗中使用的放疗设备主要有近距离治疗设备、X 射线治疗机、钴 -60 治疗机和加速器。X 射线治疗机主要用于体表放疗，对浅表病变具有一定优势。钴 -60 治疗机由放射性同位素 ^{60}Co 衰变释放出高能 γ 线为放射源，平均能量为 1.25MeV，用于治疗深部肿瘤。医用电子直线加速器是采用微波电场将电子加速到高能的装置，产生的电子线可用于治疗表浅部位肿瘤，或令电子轰击靶，产生用于治疗深部肿瘤的 X 射线。

(三) 常用的照射方式

放疗可分为近距离照射和外照射。近距离照射是利用人体的自然腔隙内或者使用插植技术使放射源在体内进行照射。外照射，即体外远距离照射，放射源位于体外一定距离，对人体肿瘤病灶进行照射，包括二维放疗 (2D)、三维适形放疗 (3D-CRT)、调强放疗 (IMRT)、图像引导放疗 (IGRT)，容积旋转调强放疗 (VMAT) 等。

二、放疗计划设计和实施

(一) 放疗计划设计

放疗的最终目标是在给予放疗靶区 (肿瘤照射范围) 充足剂量的同时，最大限度地减少周围正常组织的剂量。广义上讲，"治疗计划" 指的是在进行放射治疗时，引导患者治疗的所有流程和决策的方案。现代放疗流程包括质量保证和质量控制的整个环节。放疗流程的制订，流程中各环节相关医务人员的培训和训练，不同放疗技术的不断改进，流程中所用的设备 (主要是放疗加速器) 和辅助器材的应用，都是为了达成放疗的首要目标：精确地给予靶区足够的剂量，同时最大限度地减少周围正常组织的损害，提升患者肿瘤控制率，延长生存时间及提高生存质量。为了治疗患者，治疗计划设计涉及许多过程和决策，设计过程可以描述为：

1. 根据体检、病理学和影像学检查的结果，医生确定需要照射的靶区体积。计算机断层扫描是放疗计划设计最常使用的影像技术之一，其他可采用的技术还包括磁共振成像、X 射线摄影、血管造影、放射性核素（代谢）成像。

2. 医生指定靶区的照射剂量。“剂量处方”的确定一般基于医生的经验和已出版的报告及建议。有时处方剂量也会按照临床试验的要求决定。

3. 医生需要确定对辐射敏感的正常组织或危及器官，并指定这些危及器官的剂量体积限值。诸如脊髓之类的组织，剂量体积限值的形式是最大剂量。对于其他组织如肺或腮腺，剂量限值的形式为器官内指定体积的平均剂量或最大剂量。这些剂量限值依赖于医生的经验以及对器官耐受剂量所做的决定，超过耐受剂量时，可预期的并发症发生率将不可接受。

4. 与医学物理师和剂量师共同商讨后，确定要使用的治疗射束和能量。在某些情况下，射束模式或者能量需要依据靶器官的位置或靶组织的最大深度来选择；更复杂的情况下，需要比较步骤 5 中生成的备选治疗计划来选择射束模式和能量。

5. 治疗计划的生成和优化，这一过程需要遵循很多目标，例如肿瘤内的剂量均一性；肿瘤剂量应远大于照射区内任意点的剂量；累计剂量应尽可能小；高剂量体积的形状应与计划靶体积形状一致；危及器官的剂量应低于高概率引起损伤的剂量水平等。

6. 治疗计划传送到或是保存到信息系统，以用于在加速器上的实施。

放疗过程中涉及多个专业工种，包括肿瘤放疗医生、放疗物理师、放疗技术员等，涉及不同的软硬件设备，主要为放疗加速器和放疗计划系统，还有一些支持设备是为了帮助实施更先进的放疗（例如图像引导设备）或更疑难的放疗（例如呼吸运动控制）。靶区勾画精确的工作主要由放疗医生决定，技术员以及医院的加速器维护也很重要，具体放疗计划的设计主要由放疗物理师完成。此外放疗中使用各种辅助耗材，帮助更好地固定患者，使得放疗能够精准实施。

（二）放疗质量保证

一个全面的质量保证和质量控制计划应该能够标注出患者在治疗中可能遇到的所有误差，从而尽量减少治疗过程中的不确定性。国际辐射单位与测量委员会（ICRU）建议剂量不确定性保持在低于 5% 的水平。在治疗中给予患者的剂量偏差低于 5% 并不是一项简单的任务，据估计，大多数物理师使用的校准辐射束的设备的不确定性约为 1.5%。质量保证和治疗控制应该体现在患者连续的治疗过程中。在审核记录时，审核人应能通过所有质量保证程序对患者治疗的各方面跟踪核查。例如，监控装置应该有连续性，剂量取决于治疗计划，计划系统和加速器的质量保证。质控是一个持续改进的过程，质控程序须权衡可利用资源来提高质量保证体系。随着技术的发展，质控项目必须适应新技术的发展而发展。

第三节 放射生物学

一、放射线抗肿瘤治疗作用机制

（一）放射线对生物体的作用

放射线可与介质原子相互作用而发生能量转移，但其对生物体的效应并非仅由单纯的物理能量转移所致，还有因射线作用于介质产生的激发和电离，继而作用于生物大分子的继发效应。电离辐射所致的损伤分为辐射的直接损伤与间接损伤（图 4-11-1）。

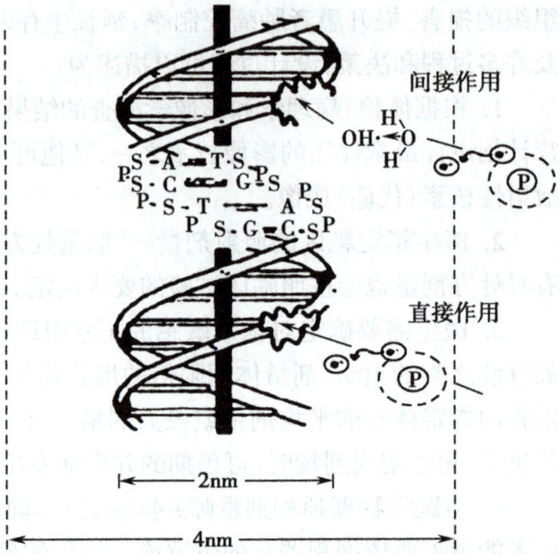
间接作用
直接作用
2nm
4nm

图 4-11-1 电离辐射所致的损伤分为辐射的直接损伤与间接损伤

1. 电离辐射的直接作用 粒子或光子的能量被 DNA 或具有生物功能的其他分子直接吸收，可使生物分子发生化学变化，并导致机体损伤，电离辐射的这种作用称为直接作用。电离辐射可直接作用于核酸大分子，引起碱基的破坏、单链或双链断裂及交联等效应的发生；对蛋白质的直接作用引起侧链变化、化学键断裂、空间结构改变等；辐射亦可直接破坏生物膜的分子结构，干扰细胞器的正常功能。

2. 电离辐射的间接作用 辐射的能量向生物分子传递时，通过扩散的离子及自由基起作用，而产生的生物学效应称为电离辐射的间接效应或间接作用。在辐射与生物体作用时形成大量自由基，这些自由基与生物分子如蛋白质、核酸、酶等作用，致使生物体的功能、代谢与结构发生变化。辐射产生的总效应主要是自由基引发的间接作用所致。

（二）放射线对细胞的作用

1. 放射线诱导的 DNA 损伤及修复 细胞受射线照射后，DNA 发生单链或双链断裂损伤。对于完整的 DNA，单链断裂易于修复，对细胞几乎没有杀灭作用；而 DNA 双链断裂则不易修复，被认为是电离辐射在染色体上的关键损伤，可导致细胞发生突变或死亡。

2. 放射线诱导的细胞死亡 放射线诱导的致死性 DNA 损伤如果不能修复，将导致细胞死亡。因此，染色体 DNA 不可修复的损伤是放射线诱导细胞死亡的主要原因。在临床放射生物学的研究中，判定细胞是否存活的标准为细胞是否具有再增殖的能力。辐照致细胞死亡与细胞再繁殖完整性丢失是肿瘤放射生物学的基本原理，后者是放射治疗可治愈结局的重要依据。

3. 放射敏感性与细胞周期 哺乳动物细胞的繁殖和分化通过有丝分裂时，各时相的长短取决于不同的细胞。不同时相放射敏感性差别甚大：M 期和接近 M 期的细胞对放射线最为敏感，S 期（尤其是 S 期后期）对放射线最为抵抗，如果 G_1 期足够长，则在 G_1 期早期细胞存在放射抵抗，而在 G_1 期后期则转变为放射敏感。通常认为 G_2 期细胞亦对放射敏感。

4. 细胞存活曲线 细胞存活曲线是表达照射后细胞存活比率与照射剂量的相互关系。如按照线性坐标来对细胞存活曲线作图，它们的关系呈“S”形曲线，然而如果以半对数坐标来描述细胞存活曲线则基本呈线性状态，从而使我们能对辐射生物效应进行定量分析。

二、放射生物学模型及其影响因素

为了定量分析辐射的细胞效应，将照射剂量与细胞生存率的对数作图，获得细胞存活曲线（图 4-11-2）。分析细胞存活曲线一般应用以下数学模型：

（一）单靶单击模型

单靶单击模型指一次击中导致被击中细胞失活的细胞存活曲线。其特点是只有 1 个参数，D_0 值，即平均致死剂量。评价肿瘤细胞放射敏感性的指标以 D_0 为标准，通常认为，$D_0 \leqslant 1.8Gy$ 为放射敏感，$D_0 \geqslant 3.0Gy$ 为放射抗拒，在 $1.8Gy<D_0<3.0Gy$ 为中度放射敏感。

（二）多靶单击模型

假定失活事件的必要条件是细胞内多个靶被同时击中，最终的失活状态对应着 n 次击中，并且产

生生物效应的必要条件是达到细胞内 n 个数量靶的失活。其数学表达式是

$$S=e^{-D/D1}\left[1-(1-e^{-D/D0})^{N}\right]$$

其参数的意义：① D_1：曲线的初始斜率倒数，反映低剂量区的放射敏感性；② D_0：曲线的指数部分斜率的倒数，即为平均致死剂量；③ D_q：准阈剂量，定义是将曲线的直线部分反向延长与100%存活率水平线交点对应的剂量，其值的大小反映肩区的大小，D_q 值小代表亚致死性损伤修复能力小，很小剂量即可使细胞进入指数杀灭；④ N 值：定义是将曲线的直线部分反向延长与存活率轴相交的交点值，早期称为细胞内的敏感区域数——"靶数"，低等生物实验发现 N 值刚好等于其染色质微粒数，但对于大多数细胞，生物效应较复杂，难以确定明确的靶数，故称其为外推数。N 值、D_q、D_0 的关系可用下式表示：$\log N=D_q/D_0$。任意两个参数可在一定程度上反映细胞的放射敏感性。

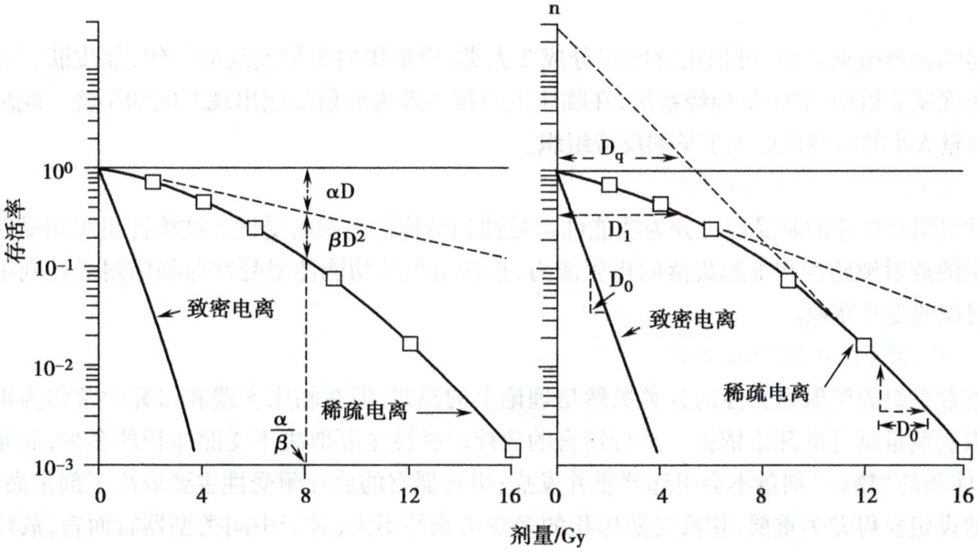

存活率
10^0
10^{-1}
10^{-2}
10^{-3}
αD
βD²
致密电离
稀疏电离
α/β
n
D_q
D_1
D_0
0
4
8
12
16
剂量/Gy

图 4-11-2　细胞存活曲线：线性二次模型及多靶单击模型与单靶单击模型

(三) 线性二次模型

线性二次模型假设细胞失活由不可修复的 DNA 双链断裂引起。一个细胞通过两种方式被杀死：某一带电粒子径迹中产生的致死性损伤或不同粒子径迹间的亚致死性损伤相互作用产生的致死性损伤。

当两种杀灭细胞成分相等时，该剂量即为细胞线性二次模型的 α/β 值（α 为致死性杀灭的参数，β 为包含有修复的杀灭参数），α/β 值越小，曲线越弯曲，高剂量的效应越大。实际上，大多数哺乳动物细胞的存活曲线符合线性二次模型，并且大多数癌细胞和快更新正常组织的 α/β 值大，慢更新或不更新正常组织的 α/β 值小，高剂量时损伤更大。

(四) 电离辐射生物效应的影响因素

1. 线性能量传递　线性能量传递（linear energy transfer，LET）被用于描述粒子射线经过生物体时入射轨迹的电离密度，定义为带电粒子在单位长度上所产生的平均能量，单位是 keV/μm。对于给定的带电粒子而言，通常能量越高，LET 越低，因此生物效应越低。从临床角度考虑，界定高 LET 射线和低 LET 射线的区别主要根据不同射线的辐射生物效应，具有高 LET 射线生物学特点称之为高 LET 射线，如快中子、重离子等；反之则称之为低 LET 射线，如 X 线、质子、γ 射线等。

2. 相对生物效应　相对生物效应（relative biological effectiveness，RBE）是用来定量比较在产生相同生物效应时不同射线剂量差别的参数。其计算公式为：RBE=（相同生物效应基础上）参考射线的剂量 / 被测试射线的剂量。通常作为参考的低 LET 射线是 250keV 的 X 射线或 ^{60}Co γ 射线。对于某种特定的放射类型而言，RBE 值不是固定的，很多因素能影响 RBE 值的大小。当 LET 值增

加到约 100keV/μm 时，RBE 亦随之增加；如 LET 值超过 100keV/μm 时，由于细胞的过度杀灭反而导致 RBE 的下降。

3. 氧效应 细胞对低 LET 射线照射的反应与组织间含氧量关系极为密切，富氧情况下射线对细胞的杀灭远大于乏氧情况。增加氧含量可增强辐射所致的损伤，因此分子氧可充当剂量调节剂。用于测量氧的放射增敏作用的参数为增氧比（oxygen enhancement ratio，OER），其定义为：达到相同生物效应时，在乏氧情况下所需的剂量/含氧情况下所需剂量。对于低 LET 射线，单次大剂量照射 OER 可达 3.0 左右。但在分次剂量较低时，OER 值会下降。

三、正常组织及器官的放射反应

（一）正常组织的结构组分

根据细胞增殖动力学，可把正常组织分成 2 大类：增殖快的为早期反应组织，如皮肤、小肠等；增殖慢的为晚反应组织，如中枢神经系统，在临床上直接表现为放射反应出现时间的早晚。晚反应组织对分次剂量大小的敏感性远大于早期反应组织。

（二）正常组织器官放射耐受性

正常组织对放疗的耐受性可分为功能性耐受性和结构性组织耐受性。结构性组织耐受性主要取决于细胞的放射敏感性和细胞集落的再生能力，正常组织的功能性耐受性即临床耐受性则主要取决于正常组织的受照体积。

（三）正常组织器官的体积效应

对正常组织的照射耐受性的分类虽然是理论上的模式，但在临床实践和研究中常作为正常组织耐受性限制剂量制订的理论依据。平行器官的放疗耐受性主要取决于受照体积的多少，而非剂量的高低，小体积的“热点”剂量不会引起严重并发症；串行器官的放疗耐受性主要取决于剂量高低，最高阈剂量的设定显得尤为重要，相反受照体积的多少影响并不大；对于中间类型器官而言，放疗耐受性取决于放疗的部位而非受照体积。

四、分次放射治疗的生物学基础

（一）现代放射治疗的生物学基础：从“4R”到“5R”学说

1. 细胞放射损伤的再修复（repair） 实验室证据显示并经临床证实，无论是肿瘤细胞还是正常组织的细胞，在经放射后能对其受到的损伤进行修复，主要包括亚致死性损伤修复和潜在性致死性损伤修复。

2. 细胞周期内时相的再分布（reassortment） 细胞经放射后会导致细胞周期时相出现重新分布，照射后处于对射线敏感时相的细胞被杀灭，存活的细胞（即处在对放射相对抵抗时相的细胞，如 G_1、S 期细胞），经几小时后能重新进入细胞周期中的不同时相，其中包括再次进入放射敏感的细胞周期。

3. 氧效应及乏氧细胞的再充氧（reoxygenation） 在肿瘤内存在乏氧细胞群，它们对射线具有抗性。在分次放疗中，经一次放射后由于富氧细胞被大量杀灭，剩余大量乏氧细胞，这时因细胞内氧供情况改善，如氧的弥散距离缩短等因素能导致乏氧细胞内氧浓度增加而增加乏氧细胞的放射敏感性。这过程主要存在于肿瘤组织内。

4. 再群体化（repopulation） 放射治疗期间细胞一方面会产生死亡；另一方面，组织和肿瘤内的干细胞分裂速度加快，导致细胞增殖速度增加。这种现象随着放疗时间延长愈来愈明显，特别是增殖快的组织和肿瘤。

5. 放射敏感性（radiosensitivity） 根据“4R”理论，修复和再增殖过程将会使细胞对射线更为抵抗，而再分布和再充氧的过程会使细胞对射线更为敏感。不同肿瘤组织与正常组织对放射的效应很大程度上取决于细胞内在放射敏感性，如血液系统的肿瘤比其他实体瘤对放射线更为敏感。

(二) 影响分次放疗治疗生物学效应的因素

1. 总疗程(时间因素) 肿瘤和正常组织细胞在经过细胞毒药物治疗或放射线照射后，可以引发细胞分裂加速，这一现象被称为加速再增殖。当治疗总疗程超过 4 周，如需达到相同肿瘤控制率，则需增加每天的照射剂量以克服肿瘤细胞加速再增殖的影响。短疗程放疗适合增殖比较快或 α/β 比值较高的肿瘤，对于潜在倍增时间约为 5d 或放射敏感性中等的肿瘤，必须缩短总的治疗疗程。而总疗程的长短对增殖较慢的肿瘤影响不大。

2. 分次剂量 晚反应组织对分次剂量改变的敏感性大于早期反应组织，降低照射分次剂量时，要达到相同的生物效应，晚反应组织所需增加的总剂量比早期反应组织更多。超分割方案中，晚期效应的耐受剂量比早期效应增加更多，即晚反应组织的辐射耐受性增加。在给予每次大剂量照射时，晚反应组织可能出现更为严重的晚期并发症。在晚期效应中起决定性作用的是分次剂量的大小，在早期反应组织中起决定性作用的是总疗程的长短。

3. 分次照射间隔时间 由于早期反应组织的半修复期很短，仅约 30min 右，而晚反应组织的半修复期可长达数小时，因此在考虑间隔时间长短时必须以晚反应组织的完全修复为基准，否则会产生严重的晚期并发症。

4. 非常规分割 分次剂量大小和总疗程时间长短对早期效应和晚期效应的影响并非“各自为政”，而是相辅相成的。分次剂量缩小时可能会增加总疗程时间，而总疗程时间的缩短需增加分次剂量或增加分次照射的频率。

第四节 临床放射治疗学

一、肿瘤放射治疗分类

放射治疗作为肿瘤局部治疗手段，具有不可替代的作用。约 70% 的肿瘤患者在病程的不同时期因不同的适应证而需要接受放疗，部分肿瘤可由放疗治愈。临床肿瘤放疗的原则是最大限度地消灭肿瘤，同时尽可能地保护正常组织和器官。在不产生严重并发症的前提下给予肿瘤精确的剂量照射，从而达到控制肿瘤、延长患者生存时间、提高患者生活质量的目的。按照放疗的目的，可以分为根治性、辅助性和姑息性放疗。

(一) 根治性放疗

根治性放疗是以根治肿瘤为目的，通过给予肿瘤组织致死剂量的照射，使肿瘤缩小、消失，达到临床治愈的效果。主要适用于以下情况：①肿瘤生长局限且无远处转移；②肿瘤生长在重要器官或邻近重要器官，手术切除将严重影响重要器官的功能或无法彻底切除；③肿瘤对放射线敏感，放疗能有效控制或消灭肿瘤；④部分早期肿瘤患者因合并症等原因不能耐受手术治疗；⑤一些局部晚期肿瘤因侵犯周围正常组织而难以手术根治，也可采用放射治疗达到根治目的。根治性放疗要求肿瘤病灶的照射剂量必须达到根治量，并且要将潜在的肿瘤转移区域也包括在内，因此照射的范围大、剂量高。

长期以来，放射治疗作为根治性治疗方法，已广泛应用于头颈部肿瘤、早期霍奇金淋巴瘤和皮肤癌的治疗，使患者得到治愈或获得长期生存。鼻咽癌是典型的以放疗为主且获得较高根治性治疗的代表。对于不能手术或不能耐受手术的食管癌、肺癌、肝癌、前列腺癌和宫颈癌等，根治性放疗可达到与手术治疗相当的效果，而且能够保留器官功能，显著提高患者生存质量。

(二)辅助性放疗

在多数情况下,单纯放射治疗并不能取得满意的效果,需要与手术治疗和/或化疗联合以提高疗效,即辅助性放疗,其广泛地用于局部非早期患者,或者希望提高局部控制率患者的治疗。根据辅助性放疗与手术的关系,可将其分为术前、术中和术后放疗。

1. 术前放疗　在手术前对肿瘤进行放射治疗,降低局部肿瘤分期,将难以彻底切除或无法切除的病灶转化成可手术切除的病灶,提高手术切除率,降低术后的局部复发率,提高正常组织或器官功能的保全率。主要用于局部非早期肿瘤如直肠癌、宫颈癌等的术前放疗。

2. 术中放疗　用于在手术切除肿瘤后或手术暴露不能切除肿瘤的情况下,于术中对肿瘤、瘤床及其邻近淋巴引流区等采用电子线进行单次大剂量的照射,肿瘤照射剂量高,可保护或避开非照射组织。不仅可以提高局部控制率,放疗不良反应也较轻。目前主要用于手术难以彻底切除的肿瘤治疗,例如胰腺癌、胃癌及乳腺癌保乳治疗等。

3. 术后放疗　凡手术切缘阳性或术后病理结果提示具有局部复发高危因素的患者需要术后放射治疗,对瘤床、残存肿瘤或具有转移危险的淋巴引流区等进行挽救或预防性照射,消灭瘤床区或区域淋巴引流区可能残留的亚临床病灶。术后放疗是提高局部控制率和总生存率的重要治疗环节,如乳腺癌、肺癌、直肠癌和妇科肿瘤等的术后放疗。

4. 放疗与化疗的联合治疗　放疗与化疗联合应用有利于提高肿瘤局部控制率;降低复发率及远处转移率;保存器官的完整性和人体正常功能。放疗可与化疗同步进行,亦可在化疗前或化疗后进行,需要结合患者的身体状态、肿瘤的生物学特点、放化疗相互作用机制及不良反应等综合考虑。主要适用于治疗中晚期恶性肿瘤,如头颈部鳞癌、食管癌、肺癌、宫颈癌等。

(三)姑息性放疗

姑息性放疗是指以解除晚期恶性肿瘤患者痛苦、改善症状及延长其生命为目的的放射治疗,如肿瘤骨转移患者的止痛放疗、脑转移患者的全脑放疗等。临床上又可分为高姑息和低姑息两种。高姑息治疗用于一般状况尚好且预后较好的患者,所给剂量为根治量或接近根治量。低姑息治疗用于一般状况较差或肿瘤晚期,只希望达到减轻痛苦目的的患者,放射剂量相对较低,主要采取增加单次照射剂量,缩短治疗时间的治疗方式,快速达到缓解症状的目的。

二、常用放射治疗技术

(一)三维适形放疗和调强放疗技术

理想的放射治疗技术应该是高剂量分布在三维方向上,与肿瘤靶区形状一致。为了达到剂量分布的三维适形,必须满足两个条件:①照射野形状与肿瘤靶区形状一致;②照射野内的剂量强度按一定要求进行调节,即根据肿瘤靶区形状和靶区周围重要器官对束流强度进行调节,以达到最佳剂量分布。满足条件①者称之为三维适形放射治疗(3-dimensional conformal radiation therapy,3D-CRT),同时满足以上两个条件者称之为调强放射治疗(intensity-modulated radiation therapy,IMRT)。3D-CRT 和 IMRT 是肿瘤放疗技术上的重大革新,是计算机技术和影像学发展及放射物理剂量计算方法改进等多种技术进步的结果。

(二)立体定向放射治疗

立体定向放射治疗(stereotactic radiation therapy,SRT)是指采用立体定向技术,用多个小野从三维空间将放射线聚焦在病灶,实施单次或多次大剂量照射,在肿瘤靶区内形成高剂量,而周围正常组织受量很小。1952 年,瑞典神经外科学家 Lars Leksell 首先提出立体定向放射治疗的概念;1968 年,第一台以 ^{60}Co 作为放射源的立体定向放射治疗设备问世,称为 γ 刀。20 世纪 80 年代初期,直线加速器开始替代 ^{60}Co 应用于立体定向放射治疗,称为 X 刀。立体定向体部放疗(stereotactic body radiation therapy,SBRT)是 SRT 技术的拓展。

(三) 放射性粒子植入

放射性粒子组织间植入是指在三维治疗计划系统指导下,将微型放射源按一定间距植入瘤体内或病变区,通过其持续发出的低能量射线达到控制或杀死肿瘤细胞的目的。其特点是肿瘤组织可以得到有效的杀伤剂量而周围正常组织受量较低,对周围组织损伤小,安全性高。适用于早期低危前列腺癌和难以手术切除或残存肿瘤的治疗,如胰腺癌术中粒子植入治疗。

(四) 术中放射治疗技术

术中放射治疗(intraoperative radiation therapy,IORT)是对在手术过程中暴露出的肿瘤或瘤床进行单次大剂量(10~20Gy)的照射。由于肿瘤周围正常组织或器官的限制,体外照射很难达到控制肿瘤所需要的剂量。术中放射治疗则由外科医师手术切除或暴露肿瘤后,将射线直接对准肿瘤、瘤床等术区进行照射,同时用特制的铅块遮挡肿瘤周围对放射线敏感的正常组织,或将其置于照射野之外。

(五) 质子和重离子放射治疗技术

肿瘤粒子放疗的历史已有半个多世纪。因其物理与生物学特性的优势,近几年来受到广泛关注且发展迅速。由于粒子放疗设备昂贵,到目前为止全球仅有几十家单位用粒子放疗治疗恶性肿瘤。现有的临床放疗经验证实,其临床适应证包括:邻近重要器官、增殖较慢或对常规放疗抗拒的肿瘤,如腺样囊性癌;不适合手术的Ⅰ~Ⅲ期肺癌;颅底脊索瘤和软骨肉瘤;原发性肝癌;眼部葡萄膜和脉络膜黑色素瘤、眼眶肿瘤;脑星形胶质细胞瘤、孤立的脑转移灶、垂体瘤、脑膜瘤;头颈部肿瘤:鼻咽癌、局部晚期的口咽癌;前列腺癌等。

1. 质子 质子是原子核的基本组成部分,带1个正电荷。质子是低LET放射线,产生稀疏电离辐射。质子射线和高能X线的主要区别在于它进入体内的剂量分布,当质子射线在进入体内后剂量释放不多,而在到达它的射程终末时,能量全部释放,形成所谓的布拉格峰(Bragg peak),而在其后的深部剂量几近于零。这种物理剂量分布的特点,非常有利于肿瘤的治疗(图4-11-3)。

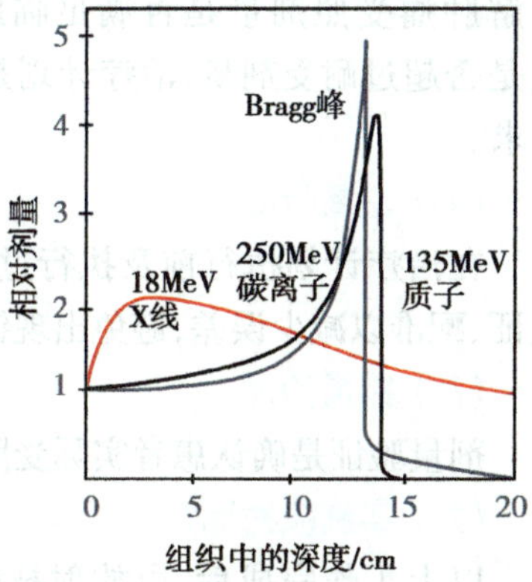
Bragg峰
250MeV
碳离子
135MeV
质子
18MeV
X线
相对剂量
组织中的深度/cm
5
4
3
2
1
0
5
10
15
20
图4-11-3 离子在体内形成Bragg峰

2. 重离子 属高LET射线。射线进入人体后的深部剂量分布和质子类似,Bragg峰后的剂量虽然迅速降低,但是比质子要多。产生的放射损伤70%以上是DNA的双链断裂,放射损伤不易修复,而且放射损伤的产生不依赖氧的存在,故对乏氧肿瘤亦有效。

(六) 其他

随着放疗技术的不断发展,呼吸门控技术(respiratory gating technology)及图像引导放疗(image-guided radiation therapy,IGRT)的出现使放射治疗的精确性进一步提高。其他如全身照射治疗技术(total body irradiation,TBI)、组织间插植技术和高剂量率后装治疗技术也已在临床广泛应用并取得很好的效果。

三、放射治疗计划与实施

现代放射治疗的计划和实施是一个多学科组合、多种工作人员协同、多环节和多步骤的复杂过程,其质量控制直接关系到治疗质量和疗效。

(一) 临床评估

治疗前应详细了解患者的病史、体检、影像学资料、一般状况和合并症等,评估患者对放射治疗的耐受性,确定放射治疗的目的,制订治疗方案。

(二) 体位固定

为保证放射治疗准确实施，患者应尽量采取舒适、重复性好且能满足治疗需要的体位。需要使用一些体位固定装置，如温塑面罩、真空垫、体架等。

(三) 定位与图像采集

应用X线或CT模拟定位机，采集患者的治疗图像；并应用激光灯等定位系统，建立治疗可复制性的标记。

(四) 勾画靶区及危及器官

放疗医师根据患者病情，并考虑局部组织器官的位移及治疗设备精确性等多方面因素，综合分析后，在所采集的治疗图像上标记勾画出放射治疗区域范围及重要的正常组织器官，并根据系统误差和随机误差进行适当的外扩（图4-11-4）。

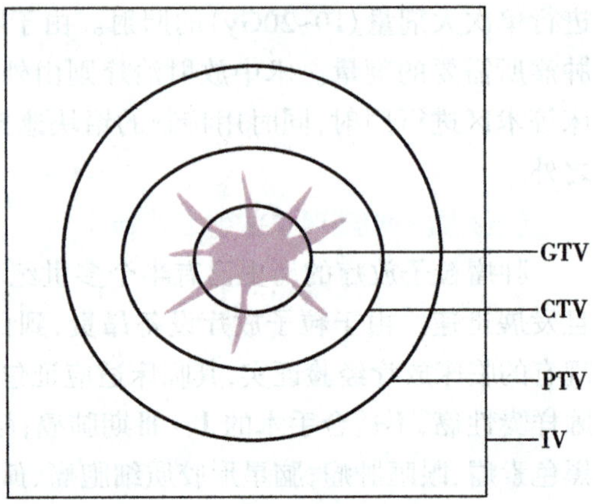
GTV
CTV
PTV
IV

图4-11-4 靶区定义示意图

GTV（gross tumor volume）：大体肿瘤靶区；CTV（clinical target volume）：临床靶区；PTV（planning target volume）：计划靶区；IV（irradiation volume）：照射靶区一定的边界。治疗靶区包括大体肿瘤靶区、临床靶区、计划靶区及照射靶区。

(五) 治疗计划设计

放疗物理师根据医师制订的治疗方案，设计照射野方向、大小和形状、各照射野权重及处方剂量等，并优化供选择。

(六) 计划评估

放疗医师及物理师对治疗计划进行评估，目的是了解肿瘤受照剂量是否满足临床要求，正常组织受量是否超过耐受剂量，治疗计划是否符合临床治疗的要求。

(七) 位置验证

在治疗计划执行前及执行过程中，应对位置进行验证、配准以减少误差，避免出现错误。

(八) 剂量验证

剂量验证是确认患者实际受照剂量是否与计划给予剂量相同，通常用模体代替人体测量。

(九) 实施放射治疗

以上工作完成后，由放射技师在放射治疗机上对患者进行摆位，核对并校准所有参数后执行治疗。

第五节 放射增敏与放射防护

一、放射增敏

放射治疗是恶性肿瘤治疗的有效方式之一，几乎超过50%的恶性肿瘤患者在治疗过程中接受过放射治疗。但是高能量的放射线在杀死肿瘤细胞的同时，不可避免地会损伤肿瘤周围正常组织。如今随着精确放疗技术的发展，不仅提高了放疗疗效，而且也减少了放射线对肿瘤周围正常组织的损害，但是仍有不少恶性肿瘤患者存在局部复发和放疗毒副作用。恶性肿瘤存在放射抵抗的原因是多方面的，其中最重要的是由于实体肿瘤中普遍存在10%~50%的乏氧细胞，对放射线有抗拒作用，一般比有氧细胞强 2.5~3.3 倍，限制了肿瘤放疗的效果。为了既能最大程度杀伤肿瘤细胞，又能把对肿瘤周围正常组织伤害降至最低的放射剂量，增加肿瘤局部控制率，提高肿瘤放射敏感性，“放射增敏剂”这一概念被提出。它的作用在于可不增加放射剂量，提高放疗疗效和治疗增益比。

(一) 放射增敏机制

放射增敏机制的研究包括肿瘤细胞微环境，血管形成，放射所致细胞信号转导过程，DNA 损伤和细胞周期紊乱、凋亡、分化等多个非常复杂的领域。

1. 增加射线对肿瘤细胞的原发性损伤。
2. 减弱肿瘤细胞放射后亚致死性损伤与潜在致死性损伤的修复能力。
3. 影响细胞周期。
4. 细胞周期检查点。
5. 促进肿瘤细胞凋亡。
6. 影响信号转导通路。
7. 自由基的分子靶点。

(二) 放射增敏剂

目前真正应用于临床的、高效低毒的、价廉的放射增敏剂很少，大多数仍处于临床前期研究。

1. 传统药物

(1) 铂类药物：铂类药物是迄今为止唯一具有 I 类证据的放射增敏剂，包括顺铂、卡铂以及奥沙利铂。

(2) 抗代谢药物：包括氟尿嘧啶和胞苷类似物。

(3) 紫杉烷类和微管稳定药物。

(4) 拓扑异构酶抑制剂：包括拓扑替康、伊立替康和依托泊苷。

(5) DNA 烷化剂。

2. 靶向药物　包括表皮生长因子受体的靶向抑制剂、人表皮生长因子受体 -2 单抗隆抗体、聚腺苷二磷酸核糖聚合酶抑制剂等药物。

3. 免疫制剂

4. 与放射相关的微小 RNA

二、放射防护

放射防护是研究保护人类（可指全人类、其中一部分或个体成员以及他们的后代）免受或尽量少受电离辐射危害的应用性学科。有时亦指用于保护人类免受或尽量少受电离辐射危害的要求、措施、手段和方法。放射防护的目的是避免发生有害的确定性效应，并把随机性效应的发生概率限制到可接受水平。

(一) 放射防护三原则

国际放射防护委员会（International Commission on Radiological Protection，ICRP）在 1977 年第 26 号出版物中提出，防护的基本原则包括放射实践的正当化，放射防护的最优化和个人剂量限值。这三项原则构成剂量限制体系：正当化是最优化过程的前提，个人剂量限值是最优化的约束条件，最优化是辐射防护的核心。

1. 实践的正当化　是指为防止不必要的照射，在引入任何伴有辐射照射的实践之前都必须权衡利弊，只有当带来的利益大于为其所付出的代价（包括对健康损害的代价）时才能认为是正当的，则该实践为正当化实践。若引进的某种实践不能带来超过代价的净利益，则不应该采取此种实践。

2. 放射防护的最优化 是考虑到经济和社会因素之后，使任何辐射照射应当保持在可以合理做到的最低水平。但并不是说剂量越低越好，而是在考虑到社会和经济因素的条件下使照射低到合理的程度。

3. 个人剂量限值 个人剂量限值是辐射防护权威部门建立的一个剂量水平，高于该水平的照射对个人的后果被视为不可接受的。在放射实践中，应当避免产生过高的个体照射量，保证个人所受的照射剂量不超过规定的相应限值。

（二）放射防护基本方法

放射防护的基本方法包括外照射防护基本措施和内照射防护基本措施。外照射防护基本措施包括时间防护、距离防护、屏蔽防护。内照射防护的基本措施包括降低空气中放射性核素的浓度、降低表面污染水平、防止放射性核素进入人体、加速体内放射性核素的排出。

第六节 治疗并发症及防治

一、放射性脑坏死

放射性脑坏死也称迟发性或延期性放射性脑坏死，一般发生于放射治疗 3 个月后或更长时间。临床症状与肿瘤复发相似，表现为初始症状的再次出现，不可逆的感觉、运动神经功能障碍，癫痫发作及其他局灶性神经系统体征。放射性脑坏死的发生与放疗剂量、分割方式、是否合并脑缺血性疾病、糖尿病、辅助化疗等因素有关。糖皮质激素、神经营养药物、扩血管药物、高压氧治疗等均对放射性脑坏死有一定的作用，最近研究显示治疗中加用抗血管内皮生长因子抗体（贝伐珠单抗）可增强疗效并可减少糖皮质激素用量。

二、呼吸系统损伤

呼吸系统损伤主要引起放射性肺炎。放射性肺炎是指一定体积的正常肺组织受到一定剂量照射后所产生的一系列病理生理变化，引起急性渗出性或组织纤维化改变，最终影响患者的呼吸功能。临床表现为咳嗽、低热、胸闷等，严重者可出现高热、咳痰、胸痛、呼吸窘迫等。放射性肺炎的发生及预后与肺受照射的体积及剂量关系密切，因此放疗时要严格控制照射体积和剂量限值。治疗主要采用对症支持疗法，低氧血症给予氧气吸入，继发感染应给予抗生素治疗，应用糖皮质激素对急性期有效。

三、心脏损伤

放射性心脏损伤是指心脏暴露于电离辐射而导致的心脏功能及结构的损伤，包括放射性心包炎、放射性心肌炎、放射性心内膜炎、放射性心脏瓣膜损伤、放射性冠状动脉缺血性病变等类型。早期主要表现为胸闷、胸痛、心悸、气短等，晚期则出现心脏纤维化、心力衰竭等症状。这种心脏毒性一般来说是不可逆转的，是由肿瘤的位置与性质、放疗方式与剂量以及患者年龄等因素决定，可通过改变放疗技术和剂量来降低心脏毒性。

四、消化系统损伤

消化系统的损伤主要引起放射性肠炎，在盆、腹腔及腹膜后肿瘤，尤其是宫颈及前列腺肿瘤放疗中最为常见，可分别累及小肠、结肠和直肠。临床上分为急性和慢性，急性放射性肠炎主要由于肠道黏膜上皮完整性破坏及炎症反应，临床表现为腹泻或黏液便，大便次数增多及里急后重感等。治疗以缓解症状为主，常常为自限性疾病。慢性放射性肠炎发生在放疗结束后 3 个月至 30 年，病理表现为闭塞性小动脉炎和胶原蛋白的纤维化，主要症状为反复发作的腹泻、腹痛、便血，严重者出现肠梗阻、肠穿孔等，长期慢性放射性肠炎还可伴有吸收不良甚至出现恶病质，严重影响患者的生活质量。慢性放射性肠炎一般采用黏膜保护剂、保留灌肠等内科保守治疗，若治疗无效可采用外科手术治疗。

五、放射性皮炎

放射性皮炎是肿瘤放射治疗最常见的并发症之一，在接受放射治疗的肿瘤患者中，约 95% 的患者发生不同程度的放射性皮炎，尤其是乳腺癌、肺癌、头颈部肿瘤患者。急性放射性皮炎通常发生在放疗结束的 90d 内，表现为一过性红斑，色素沉着，干性、湿性脱皮和溃疡等。慢性放射性皮炎在放疗后数个月至数年发生，其特征性表现为纤维化、萎缩、色素减退或沉着、毛细血管扩张以及继发性皮肤恶性肿瘤。放疗过程中应尽量保持放射野皮肤清洁、干燥，避免阳光直射及搔抓，局部可以外用保护类药物。

六、放射性口腔炎

放射性口腔炎是由肿瘤放射治疗引起的口腔、口咽和喉部的急性组织损伤，初始表现为黏膜充血、红肿，可继续加重形成局部甚至大片溃疡。放射性口腔炎不仅影响患者营养摄入，降低患者生活质量，同时影响放疗的连续性，限制放疗剂量的进一步增加，降低肿瘤的局部控制率和患者生存率。现有治疗手段仍以对症支持治疗为主，包括持续而彻底的口腔护理，营养支持，疼痛控制和继发感染治疗等。勤漱口、保持口腔清洁对放射性口腔炎有一定的预防作用。

七、全身性放射反应

主要是由正常组织和器官受到照射引起。放疗过程中，虽然放射集中在肿瘤部位及邻近的正常组织，然而全身还是受到低剂量照射，因为在放疗机房里放射线的本底要大于自然界，由此产生了全身的副作用。全身副作用大都发生在放疗期间，表现为一系列的功能紊乱与失调，例如精神不振、疲倦、食欲减退和骨髓抑制等。症状轻微者无须特殊处理，可给予补充维生素、中药对症等辅助治疗，重症患者应对症支持治疗，必要时暂停放疗。

本章小结

肿瘤放疗的原则是最大程度地消灭肿瘤，同时尽可能地保护正常组织和器官。在不产生严重并发症的前提下给予肿瘤精确的剂量照射，从而达到控制肿瘤、延长患者生存时间、提高患者生活质量的目的。放射防护的基本原则包括放射实践的正当化，放射防护的最优化和个人剂量限值。放射治疗并发症严重影响临床疗效和预后，治疗过程中应严格控制照射体积和剂量限值，注意并发症的早期预防和治疗。

思考题

1. SBRT根治肿瘤的生物学基础？
2. 常用放射治疗技术的分类及特点？
3. 放射防护的原则是什么？
4. 放射治疗常见的并发症有哪些？

（章 真　刘林林）

第十二章

肿瘤的化学治疗

化学治疗（chemotherapy）简称化疗，是通过化学合成的小分子药物杀伤肿瘤细胞、抑制肿瘤细胞生长的一种治疗方法。经过几十年的发展，化疗在肿瘤治疗中发挥着重要的作用，目前在临床使用的不同机制的化疗药物有数十种，是治疗肿瘤的重要手段。近 30 年来，随着分子生物学技术的发展和对肿瘤分子机制的研究进展，大量靶向药物进入临床实践，化学治疗与靶向药物的联合使用，已经成为许多恶性肿瘤的主要治疗方案，同时使肿瘤治疗的有效率大大提高。近年来，随着免疫检查点药物的研发成功，化疗与免疫治疗的联合也逐步成为临床治疗肿瘤的有效方式。

第一节　肿瘤化疗的基础理论

12章 01~02节

一、肿瘤化疗的发展简史

化疗起源于一个偶然的发现。20 世纪 40 年代第二次世界大战期间，由于战争导致芥子气外泄，最终造成 2 000 名多军民死亡。随后的尸检发现，其淋巴组织与骨髓的生长受到了抑制。在此基础上，药理学家古德曼与吉尔曼在动物实验中证实了氮芥可有效抑制淋巴瘤的生长，至此开启了化学药物治疗肿瘤的时代。

1948 年，科学家发现叶酸抑制剂可诱导人类急性淋巴细胞白血病（ALL）缓解，首次证实化疗药物在人类血液系统肿瘤中的作用；1958 年，美国国家癌症研究所赫兹博士使用甲氨蝶呤（methotrexate，MTX）成功治疗绒毛膜癌，表明化学药物也可在实体肿瘤中发挥抑制肿瘤生长的作用。

1965 年，Holland 医师等首次提出联合化疗的概念，使用甲氨蝶呤、长春新碱（vincristine，VCR）、巯嘌呤（mercaptopurine，6-MP）、泼尼松（prednisone）等药物组合治疗儿童急性淋巴细胞白血病，结果使疾病缓解时间显著延长，为联合化疗治疗肿瘤奠定了基础。

1974 年，弗雷医师首次证实了术后辅助化疗（adjuvant chemotherapy）的价值，发现骨肉瘤患者在术后给予高剂量甲氨蝶呤治疗可降低肿瘤复发率。随后的研究发现术前化疗在多种肿瘤治疗中具有更多的临床益处，故术前化疗被称为新辅助化疗（neoadjuvant chemotherapy）。

1980—1999 年，随着紫杉醇（paclitaxel）、多西他赛（docetaxel）、拓扑替康（topotecan）、长春瑞滨（vinorelbine，VLB）、吉西他滨（gemcitabine）和奥沙利铂（oxaliplatin）等一批新化疗药物的出现，给予了临床化疗更多的药物选择，提高了化疗的疗效。

从 21 世纪开始，随着基因测序技术的发展，由于化疗药物与分子靶向药物的联合应用以及个体化用药，使化疗进入了新的发展时代。

二、抗肿瘤药的药理作用机制

1. 肿瘤形成的细胞生物学机制　几乎所有的肿瘤细胞都具有一个共同的特点，即与细胞增殖有关的基因被开启或激活，而与细胞分化有关的基因被关闭或抑制，从而使肿瘤细胞表现为不受机体约束的无限增殖状态。从细胞生物学角度，诱导肿瘤细胞分化，抑制肿瘤细胞增殖或者导致肿瘤细胞死亡的药物均可发挥抗肿瘤作用。

2. 抗肿瘤药的生化作用机制

(1) 影响核酸生物合成：①阻止叶酸辅酶形成；②阻止嘌呤类核苷酸形成；③阻止嘧啶类核苷酸形成；④阻止核苷酸聚合。

(2) 破坏 DNA 结构和功能。

(3) 抑制转录过程，阻止 RNA 合成。

(4) 影响蛋白质合成与功能：影响纺锤丝形成；干扰核糖体功能；干扰氨基酸供应。

(5) 影响体内激素平衡。

三、抗肿瘤药的耐药机制

化疗过程中，肿瘤细胞对抗肿瘤药物产生不敏感现象即称耐药性。它是肿瘤化疗失败的重要原因，也是肿瘤化疗急需解决的难题。有些肿瘤细胞对某些抗肿瘤药物具天然耐药性，即对化疗药物一开始就不敏感。

耐药产生的原因十分复杂，不同药物其耐药机制不同，同一种药物存在着多种耐药机制。耐药的遗传学基础已证明，肿瘤细胞在增殖过程中有较固定的突变率，每次突变均可导致耐药瘤株的出现。因此，分裂次数越多（亦即肿瘤负荷越大），耐药瘤株出现的机会越大。

（一）抗肿瘤药的耐药机制

可分为天然耐药性和获得性耐药性：

1. 天然耐药性（natural drug-resistance）　是指对药物一开始就不敏感现象，如处于非增殖的 G_0 期肿瘤细胞一般对多数抗肿瘤药不敏感。

2. 获得性耐药性（acquired drug resistance）　指有的肿瘤细胞对于原来敏感的药物，治疗一段时间后才产生不敏感现象。

3. 多药耐药性（multidrug resistance，MDR）或称多向耐药性（pleiotropic drug resistance）　是指肿瘤细胞在接触一种抗恶性肿瘤药后，产生了对多种结构不同、作用机制各异的其他抗恶性肿瘤药的耐药性。

（二）肿瘤细胞耐药发生的分子机制

主要有以下几种：

1. 进入肿瘤细胞的药物减少　如肺耐药蛋白（lung resistance-related protein，LRP），在对多种药物耐药的非小细胞肺癌细胞系中最先发现此蛋白。LRP 主要位于胞质，可通过两种途径引起 MDR：①LRP 可封锁核孔，使药物不能进入细胞核；②使进入细胞内的药物转运至胞质中的运输囊泡呈房室分布，最终经胞吐机制排出。

2. 药物靶酶发生突变或者靶酶增多　如拓扑异构酶在染色体解旋时催化 DNA 断裂和重新连接。拓扑异构酶是许多 DNA 插入和非插入药物作用的靶点，一旦拓扑异构酶Ⅱ在数量和功能上发生改变，则肿瘤细胞可产生耐药。

3. 肿瘤细胞内 DNA 修复能力增强　DNA 是传统的化疗药物烷化剂和铂类化合物的作用靶点，这些药物的细胞毒性与 DNA 损伤有关。化疗药致使 DNA 损伤，当二氢叶酸还原酶（DHFR）和 DNA

损伤修复相关酶活性增强（MGMT），其对化疗药的耐药程度就会增强。

4. 肿瘤细胞凋亡调控异常　对凋亡过程调控异常，可抑制化疗药物诱导的凋亡，导致耐药。p53、bcl-2 和 c-myc 发生缺失、突变等导致表达异常（突变型）时，对凋亡过程调控异常，可抑制化疗药物诱导的凋亡，导致耐药，同时也可特异性激活多药耐药相关蛋白 /P- 糖蛋白，产生 MDR。

5. 肿瘤细胞对药物的代谢能力增强　如谷胱甘肽 S- 转移酶（GST）可以单独或与谷胱甘肽一起参与许多环境毒素的代谢、解毒，肿瘤细胞可以通过调节谷胱甘肽（GSH）水平、增强 GST 活性等加速化学药物的代谢。

6. 肿瘤细胞对药物的外排能力增强　一些 ATP 酶能够起到分子泵的作用，将进入细胞的药物泵出，使细胞内的药物有效浓度大大减少。目前针对此类分子泵的研究是抗肿瘤耐药性药物研发的一个热点，已经发现并开展研究的此类蛋白包括：多药耐药相关蛋白（multidrug resistance-associated protein，MRP）、乳腺癌耐药蛋白（BCRP）及 P- 糖蛋白（P-gp）等。

如果能逆转肿瘤细胞的耐药性，将极大提高肿瘤的临床治疗效果。目前有许多科学工作者致力于逆转肿瘤细胞耐药性的方法和药物研究。

（三）克服耐药的策略

通过以下几种办法，可能在一定程度上克服肿瘤细胞的耐药性：

1. 多药联合使用。

2. 选择不同作用机制的药物序贯使用。

3. 提高化疗药物剂量。但提高药物剂量需要考虑患者的耐受性以及肿瘤对化疗的敏感性，对缺乏化疗敏感性的肿瘤，即使提高药物剂量也很难获得满意效果。

4. 逆转耐药，早期如应用环孢素抑制细胞表面的 MDR 泵等，但因其毒性而未在临床上应用。目前靶向药物中有少量可以逆转化疗耐药的报道，免疫治疗逆转化疗耐药的研究也在进行中。

第二节　化疗药物的分类及常用抗肿瘤药

一、抗肿瘤药的分类

抗肿瘤药发展很快，分类也不统一。现采用的分类方法有如下几种。

（一）按药物来源和化学结构分类

1. 化学合成抗肿瘤药

（1）烷化剂：如氮芥类、亚硝脲类、环氧化物类等。

（2）抗代谢药：如叶酸类、嘧啶类、嘌呤类、阿糖胞苷等。

（3）铂类化合物：顺铂和卡铂。

2. 天然抗肿瘤药

（1）抗肿瘤抗生素：如放线菌素类、丝裂霉素类、博来霉素类等。

（2）抗肿瘤植物药：如影响微管蛋白合成的长春碱和紫杉醇、拓扑异构酶抑制剂喜树碱、影响核糖体功能的高三尖杉酯碱等。

3. 激素类抗肿瘤药　如雌激素、孕激素、雄激素及其拮抗药，甾体激素及拮抗药，芳香化酶抑制药等。

4. 其他类　如三氮烯类、亚砷酸、维 A 酸等。

从第 1 次细胞分裂结束起到第 2 次分裂完成为止，称为 1 个细胞增殖周期。所有细胞的增殖周期都具有相同的周期过程，分为4个时相：G_1期、S期、G_2期、G_0期和M期。G_1期为DNA合成前期，指的是从细胞分裂完成到DNA合成开始之前的阶段。在G_1期刚分裂出来的子细胞继续增大，合成RNA、蛋白质，为S期DNA合成做准备。S期为DNA合成期，DNA量增加1倍，将平均分配到2个子细胞中。DNA是控制肿瘤增殖、代谢的主要成分，也是许多化疗药物作用的主要靶点。G_2期为有丝分裂前期，亦称为合成后休期，在这一期细胞以S期合成的DNA为模板，转录合成RNA，再翻译合成蛋白质。M期为有丝分裂期，占细胞周期1/5的时间，细胞在M期分裂为2个含有全部相同遗传信息的子细胞（图4-12-1）。

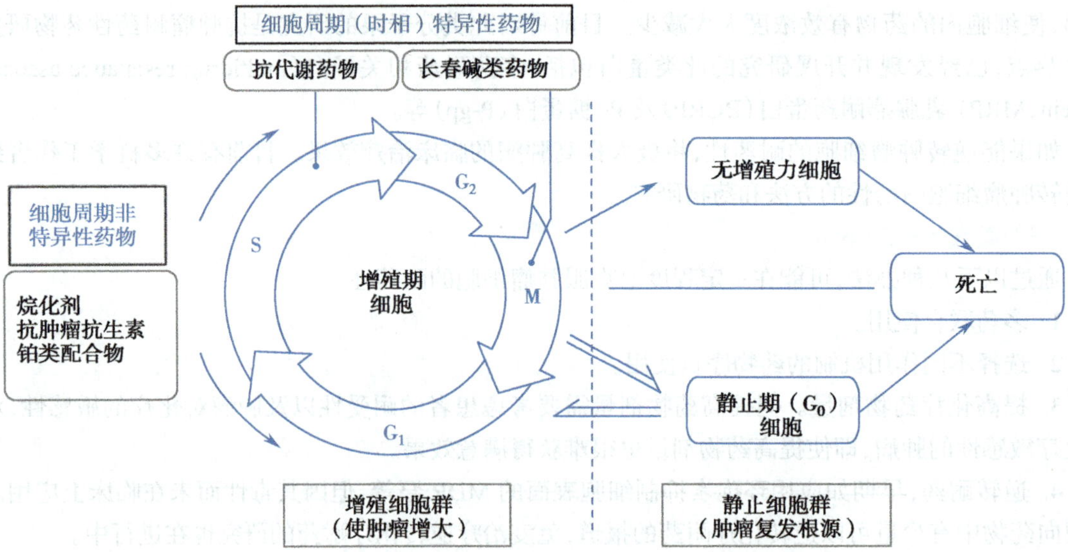
细胞周期（时相）特异性药物
抗代谢药物
长春碱类药物
细胞周期非特异性药物
烷化剂
抗肿瘤抗生素
铂类配合物
S
G_2
M
G_1
增殖期细胞
无增殖力细胞
死亡
静止期（G_0）细胞
增殖细胞群（使肿瘤增大）
静止细胞群（肿瘤复发根源）
图4-12-1 不同的抗肿瘤药物作用于不同的细胞周期

（二）按抗肿瘤作用的细胞周期特异性分类

1. 细胞周期非特异性药物　如烷化剂、抗肿瘤抗生素等。

2. 细胞周期特异性药物　如抗代谢药、长春碱类等。

（三）按抗肿瘤药的药理作用机制分类

1. 干扰核酸生物合成药物　此类药物属于细胞周期特异性抗肿瘤药，分别在不同环节阻止DNA的合成，抑制细胞分裂增殖，属于抗代谢药。根据药物主要干扰的生化步骤或所抑制的靶酶不同，再进一步分为：

（1）二氢叶酸还原酶抑制剂（抗叶酸剂）：如甲氨蝶呤等。

（2）胸苷酸合成酶抑制剂：影响尿嘧啶核苷的甲基化（抗嘧啶剂），如氟尿嘧啶、喃氟尿嘧啶及优福定（UFT）等。

（3）嘌呤核苷酸互变抑制剂（抗嘌呤剂）：如巯嘌呤、6-硫鸟嘌呤等。

（4）核苷酸还原酶抑制剂：如羟基脲。

（5）DNA多聚酶抑制剂：如阿糖胞苷（AraC）等。

2. 影响DNA结构、功能、复制的药物

（1）烷化剂：如氮芥、环磷酰胺和塞替派等，能与细胞中的亲核基团发生烷化反应。DNA中鸟嘌呤易被烷化，使DNA复制中发生碱基错误配对。受烷化的鸟嘌呤可以从DNA链上脱失，引起密码解释错乱。双功能基的烷化剂常与DNA双链上各一鸟嘌呤结合形成交叉联结妨碍DNA复制，也可使染色体断裂。DNA结构功能的破坏可导致细胞分裂、增殖或死亡。少数受损细胞的DNA可修复而存活下来，引起耐药。

（2）铂类化合物：铂类金属化合物。如顺铂（DDP）可与DNA结合，破坏其结构与功能。

(3)蒽环类:可嵌入 DNA 碱基对之间,干扰转录过程,阻止 mRNA 的形成。如柔红霉素(DNR)、多柔比星(ADM)、表柔比星(EPI)、吡柔比星(THP)及米托蒽醌等都是临床上有效的蒽环类化合物。放线菌素 D(ACD)也属此类药。

(4)破坏 DNA 的抗生素:如丝裂霉素(MMC)的作用机制与烷化剂相同,博来霉素(BLM)可使 DNA 单链断裂而抑制肿瘤的增殖。

3. 干扰转录、阻止 RNA 合成药物 作用于核酸转录药物,包括放线菌素 D、阿克拉霉素和普拉霉素,均是由微生物所产生的抗肿瘤药,为细胞周期非特异性药物,对处于各周期时相的肿瘤细胞均有杀灭作用。

4. 拓扑异构酶抑制剂 直接抑制拓扑异构酶,阻止 DNA 复制及抑制 RNA 合成,包括拓扑异构酶Ⅰ抑制药和拓扑异构酶Ⅱ抑制药。拓扑异构酶Ⅰ抑制剂的代表药有伊立替康、拓扑替康、羟喜树碱;拓扑异构酶Ⅱ抑制剂的代表药有依托泊苷、替尼泊苷。

5. 干扰有丝分裂药物

(1)影响微管蛋白装配药物:干扰有丝分裂中纺锤体的形成,使细胞停止于分裂中期。如长春新碱(VCR)、长春碱(VLB)、紫杉醇及秋水仙碱等。

(2)干扰核糖体功能,阻止蛋白质合成的药物:如高三尖杉酯碱。

(3)影响氨基酸供应,阻止蛋白质合成的药物:如门冬酰胺酶,可降解血液中门冬酰胺,使瘤细胞缺乏此氨基酸,不能合成蛋白质。

6. 影响机体激素平衡药物(激素类) 激素类药包括雌激素、孕激素、雄激素和拮抗药。与激素相关的肿瘤如乳腺癌、前列腺癌、子宫内膜腺癌等可通过激素治疗或内分泌腺的切除而使肿瘤缩小。通过内分泌或激素治疗,直接或间接通过垂体的反馈作用改变原来机体的激素平衡和肿瘤生长的内环境,抑制肿瘤的生长。另一类药物,如他莫昔芬则是通过竞争肿瘤表面的受体,干扰雌激素对乳腺癌的刺激。而肾上腺皮质激素则可通过影响脂肪酸的代谢而引起淋巴细胞溶解,因而对急性淋巴细胞白血病和淋巴瘤有效。

二、常用的化疗药物

(一)破坏 DNA 结构和功能的药物

1. 氮芥类 代表药物有氮芥、苯丁酸氮芥、环磷酰胺(CTX)、异环磷酰胺(IFO)等。其中环磷酰胺为潜伏化药物,需要活化才能起作用,是烷化剂类的代表药物,是最早用于临床并取得突出疗效的抗恶性肿瘤药。

环磷酰胺(cyclophosphamide)

属于细胞周期非特异性抗肿瘤药。

【临床应用】

环磷酰胺临床广泛应用,对淋巴瘤、白血病、多发性骨髓瘤均有效;对乳腺癌、睾丸肿瘤、卵巢癌、肺癌、鼻咽癌,神经母细胞瘤、横纹肌瘤、骨肉瘤等也有一定疗效。

【不良反应】

常见白细胞减少,用药后 1~2 周最低,2~3 周可恢复;食欲减退、恶心、呕吐,停药 1~3d 可恢复;缺乏有效预防措施大剂量使用时,可致出血性膀胱炎,为其代谢产物丙烯醛损伤膀胱黏膜所致;脱发、口腔炎、中毒性肝炎、皮肤色素沉着、肺纤维化、月经紊乱、无精或少精、不育症。由于本品需在肝内活化,因此体腔内给药无直接作用。

2. 铂类化合物 代表药物有:顺铂(cisplatin,DDP)、卡铂(carboplatin)和奥沙利铂,为高效、广谱的抗肿瘤药,抗肿瘤作用强。

顺铂(cisplatin,DDP)

【临床应用】

抗瘤谱广、作用强,与多种抗肿瘤药有协同作用且无交叉耐药性,为多种实体瘤的一线用药,对男性睾丸肿瘤、卵巢癌、头颈部肿瘤、宫颈癌、肺癌、胃癌、骨肉瘤、间皮瘤、子宫内膜癌等都有效。

【不良反应】

主要是肾毒性和消化道反应,骨髓抑制及听神经毒性,与剂量有关。

(二)影响核酸生物合成的药物

1. 胸苷酸合成酶抑制剂 代表药物有氟尿嘧啶(fluorouracil,5-FU),卡培他滨(capecitabine)。氟尿嘧啶在体内转变为5-氟脱氧尿苷酸,抑制脱氧胸苷酸合成酶,使脱氧尿苷酸不能转变为脱氧胸苷酸,影响DNA的合成。此外,还可掺入RNA中干扰蛋白质合成。对各期细胞都有效。

氟尿嘧啶(fluorouracil,5-FU)

5-FU是目前临床上应用最广的抗嘧啶类药物,是尿嘧啶5位上的氢被氟取代的衍生物,属于广谱抗肿瘤药。

【临床应用】

对多种肿瘤如消化道肿瘤、乳腺癌、卵巢癌、宫颈癌、绒毛膜上皮癌、肝癌、膀胱癌等均有一定疗效,是肿瘤联合治疗方案中的常用药物。

【不良反应】

骨髓抑制,用药期间应检测血象;消化道反应,腹泻等;少数患者出现神经系统毒性;此外,还有口腔黏膜炎、皮疹、色素沉着等。

2. DNA多聚酶抑制剂

阿糖胞苷(cytarabine,Ara-C)

本品是胞苷和脱氧胞苷的衍生物。

【临床应用】

主要用于急性白血病及消化道肿瘤,但对少数实体瘤也有效。阿糖胞苷可使细胞部分同步化,继续应用柔红霉素、多柔比星、环磷酰胺及亚硝脲类药物可以增效。不应与氟尿嘧啶合用。

【不良反应】

不良反应主要有骨髓抑制,消化道反应常见,少数患者可有肝功能异常、发热、皮疹、高尿酸血症。用药期间应随访血象。

3. 二氢叶酸还原酶抑制剂

甲氨蝶呤(methotrexate,MTX)

本品是二氢叶酸还原酶抑制剂,是最早用于临床的抗叶酸药物,为临床基本抗肿瘤药之一。

【临床应用】

用于儿童急性白血病疗效显著,还可用于绒毛膜癌、骨肉瘤、乳腺癌、睾丸肿瘤等。

【不良反应】

骨髓抑制,口腔炎,恶心、呕吐,腹泻,皮疹,肝、肾功能损伤,脱发,肺炎,吸收不良,骨质疏松,色素沉着等。用药期间应随访血象,肝、肾功能不全患者禁用。

4. 核苷酸还原酶抑制剂

羟基脲（hydroxyurea，HU）

【临床应用】

主要用于慢性粒细胞白血病、转移性黑色素瘤，可作为同步化药物提高肿瘤对放化疗的敏感性。

【不良反应】

骨髓抑制、胃肠道反应等，偶有皮疹、脱发等。

5. 嘌呤核苷酸合成酶抑制剂

巯嘌呤（mercaptopurine，6-MP）

【临床应用】

对急性淋巴细胞白血病、绒毛膜癌和恶性葡萄胎有效，对淋巴瘤和多发性骨髓瘤也有一定疗效。

【不良反应】

主要是消化道反应及骨髓抑制。用药期间应监测血象。

（三）干扰转录过程抑制 RNA 合成的药物

多柔比星（doxorubicin）

又名阿霉素，为蒽环类抗生素，抗瘤谱广，对乏氧细胞也有效。

【临床应用】

急性白血病（淋巴细胞性和粒细胞性）、淋巴瘤、乳腺癌、肺癌（小细胞和非小细胞肺癌）、卵巢癌、骨及软组织肉瘤、肾母细胞瘤、神经母细胞瘤、膀胱癌、甲状腺癌、前列腺癌、头颈部鳞癌、睾丸癌、胃癌、肝癌等。

【不良反应】

骨髓抑制为主要不良反应，白细胞于用药后 10~14d 下降至最低点，大多在 3 周内逐渐恢复至正常水平，贫血和血小板减少一般不严重。多柔比星引起的心脏病变多出现在停药后 1~6 个月，表现为室上性心动过速、室性期前收缩及 ST-T 改变，一般不影响治疗，少数患者可出现延迟性进行性心肌病变，表现为急性充血性心力衰竭，与累计剂量密切相关。心脏毒性可因联合应用其他药物加重。食欲减退、恶心、呕吐，也可有口腔黏膜红斑、溃疡及食管炎、胃炎。

（四）作用于 DNA 复制的拓扑异构酶抑制剂

代表药物有喜树碱（camptothecine，CPT），伊立替康（irinotecan），高三尖杉酯碱（homoharringtonine）。

喜树碱（camptothecine，CPT）

【临床应用】

抗瘤谱较广，主要用于肝癌、大肠癌、肺癌和白血病，对胃肠道和头颈部癌等有较好的近期疗效。

【不良反应】

主要有胃肠道反应和骨髓抑制，白细胞计数下降。少数患者有脱发、心电图改变及泌尿道刺激症状。与常用抗肿瘤药没有交叉耐药性。

（五）影响蛋白质合成和功能的药物

代表药物有长春碱（vinblastine，长春花碱）、紫杉醇（paclitaxel）。

紫杉醇（paclitaxel）

从植物紫杉和红豆杉树皮中提取得到的抗癌活性物质，是一种抗微管药物。

【临床应用】

用于卵巢癌、乳腺癌、非小细胞肺癌，对头颈部癌、食管癌、胃癌等也有一定的疗效。

【不良反应】

过敏反应，剂量限制性骨髓抑制，主要为中性粒细胞减少，神经毒性，心血管毒性等。使用前应预防给药防止过敏，在治疗过程中应注意观察。

三、影响激素平衡的药物

（一）抗雌激素类药物

代表药物有他莫昔芬（tamoxifen）、托瑞米芬（toremifene）。

他莫昔芬（tamoxifen）

【药理作用】

他莫昔芬为非固醇类抗雌激素（ER）药物，其结构与雌激素相似。他莫昔芬与ER结合，形成受体复合物，阻止雌激素作用的发挥，从而抑制乳腺癌细胞的增殖。

【临床应用】

治疗女性乳腺癌。

【不良反应】

治疗初期骨和肿瘤疼痛可一过性加重，继续治疗可逐渐减轻。少数患者有食欲缺乏，恶心，呕吐，腹泻，月经失调，闭经，阴道出血，外阴瘙痒，子宫内膜增生，内膜息肉和内膜癌，颜面潮红，皮疹，脱发等，偶见白细胞和血小板减少。

（二）芳香化酶抑制剂

依西美坦（exemestane）

【药理作用】

为不可逆的甾体芳香化酶选择性抑制剂，通过特异性抑制将雄激素转化为雌激素的芳香化酶而降低雌激素水平。

【临床应用】

适用于治疗绝经后妇女激素依赖型乳腺癌；经他莫昔芬治疗后，其病情仍有进展的自然或人工绝经后妇女的晚期乳腺癌。对肝、肾功能不全患者无须调整剂量。

【不良反应】

通常为轻至中度。最常见的是面部潮红和恶心。其他包括疲劳、出汗增加和头晕等。处于绝经前内分泌状态的妇女不可使用，所以临床使用前应通过评估LH、FSH和雌二醇水平来确认妇女处于绝经后状态。

（三）抗雄激素类药物

比卡鲁胺（bicalutamide）

【药理作用】

属于非甾体类抗雄激素药物，临床使用其消旋体，抗雄激素作用仅仅出现在（*R*）-结构对映体上。

【临床应用】

与黄体生成素释放激素类似物或外科睾丸切除术联合应用于晚期前列腺癌的治疗。

【不良反应】

面色潮红，瘙痒，乳房触痛和男性乳房女性化，腹泻，恶心，呕吐，乏力，暂时性肝功能改变等。

其他激素类药物还包括:孕激素类(甲羟孕酮、甲地孕酮),雌激素(己烯雌酚等),雄激素(丙酸睾酮等),促黄体生成素释放激素(戈舍瑞林、亮丙瑞林等)。

(周黎明)

第三节　恶性肿瘤化疗的原则

一、肿瘤化疗的现状

随着肿瘤分子生物学研究的进步,决定肿瘤生物学行为的驱动基因正逐渐被甄别,对应的靶向药物也越来越多,但在肿瘤治疗的真实世界中,能够接受特异性靶向治疗的患者比例很低,化疗仍然是绝大多数肿瘤患者的首选。即使靶向治疗敏感的患者,最终也会因靶向药物耐药而选择化疗。单纯化疗不仅能治愈部分血液系统和生殖系统恶性肿瘤,而且也是许多实体肿瘤最重要的治疗手段之一。化疗在降低早期患者复发率,提高晚期患者生活质量和长期生存方面仍然发挥着巨大作用。

肿瘤化疗的目的是通过抑制肿瘤增殖活性,最终杀灭原发灶和转移灶的肿瘤细胞。理想的化疗应该是根据化疗药物的作用机制和药物敏感性检测结果选择药物,但在临床实践中,由于动物与人,人与人,以及肿瘤之间的异质性非常大,至今没有敏感、可靠的体外模型准确地指导临床化疗决策。临床普遍采用的是根据RCT研究的循证医学证据,选择化疗方案。绝大多数化疗药物与单靶点靶向药不同,并非只作用于单一靶分子,而是通过干扰肿瘤细胞DNA、RNA和蛋白质的大分子合成过程,阻止肿瘤增殖。如铂类药物引起DNA交联,抑制DNA合成;嘌呤和嘧啶类抗代谢类药物抑制关键酶活性,干扰核酸代谢;微管蛋白抑制剂干扰细胞的有丝分裂。

二、肿瘤化疗的基本原则

临床实践中,肿瘤化疗多采用两药或三药联合方案。其理论基础是,单药化疗的有效率只有20%左右,提示单药只对部分肿瘤细胞敏感,原发性耐药克隆更容易在单药时被选择筛选,逐渐增殖成为主克隆,导致化疗耐药。另一方面,在持续单药作用下,敏感肿瘤也容易适应性进化,出现耐药突变或者诱导耐药蛋白过度表达,产生获得性耐药。联合方案通常由不同作用机制和细胞周期特异性的药物组成,可能产生协同作用,更多地杀灭肿瘤,并延缓耐药性的产生。基于药物对肿瘤细胞周期特异性的分类方法可能更有助于理解临床化疗方案组合与用药方式,如:特异性针对细胞周期S期的抗代谢类化疗药更适合持续给药(时间依赖性),而周期非依赖性的烷化剂和铂类药物更适合单次给药(剂量依赖性)。不同周期特异性药物的组合效果更好。

由于化疗药物对增殖活性高的肿瘤细胞杀伤性更强,所以不可避免地对人体增殖活跃的细胞也会带来损伤,如骨髓、卵巢、肠黏膜、毛囊等。虽然肿瘤细胞的特性是持续增殖,但其增殖速度通常慢于人体正常受损细胞的修复速度。临床医生就是利用这种性质,将化疗方案设计一定间歇期,通常为3周方案,2周方案或1周方案,必要时还需要用药物促进正常细胞的恢复,如注射造血刺激因子加快骨髓恢复正常。为了同时保证化疗的效果和安全性,化疗需要把握以下原则:

(1)化疗前要明确治疗目标,是追求治愈还是延长生存期,亦或提高生活质量。

(2)详细评估患者体能和各脏器的贮备功能。

(3)按照诊疗规范和指南推荐的方案化疗,药物组合、剂量强度和给药方式的个体化调整只有建立在规范化基础上，才能保证疗效。

(4)联合化疗方案的探索应在循证医学证据的基础上，选择作用机制不同、具有协同作用、无毒性叠加的药物。

(5)及时使用预防药物防治化疗毒性，充分控制肿瘤合并症，积极进行营养支持和心理治疗，为完成化疗创造良好条件。

(6)标准治疗失败后，鼓励患者参加临床研究。

(7)由于人体与肿瘤的异质性，化疗的效果和安全性存在许多不确定性，必须向患者和家属提供详细的信息，在获得充分的知情同意基础上进行化疗。

第四节 化疗的临床应用分类

根据临床治疗的目的与性质，化疗可以分为以下几种模式。

一、术前新辅助化疗

在根治性手术切除的术前评估时，常有部分患者的分期难以确定，或存在手术难度和损伤较大、生物学行为不良等风险因素。为了进一步降低分期，减少肿瘤负荷，提高R0切除的把握，降低手术损伤，杀灭可能潜在的微小转移灶，需要进行术前化疗，即新辅助化疗。新辅助化疗的风险是疾病进展或出现严重毒性而延误手术治疗，因此新辅助化疗的前提条件是该肿瘤是化疗相对敏感有效的，化疗过程中进展的可能性较小，而且身体状态能够顺利完成预定的化疗方案。新辅助化疗通常在2~6周期内，每2周期及时评估疗效，以确保手术不受影响。另外，新辅助化疗还有一个重要功能就是能够检验该化疗方案的敏感性，为术后辅助化疗提供重要的科学信息。

二、术后辅助化疗

肿瘤根治性切除后，如果术后分期偏晚，或怀疑切除不彻底，或术后病理及基因检测发现预后不良因素，或术后血液肿瘤标志物仍高于正常、血液CTC或ctDNA阳性的患者，需要术后辅助化疗以降低复发风险。辅助化疗的缺陷是由于术后已经不存在可评估的病灶，无法确定化疗是否给具体患者带来真正获益。化疗的疗效通常用无复发生存时间判定，能否完成规范治疗容易受患者和家属依从性的影响。因此，辅助化疗的重点是规范化，方案和周期数必须遵照指南或诊疗规范，调整要有循证医学证据。

三、围手术期化疗与转化治疗

近年来，临床上常把新辅助和辅助化疗相结合，把总化疗周期数分散在术前和术后的围手术期进行，既可以降期又可以了解化疗敏感性，还能缩短术后化疗的时间，提高耐受性。转化治疗主要对于初始评估不可R0切除或潜在可切除的患者，通过化疗降期，最终转化为可R0切除，或手术联合其他局部治疗技术达到无残留病灶状态(no evidence of disease，NED)，以期达到延长无病生存时间(disease-free survival，DFS)或总生存时间(overall survival，OS)的效果。转化治疗成功与否很难预测，为了提高成功率，应该在允许的情况下采用最强的化疗方案或化疗联合靶向治疗。

四、晚期化疗

肿瘤确诊时已经存在多处转移，或在技术上无法R0切除，或手术或局部放疗后复发转移时，只能进行全身治疗。晚期化疗的目的是尽可能减轻肿瘤负荷，缓解肿瘤相关症状，提高生活质量，并通过延缓肿瘤的进展延长生存时间。

晚期初诊的患者，或者新辅助或辅助化疗结束1年以上复发的患者，所进行的首次化疗称为晚期一线化疗。晚期一线化疗的效果对总体疗效影响最大，如果条件具备，应采用足剂量联合化疗，以快速减少肿瘤负荷，缓解肿瘤相关症状。晚期患者因为肿瘤无法彻底清除，理论上要求化疗持续进行，直到肿瘤进展（PD）或者出现不可耐受的毒性。但在临床实践中，尤其是化疗有效的患者，身体耐受性面临着很大挑战。因此，一线化疗有效后需要综合评估，及时改为单药维持治疗，有时甚至需要采用节拍化疗或“打打停停”的间歇化疗模式，尽可能保持与瘤共存，相安无事的状态。

一线化疗后，短时间出现疾病进展的患者提示预后不良，应该趁体能较好时尽快转为二线化疗，更换完全不同的化疗方案，并争取联合靶向药物。二线化疗失败后，大多数患者继续化疗的获益较小，应鼓励患者参加临床研究。如果转为三线化疗疾病仍然进展，后续很难从单一疗法中获益，应该以全面的最佳支持，中医中药等综合治疗为主，条件具备时给予个体化的温和化疗。

五、新药临床试验

肿瘤药物从研发到批准上市，必须严格遵照《赫尔辛基宣言》和所在国法律法规，完成临床前研究和符合国家《药物临床试验质量管理规范》（Good Clinical Practice，GCP）的临床试验。

1. 临床前研究　包括药物在细胞和动物水平的抗肿瘤研究；基本的作用机制研究；药物在动物体内的药动学研究；急性和慢性毒理学研究。

2. 临床试验　由于抗癌药物的特殊毒性，临床试验受试对象通常不选择健康人，直接选择经所有标准治疗失败的癌症患者。化疗药物的临床试验通常包括Ⅰ~Ⅳ期试验。Ⅰ期（phase Ⅰ）试验的目的是明确人体最大耐受剂量和药物在人体的药动学。Ⅱ期（phase Ⅱ）试验主要观察药物对部分类型肿瘤的初步疗效和安全性。Ⅲ期（phase Ⅲ）试验选择可能最有效的病种，以目前的标准治疗药物作为对照药，新药作为试验药，开展大样本、多中心、双盲、随机对照研究。如果Ⅲ期试验结果为阳性，新药可以向国家药品监督管理局申请上市。Ⅳ期（phase Ⅳ）试验的目的是进一步了解刚上市的新药在更广泛人群中的疗效和安全性。

第五节　化疗的副作用处理原则

一、充分评估患者的治疗目标和化疗耐受性

在肿瘤的不同时期和治疗的不同阶段，因为化疗的医学目标不同，治疗方案、剂量强度和密度也不同。除肿瘤之外，患者的年龄、体能状态、基础疾病以及各脏器的功能状态、主观意愿、经济承受能

力，都影响化疗的安全性，化疗开始前评估就意味着毒性反应的防控已经启动。

实体肿瘤的发病率随着年龄增长而增加，老年人占比高。虽然国内外的指南提供了比较具体的化疗建议，但是作为推荐依据的 RCT 研究所纳入的患者通常都是 18~70 岁，体能评分很好的患者。在真实世界的临床实践中，许多老年患者并未满足 RCT 研究的条件，教条地照搬指南常发生意外事件。老年人随着年龄增长，生理机能下降，如胃酸分泌减少、胃肠蠕动减弱，影响药物吸收；身体脂肪率上升，白蛋白减少，影响药物分布；肝脏体积、血流及代谢酶活性下降，影响药物代谢；肾血流量、肾小球滤过率和肾小管分泌功能下降，影响药物排泄。即使平素生活和社会活动正常的老年人，其脏器贮备功能也显著低于普通人。另外，老年人常存在冠心病、糖尿病、肺间质改变、神经退行性变等基础疾病，在化疗时更易出现相关损伤。即使非老年患者，如果既往曾经接受过化疗或放疗，再次化疗时，发生化疗相关毒性的风险也会增加。

二、化疗相关毒性的特点

肿瘤化疗的特殊性就是用可耐受的毒性作为代价换取最大疗效，所以只要化疗就必然伴有一定的毒性。影响化疗药物毒性反应的因素包括：①药物种类；②药物剂量及用药方式；③联合用药的方案；④宿主状态。化疗引起的不同毒性反应的发生时间不同，多数是可预测的，而且在停药后可以逐渐自行恢复（图 4-12-2）。化疗毒性处理的共同原则首先是停用化疗药。毒性严重者要积极治疗，争取在下次化疗前恢复，并在后续化疗过程中预防性用药。对于发生毒性的患者，要根据毒性分级并按照药物调整原则，及时换药或调整剂量（表 4-12-1）。

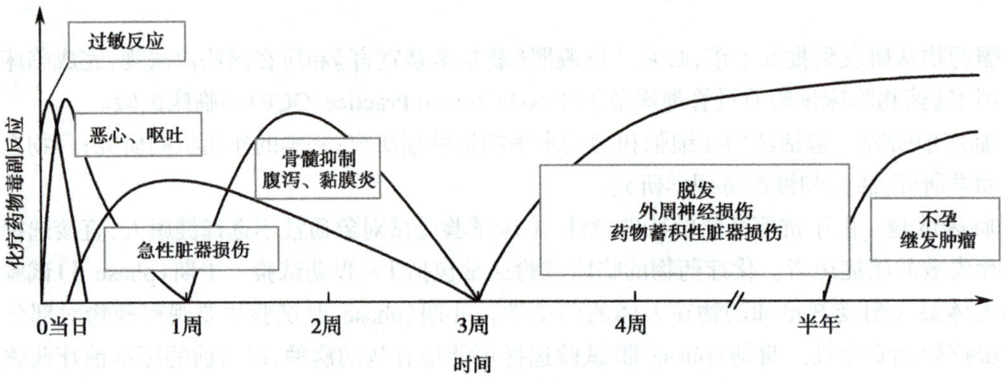
过敏反应
恶心、呕吐
骨髓抑制
腹泻、黏膜炎
急性脏器损伤
脱发
外周神经损伤
药物蓄积性脏器损伤
不孕
继发肿瘤
化疗药物毒副反应
0当日
1周
2周
3周
4周
半年
时间

图 4-12-2 化疗药物相关毒性的时间曲线

表 4-12-1 肝、肾功能损害时化疗药物的剂量调整

药物	肝功能异常时的剂量调整	肾功能异常时的剂量调整
抗肿瘤抗生素		
多柔比星	Bil 25.65~51.3μmol/L 或 AST 60~180U/L，减量 50% Bil 53.01~85.5μmol/L 或 AST>180U/L，减量 75% Bil>85.5μmol/L，停药	剂量不调整
拓扑异构酶抑制剂		
伊立替康	Bil >1.5 × ULN，可酌情减量	剂量不调整
依托泊苷	Bil 25.65~51.3μmol/L，减量 50% Bil>51.3μmol/L，停药 低 ALB，考虑减量	SCr>123.76μmol/L，减量 30%

续表

药物	肝功能异常时的剂量调整	肾功能异常时的剂量调整
微管抑制剂		
长春瑞滨	Bil 35.91~51.3μmol/L，减量 50% Bil>51.3μmol/L，减量 75% 肝转移占正常肝的 75% 以上者，减量 50%	没有相关数据 没有相关数据
紫杉醇	Bil>25.65μmol/L 或 AST>2×ULN，可酌情减量	剂量不调整
多西紫杉醇	Bil>ULN，停药 AST，ALT>1.5×ULN 且 ALP>2.5×ULN，停药	没有相关数据
抗代谢药		
吉西他滨	轻至中度肝损害，减量 20%	剂量不调整
氟尿嘧啶	Bil<85.5μmol/L，剂量不调整	SCr132.6~265.2μmol/L，剂量不调整
卡培他滨	剂量不调整	Ccr30~50ml/min，减量 25% Ccr<30ml/min，停药
铂类		
顺铂	剂量不调整	Ccr46~60ml/min，减量 25% Ccr30~45ml/min，减量 50% Ccr<30ml/min，停药
卡铂	剂量不调整	应用 Calvert 公式计算给药量
奥沙利铂	剂量不调整	Ccr>20ml/min，剂量不调整
烷化剂		
环磷酰胺	Bil 53.01~85.5μmol/L，减量 25%	GFR<10ml/min，减量 25% 重度肾功能损害时，没有相关数据
异环磷酰胺	没有相关数据	Ccr46~60ml/min，减量 20% Ccr30~45ml/min，减量 25% Ccr<30ml/min，减量 30%

注：ULN，正常值上限；Bil，胆红素；Scr，血肌酐；Ccr，肌酐清除率；GFR，肾小球滤过率。

三、化疗常见毒性的处理

1. 急性毒副作用　药物过敏通常是发生最早的毒性，常在用药后数小时内发生，可发生在首次应用时，也可在化疗数个周期后。常见的药物如紫杉类、奥沙利铂、吉西他滨等，最常见的过敏为药物性皮疹，严重者可发生喉头水肿甚至过敏性休克等。化疗药过敏的处理：①立即停药；②根据严重程度给予糖皮质激素（甲泼尼龙或地塞米松）及抗过敏药物；③原则上应该避免再次应用此类药物，如实在需要再次应用，应该在充分的抗过敏预防之后从小剂量开始，并间隔观察一定时间后，给予剩余剂量。

恶心、呕吐是多数化疗药共有的急性毒性，常在化疗后数小时发生，持续数天。化疗前开始强力预防用药是控制恶心、呕吐的关键。常用的药物有：5-HT 受体拮抗剂、地塞米松、神经激肽 -1（NK-1）受体拮抗剂、甲氧氯普胺、沙利度胺、奥氮平等。

2. 化疗药的近期与远期毒性　近期毒性反应常发生在数周后，常见的如骨髓抑制、腹泻、脱发、肝损伤等。骨髓抑制的治疗以造血刺激因子为主，如 G-CSF、TPO、IL-11 等。保肝药物可以使肝损伤加快恢复。远期毒性常发生在化疗半年之后或者更长时间，甚至在停药后数年至数十年，包括心脏毒性、肺毒性、肾毒性、神经毒性、生殖与内分泌毒性、继发性肿瘤等。有些化疗药物特异性的毒性需要用特殊药物防治，如：洛哌丁胺治疗伊利替康所致的腹泻；美司钠（mesna、2- 巯乙基磺酸钠）预防异环磷酰胺所致的出血性膀胱炎；右丙亚胺预防蒽环类的心脏毒性；维生素 B_{12} 预防培美曲塞的骨髓毒性；亚叶酸钙解救大剂量甲氨蝶呤毒性等。

本章小结

抗肿瘤药物的分类方法：按照来源和化学结构分为化学合成抗肿瘤药（如烷化剂）、天然抗肿瘤药（如丝裂霉素）、激素类抗肿瘤药（如甾体激素）、其他（如维A酸）等。按照抗肿瘤作用的周期特异性分类，可以分为细胞周期特异性药物和非特异性药物。抗肿瘤药物的药理作用机制可分为：影响核酸合成、破坏DNA结构和功能、抑制转录过程阻止RNA合成、影响蛋白质合成与功能和影响体内激素平衡等。肿瘤细胞的耐药机制十分复杂，可分为天然耐药和获得性耐药。

化疗是恶性肿瘤综合治疗的重要手段。化疗前确定治疗目标、精准评估患者体能状态与脏器功能是化疗的重要前提。准确预测和及时处理化疗毒副反应，坚持全程管理，才能保证化疗顺利完成。化疗方案的制订应以指南和诊疗规范为依据，方案的个体化调整，建议在循证医学证据的基础上，由多学科团队（MDT）讨论决定。

思考题

1. 抗恶性肿瘤药物的分类有哪些？
2. 环磷酰胺是如何发挥抗癌作用的？
3. 化疗药物产生骨髓抑制的原因是什么？
4. 根据临床治疗的目的与性质，化疗分为几种模式？
5. 新药临床试验Ⅰ期、Ⅱ期、Ⅲ期的试验目的是什么？

（刘云鹏）

第十三章
肿瘤介入治疗

肿瘤介入(interventional oncology)是介入放射学(interventional radiology)的分支,是近年来发展迅速的新兴学科。肿瘤介入是在影像技术的引导下,利用穿刺针、导管以及其他介入器械,通过血管、生理腔道或微小的创口导入肿瘤部位的技术及方法,可用于肿瘤的诊断和治疗。因为具有微创、疗效确切的特点,在肿瘤治疗中应用范围几乎涵盖所有的实体瘤,在肿瘤综合治疗中发挥的作用也越来越大。

第一节　肿瘤介入治疗发展历程

1924 年,Brooks B 首次在人体进行了经股动脉下肢动脉造影并在美国医学杂志发表,但这个造影是通过外科切开的方法进行。1953 年,Seldinger SI 发表了通过穿刺引入导管进行血管造影的技术,极大地推动了经皮血管造影技术的临床应用。1964 年,Dotter CT 应用 Seldinger 方法进行了股动脉粥样硬化病变的扩张术,从而开创了放射介入技术用于疾病的治疗。基于外科手术方式肝动脉结扎或插管治疗肝脏肿瘤的有效性和安全性数据,开始运用经皮肝动脉插管治疗肝癌。1974 年,法国 Doyon D 报道了肝动脉栓塞治疗肝脏肿瘤的临床研究,随后,欧洲和日本将肝动脉插管技术用于肝癌的动脉灌注化疗及栓塞治疗。1983 年,我国上海中山医院林芷英教授等在《中华肿瘤杂志》报道了用明胶海绵栓塞肝癌的供血动脉。进入 20 世纪 90 年代,我国多数医院相继成立了介入放射科,逐渐成为一门独立的学科。

肿瘤介入治疗具有微创、可重复、费用低等优点。介入治疗多采用经皮穿刺的方法,对器官的损伤小,是一种微创手术,住院时间明显缩短,或仅在门诊治疗即可。介入治疗作为一门新兴的交叉学科,也改变了既往的治疗模式,如小肝癌的外科手术切除治疗可采用经皮射频消融的方法,疗效可与手术切除媲美。而且由于介入治疗是经皮穿刺技术,不改变人体的解剖结构,对器官的功能影响小,可以多次治疗。介入治疗大多采用图像引导下穿刺技术进行治疗,可通过血管或人体自然腔隙置入导管、支架等介入器械,几乎无出血,并发症发生率低,安全性高于外科手术。由于介入治疗住院时间短,并发症少,因此医疗费用显著低于传统的外科手术。

肿瘤介入治疗按照所采用的路径,可分为血管性介入治疗和非血管性介入治疗。血管性介入是在影像监视下经血管路径的介入手术。通常经 Seldinger 方法插入动脉导管,超选择至肿瘤的供血动脉,经过数字减影动脉造影确认肿瘤的供血靶动脉后,给予灌注化疗药物或栓塞肿瘤的供血动脉,导致肿瘤的坏死并缩小。常用经动脉插管灌注化疗药物,或栓塞剂栓塞肿瘤血管,如经导管动脉栓塞化疗(transcatheter arterial chemoembolization,TACE)治疗肝癌等,经支气管动脉灌注化疗治疗肺癌等。非血管性介入是在影像引导下,利用穿刺器械沿预先设计的安全路径将穿刺针或导管送达病变部位,或经过自然腔道进行介入治疗。如超声引导下的经皮病变穿刺活检术、超声或CT引导下的肝癌、肺癌消融治疗,CT引导下肿瘤放射性粒子植入等。

随着影像引导技术的进步以及新材料的应用,肿瘤介入治疗的优势在肿瘤治疗中更为突出。例如多模式影像融合技术的应用,图像解剖学的完善,特别是机器人技术的开发,肿瘤介入治疗将会更加精准,安全性、疗效会进一步提高,应用也会更加广泛。

第二节 肿瘤介入治疗常用设备和器械

肿瘤介入治疗常用的设备和器械主要包括影像引导设备和介入技术涉及的穿刺设备、引导钢丝、导管、扩张球囊、支架、栓塞材料等。

一、影像引导设备

介入治疗按照治疗途径和治疗手段分为经血管内途径治疗和非血管途径治疗,无论何种治疗都需要影像设备引导,介入操作才能顺利完成。

超声引导是利用超声显像对肿瘤介入操作实时引导的技术。它具有实时监控、引导准确、微创、无X线损伤、操作相对简单、时间短、费用低廉等优点。超声引导是肿瘤介入治疗,尤其是消融治疗应用最广泛的一种非血管途径治疗引导设备。通常表浅的结构可选择6.0~15.0MHz高频探头,而位置较深的结构可选择3.5~5.0MHz较低频率的探头,以获得更清晰的图像。由于受到呼吸、气体、伪影等干扰,一些特殊部位的病灶不易被超声发现。对于一些常规彩超不能发现的病灶,可以利用超声造影,甚至融合影像导航技术精确定位和治疗。

CT断层影像引导是另一项临床广泛使用的肿瘤非血管途径治疗引导技术。CT可用于对超声看不到的病变部位进行穿刺、活检和引流等,包括肺、纵隔、骨和腹部受肠道气体干扰的部位。CT可精确地定位靶点,利用3D重构等技术,设计合适的进针位点和穿刺路径,进行实时监控治疗。CT引导的缺点是耗时相对较多,有X线暴露,且费用相对昂贵。

数字减影血管造影机引导是透视下血管途径介入治疗常用的设备。它在C型臂上配有高热容量X线球管、影像增强器和高清晰度摄像系统,可实时进行血管造影,并具有强大的计算机后处理功能,可以实现血管测量、三维血管重建、肿瘤穿刺路径计划等功能。

核磁共振引导是近年来开始应用的介入引导设备,其特点是无电离辐射,具有更高的空间分辨率,还具有多平面成像的优点。缺点是需要核磁共振兼容的穿刺针及导管等,目前尚未普遍使用。

二、穿刺设备

穿刺针是介入治疗需要的基本器械,可有空心穿刺针和包含针芯的穿刺针两种类型。粗、细针的划分是以穿刺针的外径划分的,粗针一般指18G(外径1.2mm)以上的穿刺针。根据使用目的分为普通经皮穿刺导管针和组织活检针等。

穿刺导管针有空心穿刺针和有针芯穿刺针。空心穿刺针应用较为方便,穿刺入血管后可直接进入引导钢丝。而附有针芯的穿刺针的外套管多为塑料导管,导管长度比穿刺针略短1~2mm,穿刺入血管后退出针芯,沿外套管进入引导钢丝。

三、引导钢丝

引导钢丝用于引导导管进入血管并作选择性或超选择性引导插管。目前常用的有钢丝导丝、超滑导丝等。导丝的外径习惯上仍以英寸(inch)计,常用的有 0.035 inch、0.018 inch 及 0.014 inch 三种。引导钢丝常由复合材料制成,内部为弹性合金内芯,表面涂有亲水复合物,使其在水(血液)中特别润滑,方便选择性插管。

四、导管

导管通常为薄壁空心的长塑料管,随导丝进入血管或腔道内,根据功能主要分造影导管、扩张导管、导引导管及微导管等。导管用 F(French)表示其外径的大小。理想的导管兼具硬柔适中、良好的弹性记忆、扭力强、推送力好以及跟从性好等特性。微导管与微导丝组成的微导管系统更有利于肿瘤的超选择栓塞。

五、扩张球囊

球囊体系被压缩在直形导管中,可扩张的球囊置于导管远端;导管中央可通导丝,还包括一个分离的腔道,用于气囊打气和放气。血管成型球囊主要用于扩张血管,但也可用于其他系统的狭窄。

六、支架

支架可用于血管内介入或自然管道,支架的类型有裸支架、覆膜支架、药物洗脱支架等。

裸支架主要用于维持各种系统管腔的通畅性,如血管、胆道、胃肠道和气道。支架通过朝外的径向力释放来克服狭窄和阻塞。支架主要由金属支持栅格结构组成,具有很高的膨胀率,可以被压缩到很小的直径引入体内,释放后则变为原直径的数倍大小。目前主要包括球囊扩张支架及自膨式支架。

覆膜支架是金属支架表面涂覆聚四氟乙烯等材料,主要用于血管内介入,可以避免血管内膜通过支架网眼增殖造成的再狭窄。为适应不同临床需求,覆膜支架产品发展迅速,在设计和覆膜成分组成方面可适应多种介入治疗的目的。

药物洗脱支架的金属表面高分子聚合物涂层包含抗血管内膜增生作用,能够预防血管再狭窄。

七、栓塞材料

栓塞材料主要用于经导管血管内栓塞或穿刺腔道封闭等,广泛用于肿瘤的血管栓塞、外科辅助和急救止血。

聚乙烯醇(polyvinyl alcohol,PVA)是具有较好组织相容性的高分子颗粒,颗粒在接触水分子后能够膨胀,达到较好的栓塞效果。PVA 是不可降解的永久性栓塞剂。

明胶海绵具有高渗透性,吸水后可膨胀,依据栓塞的血管直径有多种规格。明胶海绵通常被认为是非永久性栓塞剂。

微球是近年来常用的栓塞剂,与前述的 PVA 及明胶海绵比较,微球颗粒直径比较均一,分散性好。载药微球具有化疗药物负载和洗脱缓释功能,化疗药物在肿瘤部位缓慢释放,降低了化疗药物的全身毒性反应。也有标记有放射性同位素的放射性微球,如钇-90 放射性微球等。

机械性栓塞物主要包括弹簧圈(coils)和血管塞等,可以导致血管内膜促进血栓物质的释放,并引起管腔的机械性阻塞。常用于栓塞较大直径的血管。

第三节 肿瘤的血管性介入治疗技术

肿瘤的血管性介入治疗技术是指采用经皮穿刺血管(Seldinger 技术),在影像系统引导下经血管路径将导管选择性插入肿瘤靶血管,实施介入治疗的一种技术手段。主要包括经动脉灌注化疗术、经动脉栓塞术、经动脉化疗栓塞术和经动脉放疗栓塞术。

一、经动脉灌注化疗术

经动脉灌注化疗(transarterial infusion chemotherapy,TAIC)是指通过导管选择性地将化疗药物直接注入肿瘤供血动脉,显著提高肿瘤组织局部药物浓度,增强药物抗肿瘤作用。经动脉灌注化疗的理论基础是肿瘤主要血供来自动脉,通过导管直接超选择至肿瘤供血动脉,进行化疗药物灌注,直接作用于肿瘤,增加肿瘤细胞与化疗药物的接触时间和作用浓度,增强药物的疗效。以原发性肝癌为例,从理论上来讲,肿瘤区域化疗药物浓度可以增加 10 倍以上,优于全身静脉化疗;同时由于首过效应,靶器官对药物摄取增加,降低外周血药物浓度,减少全身不良反应。

经动脉灌注化疗主要适用于不能手术切除的原发或转移性肿瘤,如腹盆腔恶性肿瘤(肝癌、结直肠癌肝转移、胰腺癌、胃癌、膀胱癌等)、肺癌、乳腺癌等治疗,尤其适用于全身化疗失败恶性肿瘤的治疗,也有用于术前新辅助化疗,使肿瘤降期,为手术切除创造条件。严重心、肺、肝、肾等重要脏器功能障碍,恶病质,骨髓抑制,严重感染,严重凝血功能障碍,导管不能选择性插管至靶动脉,灌注区域有重要的非靶血管如脊髓动脉,严重动静脉瘘,造影剂过敏,预期生存时间少于 3 个月的患者不适合经动脉灌注化疗。

经动脉灌注化疗的主要并发症主要与导管及药物对血管及灌注区域组织刺激有关。如血管狭窄及闭塞,常发生在长期行灌注化疗的靶动脉。导管机械刺激、损伤或化疗药物损害,使动脉内膜增生、狭窄和闭塞,可发生在肝动脉、支气管动脉等。神经系统的损伤可发生在经支气管动脉、脑动脉灌注化疗时,可能与化疗药物或造影剂直接损伤神经组织或刺激血管造成痉挛有关。脊髓动脉发生损伤时,可表现为截瘫或节段性肢体感觉或运动障碍;脑动脉发生损伤时,可造成视网膜损害、脑梗死和脑出血,严重者可发生脑水肿甚至脑疝导致患者死亡。化疗药物相关的不良反应也发生于经动脉灌注化疗,如消化道反应、骨髓抑制、肾功能损害、心脏毒性、发热、感染、出血、过敏性休克等。此外,高浓度化疗药物刺激血管内皮可引起灌注区域疼痛和咳嗽。化疗相关不良反应的临床表现、严重程度与所用化疗药物本身特性、给药持续时间和剂量有关,也因患者对药物耐受性不同而有所差异。

经动脉灌注化疗有利于提高肿瘤手术切除率,控制肿瘤生长,提高患者的生活质量,比如不能手术切除的盆腔肿瘤,经髂内动脉灌注化疗已显示出良好的疗效。疗效除了与化疗药物本身特性、灌注给药方式有关,还与肿瘤部位、血供情况、组织学类型和对化疗药物的敏感性等多种因素有关。

二、经动脉栓塞术

经动脉栓塞术(transarterial embolization,TAE)是指通过导管选择性插管至肿瘤供血动脉,注入栓塞剂（如明胶海绵、微球、聚乙烯醇等）阻断肿瘤血供，使肿瘤缺血坏死。其理论基础是通过栓塞肿瘤供血血管使之阻塞，切断肿瘤营养供应，达到治疗肿瘤的目的。

经动脉栓塞主要适用于富血供的实体良、恶性肿瘤，如原发性肝癌、富血供继发性肝癌、肾癌，盆腔、颌面部富血供性恶性肿瘤，四肢、脊柱及骨盆恶性肿瘤、子宫肌瘤等。TAE 也可用于肿瘤手术前的栓塞，阻断肿瘤血供，使肿瘤缩小，减少术中出血，提高肿瘤切除率。此外，TAE 可用于肿瘤破裂出血、外伤性出血、动静脉瘘、动静脉畸形、动脉瘤、脾功能亢进等的治疗。

栓塞后综合征是经动脉栓塞术的常见并发症，主要与肿瘤组织坏死有关。大多数患者术后会发生栓塞后综合征，主要表现为发热、局部疼痛、恶心、呕吐、腹胀、食欲下降等，其严重程度与栓塞的程度和具体栓塞器官有关。异位栓塞主要发生于插管不到位、栓塞剂选择和使用不当、存在异常动静脉交通、过度栓塞等情况。其严重程度与误栓的程度和具体器官有关，可发生肺栓塞、脑栓塞、截瘫、胆道缺血、肠缺血、肢体栓塞、皮肤坏死等，严重者可致残或致死。感染是经动脉栓塞术的少见并发症，肿瘤栓塞后大量组织坏死、既往有胆肠吻合或胆道支架、胆道手术等致胆道 Oddi 括约肌失功能、合并糖尿病等也是容易导致感染的原因。感染常发生于实质性器官，如形成肝脓肿、胆汁瘤等。

经动脉栓塞术通过栓塞肿瘤供血血管，使肿瘤组织缺血坏死，达到缩小肿瘤，减轻或消除由肿瘤引起的症状等目的，可改善患者生存质量，延长患者生存期。

三、经动脉化疗栓塞术

经导管动脉栓塞化疗（transcatheter arterial chemoembolization，TACE）是指通过导管选择性插管到肿瘤供血动脉，将抗癌药物和栓塞剂或药物缓释微球混合在一起直接注入，既栓塞肿瘤供养动脉，同时使药物停留于肿瘤区域，缓慢释放起到局部化疗作用，达到化疗和栓塞"双重"效果。经动脉化疗栓塞在药理学上有两大优势：一方面，高浓度化疗药物直接作用于肿瘤局部，发挥最大抗肿瘤作用，全身副作用小；另一方面，阻断肿瘤的供血血管，使肿瘤失去血供，控制肿瘤生长，使肿瘤缺血坏死、缩小。

经动脉化疗栓塞术主要适用于无法手术切除、富血供的恶性肿瘤，如肝癌、肾癌及盆腔肿瘤的治疗，也可用于恶性肿瘤术前和术后的辅助治疗，常见的并发症类似于经动脉栓塞，如栓塞后综合征、异位栓塞、感染以及化疗药物相关的不良反应等。

四、经动脉放疗栓塞术

经动脉放疗栓塞术（transarterial radioembolization，TARE）是指通过导管超选择性插管到肿瘤供血动脉，注入放射性物质（如钇 -90 微球），使其高选择沉积于肿瘤内，并持续释放高能、低穿透性射线作用于肿瘤，从而达到栓塞和局部内照射的目的。钇 -90 微球是目前最常用的内放射性物质。

经动脉放疗栓塞术主要适用于无法手术切除的原发性或继发性肝癌、病变限于或主要限于肝脏、肝功能分级 Child-Pugh A 或 B 级、ECOG 评分 0~1 分、患者预期寿命超过 3 个月。由于钇 -90 微球栓塞对正常肝组织影响小，故对伴有门静脉癌栓的肝癌患者可使用此治疗技术。

由于肿瘤内存在动脉 - 静脉分流，经动脉放疗栓塞术需要注意避免异位器官的放疗栓塞，特别是肺部的放射性肺炎等，术前需要用放射性锝标记的聚合白蛋白（^{99m}Tc-MAA）进行核素扫描，肝动脉造影测定肺分流比例 >20%，应列为治疗禁忌。

经动脉放疗栓塞术的并发症除了经动脉栓塞术的常见并发症外，尚存在异位的放射性损伤，如放射性肺炎等。

其他血管性介入治疗技术还包括，在肿瘤组织受侵犯的门静脉、下腔静脉、胆管内置入支架、

^{125}I-放射性粒子，通过开通管腔、放射性物质持续低剂量辐射杀伤肿瘤细胞，治疗门静脉癌栓、下腔静脉癌栓或胆道癌栓；肝脏肿瘤手术前门静脉分支栓塞；经颈静脉肝内门体分流术治疗门静脉高压等。

第四节 肿瘤的非血管性介入治疗技术

肿瘤的非血管治疗是在影像引导下的穿刺路径，或在内镜下经人体自然腔道进行的介入治疗。治疗措施是在超声、CT或MRI引导下给予肿瘤的消融治疗，放射性粒子植入，或者脓肿的穿刺引流以及肿瘤引起的胆道、泌尿道狭窄的成形术、造瘘术等；也包括经内镜切除肿瘤，放置支架或进行药物注射治疗等。

一、局部消融

肿瘤的局部消融（local ablation，LA）是指借助医学影像技术的引导对肿瘤靶向定位，直接将化学物质或者能量作用于肿瘤病灶，对肿瘤进行直接毁损的局部治疗方法。常用的影像引导技术包括超声、CT和MRI等，治疗途径有经皮、经腹腔镜手术和经开腹手术三种，以经皮消融最为常用。肿瘤消融被广泛应用于肝、肺、肾等实体肿瘤的治疗中，其具有微创、安全、可操作性高、重复性好、术后恢复快等优点。

1. 射频消融（radiofrequency ablation，RFA） 通过射频电极针发出的高频交变电流，使肿瘤内的离子高速振荡，温度达60~110℃，致电极周围肿瘤细胞发生凝固性坏死，从而灭活肿瘤细胞的一种热凝固疗法。RFA是目前应用最广泛的肿瘤消融方法，对肝、肺、肾、肾上腺、骨转移癌等实体肿瘤均有很好的治疗效果，目前已成为早期肝癌、早期非小细胞肺癌和甲状腺肿瘤的首选治疗手段之一，疗效可与外科手术切除相当。单针消融范围不超过3cm，多针可以达到5~7cm。

2. 微波消融（microwave ablation，MVA） 通过微波电磁场的作用，使肿瘤组织内的水分子、蛋白质分子等极性分子产生极高速振动，摩擦碰撞在短时间内产生高温，从而导致细胞凝固性坏死。与RFA相比，MVA具有消融速度快、受组织炭化及热沉效应影响小、消融范围大等优点，但也存在消融范围不稳定的缺点。

3. 激光消融（laser ablation，LA） 采用可弯曲或水冷光纤穿刺入肿瘤，肿瘤组织吸收激光后通过光化学效应和热效应等产生热能，从而使肿瘤组织凝固性坏死。光纤消融能量集中，消融区域可控，边界清晰，对周围组织损伤小，但消融范围较小，单根光纤消融范围在1cm左右，可多根光纤联合应用扩大消融范围。临床主要用于小肿瘤，特殊部位的肿瘤如肿瘤贴近胆总管、肠道或大血管等。

4. 经皮无水乙醇瘤内注射（percutaneous ethanol injection，PEI） 经穿刺针直接向肿瘤内注射无水乙醇，无水乙醇通过使肿瘤细胞及肿瘤和周围组织内血管内皮细胞脱水，蛋白质变性凝固，导致肿瘤细胞坏死和组织缺血。PEI操作简单、费用低、疗效肯定。由于其安全性高，并发症少，可用于因位置不适合射频或微波消融的肿瘤。无水乙醇弥散不均，消融体积较小，往往需要反复操作，对于大肿瘤很难完全消融。目前主要用于小肝癌，尤其是病灶靠近血管、胆囊、膈顶等部位行热消融困难病例的治疗，以及作为热消融补充用于邻近空腔脏器肿瘤、淋巴结转移瘤等。

5. 冷冻消融（cryoablation） 主要利用液氮或高压的氩气，通过冷冻探针在肿瘤内部形成-196℃或-150℃低温，造成肿瘤细胞的凋亡。主要用于前列腺癌、肝癌、肺癌的治疗，可取得良好的效果。

6. 不可逆电穿孔(irreversible electroporation,IRE) 高压电场以微脉冲形式传递到肿瘤细胞,使脂质双分子层细胞膜出现微孔,细胞渗透压增高,造成肿瘤细胞膜不可逆电穿孔,最终导致肿瘤死亡,而对血管、胆管、胰管和神经等组织影响较小,并为可恢复性损伤。多用于热消融风险高或无法完成的特殊部位肿瘤,如邻近大血管、肝门区、胆囊、输尿管以及胰腺癌等。

二、放射性粒子植入

放射性粒子植入(radioactive seed implantation)是指在影像学技术的引导下,将放射性粒子按照放射治疗计划(treatment planning system,TPS)直接植入恶性肿瘤组织内或受肿瘤浸润侵犯的组织中,通过放射性核素持续释放放射线对肿瘤细胞进行杀伤。放射性粒子通过发出的低能量γ射线造成肿瘤细胞的凋亡。放射性粒子植入具有放射线利用完全、创伤小、定位准确、副作用小等优点。

目前临床可用于前列腺癌、头颈部、颅内恶性肿瘤、胰腺癌、肝癌、肾及肾上腺肿瘤及软组织肿瘤等。其中对于早期前列腺癌,放射性粒子植入已成为标准治疗手段之一,总体疗效优于单纯放疗,可与手术切除相当。

三、穿刺引流术

穿刺引流术是肿瘤姑息治疗常用技术,在影像技术的引导下,利用穿刺针和引流导管等器材对人体管道、体腔或器官组织内的体液进行穿刺抽吸或引流,达到减压和治疗的目的。临床常应用于实质脏器的脓肿或囊肿、浆膜腔积液的穿刺引流;胆管或泌尿道梗阻、颅内血肿的穿刺引流等。除能够经导管引流,减压解除梗阻和局部压迫以外,对引流液还可以进行细菌学、病理学、生化等检测,帮助疾病诊断和治疗。

1. 经皮肝穿刺胆管引流术(percutaneous transhepatic cholangio drainage,PTCD) 是指在影像(通常为DSA或B超)引导下经皮肝穿刺胆管并置入引流管,将胆汁引流体外或十二指肠的技术。包括外引流、内引流和内外引流,主要用于胆道梗阻和急性胆道炎症的治疗。常见并发症包括出血、感染、胆瘘、引流管脱落或堵塞等。

2. 引流术(drainage) 是指在B超或CT引导下精准定位,经皮穿刺脓腔,进行抽吸或置管引流。抽吸液可进行细菌涂片、细菌培养、药敏试验等,有助于明确病原菌,调整抗生素的应用。

3. 经皮肾盂造瘘术(percutaneous pyelostomy) 通过穿刺将导管置入肾盂中,解除上尿路输尿管梗阻,进行上段尿路分流,缓解肾脏功能,为明确诊断及手术治疗建立通道。主要用于不宜手术的上尿路梗阻和恶性肿瘤患者,急性上尿路梗阻引起的尿闭以及肾盂积脓或肾脓肿。

四、非血管内支架成形术

内支架置入是在X线或内镜等影像学技术的引导下,将支架置入狭窄的血管和管腔处释放,靠其扩张保持管腔的长期开通。支架常由不锈钢丝、钽丝及记忆镍钛合金丝等制成。非血管内支架成形术用于胆道、气管、食管、输尿管等管腔的良性或恶性狭窄性疾病,其具有安全、损伤小、显效快等优点。常见并发症包括出血、感染、穿孔、支架脱落或移位、管腔再狭窄等。

(一)食管内支架

主要用于不宜手术的恶性疾病所致的食管狭窄,各种原因引起的食管-气管或支气管瘘及顽固性食管良性狭窄等。通过置入食管内支架,扩张食管狭窄部位,可恢复患者的吞咽功能,有效地改善患者的营养状况,提高患者的生存质量。

(二) 气道内支架

主要用于恶性肿瘤引起的气管、支气管狭窄的姑息性治疗，可即刻解除气道梗阻，迅速解除患者呼吸困难的症状，为后续治疗创造条件和机会。

(三) 胃、十二指肠内支架

主要用于恶性肿瘤浸润压迫引起胃、十二指肠管腔狭窄闭塞而造成的进食障碍，也适用于部分良性的狭窄，如手术后的胃、十二指肠吻合口狭窄等。胃十二指肠狭窄或梗阻多由恶性病变引起，患者常处于肿瘤晚期，外科手术风险大。而支架置入术创伤小，起效快，患者更易接受。

第五节 常见恶性肿瘤的介入治疗

一、肝癌

介入治疗在肝癌治疗中应用最为成熟，也是肝癌综合治疗中的主要治疗方法。初治的肝癌患者中，超过半数的患者是接受介入治疗，主要用于不能切除的中晚期肝癌。消融治疗则主要用于早期肝癌，远期治疗效果类似于手术切除。

(一) 肝动脉灌注化疗

肝动脉灌注化疗(hepatic arterial infusion of chemotherapy，HAIC)是通过动脉插管将化疗药物持续注入肝脏肿瘤供血动脉的一种局部化疗方法。由于正常肝细胞的血供主要来源于门静脉循环，而肿瘤血供来源于肝动脉，因此经肝动脉灌注化疗药物能选择性输送至肿瘤内，实现肿瘤局部药物浓度高，同时减轻全身副作用的目的。肝动脉灌注化疗目前主要应用于中晚期肝癌，尤其是传统经导管动脉栓塞化疗(TACE)治疗失败或伴有门脉癌栓的肝癌患者，也可应用于局限在肝脏内的转移性肝癌(如结直肠癌肝转移)的治疗。奥沙利铂、亚叶酸钙、氟尿嘧啶是动脉灌注治疗中常用的化疗药物。治疗常见的不良反应包括骨髓抑制，恶心呕吐、腹泻等胃肠道反应。手术操作或导管相关并发症主要包括胃或十二指肠误灌注、脱管、堵管等。提高手术操作技巧，妥善固定导管并加强导管肝素化可减少手术相关并发症。

(二) 经导管动脉栓塞化疗

经导管动脉栓塞化疗(transcatheter arterial chemoembolization，TACE)是经皮插管至肝肿瘤的供血动脉，采用混合化疗药物的碘化油或药物缓释微球对肿瘤供血动脉进行栓塞的治疗方法。由于肝细胞癌是一种富血供肿瘤，TACE一方面阻断肿瘤血供，同时在肿瘤局部聚集高浓度的化疗药物，对肿瘤细胞发挥最大限度的杀伤作用。目前TACE治疗主要的适应证为巴塞罗那分期(Barcelona clinic liver cancer，BCLC)B期或中国肝癌分期(China liver cancer staging，CNLC)为Ⅱb或Ⅲa期的原发性肝癌患者，也可用于局限于肝脏的转移性肝癌。栓塞后综合征是TACE治疗的常见不良反应，主要表现为发热、疼痛、恶心和呕吐等。其发生原因是肝动脉被栓塞后引起局部组织缺血、坏死，而恶心、呕吐主要与化疗药物相关。此外，还有穿刺部位出血、假性动脉瘤、异位栓塞、骨髓抑制、肝肾功能损害、肝脓肿、胆汁瘤、上消化道出血等并发症。通过导管精确超选择肿瘤供血动脉，根据患者的肝、肾功能及骨髓储备功能，选择合适剂量的化疗药物和栓塞剂，术中控制栓塞药物推注速度，术后注意加强保肝，水化，止吐及保护胃黏膜治疗，能够降低并发症的发生率。

(三) 经动脉放疗栓塞术

经动脉放疗栓塞术(transarterial radioembolization，TARE)是通过经皮肝动脉插管，向肿瘤供血动脉注射具有放射性的微球，同时达到栓塞供血动脉和局部内照射的方法。和传统 TACE 治疗相比，TARE 对患者肝功能影响较小，目前主要应用于合并门静脉癌栓的晚期肝癌以及结直肠癌肝转移的患者。TARE 术后患者常出现疲劳、轻度腹痛、肝功能异常等。需要注意的是，治疗前需要评估肝内分流造成的肺部等异位栓塞。TARE 严重的并发症包括放射性肝损伤、放射性肺炎和胆道相关并发症，需要通过加强术前评估，严格筛选适应证。

(四) 消融治疗

消融治疗（ablation）是借助医学影像技术的引导对肝脏肿瘤精准定位后，局部采用物理或化学的方法，包括无水乙醇注射、射频消融、微波消融、激光消融等，能够直接杀灭肿瘤组织的治疗手段。消融治疗在肝肿瘤治疗的适应证为：不能进行手术切除的原发性肝癌或转移性肝癌（肿瘤大小 ≤ 5cm，数目 ≤ 3 个）。消融治疗操作方法简单，肿瘤局部毁损彻底，对患者肝功能影响较小。术后常见不良反应包括局部疼痛、发热、肝功能轻度异常，一般数日内可恢复。严重并发症包括术后肝包膜下或腹腔出血、局部感染引起的肝脓肿、胆囊损伤、胃肠道损伤、膈肌损伤、气胸或胸腔积液等，多与肿瘤位置密切相关。肿瘤紧贴胆囊、胃肠、膈肌或突出于肝包膜为肝肿瘤消融治疗的相对禁忌证。

(五) 放射性粒子植入术

放射性粒子植入术（radioactive seed implantation）是指在影像设备的引导下，通过细针穿刺将放射性粒子植入肝肿瘤内部，或将放射性粒子制成粒子条联合金属支架植入受肿瘤侵犯的门静脉等。近年来，TACE 联合碘 -125 粒子支架植入主要用于伴门静脉癌栓的晚期肝癌患者。其主要并发症包括与穿刺相关的出血，周围组织放射性损伤如放射性肝炎、放射性肠炎等。较为严重的并发症是粒子移位，最常见移位于肺和心脏。因此，粒子植入治疗过程中应充分评估患者病情、肿瘤大小、位置及合适的粒子植入数，避免造成放射性肺炎、放射性肠炎、放射性膀胱炎等严重不良反应。

二、肺癌

介入治疗在肺癌的治疗上具有微创、不良反应少、疗效确切、可重复等优势。目前运用较为广泛的治疗方法主要包括支气管动脉灌注化疗，局部消融治疗及碘 -125 粒子植入术。

(一) 支气管动脉灌注化疗

支气管动脉灌注化疗是肺癌最早使用的血管内介入治疗方法。其适应证为不能手术切除或拒绝手术切除的中晚期肺癌患者，以及行同步或序贯放化疗、术前辅助化疗的非小细胞肺癌患者，也可用于多发性转移性肺癌的治疗。支气管动脉灌注化疗的不良反应与其他动脉灌注化疗类似，包括穿刺插管相关并发症及化疗药物引起的骨髓抑制、神经毒性、肝肾功能损害、胃肠道反应等，通过积极的术后处理能够缓解。

(二) 消融治疗

经皮肺肿瘤消融作为一种微创的肿瘤治疗方法，包括射频消融、微波消融及冷冻消融等。其主要的适应证为因高龄或合并基础疾病无法耐受手术切除或拒绝手术切除的早期肺癌及转移性肺癌患者。气胸、胸腔积液和咯血是肺肿瘤消融治疗常见的并发症，主要受肿瘤大小、肿瘤部位及肿瘤数量影响。有严重出血倾向以及严重的心肺功能不全患者，不适宜行消融治疗。

(三) 肺放射性粒子植入术

肺放射性粒子植入术主要用于不能行外科手术切除的非小细胞肺癌患者和对放化疗不敏感的肺癌患者，通过粒子植入进行内放射治疗能够提高患者肿瘤的局部控制率。术后出血、气胸、放射性肺炎、空气栓塞及粒子移位为其治疗相关并发症，可通过术中影像学导航寻找理想的穿刺路径，合理的粒子植入规划降低并发症发生率。

三、脑瘤

胶质瘤、多发型胶质瘤或转移性脑肿瘤患者手术切除困难，可以采用经颈内动脉或椎动脉灌注化疗控制局部肿瘤进展，改善患者的生活质量。

经颈内动脉或椎动脉灌注化疗主要用于不能耐受或无法进行手术切除的原发性脑瘤或转移性脑瘤，目前已成为脑肿瘤综合治疗的重要治疗手段。灌注化疗产生的不良反应包括化疗药物所致的恶心、呕吐、骨髓抑制，眼部并发症如眼眶胀痛、结膜出血、视力下降，神经系统并发症如头痛、偏瘫、失语、癫痫、一过性意识丧失。应用灌注化疗时应注意患者意识变化、语言功能、肢体运动，围手术期可应用甘露醇、地塞米松等辅助治疗，减轻脑水肿相关症状。

四、肾癌

肾癌是我国最为常见的泌尿系统肿瘤，手术切除目前仍是肾癌治疗的首选方式。近年来由于微创治疗技术的不断发展，肾癌的治疗进入了以腹腔镜切除为主，配合局部消融、经动脉化疗栓塞、分子靶向治疗的时代。

（一）消融治疗

对于肾脏肿瘤相对较小，不适合进行外科手术的患者，局部消融治疗是重要的替代治疗方法。射频消融治疗肾癌的并发症轻微，多为穿刺点周围的疼痛和不适，一般为自限性，可耐受。其他少见但较严重的并发症包括局部出血，输尿管或肾盂损伤、感染、神经损伤、尿瘘等。消融治疗的安全性与术者的经验相关，肿瘤大小和位置是并发症发生的独立危险因素，位置居中，尤其靠近肾门的肿瘤术后容易出血或形成血肿。

（二）肾动脉化疗栓塞

肾动脉化疗栓塞术主要用于中晚期肾癌的术前栓塞和晚期肾癌的姑息性治疗。外科手术前应用肾动脉化疗栓塞术可使肾脏肿瘤缩小，减少手术出血量，缩短手术时间。此外，不能进行手术切除的肾癌多需要按需进行重复治疗。经肾动脉化疗栓塞术的并发症与一般血管内介入操作相同，但由于肾脏是终末动脉供血的器官，不易形成侧支循环，对缺血缺氧的耐受性低，术中应通过微导管超选肾脏肿瘤血管，最大程度减少栓塞对正常肾组织的影响，避免出现异位栓塞、肾坏死等严重并发症。患者治疗后可出现腹痛、腰痛、一过性血尿、发热、恶心、呕吐。术后应注意观察腰腹痛、血尿、腹部包块等症状及体征，积极进行对症治疗。

本章小结

肿瘤介入是继肿瘤内科、肿瘤外科、肿瘤放射治疗的一门新兴学科，随着肿瘤介入技术的成熟及广泛应用，已经逐渐成为独立的学科。肿瘤介入治疗具有微创、安全、效果确切的特点，几乎可用于各种实体瘤的治疗。在部分实体瘤如肝癌可以获得根治性的治疗效果。由于影像学技术和人工智能技术的发展，使肿瘤介入治疗更加精准和有效，应用领域也更为广泛。

肿瘤介入治疗能充分发挥局部治疗的优势，局部控制效果好。但肿瘤又是一种系统性疾病，在肿瘤介入治疗的应用过程中，也要避免片面追求局部的观点，需要应用多学科模式制订肿瘤介入治疗方案，发挥各学科的优势，在制订肿瘤治疗策略时，要以患者长期生存、生活质量提高为主要的治疗目标。

思考题

1. 肿瘤介入治疗在肿瘤的综合治疗中有哪些特点?
2. 经动脉栓塞术和动脉灌注化疗治疗肿瘤的主要原理是什么?
3. 肿瘤介入的影像引导方法有哪些?在肿瘤介入应用中各有哪些优势?
4. 在常见实体瘤的治疗中,如何选择常用的肿瘤消融技术?

(任正刚)

第十四章
肿瘤热疗

热疗(hyperthermia)属于物理治疗的范畴,是指以各种热源为媒介,将热能传递到机体肿瘤所在的部位,以达到治疗肿瘤的方法,既可应用介质通过传导、对流、辐射等传递方式将热源的热量传给机体,又可应用电磁原理,使机体吸收电磁场的能量,使之变成热能。人类很早以前就认识到热疗对疾病的治疗作用。在古希腊、古埃及、中国和日本都有使用热水浴治疗各种疾病的记载。临床工作者从大量临床实践中观察到了高温对恶性肿瘤的治疗作用,进而对肿瘤热疗进行了深入研究,取得了很大的进展,为肿瘤治疗提供了新的手段。

随着对热疗治疗肿瘤机制研究的不断深入,人们逐渐能从分子生物学和基因水平了解热作用对癌细胞结构、功能和生长代谢所造成的影响,从而对热效应治疗肿瘤的机制做出了科学的解释,肿瘤热疗在临床的应用逐渐得到重视。

第一节　概　　述

热疗是恶性肿瘤综合治疗的一种方式,已成为继手术、化疗、放疗和生物治疗之后的第五大类肿瘤治疗方法。按治疗区域的不同,热疗可分为局部热疗和全身热疗。局部热疗的方式主要有体腔热灌注治疗、体外热疗、射频消融、微波固化、超声聚焦、激光、磁感应治疗等,其中体腔热灌注治疗根据部位的不同,又分为腹腔热灌注化疗、胸腔热灌注化疗及膀胱热灌注化疗。全身热疗是指用各种物理方法使人体温度升高、达到治疗温度并维持一定时间的一种治疗方法。局部热疗的优点在于可以使肿瘤组织局部温度达到42.5℃以上,能在相对较短的时间内杀灭癌细胞,其局限性在于对远处播散的转移瘤无法实施治疗,就治疗范围而言,更适于治疗浅表或体腔内体积较小、较为局限的肿瘤。全身热疗的加热方法主要分为三大类:经体表加热法、体外循环法、生物学法。经体表加热法包括红外线辐射、热水浴等;体外循环加热是指应用特殊的设备将体内部分血液引出体外进行加热,达预定温度后再循环进入体内达到升高体温的方法;生物学法是指给人体注射微生物或生物制剂等使人体发热的方法,如注射 Coley 毒素、短小棒状杆菌等,因人体对致热源敏感反应程度无法预估,发热温度和时间不易控制,该方法现在已很少使用。目前,各种全身热疗的方法临床上已罕见使用。

第二节 体腔热灌注治疗

一、腹腔热灌注化疗

腹腔热灌注化疗（hyperthermic intraperitoneal chemotherapy，HIPEC）是指通过将含化疗药物的灌注液加热到治疗温度，灌注到肿瘤患者的腹腔内并维持一定的时间，以预防和治疗腹膜癌（peritoneal carcinomatosis，PC）及其引起的恶性腹水的一种治疗技术。HIPEC 在预防和治疗恶性肿瘤腹膜转移方面具有良好的疗效，HIPEC 联合肿瘤细胞减灭术（cytoreductive surgery，CRS）可提高起源于胃癌、结直肠癌、腹膜假黏液瘤和卵巢癌等腹膜癌患者的生活质量和生存率。2014 年荷兰阿姆斯特丹国际腹膜癌大会，将 CRS 联合 HIPEC 治疗策略作为阑尾黏液癌、结直肠癌腹膜转移癌、恶性间皮瘤的标准治疗措施，作为卵巢癌、胃癌腹膜转移癌的推荐治疗手段，2018 年 FIGO 癌症报告将 HIPEC 纳入卵巢癌诊治指南，2019 年第 1 版 NCCN 亦将 HIPEC 纳入卵巢癌治疗指南。国内学者在 HIPEC 基础上研发了中国腹腔热灌注化疗（China hyperthermic intraperitoneal chemotherapy，C-HIPEC）技术（图 4-14-1）。C-HIPEC 技术七要素包括：①开放式或闭合式灌注；②化疗药物；③化疗药物剂量；④灌注温度；⑤灌注时间和次数；⑥灌注液容量；⑦灌注速度。C-HIPEC 技术包含了精准控温、精准定位和精准清除三大新理念。国内学者还提出了肿瘤治疗的“C-HIPEC”模式，包括以下 4 方面。①预防模式：肿瘤根治术（curative intent surgery，CIS）+HIPEC，适用于腹膜转移高风险患者根治性切除术后预防腹膜转移的治疗，经 C-HIPEC 积极处理，清除游离癌细胞和微小癌结节，预防 PC 的形成，提高患者的治愈率和无瘤生存期。②治疗模式：肿瘤细胞减灭术（CRS）+HIPEC，C-HIPEC 有可能使肿瘤细胞减灭程度评分（completeness of cytoreduction，CC）（图 4-14-2）满意（CC-0 和 CC-1）患者达到临床治愈和/或长期生存的目的，提高非满意减瘤（CC-2 和 CC-3）患者的生存期和生活质量。③转化模式：Conversion+HIPEC，对于首诊时已合并大量腹水或腹腔广泛转移的患者，可先行 C-HIPEC

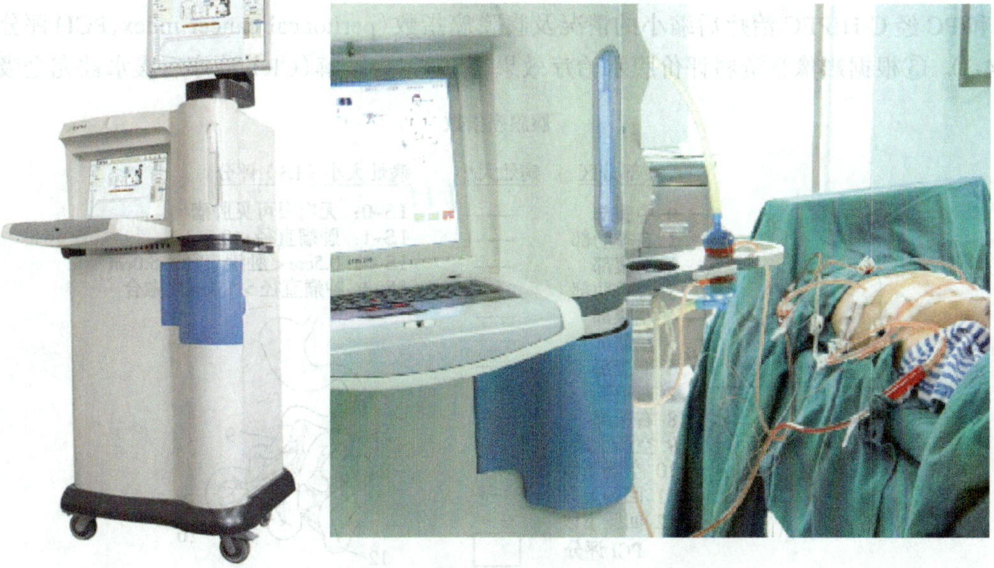

图 4-14-1 BR-TRG-Ⅰ型体腔热灌注化疗设备

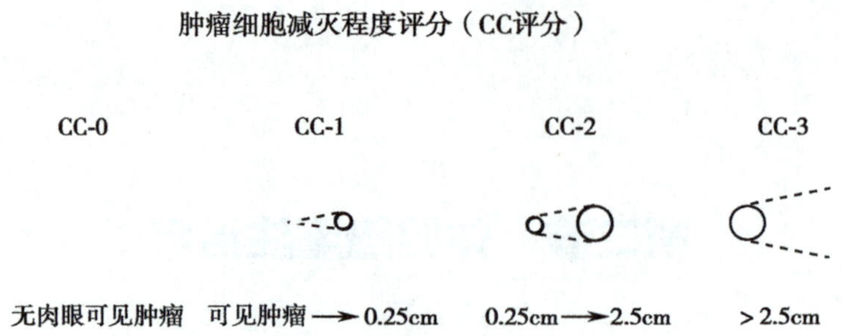
肿瘤细胞减灭程度评分（CC评分）
CC-0
CC-1
CC-2
CC-3
无肉眼可见肿瘤
可见肿瘤→0.25cm
0.25cm→2.5cm
>2.5cm

图 4-14-2 肿瘤细胞减灭程度评分

治疗，清除或缩小腹膜癌结节，改变癌细胞的生物学特性，抑制恶性腹水的生成，待患者病情明显好转、腹水减少或消失，转化为第 2 种治疗模式 CRS+HIPEC，达到转化治疗的目的。④综合模式：Comprehensive+HIPEC，主要是 Chemotherapy+HIPEC 或 HIPEC+Chemotherapy，对于既往全身化疗后病情进展、出现腹水的患者，C-HIPEC 可能提供另一种治疗途径和手段；对于腹水或腹腔广泛转移的患者，C-HIPEC 治疗后病情控制、腹水减少或消失，C-HIPEC 联合系统化疗的综合治疗在肿瘤治疗中同样起着重要作用。

HIPEC 热疗温度过高可造成腹膜热损伤，继发粘连性肠梗阻，因而 HIPEC 的治疗温度一般不高于 43℃。腹膜有很强的吸收能力，不同个体、不同的化疗药物吸收率差别甚大，HIPEC 化疗药物的选择参考原发肿瘤用药，用药剂量参考全身系统化疗剂量。

适应证：HIPEC 主要适用于腹盆腔恶性肿瘤的以下 3 方面：①根治手术后预防性的 HIPEC，预防腹膜癌的发生；②细胞减灭术后治疗性的 HIPEC，治疗已经存在的腹膜癌；③不能手术患者姑息性的 HIPEC，用于已经腹腔广泛转移或合并大量腹水的患者。

禁忌证：①各种原因所致腹腔内广泛粘连。②吻合口存在水肿、缺血、张力等愈合不良因素。③完全肠梗阻。④明显肝、肾功能不全。⑤合并骨髓抑制，外周血白细胞、血小板计数低下。⑥严重心血管系统疾病。⑦感染性疾病，尤其是严重腹腔感染。⑧出血倾向或者凝血功能障碍。⑨生命体征不稳定。⑩恶病质。

疗效评价：①肿瘤标志物检测：如 CEA、CA19-9、CA125、AFP 等，HIPEC 治疗前后的肿瘤标志物水平改变可一定程度上反映 HIPEC 治疗效果。② KPS 评分或 ECOG 评分：可根据患者 HIPEC 治疗前后的生活质量改善情况评价临床治疗效果。③ B 超、CT、MRI、PET-CT 等影像学检查：可检测治疗前后 PC 的大小和范围、腹水多少等影像学数据。④腹腔镜微创或开放手术探查：可直观评价原发病灶和 PC 经 C-HIPEC 治疗后缩小的情况及腹膜癌指数（peritoneal cancer index，PCI）评分的变化（图 4-14-3）。⑤根据影像学资料评价腹水治疗效果，分为完全缓解（CR）：治疗后腹水被完全吸收并持

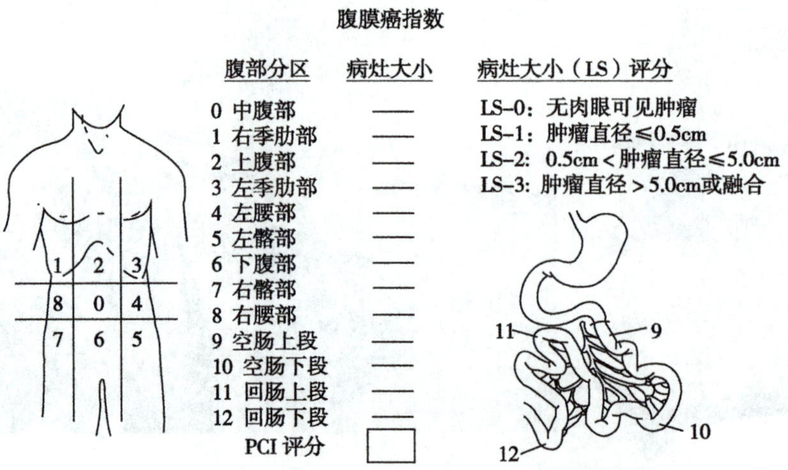
腹膜癌指数
腹部分区
病灶大小
病灶大小（LS）评分
0 中腹部
1 右季肋部
2 上腹部
3 左季肋部
4 左腰部
5 左髂部
6 下腹部
7 右髂部
8 右腰部
9 空肠上段
10 空肠下段
11 回肠上段
12 回肠下段
PCI 评分
LS-0：无肉眼可见肿瘤
LS-1：肿瘤直径≤0.5cm
LS-2：0.5cm＜肿瘤直径≤5.0cm
LS-3：肿瘤直径＞5.0cm或融合
1
2
3
8
0
4
7
6
5
11
9
12
10

图 4-14-3 腹膜癌指数（PCI）的分区模式图

续4周;部分缓解(PR):腹水减少了50%并持续了4周;无进展(NC):腹水未减少。⑥患者生存期评估:常用总生存时间(OS)、无病生存期(DFS)、无进展生存期(PFS)、无复发生存期(RFS)等指标。

并发症:多汗、心率增快、发热、消化道反应如胃肠排空障碍、肠麻痹及骨髓抑制等。临床医生对围手术期HIPEC最为关心的问题是吻合口瘘,国内外研究表明,HIPEC并不增加胃肠道术后吻合口瘘的发生率。

二、胸腔热灌注化疗

胸腔热灌注化疗(intrapleural hyperthermic perfusion chemotherapy,IHPC)是指通过将含化疗药物的灌注液加热到治疗温度,灌注到肿瘤患者的胸腔内并维持一定的时间,以预防和治疗胸膜癌(pleural carcinomatosis,PC)、间皮瘤及其引起的恶性胸腔积液的一种治疗技术。IHPC技术可参照国内C-HIPEC技术的理念和模式。国内外学者常采用人为的胸腔粘连来消灭胸膜腔治疗胸腔积液,IHPC因为不担心胸膜粘连的问题,治疗温度远高于HIPEC。与腹膜一样,胸膜也有很强的吸收能力,不同个体、不同的化疗药物吸收率差别较大,IHPC化疗药物的选择参考原发肿瘤用药,用药剂量参考全身系统化疗剂量。

适应证:与HIPEC技术类似,IHPC同样适用于胸腔恶性肿瘤的以下3方面:①根治手术后预防性的IHPC,预防胸膜癌的发生;②减瘤手术后治疗性的IHPC,治疗已经存在的胸膜癌;③不能手术患者姑息性的IHPC,用于已经胸腔广泛转移或合并大量胸腔积液的患者。

禁忌证:①各种原因所致胸膜广泛粘连;②明显肝、肾功能不全;③合并有骨髓抑制,外周血白细胞、血小板计数低下;④严重心血管系统疾病;⑤感染性疾病,尤其是严重胸腔感染;⑥出血倾向或者凝血功能障碍;⑦生命体征不稳定;⑧恶病质。

疗效评价:①肿瘤标志物检测:如CEA、CA19-9、CA50等,IHPC治疗前后的肿瘤标志物水平改变可一定程度上反映治疗效果。②KPS评分或ECOG评分:可根据患者IHPC治疗前后的生活质量改善情况评价临床治疗效果。③B超、CT等影像学检查:可检测治疗前后患者胸腔积液多少等影像学数据。④根据影像学资料评价胸腔积液治疗效果,可参照腹水治疗效果评价标准。⑤患者生存期评估:常用总生存时间(OS)、无病生存期(DFS)、无进展生存期(PFS)、无复发生存期(RFS)等指标。

并发症:肺水肿、多汗、心率增快、发热、消化道反应、骨髓抑制等。

三、膀胱热灌注化疗

膀胱热灌注化疗(hyperthermic intravesical chemotherapy,HIVEC)是指通过将含化疗药物的灌注液加热到治疗温度,灌注到肿瘤患者的膀胱腔内维持一定的时间,以预防膀胱癌术后复发和治疗膀胱癌的一种治疗技术(图4-14-4)。HIVEC热疗温度高可造成膀胱黏膜热损伤,但可很快修复,治疗温度一般采用45℃;膀胱黏膜的吸收能力较差,对化疗药物几乎不吸收,HIVEC用药剂量远高于全身化疗剂量,丝裂霉素可用到20~40mg,表柔比星80mg。

图4-14-4 BR-PRG型膀胱热灌注治疗仪

适应证:HIVEC用于预防经尿道电切术(transurethral resection,TUR)后膀胱癌的复发和治疗不适合TUR或手术切除膀胱癌的患者。

禁忌证:①膀胱癌远处转移;②明显肝、肾功能不全;③合并有骨髓抑制,外周血白细胞、血小板计数低下;④严重心血管系统疾病；⑤出血倾向或者凝血功能障碍；⑥生命体征不稳定；⑦恶病质。

疗效评价：CT、MRI、PET-CT 等影像学检查可检测治疗前后患者膀胱癌的大小和范围等。膀胱镜检查可观察肿瘤的大小、浸润范围及治疗后有无复发，是临床最简单、有效的评估方法。

并发症：多汗、心率增快、发热等，偶有患者出现药物刺激引起的化学性膀胱炎。

第三节 全身热疗

一、全身热疗的方法

全身热疗是指应用辐射或传导的方式把热能经体表传递至体内，使肿瘤组织局部温度升高，达到治疗肿瘤目的的方法；可对肿瘤细胞产生直接的热细胞毒效应，同时也可能对放化疗起到增敏作用。关于全身热疗的温度区间，既往多追求更高的温度，多选择超过 41℃的范围，但最高不超过 41.8℃。随着临床应用研究的发展，在疗效、安全两方面兼顾的情况下，目前用于肿瘤热疗的温度多维持在 39.5~41.8℃，也有学者采用 38~40℃的全身热疗，称为全身中低温热疗。

二、全身热疗时人体的生理变化

以红外线辐射全身热疗来说，全身热疗时，人体接受大量的热量而使体温升高。全身热疗过程中患者由于出汗、大量液体丧失，需要补充液体。皮肤作为一个热交换器，皮肤的血流量增加，随之血压增高，心率可增至 100~130 次 /min，可发生心动过速、室性心律不齐、室性期前收缩。全身加热时心率加快，患者的心肺负担均增加。为了预防并发症的发生，每位患者术前都需进行常规心电图检查。心动过速及冠心病患者不宜作全身热疗。全身热疗过程中患者脑组织的代谢增高，耗氧量随之增加，患者可产生烦躁、易动。长时间缺氧可产生脑坏死，氧气吸入可有效预防缺氧的发生。

适应证：全身热疗适用于各种实体瘤、癌性胸腔积液、腹水及癌性疼痛等患者。

禁忌证：①体表和体内有金属植入；②出血和出血倾向疾病；③重要脏器衰竭；④体温调节障碍、知觉障碍；⑤孕妇、月经期妇女；⑥头部疾病；⑦急性炎症活动期、结核活动期、结石嵌顿疼痛期。

三、全身热疗临床应用中存在的问题

肿瘤全身热疗已经有 20 多年的历史。我们对它的认识还很肤浅。一些基本的问题尚不明确。诸如：热疗的温度、时间、次数，如何表示全身热疗剂量、如何预测全身热疗的预后。除了临床基本、系统的观察外，实验室检查及免疫指标的观察也很重要。哪些指标可以反映疗效，全身热疗需要与化疗、放疗结合外，是否考虑与中药、生物治疗结合。因为全身热疗的对象常为晚期肿瘤患者，常用的疗效评价指标可能不大适用。目前对Ⅳ期肿瘤的分期仍不细致，全身热疗的对象都是Ⅳ期患者，他们的生活质量可有很大不同。如何对待期别相同、“一般状况”不同的患者，目前常用的卡氏分期标准显得不够精准。如何评价热疗疗效？全身热疗的对象常为晚期肿瘤患者，治疗后实体肿瘤很难消失，CT、MRI 等影像学检查可检测治疗前后患者肿瘤的大小、密度及浸润深度，根据实体瘤疗效评价标准（RECIST）或 WHO 制定的标准评价肿瘤的完全缓解（CR）、部分缓解（PR）、稳定（SD）、进展（PD）；肿瘤标志物水平的测定（AFP、CEA 等）也可评价恶性肿瘤的全身热疗效果；人体免疫细胞（CD3、CD4、

CD8)水平改变也是评价恶性肿瘤的全身热疗效果之一,但临床变化范围较大,缺乏实用性。结合患者的存活期及生活质量评分系统进行评估,可能是评价恶性肿瘤全身热疗治疗效果较好的选择。

由于目前全身热疗多用于Ⅳ期肿瘤患者,尚无多中心随机对照研究的文献报道,尚无临床应用疗效和安全性的数据。

第四节 高强度聚焦超声治疗和光动力学治疗

一、高强度聚焦超声治疗

高强度聚焦超声(high intensity focused ultrasound,HIFU),又称之为HIFU刀或聚焦超声肿瘤治疗系统。HIFU治疗源为超声波,该技术将体外低能量超声波聚焦于体内靶区,在肿瘤内产生瞬态高温(60℃以上)、空化、机械作用等生物学效应,杀死靶区内的肿瘤细胞(图4-14-5)。HIFU刀目前主要用于不适合射频消融的恶性肿瘤患者的治疗,其对前列腺癌、子宫肌瘤的治疗效果较好,对缓解不能手术的胰腺癌患者的背部疼痛也取得了较为满意的临床疗效。HIFU技术治疗肿瘤用于临床已十余年,疗效肯定,但仍存在治疗体积较大肿瘤时时间长、声热转换效率不高、超声波在体内衰减大、不良反应时有发生等诸多问题。因此,对HIFU治疗的方法学及增效剂的研究已成为关注的热点,只有上述问题逐一解决,才能使HIFU技术更为安全、高效、快捷地用于肿瘤的临床治疗。

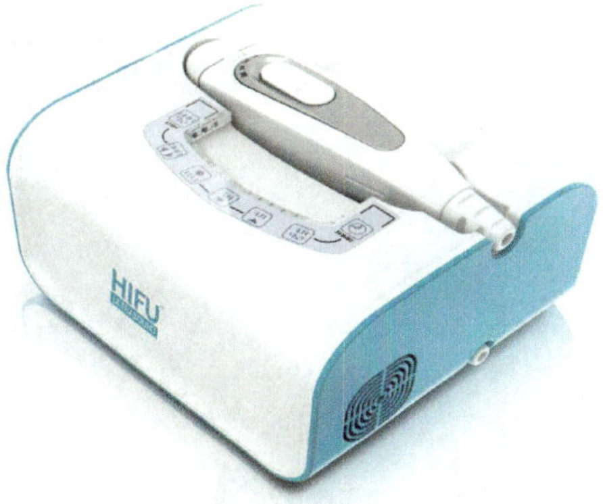
HIFU
图4-14-5 HIFU治疗仪

适应证:①乳腺纤维腺瘤、子宫肌瘤、肝血管瘤、乳腺癌、骨肉瘤、软组织肉瘤、肝癌、腹膜后肿瘤、肾癌、胰腺癌等。②不能手术或不适合放化疗者。③手术后或治疗后复发的中晚期癌症患者。④有多种脏器合并症或有明显手术禁忌证者。

禁忌证:①超声入射通道有骨骼或含气组织的阻挡,如肺、食管、纵隔肿瘤;②囊性肿瘤;③治疗靶区与皮肤之间距离 <2cm,易引起皮肤灼伤;④门静脉、下腔静脉、肾静脉癌栓;⑤全身衰竭;⑥中枢神经系统;⑦皮肤破溃或有感染。

疗效评价:①肿瘤标志物检测:如AFP、CEA、CA19-9、CA125等,治疗前后的肿瘤标志物水平改变可一定程度上反映治疗效果。②CT、MRI等影像学检查:检测治疗前后患者肿瘤的大小和范围。

并发症:损伤大血管致出血,皮肤及超声传导路径的灼伤。

二、光动力学治疗

光动力学治疗(photodynamic therapy,PDT)是用光敏药物和激光活化治疗肿瘤性疾病的一种新方法。用特定波长照射肿瘤部位,能使选择性聚集在肿瘤组织的光敏药物活化,光敏剂吸收光子的能量跃迁到激发态,受激发的光敏剂将能量传递给氧,生成活性很强的单态氧,单态氧能与附近的生物大分子发生氧化反应,产生细胞毒作用进而杀伤肿瘤细胞(图4-14-6、图4-14-7、图4-14-8)。

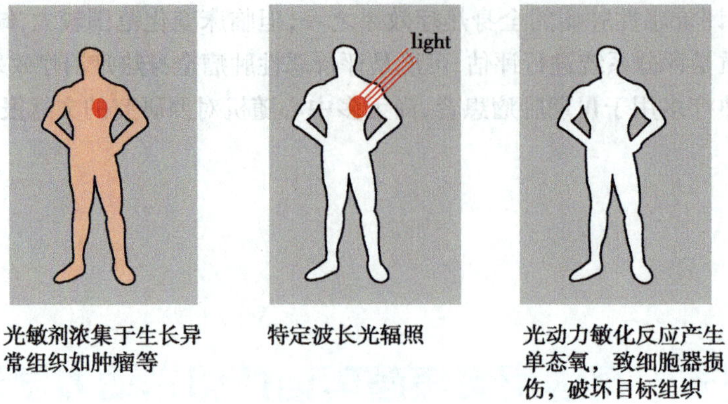
light
光敏剂浓集于生长异常组织如肿瘤等
特定波长光辐照
光动力敏化反应产生单态氧，致细胞器损伤，破坏目标组织

图 4-14-6 光动力学治疗示意图

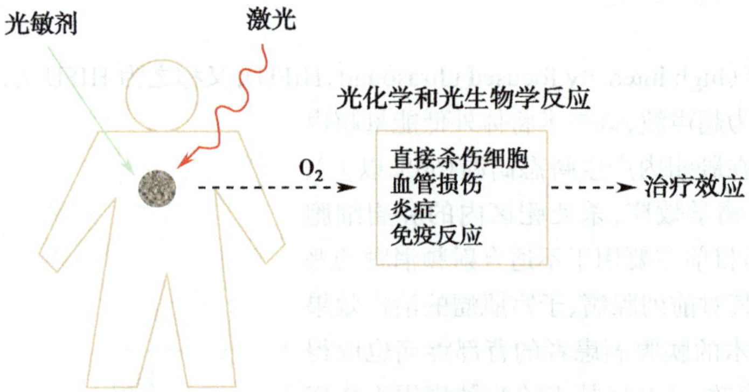
光敏剂
激光
光化学和光生物学反应
O_2
直接杀伤细胞
血管损伤
炎症
免疫反应
治疗效应

图 4-14-7 光动力学治疗原理图

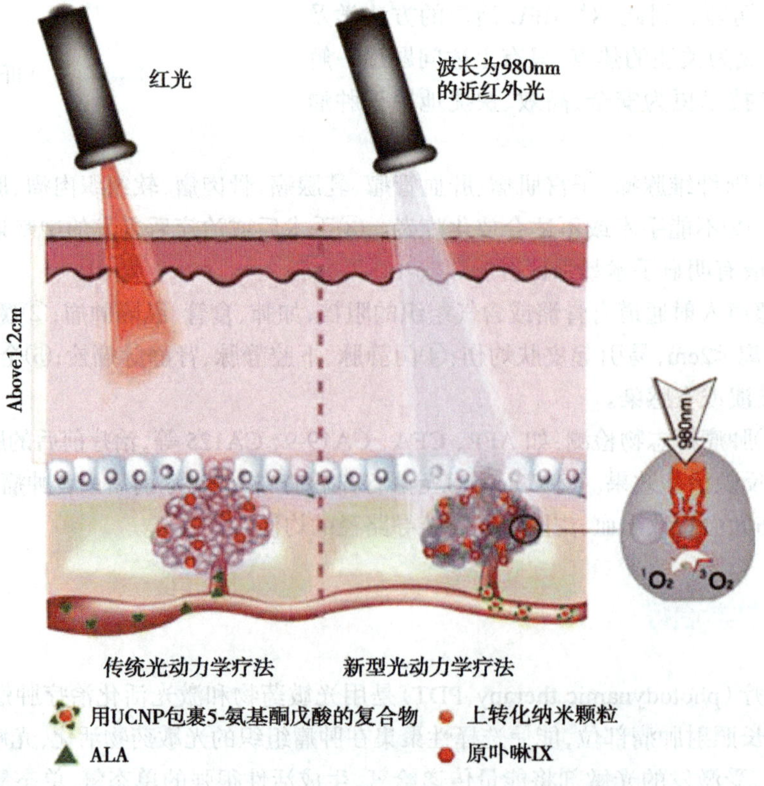
红光
波长为980nm
的近红外光
Above1.2cm
980nm
$^1O_2$
$^3O_2$
传统光动力学疗法
新型光动力学疗法
用UCNP包裹5-氨基酮戊酸的复合物
上转化纳米颗粒
ALA
原卟啉IX

图 4-14-8 传统光动力学治疗与 980nm 光动力学比较

适应证：①皮肤及皮下部恶性肿瘤：如 Bowen 病、恶性黑色素瘤等。②头颈部肿瘤：如唇癌、舌癌、鼻咽癌等。③呼吸道肿瘤：肺癌等。④消化道：胃癌、食管癌、胃癌和食管癌术后复发等。⑤泌尿生殖系统：膀胱癌、阴茎癌、外阴癌、宫颈癌等。⑥神经系统：颅咽管瘤、神经和脑转移瘤的术中治疗等。

光动力学治疗主要优点：①创伤小；②毒性低；③选择性好；④适用性好；⑤可以重复治疗；⑥可以姑息治疗。

禁忌证：①光敏剂过敏；②明显肝、肾功能不全；③严重心血管系统疾病；④生命体征不稳定；⑤恶病质。

疗效评价：①肿瘤标志物检测：如 CEA、CA19-9、CA125 等，治疗前后的肿瘤标志物水平改变可一定程度上反映光动力学治疗效果。②增强 CT、MRI 等影像学检查：检测治疗前后患者肿瘤的大小、密度及浸润深度。根据影像学数据评价肿瘤治疗效果，分为完全缓解（CR）、部分缓解（PR）、稳定（SD）、进展（PD）。③内镜检查：检测肿瘤浸润长度及深度的变化，以实体瘤疗效评价标准（RECIST）为基础。

并发症：①药物过敏反应：文献报道在注射血卟啉衍生物（HPD）中发现过敏性休克反应、胸闷、心悸不适等表现。②热反应：有 3% 患者注射 HPD 当天可出现低热，常在 38℃左右。③皮肤光毒反应：注射血卟啉衍生物后避光不当可出现皮肤痒感、红斑、水肿，严重者可起水疱，溃破后形成糜烂或溃疡。④皮肤色素沉着：注射 HPD 的患者，约有半数出现皮肤黑色素沉着。⑤谷丙转氨酶升高：应用 HPD 的患者约有 2% 出现谷丙转氨酶升高。

本章小结

热疗作为肿瘤治疗的第五大治疗方法，是肿瘤的综合治疗措施之一。热疗可与手术、化疗、放疗和生物治疗相互结合、相互补充，可以增加肿瘤患者对化疗、放疗的敏感性，增加肿瘤治疗的疗效，提高患者的治愈率，延长患者的生存期，减轻放疗和化疗所产生的毒副作用。

思考题

1. 什么是肿瘤热疗？肿瘤热疗分为哪些种类？
2. 什么是体腔热灌注治疗，有哪几种治疗类型？
3. 中国腹腔热灌注化疗的三大精准理念是什么，肿瘤治疗的 C-HIPEC 模式有哪些？
4. 什么是光动力学治疗？光动力学治疗的优势？

（崔书中）

第十五章
肿瘤的生物治疗总论

肿瘤的治疗需要多种手段。传统的手术治疗、放射治疗、化学治疗分别采用机械、物理、化学的方式来治疗肿瘤，生物治疗则是通过调节机体的生物反应来抑制肿瘤的发生发展。随着肿瘤学、免疫学、细胞和分子生物学等学科的发展和相互渗透，生物治疗的前景愈发广阔。本章主要介绍肿瘤生物治疗的基础、概念、分类和常见方法。

第一节　肿瘤生物治疗的基础及相关概念

一、肿瘤生物治疗的基础

肿瘤生物治疗早期的理论基础是生物反应调节理论。随着分子生物学、病毒学、遗传学等学科的发展，肿瘤的发生发展机制和生物学特征被逐步认识，奠定了肿瘤生物治疗进一步发展的理论基础。同时，迅猛发展的生物技术为肿瘤生物治疗提供了技术基础。

（一）生物反应调节理论

1984 年，Oldham 提出了生物反应调节理论。该理论认为：肿瘤的发生发展和机体的防御系统处于一个动态平衡，当这种平衡被打破后，细胞就会发生癌变。通过补充或刺激机体内生物反应调节物质，如细胞因子、免疫刺激剂、疫苗、免疫效应细胞等可以让这种动态失衡得以恢复，肿瘤就会得到抑制甚至消亡。生物反应调节理论是肿瘤生物治疗早期的理论基础。同一时期，Rosenberg 发现被 IL-2 体外激活的淋巴因子激活的杀伤（lymphokine-activated killer，LAK）细胞可以强有力地杀伤多种肿瘤细胞，并在临床上进一步得到验证，从而初步建立了肿瘤生物治疗的技术基础。

（二）肿瘤的发生发展机制

肿瘤的发生发展是在各种致癌因素的共同作用下，多基因发生改变（癌基因的活化和抑癌基因的失活，以及其他基因的表达调控失常等），使细胞发生恶性转化并呈现亚克隆扩增，同时机体的免疫监视功能丧失，最终导致肿瘤的形成。这是一个长期、多阶段的过程。总体而言，肿瘤的发生发展机制十分复杂，还有很多未知的领域需要进一步探索。

（三）恶性肿瘤的生物学特征

肿瘤细胞在发展成新生物的过程中获得了一系列标志性特征。目前认为恶性肿瘤有十大特征：

1. 自给自足的生长信号。
2. 对生长抑制信号不敏感。
3. 抵抗细胞死亡。
4. 无限复制能力。

5. 持续的血管生成。
6. 浸润和转移。
7. 基因组的不稳定和突变。
8. 促进肿瘤的炎症。
9. 细胞能量失调。
10. 免疫逃逸。

在这十大特征中，最关键的两个特征是基因组的不稳定和突变以及促进肿瘤的炎症。前者可以赋予细胞亚克隆选择性优势，使其在局部生长并进行一系列克隆性扩张。后者作为关键特征是因为炎症有助于肿瘤细胞获得特征性能力，如炎症可以向肿瘤微环境提供一系列生物活性分子，包括维持增殖信号的生长因子、促血管生成因子，以及促进侵袭和转移的细胞外基质修饰酶等。除此以外，肿瘤还呈现出另外一个复杂的特性：它包含了大量招募来的、表面上正常的细胞，这些细胞通过创造“肿瘤微环境”来帮助肿瘤获得标志性特征。认识到肿瘤这些生物学特性，将有助于肿瘤生物治疗手段的开发。

(四) 肿瘤生物技术的迅猛发展

由于肿瘤发生发展机制及生物学特征研究的深入，以及生物信息学、基因工程、计算机等学科的发展，肿瘤生物治疗技术开始进入全面发展阶段，如研发针对免疫逃逸机制的免疫检查点抑制剂：细胞毒性 T 淋巴细胞相关抗原 4(cytotoxic T lymphocyte-associated antigen-4，CTLA-4)单抗、程序性细胞死亡受体 1(programmed cell death 1 receptor，PD-1)单抗；针对抗血管生成的抗血管内皮生长因子(VEGF)药物；针对细胞生长和复制的表皮生长因子受体(EGFR)和细胞周期素依赖激酶(CDK)抑制剂；针对基因组不稳定和突变的多腺苷二磷酸核糖聚合酶[poly(ADP-ribose) polymerase，PARP]抑制剂等。未来，随着对机体免疫调控机制的深入研究和新药研发技术的发展，生物治疗会日益成熟，在肿瘤的综合治疗中将发挥越来越重要的作用(图 4-15-1)。

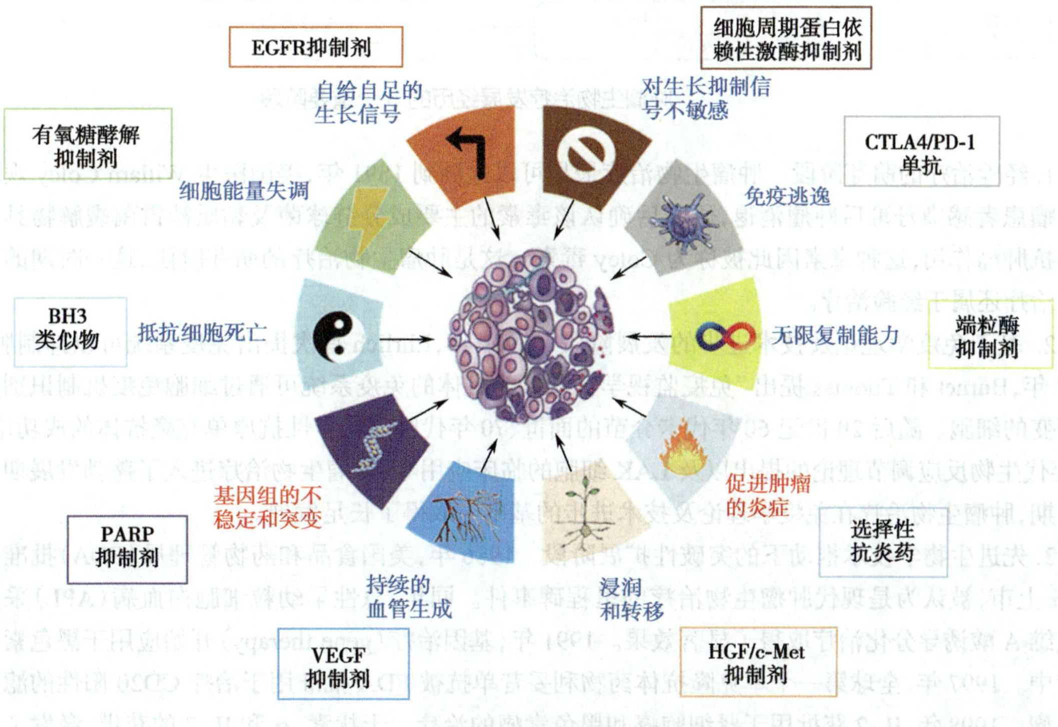
EGFR抑制剂
细胞周期蛋白依赖性激酶抑制剂
自给自足的生长信号
对生长抑制信号不敏感
有氧糖酵解抑制剂
CTLA4/PD-1单抗
细胞能量失调
免疫逃逸
BH3类似物
抵抗细胞死亡
无限复制能力
端粒酶抑制剂
基因组的不稳定和突变
促进肿瘤的炎症
PARP抑制剂
选择性抗炎药
持续的血管生成
浸润和转移
VEGF抑制剂
HGF/c-Met抑制剂

图 4-15-1　针对恶性肿瘤生物学特征的治疗

二、肿瘤生物治疗的相关概念

（一）肿瘤生物治疗

肿瘤生物治疗(biotherapy)是指通过生物反应调节剂来调节机体的防御机制，调动机体自身的生物学反应而发挥抗肿瘤作用的一种治疗手段。目前其被认为是继手术、放疗和化疗之后的第4种手段，可以单独使用，也可以与其他手段联合使用。

（二）生物反应调节剂

生物反应调节剂(biological response modifier，BRM)是指能够改变机体生物反应的生物大分子(细胞、核酸、蛋白质、肽)或小分子化合物，包括各类细胞因子、免疫刺激剂、单克隆抗体、内分泌药物、基因药物、小分子靶向药物、免疫效应细胞等。

（三）肿瘤生物治疗概念的演变史

肿瘤生物治疗的概念经历了一个演变过程，总体上可以分为3个重要阶段(图4-15-2)。

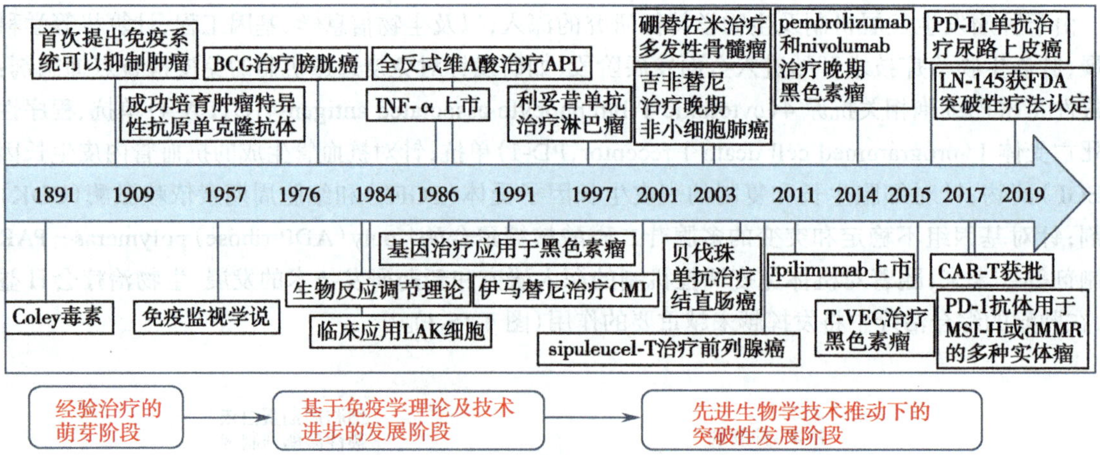
首次提出免疫系统可以抑制肿瘤
BCG治疗膀胱癌
全反式维A酸治疗APL
硼替佐米治疗多发性骨髓瘤
pembrolizumab和nivolumab治疗晚期黑色素瘤
PD-L1单抗治疗尿路上皮癌
成功培育肿瘤特异性抗原单克隆抗体
INF-α上市
利妥昔单抗治疗淋巴瘤
吉非替尼治疗晚期非小细胞肺癌
LN-145获FDA突破性疗法认定
1891 1909 1957 1976 1984 1986 1991 1997 2001 2003 2011 2014 2015 2017 2019
基因治疗应用于黑色素瘤
贝伐珠单抗治疗结直肠癌
ipilimumab上市
CAR-T获批
生物反应调节理论
伊马替尼治疗CML
Coley毒素
免疫监视学说
临床应用LAK细胞
sipuleucel-T治疗前列腺癌
T-VEC治疗黑色素瘤
PD-1抗体用于MSI-H或dMMR的多种实体瘤
经验治疗的萌芽阶段
基于免疫学理论及技术进步的发展阶段
先进生物学技术推动下的突破性发展阶段

图4-15-2 肿瘤生物治疗发展经历的3个重要阶段

1. 经验治疗的萌芽阶段 肿瘤生物治疗最早可以追溯到1891年，美国医生Willam Coley观察到骨肉瘤患者感染丹毒后肿瘤消退，研究后确认该毒素的主要成分链球菌及黏质沙雷菌裂解物具有一定的抗肿瘤作用，这种毒素因此被称为Coley毒素。这是肿瘤生物治疗的萌芽阶段，这一时期的肿瘤生物治疗还属于经验治疗。

2. 基于免疫学理论及技术进步的发展阶段 1909年，Ehrlich首次提出免疫系统可以抑制肿瘤。1957年，Burnet和Thomas提出“免疫监视学说”，认为机体的免疫系统可通过细胞免疫机制识别并清除癌变的细胞。随后20世纪60年代卡介苗的面世、70年代肿瘤特异性抗原单克隆抗体的成功培育、80年代生物反应调节理论的提出以及LAK细胞的临床应用等，肿瘤生物治疗进入了蓬勃发展期。这一时期，肿瘤生物治疗在免疫学理论及技术进步的基础上取得了长足发展。

3. 先进生物学技术推动下的突破性扩展阶段 1986年，美国食品和药物管理局(FDA)批准干扰素-α上市，被认为是现代肿瘤生物治疗的里程碑事件。同年，急性早幼粒细胞白血病(APL)采用全反式维A酸诱导分化治疗取得了显著效果。1991年，基因治疗(gene therapy)开始应用于黑色素瘤的治疗中。1997年，全球第一个单克隆抗体药物利妥昔单抗被FDA批准用于治疗CD20阳性的滤泡性淋巴瘤。1998年，IL-2获批用于肾细胞癌和黑色素瘤的治疗。干扰素-α和IL-2的获批，激发了人们对细胞因子治疗的热情，但随后发现，这种治疗方法即使是作为手术、放疗和化疗等常规治疗方法的补充，疗效也有限，又由于缺乏多中心随机对照研究，一直没有被主流医学观点接受和认可。

进入21世纪之后，随着肿瘤免疫调控机制的逐渐清晰化和基因改造技术的不断升级，肿瘤生物治疗的理念和技术都在不断发展。20世纪80年代，肿瘤生物治疗在认知上被等同于免疫治疗(immunotherapy)，现在学者们多认为免疫治疗仅仅是生物治疗的一个分支，生物治疗还包括分子靶向治疗(targeted therapy)、基因治疗、内分泌治疗(endocrine therapy)、诱导分化治疗(induced differentiation therapy)及干细胞治疗(stem cell therapy)等。它们的共同特点都是利用生物制剂直接或间接地修饰机体和肿瘤的相互关系，改变机体对肿瘤细胞的生物学应答，恢复机体内环境的平衡，从而起到抗肿瘤效应。

肿瘤生物治疗理念上的革命性转变和先进生物学技术的强烈推动，使其进入了快速发展的新阶段。分子靶向治疗的突破是在2001年，酪氨酸激酶抑制剂伊马替尼获批用于治疗慢性粒细胞白血病(CML)，随后还有吉非替尼用于治疗晚期非小细胞肺癌，单克隆抗体药物贝伐珠单抗用于治疗晚期结直肠癌，以及曲妥珠单抗用于治疗乳腺癌等。2003年，蛋白酶体抑制剂硼替佐米获批用于多发性骨髓瘤的治疗。2010年，自体树突状细胞疫苗sipuleucel-T被FDA批准用于治疗前列腺癌。2011年，针对免疫检查点CTLA-4阻断的单克隆抗体伊匹单抗(ipilimumab)获批上市，开启了肿瘤免疫治疗的新纪元。2014年，另一类免疫检查点抑制剂PD-1单克隆抗体派姆单抗(pembrolizumab)和纳武单抗(nivolumab)获批用于晚期黑色素瘤的治疗。2015年，溶瘤病毒疫苗(T-VEC)获批用于治疗病灶位于皮肤和淋巴结且手术无法完全清除的黑色素瘤患者。2016年，细胞程序性死亡配体-1(programmed cell death-ligand 1，PD-L1)单抗获批用于治疗尿路上皮癌。2017年，嵌合抗原受体T细胞(chimeric antigen receptor T-cell，CAR-T)疗法的获批给部分血液系统肿瘤带来了治愈性的突破。同一年，FDA加速批准PD-1抗体用于高度微卫星不稳定性(MSI-H)或错配修复基因缺陷(deficient mismatch repair，dMMR)的多种实体瘤，这意味着新型药物研发和分子病理学的快速发展，"异病同治"已经开始实现。2019年，Rosenberg团队研发的肿瘤浸润淋巴细胞(TIL)疗法LN-145再一次让世界瞩目，被FDA授予肿瘤领域的突破性治疗进展，它一旦获批，将为实体瘤患者带来巨大的生存获益。一项项创新的治疗技术为人类抗击肿瘤提供了更多的利剑，也让在肿瘤征战途中屡战屡败的临床医生和科学家们重拾了信心。尤其是近5年，随着免疫检查点单抗治疗与CAR-T细胞治疗的崛起，生物治疗的疗效逐渐获得肯定，甚至被医学界认为是肿瘤治疗领域最具前景及最有可能治愈肿瘤的方向。

第二节 肿瘤生物治疗的分类及常见方法

一、肿瘤生物治疗的分类

肿瘤生物治疗是目前肿瘤治疗领域极具前景的发展方向之一，随着肿瘤生物学、免疫学、基因工程技术以及新药研发技术的发展，越来越多的生物治疗手段被应用于临床。肿瘤生物治疗涵盖领域较多，分类没有统一的标准，未来随着理论和机制的进一步完善，相信肿瘤生物治疗的分类会逐步明晰。现在临床常用分类方法如下：

(一) 根据作用机制不同分类

生物治疗可以分为免疫治疗、基因治疗、分子靶向治疗、内分泌治疗、诱导分化治疗和干细胞治疗6类。

由于各种治疗方法存在多重作用机制，部分方法的作用机制又尚未完全明确，所以按照作用机制进行归类存在着交叉。如单克隆抗体治疗既属于免疫治疗，又属于分子靶向治疗；CAR-T疗法既属于基因治疗，又属于免疫治疗。

（二）根据生物反应调节剂的性质不同分类

生物治疗可以分为两大类：

1. 生物制剂治疗　主要包括蛋白及多肽类制品（如细胞因子、单克隆抗体和多肽肿瘤疫苗等）、细胞类制品（如免疫细胞、干细胞等）、核酸类及多糖类制品（如基因治疗、反义寡核苷酸、多糖类免疫调节剂和基因肿瘤疫苗等）。

2. 化学制剂治疗　主要包括化学合成的药物（如酪氨酸激酶抑制剂等）和从天然物质中提取的物质（如三氧化二砷等）。

二、肿瘤生物治疗的常见方法

（一）肿瘤免疫治疗

肿瘤免疫治疗是指通过增强机体的免疫功能或通过解除肿瘤微环境中由肿瘤引起的免疫抑制来发挥机体抗肿瘤作用的治疗方法。根据作用机制不同，可分为主动免疫治疗、被动免疫治疗和非特异性免疫调节剂治疗；根据免疫反应种类不同，可分为非特异性和特异性免疫治疗；根据免疫治疗制剂的不同，可分为非特异性免疫调节剂治疗、肿瘤疫苗疗法（tumor vaccine therapy）、过继性细胞免疫疗法、单克隆抗体治疗和溶瘤病毒疗法。

1. 非特异性免疫调节剂治疗　非特异性免疫调节剂主要包括多糖类（香菇多糖等）、微生物类（卡介苗等）、免疫组织提取物（胸腺素等）、细胞因子（白细胞介素、干扰素等）以及免疫检查点抑制剂（CTLA-4、PD-1/PD-L1单抗）等。这些非特异性免疫调节剂通过活化免疫系统，间接发挥抗肿瘤的作用。

2. 肿瘤疫苗疗法　肿瘤疫苗的治疗是将肿瘤抗原以多种形式导入机体，通过激活机体自身免疫系统，诱导产生特异性免疫应答来控制或清除肿瘤的一种治疗方法。目前肿瘤疫苗根据来源分为多肽疫苗、mRNA 疫苗、DNA 质粒疫苗、病毒载体疫苗、工程化减毒细菌载体疫苗和体外负载抗原的树突状细胞（DC）疫苗等。根据用途分为预防性疫苗和治疗性疫苗，前者如宫颈癌疫苗，后者如治疗转移性去势抵抗前列腺癌的 sipuleucel-T 疫苗。

3. 过继性细胞免疫疗法　过继性细胞免疫疗法是指将体外活化和扩增的免疫效应细胞输入患者体内，直接杀伤肿瘤细胞或者激发抗肿瘤免疫反应的一种疗法。其分为非特异性细胞免疫和特异性细胞免疫治疗。前者包括 LAK 细胞、DC、自然杀伤细胞、细胞因子诱导的杀伤细胞（cytokine induced killer，CIK）等。后者包括 TIL、T 细胞抗原受体（T cell receptor，TCR）T 细胞、CAR-T 等。

4. 单克隆抗体治疗　主要通过抗体依赖的细胞毒性和补体依赖的细胞毒性效应特异性地杀伤肿瘤细胞，如利妥昔单抗治疗 CD20 阳性的 B 细胞淋巴瘤等。单克隆抗体也可以与其他活性物质偶联形成结合抗体，如 T-DM1 是由曲妥珠单抗与细胞毒药物美坦新结合而成，用于治疗人类表皮生长因子受体 -2（HER-2）过表达的晚期乳腺癌。另外，免疫检查点抑制剂 CTLA-4、PD-1/PD-L1 单抗主要是通过作用于肿瘤微环境中的免疫检查点，解除机体的免疫抑制来发挥抗肿瘤作用，已经在多瘤种获批。免疫检查点抑制剂也归属于非特异性免疫调节剂治疗。

5. 溶瘤病毒疗法　溶瘤病毒（oncolytic viruses，OVs）是一类具有选择性感染和杀伤肿瘤细胞特性的病毒，近年来受到极大的关注。其抗肿瘤活性主要是通过直接裂解肿瘤细胞、激活机体免疫反应和协同免疫检查点阻断等机制来实现的。目前研究较多的有疱疹病毒、腺病毒、痘苗病毒、麻疹病毒、柯萨奇病毒、反转录病毒等。2015 年，FDA 批准了世界上第一个溶瘤病毒产品 T-VEC 用于治疗晚期黑色素瘤。

（二）肿瘤基因治疗

肿瘤基因治疗是指将直接针对肿瘤细胞及提高免疫细胞功能的目的基因通过基因转移、基因编辑、细胞工程等技术导入机体受体细胞（肿瘤细胞、免疫细胞、干细胞等），通过抑制癌基因表达、纠正抑癌基因功能缺陷、导入自杀基因,靶向杀伤肿瘤细胞及肿瘤周边细胞,以及增强机体的防御机制来抑制和杀伤肿瘤的治疗方法。目前临床上应用的针对血液系统肿瘤的 CAR-T 疗法就是靶向免疫细胞的基因治疗。未来随着对基因调控机制的深入研究、基因工程技术的进一步发展和相关临床研究管理规范的确立,相信基因治疗会越来越安全、精准和高效。

(三) 肿瘤分子靶向治疗

肿瘤分子靶向治疗是在分子水平上,针对肿瘤发生发展过程中的关键靶点,应用有效的阻断剂来干预细胞发生癌变的过程。其主要特点是“高效低毒”,即对肿瘤细胞具有高度杀伤作用,对正常细胞和组织损伤较小。它是近年来肿瘤生物治疗领域发展最快的手段之一,给患者带来了极大的生存获益,甚至改变了既往的治疗理念。不仅“同病”可以“异治”,例如晚期非小细胞肺癌可以根据不同的基因突变位点 EGFR、间变性淋巴瘤激酶(anaplastic lymphoma kinase,ALK)、c-ros 癌基因 1(c-ros oncogene 1,ROS1)等,选择不同的靶向药物治疗;“异病”也可以“同治”,例如存在神经营养因子受体酪氨酸激酶(neurotrophin receptor kinase,NTRK)融合基因的不同类型肿瘤,都可以使用 larotrectinib 治疗。临床上根据其作用机制分为以下两大类:

1. 靶向于肿瘤细胞　例如 EGFR 酪氨酸激酶抑制剂吉非替尼、厄洛替尼和奥西替尼,抗 EGFR 的单克隆抗体西妥昔单抗,mTOR 激酶抑制剂依维莫司等。

2. 靶向于肿瘤微环境　例如抗 VEGF 的贝伐珠单抗可以抑制肿瘤血管生长,改善肿瘤微环境等。随着生物信息学的发展,未来分子靶向治疗研究的热点应该是尽快构建肿瘤分子层面的全息图谱,可视化肿瘤的分子分型,加快关键靶点药物的研发及确立临床伴随诊断的方法和规范,以真正达到肿瘤治疗的精准化。

(四) 肿瘤内分泌治疗

肿瘤的内分泌治疗主要是通过调节机体的激素水平以及内分泌环境来抑制肿瘤细胞生长的治疗方法。尤其是对激素依赖性肿瘤,内分泌治疗的效果要优于传统的化疗和放疗。肿瘤内分泌治疗始于乳腺癌,1895 年,George Beatson 完成了世界上第一例用切除双侧卵巢来治疗晚期乳腺癌的手术,拉开了内分泌治疗的序幕。随后,抗雌激素药物(他莫昔芬)、芳香化酶抑制剂(依西美坦、来曲唑、阿那曲唑)、雌激素受体拮抗剂(氟维司群)等的出现,使内分泌治疗成为乳腺癌主要的治疗手段之一。其他对内分泌治疗有效的肿瘤还包括前列腺癌、子宫内膜癌以及胃肠胰神经内分泌肿瘤等。其中生长抑素类似物是治疗神经内分泌肿瘤的主要手段之一。未来,随着对肿瘤生长调节机制及内分泌耐药机制的深入研究,相信内分泌治疗将会发挥更大的作用。

(五) 肿瘤诱导分化治疗

肿瘤诱导分化治疗是指应用某些化学物质使肿瘤细胞的表型分化为正常或接近正常细胞的治疗方法,这些化学物质称为化学诱导剂。目前临床上应用比较成功的是全反式维 A 酸和三氧化二砷,这两种化学诱导剂均能够诱导白血病细胞向正常细胞转化,极大地改善了急性早幼粒细胞白血病患者的预后。诱导分化治疗打破了“细胞一旦恶变就不会逆转”的观点,为肿瘤的治疗开辟了新的途径。但在实体瘤中,目前诱导分化治疗进展缓慢。

(六) 干细胞治疗

干细胞主要包括胚胎干细胞(embryonic stem cell,ES)和成体干细胞(adult stem cell,AS)。由于伦理和法律的制约,胚胎干细胞疗法的研究受到限制,目前主要集中在成体干细胞的研究。诱导多能干细胞(induced pluripotent stem cells,iPS)类似于胚胎干细胞,具有自我更新能力和多向分化潜能,它来源于自体体细胞或其他类型的细胞,可以避免免疫排斥反应及伦理的争议,但受致瘤性、疗效和成本的制约,目前还局限于体外研究。间充质干细胞(mesenchymal stem cells,MSCs)具有低免疫原性、肿瘤趋向性和免疫调节能力,在体外易于分离和制备,有望成为肿瘤基因治疗的理想载体。造血干细胞移植已经在临床上广泛应用,是血液系统肿瘤的主要治愈性手段之一。

另外,在肿瘤中还存在一群干细胞,被称为肿瘤干细胞(tumor stem cells,TSCs)。其主要特点是具有自我更新和无限增殖能力，并能产生异质性肿瘤细胞。在白血病、乳腺癌、脑胶质瘤、胰腺癌等多种恶性肿瘤中已经分离出了 TSCs。针对肿瘤干细胞 Hedgehog 信号通路的两种药物 vismodegib 和 sonidegib 已经被 FDA 批准用于治疗晚期基底细胞癌。总之，肿瘤干细胞理论让人们开始重新思考肿瘤的起源和本质，未来针对肿瘤干细胞的治疗具有重大的临床应用潜力。

本章小结

1. 肿瘤生物治疗是继手术、化疗、放疗之后发展起来的针对恶性肿瘤的第 4 种治疗手段。肿瘤的发生发展机制和生物学特征的阐明以及生物技术的进步，是肿瘤生物治疗发展的理论及技术基础。

2. 肿瘤生物治疗涵盖领域较多，分类没有统一标准。目前主要根据作用机制及生物反应调节剂的性质不同进行分类。根据作用机制可以分为免疫治疗、基因治疗、分子靶向治疗、内分泌治疗、诱导分化治疗、干细胞治疗。根据生物反应调节剂不同，可以分为生物制剂和化学制剂治疗。肿瘤生物治疗发展迅猛，被认为是目前所知的唯一一种有望彻底消灭肿瘤的治疗方法。

思考题

1. 肿瘤生物治疗的理论基础是什么？
2. 肿瘤生物治疗的分类？
3. 肿瘤生物治疗与传统的治疗手段有什么不同？

（顾艳宏）

第十六章 肿瘤分子靶向治疗

肿瘤分子靶向治疗(tumor molecular targeted therapy)是以肿瘤细胞的标志性分子为靶点,研制出有效的阻断剂,干预细胞发生癌变的环节,如通过抑制肿瘤细胞增殖、干扰细胞周期、诱导肿瘤细胞分化、抑制肿瘤细胞转移、诱导肿瘤细胞凋亡及抑制肿瘤血管生成等途径达到治疗肿瘤的目的。近20年来,随着肿瘤分子生物学的快速发展,肿瘤分子靶向治疗已经应用于临床,众多的肿瘤患者已从该治疗中获益。肿瘤分子靶向治疗在肿瘤内科治疗中的重要性越来越受到认可。肿瘤分子靶向治疗属于肿瘤多学科综合治疗的一部分,其临床应用仍处于起步阶段,还需要不断的探索和总结。

第一节 分子靶向治疗药物的分类

肿瘤分子靶向治疗根据其作用机制可分为两大类:一是针对肿瘤细胞本身的治疗;二是针对肿瘤生长微环境的治疗。前者包括:①针对细胞膜上生长因子受体和细胞膜分化抗原的靶向治疗;②针对细胞内信号转导分子的靶向治疗;③针对细胞周期蛋白的靶向治疗;④针对细胞凋亡调节因子的靶向治疗;⑤针对细胞表观遗传学的靶向治疗。肿瘤微环境主要由间质细胞、血管、细胞外基质和少量免疫细胞等组成,而针对肿瘤生长微环境的治疗,目前临床上应用最多的是抗肿瘤血管和新生血管的治疗。

一、针对肿瘤细胞本身的分子靶向治疗

(一)针对细胞膜上生长因子受体和细胞膜分化抗原的靶向治疗

此类靶向治疗药物多数为单克隆抗体,单克隆抗体与生长因子受体或抗原特异性结合,通过阻断细胞增殖信号,诱导肿瘤免疫应答,产生抗体依赖性细胞介导的细胞毒作用(ADCC)和补体介导的细胞毒作用(CDC),达到杀伤肿瘤细胞的目的。根据作用的靶分子不同,单克隆抗体还可以分为作用于细胞生长因子受体的单克隆抗体和作用于细胞膜分化抗原的单克隆抗体两类。

1. 作用于细胞生长因子受体的单克隆抗体　生长因子是一类对细胞生长有高效调节作用的多肽物质,通过与细胞膜上特异性受体结合而产生生物效应。生长因子及其受体发生基因突变将导致细胞生长增殖失控,引起肿瘤。单克隆抗体与相应生长因子受体结合后将阻断细胞增殖信号转导,抑制肿瘤细胞生长,同时也能通过诱导免疫应答杀伤肿瘤细胞。目前针对细胞生长因子受体的单克隆抗体主要有作用于表皮生长因子受体(EGFR)家族的单克隆抗体和作用于血管内皮生长因子受体(vascular endothelial growth factor receptor,VEGFR)的单克隆抗体等。

(1)作用于EGFR家族的单克隆抗体:EGFR家族也称HER家族主要有4个成员,即HER-1

(EGFR/erbB1)、HER-2(erbB2)、HER-3(erbB3)、HER-4(erbB4),EGFR家族在许多上皮来源的肿瘤细胞过表达或突变,使细胞生长失控发生恶变。配体与其结合后形成二聚体,激活其自身酪氨酸激酶活性,发生自身磷酸化,激活下游信号转导通路,使细胞增殖和抑制凋亡。单克隆抗体与EGFR家族成员结合后,阻断了其与配体的结合,从而阻断了肿瘤细胞内增殖和生存的主要信号途径。临床中常用的EGFR家族单克隆抗体包括:西妥昔单抗(cetuximab)、尼妥珠单抗(nimotuzumab)和曲妥珠单抗(trastuzumab)等。

(2)作用于VEGFR的单克隆抗体:肿瘤的生长和转移必须有新生血管的形成,VEGF作为重要的促血管生长因子,与受体结合后能够诱导肿瘤血管形成,促进肿瘤生长。VEGFR不仅在血管内皮细胞上表达,而且在肿瘤细胞上过表达。单克隆抗体与VEGFR结合后不仅抑制肿瘤血管新生,同时还可以抑制肿瘤细胞增殖,促进肿瘤细胞凋亡。

2. 作用于细胞膜分化抗原的单克隆抗体　细胞膜分化抗原是指在细胞分化、成熟和活化过程中出现的细胞表面标记,通常以分化抗原簇(cluster of differentiation,CD)来代表。白细胞分化抗原在一些血液系统恶性肿瘤中会出现高表达。单克隆抗体与白细胞分化抗原结合后,通过抗体依赖性细胞介导的细胞毒作用和补体介导的细胞毒作用杀伤肿瘤细胞。一些分化抗原单克隆抗体与化学药物、放射性核素共同构成单克隆抗体偶联物,使杀伤肿瘤细胞的活性物质特异性地作用于肿瘤细胞。目前临床应用的分化抗原单克隆抗体包括:利妥昔单抗(rituximab)、阿仑单抗(alemtuzumab)和替伊莫单抗(ibritumomab tiuxetan)等。

(二)针对细胞内信号转导分子的靶向治疗

细胞信号转导是指胞膜或胞内受体接收信号分子的刺激,经细胞内信号转导系统转换,从而影响细胞生物学行为的过程。在肿瘤细胞中,生长因子或受体发生基因突变或过表达,导致受体的过度激活,活化细胞内激酶,进而激活下游信号途径,促进肿瘤生长。酪氨酸激酶及其下游信号转导通路中的关键分子是目前的研究热点。

1. 酪氨酸激酶抑制剂　酪氨酸激酶是细胞信号转导系统的重要辅酶,能催化腺苷三磷酸上的磷酸基转移到许多重要蛋白质的酪氨酸残基上,使其发生磷酸化,从而激活下游信号转导途径,调节细胞生长、增殖和分化。超过半数的原癌基因和癌基因产物都具有酪氨酸激酶活性,它们的异常表达将导致细胞增殖调节发生紊乱,进而导致肿瘤发生。酪氨酸激酶抑制剂可以抑制酪氨酸激酶的自身磷酸化及底物的磷酸化,阻断异常的酪氨酸激酶信号转导,从而抑制细胞增殖,促进细胞凋亡。根据其是否存在相应的胞外受体,酪氨酸激酶抑制剂又分为受体型酪氨酸激酶抑制剂和非受体型酪氨酸激酶抑制剂。

(1)受体型酪氨酸激酶抑制剂:包括单靶点EGFR酪氨酸激酶抑制剂和多靶点酪氨酸激酶抑制剂。单靶点EGFR酪氨酸激酶抑制剂(EGFR tyrosine kinase inhibitors,EGFR-TKI)能够进入细胞内,直接作用于EGFR的胞内区,抑制酪氨酸激酶的自身磷酸化及底物的磷酸化,进而阻断异常的酪氨酸激酶信号转导。临床中常用的EGFR-TKI包括:吉非替尼(gefitinib)、厄洛替尼(erlotinib)和埃克替尼(icotinib)等。多靶点酪氨酸激酶抑制剂可同时作用于多个受体型酪氨酸激酶,如EGFR酪氨酸激酶、PDGFR酪氨酸激酶和VEGFR酪氨酸激酶等。临床中常用的多靶点酪氨酸酶抑制剂包括:拉帕替尼(lapatinib)、舒尼替尼(sunitinib)、索拉非尼(sorafenib)等。

(2)非受体型酪氨酸激酶抑制剂:非受体型酪氨酸激酶包括BCR-ABL酪氨酸激酶和SRC酪氨酸激酶等。慢性粒细胞白血病的发病基础是染色体易位产生BCR-ABL融合蛋白,其具有酪氨酸激酶活性,通过调节蛋白的磷酸化水平,激活细胞增殖和分化信号通路。SRC激酶的活化可能与乳腺癌、胃癌、肺癌等多种实体瘤和费城染色体阳性急性白血病的发病有关。伊马替尼(imatinib)是BCR-ABL酪氨酸激酶的小分子抑制剂;达沙替尼(dasatinib)是BCR-ABL和SRC激酶双重小分子抑制剂。

2. 酪氨酸激酶下游信号转导通路关键分子抑制剂　酪氨酸激酶激活的主要下游信号转导通路包

括 RAS-MAPK 信号通路和 PI3K-AKT-mTOR 信号通路等(图 4-16-1)。RAS-MAPK 信号通路包括一系列蛋白激酶的级联反应,可被细胞因子、生长因子、神经递质、激素和细胞应激等多种因素刺激而活化。涉及药物作用靶点包括 RAS、RAF、MEK、ERK 以及核内相关转录因子等。RAS 活化的第一步为法尼基化,法尼基转移酶抑制剂可以抑制 RAS 的功能。PI3K-AKT-mTOR 信号通路参与细胞生长、增殖、黏附、分化等多种重要的细胞功能。PI3K 活化后可激活下游激酶如 AKT 等,激活的 AKT 转移至细胞核内磷酸化 mTOR,活化的 mTOR 作用于下游底物从而产生生物学作用,其中 mTOR 为肿瘤治疗的一个重要靶点,依维莫司(everolimus)是 mTOR 的特异性抑制剂。

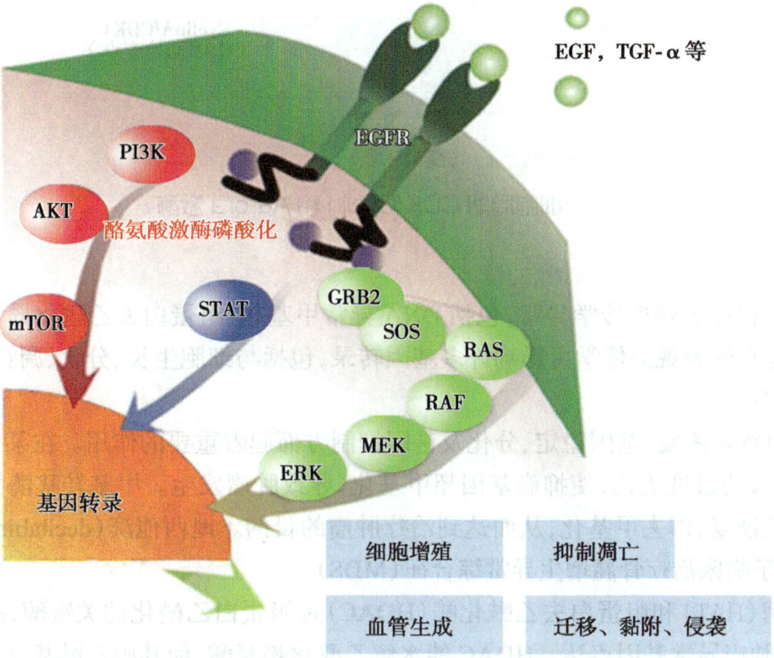
EGFR酪氨酸激酶的下游信号通路
EGF，TGF-α 等
EGFR
PI3K
AKT
酪氨酸激酶磷酸化
mTOR
STAT
GRB2
SOS
RAS
RAF
MEK
ERK
基因转录
细胞增殖
抑制凋亡
血管生成
迁移、黏附、侵袭

图 4-16-1　EGFR 酪氨酸激酶的下游信号通路

(三) 针对细胞周期蛋白的靶向治疗

细胞周期调控是一个非常复杂和精细的调节过程,它与细胞的分化、生长和死亡有着紧密的关系。周期素依赖性激酶 / 周期素(CDK/Cyclin)是细胞周期调控网络的核心,主导周期的启动、进行和结束。Aurora 激酶为细胞有丝分裂的重要调节激酶。以 CDK/Cyclin 和 Aurora 激酶为靶点的靶向治疗是目前的研究重点(图 4-16-2)。类黄酮(flavonoids)是以 CDK/Cyclin 为靶点的小分子抑制剂,能抑制多种实体瘤的增殖活性。Tozasertib(VX-680)是一种 Aurora 激酶抑制剂,它作用于 ATP 结合位点,能抑制肿瘤细胞生长并诱导细胞凋亡。

(四) 针对细胞凋亡调节因子的靶向治疗

细胞凋亡是细胞在一定的生理或病理条件下,遵循自身程序,由基因控制的细胞自主性死亡方式。细胞凋亡的相关调控基因包括凋亡促进基因和凋亡抑制基因两大类。凋亡促进基因包括:*p53* 基因、*MYC* 基因、*TRAIL* 基因等;凋亡抑制基因包括:*BCL-2* 基因、*IAP* 家族、*COX-2* 基因等。以细胞凋亡相关调控基因为靶点,诱导肿瘤细胞凋亡,是目前肿瘤分子靶向治疗的重要研究方向。马帕木单抗(mapatumumab)是抗 TRAIL 受体 1 蛋白的单克隆抗体,可诱导表达 TRAIL 受体 1 蛋白的肿瘤细胞发生凋亡。ABT737 是特异性靶向凋亡抑制基因 *Bcl-2* 的小分子抑制剂,可直接抑制抗凋亡蛋白 Bcl-2 的功能,诱导细胞发生凋亡。

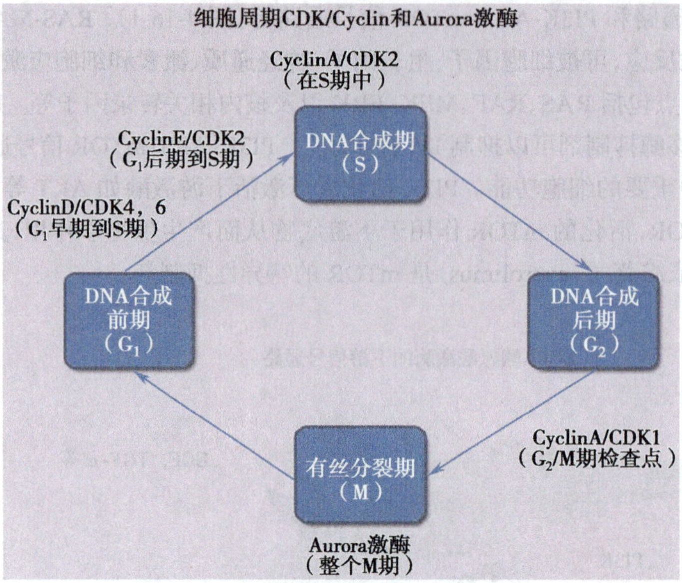

细胞周期CDK/Cyclin和Aurora激酶
CyclinA/CDK2
（在S期中）
CyclinE/CDK2
（G_1后期到S期）
DNA合成期
（S）
CyclinD/CDK4，6
（G_1早期到S期）
DNA合成
前期
（G_1）
DNA合成
后期
（G_2）
CyclinA/CDK1
（G_2/M期检查点）
有丝分裂期
（M）
Aurora激酶
（整个M期）

图 4-16-2 细胞周期 CDK/Cyclin 和 Aurora 激酶

（五）针对细胞表观遗传学的靶向治疗

肿瘤细胞还常常存在表观遗传学异常，包括 DNA 异常甲基化、组蛋白去乙酰化异常及其所致的染色质结构异常。异常的表观遗传学可影响许多基因转录，包括与细胞生长、分化、凋亡、转化和肿瘤发生、发展有关的基因。

DNA 甲基化在 DNA 修复、基因稳定、分化及基因抑制方面起着重要的作用。在某些致癌因素作用下，细胞内甲基转移酶过度表达，使抑癌基因超甲基化，导致肿瘤发生。甲基转移酶抑制剂可以使抑癌基因的功能得到恢复，即去甲基化，从而达到治疗肿瘤的目的。地西他滨（decitabine）是 DNA 去甲基化药物，已应用于临床治疗骨髓增生异常综合征（MDS）。

组蛋白乙酰化酶（HAT）和组蛋白去乙酰化酶（HDAC）是组蛋白乙酰化的关键酶，决定着组蛋白的乙酰化程度，参与肿瘤异常基因表达。HDAC 能水解乙酰化赖氨酸，使其脱乙酰基，抑制基因转录。由 HDAC 引起的启动子区组蛋白去乙酰化是抑癌基因失活的重要机制，而 HDAC 抑制剂就是通过逆转组蛋白低乙酰化水平，恢复某些抑癌基因的功能而发挥治疗癌症的作用。伏立诺他（vorinostat）是组蛋白去乙酰化酶抑制剂，已应用于临床治疗皮肤 T 细胞淋巴瘤（图 4-16-3）。

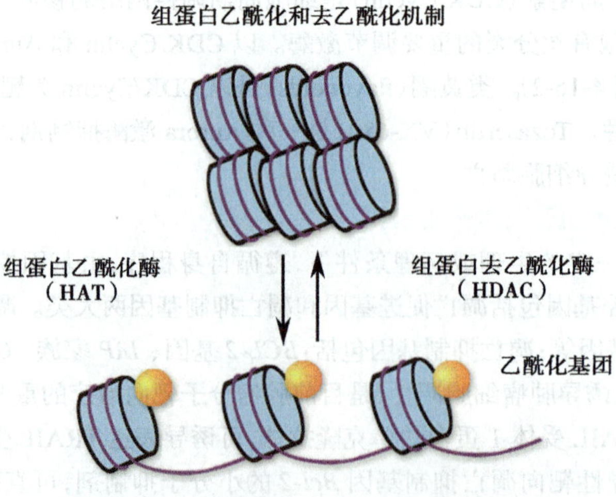

组蛋白乙酰化和去乙酰化机制
组蛋白乙酰化酶
（HAT）
组蛋白去乙酰化酶
（HDAC）
乙酰化基团

图 4-16-3 组蛋白乙酰化和去乙酰化机制

二、针对肿瘤生长微环境的治疗

肿瘤在其发生和发展过程中所处的内环境即肿瘤微环境，是由血管、间质细胞、细胞外基质和少量免疫细胞组成，它是肿瘤细胞生存、增殖的土壤，与肿瘤的增殖及转移密切相关。而针对肿瘤生长微环境的分子靶向治疗目前临床上研究最多的是抗肿瘤血管和新生血管生成的治疗。目前主要的抗肿瘤血管和新生血管生成的靶向药物有以下几类：

1. 抗 VEGF 药物　在众多血管生成因子中，VEGF 作用最强，在血管生成过程中发挥着至关重要的调控作用，VEGF 和 VEGFR 在肿瘤细胞及肿瘤血管内皮中均呈高表达，是抗肿瘤血管生成最为理想的靶点。贝伐珠单抗（bevacizumab）是人源化的抗 VEGF 单克隆抗体，用于结直肠癌、乳腺癌和非小细胞肺癌等肿瘤的治疗。舒尼替尼（sunitinib）能与磷酸化的 VEGFR 酪氨酸残基结合从而抑制信号转导，它既能直接抑制肿瘤细胞增殖，又可抑制肿瘤血管生成。

2. 抑制细胞外基质降解的药物　基质金属蛋白酶（MMP）能降解细胞外基质，使内皮细胞进入肿瘤间质，从而促进肿瘤细胞的迁徙及肿瘤血管的形成。天然和人工合成的基质金属蛋白酶抑制剂（matrix metalloproteinase inhibitor，MMPI）能阻断 MMP 降解细胞外基质成分，从而抑制肿瘤的转移和新生血管的生成。目前已有多种人工合成的基质金属蛋白酶抑制剂，如巴马司他（batimastat）和坦诺司他（tanomastat）等，其临床疗效有待进一步证实。

3. 直接抑制内皮细胞的药物　新生血管主要由内皮细胞、周细胞和基底膜构成，内皮细胞的激活、迁移和增殖是血管生成的关键步骤。内皮抑素是胶原Ⅷ的 C 末端非胶原区结构域的 184 个氨基酸片段，可抑制血管内皮细胞的增生，从而抑制血管生成。2005 年，重组人血管内皮抑素已完成相关临床试验，并被批准为抗肿瘤新药在国内上市。

细胞生长调控机制错综复杂，很难将所有肿瘤分子靶向治疗药物进行明确的分类，比如多靶点酪氨酸激酶抑制剂既是酪氨酸激酶抑制剂，同时也具有抗肿瘤血管生成作用，并且随着新靶点的不断发现，必将有更多种类的靶向治疗药物出现，靶向治疗药物的分类还有待于进一步探讨。

第二节　分子靶向治疗药物的临床应用

一、分子靶向药物的临床应用策略

（一）分子靶向药物单独应用

有些分子靶向药物可单独用于治疗某些肿瘤，如 EGFR 酪氨酸激酶抑制剂吉非替尼可以治疗敏感基因突变的晚期非小细胞肺癌，其总有效率超过 70%，远远优于传统化疗。伊马替尼治疗慢性粒细胞白血病慢性期患者的完全血液学缓解率超过 90%，并且对传统化疗无效的胃肠道间质瘤也有较好的疗效。索拉非尼在临床上可用于治疗晚期肝癌和肾癌。

（二）分子靶向药物与化疗联合应用

分子靶向药物与化疗联用是目前单克隆抗体和抗肿瘤血管生成药物临床应用的主要方式，如曲妥珠单抗联合化疗治疗乳腺癌，贝伐珠单抗联合化疗治疗结直肠癌和非小细胞肺癌，西妥昔单抗联合化疗治疗结直肠癌和非小细胞肺癌等，都可以提高肿瘤治疗的缓解率和延长患者的生存期。

(三) 分子靶向药物与放疗联合应用

EGFR过度表达使肿瘤对放疗敏感性下降，应用EGFR酪氨酸激酶抑制剂或EGFR单克隆抗体可以使肿瘤细胞对放疗敏感性增强。抗血管生成治疗可以改建肿瘤紊乱的血管网，使之结构、功能趋于正常化，从而改善局部血液循环，降低肿瘤间质压力，提高局部氧分压的作用，从而增加肿瘤细胞对放疗的敏感性。抗血管生成药物与放疗联合应用可增加肿瘤的放疗敏感性。

(四) 分子靶向药物联合应用

肿瘤的发生、发展机制复杂，可能同时存在多基因、多条转导通路异常。分子靶向药物的联合应用治疗肿瘤是目前重要的研究方向，贝伐珠单抗联合EGFR酪氨酸激酶抑制剂厄洛替尼用于治疗晚期非小细胞肺癌的临床试验结果表明，两者联合应用具有抑制肿瘤生长的协同效应。

二、临床常用的肿瘤分子靶向药物

肿瘤分子靶向药物还可以根据药物化学结构分为单克隆抗体和小分子化合物两类：单克隆抗体类药物的特点是多数不能穿透细胞膜，通过作用于细胞微环境或细胞表面的分子发挥作用；小分子化合物则可以穿透细胞膜，通过与细胞内的靶分子结合发挥作用。下面简要介绍几种临床常用的肿瘤分子靶向药物的作用机制及适应证。

(一) 单克隆抗体类药物

1. 西妥昔单抗 ①作用机制：西妥昔单抗(cetuximab)是一种重组的人鼠嵌合型IgG1单克隆抗体，与EGFR细胞外区域特异性结合，阻断配体诱导的EGFR酪氨酸酶的活化，还可触发受体的内吞和降解，阻断EGFR通路的信号转导，从而抑制肿瘤细胞的增殖和侵袭以及肿瘤血管的形成。另外，西妥昔单抗的人源化成分可与效应细胞如NK细胞的Fc受体结合，通过ADCC效应杀伤肿瘤细胞。②适应证：西妥昔单抗联合伊立替康治疗*K-RAS*基因野生型晚期结直肠癌，或单药用于不能耐受化疗的晚期结直肠癌。西妥昔单抗与化疗联合可用于晚期非小细胞肺癌的一线治疗。西妥昔单抗具有放射增敏作用，可联合放疗一线治疗局部晚期头颈部肿瘤。

2. 贝伐珠单抗 ①作用机制：贝伐珠单抗(bevacizumab)是一种重组的人源化单克隆抗体，可以选择性地与人血管内皮生长因子(VEGF)结合，抑制VEGF与其位于内皮细胞上的受体VEGFR1和VEGFR2结合，使肿瘤的血管形成减少，从而抑制肿瘤生长。②适应证：贝伐珠单抗联合以氟尿嘧啶为基础的化疗治疗晚期结直肠癌。贝伐珠单抗联合化疗一线治疗晚期非小细胞肺癌。

3. 曲妥珠单抗 ①作用机制：曲妥珠单抗(trastuzumab)是重组的HER-2单克隆抗体，它能阻断HER-2介导的PI3K及MAPK信号通路，促进细胞周期阻滞及细胞凋亡，还可通过ADCC效应引起细胞的裂解。另外，曲妥珠单抗还具有抑制肿瘤血管形成、诱导G_1期阻滞和抑制HER-2脱落等作用。②适应证：曲妥珠单抗与化疗联合或单药治疗HER-2过表达的晚期乳腺癌。曲妥珠单抗与化疗联合用于HER-2过表达乳腺癌的术后辅助治疗和术前新辅助治疗。曲妥珠单抗与顺铂或卡培他滨/氟尿嘧啶联合治疗HER-2过表达的晚期胃癌或贲门癌。

4. 利妥昔单抗 ①作用机制：利妥昔单抗(rituximab)是一种人鼠嵌合型单克隆抗体，能特异性地与跨膜抗原CD20结合。95%以上的B淋巴细胞性非霍奇金淋巴瘤细胞表达CD20，利妥昔单抗与B淋巴细胞上的CD20结合，通过ADCC和CDC效应介导B淋巴细胞溶解的免疫反应。②适应证：利妥昔单抗适用于复发或耐药的CD20阳性滤泡性淋巴瘤的治疗。利妥昔单抗与CVP化疗方案联合一线治疗CD20阳性滤泡性淋巴瘤。利妥昔单抗与CHOP化疗方案联合治疗CD20阳性弥漫大B细胞淋巴瘤。

(二) 小分子化合物

1. 表皮生长因子受体酪氨酸激酶抑制剂(EGFR-TKI) 目前已应用于临床的药物包括吉非替尼、厄洛替尼、埃克替尼和奥西替尼等。①作用机制：它们是EGFR酪氨酸激酶抑制剂，通过竞争酪氨酸激酶催化区域上 Mg-ATP 结合位点，阻断其信号传递；抑制有丝分裂原活化蛋白激酶的活化，促进细胞凋亡；抑制肿瘤血管生成。研究发现，只有存在 *EGFR* 基因敏感突变的非小细胞肺癌才能从 EGFR-TKI 治疗中获益。②适应证：适用于 *EGFR* 基因敏感突变阳性的晚期非小细胞肺癌的治疗。

2. 索拉非尼　①作用机制：索拉非尼（sorafenib）是多靶点酪氨酸激酶抑制剂，其作用靶点包括血小板源性生长因子受体（PDGFR）、血管内皮细胞生长因子（VEGFR2 和 VEGFR3）、干细胞因子受体（c-Kit）等，通过抑制肿瘤增殖和肿瘤新生血管生长两方面作用，进而抑制肿瘤生长。②适应证：适用于治疗晚期肾细胞癌和晚期肝细胞癌。

3. 舒尼替尼　①作用机制：舒尼替尼（sunitinib）能抑制多个受体酪氨酸激酶（RTK），对血小板源性生长因子受体（PDGFR-α 和 PDGFR-β）、血管内皮细胞生长因子（VEGFR1、VEGFR2 和 VEGFR3）、干细胞因子受体（c-Kit）、Fms 样酪氨酸激酶 3（FLT3）等活性均具有抑制作用。②适应证：适用于既往治疗失败的胃肠道间质瘤和不能手术的晚期肾细胞癌。

4. 伊马替尼　①作用机制：伊马替尼（imatinib）是针对 BCR-ABL 酪氨酸激酶的小分子抑制剂，通过竞争酪氨酸激酶区的 ATP 结合位点，从而抑制该激酶的活性。此外，伊马替尼还可以抑制 PDGFR 和 c-Kit 的酪氨酸激酶。大多数胃肠道间质瘤存在 c-Kit 基因突变，对伊马替尼治疗的有效率可达 90%。②适应证：适用于治疗 BCR-ABL 融合基因阳性的慢性髓系白血病慢性期、加速期和急变期。适用于治疗复发或难治的费城染色体阳性的急性淋巴细胞白血病。适用于治疗不能手术切除或转移性的胃肠道间质瘤；或胃肠道间质瘤的术后辅助治疗。

5. 依维莫司　①作用机制：依维莫司（everolimus）是一种 mTOR 抑制剂，可与细胞内的 FK506 结合蛋白(FK506-binding protein，FKBP1)结合形成复合物，该复合物与 mTOR 的 FRB(FKBP1-rapamycin binding) 区相结合，进而抑制 mTOR 的激酶活性。②适应证：适用于舒尼替尼或索拉非尼治疗失败的晚期肾细胞癌和室管膜下巨细胞性星形细胞瘤。

第三节　分子靶向药物副作用及处理原则

尽管分子靶向药物与细胞毒类药物相比对正常细胞的毒性作用较小，但其副作用的临床表现与细胞毒类药物有很大区别。分子靶向药物常见的副作用包括皮肤毒性、胃肠道毒性、肝毒性、肾毒性、呼吸系统毒性、心血管系统毒性和血液系统毒性。

一、皮肤毒性

皮肤毒性多见于靶向作用于表皮生长因子受体（EGFR）的临床药物，包括主要用于晚期非小细胞肺癌的小分子酪氨酸激酶抑制剂如吉非替尼、厄洛替尼，及主要用于转移性结直肠癌的单克隆抗体如西妥昔单抗等。该类药物对皮肤、黏膜和指甲具有毒副反应，最常见的包括痤疮样皮疹、皮肤瘙痒、色素沉着、口腔溃疡和甲沟炎等。多靶点的酪氨酸激酶抑制剂索拉非尼和舒尼替尼亦可引起手足综合征。

皮肤毒性的处理原则包括：对于轻度皮疹可局部涂抹皮肤外用药，同时保持身体清洁及皮肤湿润，通常可明显缓解。出现重度手足综合征的患者需要停药，需待毒性反应降低后再恢复用药。

二、胃肠道毒性

此类副作用在分子靶向药物的治疗中较常见，包括恶心、呕吐、食欲减退及腹泻等症状。在用于治疗晚期非小细胞肺癌的间变性淋巴瘤激酶抑制剂克唑替尼的临床实践中，最常见的不良反应为恶心与呕吐。在使用吉非替尼或厄洛替尼的治疗中，40%~60% 的患者会发生腹泻，并有研究证实对于有消化性溃疡病史的晚期非小细胞肺癌患者，使用厄洛替尼会增加胃肠道出血的风险。

胃肠道毒性的处理原则包括：恶心与呕吐多为轻度，大部分患者耐受良好，且采取餐后用药的方式可以减少其发生。对于轻度的腹泻，一般不需要预先给予抗腹泻药物。只有约 30% 的患者需要抗腹泻药物治疗。

三、肝毒性

多数靶向药物通过细胞色素通路在肝脏代谢。肝毒性的具体表现包括胆红素升高、转氨酶升高、肝炎等。吉非替尼或厄洛替尼经肝脏代谢和胆道分泌，治疗过程中易发生肝损伤，大部分为轻度肝功能受损。在伊马替尼治疗过程中也会发生转氨酶升高，但 3~4 度转氨酶升高的发生率较低。

肝毒性的处理原则包括：需要对使用分子靶向药物的患者进行肝功能监测。肝毒性的治疗应根据严重程度进行个体化处理。治疗过程中需注意监测肝功能，特别是对于用药前已伴有肝功能异常的病例。肝功能受损程度达到 3 度及以上时，需要暂停分子靶向药物治疗，待恢复到 1 度以下时可重新给药。

四、肾毒性

人体正常肾组织中有不同程度 VEGF、VEGFR、EGF 及 EGFR 的表达，这些生长因子与受体结合引起的正常信号转导，对维持肾小球、肾小管的组织构造及功能发挥起着重要作用。但它们也能成为分子靶向药物的攻击目标，造成对正常肾组织结构及肾功能的损害。蛋白尿是 VEGF 抑制剂较常见的不良反应。肾小球足细胞表达的 VEGF 是维持肾小球内皮细胞正常结构和功能所必需的，抑制了 VEGF 可破坏肾小球滤过屏障，最终形成蛋白尿。

肾毒性的处理原则包括：对于接受 VEGF 抑制剂治疗的患者应密切监测肌酐、肾功能、血压和蛋白尿，对出现蛋白尿的患者应控制其蛋白摄入并嘱其注意休息。一旦出现了肾损伤或者肾病综合征，则必须停药并进行积极的对症治疗。

五、呼吸系统毒性

在使用 EGFR 抑制剂吉非替尼或厄洛替尼等药物治疗时，约有 2% 的患者会出现间质性肺炎。间质性肺炎是一组主要累及肺间质、肺泡和 / 或细支气管的肺部弥漫性疾病，其主要临床表现为干咳、不同程度的呼吸困难、限制性通气障碍及弥散功能减低、伴低氧血症。EGFR 抑制剂在抑制肿瘤组织 EGFR 的同时，也抑制气管上皮细胞的生长及其损伤的修复，使免疫炎症反应失控，导致间质性肺炎。

呼吸系统毒性的处理原则包括：在使用 EGFR 抑制剂期间应定期进行胸部 X 线和 CT 检查。如出现不能用原发病解释的咳嗽、气短等呼吸道症状时要考虑间质性肺炎的可能，并及时进行进一步的检查。一旦确诊为分子靶向药物所致的间质性肺炎，应立即停药并积极应用高剂量糖皮质激素治疗。

六、心血管系统毒性

多种分子靶向药物可导致心血管毒性，包括高血压、心肌缺血 / 梗死、左心室射血分数下降、Q-T 间期延长及血栓栓塞等。单克隆抗体曲妥珠单抗主要应用于人表皮生长因子受体 -2（HER-2）过度表达的乳腺癌患者，心脏毒性为该药最常见的不良反应，其主要症状包括心悸、气促、心律失常等。抗血管内皮生长因子（VEGF）单克隆抗体贝伐珠单抗主要影响血管内皮细胞生成和增殖，可显著增加所有级别高血压的发生率。贝伐珠单抗还会增加血栓栓塞的发生率。

心血管毒性的处理原则包括：在使用曲妥珠单抗前，应对患者的心功能状况进行评估，了解患者是否存在心脏疾病，在治疗期间应监测左心室功能，一旦出现典型的心功能不全时应立即停药，并积极进行急救处理。贝伐珠单抗治疗期间需要监测血压，评估血栓栓塞风险，一旦发生血栓栓塞需要永久停药。

七、血液系统毒性

舒尼替尼的不良反应包括具有与化疗药物类似的血液学毒性，主要表现为白细胞减少、中性粒细胞减少及血小板减少。舒尼替尼的血液系统毒性常具有剂量依赖性。伊马替尼、利妥昔单抗和曲妥珠单抗等分子靶向药物在治疗过程中也会发生白细胞减少和中性粒细胞减少等血液系统毒性。

血液系统毒性的处理原则包括：在使用舒尼替尼等药物时，需要定期监测患者血象，在治疗期间应叮嘱患者注意休息、减少会客、减少感染机会。出现血液系统毒性，需要依据患者的具体情况对给药剂量进行调整。

本章小结

肿瘤分子靶向治疗根据其作用机制可分为针对肿瘤细胞本身的治疗和针对肿瘤生长微环境的治疗两大类，其中针对肿瘤细胞本身的治疗靶点包括生长因子受体、细胞膜分化抗原、细胞内信号转导分子、细胞周期蛋白、细胞凋亡调节因子、细胞表观遗传学等，针对肿瘤微环境的治疗目前主要指抑制肿瘤新生血管治疗。目前已经有多种肿瘤分子靶向治疗药物应用于临床，在肿瘤治疗中发挥着重要的作用。但在用药期间出现的各种副作用也需要我们给予密切的关注。

思考题

1. 为什么明确肿瘤分子靶点对于靶向治疗具有重要意义？
2. 为什么抗肿瘤血管生成药物可以治疗肿瘤？
3. 肿瘤分子靶向治疗的副作用有哪些？

（陆　舜）

17章

第十七章

肿瘤免疫治疗

肿瘤免疫治疗由于疗效明显、副作用小，已被誉为继手术、化疗和放疗之后的第四大肿瘤治疗方法。近年来，伴随着封闭负向调控机体免疫功能的细胞毒性T淋巴细胞相关抗原4(CTLA-4)抑制剂、细胞程序性死亡受体1(PD-1)或其配体-1(PD-L1)阻断剂等在临床肿瘤治疗中取得的迅猛进展，肿瘤免疫治疗进入了一个新时代。

第一节 免疫治疗的理论基础及相关概念

肿瘤免疫治疗(cancer immunotherapy)是利用人体的免疫机制，通过主动或被动的方法来增强患者的免疫功能，以达到杀伤肿瘤细胞的目的，已成为肿瘤生物治疗的重要组成部分。

一、肿瘤免疫治疗发展史

19世纪末，美国Coley医师尝试应用化脓性链球菌及黏质沙雷菌滤液治疗肿瘤患者并取得了一定疗效，提出某些病原微生物可激发人类机体自身的抗肿瘤活性。这被认为是肿瘤免疫治疗的开始，至今已有100余年历史。

20世纪50年代，澳大利亚科学家Burnet等提出“免疫监视学说”，认为成熟免疫系统具有完备的监视功能，能够对“自己”和“非己”物质进行识别。在肿瘤的发生发展中，淋巴细胞可识别肿瘤中存在的肿瘤抗原为“非己”，从而启动免疫系统将其清除。该学说阐释了肿瘤免疫治疗的合理性，被视为现代肿瘤免疫治疗的理论基础。

20世纪70年代，单克隆抗体杂交瘤制备技术创立，促进了治疗性抗体药物的发展。

20世纪80年代，Rosenberg等尝试用淋巴因子激活的杀伤细胞(LAK)/白介素-2(IL-2)治疗黑色素瘤、转移性肾细胞癌、结肠癌等，疗效明显，开创了细胞因子和细胞过继免疫治疗的先河。同一时期，Oldham提出了生物反应调节理论和“肿瘤生物治疗”的概念，从此肿瘤生物治疗被列为肿瘤治疗的第4种模式。

20世纪90年代，抗原提呈和免疫识别理论的建立、T细胞活化双信号模式的阐明、树突状细胞(DC)生物学研究的新进展，使肿瘤免疫治疗进入全新阶段。

21世纪初，Schreiber和Dunn提出了“肿瘤免疫编辑学说”。该学说阐释了免疫系统能监视、清除肿瘤细胞，而肿瘤细胞也能逃避机体免疫系统的攻击，补充了“免疫监视学说”，进一步丰富了肿瘤免疫治疗的理论。

2010年，FDA批准第一个肿瘤治疗性疫苗——自体DC疫苗provenge(sipuleucel-T)用于内分泌治疗失败的无症状转移性前列腺癌。2011 年开始，FDA 相继批准 CTLA-4、PD-1、PD-L1 多种单克隆抗体用于治疗恶性黑色素瘤、肾细胞癌、霍奇金淋巴瘤等肿瘤。目前，嵌合抗原受体 T 细胞疗法已经应用于血液系统肿瘤。免疫治疗领域中的新进展不断涌现，发展迅速，已经在肿瘤治疗中占有重要地位。

二、肿瘤免疫治疗原理

肿瘤免疫治疗的原理是通过增强抗肿瘤免疫应答和打破肿瘤的免疫耐受，从而发挥抗肿瘤作用(图 4-17-1)。

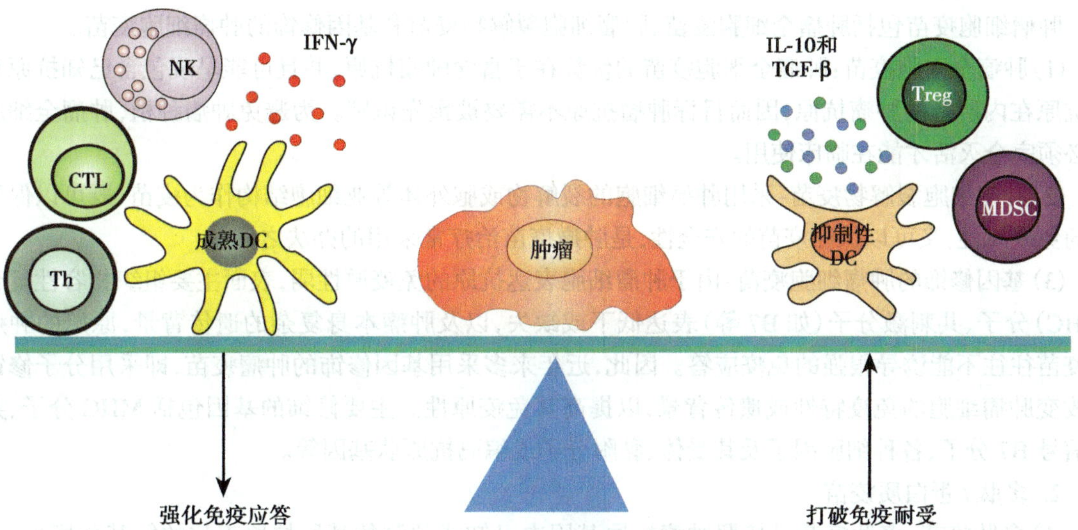
IFN-γ
NK
CTL
Th
成熟DC
肿瘤
IL-10和
TGF-β
Treg
MDSC
抑制性
DC
强化免疫应答
打破免疫耐受

图 4-17-1　肿瘤免疫治疗的原理

第二节　肿瘤免疫治疗的分类及常用方法

一、肿瘤免疫治疗的分类

肿瘤免疫治疗根据作用机制分为 3 类：主动免疫治疗、被动免疫治疗和非特异性免疫调节剂治疗。

(一) 主动免疫治疗

肿瘤的主动免疫治疗(active immunotherapy)也称为肿瘤疫苗(tumor vaccine)，主要是指利用肿瘤细胞或肿瘤抗原物质免疫机体，使宿主免疫系统产生针对肿瘤抗原的抗肿瘤免疫应答，从而阻止肿瘤生长、转移和复发。

肿瘤疫苗分为预防性肿瘤疫苗(prophylactic tumor vaccines)和治疗性肿瘤疫苗(therapeutic tumor vaccines)。预防性肿瘤疫苗是指利用与某些特殊肿瘤发生有关的物质制备疫苗，接种于具有遗传易感性的健康人群，诱导机体产生对该种类型肿瘤的免疫，防止肿瘤发生或辅助治疗肿瘤。

本节主要聚焦于治疗性肿瘤疫苗，即对已患病者进行免疫接种，激发肿瘤患者机体产生对肿瘤的特异性免疫应答，达到治疗肿瘤的目的。

肿瘤疫苗根据制备方法不同，主要分为以下几种：肿瘤细胞疫苗、多肽/蛋白质疫苗、DC疫苗、DNA疫苗、RNA疫苗和抗独特型抗体疫苗等。

1. 肿瘤细胞疫苗 肿瘤细胞疫苗（tumor cell vaccine）是应用物理、化学或生物学等方法处理自体或异体肿瘤细胞，消除其致瘤性，而保留其免疫原性所得的疫苗，是研究最早、最多，使用时间最长的肿瘤疫苗。自体肿瘤细胞疫苗与异体肿瘤细胞疫苗有着各自的特点。①自体肿瘤细胞疫苗：拥有自体特异的肿瘤抗原和HLA分子，比异体肿瘤细胞疫苗更安全、有效。缺点是受肿瘤组织获取的限制、制备过程复杂且存在机体免疫耐受等情况，临床应用有一定困难。②异体肿瘤细胞疫苗：同种异体肿瘤细胞一般由几种细胞组成，制备简便，可在体外传代培养，可大量制作和储存，其与患者自体肿瘤细胞存在交叉抗原，故可部分替代自体肿瘤细胞疫苗，解决自体肿瘤细胞来源有限的问题。目前，已有多个肿瘤细胞系的异体肿瘤细胞疫苗应用于临床。

肿瘤细胞疫苗包括肿瘤全细胞疫苗、肿瘤细胞裂解物疫苗和基因修饰的肿瘤细胞疫苗。

(1) 肿瘤全细胞疫苗：肿瘤全细胞疫苗的优势在于富含肿瘤抗原，并且可能呈现包含已知抗原和未知抗原在内所有的肿瘤抗原，因而目标肿瘤抗原不需要被预先识别。为避免肿瘤种植，肿瘤全细胞疫苗必须完全灭活才能在临床使用。

(2) 肿瘤细胞裂解物疫苗：采用肿瘤细胞的裂解物或胞外体等亚细胞结构作为疫苗，既可以保留肿瘤的免疫原性，又可以保证疫苗的安全性，是肿瘤疫苗治疗常采用的办法之一。

(3) 基因修饰的肿瘤细胞疫苗：由于肿瘤细胞表达抗原的免疫原性弱，表面主要组织相容性复合体（MHC）分子、共刺激分子（如B7等）表达低下或缺失，以及肿瘤本身复杂的遗传背景，原始的肿瘤细胞疫苗往往不能诱导很强的免疫应答。因此，近年来多采用基因修饰的肿瘤疫苗，即采用分子修饰技术改变肿瘤细胞的免疫特性或遗传背景，以提高其免疫原性。主要修饰的基因包括MHC分子、共刺激信号B7分子、各种细胞因子及其受体、黏附分子或编码抗原肽基因等。

2. 多肽/蛋白质疫苗

(1) 多肽疫苗：多肽疫苗是按照肿瘤抗原基因中已知或预测的某段抗原表位的氨基酸序列，通过化学合成技术制备的疫苗。合成的多肽疫苗可使患者产生多种抗原免疫性，可直接与APC表面的MHC分子结合并活化T细胞，从而诱导抗肿瘤免疫反应。

多肽疫苗成分单一，便于研究，易于生产，无肿瘤种植的危险。其缺点是仅含有单表位肽，分子量小、易降解，而致其免疫原性弱，影响其抗肿瘤效果；并且某些肿瘤抗原肽可能会诱导免疫耐受；同时该疫苗的应用受MHC类型限制，因而目前临床上应用较少。

(2) 蛋白质疫苗：蛋白质疫苗是指将肿瘤抗原整个或部分蛋白质作为疫苗，此疫苗经抗原提呈细胞（APC）摄取提呈，激发机体的抗肿瘤免疫应答。

蛋白质疫苗较多肽疫苗免疫原性更强，包含了更多的MHC-Ⅰ和MHC-Ⅱ类分子限制的表位肽，可以克服需要明确表位肽的限制。但蛋白质疫苗常需加用佐剂，进入机体后需要APC的摄取提呈，激发的免疫反应以体液免疫为主。因此，如何增强免疫反应强度和诱导细胞免疫是蛋白质疫苗需要解决的重要问题。

3. DC疫苗 DC是体内功能最强的、唯一能激活初始性T细胞的专职抗原提呈细胞，具有激活$CD8^+$细胞毒性T细胞及$CD4^+$辅助性T细胞的功能，此外，还可以诱导体液免疫，增加NK细胞活化，在免疫应答中处于中心地位。DC疫苗主要包括肿瘤抗原致敏的DC疫苗和基因修饰的DC疫苗。

(1) 肿瘤抗原致敏的DC疫苗：是通过不同形式的肿瘤抗原（如肿瘤完全细胞性抗原、抗原肽、肿瘤细胞裂解物、凋亡体或外泌体等）在体外冲击致敏DC，然后将其接种或回输至荷瘤宿主，诱导机体产生肿瘤抗原特异性细胞毒性T淋巴细胞（CTL）和记忆性T细胞，从而产生抗肿瘤免疫应答。

(2) 基因修饰的DC疫苗：是将编码肿瘤抗原的基因导入DC，在DC中表达肿瘤抗原，经DC提呈后活化初始T细胞。基因修饰的DC疫苗在一定程度上解决了疫苗制备时肿瘤细胞来源困难及其特异性问题，不仅能够避免诱发自身免疫性疾病，而且能够避免因抗原降解而使疫苗功能减弱。但基因修饰的DC疫苗存在安全性及花费过高等问题，影响其临床应用。

4. DNA疫苗 DNA疫苗也称基因疫苗，是利用基因工程技术将编码肿瘤抗原的基因整合于表达载体上（重组病毒或质粒DNA），经注射等途径进入机体，借助载体本身和机体内的基因表达系统表达出肿瘤抗原，从而诱导出针对肿瘤抗原的细胞免疫应答。确定针对性强的肿瘤相关抗原编码基因和保证目的基因在体内充分表达是肿瘤基因疫苗的研究重点。

其优势在于便于生产、使用安全、在体内可持续表达，可诱导体液免疫和细胞免疫。缺点是免疫原性普遍较低，限制了其应用。随着基因工程的进步，可以在载体抗原序列上增加辅助因子而促进序列有效表达。研究显示，多数DNA疫苗安全性较好，并且能够诱导机体产生肿瘤特异性的CTL或抗体，但临床疗效还有待提高。

5. RNA疫苗 RNA疫苗可包含多表位的编码信息，并通过抗原原位表达，模拟肿瘤抗原表达方式，从而诱导出类似DNA疫苗免疫刺激引发的T细胞应答。此外，RNA疫苗还可在Toll样受体的介导下，以MyD88依赖性途径激活DC和单核细胞。

相较于DNA疫苗，RNA疫苗的优势在于其无须转运至宿主细胞核内进行转录，可在胞质中直接翻译，并且容易降解，不易整合入宿主基因组，不易引起严重的自身免疫疾病等不良反应。缺点是免疫原性较低，且其容易降解的特点导致其稳定性不佳。

6. 抗独特型抗体疫苗 抗原可刺激机体产生抗体Ab1，该抗体可变区的独特型决定簇具有免疫原性，可诱导抗体Ab2产生，后者被称为独特型抗体。有的Ab2抗体可模拟原来抗原的结构，诱导抗原的特异性免疫反应，若将其作为肿瘤疫苗应用，即为抗独特型抗体疫苗（anti-idiotype vaccine）。

抗独特型抗体疫苗具有模拟肿瘤抗原和免疫调节的双重作用，可打破机体对肿瘤抗原免疫耐受的状态；同时因其不含真正的肿瘤细胞，避免了癌基因和病毒的污染，故安全可靠、特异性强，特别适合于较难获取肿瘤标本或肿瘤抗原难以纯化的情况。

（二）被动免疫治疗

被动免疫治疗（passive immunotherapy）又称为过继免疫治疗（adoptive immunotherapy），是被动性地将具有抗肿瘤活性的免疫制剂或细胞转输给肿瘤患者，以达到治疗肿瘤的目的。

被动免疫治疗与肿瘤疫苗不同，并不需要机体产生初始免疫应答，适用于已经没有时间或能力产生初始免疫应答的晚期肿瘤患者。被动免疫治疗包括单克隆抗体治疗和过继性细胞治疗。

1. 单克隆抗体治疗 近20年来，单克隆抗体治疗肿瘤的基础和临床研究进展迅速，属于肿瘤免疫治疗中较为成功的一种手段。

2. 过继性细胞治疗 过继性细胞治疗是通过分离自体或异体免疫效应细胞，经体外激活并回输，直接杀伤肿瘤或激发机体抗肿瘤免疫反应的一种疗法。

过继性细胞治疗不仅可以纠正细胞免疫功能低下的状态，促进宿主抗肿瘤免疫功能，还可以直接发挥抗肿瘤作用。另外，过继性细胞治疗还可替代、修补或改善化疗引起的免疫功能受损。但由于存在着扩增倍数较低、细胞来源困难等诸多问题，在临床应用上受到一定限制。

过继性细胞治疗主要包括：

（1）淋巴因子激活的杀伤（LAK）细胞：LAK细胞是外周血单个核细胞（peripheral blood mononuclear cells，PBMCs）在体外经IL-2刺激活化，诱导产生的一群具有非特异性细胞毒作用的异质性效应细胞，主要包括NK细胞、NKT细胞和T细胞。LAK细胞抗癌谱广，杀伤作用不受MHC的限制，能够通过直接接触或释放含有穿孔素、颗粒溶素、颗粒酶等介质的细胞毒性颗粒间接杀伤肿瘤细胞。

由于其体外增殖活性不强，体内抗瘤活性有限，且为维持LAK细胞体内活性，需要注射大剂量IL-2，从而出现较强毒副作用，因此目前临床应用较少。

（2）肿瘤浸润淋巴细胞（TILs）：TILs是将切除的肿瘤组织中的浸润淋巴细胞分离出来，体外给予抗CD3单抗、IL-2等因子扩增培养，成为具有特异性杀瘤活性的效应细胞。TILs包括各种T细胞亚群，其表型以$CD4^+$T细胞和$CD8^+$T细胞为主，具有一定的肿瘤特异性和MHC限制性。$CD8^+$TILs具有细胞毒作用，能够直接识别肿瘤相关抗原（TAA），局部浸润越多，患者的自身抗肿瘤免疫反应越强，预后越好。$CD4^+$ TILs在肿瘤微环境中的作用可变，$CD4^+$ TILs可能会提高并维持$CD8^+$ TILs的抗肿瘤效应。

(3) 细胞因子诱导的杀伤细胞（CIK）：CIK细胞是外周血单个核细胞经抗CD3单克隆抗体，以及IL-2、IFN-γ和IL-1α等细胞因子体外诱导分化获得的NKT样细胞。CIK呈$CD3^+CD56^+$表型，既具有NK细胞的非MHC限制性特点，又有T淋巴细胞的抗肿瘤活性。其具有增殖速度快，杀伤活性高，肿瘤杀伤谱广等优点，在肾癌、肝癌、肺癌、白血病等多种恶性肿瘤中具有抗瘤活性。

(4) γδT细胞：γδT细胞是一类T细胞，因其T细胞抗原受体（TCR）由γ和δ肽链组成而被命名，多为$CD4^-CD8^-$双阴性表型。其杀伤肿瘤细胞的机制非常复杂，主要涉及穿孔素途径和Fas/FasL介导的细胞凋亡途径，也可以通过NK样的受体，使之像NK细胞一样可直接识别蛋白质或肽类抗原，以非MHC限制性方式杀伤肿瘤细胞。以γδT细胞为基础的免疫治疗在肺癌、肾癌、恶性黑色素瘤等多种恶性肿瘤中具有抗瘤活性。

(5) NK细胞：NK细胞可识别MHC-Ⅰ表达下调或缺失的肿瘤细胞，无须抗原预先致敏即可直接杀伤肿瘤细胞。其杀伤肿瘤细胞的机制有：①通过分泌穿孔素、颗粒酶来杀伤肿瘤细胞；②通过死亡配体介导靶细胞凋亡；③分泌炎症因子间接杀伤肿瘤细胞；④通过ADCC效应杀伤肿瘤细胞。随着纯化技术及扩增技术的不断改进，NK细胞逐渐成为过继性免疫治疗的重要组成部分。

(6) 基因工程T细胞：基因工程T细胞是通过改变TCR的特异性（TCR修饰T细胞）或通过引入抗体特异性识别序列（CAR修饰T细胞）而对T细胞进行基因修饰。① TCR是T淋巴细胞表面特异性识别抗原和介导免疫应答的分子，能够识别由MHC提呈的抗原肽。TCR修饰T细胞疗法将具有肿瘤反应性的TCR基因转导到T细胞中，可以用于产生针对感兴趣抗原的T细胞，从而形成肿瘤抗原特异性T细胞，回输给肿瘤患者。②嵌合抗原受体（chimeric antigen receptor，CAR）修饰的T细胞技术是利用基因转移技术将构建的CAR受体转导到免疫效应细胞中，该受体还包括细胞内信号激活结构域和单链的抗体结合序列蛋白。CAR-T细胞的优势在于其识别肿瘤相关抗原不受MHC限制，并且能够识别多种细胞表面抗原包括蛋白质类、糖类和糖脂类，识别谱广。此外，CAR蛋白可以重定向多种T细胞亚群，这些种类的细胞具有不同的免疫特性和抗肿瘤能力，可进行优化以达到治疗效果。

TCR基因修饰T细胞在黑色素瘤、结肠癌、滑膜肉瘤、多发性骨髓瘤等肿瘤中具有抗瘤活性，但是患者均出现不同程度的脱靶效应，提示TCR基因治疗的最佳靶抗原应选取仅表达于肿瘤细胞或同时表达于非重要器官的抗原。

此外，用于过继性细胞治疗的免疫细胞还包括供者淋巴细胞输注、抗CD3单克隆抗体激活的杀伤细胞（anti-CD3 antibody induced activated killer cells，CD3AK）等，已在临床试验中初步显示出良好的应用前景。

3. 溶瘤病毒　是一类天然的或经人工改造的具有选择性复制能力的肿瘤杀伤型病毒。

溶瘤病毒不仅可以通过在肿瘤细胞内增殖持续地裂解肿瘤细胞，还可以通过促进炎症因子的释放，在肿瘤微环境中促进机体对肿瘤抗原的识别而引发全身抗肿瘤免疫反应。其缺点是受循环抗体的影响，临床应用受限。溶瘤病毒因其特异性感染并杀伤肿瘤细胞的优点，已成为肿瘤治疗一个新的发展方向。

溶瘤病毒主要分为两类。一类是天然存在的，未经基因编辑的病毒；另一类是经过基因改造的病毒，利用肿瘤细胞中抑癌基因失活或缺失的特点，通过突变或敲除某些基因，加载肿瘤特异性启动子或插入肿瘤靶向性基因等方法，使其丧失在正常细胞中复制的能力，增强对肿瘤细胞靶向感染的能力并在其内大量复制，最终发挥溶瘤作用。

(三) 非特异性免疫调节剂治疗

非特异性免疫调节剂的抗肿瘤机制主要有两种：一是通过刺激效应细胞发挥作用，如细胞因子、Toll样受体（Toll-like receptor，TLR）激动剂和卡介苗等；二是通过抑制免疫负调控细胞或分子起作用，如地尼白介素（denileukin diftitox）、CTLA-4阻断剂和PD-1/PD-L1阻断剂等。

1. 效应细胞刺激剂

(1)细胞因子：大量研究证实细胞因子是抗肿瘤免疫的主要介质。目前，已经有一些细胞因子在临床上用于恶性黑色素瘤、多发性骨髓瘤和肾癌等多个恶性肿瘤的治疗。

(2)TLR 激动剂：TLR 信号可被病原体相关分子模式(pathogen-associated molecular patterns，PAMPs)启动，进而活化下游信号，诱导免疫应答以清除病原体。TLR 激动剂可以促进宿主免疫系统的抗肿瘤免疫应答或产生直接的肿瘤细胞毒性，从而有效抑制肿瘤的生长和迁移。

(3)卡介苗：既可以激发固有免疫应答，又可以激发适应性免疫应答。临床上可应用于膀胱癌的治疗。

2. 免疫负调控抑制剂

(1)地尼白介素：由 IL-2 的受体结合片段与具有酶活性的白喉毒素跨膜片段重组融合，与 IL-2 受体(CD25)结合后，被摄取进入胞质，裂解释放白喉毒素 A 链，持续抑制蛋白的合成，导致细胞死亡。

(2)CTLA-4 阻断剂：通过抑制活化 T 细胞的 CTLA-4 与抗原提呈细胞的 B7 结合，打破免疫耐受，增强 T 细胞的活性。

(3)PD-1/PD-L1 阻断剂：PD-1 大部分表达于活化 T 细胞表面，为免疫抑制型受体，与其配体 PD-L1、PD-L2 相互作用传递抑制性信号。PD-L1 在许多肿瘤细胞中高表达，与 T 细胞上的受体 PD-1 结合，抑制 T 细胞的活化和增殖，并调节细胞因子的分泌和表达，使肿瘤细胞得以逃避机体的免疫监控和杀伤。故阻断 PD-L1 与 PD-1 的结合可阻止此种机制介导的免疫抑制作用。与阻断 CTLA-4/B7 通路(同为 T 细胞协同刺激通路)相比，阻断 PD-1/PD-L1 通路的抗肿瘤特异性更强。

近年来，不断涌现的新的非特异性免疫调节剂，通过活化 $CD8^{+}T$ 细胞、调控肿瘤微环境或调控调节性 T 细胞等途径以发挥免疫调节作用，正推动肿瘤免疫治疗的快速发展。

二、肿瘤免疫治疗与其他治疗的联合应用

目前，晚期恶性肿瘤的治疗已经全面进入以免疫检测点抑制剂为代表的免疫治疗时代。免疫治疗的特异性强，但是抗肿瘤能力有限，且受肿瘤负荷、肿瘤微环境以及机体的免疫状态等多因素影响，因而单药治疗效果有限，联合治疗已经成为免疫治疗的常用方法。

(一) 免疫治疗与化疗联用

肿瘤免疫治疗与化疗协同作用的机制尚未完全清楚。但是有研究表明，恰当的免疫治疗联合化疗能够取得较单一疗法更优的抗肿瘤效果，超越了人们以往认为化疗对免疫系统具有抑制作用、免疫治疗与化疗难以联用的传统观念。免疫化疗具有协同抗肿瘤效果的机制是多方面的，化疗可通过增强肿瘤细胞免疫原性、减少免疫抑制细胞、活化免疫细胞及增加肿瘤细胞对 CTL 的敏感性等方式增强免疫治疗效果；另外，免疫治疗能够逆转肿瘤细胞的化疗耐药性，从而提高肿瘤细胞对化疗药物的敏感性并降低化疗的毒性作用等。目前，免疫治疗联合化疗已被一系列临床研究证实，并在多种肿瘤治疗中获批了大量的适应证。免疫治疗联合化疗具有一定的协同作用，但并非所有的免疫治疗联合化疗都是成功的，这受免疫治疗和化疗的种类与剂量等多因素影响。

(二) 免疫治疗与放疗联用

免疫治疗联合放射治疗已被证实可以显著提高抗肿瘤治疗的疗效。一方面，放疗不仅可以直接杀伤肿瘤细胞，也可以通过增强肿瘤的免疫原性，上调肿瘤细胞表面 NK 细胞活化性受体(NK group 2 member D，NKG2D)的配体(NKG2D ligand，NKG2DL)表达，促进 T 细胞的活化和增殖。另一方面，免疫治疗对肿瘤患者受损的免疫系统的恢复与重建有重要作用，同时减轻放疗副反应，清除放疗后的残余癌细胞，增加放疗患者的耐受性，防止肿瘤转移、复发，使其顺利完成放疗。基于此，放疗联合免疫治疗已在临床上取得了令人鼓舞的疗效。

(三)免疫治疗与手术治疗联用

免疫治疗联合手术治疗同样被证实可以提高抗肿瘤治疗的疗效。手术治疗可提供免疫治疗所需要的材料,如 TAA 和 TIL 等,还能够迅速降低肿瘤负荷,减少免疫抑制,有利于免疫治疗作用的发挥。然而,值得注意的是手术本身亦有导致免疫抑制的风险,甚至促进肿瘤发展。就肿瘤免疫治疗而言,效应 T 细胞能否到达肿瘤部位也是影响疗效的关键,而介入治疗等局部治疗可以使生物反应调节剂更准确地到达肿瘤部位,发挥抗肿瘤效应。

(四)其他

近年来,同样有许多免疫治疗与其他治疗方法的联合方案在临床研究中崭露头角。免疫与免疫联用方案的临床研究主要在晚期恶性黑色素瘤、肺癌、肾细胞癌中开展。免疫联合抗血管生成治疗在肺癌、肾细胞癌、肝细胞癌和食管癌中也取得不错的成绩。目前,免疫治疗联合分子靶向治疗相比其他联用策略并不理想。

本章小结

随着分子生物学、分子免疫学及其相关生物技术的快速发展,肿瘤免疫治疗的新方法、新思路、新途径不断涌现,用于临床的新药亦不断增多,但无外乎可分为主动免疫治疗、被动免疫治疗和非特异性免疫调节剂治疗三大类,其原理可概括为强化抗肿瘤的免疫应答和打破肿瘤的免疫抑制。大量的临床实践表明:免疫治疗的应用可使部分患者受益,甚至有报道可以达到临床治愈的效果;肿瘤免疫治疗与其他治疗方式恰当地联合可提高疗效,延长患者生存期,改善患者生活质量。尽管免疫治疗的疗效预测指标有待继续筛选,特异性靶点还需深入探索,临床安全性需要进一步提高,相信随着免疫学研究的进步,肿瘤免疫治疗具有更广阔的应用前景。

思考题

1. 肿瘤免疫治疗分为哪几类?
2. 肿瘤疫苗有哪些制备方法?各自有哪些主要优缺点?
3. 过继性细胞治疗主要包括哪些?分别应用在哪些肿瘤治疗?
4. 免疫治疗联合其他治疗方法的优势?

(李宗芳 张喜平 韩丽丽)

第十八章
肿瘤内分泌治疗

肿瘤内分泌治疗又称肿瘤激素治疗(hormonal therapy),是指通过调节和改变机体内分泌环境及激素水平治疗肿瘤的方法。目前内分泌治疗已经成为肿瘤治疗的重要手段,尤其对激素依赖性肿瘤,如乳腺癌、前列腺癌和子宫内膜癌等。最近几十年来,肿瘤内分泌治疗的研究十分活跃,激素治疗机制的深入研究,已经使内分泌治疗得以有效地开展。新的激素药物和内分泌治疗新方法的引入,使得内分泌治疗的毒性大大减低,常作为某些患者的首选治疗。内分泌与细胞毒药物的联合应用明显地改善了疗效和生存期,有力地推动了肿瘤综合治疗的发展。

第一节　概　　述

一、肿瘤内分泌治疗历史与现状

肿瘤的内分泌治疗有很长的历史。1896 年,苏格兰外科医师 Beatson 采用双侧卵巢切除术使 3 例晚期及局部复发性乳腺癌得到了很好的控制,并推测性激素在治疗中起决定性作用,从而拉开了肿瘤内分泌治疗的序幕。1939 年,Loeser 描述了雄激素对转移性乳腺癌的治疗作用。这些治疗的成功,使人们逐渐了解到激素对原发于激素敏感器官的肿瘤能产生有益的影响。Huggins 等于 1941 年发现睾丸切除术和 / 或口服已烯雌酚对晚期前列腺癌具有显著的治疗效果,开创了前列腺癌内分泌治疗的先河。20 世纪 60 年代中期,大剂量黄体酮治疗在晚期子宫内膜癌中的应用也获得了满意的疗效。

在开展激素治疗恶性肿瘤的早期阶段,当时的技术水平尚不能将激素从血液中检测出来,不了解其治疗机制。直到 60 年代发现了第一个激素受体——雌激素受体(ER)后,才使人们明确了激素与肿瘤的相互关系,揭示了肿瘤内分泌治疗的机制,使肿瘤内分泌治疗发生了重大的突破性进展。近年来国内外已开展雌激素受体(ER)及孕激素受体(PR)的测定,用于选择合适的治疗对象。临床中也常用激素治疗恶性肿瘤患者的一些并发症状,如颅内高压、癌性发热、食欲缺乏及体重减轻等。

二、肿瘤内分泌治疗分类

以往对激素依赖性肿瘤的内分泌治疗主要采用去势的方法,即将产生致癌激素的分泌器官切除或破坏。如卵巢切除治疗乳腺癌,睾丸切除治疗前列腺癌。目前,随着各种激素和激素样物质或化学药物的发现和应用,单纯的去势治疗已被激素阻断的综合方式所代替。

(一) 去势治疗

去势治疗是内分泌治疗的基础，被称为内分泌治疗的“金标准”。去势治疗包括 3 种方法：

1. 手术去势　是指通过手术的方法切除腺体而达到抑制腺体功能的一种内分泌治疗方法。包括双侧卵巢切除术和双侧睾丸切除术等。手术去势是目前在乳腺癌和前列腺癌治疗中常用的方法，能够迅速、有效地降低激素水平，不良反应小，去势后联合其他内分泌治疗可以进一步提高疗效。

2. 药物去势　采用黄体生成素释放激素类似物（LHRH-a）来抑制下丘脑 - 垂体 - 性腺（肾上腺）轴的作用，达到降低体内性激素的目的。

3. 放射去势　采用放射线破坏脑垂体或性腺，以抑制性腺功能，从而降低或消除体内性激素的水平，达到预期的治疗目的。

(二) 抗激素治疗

用雄激素对抗雌激素，或用雌激素对抗雄激素，或用激素拮抗剂来阻断该激素的生物学效应。

(三) 全激素阻断治疗

全激素阻断治疗是将去势治疗与抗激素治疗联合应用的治疗方法。

第二节　肿瘤内分泌治疗的药物分类

一些肿瘤细胞可表达激素受体，其生长和分裂受激素水平的影响，称为激素依赖性肿瘤。激素依赖性恶性肿瘤患者体内激素水平对肿瘤的生长具有重要的调节作用，调整或抑制患者体内激素水平可抑制肿瘤的生长。激素依赖性肿瘤主要包括激素靶器官肿瘤，如乳腺癌、前列腺癌、子宫内膜癌、卵巢癌、宫颈癌等；还包括非激素靶器官肿瘤，如部分胃癌、肝癌、大肠癌、黑色素瘤等肿瘤组织中均可检测到激素受体，内分泌治疗对这些肿瘤也有一定效果。

一、肿瘤内分泌治疗的机制

肿瘤内分泌治疗机制主要包括两个重要的环节：降低激素水平和阻断激素与受体的结合。

(一) 降低激素水平

体内激素产生及调节机制：下丘脑、垂体、靶腺体分别合成和分泌不同功能的激素，彼此间互相调节，形成下丘脑 - 垂体 - 靶腺体轴，确保人体生理功能的正常发挥。降低激素水平可以通过两个途径实现，一是在中枢水平抑制下丘脑调节肽的产生，致使下游激素合成和分泌减少；二是在外周水平抑制激素的产生。

1. 中枢水平抑制激素产生

(1) 通过促性腺激素释放激素类似物和拮抗剂减少激素的产生：促黄体生成素释放激素类似物（LHRH-a）和促黄体生成素释放激素（LHRH）拮抗剂可与促性腺激素释放激素（GnRH）竞争性结合垂体 GnRH 受体，减少垂体黄体生成素（LH）和卵泡刺激素（FSH）的分泌，从而降低雌激素、孕激素和雄激素的水平，这种方法也称为药物去势。LHRH-a 是乳腺癌和前列腺癌内分泌治疗中最常用的一类去势药物，具有可逆、不良反应小的优点，代表药物是戈舍瑞林（goserelin），可代替卵巢切除术；LHRH 拮抗剂目前仅用于晚期前列腺癌的内分泌治疗，因不良反应较大而限制其临床使用。

(2) 通过负反馈调节机制减少激素的产生：在下丘脑 - 垂体 - 靶腺体轴中，下游激素水平增加，可以负反馈抑制上游激素水平，从而降低其他下游激素水平。①雌激素和雄激素：雌激素是前列腺癌内分泌治疗的常用药物，可通过负反馈抑制 GnRH 的分泌，减少雄激素的产生，而达到治疗肿瘤的目的；雄激素可通过负反馈抑制 GnRH 的分泌，减少雌激素的产生，对乳腺癌有一定的治疗作用，然而由于其不良反应较大，目前在乳腺癌治疗中的应用越来越少。②甲状腺素：在甲状腺癌的治疗中，补充甲状腺素不仅可以维持机体内甲状腺素水平，而且可以通过甲状腺素负反馈抑制下丘脑 - 垂体 - 甲状腺轴，降低促甲状腺激素（TSH）的水平，抑制 TSH 引起的甲状腺组织的生长，从而治疗甲状腺癌。

2. 外周水平抑制激素产生　在外周水平，可以通过手术切除性腺，如卵巢切除、睾丸切除，或通过放射治疗的方法破坏腺体，抑制腺体功能，从而抑制激素的产生。也可以通过药物抑制雄激素向雌激素转化，降低雌激素的水平。雄烯二醇在外周组织（如卵巢、胎盘、下丘脑、肝脏、肌肉和脂肪组织等）中芳香化酶的作用下可以转变成雌酮。芳香化酶是芳香化过程中的关键酶。芳香化酶抑制剂(aromatase inhibitors，AI）能抑制芳香化酶的合成及其活性，阻断卵巢以外组织中的雄激素向雌激素转化，降低雌激素水平，达到治疗肿瘤的目的。

芳香化酶抑制剂可分为两类：非甾体类和甾体类药物。非甾体类药物是通过与亚铁血红素中的铁原子结合，和内源性底物竞争芳香化酶的活性位点，从而可逆性地抑制酶活性。代表药物有：第一代的氨鲁米特（aminoglutethimide）、第二代的法倔唑（fadrozole）、第三代的阿那曲唑（anastrozole）和来曲唑（letrozole）；甾体类药物主要与芳香化酶内源性作用底物雄烯二酮和睾酮结果相似，可作为假底物竞争占领酶的活性位点。代表药物有：第一代的睾内酯（testolactone）、第二代的福美坦（formestane）、第三代的依西美坦（exemestane）。20 世纪 90 年代研制的高选择性第三代芳香化酶抑制剂由于副作用少，没有抑制肾上腺皮质激素和醛固酮的作用，近年来成为人们研究的热点。

（二）阻断激素与受体结合

雌激素、孕激素和雄激素等均属于类固醇类激素（甾体激素），呈脂溶性，易穿过细胞膜进入细胞内，与胞质中的受体结合，形成活性复合物，进入细胞核，通过激活 DNA 转录过程来刺激细胞增殖。因此，阻断激素与受体的结合，可以抑制肿瘤细胞的生长而治疗肿瘤。常用的受体拮抗药物包括：①选择性雌激素受体调节剂（selective estrogen receptor modulator，SERM）：SERM 主要用于乳腺癌的治疗，是目前应用最为广泛的乳腺癌内分泌治疗药物。常用的有他莫昔芬、托瑞米芬、屈洛昔芬(droloxifen)、氟维司群等。代表药物是他莫昔芬，是应用最早、最广泛的 SERM，是目前各期乳腺癌的一线辅助治疗用药，也是高危健康妇女乳腺癌的预防用药。②雄激素受体拮抗剂：单用此药，可以加速 LH 和 FSH 的生成，使血浆中睾酮和雌二醇水平增加，故常常与 GnRH 类似物联合应用，成为前列腺癌治疗的基本药物。常用的药物有氟他胺和比卡鲁胺。

二、肿瘤内分泌治疗药物分类

根据作用机制不同，将内分泌治疗药物分为以下 3 类：①减少激素产生的药物；②阻断激素与受体结合的药物；③其他（表 4-18-1）。

表 4-18-1　肿瘤内分泌治疗药物分类

药物分类		代表药物	药理作用
减少激素产生	中枢水平抑制激素产生	戈舍瑞林 亮丙瑞林 地加瑞克	竞争性地与 GnRH 受体结合，拮抗 GnRH 受体，减少 LH 和 FSH 的分泌，进而减少雌激素和雄激素的分泌
	外周水平抑制激素产生（芳香化酶抑制剂，AI）	阿那曲唑 来曲唑 依西美坦	与芳香化酶可逆性或不可逆结合，抑制酶活性，阻断雄激素转化为雌激素

续表

药物分类		代表药物	药理作用
阻断激素与受体结合	选择性雌激素受体调节剂(SERM)	他莫昔芬 托瑞米芬 氟维司群	与雌激素竞争性结合 ER,抑制雌激素作用;氟维司群还可以降解 ER
	雄激素受体拮抗剂	氟他胺 比卡鲁胺	竞争性结合雄激素受体,抑制雄激素作用
其他	激素类	己烯雌酚 甲地孕酮 丙酸睾酮	与相应受体结合拮抗其他性激素,反馈性抑制 GnRH 的产生,进而减少外周性激素合成与分泌
		甲状腺素	抑制 TSH 分泌
	生长抑素类似物	奥曲肽	抑制生长激素、胰岛素、胰高血糖素、胃泌素等激素分泌

第三节　常见内分泌治疗的临床应用

一、乳腺癌的内分泌治疗

乳腺癌的内分泌治疗,不仅能够降低术后患者的复发风险,延长无病生存期和总生存时间,而且能够延长复发转移患者的无进展生存期,改善患者生活质量和延长总生存时间。

(一)乳腺癌内分泌治疗的生物学基础

乳腺属于激素反应器官,正常乳腺上皮细胞含有多种激素受体,如 ER 和 PR,其生长发育有赖于多种激素的协调作用。乳腺发生癌变后,部分癌细胞可以保留全部或部分激素受体,生长发育仍受激素环境影响。已证实至少有 50%~60% 的乳腺癌患者是激素依赖性的,可以通过阻断雌激素对乳腺癌细胞的刺激作用治疗乳腺癌。内分泌治疗的效果与受体状态密切相关。ER 和 PR 均阳性者,有效率为 60%~70%;ER 或 PR 阳性者,有效率为 30%~40%;ER 和 PR 均阴性者,有效率 <10%;受体状态不明者有效率为 20%~35%。另外,内分泌治疗的疗效还受肿瘤转移部位(如骨、软组织转移的治疗效果好)和是否闭经等因素影响。内分泌治疗一般起效较慢,常于服药后 4~8 周起效。

(二)乳腺癌内分泌治疗的应用

1. 新辅助内分泌治疗　乳腺癌新辅助内分泌治疗是指对非转移性乳腺癌,在应用局部治疗前所进行的系统性内分泌治疗。新辅助内分泌治疗和新辅助化疗相似,能够使对内分泌治疗敏感的乳腺癌达到降期的目的,从而提高乳腺癌的局部控制率,并为可能需要行乳房切除术的患者提供保留乳房的机会。新辅助内分泌治疗是绝经后激素受体阳性患者术前治疗的一种选择,适合不宜化疗的老年患者及低复发风险的患者。芳香化酶抑制剂对绝经后患者新辅助治疗的疗效优于 TAM,能提高有效率,增加保乳机会。

2. 辅助内分泌治疗　对于 ER 和 / 或 PR 阳性的乳腺癌患者,不论其年龄、月经状况、肿瘤大小和是否存在区域淋巴结转移,术后都应该接受辅助内分泌治疗。辅助内分泌治疗不仅可以降低局部复发和远处转移风险,还可以提高总生存率。

绝经前激素受体阳性患者的术后辅助内分泌治疗有3种选择：TAM、卵巢功能抑制加TAM、卵巢功能抑制加第三代芳香化酶抑制剂。选择需要考虑两方面的因素：肿瘤复发风险和是否需要辅助化疗。高复发风险和需要辅助化疗的患者首选卵巢功能抑制加第三代芳香化酶抑制剂。绝经后激素受体阳性患者可选择：①术后5年芳香化酶抑制剂；② TAM 2~3年，后续强化使用芳香化酶抑制剂2~3年或5年；③ TAM 4.5~6年，后续使用芳香化酶抑制剂5年；④不能承受芳香化酶抑制剂治疗的患者，仍然可以用TAM 5~10年。辅助内分泌治疗开始的时间为化疗结束后，不宜与化疗同时进行。

3. 解救内分泌治疗　主要适用于复发转移性乳腺癌的治疗。其目的是缓解症状、提高生活质量和延长生存期。是否选择内分泌治疗，要考虑肿瘤组织的激素受体状况（ER/PR）、年龄、月经状态以及疾病进展程度等因素。疾病进展迅速的复发转移患者应首选化疗，进展缓慢的激素依赖性乳腺癌可以首选内分泌治疗。绝经前复发转移乳腺癌与绝经后复发转移乳腺癌内分泌治疗原则一致：一线内分泌治疗首选CDK4/6抑制剂加芳香化酶抑制剂；一线治疗失败后可以选择其他未用过的内分泌药物序贯治疗。内分泌治疗耐药后可考虑化疗。

二、前列腺癌的内分泌治疗

内分泌治疗是晚期前列腺癌的主要治疗方式，对大多数患者均有一定疗效。在70%~80%的患者中，内分泌治疗可以延缓和阻止肿瘤的生长。无论是淋巴结阳性行根治性切除术和盆腔淋巴结清扫术的患者，还是中、高危局限性和局部晚期行放疗的患者，内分泌治疗都可以提高生存率，降低局部复发风险。

（一）前列腺癌内分泌治疗的生物学基础

前列腺是雄激素依赖性器官，大多数前列腺癌生长依赖于雄激素（睾酮），内分泌治疗可通过以下途径消除雄激素的活性作用来抑制肿瘤：①抑制垂体的促性腺激素释放，从而抑制睾酮的产生；②双侧睾丸切除术，去除睾酮的产生来源；③直接抑制类固醇的产生；④抑制靶组织中雄激素的作用。

（二）前列腺癌内分泌治疗的应用

1. 新辅助内分泌治疗　临床研究表明，约50%的前列腺癌患者的临床分期可能被低估，使得手术切缘阳性率增高。新辅助内分泌治疗可以减小肿瘤体积，降低临床分期，减少淋巴结浸润。目前不推荐将新辅助内分泌治疗用于将要进行根治性前列腺切除术的患者，而放疗前进行的新辅助内分泌治疗可降低复发转移率，改善患者的无病生存期。推荐放疗前或同时行短期的（4~6个月）新辅助内分泌治疗。一般应用LHRH-a和抗雄激素药物。

2. 辅助内分泌治疗　辅助内分泌治疗即根治性前列腺癌切除术后或放疗后给予的预防复发转移的内分泌治疗，适用于术后病理示淋巴结阳性及伴有高复发风险的放疗后前列腺癌患者。对于放疗后的低危局限性患者不推荐辅助内分泌治疗，而中危局限性患者可以采取短期（4~6个月）的辅助内分泌治疗，高危局限性和局部晚期的患者采取长期（2~3年）的辅助内分泌治疗。

3. 解救内分泌治疗　解救内分泌治疗能够有效缓解症状、提高生活质量和延长生存期。其已被推荐为晚期前列腺癌的一线治疗方法，伴或不伴抗雄激素的雄激素剥夺治疗和新型内分泌治疗都被推荐为标准治疗。近期，精准靶向治疗和免疫检查点抑制剂与新型内分泌的联合治疗也给晚期患者带来新的希望。

4. 间歇性内分泌治疗　指患者接受内分泌治疗（LHRH-a）到睾酮下降至去势水平、PSA降到正常水平以下停止治疗，而后根据肿瘤进一步发展情况（如PSA升高等），开始下一个治疗周期，如此反复。适应证为：①临床局限性前列腺癌（T_1~T_3期）和局部治疗后无症状但PSA升高者；②部分晚期及转移患者也可应用。

三、子宫肿瘤的内分泌治疗

子宫内膜腺癌和子宫间质肉瘤都是雌激素依赖性肿瘤，内分泌治疗主要作为晚期、复发及要求保留生育能力的早期子宫内膜癌的治疗手段。约1/3的晚期或复发子宫内膜癌患者对孕激素制剂有效，尤其对肺转移者效果最好，对远处转移者疗效优于盆腔复发。目前治疗时间尚无统一看法，但至少用药1年以上。

常用治疗方法：激素治疗推荐用药包括醋酸甲羟孕酮/他莫昔芬（两者可交替使用）、醋酸甲地孕酮/他莫昔芬（两者可交替使用）、孕激素类（醋酸甲羟孕酮、醋酸甲地孕酮及左炔诺孕酮）、芳香化酶抑制剂、他莫昔芬及氟维司群，仅适用于分化好、雌激素/孕激素受体阳性的子宫内膜样腺癌，尤其是肿瘤病灶较小且生长缓慢的患者。对于低级别子宫内膜间质肉瘤（ESS），Ⅱ、Ⅲ和ⅣA期可行去雌激素治疗 ± 外照射放疗；ⅣB期行去雌激素治疗 ± 姑息性外照射放疗。

四、其他肿瘤的内分泌治疗

（一）甲状腺癌的内分泌治疗

促甲状腺素（TSH）是一种甲状腺癌的致癌因子，可刺激分化型甲状腺癌生长。全甲状腺切除患者要终身服用甲状腺素，作为功能抑制治疗和替代治疗，用于预防术后复发，剂量根据临床表现、血浆T_4和TSH水平调节。口服甲状腺素也可以用于治疗体质差而不能手术切除的晚期甲状腺癌患者或术后复发转移的患者，口服甲状腺素对生长缓慢的分化良好型甲状腺癌疗效较好。

（二）胰腺内分泌肿瘤的内分泌治疗

胰腺内分泌肿瘤，又称胰腺APUD肿瘤，能分泌大量多肽激素进入血液循环，与靶细胞膜上的特异受体结合，通过酶系统激活相应靶细胞的生理活性，产生相应症状。

生长抑素能够抑制多种激素的作用，包括抑制胰腺外分泌胃酸、酶和二碳酸盐。奥曲肽是一种人工合成的含有8个氨基酸的生长抑素类似物，它保留了生长抑素中发挥生物学活性的四肽序列，能够抑制生长激素、胰岛素、胰高血糖素和胃泌素等激素分泌，达到治疗的目的。内分泌治疗适用于不能切除的胰腺肿瘤及改善患者的一般状况。

（三）卵巢癌的内分泌治疗

卵巢癌的内分泌治疗主要用于难以耐受化疗或化疗后复发的患者。复发上皮性卵巢癌可使用他莫昔芬或其他药物（包括阿那曲唑、来曲唑、醋酸亮丙瑞林或醋酸甲地孕酮）进行内分泌治疗。颗粒细胞瘤患者晚期复发时，内分泌治疗包括芳香化酶抑制剂、亮丙瑞林和贝伐珠单抗。交界性浆液性癌和子宫内膜样癌ⅠC期以上患者术后也可以选择内分泌治疗。

（四）其他肿瘤的内分泌治疗

近年的研究资料表明，多种肿瘤组织均可检出不同的激素受体，如肾及肾癌组织含有雄激素受体（AR）和孕激素受体（PR）；肝癌组织存在AR；胃癌组织存在PR；约12%的恶性黑色素瘤患者PR阳性。多器官的恶性肿瘤组织有潜在的内分泌治疗可能。

本章小结

1. 肿瘤内分泌治疗又称肿瘤激素治疗，是指通过调节和改变机体内分泌环境及激素水平治疗肿瘤的方法。其作用机制主要是通过降低激素水平、阻断激素与受体的结合，从而阻断激素刺激肿瘤生长的信号转导通路。

2. 常用药物包括黄体生成素释放激素类似物和拮抗剂、选择性雌激素受体调节剂、芳香化酶抑制剂等。

3. 乳腺癌、前列腺癌、子宫内膜癌等激素依赖性肿瘤可通过内分泌治疗降低复发风险、延长无进展生存期、提高生活质量和延长总生存时间。

思考题

1. 肿瘤内分泌治疗的分类有哪些？
2. 肿瘤内分泌治疗药物具体如何分类？
3. 有哪些肿瘤可行内分泌治疗？具体如何应用？

（张云艳）

第十九章
肿瘤中医药治疗

中医学（traditional Chinese medicine）也称中国传统医学，是经过数千年医疗实践逐步形成并不断发展完善的独特医学理论体系。中医肿瘤学是中医学的一门分支学科，从中医理论体系中逐渐孕育产生，是运用中医学理论阐述人体各类肿瘤的病因、病机、治疗及预防的一门学科。

第一节　肿瘤中医药治疗简史

中医对肿瘤的认识和治疗有着悠久的历史，远在3500年前的殷墟甲骨文上就有“瘤”的病名记载，是目前对肿瘤的最早记载。历代医家对肿瘤的命名依据性状主要包括“岩”“恶核”“癥瘕”“积”“瘤”“癌”等；根据病因及症状的命名主要包括“息贲”“噎膈”“反胃”等。历代医家在著作中所论述的肿瘤的证候表现、病因病机、治则治法及预后转归等，对后世中医肿瘤学的形成与发展具有重要贡献和指导意义。

一、早期探索阶段（殷周至隋唐时期）

《难经·五十五难》曰：“积者，五藏所生……其痛不离其部，上下有所终始，左右有所穷处”，这是对肿瘤性质及特点的较早论述。东晋医家葛洪首次运用海藻治疗颈部瘿瘤，至今海藻仍为治疗甲状腺肿瘤的常用中药。汉代著名医家张仲景记载的大黄䗪虫丸、桂枝茯苓丸、鳖甲煎丸等著名方剂，至今仍作为中成药应用于肿瘤的治疗。隋唐时期的《诸病源候论》《千金备急要方》及《外台秘要》等医学著作不仅将肿瘤按病因、病机进行分类，更明确论述了肿瘤的症状特点、治疗及预后情况。总体而言，这一时期属于对肿瘤的初步认知和探索阶段。

二、继承发展阶段（宋金元时期）

“癌”字首见于宋代东轩居士所著的《卫济宝书》（公元1171年），该书将“癌”作为痈疽五发之一。杨士瀛在《仁斋直指方论·卷二十二·发癌方论》中言：“癌者，上高下深，岩穴之状，颗颗累垂……毒根深藏，穿孔透里……”，指出癌肿的病证特点及主要性质，为今所沿用。在治疗方面，宋代陈自明提出治疗当注重整体，不单纯治疗局部病变；宋代窦汉卿提出早期治疗的重要性。这一时期，肿瘤的中医学理论及治疗得到了深入发展。

三、系统完善阶段（明清时期至今）

此阶段著作甚多，多采用独立章节进行阐述，如明代申斗垣的《外科启玄·癌发》。而王肯堂的《证治准绳》不仅涉及了乳腺癌、瘿瘤、肠覃、积聚、石瘕、噎膈等多种肿瘤，还阐述了对良、恶性肿瘤的鉴别及相应治法，并提出“忧怒郁遏”是乳腺癌的重要病因之一，主张疏肝解郁的辅助治疗方法。王清任主张活血化瘀，并创制了少腹逐瘀汤及血府逐瘀汤两则著名方剂。在肿瘤的药物治疗方面，李时珍在《本草纲目》中记载了上百种关于肿瘤治疗的中药。《外科证治全生集》中用于治疗乳岩、痰核、瘰疬的犀黄丸与小金丹，以及《医学心悟》中治疗噎膈的启膈散等经典方剂，至今仍广泛应用于肿瘤临床治疗。此时期，内治法主要包括攻毒、扶正、清热、消瘀、化痰、软坚散结等方法，外治法也得到了进一步丰富，除手术外另有外敷、烧灼、结扎、针刺等治法。在此阶段，对疾病发生的病因病机、辨证论治、预后转归等论述更加详尽，中医肿瘤学理论日臻系统完善。

现代中医学、中药学、中西医结合医学在继承和发扬前人理论及实践的基础上与时俱进，无论临床还是基础研究均获得了长足发展。临床研究方面，逐步开展了系统的循证医学临床实践。基础研究方面，逐步探索中医药对肿瘤的干预作用机制，经方的分子生物学机制及标准化，以及中医药靶向治疗研究；临床应用方面，中医药对放疗、化疗、靶向治疗可减毒增效，中医药在治疗癌痛、癌性疲乏、癌性发热以及促进癌症康复、预防复发转移等方面发挥了独特的作用和优势，提高了患者的生活质量，延长了生存期。

第二节　肿瘤中医药治疗原则

一、未病与先防

中医学治疗疾病历来注重“治未病”。《黄帝内经·素问·四气调神大论》：“圣人不治已病治未病，不治已乱治未乱”。所谓“治未病”，主要包括未病先防和既病防变两方面的内容。对于肿瘤，中医认为防控更是起着至关重要的作用。

未病先防，提倡肿瘤预防应该做到调情志，节饮食，慎用药，适运动，顺四时，把肿瘤的防控融入日常的生活，才能做到“精神内守，病安从来”。

但如果肿瘤已经发生，则应争取早期诊断，早期治疗，做到“先安未受邪之地”，以防止疾病的发展与传变。现代医学“三级预防”的概念与中医“治未病”的理念是一致的。

二、整体与局部

整体观是中医理论体系的核心观点之一，认为人体是一个有机整体，各部分在结构与功能上相互联系、相辅相成，协调为用，又互相制约。对于肿瘤的诊疗，立足于整体调节，将局部置于整体之中，有利于从宏观与微观相结合的角度把握病因病机并进一步论治，进而控制肿瘤的侵袭与进展。

三、辨病与辨证

在肿瘤的诊治过程中，辨病主要体现在明确肿瘤原发及转移病灶的部位、病灶大小及数量、病理组织学类型以及临床分期等，依据肿瘤不同类型的特点及患者的体质差异，制订个体化治疗方案。辨病是治疗的必要前提和依据。

辨证是指在中医理论指导下，根据望、闻、问、切四诊所收集的资料，经分析、综合、判断，分辨疾病的病因、病位、性质及病机转化规律，将疾病某一阶段概括为某种性质的证，得出证名的过程。

辨病与辨证，既有所区别又相互联系。在肿瘤的"辨病"诊断中，立足于肿瘤病灶的性质及转移规律，而"辨证"诊断立足于全身状态的判断。同一疾病过程中，可能会出现同病异治、异病同治的现象。恶性肿瘤诊疗过程中，宜辨病为先，以病为纲，并进一步将辨病与辨证相结合，更好地把握整体，以此为依据制订合理的治疗方案。

四、扶正与祛邪

正气，是机体正常功能活动的统称，是对机体的抗病能力、对外界的适应能力及康复能力的概括。邪气，是各种内外致病因素的统称，不仅包括风、寒、暑、湿、燥、火外感六淫及疫疠(病毒)，也包括机体劳逸损伤、饮食不节、七情内伤等因素导致的痰、瘀、食积、毒邪等。

中医理论认为，疾病的发生发展主要是正邪相争的过程，正气不足或虚衰是导致疾病发生发展的重要内因之一，如《素问·评热病论》云："邪之所凑，其气必虚。"尤其在恶性肿瘤的发生发展过程中，正虚邪盛的表现更为显著。

一般认为，恶性肿瘤的病性多属于虚实夹杂，治疗宜"攻补兼施"，即扶正与攻邪并用，攻中有补，补中有攻。

五、治标与治本

标与本是一对相对的概念，指疾病的主与次、因与果、本质与现象等的关系。疾病发展过程不同条件下，标与本可发生一定的变化。一般而言，治病求本，这里的"本"多指主要疾病或疾病治疗的主要方面。在疾病治疗的不同阶段，矛盾主次不同，缓急有别，应依照疾病发展的具体阶段进行论治。临床上治疗恶性肿瘤，宜根据症状缓急的区别，采用"急则治标、缓则治本、标本俱急则标本兼顾"的治疗原则。

第三节　肿瘤中医药常见治疗方法

一、扶正培本法

(一) 中医基础理论

扶正培本法，即扶助正气，培植本元之法。肿瘤的发生及进展是正邪相争的过程，是全身性疾病的局部表现。《黄帝内经》有云："正气存内，邪不可干"，《外证医案汇编》亦提出"正气虚则成岩"，均在不同程度上说明肿瘤是机体正不胜邪所产生的病理产物，因而扶助正气、补益调养机体本元，是中医理论指导下治疗肿瘤的主要治法之一。

(二) 主要作用机制

扶正培本主要通过补肾健脾、益气养血之法，扶植本元，以助机体鼓邪外出。扶正培本以健脾益肾为重点，同时也包括了对气、血、阴、阳的扶助补益调节。

“肾”为“先天之本”，具有促进机体生长、发育和生殖，保持肺呼吸深度，调节机体多种代谢和生理功能活动等作用。肾气为脏腑功能的重要动力，肾气不足或亏虚，导致机体抗病能力低下，不利于疾病康复。

“脾胃”为后天气血生化之源，主要生理功能为消化水谷及吸收、输布精微物质；运化全身水液；化生气血以营养全身；统摄血液等。饮食中的精微营养物质均赖于脾胃消化吸收而输布运化至全身，故称之为“后天之本”。

(三) 主要临床表现及辨证要点

面色㿠白，畏寒肢冷，腰膝或下腹冷痛，久泻久痢，或五更泄泻，或下利清谷，或小便不利，面浮肢肿，甚则腹胀如鼓。舌淡胖，苔白滑，脉沉细等。

(四) 常用药物及方剂

常用的扶正培本中药有：益气健脾的黄芪、党参、人参、白术、山药等；补血养血的当归、熟地黄、阿胶、鸡血藤等；补肾益精的鹿茸、补骨脂、菟丝子、肉苁蓉等；以及养阴润燥的天冬、麦冬、生地黄、天花粉、女贞子等。常用于治疗肿瘤的扶正培本方剂有：四君子汤、八珍汤、六味地黄汤、归脾汤以及中成药如健脾益肾颗粒、参芪注射液等。

(五) 注意事项

扶正培本法的应用须以辨证为要，宜辨清虚实，虚证又分阴阳、表里、气血和不同脏腑，如：肾阴虚、肾阳虚、脾虚、脾肾两虚、气虚、血虚、阴虚等。

二、清热解毒法

(一) 中医基础理论

清热解毒法属于“清法”，指以药性寒凉，具有清泻邪热、泻火解毒、消肿散结作用的药物为主，治疗热证、火证、热甚成毒及虚热的治法。依据《素问·至真要大论》“热者寒之”的治疗原则。多用于治疗恶性肿瘤中热毒蕴结者。

(二) 主要作用机制

恶性肿瘤病情险恶，属邪毒内蕴，郁久化热所致。肿瘤在发展过程中，常表现为热毒蕴结症状，治疗宜以清热解毒散结为法。此治法主要取清热解毒类中药的祛邪功能，清除热毒，以实现解毒散结、抗肿瘤的目的。

(三) 主要临床表现及辨证要点

局部痈肿疮毒、疼痛灼热、发热或吐衄发斑、口干口渴、尿赤、便秘，或有妇女带下、舌质红绛苔黄等。

(四) 常用药物及方剂

常用清热解毒药物有：白花蛇舌草、半枝莲、蒲公英、败酱草、金银花、连翘、土茯苓、重楼、野菊花等。常用清热解毒的方剂有：西黄丸、安宫牛黄丸、小金丹、六神丸等。

(五) 注意事项

清热解毒法在使用中宜辨清证型，例如里热证还包括气分实热证、血分实热证、湿热证等分型。若气分实热，宜兼用泻火药；血分实热证，宜兼用凉血药；湿热证，宜兼用燥湿药等。本类药物药性寒凉，或有小毒，易伤脾胃，使用中须注意用量，并配合健脾养胃、滋阴益气等法同用。脾胃虚弱、食少便溏者慎用。

三、化痰祛湿法

(一) 中医基础理论

中医理论的“痰”是机体水液代谢障碍而形成的病理产物，产生后可作为致病因素作用于机体，导致脏腑功能失调或组织经络阻滞，继而引起各种病理变化。汪昂在《医方集解》中指出："(痰)在肺则咳，在胃则呕，在头则眩，在心则悸，在背则冷，在胁则胀，其变不可胜穷也。"痰作为肿瘤致病的影响因素常见于乳腺癌、甲状腺癌、肺癌、胃癌、淋巴瘤及淋巴结转移等，治以化痰祛湿为法。化痰祛湿法是指运用理气化痰、化湿泄浊的药物调理气机，除痰化积。

(二) 主要作用机制

痰邪的产生原因较为复杂，可由外感风、寒、暑、湿等六淫之邪，或情志内伤、饮食不节等因素产生，而脏腑功能失调，尤其是脾失健运，亦可导致机体聚湿而生痰，痰浊阻滞，使脏腑、经络和气血等不得疏通而成瘤。痰湿阻滞治宜化痰祛湿，除痰散结，亦可起到消减体内积液如胸腔积液、腹水的作用。

(三) 主要临床表现及辨证要点

头身困重如裹、头晕头胀、肢体肿胀、肢节酸痛、咳嗽喘促、食欲缺乏、恶心呕吐、乏力、舌苔厚腻和脉滑等。

(四) 常用药物及方剂

常用的化痰祛湿中草药有：瓜蒌、贝母、海浮石、苦杏仁、苍术、泽泻、猪苓、防己等。常用化痰祛湿方剂有：二陈汤、平胃散、柴胡桂枝温胆汤等。

(五) 注意事项

应用于肿瘤治疗时，化痰祛湿法常与理气法及软坚散结法合用，祛痰时应辨别性质，兼有热证则清热化痰，兼有风邪则化痰祛风，兼有肺燥则润燥化痰等，且根据不同病位选用相应引经药以助药力达至病所。另外，脾主运化，脾虚则易聚湿生痰，因此治痰湿之证当与健脾相配合，使顽痰去而新痰不生。

四、活血祛瘀法

(一) 中医基础理论

瘀血，指机体内血液凝滞，导致循行障碍，它既指积于体内的离经之血，又包括阻滞于血脉及脏腑内运行不畅的血液。血瘀证主要由于外伤、出血、饮食不节、情志所伤或感于外邪等，致瘀血内阻、血行不畅、阻滞气机血脉。中医理论认为瘀血是肿瘤形成与发展的重要影响因素之一，而历代医家亦多指出癥积、噎膈、肿块等病理产物均与瘀血相关。

(二) 主要作用机制

活血祛瘀法是指以消散通行、活血化瘀药物治疗瘀血阻滞，以达活血行血，破瘀散结之效的治法，进而改善机体内血瘀微环境。《黄帝内经》曰："血实宜决之"，指明治瘀当以活血行血之法破瘀散结，并根据具体辨证兼以行气、温经、养血、清热或祛湿等。另外气虚则血滞，活血同时兼以益气，以助脏腑组织气血恢复运行，畅通血脉，消散瘀滞，从而达到化瘀消癥的作用。

(三) 主要临床表现及辨证要点

脏腑组织内瘀血阻滞，局部瘀斑或有肿块，痛有定处，刺痛拒按，肢体麻木，甚至发生功能障碍，舌质紫暗，脉涩等。

(四) 常用药物及方剂

临床上常用的活血化瘀中草药有：三棱、莪术、三七、川芎、赤芍、全蝎等。治疗肿瘤临床常用的活血化瘀方剂有：大黄䗪虫丸、大黄牡丹汤、少腹逐瘀汤、桂枝茯苓丸等。

(五) 注意事项

活血祛瘀类药物药性强烈，易耗气、耗血、伤阴，因此使用时宜根据具体情况随证配伍益气、养血或滋阴类药，以防伤正。另外，气行则血行，治疗中活血祛瘀药宜适当配伍理气药，更有助于增强消癥散结之力。妇女月经过多者慎用。也有报道活血药宜与解毒药合用以减少肿瘤转移率。

五、其他治法

随着中医肿瘤学理论和实践的不断深入发展，以及中西医抗癌理论的融合发展，也出现了许多针对肿瘤不同病理分期的中西医结合综合治法和中医综合治法，如冯利教授提出的“平衡阻断”疗法、“扶正解毒化瘀法”等。这些综合治法来源于大量的临床经验总结，并结合现代研究方法对其进行了较深入的研究，很大程度上扩展了中医药治疗恶性肿瘤的应用范围。

第四节　中医药治法在肿瘤治疗中的应用

恶性肿瘤是一类病因病机复杂，病位可遍及全身各脏器、组织，病理组织学分型多样，生存期相对较短的慢性疾病。临床中多采取中西医结合的综合治疗方法，依据患者病位、病理类型、组织学分级、临床分期等诊断，以及个体体质差异等影响因素进行辨病与辨证相结合的分阶段个体化治疗（图4-19-1）。当患者因病位或体质较差等因素不能接受手术、放化疗及其他西医治疗时，宜进行单纯中医药治疗；而适宜西医治疗的患者则可以在治疗过程中同时中医药协同治疗或西医治疗完成后采用中医药疗法进行康复治疗。

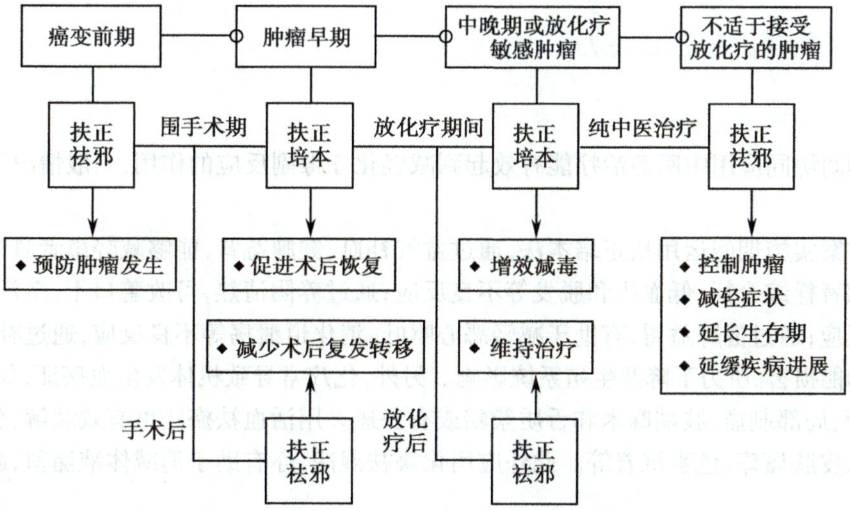

癌变前期
肿瘤早期
中晚期或放化疗敏感肿瘤
不适于接受放化疗的肿瘤
扶正祛邪
围手术期
扶正培本
放化疗期间
扶正培本
纯中医治疗
扶正祛邪
◆ 预防肿瘤发生
◆ 促进术后恢复
◆ 增效减毒
◆ 控制肿瘤
◆ 减轻症状
◆ 延长生存期
◆ 延缓疾病进展
◆ 减少术后复发转移
◆ 维持治疗
手术后
扶正祛邪
放化疗后
扶正祛邪

图 4-19-1　中西医结合治法在肿瘤各阶段治疗中的应用

一、围手术期的中医药治疗

（一）提高机体免疫功能

在围手术期（手术前、后1~2个月内），当患者出现免疫功能下降、体力不足、乏力、贫血、易疲劳等表现时，宜应用中医药扶正培本法，补肾健脾、益气滋阴、补血养血，以提高机体免疫功能，改善患者术前体力，增强其对手术的耐受能力。

（二）促进术后恢复

手术是创伤性治疗，耗伤元气精血，并可能出现一系列术后并发症。中医药于术后1~2个月内通过扶正培本法扶助机体正气、益气滋阴、补血养血和补肾健脾，能够改善患者术后体力及更快地促进创伤愈合，促进食欲，减轻不良反应，防止气血亏虚。同时，一些中药可以明显缓解术后并发症，如腹胀、便秘及不全性肠梗阻等。

二、放射治疗期间的中医药治疗

(一) 增效减毒作用

增效减毒是指根据扶正祛邪的原则，以提高西医治法(如手术、放射治疗、化疗、分子靶向治疗等)的敏感性及疗效，同时减轻其毒副作用为目的的临床治疗方法。

放射治疗对机体产生的主要毒副作用为热毒耗伤阴液，阴亏则血瘀，可导致阴虚血瘀的临床表现。中医药通过扶正培本、活血化瘀、清热解毒等法，一方面增加组织细胞氧含量，提高放疗敏感性及疗效；另一方面能够起到抗炎消肿，促进食欲，缓解恶心呕吐及腹泻等消化道反应，改善疲劳乏力等作用，且外用凉血解毒中药可缓解放射线造成的皮肤黏膜损伤等不良反应。此外，中医药有助于提高放射治疗的近、远期疗效，从而发挥增效作用。

(二) 提高机体免疫功能

肿瘤患者一方面经受肿瘤病邪的侵害，另一方面接受有可能造成一定不良反应及并发症的放射治疗，使机体脏腑组织产生不同程度的损伤。因此以中西医结合治疗为原则，适时应用扶正培本法，提高机体免疫功能，增强患者体质，促进恢复，增进食欲及营养吸收，减轻乏力、体重下降等全身表现，以改善患者生活质量。一般情况下，扶正培本的临床应用需要贯穿放射治疗的全程。

三、化疗期间的中医药治疗

(一) 减轻化疗不良反应

在化疗期间协同应用中医药治疗能有效起到减轻化疗毒副反应的作用，一般情况下需贯穿化疗的全部过程。

在化疗方案实施期间运用扶正培本法，通过益气补血、健脾益肾，能够减轻患者骨髓抑制、乏力、贫血、气短、感冒样综合征、低血压和脱发等不良反应；通过养阴清热，可改善口干、多汗、潮热、咳嗽、便秘等不良反应；通过健脾益胃，有助于减轻恶心呕吐、消化道溃疡等不良反应；通过补养肝肾，有益于减轻肝肾功能损害、听力下降及生殖系统影响。另外，化疗常导致机体发生血瘀证，如肌肤甲错、唇甲色黯或青紫、局部刺痛、肢端麻木和舌质紫黯或有瘀斑。用活血祛瘀法可有效缓解，包括手足综合征、局部疼痛、皮肤瘙痒、色素沉着等。此外应用化痰祛湿法，亦有助于消减体液潴留，减轻咳嗽咳痰等不良反应。

总之，化疗期间以扶正培本为主，针对临床具体情况辨证论治，进行个体化治疗，减轻化疗所引发的多种不良反应及并发症，缓解症状，以期改善患者生活质量，提高化疗通过率。

(二) 提高机体免疫功能

化疗药物可能导致肿瘤患者免疫功能发生不同程度的下降，出现乏力、易疲劳、易感冒、贫血等临床表现，导致机体不能承受继续治疗，严重时可能因抗病能力下降而加快病情进展。因此在此阶段提高机体免疫功能是必不可少的治疗策略。通过补肾益气，调节代谢及生理功能活动，固护全身元阳之气；调养脾胃，增进食欲，促进水谷精微运化与输布，加强营养吸收利用；益气固表，养阴补血，以防治感冒、贫血、乏力等症状。

总之，立足整体调节改善免疫功能，增强患者体力，有助于提高机体对药物毒性的耐受能力，缓解患者虚弱症状，促进恢复，改善生活质量。

四、肿瘤分子靶向治疗期间的中医药治疗

肿瘤分子靶向治疗是以肿瘤细胞的标志性分子为靶点研制出的有效阻断剂，能干预细胞发生癌变的环节，但易出现皮疹、高血压、蛋白尿、手足综合征、腹泻等不良反应。期间辅助应用中医药，能有效减轻分子靶向治疗的副反应，明显改善患者的生活质量。

在分子靶向治疗期间，通过清热解毒、凉血活血法，能够减轻患者服药后出现皮疹性皮损；通过燥湿健脾和胃法治疗分子靶向治疗期间出现的腹泻、恶心欲呕、食欲缺乏等不良反应；通过养血通络，活血化瘀法治疗服药后出现的蛋白尿、手足综合征、色素沉着等不良反应。

总之，分子靶向治疗期间，根据患者的具体情况进行辨证施治，减轻分子靶向治疗导致的副反应及并发症，缓解症状。

五、单纯中医药治疗及巩固维持治疗阶段

单纯中医药治疗是指由于各种因素未能接受手术及放化疗的患者，进行单纯中医药治疗的过程。

中医药巩固（维持）治疗阶段是指根治手术后，无须进行放化疗时，或姑息术后及放化疗方案完成后，肿瘤病灶得以消除、缩小或减少时，甚至稳定期，应用中医药进一步祛邪扶正，以提高与巩固西医治法疗效、控制肿瘤生长及抑制复发转移为目的的治疗阶段。

在此期间以中医药抗肿瘤治疗为主，可以：

（一）控制肿瘤及改善症状

以清热解毒、软坚散结、化痰祛湿等法直接杀灭、抑制恶性肿瘤，同时减轻相关临床症状，延缓疾病进展。

（二）减少肿瘤复发转移

以扶正祛邪为基本原则，继续进行中医药巩固维持治疗，有助于控制、减少肿瘤的再复发、增大及转移。

（三）提高机体免疫功能

应用中医药扶正培本法，辨证运用补肾温经、健脾益胃、益气固表、养阴补血等具体治法，增强机体免疫功能及抗病能力，改善患者临床症状，有效提高其生活质量。

（四）改善内环境

改善内环境是治疗恶性肿瘤的重要部分，中医药立足于整体与辨证，在调节内环境作用上具有较为明显的优势。近年来，炎症、血瘀证已被认为是恶性肿瘤的新特征之一。中医以清热解毒、活血祛瘀法进行抗炎、活血逐瘀治疗，能够改善因炎症、血瘀证导致的不良局部微环境，消除对肿瘤的不利影响。

总之，中医诊疗立足整体调节，实行个体化、阶段化的辨证论治，中医用药贯穿于肿瘤治疗全过程，不同的阶段所应用的治则治法不同，药物也有所不同。按肿瘤发生发展规律进行预防性治疗，通过辨证论治积极改善机体内环境，有助于控制肿瘤，减少复发转移，缓解症状，延缓疾病进展。

本章小结

中医肿瘤学是在传统医学发展的悠久历史中继承和发扬了历代医家的理论精华，而逐步形成的一整套中医药治疗恶性肿瘤的理论体系。临床依据患者不同的病情阶段，辨病与辨证相结合，立足整

体调节，以扶正祛邪为主要治疗原则，做到有的放矢，分清主次及治疗阶段，具体采用扶正培本、清热解毒、活血祛瘀、化痰祛湿等治法，进行综合治疗的同时注意个体化治疗，充分发挥中医药优势。中西医结合治疗肿瘤过程中，注意增效减毒，提高机体免疫功能和抗病力，攻邪而不伤正，实现提高患者生活质量及延长生存期的治疗目的。

思考题

1. 在中医肿瘤治疗中，谈谈你对“正气存内，邪不可干”的理解。
2. 在肿瘤化疗期间，中医药是如何发挥治疗作用的？
3. 在肿瘤放疗期间，中医药是如何发挥治疗作用的？

（冯 利）

第二十章
肿瘤姑息治疗

姑息治疗在欧美等国家被称为“palliative care”，也可被译为“舒缓医学”。经过几十年的发展，姑息治疗目前在世界范围内已成为肿瘤防控体系的重要环节。WHO 对于姑息治疗特别强调症状控制、患者支持、提升生活质量等多方面的内容，ASCO、ESMO（European Society for Medical Oncology，欧洲肿瘤医学协会）、NCCN、EAPC（European Association for Palliative Care，欧洲姑息治疗协会）等各大权威医疗机构亦强调需要在疾病的全过程强化对癌症患者生理症状、心理和精神需求的管理。目前国内各大医疗机构提倡以“疾病为导向”转变为“以患者为中心”，除了缓解影响患者生活质量的躯体症状，同时重视精神心理问题和心理照护，越来越关注“人”，而不仅仅是“病”。世界卫生组织在肿瘤工作的综合规划中确定了预防、早期诊断、根治治疗和姑息治疗 4 项重点，使姑息治疗成为癌症控制方面一个必不可少的内容。

第一节　姑息治疗概述

一、姑息治疗

姑息治疗（palliative care）是临床肿瘤学的重要组成部分，其工作目标是改善癌症患者生活质量。肿瘤姑息治疗是世界卫生组织（WHO）的全球癌症预防和控制策略的四大战略目标之一。2002年，WHO 给出了肿瘤姑息治疗的定义：是临床学科的一门分支学科，通过及时全面评估和控制疼痛及躯体、社会心理等症状，预防和缓解身心痛苦，从而改善患者及其家属面临致命疾病威胁的生存质量。

二、姑息治疗的原则与方法

（一）姑息治疗的原则

姑息治疗的基本原则是：在尊重患者意愿的前提下，结合患者的经济承受能力，认真权衡治疗的利弊得失，争取最好的疗效，努力将不良反应控制到最低限度。

姑息治疗要求视患者的躯体、心理、社会及精神的需求为一体，在治疗肿瘤性疾病的同时，注重并发症的处理，熟悉所用药物的药理学，各种治疗手段的适应证、禁忌证、不良反应，对医师的要求甚至高于肿瘤的常规治疗。从事姑息治疗者必须是训练有素的专业医师，否则不可能满足晚期肿瘤患者的需求，也不会给患者带来益处（图 4-20-1）。

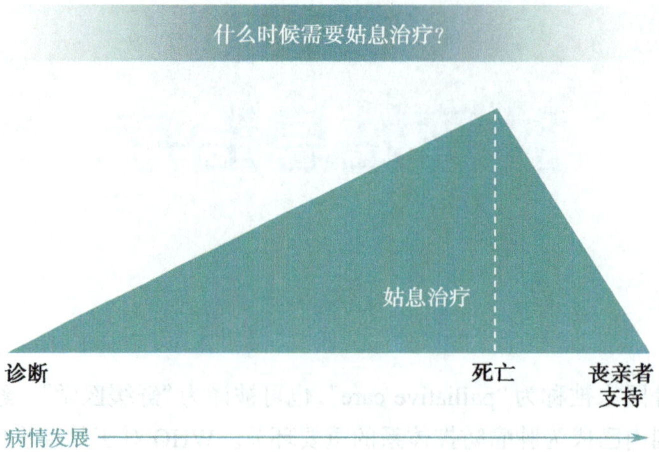
什么时候需要姑息治疗?
姑息治疗
诊断
死亡
丧亲者
支持
病情发展

图 4-20-1 姑息治疗原则

(二) 姑息治疗的方法

针对肿瘤的姑息治疗,除各种对症处理外,主要包括姑息性手术、姑息性放疗、姑息性化疗。

1. 姑息性手术 是指已经无法彻底清除体内的全部肿瘤,仅切除威胁生命器官功能的肿瘤、缓解难以忍受的症状、预防严重并发症的发生,或为其他治疗创造条件。治疗手段包括:姑息性切除术、短路术和造口术、电凝固术、内支架或扩张术、经内镜治疗术、内外引流术、栓塞术、骨折的固定术等。终末期恶性肿瘤患者手术并发症以及手术相关的死亡增加,需慎重掌握手术指征,并事先向患者和/或家属说明手术危险性,获得同意后方可进行。

2. 姑息性放疗 也称减症性放疗。晚期肿瘤的局部症状许多是由于肿瘤生长、浸润所致,在患者一般状况许可时,采取合适的射线、合适的分割剂量、较短的疗程施行放疗,能达到尽快地适度降低肿瘤细胞数量,控制局部病灶的发展,从而缓解症状,减轻痛苦的目的。姑息性放疗常应用于骨转移癌、脊髓压迫症、脑转移、上腔静脉压迫综合征以及肿瘤所致的疼痛、出血、恶臭和腔道梗阻等,如应用得当,常能获得良好效果。

3. 姑息性化疗 在肿瘤姑息治疗的方法中,应用化疗的机会较多。对于病情较晚期的肿瘤患者,由于心理创伤、器官缺损、功能减退、体质虚弱、营养低下、并存疾病和既往治疗的后遗症,使机体对化疗的耐受性下降,肿瘤细胞乏氧、多药耐药、药物已达累计总量等都影响着治疗的顺利进行。因此对于已经有恶病质及一般情况较差的患者,通常应谨慎化疗,何时开始、剂量多少、给药途径都要认真考虑。

对于化疗有效的肿瘤,通常是越早治疗越好,但姑息性化疗不尽如此。一些肿瘤生长缓慢,在相当长的时期内病情稳定,如能予以有效的支持治疗和对症处理,患者可望生存较长时间。过度治疗不仅疗效欠佳,且有可能因不适当的化疗而降低生活质量甚至带来严重的医源性并发症。熟悉各种类型肿瘤的自然史对决定何时开始姑息性化疗有重要意义。

终末期患者一般情况较差,常需要调整化疗药物剂量。对于化疗敏感、预期能取得较好效果的肿瘤,可以尝试较大剂量的化疗,以往没有接受过化疗的患者更易奏效,应尽量使用原先没有用过的药物或无交叉耐药的药物。在少数情况下,低剂量化疗可能获得出人意料的效果。

4. 对症支持治疗 最好的支持治疗(best supportive therapy,BST)对于晚期患者至关重要,某些晚期肿瘤即使能够进行直接的抗肿瘤治疗,效果也不一定优于 BST。对两者进行比较,是循证医学的重要内容。

5. 整体姑息治疗 肿瘤综合治疗的原则同样适用于肿瘤姑息治疗。整体姑息治疗要求医师及时了解病情,动态评估病情,多学科综合治疗,监测用药剂量及强度,及时评估治疗效果并相应调整治疗方案。有遗传危险的恶性肿瘤,还应对患者的亲属进行有关恶性肿瘤防治知识的宣传。

第二节 症状负荷与生活质量评估

一、肿瘤症状负荷

肿瘤症状负荷(symptom burden)是指多种原因混杂而导致患者不舒服的症状群总负荷。疼痛乏力、睡眠紊乱、情感障碍、畏食是加重癌症患者症状总负荷的常见症状。肿瘤患者的生活质量与肿瘤症状负荷密切相关。

(一) 症状负荷

肿瘤及抗肿瘤治疗相关的躯体和精神心理症状越多越重,患者的生活质量就越差。减轻症状负荷是改善患者生活质量的有效措施。量化评估症状负荷,从缓解症状和减轻症状负荷入手,切实提高和改善肿瘤患者的生活质量。

(二) 症状的评估

症状评估是有效控制症状和评价疗效的基础。目前临床应用的多种症状的总负荷评估,较单一症状评估复杂且缺乏统一量表。症状负荷评估量表的指标选择,需要包括对患者生活质量影响显著的常见症状。准确评估患者的主观感受症状,需要患者参与自我评估症状。症状评估量表的设计要求问答条例简明易理解且耗时短。目前用于症状负荷评估的常用量表包括:针对某一种症状的多维估量表如简明疼痛评估量表(brief pain inventory,BPI)和简明乏力评估量表(brief fatigue inventory,BFI);针对系列症状的评估量表,如 EORTC 的各类肿瘤症状子量表、MD Anderson 癌症中心症状评估量表(MDASI)是最能有效评估症状群的量表,但还应注意动态评估患者症状的变化。

(三) 肿瘤相关症状的干预治疗原则

在对症状产生的原因及严重程度进行评估后,有效的症状干预有助于患者生活质量的提高和抗肿瘤治疗的顺利进行。在进行症状干预时,需要明确临床上常存在治疗不足导致症状不能缓解或过度治疗导致症状加重的情况,尤其应该注意的是肿瘤过度治疗问题。在对症状群进行处理时需要明确,当使用多种药物时,症状控制的基本药物选择原则为具有多种疗效、最小的药物交叉反应、多途径的给药方法、最好的安全性能、广谱的治疗窗口、方便的剂量、费用 - 效果最优。

二、生活质量评估

肿瘤患者生活质量研究可追溯到20世纪40年代由Karnofsky等提出的行为状态评分(performance status,PS),但这不能算是真正的生活质量评定。现代生活质量研究始于20世纪70年代,当时主要由精神病学家和心理学家进行,20世纪80年代肿瘤心理学(psycho-oncology)确立为一门新兴的临床医学。目前许多学者建议生活质量评价应成为肿瘤临床研究终点之一。

(一) 生活质量

生活质量(quality of life,QOL),也称为生命质量或生存质量。WHO 对生活质量的定义为:不同文化和价值体系中个体对其目标期望及所关心事情的相关生活状况的体验。生活质量的核心内容包括:①躯体感觉:与疾病、治疗有关的体征、症状;②生理功能、精力体力、生活自理能力等;③日常生活能力；④精神、心理状态；⑤适应社会的能力：指家庭关系（夫妻关系，父母职能等），与亲友或同事的来往，以及疾病对于工作、学习和社会活动的影响；⑥职业承受能力；⑦健康的自我认识。临床疗效评估时，同时评估生活质量，有助于全面、准确地评价治疗方案是否给患者带来益处。

（二）生活质量评估

生活质量评估量表是量化评价患者生活质量的常用工具。量表能否准确反映患者生活质量，与量表采纳的评价指标密切相关。新创立的量表或国外量表的翻译版，在临床应用前都需要进行量表效度、信度和反应度的检测。目前，国内常用的癌症患者生活质量评估量表如下：

1. KPS 评分　又称卡氏评分。1948 年 Karnofsky 制订的身体功能状态量表（Karnofsky performance status，KPS），将癌症患者的生活自理能力及身体活动能力分为 10 个等级，评分范围 0~100%。分值越高，表示机体状态越好。该量表简便易行，重复性好，但未包括患者的主观感受。

2. ECOG 评分　指美国东部肿瘤协作组（Eastern Cooperative Oncology Group，ECOG）制订的行为状态评估量表。该量表评估内容类似 KPS，但评分不同。ECOG 将正常状态到死亡分为 0~5，分值越高表示机体状态越差。该量表也简便易行，重复性好，但也未包括患者的主观感受（表 4-20-1）。

表 4-20-1　ECOG 评分量表

体力状况	分级
正常生活	0
症状轻，生活自在，能从事轻体力劳动	1
能耐受肿瘤的症状，生活自理，但白天卧床时间不超过 50%	2
肿瘤症状严重，白天卧床时间超过 50%，但能起床站立，部分生活自理	3
病重卧床不起	4
死亡	5

3. QLQ-C30　欧洲癌症研究与治疗组织（European Organization for Research and Treatment of cancer，EORTC）的生活质量核心量表 QLQ-C30，30 项指标自评生活质量。该量表含 5 个功能量表（躯体、角色、认知、情绪和社会功能）、4 个症状子量表（乏力、疼痛、恶心及呕吐）。EORTC 还针对不同肿瘤制订子量表。例如肺癌（QLQ-LC13）、乳腺癌（QLQ-BR23）、头颈部癌（QLQ-NH35）、宫颈癌（QLQ-CX24）、卵巢癌（QLO-OV28）、骨髓瘤（QLQ-MY20）等。QLQ-C30 整体健康状况的总量表，再结合针对不同肿瘤的子量表进行评估，这种方法已广泛应用于临床试验研究来评估肿瘤患者生存质量。

4. 其他量表　FLC 量表、CARES 量表、FACT 量表等。我国肿瘤临床研究常采用孙燕教授于 1990 年提出的生活质量 12 项指标评估量表。

（三）生活质量评价中存在的问题

在肿瘤防治中，QOL 的重要性已被广泛接受，但也存在问题亟待解决。

1. 建立 QOL 公认的模型，这些模型既要考虑患者方面，也要考虑医疗和心理上的干预。如 Q-TWST 就综合考虑了疾病和治疗毒副作用对患者 QOL 的不同影响。

2. 强调 QOL 评估及应用，鼓励把 QOL 评估作为临床试验的组成部分。在终点诸变量中，QOL 是最敏感和最有力的指标，但它不像生存率和反应率那样易于重复观察，需要进一步完善。

3. 完善 QOL 量表的编制及测量，QOL 量表要想具有很高的信度和效度，首先要解决大量患者不能按计划完成填写的问题。使用更简单的工具，比如使用电子化表格，使其界面更加形象、友好，在非常短的时间内完成调查表，是解决的方法之一。

4. 宣传有关的知识及技术，临床医师通常没有足够的时间给患者提供详细的信息以及有效地控制研究，护士应参与 QOL 研究。

第三节 肿瘤相关症状处理与支持治疗

一、疼痛

(一) 定义

疼痛是肿瘤患者最常见的症状。新诊断的癌症患者中 1/4 伴有疼痛,1/3 接受抗肿瘤治疗的患者、3/4 晚期肿瘤患者均合并疼痛。

(二) 分类

1. 按病因分类　肿瘤疼痛按病因主要分为 3 类:一是肿瘤直接浸润、破坏或压迫所致的疼痛,如肿瘤骨转移疼痛;二是肿瘤诊治所致疼痛,如细胞毒性药物所致外周神经痛;三是与肿瘤无关的疼痛,如关节炎、糖尿病周围神经病变所致疼痛等。

2. 按病程分类　肿瘤疼痛分为急性痛和慢性痛,疼痛时间小于 3 个月称为急性疼痛,而持续时间超过 3 个月则称为慢性疼痛,后者已被视为一种疾病。

3. 按发生机制分类　主要分为两类,即伤害感受性疼痛(包括躯体痛和内脏痛)和神经病理性疼痛。

(三) 评估

对疼痛的全面评估是肿瘤疼痛治疗的首要步骤,患者的主诉是疼痛评估的"金标准"。所有癌症患者在诊治过程中都应全程动态评估有无疼痛(图 4-20-2)。疼痛评估的第一步是让患者详细描述其疼痛情况,这不仅有助于发现疼痛的病因,还可区分不同机制所致疼痛。应详细询问疼痛出现的时间、持续时间、部位、有无放射、加重或缓解因素、既往是否接受止痛治疗及疗效等。还应详细询问既往史和抗肿瘤治疗史,进行详细的体格检查和必要的实验室检查及影像学评估。

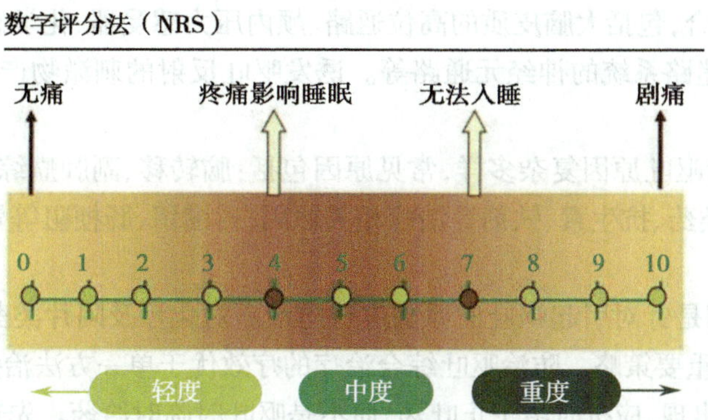

数字评分法(NRS)
无痛
疼痛影响睡眠
无法入睡
剧痛
0
1
2
3
4
5
6
7
8
9
10
轻度
中度
重度

图 4-20-2　疼痛程度数字分级法(NRS)

(四) 治疗

癌痛治疗目标:持续有效缓解疼痛,限制治疗相关不良反应,最大限度改善癌痛患者的生活质量。药物止痛治疗是癌痛治疗的基本方法。药物止痛治疗应遵循 WHO 癌症三阶梯止痛原则(图 4-20-3)。不同患者个体之间存在较大的个体差异。个体化选择止痛药及调整用药剂量、联合用药及辅助用药,可获得更好的止痛疗效。回顾性研究结果显示,80% 以上的癌性疼痛可通过简单的药物治疗得到有效控制。

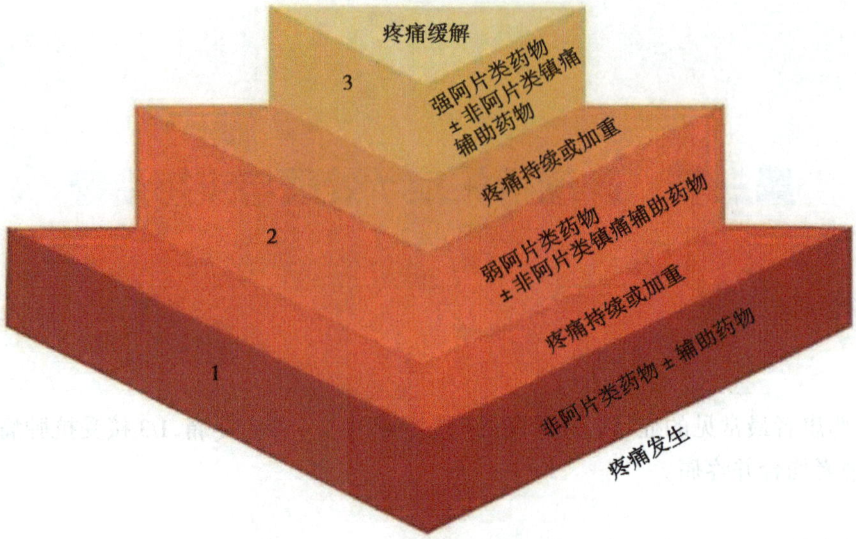
疼痛缓解
3
强阿片类药物
±非阿片类镇痛
辅助药物
疼痛持续或加重
2
弱阿片类药物
±非阿片类镇痛辅助药物
疼痛持续或加重
1
非阿片类药物±辅助药物
疼痛发生

图 4-20-3 癌痛三阶梯治疗方案

镇痛治疗时应尽可能在镇痛效果及不良反应之间达到最佳平衡，即实现最佳镇痛效果时，尽可能减少镇痛药物的不良反应。尽管多数癌痛都可经药物治疗得以控制，但少数患者可能仍需要非药物治疗手段镇痛。应动态评估镇痛效果，必要时进行多学科会诊，开展有针对性的非药物治疗，如介入治疗、手术、放疗、放松训练、认知行为训练、康复治疗等。

二、消化系统症状

恶心、呕吐、厌食、腹泻、便秘、恶性肠梗阻等病变是恶性肿瘤及抗癌治疗过程中的常见消化系统症状及并发症。积极防治肿瘤患者的消化系统症状，可显著提高患者的生活质量。

（一）呕吐

呕吐（vomit）受脑桥延髓网状区域外侧的呕吐中枢调节。呕吐中枢不是解剖学上的某一区域，而是一群神经元核团的集合，包括大脑皮质的高位通路、颅内压力感受器、化学感受器触发区、胃肠道的迷走神经感受器通路、迷路系统的神经元通路等。诱发呕吐反射的刺激物产生的神经冲动作用于呕吐中枢，引发呕吐反射。

1. 病因 肿瘤患者呕吐原因复杂多样，常见原因包括：脑转移、副肿瘤综合征、高钙血症、肾衰竭等；化疗药、放疗、阿片类药、抗生素、铁剂等治疗相关原因；胃潴留、肠梗阻等胃肠疾病；焦虑、恐惧、疼痛等心理精神因素。

2. 治疗 治疗原则是针对引起呕吐的原因进行防治。对化疗及阿片类药物相关性呕吐，预防性用药是有效防治呕吐的重要策略。防治呕吐综合治疗的疗效优于单一方法治疗。

（1）药物治疗：一旦出现，应按时给予止吐药，而不是呕吐时临时给药。先选择一种药物止吐，逐渐滴定至最佳剂量，效果不满意时再联合另一种药物，疗效差时应更换另一类药物，但不是同类药物间的转换。

（2）非药物治疗：安静、舒适的环境，避免接触诱发呕吐的食物；少量进食，避免进食大量液体性食物；音乐、心理放松治疗；针灸也是治疗呕吐行之有效的手段之一。

（二）腹泻

腹泻（diarrhea）是指患者 24h 内排出 3 次或 3 次以上不成形的粪便。大多数腹泻是自限性的，但是腹泻严重时可出现血性腹泻、脱水、电解质紊乱，甚至危及生命。

1. 病因 肿瘤患者腹泻的常见原因：细菌、真菌、寄生虫、病毒等感染；化疗、放疗和分子靶向药物治疗等抗癌治疗；恶性肠梗阻、消化道肿瘤、神经内分泌肿瘤、胰头癌引起的脂肪泻等肿瘤原因；泻药使用不当、不当饮食等。

2. 治疗 治疗腹泻前应明确引起腹泻的原因，以确保患者得到恰当的治疗。

(1)一般治疗：保持水、电解质平衡。停用导致腹泻的抗癌治疗药物。感染性腹泻进行病原学检查，针对病原体进行治疗。

(2)止泻治疗：①洛哌丁胺：用于伊立替康引起的迟发性腹泻。②生长抑素：奥曲肽能够抑制肠道的分泌功能，促进水电解质的重吸收。奥曲肽应用于洛哌丁胺治疗无效的伊立替康迟发性腹泻以及分泌性腹泻。③其他药物：糖皮质激素、蒙脱石散、胰酶、质子泵抑制剂、肠道益生菌等。

(三) 便秘

便秘(constipation)是指排便困难或排便习惯改变，或伴排便疼痛和粪便量少质硬。晚期肿瘤患者便秘发生率45%，严重便秘可能引起疼痛、粪便嵌塞性梗阻、食欲下降等。

1. 病因 便秘的常见原因：慢性疾病所致运动少，进食少，饮水少、食物纤维摄入少；阿片类药，5-羟色胺受体拮抗剂等药物因素；肠梗阻、截瘫、高钙血症等肿瘤因素；痔疮、肛裂、排便环境的改变等。

2. 治疗 针对病因预防性治疗是便秘的治疗原则。适当活动，增加食物纤维素摄入量，纠正不良排便习惯。常用泻药：比沙可啶等刺激性泻药；乳果糖、聚乙二醇、甘油等渗透性导泻药；中药番泻叶等。根据患者便秘原因及病情选择泻药。灌肠导泻用于粪便嵌塞的解救处理。

(四) 恶性肠梗阻

恶性肠梗阻(malignant bowel obstruction)是指原发性或转移性恶性肿瘤造成的肠道梗阻，恶性肿瘤术后腹膜种植转移引起的肠粘连所造成的肠梗阻也是恶性肠梗阻的重要诱因。恶性肠梗阻的病理类型分为机械性肠梗阻和动力性肠梗阻。根据阻塞程度分为完全性和不完全性肠梗阻。

1. 病因 癌症播散(常见小肠梗阻)和原发肿瘤(常见结肠梗阻)等癌性病因；手术或放疗引起肠粘连、肠道狭窄及腹内疝，年老体弱者粪便嵌顿等非癌性病因。

2. 治疗 个体化姑息治疗。根据患者病情、预后、进一步接受抗肿瘤治疗的可能性、全身状况以及患者意愿制订治疗方案。

(1)手术治疗：手术治疗是恶性肠梗阻重要的治疗方法之一，但应严格掌握手术指征。手术治疗适用于机械性梗阻、肿瘤局限、单一部位梗阻，可耐受手术，并且可能对进一步抗肿瘤治疗获益的患者。

(2)药物治疗：药物治疗的目的是缓解恶性肠梗阻所致的恶心、呕吐、腹痛和腹胀等症状，维持水电解质平衡。

(3)其他治疗：补液、全胃肠外营养、自张性金属支架、鼻胃管引流胃肠减压、胃造口等。

三、呼吸困难

呼吸困难(dyspnea)是患者吸入的氧气不够，胸闷、发憋或喘气费力等的主观感觉；体检可见患者呼吸急促、呼吸力度增加、张口呼吸、鼻翼扇动及端坐呼吸等现象，俗称气急。临床上呼吸困难的诊断主要是根据患者的主诉。呼吸困难是恶性肿瘤患者的常见并发症，晚期肿瘤患者呼吸困难的发生率为12%~50%，终末期肿瘤患者呼吸困难发生率高达50%~70%，严重影响着患者的生理健康、心理健康及生活质量。

1. 诊断 晚期肿瘤患者呼吸困难的常见原因：肿瘤侵犯气道及胸腔；治疗相关性肺损伤；全身衰

竭;心肺及代谢并发症。不同病因导致肺源性、血源性、中毒性、神经精神性与肌病性呼吸困难。晚期癌症患者的呼吸困难,大多是加重呼吸负担的多种因素共同作用所致,患者的恐惧心理也会导致或加重呼吸困难。

2. 治疗 解除呼吸困难,需要针对病因治疗。然而,对于终末期患者的呼吸困难,病因治疗往往难以实现,对症处理是终末期呼吸困难的重要措施。血氧饱和度<90%时,鼻饲给氧或呼吸机给氧,并注意监测血氧饱和度;保持环境安静、加强室内空气流通,放松治疗等。

四、厌食恶病质综合征及营养支持治疗

厌食恶病质综合征(anorexia and cachexia syndrome)在癌症患者中十分常见。厌食是指失去正常食欲,恶病质指营养缺乏伴体重减轻。厌食恶病质综合征的特点为进行性营养障碍伴消瘦,机体的分解代谢增加,合成代谢减低。

1. 病因及机制 厌食恶病质综合征的病因包括中枢性、激素和代谢性异常以及胃肠功能异常3方面,癌症患者可兼而有之。

2. 诊断 临床特征为体重明显减轻、肌肉萎缩、厌食、乏力、味觉异常、贫血、低蛋白水肿、压疮、萎靡等精神心理障碍。

3. 治疗 包括病因治疗、必要的药物及非药物治疗三方面。

(1)病因治疗:积极的对因治疗可改善厌食,如止吐治疗、便秘的防治、改善肝功能、纠正电解质紊乱等。

(2)药物治疗:刺激食欲是药物治疗的首要目标。高剂量孕酮如甲羟孕酮和甲地孕酮是“金标准”药物,能够改善约70%患者的食欲,其中接近20%患者的体重增加。糖皮质激素可通过抑制炎症因子治疗厌食,但用药一般不超过4周,长期使用反而降低食欲且出现全身不良反应。

(3)非药物治疗:饮食调节是重要的非药物治疗手段,应向营养师寻求规范的营养指导。鼓励患者少量多餐,进食易消化、高蛋白质饮食;创造轻松愉快的就餐环境,讲究饮食的色香味,最大限度地增加患者的摄入量。

(4)营养支持治疗(nutritional support therapy):是指在患者不能获取饮食或摄入不足的情况下,通过肠内、外途径补充或提供维持人体必需的营养素。营养支持方式包括肠内营养、肠外营养或两种共用,在保护脏器、减少并发症、控制感染及促进机体康复等方面起着重要作用。

厌食恶病质综合征患者应给予适当营养物质和能量,以肠内营养为主,严格把握肠外营养适应证。静脉营养临床应用适应证:①肠内营养不足;②预计生存时间大于3个月;③预计静脉营养使用可以改善生活质量且患者能耐受;④患者强烈要求。对于临终患者,大部分仅需要极少量的食物以及水来减少口渴和饥饿感。少量补充水有助于防止脱水所致的神志混乱。终末期保持营养状态已不再重要,过度强调营养治疗反而可能加重患者代谢负担,影响生活质量。

(5)心理支持及护理:对体重显著减轻的患者,添置合身的衣服,不要常规称体重,防止压疮,帮助患者尽可能维持一定的自理能力及独立性。

本章小结

姑息治疗是临床肿瘤学的重要组成部分,其工作目标是改善癌症患者生活质量,要求视患者的躯体、心理、社会及精神的需求为一体,在治疗肿瘤性疾病的同时,注重并发症的处理。量化评估肿瘤患者的症状负荷,要求从缓解症状和减轻症状负荷入手,切实提高和改善肿瘤患者的生活质量,但目前评估肿瘤症状负荷的量表均存在一定的不足。

思考题

1. 什么叫姑息治疗？姑息治疗方法的应用原则是什么？
2. 姑息治疗方法包括哪些内容？
3. 什么叫生活质量？生活质量评估标准是什么？
4. 什么叫癌痛？癌痛的分类？
5. 肿瘤晚期患者姑息治疗后最常见不良副反应是什么？

（崔书中）

第二十一章 疼痛管理、营养支持、社会心理干预、康复治疗

营养状况、癌痛以及肿瘤诊疗过程中患者的心理反应与肿瘤治疗、疾病预后都有着密切的关系。肿瘤姑息治疗是肿瘤综合治疗的重要组成部分，为肿瘤患者提供了一种尽可能主动的生活方式，能有效改善患者生存质量。尽早将姑息治疗与支持治疗纳入肿瘤治疗全程管理，有利于延长患者生存时间，缓解病痛，减少患者和家属的精神负担。因此，肿瘤姑息治疗的理念应受到更加广泛的关注与发展。

第一节 癌症疼痛治疗

疼痛是常见临床症状之一，其中癌症疼痛占有相当大比例。初诊癌症患者疼痛发生率约为 25%，晚期癌症患者发生率为 60%~80%，其中 1/3 的患者为重度疼痛。癌痛如果得不到及时、有效的控制，患者将感到极度不适，并引起或加重患者的焦虑、抑郁、乏力、失眠和食欲减退等症状，严重影响患者的生活质量。

一、癌症疼痛相关概念

（一）概念

疼痛是一种与实际或潜在组织损伤相关的，包括感觉、情感、认知和社会成分的痛苦体验。疼痛是一种主观感受，受环境及情感的影响，而不仅仅是一种简单的生理应答。癌症疼痛是指恶性肿瘤、肿瘤相关性病变及抗癌治疗所致的疼痛。

（二）病因

癌痛的发病原因复杂，大致可归纳为下列 3 类：

1. 肿瘤直接引起　肿瘤直接压迫局部组织、肿瘤转移或累及骨与软组织，浸润神经或神经节，肿瘤溃烂或引起空腔脏器梗阻、血管和淋巴管阻塞等所致。

2. 抗肿瘤治疗引起　肿瘤手术、创伤性操作、放疗、其他物理治疗以及药物治疗等抗肿瘤治疗所致。

3. 肿瘤相关合并症引起　肿瘤患者常合并痛风、关节炎或强直性脊柱炎，并发便秘、压疮及存在心理因素等，均可引起疼痛。

（三）分类

癌痛的分类有两种方法：一是按发病机制分类，二是按病程分类。

1. 按发病机制分类　分为伤害感受性疼痛和神经病理性疼痛。

(1) 伤害感受性疼痛：因有害刺激作用于躯体或脏器组织，使该结构受损而导致的疼痛。伤害感受性疼痛与实际发生的组织损伤或潜在的损伤相关，是机体对损伤所表现出的生理性痛觉神经信息传导与应答的过程。这种疼痛包括躯体性疼痛和内脏痛。躯体性疼痛通常表现为钝痛、锐痛或压迫性疼痛。内脏痛通常表现为定位不够准确的弥漫性疼痛和绞痛。

(2) 神经病理性疼痛：外周神经或中枢神经受损，痛觉传递神经纤维或疼痛中枢产生异常神经冲动所致的疼痛。神经病理性疼痛常表现为刺痛、烧灼样痛、放电样痛、枪击样痛、麻木痛、麻刺痛、幻觉痛、中枢性坠胀痛，常合并自发性疼痛、触诱发痛、痛觉过敏和痛觉超敏。

2. 按病程分类　分为急性疼痛和慢性疼痛。

(1) 急性疼痛：指短期存在(<3 个月)、通常发生于伤害性刺激之后的疼痛，且伤害性刺激消失，疼痛也随之消失，是一种机体的保护机制。爆发痛(breakthrough pain)是其中的一种特殊类型，又称为突发性疼痛，通常是在持续性慢性疼痛的基础上，突然发作的短暂疼痛加重。

(2) 慢性疼痛：指持续时间长(常超过 3 个月)，病因不明确的疼痛，疼痛程度与组织损伤程度可呈分离现象，可伴有痛觉过敏、异常疼痛和常规止痛治疗疗效不佳等特点。慢性疼痛的发生，除伤害感受性疼痛的基本传导过程外，还可表现出不同于急性疼痛的神经病理性疼痛。癌痛大多表现为慢性疼痛。

二、癌痛的评估

癌痛评估是合理、有效进行止痛治疗的前提，应当遵循“常规、量化、全面、动态”的原则。

(一) 常规评估原则

癌痛常规评估是指医护人员应主动询问癌症患者有无疼痛，常规评估疼痛病情，一般情况下应在患者入院后 8 小时内完成。对于有疼痛症状的癌症患者，应将疼痛评估列入护理常规监测和记录的内容。常规评估应当鉴别疼痛爆发性发作的原因。

(二) 量化评估原则

癌痛量化评估是指使用疼痛程度评估量表等量化标准评估患者疼痛主观感受程度，需要患者密切配合。癌痛量化评估通常使用数字分级法、面部表情疼痛评分量表法、视觉模拟法及主诉疼痛程度分级法 4 种方法。

1. 数字分级法(numerical rating scales, NRS)　使用疼痛程度数字分级法(见图 4-20-2)对患者的疼痛程度进行评估。将疼痛程度用 0~10 的数字依次表示，0 表示无痛，10 表示最剧烈的疼痛。交由患者自己选择一个最能代表自身疼痛程度的数字，或由医护人员询问患者疼痛有多严重，由医护人员根据患者对疼痛的描述选择相应数字。按照疼痛对应的数字将疼痛程度分为：轻度(1~3)、中度(4~6)、重度(7~10)。

2. 面部表情疼痛评分量表法(Wong-Baker 脸谱)　由医护人员根据患者疼痛时的面部表情状态，对照面部表情疼痛评分量表(图 4-21-1)进行疼痛评估，适用于表达困难的患者，如儿童、老年人以及存在语言或文化差异或其他交流障碍的患者。还可以由医务工作者解释每一张脸孔代表所感受疼痛的程度，要求患者选择能够代表其疼痛程度的表达，这种方法适用于 3 岁及以上人群或有语言障碍的成人。

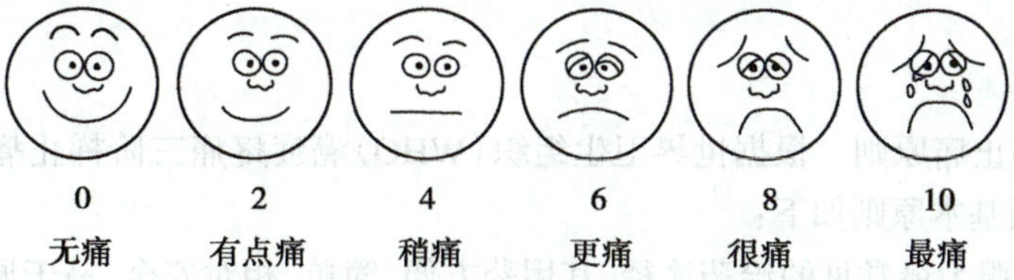
0
无痛
2
有点痛
4
稍痛
6
更痛
8
很痛
10
最痛

图 4-21-1　面部表情疼痛评分量表法(Wong-Baker 脸谱)

3. 视觉模拟法(visual analogue scale,VAS) 该量表由一条100mm长的直线构成,直线两端可有文字说明,直线上不应有任何标记、数字或词语,以免影响评估结果。让患者在线上最能反映自己疼痛程度之处画一交叉线。评估者测量从左端到交叉线的距离,所得毫米数即为疼痛分数(图4-21-2)。

无痛 ····→→→→→→→→············剧痛

图4-21-2 视觉模拟法(VAS)

4. 主诉疼痛程度分级法(verbal rating scale,VRS) 根据患者对疼痛的主诉,将疼痛程度分为轻度、中度和重度3类。

(1)轻度:有疼痛但可忍受,生活正常,睡眠无干扰。

(2)中度:疼痛明显,不能忍受,要求服用镇痛药物,睡眠受干扰。

(3)重度:疼痛剧烈,不能忍受,需用镇痛药物,睡眠受严重干扰,可伴自主神经紊乱或被动体位。

(三)全面评估原则

癌痛全面评估是指对癌症患者疼痛病情及相关病情进行全面评估,包括疼痛病因和类型(躯体性、内脏性或神经病理性),疼痛发作情况(疼痛的部位、性质、程度、加重或减轻的因素),止痛治疗情况、重要器官功能情况、心理精神情况,家庭及社会支持情况以及既往史(如精神病史,药物滥用史)等。应当在患者入院后24小时内完成全面评估。

癌痛全面评估通常使用简明疼痛评估量表(BPI),评估疼痛及其对患者情绪、睡眠、活动能力、食欲、日常生活、行走能力及与他人交往等生活质量的影响。

(四)动态评估原则

癌痛动态评估是指持续、动态地监测、评估癌痛患者的疼痛症状及变化情况,包括疼痛病因、部位、性质、程度变化情况、爆发痛发作情况、疼痛减轻和加重因素,止痛治疗的效果以及不良反应等。动态评估对于药物止痛治疗剂量滴定尤为重要,对评价镇痛疗效、安全性以及调控治疗方案均有重要意义。在止痛治疗期间,应当记录用药种类、剂量滴定、疼痛程度和病情变化,对患者疼痛史进行全程评估。医患双方共同参与建立"疼痛日记"更有利于疼痛管理,内容包括:用药频率、用药天数、副作用、并发症以及疼痛对身体功能的影响。

三、癌痛的治疗

规范化疼痛处理(good pain management,GPM)是近年来国际上推行的癌痛治疗新理念,即根据患者的病情和身体状况,应用恰当的止痛治疗手段,及早、持续、有效地消除疼痛,预防和控制药物的不良反应,降低疼痛和治疗带来的心理负担,提高患者的生活质量。

癌痛的治疗方法包括:病因治疗、药物治疗和非药物治疗。

(一)病因治疗

针对癌症本身和并发症进行治疗,如手术、放疗、化疗、分子靶向治疗、免疫治疗及中医药等,有助于减轻或解除癌痛。

(二)药物止痛治疗

1. WHO三阶梯止痛原则 根据世界卫生组织(WHO)癌症疼痛三阶梯止痛治疗指南,癌症疼痛药物止痛治疗的5项基本原则如下:

(1)口服给药:口服为最常见的给药途径,其用药方便、简单、相对安全、易于调整剂量,不易产生依赖性。对不宜口服的患者也可用其他给药途径,包括静脉、皮下、直肠和经皮给药等。

(2)按阶梯用药：指应根据患者疼痛程度，选用不同强度的镇痛药物。

1)轻度：选用非甾体抗炎药(nonsteroidal antiinflammatory drugs，NSAIDs)，并可合用辅助药物。

2)中度：选用弱阿片类药物或低剂量的强阿片类药物，并可合用非甾体抗炎药及辅助药物。

3)重度：首选强阿片类药物，并可联合非甾体抗炎药及辅助镇痛药物，包括镇静剂、抗惊厥药物和抗抑郁药物等。

在使用阿片类药物的同时合用非甾体抗炎药，可以增强阿片类药物的止痛效果，减少阿片类药物用量。如果能达到良好的镇痛效果且无严重的不良反应，中度疼痛也可考虑使用强阿片类药物。如果患者诊断为神经病理性疼痛，应考虑合用三环类抗抑郁药、抗惊厥药等辅助药物。如果是癌症骨转移引起的疼痛，应该联合使用双膦酸盐类药物，抑制溶骨活动。

(3)按时用药：指规律性按时给予止痛药。按时给药有助于维持稳定、有效的血药浓度。目前，控缓释药物临床使用日益广泛，强调以控缓释阿片类药物作为基础用药的止痛方法；在出现爆发痛时，可给予即释阿片类药物对症处理。

(4)个体化给药：指按照患者病情和癌痛缓解程度制订个体化用药方案。使用阿片类药物时由于个体差异，阿片类药物尚无标准用药剂量，应当根据患者的具体病情，使用足够剂量的药物。同时，还应鉴别是否有神经病理性疼痛的性质，考虑联合用药的可能。

(5)注意具体细节：对使用止痛药的患者应加强监护，密切观察其疼痛缓解程度和机体反应情况。注意多种药物联合应用的相互作用，及时采取必要措施尽可能减少不良反应，以期提高患者生活质量。

2. 药物选择与使用方法　应当根据癌痛的程度、性质、正在接受的治疗以及伴随疾病等情况，合理选择止痛药物和辅助药物，个体化调整用药剂量和给药频率，防治不良反应。

(1)非甾体抗炎药和对乙酰氨基酚：癌痛治疗的常见药物。不同种类的非甾体抗炎药作用机制相似，都具有止痛和抗炎作用，常用于缓解轻度疼痛，或与阿片类药物联合用于缓解中至重度疼痛。常用于癌症疼痛治疗的非甾体抗炎药包括布洛芬、双氯芬酸、吲哚美辛和塞来昔布等。对乙酰氨基酚为解热镇痛药，不属于非甾体抗炎药，但用法与非甾体抗炎药相似。

常见不良反应：消化性溃疡、消化道出血、血小板功能障碍、肾功能损伤、肝功能损伤以及心脏毒性等。其不良反应的发生与用药剂量及使用持续时间密切相关。部分非甾体抗炎药的日限制剂量为：布洛芬 2 400mg/d，塞来昔布 400mg/d。对乙酰氨基酚的日限制剂量为 2 000mg/d。

使用非甾体抗炎药，用药剂量达到一定水平以上时，增加用药剂量并不能增强其止痛效果，反而明显增加药物毒性反应，称之为“天花板效应”。如要长期使用非甾体抗炎药或对乙酰氨基酚，或日用剂量已达到限制剂量时，应考虑更换为阿片类止痛药；如为联合用药，则只增加阿片类止痛药用药剂量，不得增加非甾体抗炎药和对乙酰氨基酚的剂量。

(2)阿片类药物：中至重度疼痛治疗的首选药物。主要分为弱阿片类和强阿片类两类。①弱阿片类药物：临床常用的有曲马多、可待因。此类药物是二阶梯治疗推荐用药，不良反应同强阿片类药物，应用起来有剂量限制(即天花板效应)。曲马多最高剂量为 400mg/d，可待因最高剂量为 360mg/d。②强阿片类药物：临床上常用的短效强阿片类药物为吗啡即释片，长效强阿片类药物为吗啡缓释片、羟考酮缓释片和芬太尼透皮贴剂等。此类药物应用存在较大的个体差异，需要滴定，无天花板效应，长期应用无肝、肾损伤。

阿片类药物应用时需要注意的几个问题：

1)阿片耐受患者：长期每天接受阿片类镇痛药患者。目前定义为至少接受 25μg/h 芬太尼贴剂，每天至少 60mg 吗啡，每天至少 30mg 口服羟考酮，每天至少 8mg 口服氢吗啡酮或等效镇痛剂量的另一种阿片类药物持续 1 周或更长时间。

2)强阿片类药物滴定：强阿片类止痛药的有效性和安全性存在较大的个体差异，需要逐渐调整剂量，以获得最佳用药剂量，个体化剂量调整的过程称为剂量滴定。

对于初次使用阿片类药物止痛的患者，建议按照如下原则进行滴定：①根据疼痛程度，应用吗啡即释片拟订初始固定剂量5~15mg，每4小时1次；用药后疼痛不缓解或缓解不满意，应于1小时后根据疼痛程度给予滴定剂量（表4-21-1），密切观察疼痛程度及不良反应。②第1天治疗结束后，计算第2天药物剂量：次日总固定量=前24小时总固定量+前日总滴定量。第2天治疗时将计算所得的每日总固定量分6次口服，处理爆发痛的剂量为前24小时总固定量的10%~20%。③依法逐日调整剂量，直到疼痛评分稳定在0~3分。如果出现不可控制的不良反应，疼痛强度<4分，应该考虑将滴定剂量下调10%~25%并且重新评价病情。④当用药剂量调整到理想止痛及安全的剂量水平时，可考虑换用等效剂量的长效阿片类止痛药物。

表4-21-1 剂量滴定增加幅度参考标准

疼痛强度（NRS）	剂量滴定增加幅度
7~10	50%~100%
4~6	25%~50%
2~3	≤25%

对疼痛病情相对稳定的患者，也可考虑初始使用阿片类药物缓释剂作为基础背景给药，在此基础上备用短效阿片类药物用于治疗爆发痛，剂量调整参考表4-21-1。

3）强阿片类药物的维持用药：在应用长效阿片类药物期间，应当备用短效阿片类止痛药，用于爆发痛。当患者因病情变化，长效止痛药物剂量不足时，或发生爆发痛时，立即给予短效阿片类药物，用于解救治疗及剂量滴定。解救剂量为前24小时用药总量的10%~20%。短效阿片解救用药次数≥3次/d时，应当考虑将前24小时解救总剂量换算成长效阿片类药按时给药。

4）阿片类药物的剂量换算：可参照换算系数表（表4-21-2）。换用另一种阿片类药时，仍然需要仔细观察病情，并个体化滴定用药剂量。

表4-21-2 阿片类药物剂量换算表

药物	非胃肠给药	口服	等效剂量
吗啡	10mg	30mg	非胃肠道：口服=1：3
可待因	130mg	200mg	非胃肠道：口服=1：1.2 吗啡（口服）：可待因（口服）=1：6.5
羟考酮		10mg	吗啡（口服）：羟考酮（口服）=（1.5~2）：1
芬太尼透皮贴剂	25μg/h（透皮吸收）		芬太尼透皮贴剂（μg/h），每72h剂量=1/2×口服吗啡剂量（mg/d）

5）阿片类药物的减量：在需要的情况下，可考虑将阿片类药物剂量减少。减量原则：如需减少或停用阿片类药物，则采用逐渐减量法，一般情况下阿片剂量可按照每天10%~25%剂量减少，直到每天剂量相当于30mg口服吗啡的药量，再继续服用2天后即可停药。

减量情况包括：患者不需要爆发性镇痛药；急性疼痛事件处理完毕；使用非阿片类镇痛治疗使疼痛控制得到改善；在稳定的疾病状态下疼痛得到良好控制；患者正在经历不能控制的副作用，并且疼痛评分≤3分等。

6）阿片类药物的不良反应：阿片类药物的不良反应主要包括便秘、恶心、呕吐、嗜睡、瘙痒、头晕、尿潴留、谵妄、认知障碍和呼吸抑制等。常见于用药初期或过量用药时。除便秘外，阿片类药物的不良反应大多是暂时性或可耐受的。不良反应及严重程度个体差异大。应把预防和处理阿片类止痛药物不良反应作为止痛治疗计划的重要组成部分。

恶心呕吐：常见，发生率约 30%。一般发生于用药初期，症状大多在 4~7 天缓解。初用阿片类药的第 1 周内，最好同时给予甲氧氯普胺等止吐药预防，如果恶心症状消失，则可停用止吐药。

便秘：常见，发生率 90%~100%。通常会持续发生于阿片类药物止痛治疗全过程，不会随阿片类药物使用时间的延长而耐受。便秘如得不到及时控制，可引起严重并发症，成为有效缓解疼痛的最大障碍。

嗜睡、镇静：常见于用药的最初几天，数日后症状多自行消失。初次用阿片类药，起始剂量不宜过高，剂量调整以 25%~50% 幅度逐渐增加。避免同时使用镇静催眠药。如果出现过度镇静症状，应考虑减量用药并警惕药物过量。

尿潴留：发生率 <5%。同时使用镇静药、腰麻术后、合并前列腺增生症等因素可能增加尿潴留风险。

精神错乱及中枢神经毒性：罕见，多发生于老年人及肾功能不全的患者。去甲哌替啶是哌替啶(度冷丁)的毒性代谢产物，其半衰期 3~18 小时，长期用药容易蓄积，导致中枢神经毒性反应。因此，哌替啶不推荐用于慢性癌痛治疗。

阿片类药物过量和中毒：用药过量，尤其是合并肾功能不全时，患者可能出现中毒症状。表现为呼吸抑制(呼吸次数 <8 次 /min)、潮式呼吸、发绀、针尖样瞳孔、嗜睡甚至昏迷、骨骼肌松弛和皮肤湿冷，有时可出现心动过缓和低血压，严重时可出现呼吸暂停、深昏迷、循环衰竭、心脏停搏甚至死亡。呼吸抑制的解救治疗：建立通畅呼吸道，辅助或控制通气；呼吸复苏；使用阿片拮抗剂，纳洛酮 0.4mg 加入 10ml 生理盐水中，静脉缓慢推注，必要时每 2 分钟增加 0.1mg。严重呼吸抑制时每 2~3 分钟重复给药，或将纳洛酮 2mg 加入 500ml 生理盐水或 5% 葡萄糖液中(0.004mg/ml)静脉滴注。输液速度根据病情决定，严密监测，直到患者恢复自主呼吸。

7)阿片类药物滥用及成瘾问题：药物滥用是指具有精神作用、依赖作用、引发自杀企图或行为的药物在非医疗情况下的使用。规范化用药和宣传教育是避免药物滥用的有力措施。

(3)辅助用药：该类药物包括抗惊厥药、抗抑郁药、糖皮质激素、N- 甲基 -D- 天冬氨酸(N-methyl-D-aspartic acid，NMDA)受体拮抗剂和局部麻醉药。辅助药物能够增强阿片类药物的止痛效果或产生直接镇痛作用。辅助用药的种类选择及剂量调整需要个体化对待。

1)抗惊厥药：用于神经损伤所致的撕裂痛、放电样疼痛及烧灼痛的治疗。选择卡马西平、加巴喷丁、普瑞巴林。加巴喷丁 100~300mg 口服，每日 1 次，逐步增量至 300~600mg，每日 3 次，最大剂量为 3 600mg/d；普瑞巴林起始剂量为每晚 25mg，增加给药频率至每日 2~3 次，并每 3 天将剂量按 50%~100% 增量，最大剂量可增加至 600mg/d。

2)三环类抗抑郁药：用于中枢性或外周神经损伤所致的麻木样痛、灼痛，该类药物也可以调节心情、改善睡眠，包括阿米替林、度洛西汀和文拉法辛等。阿米替林 12.5~25mg 口服，每晚 1 次，逐步增至最佳治疗剂量。

3)糖皮质激素：主要用于中枢神经系统受损所致的疼痛。对于外周神经丛及神经根受累所致的疼痛，糖皮质激素与阿片类止痛药合用的治疗效果良好。肝转移及内脏转移的牵拉痛，头颈、腹部、盆腔肿瘤的浸润性酸痛及脉管阻塞的胀痛等疼痛，糖皮质激素亦有效。该类药物还有改善心情、增强抗炎活性、增加食欲的作用。常用药物包括地塞米松和泼尼松。糖皮质激素辅助止痛治疗，应注意药物的不良反应，避免长期用药。

4)NMDA 受体拮抗剂：NMDA 受体拮抗剂具有抑制疼痛中枢敏化，用于治疗难治性神经病理性疼痛。常用药物包括美沙酮和氯胺酮。

(三)非药物止痛治疗

主要包括介入治疗、针灸和经皮穴位电刺激等物理治疗、认知 - 行为训练和社会心理支持治疗等。适当应用非药物疗法，可作为药物止痛治疗的有益补充，与止痛药物合用可提高止痛疗效。

1. 介入治疗　癌痛的介入治疗，是指针对局部或区域疼痛神经传导进行的阻滞或毁损性干预治疗。对于药物止痛治疗效果不佳或无法耐受止痛药不良反应、口服困难、癌痛部位相对局限的顽固性慢性疼痛患者，可以考虑选择介入治疗。硬膜外、椎管内或神经丛阻滞等途径给药，可通过单神经阻滞而有效控制癌痛，且有利于降低阿片类药物的使用剂量。

微创介入镇痛治疗，是在X线透视或CT扫描引导下，在电生理监测和定位下进行精确介入治疗。包括神经阻滞、神经松解术、经皮椎体成形术、神经损毁性手术、神经刺激疗法和射频消融术等干预性治疗措施。例如，臂丛神经松解术治疗肩背上肢顽固性疼痛、腹腔神经丛阻断术或胸腔内脏神经切除术治疗上腹部内脏顽固性疼痛。神经破坏疗法可以选择性用于神经阻滞麻醉治疗无效的患者。介入治疗前，应当综合评估患者的体能状况、预期生存时间、是否存在抗肿瘤治疗指征、介入治疗适应证、潜在获益和风险等。

2. 心理治疗　心理治疗是非药物治疗癌痛的重要方法。疼痛不仅是对疼痛刺激的病理生理应答，同时还伴有主观的心理感受。癌痛的严重程度及其对患者全身情况的影响程度，与患者的心理行为密切相关。常见伴随心理行为包括焦虑、抑郁、害怕、失眠、恐惧、绝望和孤独感等。癌痛治疗不及时，将可能在患者的心理和躯体之间形成恶性循环，从而导致严重的身心障碍。

癌痛心理治疗的方法包括：心理情感支持、认知疗法、行为治疗、暗示和催眠疗法等。必要时可以考虑给予抗焦虑、抗抑郁药治疗。为癌痛患者及家属提供情感及心理支持治疗应该贯穿于癌痛治疗的全过程。心理治疗方法详见相应章节。

3. 其他治疗　针灸、经皮穴位电刺激、按摩、热敷、冷敷、指压疗法、牵引锻炼、肌肉松弛训练和超声波等方法，有助于辅助缓解疼痛。

（四）患者和家属宣教与随访

1. 患者和家属宣教　癌痛治疗过程中，患者及家属的理解和配合至关重要。应该有针对性地开展止痛知识宣传教育。重点宣教以下内容：鼓励患者主动向医护人员描述疼痛的程度；止痛治疗是肿瘤综合治疗的重要部分，忍耐疼痛对患者有害无益；多数癌痛可通过药物治疗有效控制，患者应当在医师指导下进行止痛治疗，按要求规律服药，不宜自行调整止痛方案（包括止痛药物种类、用法和剂量等）；吗啡及其同类药物是癌痛治疗常用药物，在癌痛治疗时按医嘱规范应用此类药物引起“成瘾”的现象极为罕见；应当确保药物妥善放置；止痛治疗时要密切观察疗效和药物的不良反应，及时与医务人员沟通，调整治疗目标及治疗措施；应当定期复诊或随访。

2. 患者随访　为提高癌痛患者的全程管理，应建立健全癌痛患者的随访制度，对接受癌痛规范化治疗的患者进行定期随访，疼痛评估并记录用药情况。

（李宗芳　韩丽丽　张喜平）

21章02节

第二节　肿瘤营养支持治疗

肿瘤营养治疗（cancer nutritional therapy，CNT）是计划、实施、评价营养干预，以治疗肿瘤及其并发症，从而改善肿瘤患者预后的过程，包括营养诊断、营养治疗、疗效评价3个阶段。

一、基本概念

1. 营养风险（nutritional risk）是指现存的或潜在的营养和代谢状况对疾病或手术相关的临床结局（感染有关的并发症、住院日等）发生负面影响的可能。

2. 营养不良（malnutrition）　是指营养素摄入不足、过量或比例异常，与机体的营养需求不协调，从而对细胞、组织、器官的形态、组成、功能及临床结局造成不良影响的综合征，包括营养不足（undernutrition 或 undernourishment）和营养过量（overnutrition）两方面。营养素包括能量（糖类及脂肪）、蛋白质、维生素、矿物质。肿瘤营养不良特指营养不足，涉及摄入不足、吸收不良、利用障碍、消耗增加及需求升高等 5 个环节。

3. 恶病质（cachexia）　是以骨骼肌量持续下降为特征的多因素综合征，伴或不伴脂肪组织减少，不能被常规的营养治疗逆转，最终导致进行性功能障碍。其病理生理特征为摄食减少，代谢异常等因素综合作用引起的蛋白质及能量负平衡。恶病质是营养不良的特殊形式，经常发生于进展期肿瘤患者，也可见于早期肿瘤患者。按病因，恶病质可以分为 2 类：①原发性恶病质：直接由肿瘤本身引起；②继发性恶病质：由营养不良或基础疾病导致。按病程，恶病质分为 3 期，即恶病质前期、恶病质期、恶病质难治期，分期标准见图 4-21-3。

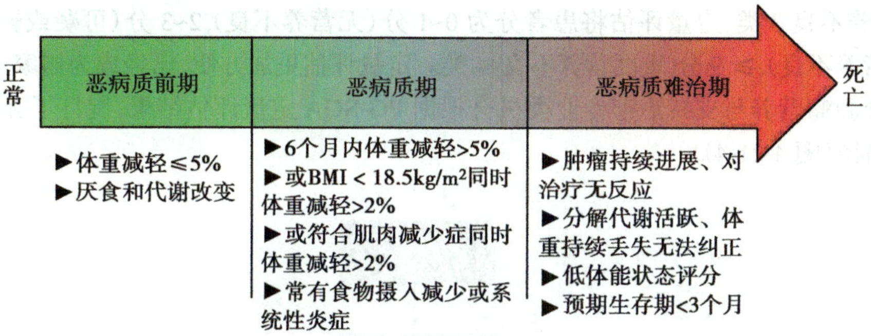
正常
恶病质前期
恶病质期
恶病质难治期
死亡
▶体重减轻≤5%
▶厌食和代谢改变
▶6个月内体重减轻>5%
▶或BMI＜18.5kg/m²同时体重减轻>2%
▶或符合肌肉减少症同时体重减轻>2%
▶常有食物摄入减少或系统性炎症
▶肿瘤持续进展、对治疗无反应
▶分解代谢活跃、体重持续丢失无法纠正
▶低体能状态评分
▶预期生存期<3个月

图 4-21-3　恶病质分期

肿瘤恶病质诊断标准为：①无节食条件下，6 个月内体重减轻 >5%；②体重指数（body mass index，BMI）<18.5（中国）、BMI<20（欧美）和任何时间的体重下降 >2%；③四肢骨骼肌指数（appendicular skeletal muscle index）符合肌肉减少症标准（男性 <7.26，女性 <5.45）。

4. 肌肉减少症（sarcopenia）　是进行性、广泛性的骨骼肌质量及力量下降，以及由此导致的身体残疾、生活质量下降和死亡等不良后果的综合征。根据病因，肌肉减少症可以分为原发性肌肉减少症及继发性肌肉减少症，前者特指年龄相关性肌肉减少症（老化肌肉减少），后者包括活动、疾病（如肿瘤）及营养相关性肌肉减少症。

二、营养诊断

肿瘤患者的营养诊断应该遵循营养筛查（nutritional screening）、营养评估（nutritional assessment）及综合评价（comprehensive investigation）三级诊断（three grade diagnosis）原则。

（一）一级诊断——营养筛查

营养不良诊断的第一步是营养筛查，目的是发现风险。

1. 内容与方法　营养筛查包括营养风险筛查、营养不良风险筛查及营养不良筛查三方面内容，对应的方法如下。①营养风险筛查：营养风险筛查 2002（nutritional risk screening 2002，NRS 2002）；②营养不良风险筛查：方法很多，常用的方法有营养不良通用筛查工具（malnutrition universal screening tool，MUST）、营养不良筛查工具（malnutrition screening tool，MST）、营养风险指数（nutritional risk index，NRI）或简版微型营养评价（mini nutritional assessment-short form，MNA-SF）等；③营养不良筛查：常用理想体重（ideal body weight，IBW）、体重丢失（weight loss）或 BMI 等。实际临床工作中酌情挑选其中任何一项均可。

2. 适用对象、实施时机与实施人员 营养筛查适用于所有患者，在入院后 24h 内进行，由办理入院手续的护士实施。

3. 后续处理 对筛查阳性患者应该进行营养评估，同时制订人工营养计划或者进行营养教育；对筛查阴性患者，在一个治疗疗程结束后再次进行营养筛查。但是，对特殊患者如恶性肿瘤患者、老年患者（≥ 65 岁）及危重病患者，即使营养筛查阴性，也应该常规进行营养评估，因为营养筛查对这些人群有较高的假阴性率。

（二）二级诊断——营养评估

通过营养评估将患者分为营养良好、营养不良两类，并判断营养不良的严重程度。

1. 内容与方法 患者主观整体评估（patient-generated subjective global assessment，PG-SGA）是专门为肿瘤患者设计的肿瘤特异性营养评估工具，具体内容包括体重、进食情况、症状、活动和身体功能、疾病与营养需求的关系、代谢需求、体格检查 7 方面，前 4 方面由患者自己评估，后 3 方面由医务人员评估，评估结果包括定性评估及定量评估两种。定性评估将患者分为营养良好、可疑或中度营养不良、重度营养不良 3 类；定量评估将患者分为 0~1 分（无营养不良），2~3 分（可疑或轻度营养不良）、4~8 分（中度营养不良）、≥ 9 分（重度营养不良）4 类。定量评估更加方便，已经成为国家卫生行业标准。中国抗癌协会肿瘤营养与支持治疗专业委员会根据 PG-SGA 定量评估结果，制订了肿瘤患者分类营养治疗临床路径（图 4-21-4）。

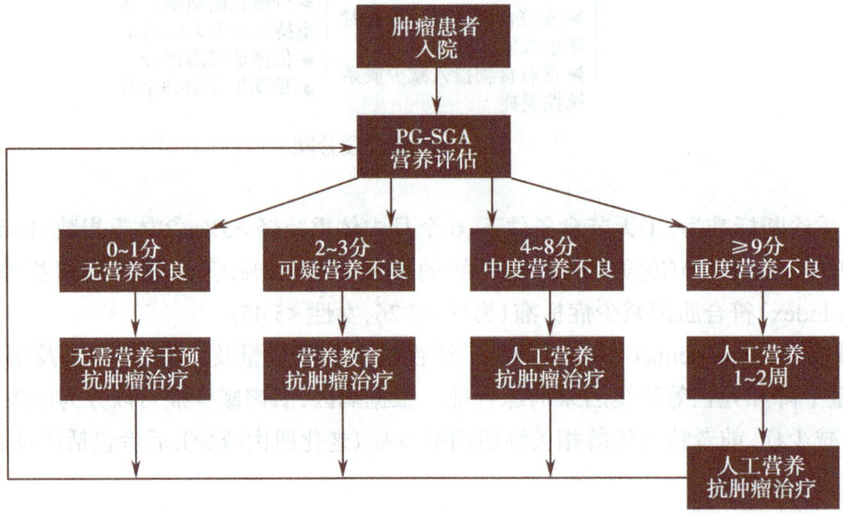
肿瘤患者
入院
PG-SGA
营养评估
0~1分
无营养不良
2~3分
可疑营养不良
4~8分
中度营养不良
≥9分
重度营养不良
无需营养干预
抗肿瘤治疗
营养教育
抗肿瘤治疗
人工营养
抗肿瘤治疗
人工营养
1~2周
人工营养
抗肿瘤治疗

图 4-21-4 肿瘤患者分类营养治疗临床路径

2. 适用对象、实施时机与实施人员 在肿瘤患者入院后 48h 内完成，由营养护士、营养师或医师实施。

3. 后续处理 对营养良好的患者，可实施营养教育，无需人工营养。对营养不良的患者，应该进一步实施综合评价，或者同时实施营养治疗。

（三）三级诊断——综合评价

通过营养评估，患者的营养不良及其严重程度已经明确，为了进一步了解营养不良的原因、类型及其后果，需要对患者实施进一步的多维度调查，称为综合评价。

1. 内容与方法 综合评价的内容包括能耗水平、应激程度、炎症反应、代谢状况表、器官功能、人体组成、心理状况、体能等方面。综合评价的方法仍然是一般疾病诊断中常用的手段，如病史采集、体格体能检查、实验室检查、器械检查，但是具体项目与一般疾病诊断有显著不同，重点关注营养不良对患者的影响，见表 4-21-3。

表 4-21-3　营养不良三级诊断（综合评价）主要内容

病史采集	体格体能检查	实验室检查	器械检查
现病史	体格检查	血液学基础	影像学检查
既往史	人体学测量	重要器官功能	PET-CT
膳食调查	体能测定	激素水平	人体成分分析
健康状况评分		炎症反应	代谢车
生活质量评估		营养组合	
心理调查		代谢因子及产物	

注：绿色部分为营养不良三级诊断（综合评价）时关注的内容。

通过综合评价对患者的营养不良进行四维度分析，判断患者能量消耗高低、有无应激反应、炎症水平高低及有无代谢紊乱，从而指导临床治疗（图 4-21-5）。

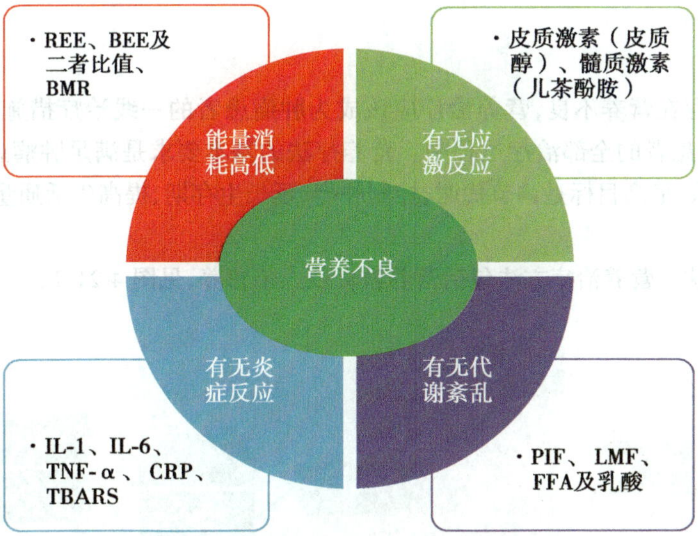

· REE、BEE及二者比值、BMR
能量消耗高低
· 皮质激素（皮质醇）、髓质激素（儿茶酚胺）
有无应激反应
营养不良
有无炎症反应
· IL-1、IL-6、TNF-α、CRP、TBARS
有无代谢紊乱
· PIF、LMF、FFA及乳酸

图 4-21-5　营养不良的四维度分析

REE，静息能量消耗；BEE，基础能量消耗；BMR，基础代谢率；IL-1，白细胞介素 -1；IL-6，白细胞介素 -6；TNF-α，肿瘤坏死因子 -α；CRP，C 反应蛋白；TBARS，硫代巴比妥酸反应产物；PIF，蛋白水解诱导因子；LMF，脂肪动员因子；FFA，游离脂肪酸。

2. 适用对象、实施时机与实施人员　重度营养不良患者应该常规实施综合评价。一般来说，综合评价应该在入院后 72h 内完成。由不同学科人员实施。

3. 后续处理　综合评价阴性(无代谢紊乱、无器官功能不全、无心理障碍)的患者只需要营养治疗；对综合评价阳性的患者，要实施综合治疗，包括营养治疗、炎症修饰、代谢调节、免疫调理、功能维护、心理支持等。

营养不良的三级诊断与营养不良的治疗密切相关。一级诊断是发现风险，是早期，阳性患者只需营养教育，不需人工营养；二级诊断是发现营养不良，是中期，阳性患者需要营养教育和人工营养，但不需综合治疗；三级诊断是判断营养不良，是严重阶段，阳性患者需要营养治疗和综合治疗。营养不良的三级诊断与治疗流程见图 4-21-6。

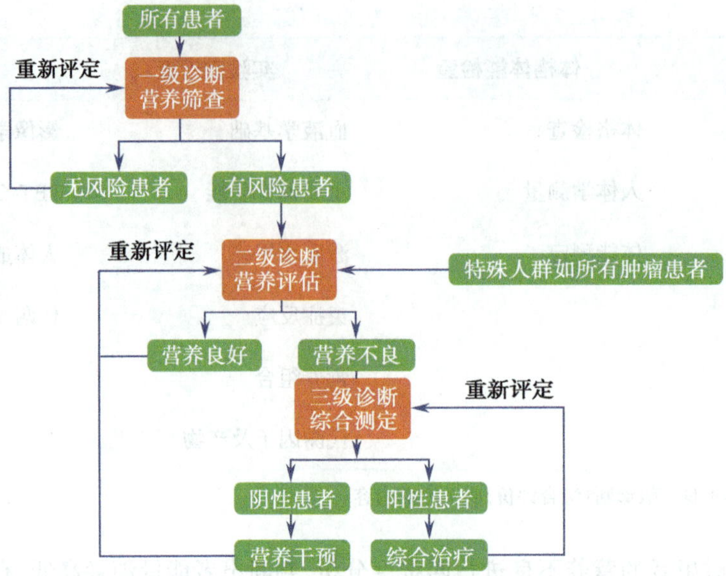
所有患者
重新评定
一级诊断
营养筛查
无风险患者
有风险患者
重新评定
二级诊断
营养评估
特殊人群如所有肿瘤患者
营养良好
营养不良
三级诊断
综合测定
重新评定
阴性患者
阳性患者
营养干预
综合治疗

图 4-21-6 营养不良的三级诊断及其干预流程图

三、营养治疗

肿瘤患者普遍存在营养不良，营养治疗应该成为肿瘤患者的一线治疗措施和常规治疗手段，早期、全程应用于肿瘤患者的全部治疗过程中。营养疗法的基本要求是满足肿瘤患者能量、液体、蛋白质及微量营养素需求；最高目标是调节代谢、控制肿瘤、延长生存期、提高生活质量。

（一）营养治疗的方法与实施

1. 营养治疗方法　营养治疗方法包括营养教育及人工营养，见图 4-21-7。

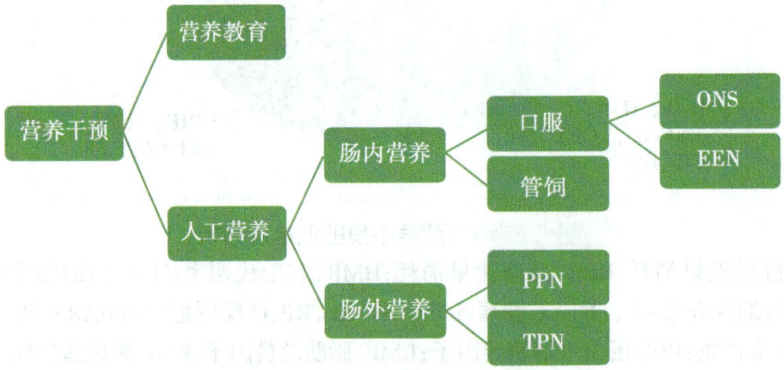
营养干预
营养教育
人工营养
肠内营养
口服
ONS
EEN
管饲
肠外营养
PPN
TPN

图 4-21-7 营养治疗方法

ONS，口服营养补充；EEN，早期肠内营养；PPN，部分肠外营养；TPN，全肠外营养。

（1）营养教育：是一项独立、高效的营养治疗方法，在营养误区严重的我国其作用更加重要。应该明确告知患者，无证据表明营养治疗促进肿瘤生长。营养教育单项可以有效增加营养素摄入，改善生活质量，延长生存时间。肿瘤患者营养教育的基本内容见图 4-21-8。

（2）人工营养：包括肠内营养和肠外营养，口服营养补充（oral nutritional supplements，ONS）是最常用的人工营养方法，部分肠外营养是肠内营养不足时的有效补充。

2. 五阶梯模式　营养治疗的实施应该遵循五阶梯（five-step ladder）原则，首先选择营养教育，然后依次选择口服营养补充（ONS）、完全肠内营养（total enteral nutrition，TEN）、部分肠外营养（partial

parenteral nutrition，PPN）+ 部分肠内营养（partial enteral nutrition，PEN），完全不能实施肠内营养时选择全肠外营养（total parenteral nutrition，TPN）。当某一阶梯不能满足目标能量 60% 的需求 3~5d 时，应该选择上一阶梯（图 4-21-9）。

肿瘤患者
营养教育
的基本内容
回答患者
及其亲属
的问题
告知营养
筛查与评
估的目的
查看血液
及生化检
验结果
完成QOL
和PG-SGA
传授营养
知识，提
出营养建议
宣教肿瘤
的病理生理
讨论个体
化的营养
干预目标

图 4-21-8 肿瘤患者营养教育的基本内容

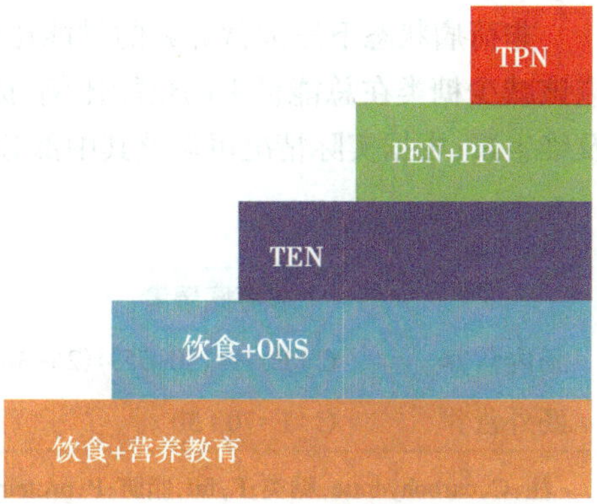
TPN
PEN+PPN
TEN
饮食+ONS
饮食+营养教育

图 4-21-9 营养不良的五阶梯治疗

任何情况下，只要胃肠道途径可用，应优先使用肠内营养，首选经口服途径。在完全没有进食的条件下，如食管癌完全梗阻、吞咽障碍、严重胃瘫，TEN 是理想选择。但是，由于肿瘤本身的原因、治疗不良反应的影响，肠内营养不能完全满足肿瘤患者的需求时，需要通过静脉补充肠内途径摄入不足的部分，称为补充性肠外营养（supplemental parenteral nutrition，SPN），即 PPN。SPN 或 PPN 在肿瘤尤其是终末期肿瘤、肿瘤手术后、肿瘤放疗、肿瘤化疗中扮演着重要角色，有时甚至起决定作用。PEN+PPN 有时可以更好地改善患者的营养状况和生活质量。肠外营养推荐以全合一（all-in-one，AIO）的方式输注，长期（超过 2 周）使用肠外营养时推荐使用中心静脉导管（central venous catheter，CVC）、经外周静脉穿刺的中心静脉导管（peripherally inserted central catheter，PICC）或输液港（port），后者更好。

3. 营养过渡 营养过渡特指从一种营养途径平稳转变到另一种更加符合生理的营养途径，即五阶梯治疗模式中的从上而下。提倡渐进的方式，防止突变的方式。其基本要求是在符合患者临床病程的前提下保证提供患者必需的营养供应，理想要求是在维持良好营养状态的前提下，最符合生理、花费最少、对身体伤害最小。

（二）肿瘤营养治疗的通则

1. 适应证 肿瘤营养治疗的目的不仅是要提供能量及营养素、治疗营养不良，更重要的是要有利于代谢调节，提高机体对抗肿瘤治疗的耐受性和敏感性以达到控制肿瘤。由于所有荷瘤患者均需要代谢调节治疗，所以其适应证为：①肿瘤荷瘤患者；②营养不良患者。

2. 目标需要量 理想的肿瘤营养治疗应该实现 4 个达标：满足 90% 液体目标需求（因为肿瘤患者常合并第三间隙水肿）、≥ 70%（70%~90%）能量目标需求、100% 蛋白质目标需求及 100% 微量营养素目标需求。

肿瘤患者能量摄入推荐量与普通健康人相同，即卧床患者 20~25kcal/（kg·d），活动患者 25~30kcal/（kg·d）。同时区分肠外营养与肠内营养，建议采用 20~25kcal/（kg·d）计算非蛋白质热量（肠外营养），25~30kcal/（kg·d）计算总热量（肠内营养）。应该考虑患者的应激系数和活动系数。由于静息能量消耗(resting energy expenditure，REE)升高，放疗、化疗、手术等应激因素的存在，肿瘤患者的实际能量需求常常超过普通健康人，食管癌、胰腺癌及胃癌患者的能量消耗高于其他肿瘤。营养治疗的能量最少应该满足患者需要量的70%以上，以70%~90%为宜。

肿瘤在蛋白利用方面仍优于其他组织，与肿瘤生长旺盛相适应是肿瘤蛋白合成增强，因此肿瘤患者蛋白质需求高于普通健康人，高蛋白饮食对肿瘤患者有益。蛋白质需要量应该满足机体100%的需求，推荐范围为1.2~2.0g/(kg·d)。肿瘤恶病质患者蛋白质的总摄入量(口服+静脉)应该达到1.8~2.0g/(kg·d)，支链氨基酸(branched chain amino acids，BCAA)应该≥0.6g/(kg·d)，必需氨基酸(essential amino acids，EAA)应该≥1.2g/(kg·d)。严重营养不良肿瘤患者的短期冲击营养治疗阶段，蛋白质给予量应该达到2g/(kg·d)；轻至中度营养不良肿瘤患者的长期营养补充阶段，蛋白质给予量应该达到1.5g/(kg·d)[1.25~1.7g/(kg·d)]。

非荷瘤状态下三大营养素的供能比例为：糖类50%~55%、脂肪25%~30%、蛋白质15%；荷瘤患者应该减少糖类在总能量中的供能比例，提高蛋白质、脂肪的供能比例。按照需要量100%补充矿物质及维生素，根据实际情况可调整其中部分微量营养素的用量。具体见表4-21-4。

表4-21-4 三大营养素供能比例

	非荷瘤患者	荷瘤患者
肠内营养	C:F:P=(50~55):(25~30):15	C:F:P=(30~50):(25~50):(15~30)
肠外营养	C:F=70:30	C:F=(40~60):(40~60)

注：C，carbohydrate，糖类；F，fat，脂肪；P，protein，蛋白质。

3. 制剂选择 非荷瘤状态下，肿瘤患者的营养治疗配方同良性疾病患者；荷瘤状态下，配方有别于良性疾病。

(1)糖/脂肪比例：生理条件下，非蛋白质能量的分配一般为葡萄糖/脂肪=60%~70%/40%~30%；荷瘤状态下，尤其是进展期肿瘤患者，推荐高脂肪低糖配方，二者比例可以达到1:1，甚至脂肪供能更多。

(2)脂肪酸制剂中/长链脂肪乳剂：可能更加适合肿瘤患者，尤其是肝功能障碍患者。ω-9单不饱和脂肪酸(如橄榄油)具有免疫中性及抵制炎症反应特征，其维生素Eα含量丰富。ω-3多不饱和脂肪酸(如鱼油)有助于降低心血管疾病风险、抑制炎症反应。ESPEN推荐：EPA+DHA≥1.5g/L，EPA/DHA为60%~70%/40%~30%。

(3)蛋白质/氨基酸制剂：含有35%以上BCAA的氨基酸制剂被很多专家推荐用于肿瘤患者，认为可以改善肿瘤患者的肌肉减少，维护肝功能，平衡芳香族氨基酸，改善厌食与早饱症状。整蛋白型制剂适用于绝大多数肿瘤患者。短肽是蛋白质的主要吸收形式，短肽制剂无须消化，吸收较快，对消化功能受损的患者如手术后早期、放化疗患者、老年患者可能有益。

(4)药理(免疫)营养：营养支持中添加特异免疫营养素，能纠正营养不良，还可刺激免疫细胞，增强免疫应答，调控细胞因子的产生与释放。在肿瘤患者营养配方中添加精氨酸、ω-3脂肪酸、核苷酸等成分，组成免疫调节配方。研究显示免疫调节配方对肿瘤患者有正面影响。

4. 不同情况下的营养治疗 国际上，多个学术组织对肿瘤患者的营养治疗提出了指南性意见，可用于指导不同情况下的营养治疗。

(1)非终末期手术患者：肿瘤患者围手术期营养治疗的适应证可参照非肿瘤患者围手术期的营养治疗。营养治疗不是外科大手术肿瘤患者的常规措施。中度营养不良的计划实施大手术患者、重度营养不良患者，建议在手术前接受人工营养1~2周，即使手术延迟也是值得的。预期手术后7d以上仍然无法通过正常饮食满足营养需求的患者，以及经口进食不能满足60%需要量1周以上的患者，应给予术后营养治疗。开腹大手术患者，无论其营养状况如何，均推荐手术前使用免疫营养5~7d，并持续到手术后7d或患者经口摄食>60%需要量时为止。营养不良患者，术前肠内营养可以改善患者的临床结局(降低感染率,缩短住院时间)。术前肠外营养只适用于营养不良且肠内营养不能满足营养需求的患者。这些患者应在术前给予营养治疗10~14d。手术后应尽早(24h内)开始肠内营养。

(2)非终末期放、化疗患者:放疗、化疗及联合放化疗患者不常规推荐营养治疗,因为常规营养治疗对放化疗效果及不良反应的正面影响尚未得到有效证据支持。放疗、化疗伴有明显不良反应的患者,如果已有明显营养不良,则应在放、化疗的同时进行营养治疗;放疗或化疗严重影响摄食并预期持续时间大于1周,而放、化疗不能中止,或即使中止后较长时间仍然不能恢复足够饮食者,应给予营养治疗。放疗和/或化疗致摄入减少及体重下降时,强化营养教育可使大多数患者摄入量增多、体重增加,肠内营养可以改善患者的营养状况。头颈部肿瘤、吞咽困难、口腔黏膜炎患者管饲比口服更有效,需要长期管饲(>4周)时,建议行胃造口术如经皮内镜下胃造口术(percutaneous endoscopic gastrostomy,PEG)。肠内营养时使用普通标准配方制剂,ω-3脂肪酸强化型肠内营养制剂对改善恶病质可能有益。

(3)终末期患者:营养治疗可能提高部分终末期肿瘤患者的生活质量。患者接近生命终点时,已不需要任何形式的营养治疗,仅需提供适量的水和食物以减少饥渴感。考虑到疾病无法逆转、患者不能从中获益,而且营养治疗可能带来并发症,国外指南不推荐终末期肿瘤患者使用营养治疗。但是在国内,这是一个复杂的伦理、情感、社会问题,常常被患者家属的要求所左右。

四、疗效评价与随访

(一) 疗效评价

营养治疗的疗效评价要求动态监测营养治疗前、治疗中及治疗后的各参数变化情况。由于营养治疗是一种整体治疗,其作用涉及生理、心理、行为及病变等多方面,因此其疗效也需要整体评价,应该包括如下10方面:①营养知识-态度-行为;②摄食情况;③营养状况;④人体学测量;⑤人体成分分析;⑥体能与健康状况评分;⑦心理状况;⑧生活质量;⑨实验室检查;⑩肿瘤患者特异性营养治疗疗效评价,包括病灶大小、代谢活性、肿瘤标志物及生存时间。

考虑到营养治疗的临床效果出现较慢,建议以4周为一个疗程。营养治疗后不同参数对治疗发生反应的时间不一致,因此不同参数评价(复查)的间隔时间也各不相同。根据反应时间长短将上述参数分为3类:

(1)快速反应参数:如实验室检查、摄食量、体能等,每1~2周检测1次。

(2)中速反应参数:如人体学测量(体重、肢体围度、皮褶厚度)、人体成分分析、影像学检查、肿瘤病灶体积、肿瘤代谢活性、生活质量及心理变化,每4~12周复查1次。

(3)慢速反应参数:生存时间,每年评估1次。

(二) 随访

所有肿瘤患者出院后均应定期到医院营养门诊复查或接受电话营养随访,至少每3个月1次。

第三节　肿瘤患者的心理社会干预

随着科学技术的不断发展,医学已经向"生物-心理-社会"模式转变,人们开始认识到任何躯体疾病都有心理学根源。行为医学研究显示,心理社会因素是肿瘤发生的重要影响因素之一;同样,不良心理行为反应也会严重影响疾病的发展和患者的生存质量。本节首先概述了心理社会肿瘤学概念和国内外的发展现状;继而简要描述心理社会因素在肿瘤发生中的作用,肿瘤诊断和治疗过程中患者的一般性心理反应和常见精神问题；最后介绍心理社会干预的基本原则和技巧。

一、心理社会肿瘤学

（一）心理社会肿瘤学的概念与发展

近年来，心理社会因素与肿瘤的相互关系日益受到重视。心理社会肿瘤学（psycho-oncology）是研究肿瘤领域中的心理社会与心理生物问题的一门相对独立的新兴交叉学科，研究肿瘤患者及其家属在疾病的各阶段所承受的压力和他们出现的心理反应，以及心理、行为因素在肿瘤发生、发展和转归中的作用。

心理社会肿瘤学起源于20世纪70年代，1972年，美国国家癌症防治规划开始把肿瘤相关的心理社会问题列入研究方向；1984年，国际心理肿瘤学会正式成立，标志着心理社会肿瘤学作为一门独立的学科，已经在世界范围内得到了广大从事肿瘤防治工作的专业人员的认可。

我国关于心理社会肿瘤学的研究起步较晚，20世纪90年代初，张宗卫教授等在北京肿瘤医院首先建立了康复科，主要从事肿瘤心理问题的临床和研究工作，标志着我国肿瘤领域开始了心理社会肿瘤学方面的临床探索和研究。中国抗癌协会肿瘤心理学专业委员会（Chinese Psychosocial Oncology Society，CPOS）成立于2006年，相关培训会议逐年发展壮大，并出版了《心理社会肿瘤学》《中国肿瘤心理治疗指南》等专业书籍。虽然我们目前的医疗模式还不能完全满足患者的需求，但从发达国家的经历和经验我们不难看出，在中国发展心理社会肿瘤学是历史的必然。

（二）心理社会肿瘤学在现代肿瘤诊疗中的应用

心理社会肿瘤学的服务贯穿于肿瘤诊治的全过程。心理社会肿瘤学的研究重心由研究发病过程中个人、社会、经济、应激对肿瘤发生发展的作用，转变为考虑这些因素及其相应的干预措施可能对肿瘤患者的预后、生存期、生活质量的影响。例如，在肿瘤预防方面，探讨吸烟、饮酒、饮食、日光暴露、个性、社会阶层、社会经济因素和社会关系等与肿瘤发生的关系；在肿瘤的诊断与治疗方面，探索了肿瘤与应对方式、心理因素与肿瘤的发展和预后、心理神经免疫学与肿瘤、心理神经内分泌学与肿瘤、肿瘤患者的基因检测与生活质量等问题。

心理社会肿瘤学涉及筛查评估、病例管理、医学干预、心理咨询与辅导、心理社会干预、财务救助、宣教、公众教育与社会倡导、培训和研究等多项内容，团队成员也包括精神科医师、心理师、社会工作者、护士、管理者等多个专业的成员。通过对肿瘤病因、病症进行心理学层面的剖析，针对未患病人群进行心理辅导，达到提前预防的目的，对患者进行包括精神鼓舞、潜在性复健指导及临终关怀在内的多项心理工作，减轻患者心理负担，提升预期治疗效果。

（三）心理社会肿瘤学的可能机制

心理神经免疫学研究证明，心理社会因素主要通过下丘脑-垂体-肾上腺轴的功能紊乱来影响免疫系统，从而影响肿瘤的发生和转归。紧张刺激使人陷于抑郁、沮丧时，促肾上腺皮质激素（adrenocorticotropic hormone，ACTH）及肾上腺皮质醇分泌增加，抑制免疫系统的正常功能，特别是自然杀伤（NK）细胞的功能。目前认为不良情绪对机体免疫功能有抑制作用，从而影响免疫系统识别和消灭癌细胞的“免疫监视”作用。另外不良情绪也会影响另外两个致癌过程，降低损伤DNA的修复和细胞凋亡的改变。例如心理社会应激可导致参与DNA修复过程的甲基转移酶（methyltransferase）的合成减少，这样使得损伤的DNA不能修复，从而增加应激引起肿瘤的机会。

二、心理社会因素与肿瘤

（一）肿瘤发生发展中的心理社会因素

1. 个性特征与肿瘤　个性特征是指一个人长期以来形成的对事物的一贯看法和反应模式。在医学界一直争论是否存在所谓的“癌症型人格”，但仍无定论。符合这种人格特点的人被形容为：外表看上去平静，内心却压抑着很多痛苦的情感不去表达；或者对外界环境的刺激反应强烈，在心理感受上却比较平淡。有人通过研究提出“癌症型人格”的人更易罹患黑色素瘤，但是随后的研究结果却与之矛盾。可以说，到目前为止，没有任何一种人格特征可以确定为是某种癌症的风险因素。因此，“癌症型人格”是没有充分科学依据的。

2. 生活事件与肿瘤　生活事件是指人一生的遭遇，包括人际关系、学习、工作、生活、健康、婚姻和家庭等方面的问题。负性生活事件可引起心理应激，可能与肿瘤的发生有关。肿瘤患者所经历的负性生活事件以重要情感丧失居多，这种情绪若不能及时宣泄，会导致机体免疫功能下降，成为肿瘤发生的危险因素。目前，生活事件与肿瘤发生发展的关系存在较多的争论。有研究认为生活事件体验越多，肿瘤复发的概率越高，存活时间越短；但有研究者反对这种判断。大多数学者认为，生活事件对患者的影响与其受到社会支持系统有关，能够获得较多社会支持的人群，其肿瘤发生和死亡的比率较低，无症状生存期较长。

3. 生活方式与肿瘤　现代人生活节奏快，工作压力大，精神紧张，大量吸烟、酗酒，不良饮食习惯，缺少运动，生活无规律，腌菜中常常含有的亚硝酸盐等致癌物，霉变的菜肴及蔬果中则含有大量黄曲霉毒素，这都是肿瘤发生的危险因素。

4. 社会环境与肿瘤　预防保健措施的不完善等社会因素与肿瘤的发生、发展密切相关。社会支持系统缺乏者肿瘤发病率及死亡率更高，而社会支持系统广泛者心理应激轻，肿瘤的发病率较低，预后较好。

（二）肿瘤的诊断和治疗对患者造成的精神心理影响

尽管肿瘤的诊治技术在不断进步，肿瘤患者的预后尤其是生存时间也在不断延长，但在一般公众心目中，“患上肿瘤”与“宣判死亡”之间仍然常常被画上等号。同时，肿瘤的常规治疗会对肿瘤患者的生理造成某种程度的损伤，同样也会对患者的心理造成影响。患者的心理反应与肿瘤治疗的依从性、疗效以及疾病预后都有密切的关系。

1. 肿瘤诊断结果后的心理反应　几乎所有的患者都会在获悉肿瘤诊断时出现显著的焦虑情绪，有人甚至会有“我可能快死了”的想法。获悉诊断结果后的心理反应分为以下几个阶段：

(1)否认阶段：患者不接受医生的诊断结果，通常会否认肿瘤的诊断。患者认为是别人搞错了，这是一种心理防御策略，其通常在无法接受现实的情况下，会选择否认病情、诊断结果等方式逃避残酷现实，暂以维系心理平衡。从另一种角度而言，患者在对抗现实病情而表现出的各类强烈情绪反应和不寻求亲友情感支持等情况，也是对自身情绪的压抑过激反应。但是如果持续过久或者程度过重，就会延误患者及时就医。

(2)焦虑抑郁阶段：肿瘤的诊断已经明确，患者需要直面现实，恐惧和绝望随即蔓延于其精神层面之上，常常出现难以控制的焦虑不安，甚至恐惧；会产生无望或无助感；睡眠饮食不规律，日常生活和工作常规被打乱；担心治疗可能带来的痛苦，出现对死亡的恐惧，如此一来极大的打击会摧残患者的心理防线，假如该情绪不能被及时转化或消除，通常会加速其病情扩张速度，导致其过早死亡。此外，焦虑和恐惧程度也会随疾病的严重程度及患者的个性特征等因素而不断变化。

(3)接受阶段：患者不再抑郁和愤怒，开始接受自己是肿瘤患者这一事实，把精力放在治疗上，能积极与医护人员合作沟通，希望得到最好的治疗，并对治疗结果产生乐观的预期，希望能够给自己带来好的结局。值得注意的是，该发展阶段并非模式化，而是会依据病情的严重程度、治疗效果以及患者不同程度的心理暗示等因素而不断变化。

2. 肿瘤患者治疗过程中常见的心理反应和精神问题

(1)心理反应

1)怀疑：由于肿瘤治疗相关信息的纷繁复杂，患者难以判断其中的优劣对错，因此往往会怀疑自己是否选择了正确的治疗方式。

2）自卑：肿瘤所伴随的疾病耻辱感，会让患者刻意回避自己的疾病，不愿意暴露患病信息，不愿同亲近的人讨论疾病的诊疗情况。同时，疾病导致的外观变化，如体重减轻、面色改变等，患者会觉得丧失了自我。

3）疑病：患者容易对自己身体出现的不适或变化猜忌，担心某一征兆或某一异常的检查结果是肿瘤复发或者转移的标志。

（2）精神问题

1）抑郁：在肿瘤患者中抑郁情绪非常普遍，既可能是对肿瘤的一种正常的情绪反应，也可能是肿瘤的躯体结果或肿瘤治疗的影响。抑郁的发生可能与下列因素有关：①肿瘤带来的心理应激；②抗肿瘤药物的不良反应；③肿瘤伴发的神经或躯体问题；④患者既往有情感障碍病史。抑郁情绪的存在会干扰患者对肿瘤治疗的配合，更难忍受治疗所带来的不良反应，降低患者的生活质量和主观幸福感。研究表明，有超过 75% 的患者在治疗期间存在不同程度的孤独、被动、低沉、行为退缩等系列心理和精神障碍。

2）志气缺失综合征（demoralization）：是肿瘤患者特别是终末期患者常常出现的一种现象，主要特征包括存在的绝望、无助感、无望感、丧失生命意义与目的。相对于抑郁，志气缺失更是一种心理痛苦，与肿瘤的进展密切相关。

3）自杀倾向：患者病情加重，身体功能下降，不能自我照顾，同时缺乏社会支持系统时会使其产生无助感，导致患者绝望，甚至企图通过自杀解决痛苦。与自杀风险增加有关的因素可能有：男性、疾病进展快、预后不良、谵妄、疼痛控制效果不良、抑郁、精神疾病史、目前或既往存在药物或酒精滥用、自杀未遂史、身体和情感耗竭、与社会隔离等。

4）谵妄：谵妄是肿瘤患者常见的精神问题，既可以是肿瘤本身的结果，也可与治疗过程密切相关。据报道，肿瘤患者中谵妄的发病率为 5%~30%，在疾病晚期更可以高达 85%。在肿瘤的进展或者治疗期内，很多因素都是谵妄的高危因素，如原发性脑肿瘤或脑转移瘤，使用某些抗肿瘤药物（阿糖胞苷、甲氨蝶呤等）、某些免疫制剂（干扰素、白介素等）、某些抗生素（喹诺酮类）和抗真菌药物（两性霉素 B）、阿片类镇痛药物等。

（3）不同治疗方式相关的心理反应

1）外科治疗相关的心理反应：作为一种有创性的操作，手术的全部过程，包括术前的检查准备、术中操作、术后护理等，都会引起患者的焦虑。常见的是术前失眠、担忧手术的不良后果、对术前谈话中所涉及的可能意外十分恐惧，不断寻求医生的保证。术后会因紧张而对疼痛难以耐受。如果手术涉及容貌的损害、暴露部位留下瘢痕或者身体重要部位如乳腺的切除，患者会遗留长期的负性情绪。

2）放射治疗相关的心理反应：放疗操作由于要求患者保持固定姿势不动数分钟，每周数次，长达数周，这对于有幽闭恐惧症的患者是非常难以忍受的。患者会克制不住地“想动一动”，又担心因为自己移动了位置造成“放疗打错了部位”，或者担心“机器会在放疗过程中掉落”。放疗还会引起严重的疲乏、恶心、呕吐等症状。

3）化学治疗相关的心理反应：人们对化疗的担心由来已久，提起化疗总会联想起“脱发”“呕吐”或者“白细胞减低”。对化疗不良反应的过度担心会让患者很难耐受药物的不良反应。一些患者甚至在去化疗的路上就开始呕吐，还有的会在化疗过程中出现口干舌燥、心率加快、呼吸困难等典型的急性焦虑发作的躯体症状。这会让医师误以为患者出现了严重的药物不良反应。化疗常用的肾上腺皮质激素也会明显影响患者的情绪，出现由兴奋到低落的转换。

4）生物治疗相关的心理反应：生物治疗进展迅速，其中的新疗法或者新药物对患者心理的影响还有待观察。目前已知在免疫治疗中，某些常用药物如干扰素、白介素 -2 等都可能会使患者产生虚弱及疲劳感，甚至会出现严重的抑郁情绪。在大剂量使用时还会造成患者出现思维混乱、时间感扭曲及幻视。

(4) 不同肿瘤相关的心理反应

1) 乳腺肿瘤：年轻乳腺肿瘤患者不良心理反应的发生率较高，治疗对生育能力、自我形象产生不良影响，给人际关系、家庭和事业带来的影响，都会为患者带来严重的心理压力。在乳腺肿瘤治疗中，某些化疗药物会引起脱发、卵巢功能丧失、过早绝经以及体重增加。抗雌激素治疗会引起失眠、潮热、易激惹和抑郁。担心自己失去了性的魅力，也会影响与性伴侣的关系。

2) 泌尿生殖系统肿瘤：由于前列腺癌在预后判断上的困难，患者常常产生不确定感，尤其是在进行可能造成如阳萎、尿失禁、肠道副作用的治疗选择时。研究显示，1/3 的前列腺肿瘤患者表现出严重的焦虑。而与女性患者相比，男性患者更不愿意接受精神科评估或者心理医师的帮助。在前列腺癌治疗过程中，通过睾丸切除术降低雄激素水平，会带来术后患者生活质量的降低。年纪较轻、要接受长期激素治疗或躯体疾病严重的患者，往往会有更为突出的精神痛苦。

3) 胃肠道肿瘤：胃肠道肿瘤造瘘术后，不少患者会对自己的形象、性功能、疼痛及气味产生担忧，从而导致社交退缩。生存期越长的患者，抑郁发生的比例也越高。

4) 头颈部肿瘤：头颈部肿瘤在有吸烟史和药物滥用史的人群中更为常见，加之肿瘤本身或者治疗措施造成的面部畸形、言语能力丧失、黏膜炎、疼痛、吞咽困难、口干、唾液黏稠甚至需要鼻饲喂养和气管切开等，使得这一患者群体的自杀风险上升。尤其在那些社会支持不良、离群索居的患者中，出现自杀倾向的风险更高。

5) 肺部肿瘤：有研究提示，在确诊初期会有 20% 的非小细胞肺癌患者出现抑郁症状。而确诊时自我报告的焦虑和抑郁情绪可以预测未来 1 年的抑郁状态及心理痛苦程度。在小细胞肺癌患者中，无法集中注意力和抑郁症状十分常见。同时，与其他肿瘤类型相比，小细胞肺癌伴发副肿瘤综合征的概率最高。以精神、认知和行为异常为表现的副肿瘤综合征常常出现在肿瘤相关的症状和体征之前，易造成诊断的延误。

三、肿瘤患者的心理社会干预

医学应该是科学与人性的完美结合，但是科学技术的飞速进步常常使医师忽略医学中人性的一面。当医师讨论手术路径、化疗方案时，讨论对象仅仅聚焦在手术的解剖部位或者肿瘤的病理分型、分期，而作为肿瘤的宿主——患者，医师往往关注甚少。医师想当然以为，治好肿瘤即是对患者最大的关注。殊不知医学的目标乃是：有时去治愈，常常去帮助，总是去安慰。

(一) 一般心理支持的技巧

古希腊医学家希波克拉底曾经说过，“医师有两种东西可以治病，一是药物，二是语言”。语言可以治病，现在已经发展出数百种心理治疗方法，用于治疗各类心理问题。肿瘤医师可借助心理支持原则和技巧为患者提供一般性的心理支持。心理支持过程中的关键要素包括：

1. 良好的医患关系　良好的医患关系给患者提供有效的心理支持。良好医患关系的基础是平等和互信，心理会谈只有通过患者的内在能动性才能发挥作用。在治疗过程中，医师只有始终坚持平等、尊重和信任的原则，不包办代替、不强权支配和粗暴地控制患者，充分调动和发挥患者的心理能动性，才能使心理治疗产生助人的效用。在此基础上，医师要适度地保持主动，对患者的表现做出及时而恰当的回应，如共情等，以专业性、职业化的互动方式，积极引导患者，使之获得认知、情感和行为方面的改变。在心理会谈中，经常会涉及患者的个人隐私，医师只有承诺对患者的隐私内容进行保密，才能得到患者的信任，减轻患者的心理防御，增强患者的安全感，使心理会谈深入有效地进行。

2. 心理支持的要点　支持性的心理治疗方法较为简单。以解释、安慰及鼓励为主，医师易于掌握。同时，在进行支持性治疗的过程中，医师需注意态度和蔼、亲切，谈话内容除满足患者的心理需要外，需注意必要的限制，防止不良治疗后果的发生。

因此，要做好支持性心理治疗必须注意以下几点：

(1)学会倾听：倾听是建立积极的治疗关系并进行有效心理治疗的重要条件。倾听能够创造一种安全、温暖的气氛，向患者反馈医师对其的尊重与关注，有助于在医师与患者之间建立起相互信任的治疗关系。倾听使患者能够开放自己的内心，坦率地表达自己真实的想法。

(2)学会观察：与人交流沟通中，即使不说话，也可以凭借对方的身体语言来探索彼此的内心。注意观察身体语言，可以更准确地认识自己与他人，如主动握手表示友好、目光接触表示愿意进行沟通和小心翼翼地坐在椅子边上表示有点焦虑和紧张等。因此，医师在倾听的同时，要对患者的装束、表情、动作、姿势等进行细致观察，从而更多地了解患者的内心世界。

(3)学会共情：共情(empathy)，也称为“神入”“同理心”，指的是一种能深入他人内心世界，了解其感受的能力。共情有利于医师与患者建立并发展治疗关系，能够促进信任与相互理解、相互影响，并在此基础上帮助患者主动去寻找内心的症结，加深自我理解，为医师后续心理治疗作好准备。医师需放下自己的假设及先入为主，真正地去关心患者，以患者为中心，认真倾听，设身处地为患者着想。

(二) 集体心理辅导

集体心理辅导或患者自助小组可以使肿瘤患者获得支持。自助式集体心理辅导最初在女性乳腺肿瘤患者中进行。在专业人员指导下，患者进行相互间的情绪表达，并由小组内的其他患者提供心理支持。其目的是帮助患者解决与疾病相关的担忧和情绪问题，并增强她们的社会支持感。集体心理干预是专业的干预方法，适用于肿瘤患者，其核心理念在于面对肿瘤这种威胁生命的疾病时心理痛苦不可避免，但是如何应对则是可选择的，通过帮助患者寻找生活中的意义以改善心理痛苦。

(三) 肿瘤患者的家庭支持

如果家庭中有一位成员罹患肿瘤，一定会打破这个家庭的正常生活秩序。面对人力、物力、财力、精力和情感上的巨大付出，家庭成员会面临着诸多的困难。肿瘤患者的家庭支持，需注意：

(1)应对肿瘤所带来的“混乱”状态：这取决于家庭成员的年龄、家庭的大小、支持资源、事前的情绪稳定状态、文化背景以及每个家庭成员所承担的义务及其在家庭中扮演的角色。

(2)家庭成员的心理社会支持：家庭成员在照料肿瘤患者时，既要满足患者的各种需要，又要处理自己的情感困扰，同时还要兼顾自己的日常社会职责。一个人患病后，其角色由一个常态的社会角色转变为患者角色，此时易发生角色冲突，导致家庭矛盾的发生，所以家庭成员常常会有内疚感，认为自己没有为患者付出更多。一个凝聚力强、有责任感、有积极态度的家庭，是对患者治疗提供宝贵支持的主要力量，父母、配偶和孩子是患者主要的支持来源，他们满足了患者的情感需要，是患者的情感寄托。他们的理解与支持不仅增强患者的自尊和被爱的感觉，成为患者心理上的坚强后盾，也起到相互协调，共同面对疾病的作用。在进行家庭成员的心理支持时，需注意：

1)首先应该向家属说明，他们有权利将部分时间留给自己，保证充分的休息、放松及个人的生活与工作，而无须内疚。

2)鼓励家庭成员间充分表达自己的情感。研究显示，为了“不增加他人的困扰”而刻意隐瞒自己的情绪，会给个人和家庭造成更大的伤害。家庭成员之间掌握彼此的真实感受，能促进家庭成员间的亲密度，更有利于应对困难。

3)对于某些特殊的家庭，医师应该特别留意。一是既往存在矛盾、家庭成员间人际关系紧张、有精神疾病家族史的家庭，心理问题的发生率较高。二是肿瘤患者是儿童的家庭，尤其是患儿已经到了生命末期，这样的家庭很容易出现父母的高应激状态、家庭的解体、酒药滥用等问题，医师需要在未出现预警症状之前就给予这种家庭及时和有效的帮助。此外，医护人员应鼓励家属理解关心患者，积极了解与疾病相关的信息，更好地给予患者心理上的安慰，生活上的照顾，并与之多沟通。根据患者的心理状态和疾病阶段，尽可能地向患者介绍肿瘤的形成，治疗现状和前景，给予患者个性化指导，帮助患者进行心理调节，对他们进行细致的健康宣教，并尊重，鼓励患者，耐心诚恳地解答患者及家属的疑问。提醒社会支持人员不要将对肿瘤的恐惧流露在外，以免对患者造成负性情绪的影响。

(四) 精神科会诊

肿瘤科医师应该认识到，抑郁发作、自杀倾向、严重持续的焦虑和谵妄，都是精神科会诊的指征。对肿瘤患者进行精神心理评估多采用量表评估方法，对患者进行问卷式临床调查，量表多是从生活质量、症状的严重程度、治疗相互作用问题等几方面进行评估，评估肿瘤相关精神心理障碍的发生率，影响因素及与生活质量之间的关系。由于肿瘤患者有其特殊性，肿瘤患者常用评估量表为：治疗满意度量表（FAMCAREP-16）、慢性疾病功能治疗——灵性状况（FACIT Sp）、肿瘤治疗——肺功能量表（FACTHL）、生活质量调查表（QLQ-C30）、生命临终生活质量评估量表（QUALE）、埃德蒙顿症状评估量表（ESAS）；肿瘤康复评估系统药物相互作用量表（CARESMIS）等。精神科医师根据情况采用心理评估或药物干预，必要时还会采取物理方式，如改良电抽搐等进行治疗。在使用精神药物时，要特别注意药物的不良反应可能对肿瘤患者的自身疾病状态带来的影响，也要考虑到药物之间的相互作用。如选择性 5- 羟色胺再摄取抑制剂（selective serotonin reuptake inhibitor，SSRI）类抗抑郁药会引起消化道不良反应，对于有厌食恶病质综合征的患者，使用要慎重；米氮平可以增加体重，在使用皮质激素或化疗药物引起的体重增加的患者中最好避免使用。

第四节　肿瘤康复治疗

近年来，在个性化诊断、精准医学和新型免疫治疗发展的同时，肿瘤康复治疗理念受到了广泛的关注。肿瘤康复治疗是康复医学与肿瘤学相交叉的一门新兴边缘学科。肿瘤康复调动了医患、家庭及社会多方面的积极性，结合肿瘤学的综合治疗技术，最大限度地提高了肿瘤治愈率和延长了患者生存时间，同时提高了肿瘤患者及其家人的生活质量，已经成为肿瘤规范化治疗的重要组成部分。本节明确了肿瘤康复治疗的定义和内容；介绍了功能与运动、心理、营养、癌痛康复、中医药康复、护理康复和健康指导、随访、快速康复外科等方面的常见干预措施。

一、概述

随着发病率和死亡率的增加，恶性肿瘤已成为死亡的主要原因，也是主要的公共卫生问题。据 2018 年国际癌症研究机构流行病学（GLOBOCAN 2018）统计，2018 年有 1 810 万例癌症新发病例和 960 万例癌症死亡病例。中国 2018 年估计有 429 万例癌症新发病例，281 万例癌症死亡病例。这意味着，在我国每 1 分钟即有 8.3 人罹患癌症，5.2 人死于癌症。肺癌、胃癌、食管癌和肝癌通常被确定为癌症死亡的主要原因。

目前，恶性肿瘤的治疗策略主要是手术治疗、放射治疗、化学治疗、靶向治疗和免疫治疗等，无论采取何种治疗手段均需要重视对患者进行康复治疗。肿瘤康复治疗是肿瘤综合治疗的重要组成部分。康复治疗能够有效提升肿瘤治愈率，改善患者生存质量，有利于延长患者的生存时间，故需尽早将肿瘤康复治疗纳入肿瘤治疗全程管理，并不局限于围手术期的康复治疗。

(一) 肿瘤康复治疗定义

肿瘤康复治疗（tumor rehabilitation therapy）是随着肿瘤学的发展而来的，是康复医学和肿瘤学相交叉的一门新兴边缘学科。1971 年，美国在国家癌症计划首次提出了肿瘤康复的理念。1978 年，美国学者 Cromes 将其定义为：在肿瘤疾病本身和肿瘤治疗手段所导致的限制条件下，帮助肿瘤患者，使其能够最大限度地尽快恢复身体、社会、心理和职业功能。我国专家对肿瘤康复的定义基本相同，患者因肿瘤本身或治疗等导致功能异常、躯体残缺以及心理障碍等，经过一定康复治疗手段，使患者在躯体、生理功能、心理、社会及职业等方面得到最大限度恢复的一种综合治疗手段即为肿瘤康复。

美国国立癌症研究院将肿瘤康复明确划分为：社会心理支持、体能优化、职业辅导（帮助患者恢复生活技能）、社会功能优化等四个方面。恢复患者心理、生理功能及躯体是肿瘤康复的主要目的，所能采取的手段都是康复的内容。另一方面，根据不同肿瘤病种及肿瘤分期，肿瘤康复的侧重点有所不同。随着肿瘤康复学的发展，理念和手段在不断增加。肿瘤康复涵盖肿瘤学、营养学、护理学、心身学科、心理学、中医学、外科学等诸多学科，涉及肿瘤疾病从预防、围手术期康复、术后康复及调养、门诊长期随访及家庭康复多阶段，是多阶段、多学科、多专业的综合手段。

（二）肿瘤康复内容

1. 功能与运动康复 肿瘤本身的压迫、疼痛等导致各种躯体功能障碍，治疗手段（手术、放疗、化疗等）在预后获益同时亦可能造成功能受损，如骨肉瘤截肢、喉癌术后发声困难、鼻咽癌放疗后口干声嘶等。

头部和颈部的肿瘤可以影响语言、饮食和呼吸等基本生理功能，康复治疗一般围绕心理、吞咽功能、言语功能展开。喉癌在头颈部癌中发病率排名第 2 位，全喉切除术后多出现发声与吞咽障碍。吞咽障碍在喉癌术后常见，易造成患者营养摄入不足、脱水等不良后果，还可以引起呛咳、误吸，从而诱发吸入性肺炎等并发症。有研究对喉癌术后患者行吞咽功能训练，拔管前一天的试进食训练以及进食护理等，至拔管时进食功能恢复良好，没有误吸发生。还可进行构音训练，舌癌患者通过唇训练、张口训练和舌功能训练，可以进一步改善术后发音。

乳腺癌患者最常见的并发症是手臂活动受限和淋巴水肿。术后早期患肢锻炼对上肢功能的恢复非常重要，可明显提高患者心肺功能、身体耐力及生活质量。有学者总结了患肢功能康复锻炼的具体方法，主要包括贯穿术后 24h 至术后半个月的屈伸、抬举及肩关节活动，恢复性的肌肉运动训练可持续 6~8 周或至上肢功能完全康复为止。上肢功能恢复的关键时间是术后 3 个月，患侧肢体的外展、前屈、后伸、内旋功能在此阶段能获得最大限度的恢复；3 个月后，以全身功能有氧锻炼与上肢负重力量锻炼为主，兼以心肺功能、身体耐力的锻炼。淋巴水肿是淋巴液在组织间隙的积聚，其发生原因是淋巴引流系统（淋巴管和淋巴结）不能将淋巴液回吸收至血液循环，并由此引发皮肤褐色变、肢体硬化、活动受限甚至畸形等一系列改变，约 20% 的乳腺癌患者术后会出现上肢水肿。目前没有有效的药物，主要靠手术及物理疗法如综合性抗淋巴淤滞疗法，其中包括专业化按摩、弹力绷带压迫，患侧肢体功能锻炼等。淋巴 - 静脉系统吻合术是目前临床开展较多的手术方式。目前国内手术应用及报道较少，多以保守康复为主，平时应避免牵拉患侧上肢，经常抬高患肢以促进静脉回流。

肺叶切除术后患者常出现肺功能减弱、排痰障碍、呼吸受限等症状，康复要点包括术前向患者说明呼吸训练的必要性，并开始进行呼吸训练，术后尽早进行下肢活动。呼吸训练和运动训练都是肺康复训练的一部分，分别由呼吸操和上下肢独立锻炼组成。

运动可以保持肌肉的力量和功能，促进血液淋巴回流，减少深静脉血栓的形成，保持关节的活动度，增强消化功能，提高机体免疫力；运动还可以改善患者的失眠、疲乏、焦虑等症状，促进早日生活自理，改善患者生活质量。国外对癌症患者进行运动干预后，检测到患者体内淋巴细胞及粒细胞数量增加，自然杀伤细胞活性增强，而炎症反应相对稳定。如胃肠道肿瘤术后患者，鼓励术后 24h 下床活动，促进胃肠蠕动、防止双下肢血栓形成及坠积性肺炎等，整个围手术期提倡快速康复外科的理念，能够促进肿瘤患者术后康复及减少并发症的发生率，对患者预后起积极作用。自发进行身体锻炼，方式包括走路、慢跑、游泳、球类等有氧运动。此外，推拿按摩，太极拳、气功等传统疗法注重身心调整，调节神经及精神状态，强身健体。临床医师或康复工作者应在锻炼强度、时间上对不同患者有相应的指导，在合理的范围内这种锻炼是安全的。

2. 心理康复 肿瘤患者在确诊癌症、治疗过程中或漫长的恢复期都面临着心理问题，异常的心理状态可以由肿瘤本身、肿瘤治疗和肿瘤背景引起，相反，心理状态也可影响肿瘤的发生和发展，其机制可能与神经-内分泌功能紊乱有关。消极或异常的心理状态可通过下丘脑-垂体-肾上腺轴调控免疫状态，减少淋巴细胞，尤其是自然杀伤淋巴细胞的能力。有研究对恶性肿瘤患者心理状况进行了调查，发现焦虑、抑郁的发生率较高，分别为76.6%、63.1%。因此，心理干预有必要贯穿整个疾病全程。

肿瘤患者的心理治疗包括认知行为治疗、支持性心理治疗等。有学者总结了各种心理干预方法在肿瘤康复中的应用，包括认知疗法、行为疗法、支持-表达式治疗、暗示与催眠、音乐疗法、教育性干预及集体心理治疗等，结果显示这些治疗对改善患者抑郁情绪，减少心身症状，减轻心理应激甚至癌痛有积极作用。肿瘤患者具有社会属性，本身承担不同的社会角色，在心理康复过程中，家庭及亲友的支持与互助有利于肿瘤康复。肿瘤科医护人员的专业服务，细致的关怀，耐心的答疑，同类患者的榜样示范作用及心理科医师的疏通辅导都有利于培养积极向上的心态，对肿瘤治疗及后续康复起积极作用（具体见本章第三节内容）。

3. 营养康复　癌症患者营养不良发生率高，癌症晚期甚至恶病质死亡，因肿瘤本身引起抑或肿瘤治疗（手术、放疗、化疗等治疗手段）引起。癌症患者的营养消耗大于正常人，良好的营养支持可提高和巩固疗效。肿瘤患者饮食营养提倡优化能量供应，如优质高蛋白饮食，补充充足的维生素及微量元素，以及借鉴中医理论进行膳食平衡（具体见本章第二节内容）。

4. 癌痛康复　癌痛的原因很多，80%是由癌症本身引起，如肿瘤生长挤压局部神经引起。肿瘤可直接侵犯或压迫神经，肿瘤迅速生长使器官的包膜张力增大，肿瘤的压迫使组织器官缺血坏死引起癌痛。另外，手术、放化疗都可以成为癌痛的原因，如手术后的切口及术中的神经损伤；化疗后的栓塞性静脉炎、放疗后的局部皮肤炎症、局部组织的纤维化及放射性脊髓病等。社会心理因素也会引起疼痛，精神的抑郁、孤独、烦躁等不良情绪也是癌痛的原因。另外，癌症晚期会出现顽固性疼痛（具体见本章第一节）。

5. 中医药及少数民族医药康复　利用中医中药辨证论治，增补元气，活血化瘀，行气止痛，主要有攻法、补法、抗癌中药等；癌痛患者针灸治疗，有较好的止痛效果。此外，还有藏医药、蒙医药、维吾尔医药和傣医药等祖国医药。

6. 康复护理和健康指导　为患者建立一个舒适、卫生的环境，积极预防压疮。指导肿瘤患者注意个人卫生，及时更换污染的被服衣物，保持环境清洁通风。避免碰撞和挤压水肿部位的皮肤；饮食调护，特别是术后康复期和放化疗过程中，进食高热量、高蛋白、高维生素、低脂肪饮食；应观察如药物毒性反应、皮肤放射性损伤，定期复查血常规等。

7. 定期随访　肿瘤患者即使已经完成治疗，均需定期随访，提早发现复发、转移或第二肿瘤，做到早诊断、早治疗，防止疾病进展。大部分肿瘤在2年以内出现复发、转移，所以2年内一般每3个月随访一次，2~5年可每半年随访一次，5年后每年随访一次即可。具体到每种肿瘤随访内容所关注的侧重内容不同，在各肿瘤章节中详述。随访内容不仅进行复发、转移和第二原发肿瘤监测，还应进行患者抗肿瘤治疗所致的早期或远期不良反应的评估及治疗。

二、快速康复外科

（一）快速康复外科概念

快速康复外科最早是由丹麦艾克医生提出，快速康复外科（fast track surgery，FTS）是借助循证医学的证据，在围手术期治疗过程中对患者进行治疗干预，即通过采用最新护理方法，结合医学新技术、新理念重新组合改进，优化各种治疗措施，提高患者术后营养及免疫力，进而减少患者术后应激反应，缓解患者疼痛，降低术后相关并发症发生率和死亡率，促进患者尽早康复，缩短住院天数，节约治疗经费。既往的研究显示，快速康复治疗能够有效促进胃肠道肿瘤患者术后的康复，提升患者的生活质量。

手术对恶性肿瘤患者是一种严重的应激源，机体对外界刺激产生非特异性防御反应，导致患者身体状况发生变化，通过神经内分泌系统调节保持体内的稳态，可不同程度地影响手术效果和患者恢复。

快速康复治疗没有一个固定的模式，在实施过程中需要根据不同的病种及患者的实际情况，有针对性地制订快速康复治疗的方案，以确保措施安全、有效。比如针对胃肠道肿瘤患者，从术前、术中和术后3个阶段制订了不同的治疗干预方案。在术前除了对患者进行宣教，减轻患者的焦虑情绪，同时还缩短了患者术前禁水、禁食的时间。这主要是由于过长时间禁食、禁饮容易增大术中血压波动幅度，出现低血糖的可能性更高。在术中使用更短半衰期的麻醉药物，从而使得患者术后尽快恢复知觉。在术后主要的措施是鼓励患者尽早下床活动，促进肠道蠕动，降低凝血相关并发症，使得患者能够尽早进食，促进胃肠道功能的恢复，提高患者术后的生活质量。快速康复治疗通过对患者在围手术期内进行科学的治疗干预，让患者得到优质的治疗服务，加速患者术后的康复。

（二）围手术期快速康复治疗方法

1. 术前宣教　详细为患者讲解诊断依据、后期可能出现的问题、恢复阶段时间及促进康复意见。部分患者会因手术因素感到紧张、焦虑，因此，术前全面评估患者心理状况，有针对性地采取指导，提前告知患者术后体位、术后喂养活动和其他需要注意的事项，通过介绍本院先进的医疗技术与术者的专业水平以及类似手术的成功案例，及时解答患者的疑惑，消除患者的顾虑，使之增强治疗信心，保持稳定的心态，并减少术中应激反应。

2. 术前准备　手术前2h禁饮，6h禁食，术前1天晚上给予10%葡萄糖800ml口服，不进行全肠道清洗。术前指导患者排空膀胱，导尿时在手术室进行插管，术后48h拔管。术前每天深呼吸训练2次，患者取半卧位，用鼻吸气后缩唇慢慢呼出，每次5min。

3. 术中　选择半衰期短的麻醉药物为主，在患者进入手术室前将室内温度和湿度调至适宜范围，确保患者在术中体温维持在正常水平，根据患者的位置评估压疮，放置软垫以防止压疮，并且在手术期间检查受压部位的皮肤温度。手术过程中严格执行手术消毒规范，严格限制手术访客，并拒绝接受感染手术。

4. 术后　术后6h内每小时按摩双下肢1次，促进下肢血液循环；手术后72h常规给予自主镇痛泵以维持镇痛，医师根据腹部听诊情况确定患者是否可以进食。如果患者口服葡萄糖氯化钠注射液没有不适反应，则在24h后给予流质食物，并慢慢从流食恢复到普食；肠内营养液的量按进食情况补充至足量；鼓励患者尽快下床活动，术后第1天可适当床边走动，术后第2天逐渐增加站立、走动及上厕所等活动，活动顺序是床上坐起 - 床边站立 - 扶床行走，根据患者实际情况调整。

目前快速康复治疗还在发展和完善中，缺乏统一的规范和指南，快速康复治疗贯穿于围手术期间全过程，临床医护应根据患者具体病种及基本情况，有针对性地制订更有利于患者快速康复治疗的干预方案，最大限度地提高肿瘤治愈率，延长患者生存期，改善患者的生活质量，帮助患者早日回归社会，肿瘤康复个体化实现患者获益最大化。

康复治疗与临床治疗既有统一性，又有区别性。从方法上二者有许多共同之处，临床上的一些姑息治疗，如解决消化道梗阻进行的改道手术、肿瘤压迫呼吸道而进行的放射治疗等，也可以说是康复治疗。免疫治疗、中医中药治疗等既是临床治疗，也是康复治疗。但临床治疗和康复治疗所采用的手段各有侧重，前者主要采用手术、放疗、化疗，后者更偏重于心理治疗、减轻患者的痛苦、营养支持、生活指导等。一般认为临床治疗在前，康复治疗在后，但实践中二者已无严格界限。肿瘤诊断后首先进行临床治疗，但几乎同时也包含心理治疗等康复治疗。与临床治疗一样，康复治疗方案主要经过康复专科培训的临床医生，包括外科医生、内科医生和放疗科医生，康复护士、心理科医师、康复治疗师、营养科医生等多学科，共同参与协商制订其干预措施，还需患者和家属的密切配合。肿瘤的预防、治疗和康复是一个系统的工程。肿瘤康复已成为恶性肿瘤综合治疗的组成部分，应贯穿于整个治疗过程中。

本章小结

癌痛的治疗方法包括病因治疗、药物治疗和非药物治疗。药物治疗方面，WHO 三阶梯止痛原则以及滴定规范阿片类药物用药已经得到了公认。肿瘤康复治疗是肿瘤综合治疗的重要组成部分，尽早将肿瘤康复治疗纳入肿瘤治疗全程管理，有利于延长患者的生存时间。社会心理因素与肿瘤的发生、发展密切相关。积极的心理状态对肿瘤患者生存质量具有重要影响，改善患者心理状态及提高社会支持，对患者治疗效果及生存质量具有重要意义。肿瘤患者更加需要营养治疗。对所有肿瘤患者应该常规诊断，及早发现，及时治疗。营养治疗应该成为肿瘤患者最基本的治疗措施，成为肿瘤患者的一线治疗。

思考题

1. 癌痛的康复手段大致分为哪几类?
2. 试述快速康复外科的意义。
3. 什么是共情，如何理解其在肿瘤患者心理干预中的重要作用?
4. 简述 WHO 三阶梯止痛原则。
5. 癌症疼痛常见的量化评估方法有哪些?

（魏永长）

第二十二章
常见肿瘤急症

肿瘤急症是肿瘤发生、发展以及治疗过程中出现的，需要紧急处理的病症。肿瘤急症主要由恶性肿瘤导致，部分良性肿瘤也会引起肿瘤急症。本章主要包括临床常见的三大类肿瘤急症：①侵袭或阻塞压迫性急症；②代谢性急症；③治疗相关急症。

第一节　侵袭或阻塞压迫性急症

侵袭或阻塞压迫性急症：一是由于肿瘤组织侵袭性生长，对正常组织结构的破坏；二是肿瘤体积逐渐增大，对周围组织器官的压迫、侵袭。主要包括与肿瘤浸润、转移密切相关的全身各系统受累所伴发的急症。

一、心血管系统急症

主要指由肿瘤相关的压迫导致心脏和大血管的急性功能异常。最常见于上腔静脉综合征、恶性心包积液。

（一）上腔静脉综合征

上腔静脉综合征（superior vena cava syndrome，SVCS）为肿瘤常见的急症，指多种病因导致的上腔静脉回流部分或完全受阻而引起的一系列临床综合征，表现为急性或亚急性呼吸困难和面颈肿胀，进而发展为缺氧和颅内压增高，需要紧急处理。

1. 发病机制　胸腔原发和继发肿瘤的浸润与压迫是主要原因。上腔静脉是位于纵隔内的低压静脉系统，受肿瘤侵犯或压迫容易导致上腔静脉血液回流至右心房障碍，静脉内压增大，从而引发引流区组织器官的病理生理改变。

2. 临床表现及诊断　临床表现主要为颜面部水肿，可伴随咳嗽、呼吸困难、胸痛、颈部及上肢水肿、上胸部表浅静脉怒张。胸部增强CT是主要的确诊手段，可表现为上腔静脉受压变形。其他辅助检查包括胸片、B超、静脉造影等。

3. 治疗　①一般治疗：吸氧、糖皮质激素、镇痛等；②原发疾病的治疗：手术、放化疗等；③姑息治疗措施：上腔静脉支架植入、球囊血管成形、静脉旁路手术等暂时缓解症状。

（二）恶性心包积液

恶性心包积液（malignant pericardial effusion）是指由恶性肿瘤累及心包所致心包腔内异常积液，常见于肺癌、乳腺癌、恶性黑色素瘤、淋巴瘤、白血病。

1. 发病机制　肿瘤转移或直接侵犯导致心包脉管阻塞，脉管内压增高，心包腔内液体渗出与重吸收失衡而形成心包积液。随着心包内压升高,心室舒张期充盈受限,心脏泵血不足;严重者出现心脏压塞,危及生命。

2. 临床表现及诊断　少量心包积液可无症状;随积液量增多,出现呼吸困难、心悸等;严重者表现为端坐呼吸、头晕,可伴有发绀、颈静脉怒张、奇脉等。超声心动图是最准确的检查手段,表现为心包腔内的液性暗区。胸片可见心影增大。心电图示心动过速、ST-T改变等。诊断性心包穿刺,积液的细胞学及生化检查有助于判断积液性质,明确诊断。

3. 治疗　无症状者可不予处理,以针对原发肿瘤治疗为主。剑突下心包穿刺及置管可立即缓解症状并持续引流;心包内注入硬化剂或化疗药促进心包粘连,减少复发;也可行心包开窗术,缓解心脏压迫。

二、呼吸系统急症

呼吸系统急症最常见于肺癌患者,也见于肺部转移性肿瘤,如乳腺癌、淋巴瘤等。本节重点包括恶性胸腔积液、大量咯血和大气道阻塞。

(一) 恶性胸腔积液

恶性胸腔积液(malignant pleural effusion)是由恶性肿瘤引发的胸膜腔异常积液,肺癌和乳腺癌引发者占50%~65%,其次为淋巴瘤、胸膜间皮瘤。

1. 发病机制　恶性肿瘤侵犯胸膜,脉管通透性增加、脉管内静水压及胸腔内负压增加、胸腔液体渗透压增加、胸膜淋巴管回流障碍,导致过多的液体渗出到胸腔,形成胸腔积液。

2. 临床表现及诊断　少量积液可无明显症状;积液量多时,出现胸闷、气促、心悸等症状。胸片表现为肋膈角变钝或液平面。胸部超声可判断积液量并可引导置管引流。积液细胞学检查、常规生化检查有助于判断积液性质。经多种检查无法明确诊断者可行胸膜活检。

3. 治疗　积液量少、无明显症状可不处理,积极治疗原发肿瘤。积液量大时行胸腔穿刺抽液术及胸腔闭式引流术,胸腔内药物注射可促进胸膜粘连,减少复发。保守治疗无效者可选择手术治疗,如胸膜固定术等。

(二) 大量咯血

咯血(hemoptysis)是指喉部及以下呼吸道内出血经口咳出。肺癌及任何转移至支气管腔内或肺实质的肿瘤均可导致咯血。当24h内咯血300~600ml或1周内咯血超过3次,且每次咯血量>100ml时,称为大量咯血(massive hemoptysis)。

1. 发病机制　肺部恶性肿瘤侵犯周围血管导致血管破裂,或肿瘤滋养血管破裂,破裂的血管大量出血,随咳嗽排出体外,形成咯血。

2. 临床表现及诊断　咯血本身是最直观的临床表现,由于部分血液流入肺支气管或细支气管内,听诊可闻及湿啰音。诊断时注意与呕血鉴别,呕血有消化系统病史,一般无咳嗽及窒息的表现,仅当伴有误吸时出现咳嗽、窒息。支气管镜或胃镜检查有助于鉴别出血部位。

3. 治疗　大量咯血的急诊处理原则是确保气道通畅。注意患侧卧位,监测血容量并及时补充。支气管镜检查及介入治疗有助于明确出血部位及止血,针对大量咯血、难治性咯血,也可作为术前过渡措施。支气管动脉栓塞术是最有效的治疗手段,有效率达75%~98%。保守治疗无效者,可选择手术切除肿瘤病灶。

(三) 大气道阻塞

大气道阻塞也指上呼吸道阻塞,是气管隆嵴以上部位的气道阻塞,极易导致短时间内窒息,多见于原发性上呼吸道、口咽部及气管旁肿瘤,少部分见于转移性肿瘤(如乳腺癌、大肠癌等)。

1. 发病机制　气管、口咽部呼吸道的机械性阻塞导致窒息,引起缺氧的表现。

2. 临床表现及诊断　常见症状有吸气性呼吸困难(可有三凹征)、喘鸣、大汗、发绀等,有时伴有濒死感。胸部增强 CT 有助于判定病变部位、性质和范围；支气管镜可评估病灶范围、气道狭窄程度及行活组织检查；胸片可作为初步筛查手段。

3. 治疗　病情危急者应立即解除气道梗阻：行气管切开或气管支架置入术。气管内肿瘤可行气管镜下介入治疗或外科手术。症状较轻患者，可先积极治疗原发病。气管支架置入术也适用于晚期肿瘤的姑息治疗。

三、胃肠道急症

肿瘤对消化道的侵袭和压迫可导致肠梗阻、消化道穿孔和出血等胃肠道急症，好发于胃肠道和盆腔肿瘤。本部分重点包括肠梗阻、消化道穿孔、消化道出血。

(一) 肠梗阻

肠梗阻是指肠道（小肠、大肠）的机械性或功能性阻塞导致肠内容物不能正常运输，肿瘤所致的常为机械性梗阻，根据梗阻程度可分为不完全性和完全性肠梗阻。根据肠壁是否存在血供障碍可分为单纯性肠梗阻和绞窄性肠梗阻。

1. 发病机制　腹腔内肿瘤阻塞或压迫肠腔均可导致肠梗阻，前者多为肠道的原发性肿瘤，后者见于转移性肿瘤、腹盆腔间叶源性肿瘤。梗阻发生后，近端肠管扩张、水肿，肠内压增高，肠道黏膜屏障功能破坏，出现腹痛、呕吐、低热等症状；继而引起水、电解质平衡紊乱；严重者可继发肠道穿孔、感染性休克。

2. 临床表现及诊断　腹痛、腹胀、肛门停止排气排便是肠梗阻的典型表现，可伴有呕吐。腹部立位 X 线检查可见典型的肠腔内液气平面、扩张的肠袢；腹部 CT 有助于明确原发疾病及梗阻部位。

3. 治疗　①一般治疗：禁食，胃肠减压，静脉营养，预防感染，生长抑素治疗。②根治性手术：包括原发肿瘤及区域淋巴结整块切除。③姑息治疗手段：肿瘤姑息性切除、肠道支架、肠造口、短路吻合术等。

(二) 消化道穿孔

恶性肿瘤所致的消化道穿孔（gastrointestinal perforation）多为胃肠道的连续性破坏导致其内容物外泄，引起急腹症，多见于胃癌、结直肠癌、淋巴瘤等。

1. 发病机制　胃肠肿瘤浸润、穿透胃肠壁，导致消化道破裂。另外，肠梗阻、内镜检查、放化疗过程中肿瘤退缩以及贝伐珠单抗的使用都有可能导致肠穿孔。

2. 临床表现及诊断　临床表现与穿孔部位、大小、发病快慢密切相关。起病较快、穿孔较大者，可呈急腹症表现：突发腹部剧痛、呈刀割样或烧灼样。最初局限在穿孔部位周围，随着病情发展，疼痛可迅速扩散到整个腹部。起病慢、穿孔较小者，则腹部症状及体征相对局限。查体可及局限或全腹性的压痛、反跳痛及肌紧张，肠鸣音减弱或消失。腹部立位 X 线片可见膈下游离气体，是消化道穿孔的典型影像学表现。

3. 治疗　原则上应行急诊剖腹探查术，特别是有明显的腹膜炎体征及严重感染表现时。根据探查结果可选择根治性肿瘤切除术、姑息性切除、短路手术、肠造口等。如穿孔局限，可先保守治疗如禁食、肠外营养、抗感染等，查明病因并限期手术。

(三) 消化道出血

消化道出血（gastrointestinal bleeding）泛指从口腔到直肠的各种形式出血，多见于胃癌、肝癌及胆道肿瘤、大肠肿瘤等。

1. 发病机制　消化道肿瘤伴随着快速生长，部分瘤体发生坏死，内部滋养血管破裂，或者肿瘤直接侵蚀血管，导致出血。肝癌患者伴随或导致的门静脉高压引起食管胃底静脉曲张破裂出血。

2. 临床表现及诊断　常见柏油样便、鲜血便、呕血；可伴有心悸、脉速、乏力，甚至头晕、烦躁、四肢冰冷、血压下降等贫血及失血性休克表现。消化道外出血是消化道穿孔、破裂出血，血液流到盆腹腔。肝癌破裂出血是较常见的消化道外出血。辅助检查首选消化道内镜检查以明确出血部位。腹部CT、血管造影可协助判断出血部位、范围及原发病灶等。

3. 治疗　首选内科治疗，约80%的消化道出血可以控制。补充血容量纠正休克；控制消化道血流，如生长抑素、垂体后叶素；抑制胃酸分泌，质子泵抑制剂等。内科治疗无效者可选择内镜下止血及血管介入治疗；以上方法无效者或有明确的病灶且急诊手术获益大者，应行急诊剖腹探查术，根据情况选择出血点缝扎、肿瘤切除等。

四、泌尿系统急症

多由泌尿系统和生殖系统肿瘤引起。此外，还可见于盆腔肿瘤侵袭和/或压迫泌尿系统。本部分重点介绍血尿和尿路梗阻。

（一）血尿

血尿（hematuria）是指尿液中带有红细胞的症状。当尿液中含有少量红细胞时，肉眼无法识别，仅在实验室检查时才能发现，称为镜下血尿（microscopic hematuria）；如果含有大量红细胞（一般认为每升尿含超过1ml鲜血时），则肉眼可以见到异常颜色，此时即为肉眼血尿（gross hematuria）。

1. 发病机制　肿瘤对肾脏、输尿管、膀胱、尿道等部位的侵袭，或泌尿系统肿瘤组织的坏死、滋养血管破裂等均可导致血尿。部分患者伴有凝血功能障碍，使血尿加重。

2. 临床表现及诊断　出现肉眼及镜下血尿。诊断依据尿液颜色、尿常规。辅助检查包括排泄性尿路造影、超声、CT或MRI和膀胱输尿管内镜检查，有助于鉴别是泌尿系统肿瘤还是盆腔其他肿瘤侵袭所致。

3. 治疗　对于出血较多、伴有或即将产生失血性休克的患者，应首先给予吸氧、补液、输血等紧急措施。留置尿管可进一步使出血引流通畅，并可经尿管冲洗血凝块，使积血充分排出体外。膀胱镜检查可进一步清除血凝块，并观察出血部位，选择性内镜下电凝止血。初步控制出血后，可针对不同的肿瘤采取手术、放疗等手段。凝血功能障碍者应及时纠正。

（二）尿路梗阻

尿路梗阻（urinary tract obstruction）是泌尿系统肿瘤的常见并发症之一。根据阻塞部位的高低，临床上可分为上尿路梗阻和下尿路梗阻。

1. 发病机制　泌尿系统肿瘤或盆腹腔肿瘤直接阻塞或压迫尿路均可导致排尿不畅，形成尿路梗阻。

2. 临床表现及诊断　下尿路梗阻最常见的症状是排尿困难。慢性单侧上尿路梗阻可无任何临床症状，多于影像学检查时发现。急性单侧上尿路梗阻，由于肾盂及梗阻以上部位的输尿管迅速扩张，可有患侧腹部疼痛感，泌尿系感染症状及全身炎症反应综合征（systemic inflammatory response syndrome，SIRS）表现等。双侧尿路梗阻可出现少尿或无尿，导致乏力、恶心、呕吐等急性肾衰竭相关症状。少部分患者可出现尿频、排尿困难、尿后滴沥。部分尿路梗阻患者可伴有血尿。超声、CT、MRI、肾盂造影、肾盂输尿管逆行造影可判断梗阻部位、性质。

3. 治疗　首要原则是解除梗阻。①上尿路梗阻：针对急性尿路梗阻应尽快引流，选择经皮肾造瘘、经皮输尿管造瘘、尿路短路；慢性尿路梗阻者可选择输尿管支架置入术，手术切除肿瘤等；②下尿路梗阻：可经尿道或经耻骨联合上膀胱穿刺留置导尿管。对预期生存期较长者，应手术切除肿瘤，尿路重建术解除梗阻。

五、神经系统急症

颅脑原发肿瘤和转移瘤均可导致神经系统急症，是肿瘤致死的常见原因之一。本部分重点介绍颅内压增高和脊髓压迫。

（一）颅内压增高

颅内压增高（increased intracranial pressure）是指与肿瘤生长相关的颅腔内容物增多，颅内压增高而出现的神经系统急症，常见脑胶质瘤，转移瘤如肺癌、乳腺癌。

1. 发病机制 颅腔是容积恒定的骨性结构腔室。颅内原发肿瘤或转移瘤体积的增大、脑水肿或肿瘤血管破裂出血等均可引起颅内压增高，严重者导致脑疝甚至死亡。

2. 临床表现及诊断 最初表现为头晕、头痛、恶心、呕吐、视物模糊等颅内压增高引起的症状；可出现肢体感觉及运动障碍；严重者发生脑疝、猝死。头颅 MRI 或 CT 检查是颅内高压的首选检查手段，可评估肿瘤部位、大小、数量、脑水肿程度。

3. 治疗 一般性治疗包括控制水钠摄入量、应用糖皮质激素及甘露醇等减轻脑水肿。病因治疗包括手术、放疗、化疗等，但化疗单独应用不适合急性颅内压增高的急救。

（二）脊髓压迫

脊髓压迫（spinal cord compression）是肿瘤压迫脊髓造成的一种急症，多由转移瘤引起，如非霍奇金淋巴瘤、骨髓瘤、肺癌等。

1. 发病机制 常见于 3 种情况。①脊柱转移瘤：脊髓压迫的最常见原因，常见于肺癌、乳腺癌、前列腺癌；②硬脊膜、软脊膜、脊髓转移瘤：可直接导致脊髓压迫；③脊柱旁肿瘤组织侵袭：常见淋巴瘤等，先侵袭硬脊膜，进而压迫脊髓。

2. 临床表现及诊断 疼痛是脊髓压迫最早、最常见的症状。神经系统受损表现：感觉及运动功能障碍、自主神经功能障碍（如阳萎、大小便失禁或尿潴留）等，临床症状视脊髓神经受压程度和部位的不同而有所差异。脊柱的 MRI 检查是诊断的主要方法，PET-CT、CT 检查有助于发现原发病变。必要时可行穿刺活检明确诊断。

3. 治疗 治疗目的是缓解脊髓压迫引起的症状。可应用止痛药、糖皮质激素缓解疼痛。手术切除病灶，解除压迫时，要注意脊柱稳定性及功能重建。大剂量放疗对敏感肿瘤具有良好的止痛效果，可在短期内缓解脊髓压迫。化疗一般不推荐单独应用于治疗脊髓压迫。

六、其他

（一）病理性骨折

病理性骨折（pathological fracture）是指骨的原发性或转移性肿瘤引起的骨连续性破坏。病理性骨折多发于肿瘤生长部位，并与骨是否承重密切相关，以胸腰椎较为常见，表现为压缩性骨折。

1. 发病机制 正常骨重构依赖于成骨细胞和破骨细胞作用的动态平衡。肿瘤的生长破坏了这一平衡，增加骨质吸收和丢失；使骨重构失衡，骨结构发生变化，完整性、连续性破坏，在自身内力或外力的作用下发生骨折。骨质破坏的类型包括溶骨型、成骨型、混合型：骨原发肿瘤、前列腺癌骨转移多为成骨型；肾癌、结肠癌等骨转移多为溶骨型。

2. 临床表现及诊断 骨痛是病理性骨折最常见症状，其特点是定位准确、疼痛明显，夜间加重。活动后剧烈疼痛是病理性骨折的前兆。椎体的压缩性骨折常伴有脊髓压迫症状，导致肢体感觉和运动功能障碍。病理性骨折常伴有高钙血症。其影像学诊断包括 X 线、CT、MRI，另外全身骨扫描(ECT)可用于骨肿瘤的早期发现。

3. 治疗　一般治疗包括止痛以及骨吸收抑制剂，如双膦酸盐、地诺单抗等。骨转移瘤导致的病理性骨折，治疗目的是改善生活质量、减轻疼痛、恢复肢体活动等。根据具体癌症种类及转移情况可选择原发病系统治疗（化疗、靶向治疗及免疫治疗等）、放疗及手术等治疗手段。原发性骨肿瘤，遵循改善预后和生活质量并重的原则，可选择肿瘤切除、假体置换、内固定等手段。脊柱的病理性骨折，以恢复脊柱稳定性，解除或缓解脊髓压迫为目的，常用骨胶原椎体充填成形固定术、肿物切除内固定术、椎板切除减压术等。

（二）出血

出血（bleeding）是进展期肿瘤常伴随的症状，约 10% 的肿瘤患者伴发出血，血液系统肿瘤中更常见，达到 30%。

1. 发病机制　肿瘤相关的因素，包括局部肿瘤的侵袭、肿瘤内异常的血管新生、肿瘤退缩引起的血管结构破坏。治疗相关的出血，包括抗血管生成药物如贝伐珠单抗、非甾体抗炎药所致的黏膜相关应激性病变、抗凝药物。另外化疗或某些肿瘤如白血病等引起的血小板减少也可以引起出血。

2. 临床表现及诊断　与出血量及速度、肿瘤的部位有关，可表现为便血、血尿、呕血、咯血等；慢性出血患者多有贫血相关表现如乏力、头晕等；短时间内出血量大可致休克。出血的诊断主要是病因诊断，依据出血的部位行相应检查，如胃肠镜、胸腹部 CT、血管造影等。

3. 治疗　纠正贫血，补充血容量，改善症状。针对病因的治疗，可行内镜下（支气管镜、胃肠镜等）止血、血管造影及栓塞治疗、局部放疗止血、手术切除等。

（三）肿瘤破溃

肿瘤破溃（tumor rupture）是指实体肿瘤瘤体破裂，内容物进入第三腔隙或空腔脏器内，可分为自发性和医源性，常见于肝癌、胃肠道间质瘤等。

1. 发病机制　随着恶性肿瘤的快速生长，瘤体内血供相对不足，肿瘤组织出现坏死，脆性增加，包膜或假包膜破裂，瘤体破溃。

2. 临床表现及诊断　腹痛是最常见的表现，多为突发的剧烈腹痛。如空腔脏器实体瘤破裂，可出现腹腔感染。肝癌等血供丰富的肿瘤破溃可伴有出血，量大时可造成血流动力学不稳定，出现休克表现。CT 是初步的筛查手段。

3. 治疗　肿瘤破溃多为急症，病情凶险，手术是首选的治疗方案。针对晚期肿瘤无法手术者，应积极对症处理，稳定血流动力学，抗感染等。待一般情况稳定后再针对性抗肿瘤治疗。

第二节　代谢性急症

肿瘤发生发展过程中出现的代谢系统急症，重点包括高钙血症、抗利尿激素分泌失调综合征、肿瘤溶解综合征、低血糖。

一、高钙血症

高钙血症（hypercalcemia）是最常见的危及生命的代谢性急症，是恶性肿瘤常见并发症之一。高达 1/3 的恶性肿瘤患者病程中会出现高钙血症。常见于多发性骨髓瘤、乳腺癌、肾癌、肺癌等。

1. 发病机制　肿瘤患者发生高钙血症有多种机制：肿瘤侵袭局部骨骼形成破骨性改变，骨钙吸收形成高钙血症；肿瘤细胞分泌体液因子，如甲状旁腺激素相关蛋白，促进破骨细胞作用增强，骨钙吸收增多，并促进肾小管对钙的重吸收，导致体液相关恶性高钙血症。

2. 临床表现及诊断　临床表现涉及多系统，且多呈非特异性。严重程度与血钙水平、肿瘤进展程度、患者状态有关。最常见的表现为胃肠道症状和神经系统症状，胃肠道表现有恶心、呕吐、便秘、肠梗阻；神经系统表现有意识模糊、反射减退、肌无力、嗜睡、癫痫；肾脏表现有渗透性利尿、肾功能不全；心脏表现有心动过缓、Q-T 间期缩短、T 波增宽、心律失常等。全身表现为失水、体重减轻、食欲减退、瘙痒、烦渴等。血清钙检测可发现血钙升高，同时可伴有低血钾、低血氯或肾功能异常。检测甲状旁腺素，可鉴别肿瘤相关高钙血症和甲状旁腺功能亢进、甲状旁腺肿瘤等。

3. 治疗　分为降血钙和治疗原发病。降血钙包括：水化、特异性降钙药物的应用，后者一般包括磷酸盐、糖皮质激素、降钙素、双膦酸盐、地诺单抗等。针对无症状高钙血症，或血钙≤ 3.25mmol/L 者，可给予一般处理，包括水化、利尿等；而针对血钙 >3.25mmol/L 或伴有自觉症状者，则需尽快给予紧急处理，除了水化、利尿，还需给予降钙素、双膦酸盐；针对血钙 >4.5mmol/L 伴有神经系统症状，或伴有急性肾衰竭患者，可给予血液透析。根本治疗是针对原发病。

二、抗利尿激素分泌失调综合征

恶性肿瘤中 1%~2% 会出现抗利尿激素分泌失调综合征（syndrome of inappropriate secretion of antidiuretic hormone，SIADH)。常见于小细胞肺癌，为 10%~15%；其次见于前列腺、肾上腺皮质、胃肠道、头颈等部位的肿瘤，以及类癌、胸腺瘤、淋巴瘤和间皮瘤。

1. 发病机制　抗利尿激素分泌过多，引起低钠血症、低血清渗透压、高尿渗透压、高尿钠。抗利尿激素过多还导致肾集合小管对水的重吸收增加，从而使血容量增加，肾灌注增加，近曲小管对钠的重吸收减少，抑制醛固酮分泌，触发心房钠尿肽激素释放，进一步引起低钠血症和浓缩尿。

2. 临床表现及诊断　许多患者无症状，往往化验血电解质时偶然发现。较轻症状为疲乏、食欲缺乏、恶心、肌肉酸痛、头痛。重者出现意识模糊、癫痫发作、昏迷、精神病行为、病理反射、视盘水肿或神经功能缺损。诊断依据病史、临床表现，血、尿钠及渗透压检测。需排除引起低钠血症的其他原因，如心力衰竭，肝、肾衰竭；胃肠道水和电解质丢失；肾上腺、甲状腺功能减退；使用利尿药等。

3. 治疗　关键是治疗原发病，随肿瘤好转，低钠血症也会改善。对症治疗：每天限制液体摄入量在 500~1 000ml，7~10d 内血钠水平达到正常；或可通过口服氯化钠补充。加压素 V_2 受体拮抗剂，如托伐普坦和考尼伐坦也可用于临床。严重者给予静脉注射 3% 高张钠或等张钠。注意血钠浓度纠正速度不宜过快，以每小时升高 0.5mmol/L 为宜，避免增加脑髓鞘溶解症风险。

三、肿瘤溶解综合征

肿瘤溶解综合征（tumor lysis syndrome，TLS）是肿瘤细胞自发性或治疗后死亡，细胞内物质快速释放入血，出现高尿酸血症、高钾血症、高磷酸血症及低钙血症等危及生命的代谢异常综合征。常见于对细胞毒性药物非常敏感、快速增殖的淋巴瘤、急性白血病等血液肿瘤，实体肿瘤中如小细胞肺癌、乳腺癌、生殖细胞肿瘤等也可发生。

1. 发病机制　肿瘤细胞自发性或化疗后死亡，细胞内容物如核酸、钾、磷酸盐等快速释放入血，核酸分解代谢生成尿酸，形成高尿酸血症、高钾血症、高磷酸血症及低钙血症，超出肾脏的清除能力。高钾血症可引发致死性心律失常，需紧急处理。细胞内磷酸盐释放入血超出肾脏的清除能力，则可引发高磷血症，同时磷酸盐水平增高还可导致磷酸钙沉积，引发低钙血症。上述代谢异常，导致磷酸钙、尿酸及其他核酸代谢产物沉积于肾小管内，损害肾功能，可引发急性肾衰竭。肿瘤溶解综合征的高危因素包括：肿瘤负荷大，高肿瘤增殖速率，肿瘤对化疗敏感，乳酸脱氢酶（lactate dehydrogenase，LDH）显著升高，基线肾功能不全等。

2. 临床表现及诊断　临床表现：乏力、恶心、呕吐、肌肉疼痛等。急性高钾血症可导致心律失常、晕厥和猝死。低钙血症可致神经肌肉兴奋性增强，表现为肌肉抽搐、口周和指（趾）尖麻木针刺感、腱反射亢进、癫痫等。急性肾衰竭时可出现水肿、少尿或无尿等表现。血生化检查发现尿酸、钾、磷酸盐、肌酐、尿素氮升高，血钙下降；血气分析可见代谢性酸中毒、乳酸升高等。

3. 治疗　关键在于预防。有肿瘤溶解综合征高危因素的患者，需监测血尿酸、血钾、血钙、血磷、肌酐、尿素氮、心电图；放化疗前给予补液水化、利尿及预防性使用非布司他、别嘌醇或拉布立酶。治疗期间发现肿瘤溶解综合征的患者应接受强化支持治疗，持续心电监护，每4~6小时测定一次电解质、肌酐、尿酸。针对高尿酸血症，可加用拉布立酶，应用碳酸氢钠纠正酸中毒，碱化尿液；口服氢氧化铝降低血磷；输注葡萄糖酸钙补钙；输注葡萄糖及胰岛素降血钾；应用尿酸氧化酶降尿酸；急性肾衰竭、严重高钾血症者行血液透析。

四、低血糖

1. 发病机制　肿瘤细胞分泌胰岛素或胰岛素样物质，促进糖代谢，如肿瘤负荷大或广泛肝转移时，血糖调节机制失效出现低血糖（hypoglycemia）。胰岛细胞瘤患者的胰岛素浓度升高；非胰岛细胞瘤患者，如慢性生长的巨大间质瘤、肝癌和肾上腺皮质癌等，胰岛素样活性物质浓度升高。

2. 临床表现及诊断　临床表现与血糖水平相关。常见疲劳、出汗、虚弱、眩晕以及意识不清等症状。凌晨或黄昏时易发作或加重。重者可能会出现抽搐、局灶或弥漫的神经功能受损，甚至昏迷。诊断需排除低血糖的常见原因，如胰岛素使用过量、降糖药过量、肾上腺或垂体功能不全、酗酒或营养不良等。检测血浆胰岛素或胰岛素样物质有助于鉴别胰岛细胞瘤和非胰岛细胞瘤患者的低血糖。

3. 治疗　抗肿瘤治疗是恶性肿瘤相关低血糖的根本性治疗。大部分分泌胰岛素的肿瘤是良性的，可以通过手术切除。非胰岛细胞瘤可完全或部分切除治疗低血糖。对症治疗主要是补充糖，可增加进餐次数，或静脉输注葡萄糖。

第三节　治疗相关急症

一、化疗药物外渗

1. 发病机制　化疗药物外渗（chemotherapy extravasation）至血管外间隙，引起组织器官炎症反应甚至坏死，造成组织器官功能障碍、外形毁损。根据化疗药物作用的不同，可分为起疱剂和刺激剂。起疱剂包括蒽环类、长春碱类和丝裂霉素C等，主要引起局部组织的坏死。刺激剂包括铂类、紫杉醇、拓扑异构酶抑制剂等，主要引起炎症反应，严重时可有局部坏死、溃疡，类似起疱表现。

2. 临床表现及诊断　临床表现为疼痛、皮肤起疱、红斑、硬结、皮肤变色等，沿着静脉出现静脉炎、色素沉着、硬化。严重者可引起皮肤及皮下组织的缺血坏死、感染、瘢痕形成，甚至功能缺陷、截肢、死亡。诊断依据注射部位有化疗药物外渗史，临床症状如疼痛、红斑、肿胀等。

3. 治疗　以预防为主，尽量避免使用外周静脉注射，有条件者可选择深静脉插管化疗，如中心静脉导管（CVC）、经外周静脉穿刺的中心静脉导管（PICC）、输液港等。中心静脉导管利用导管从外周手臂的静脉进行穿刺，导管直达靠近心脏的大静脉，避免化疗药物与手臂静脉的直接接触，加上大静脉的血流速度很快，可以迅速稀释化疗药物，防止药物对血管的刺激。如出现化疗药物外渗，需尽快积极治疗，治疗措施包括：即刻停止输注化疗药物并抬高患肢；保留输液通路，并尝试抽出外渗区域的药物；对大部分药物的外渗可予以冷敷，但对于长春碱及依托泊苷的外渗禁止冷敷；应用相应的解毒药物治疗，如皮下注射透明质酸酶；局部封闭缓解症状（普鲁卡因或激素）；理疗及外科治疗等。

二、化疗药物过敏反应

1. 发病机制　化疗药物本身或溶剂导致的机体过敏反应。常见的包括：超急性过敏反应，如紫杉醇类药物；多次应用后引起的过敏反应，如铂类药物。化疗药物本身可引起过敏反应，如接受门冬酰胺酶单药治疗的患者中，约 50% 的患者可检测到抗体；化疗药物的溶剂亦可引起过敏反应，如紫杉醇溶剂聚氧乙烯蓖麻油、依托泊苷溶剂聚山梨醇 80 或聚氧乙烯蓖麻油。

2. 临床表现及诊断　可归为 4 类表现。①皮肤黏膜系统的表现：如荨麻疹和血管性水肿，为最常见的临床表现；②呼吸系统的表现：如支气管痉挛、喉头水肿、喘鸣、呼吸困难等；③消化系统的表现：如腹痛、腹泻；④心血管系统的表现：如低血压甚至晕厥、休克。

3. 治疗　包括预防与急救处理。对于化疗药物引起的过敏反应，预防尤为重要，如应用紫杉醇，化疗前应用地塞米松、抗组胺药苯海拉明和雷尼替丁进行预处理。对存在过敏风险的药物，进行皮试明确是否可能引起药物过敏，如门冬酰胺酶。对多次应用后出现过敏的药物，如铂类药物，注意多次注射后需密切关注患者再次注射后的症状变化。对于容易出现过敏的药物，治疗时需备有心电监护设备及急救设备和抢救药物。一旦出现过敏反应，应立即停止化疗用药、保持气道通畅、吸氧及静脉输液，并进行过敏反应评估：气道是否通畅、呼吸是否平稳、循环是否稳定。症状轻微者：抗过敏消除症状后，严密监控下继续以缓慢的滴速完成化疗。对于有皮疹和严重瘙痒者，可口服 H_1 以及 H_2 受体拮抗剂等抗过敏药物处理。合并有药物相关性发热，给予物理降温。合并感染者考虑应用抗生素治疗。症状严重者：应避免再次使用过敏药物，或选用同类但不易致敏的产品，如使用白蛋白紫杉醇替代普通紫杉醇。低血压休克者：给予肾上腺素、糖皮质激素、抗组胺药等抗过敏治疗，以及入重症监护室进行严密监测、积极治疗。

本章小结

肿瘤发展过程中可能发生多种需要急症处理的病症。原发性肿瘤和转移性肿瘤都可以导致肿瘤急症。随着肿瘤病程的进展，肿瘤急症的发生一般会逐步增加，相关病症可能涉及全身各器官，并且有多种系统性的并发症。治疗上难度较大，特别需要多学科参与，尽可能标本兼治。在解除生命危险的前提下，尽可能延长生存期、提高生活质量。

思考题

1. 化疗药物外渗后紧急处理的相关流程?
2. 针对肿瘤代谢相关急症，如何进行早期监测及预防?
3. 过敏性休克的治疗原则。
4. 消化道出血的诊断及治疗原则。
5. 肿瘤急症的常见分类。

（丁克峰）

第二十三章
肿瘤治疗的评估与患者随访

临床上许多治疗方式在有效控制肿瘤发展及延缓病情进展的同时，也可使机体遭受巨大的打击。合理有效的治疗评估，有助于临床医师及时掌握患者病情的动态变化，合理地调整治疗方案，并指导患者进一步的康复治疗。肿瘤治疗的评估与随访是临床医生临床实践必不可少的一部分，也是对患者更高层次负责的体现。

第一节　肿瘤治疗的疗效评估

肿瘤治疗后的疗效评估是更改治疗方案的依据，也是比较各种治疗方案效果的客观指标。目前国际上通用的实体瘤治疗疗效评价标准为实体瘤疗效评价标准(response evaluation criteria in solid tumors, RECIST)。以下依据 RECIST 1.1 标准对肿瘤病灶的测量方法、疗效评估原则及常用疗效评估术语进行阐述。

一、肿瘤的测量

按以下定义分为可测量和不可测量两种。

(一) 可测量病灶

1. 肿瘤病灶　至少有 1 条可以精确测量的直径，记录其中的最大直径，并且需满足以下其中 1 个条件：① CT 上≥ 10mm(CT 扫描层厚建议不超过 5mm)；②体格检查时用卡尺测量≥ 10mm(不能用卡尺准确测量的记录为不可测量病灶)；③在胸部 X 线上≥ 20mm(图 4-23-1)。

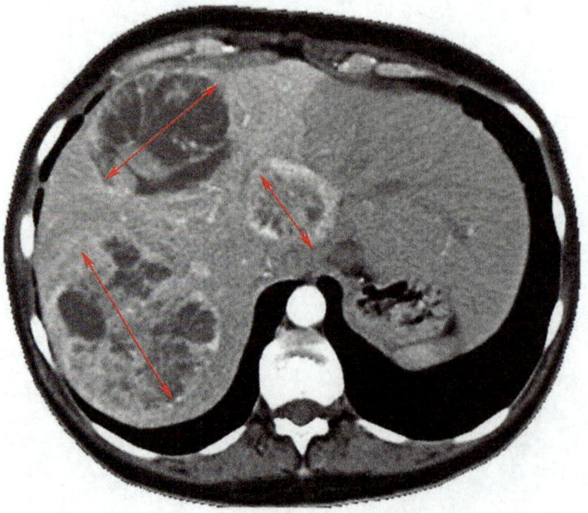

图 4-23-1　典型的可测量病灶

2. 恶性淋巴结　增大的病理性淋巴结且可测量，记录其短径，单个淋巴结的短径在 CT 上须≥ 15mm（CT 扫描层厚建议不超过 5mm）。

（二）不可测量病灶

1. 小病灶　肿瘤病灶最长径 <10mm 或者病理性淋巴结短径≥ 10mm 至 <15mm。

2. 真正无法测量的病灶　包括成骨性病灶、脑膜疾病、腹水、胸膜及心包积液、炎性乳腺癌、皮肤或肺的癌性淋巴管炎、影像学不能确诊和随访的腹部包块等（图 4-23-2）。

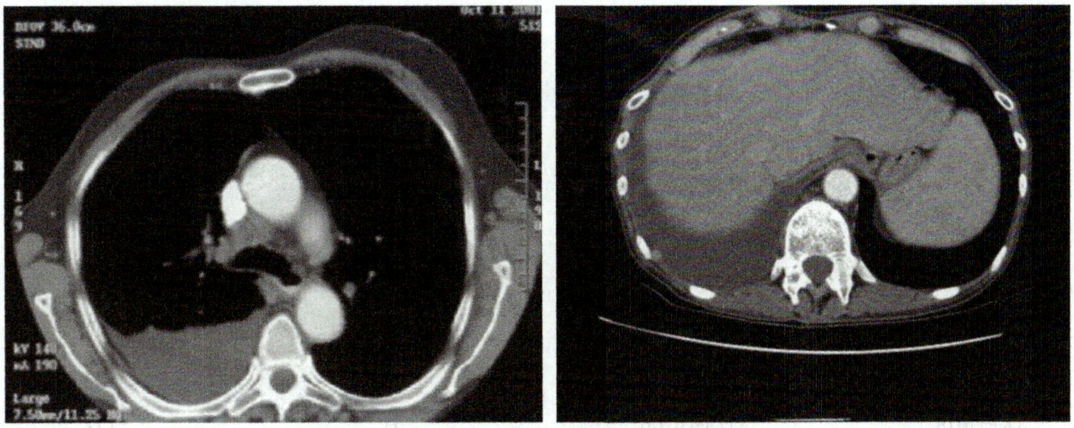

图 4-23-2　典型的不可测量病灶（浆膜腔积液）

二、肿瘤的疗效评估

（一）肿瘤病灶的基线记录

1. 靶病灶　即疗效评估时需要追踪测量和记录的可测量病灶。可测量病灶的数目超过 1 个时，应记录并测量所有病灶，然后挑选其中具有代表性的病灶作为靶病灶来代表所累及器官。全身靶病灶的数量应限制在 5 个以内（单个器官不超过 2 个）。靶病灶的选择标准必须基于病灶最长径进行选择，能代表所累及器官，且测量必须具有良好的重复性（有时候当最大的病灶不能重复测量时，可重新选择一个可重复测量的最大病灶）。将所有靶病灶的直径（非结节病灶的长直径 / 病理性淋巴结的短直径）之和作为基线直径之和加以记录。

2. 非靶病灶　其余的病灶可视为非靶病灶，无须进行测量，但应在基线评估时进行记录，如记录为“存在”“缺失”等。

（二）疗效评估的标准

1. 靶病灶的评估

（1）完全缓解（complete response，CR）：所有靶病灶消失，全部病理淋巴结短直径必须减少至 <10mm。

（2）部分缓解（partial response，PR）：靶病灶直径之和减少至少 30%（以基线水平为参照）。

（3）疾病进展（progressive disease，PD）：靶病灶直径之和相对增加至少 20%（以整个治疗过程中所有测量的靶病灶直径之和的最小值为参照）；除此之外，必须满足直径之和的绝对值增加至少 5mm（注：出现新病灶也视为疾病进展）。

（4）疾病稳定（stable disease，SD）：靶病灶直径减少的程度未达到 PR，或增加的程度未达到 PD。

2. 非靶病灶的评估　其余所有的病灶可视为非靶病灶，无须进行测量，但应在基线评估时进行记录，如记录为“存在”“缺失”等。

(1)完全缓解(CR):所有非靶病灶消失,且肿瘤标志物恢复至正常水平,所有淋巴结为非病理尺寸(短径 <10mm)。

(2)非完全缓解或非疾病进展:存在一个或多个非靶病灶和/或持续存在肿瘤标志物水平超出正常水平。

(3)疾病进展(PD):已存在的非靶病灶出现明确进展或出现新病灶。

3. 总的疗效评价 总的疗效评价依据靶病灶、非靶病灶的变化情况及有无新病灶综合得出,其中根据有无靶病灶分成以下两种情况,详见表 4-23-1 和表 4-23-2。

表 4-23-1 总的疗效评价(适用于有靶病灶者)

靶病灶	非靶病灶	新病灶	总缓解
CR	CR	无	CR
CR 或 PR	非 PD 或者不能完全评估	无	PR
SD	非 PD 或者不能完全评估	无	SD
不能完全评估	非 PD	无	NE
PD	任何情况	有或无	PD
任何情况	PD	有或无	PD
任何情况	任何情况	有	PD

注:CR= 完全缓解,PR= 部分缓解,PD= 疾病进展,SD= 疾病稳定,NE= 不能评估。

表 4-23-2 总的疗效评价(适用于仅有非靶病灶者)

非靶病灶	新病灶	总缓解
CR	无	CR
非 CR 或非 PD	无	非 CR 或非 PD
不能完全评估	无	NE
不能明确的 PD	有或无	PD
任何情况	有	PD

注:CR= 完全缓解,PR= 部分缓解,PD= 疾病进展,SD= 疾病稳定,NE= 不能评估。

(三)肿瘤评估疗效的常用术语

1. 有效率或缓解率(response rate,RR) 指获得完全缓解或部分缓解的病例数占治疗中可评估病例总数的百分比,RR(%)=(CR 病例数 +PR 病例数)/ 可评估病例总数 ×100%。

2. 临床获益率(clinical benefit rate,CBR) 指获得完全缓解或部分缓解或稳定的病例数占治疗中可评估病例总数的百分比,CBR(%)=(CR 病例数 +PR 病例数 +SD 病例数)/ 可评估病例总数 ×100%。

3. 完全缓解期 指从测量首次符合 CR 标准的时间到首次真实记录疾病复发或进展的时间。

4. 缓解期和中位缓解期 从测量首次符合 CR 或 PR(无论哪个先测量到)标准的时间到首次真实记录疾病复发或进展的时间(把试验中记录的最小测量值作为疾病进展的参考)称为缓解期。将各个缓解病例的缓解时间(月)列出,由小到大排列,取其中间数值,或用统计学计算出中位数即为中位缓解期。

5. 总生存时间(overall survival,OS) 是指从随机化开始至任何原因所致死亡的时间(失访患者截至末次随访日；研究结束时仍然存活的患者截至随访结束日）。随机化是统计学术语，包括随机分组或者随机抽样等。

6. 无病生存期（disease-free survival，DFS）　指从随机化开始到第一次肿瘤复发或任何原因所致死亡的时间。

7. 无进展生存期（progression-free survival，PFS）　指从随机化开始到第一次肿瘤进展或死亡的时间。在肿瘤学中，PFS 一般适用于肿瘤无法清除而仍旧存在的情况，而 DFS 一般用于患者已实施根治性手术等治疗后且无检出病灶的情况。

8. 疾病进展时间（time to progression，TTP）　指从随机化开始到第一次肿瘤进展的时间。

三、靶向治疗的疗效评估

随着靶向治疗在临床的广泛开展，RECIST 评估系统逐渐显现出其不足。RECIST 侧重计算肿瘤大小，不能识别靶向治疗的初期疗效，如肿瘤内细胞浸润、细胞及血管源性水肿等反应虽然可导致肿瘤增大，但在一定程度上证明肿瘤对治疗产生反应，持续用药仍可能达到肿瘤缓解。同时 RECIST 的评估时间过短，而靶向治疗疗效常需较长时间才能被检测到。

因此，许多研究者对 RECIST 进行了修订（irRC、iRECIST、imRECIST 等）以用于评估免疫治疗，但未引入新型检查技术，未从靶向治疗抑制侵袭转移等特异性机制出发进行评估。目前许多研究利用特异影像学检测手段如 PET-CT 对特定治疗靶点进行标记（如 ^{18}F-FDG），可视化反映靶向治疗效果，而非特异的影像学检查（如 MRI）也被证明可反映靶向治疗引起的肿瘤结构、组成等变化。这些评估方法有望在将来被纳入肿瘤治疗的疗效评估中。

第二节　肿瘤治疗的毒副反应评估

药物的毒副反应不容忽视，国际常用常见不良事件术语标准（common terminology criteria for adverse events，CTCAE）评估肿瘤治疗的毒性反应。

CTCAE 将不良事件根据器官及系统分为血液和淋巴系统异常、心脏异常、内分泌异常等类别，并按严重程度划分为 5 级。1 级：轻度；无症状或症状轻微；仅在临床或诊断意义上可见；无须治疗。2 级：中度；需要低程度、局部或非侵入性治疗；与年龄相适应的日常活动受限（做饭、购物等）。3 级：严重或具有重要医学意义但不会立即危及生命；导致住院或者延长住院时间；致残；日常生活自理受限（洗澡、穿衣等）。4 级：危及生命；需要紧急治疗。5 级：与不良事件相关的死亡。

此处节选 CTCAE V5.0 肝胆系统异常的评估标准，详见表 4-23-3。

表 4-23-3　CTCAE：肝胆系统异常

不良事件	1 级	2 级	3 级	4 级
胆管狭窄	无症状；仅为临床或诊断所见；无需治疗	有症状；胃肠道功能改变；24 小时内需要输液治疗	胃肠道功能重度改变；需要侵入性治疗	危及生命；需要紧急手术治疗
胆管瘘	—	有症状；不需要侵入性治疗	需要侵入性治疗	危及生命；需要紧急手术治疗

续表

不良事件	1级	2级	3级	4级
布加(Budd-Chiari)综合征	—	需要进行医学干预	程度严重或有显著临床意义，但不会立即危及生命；导致住院或延长住院时间；扑翼样震颤；轻度脑病	危及生命；中度至重度脑病；昏迷
胆囊炎	—	有症状；需要治疗	症状严重；需要侵入性治疗	危及生命；需要紧急治疗
胆囊瘘	—	有症状，不需要侵入性治疗	需要侵入性治疗	危及生命；需要紧急手术治疗
胆囊坏死	—	—	—	危及生命；需要紧急实施侵入性治疗
胆囊梗阻	无症状；仅为临床或诊断所见；无需治疗	有症状；胃肠道功能改变；需要24小时内输液治疗	有症状和胃肠道功能重度改变；需要鼻饲，全胃肠外营养或住院治疗；非紧急手术治疗	危及生命；需要紧急手术治疗
胆囊痛	轻度疼痛	中度疼痛；影响日常家务活动	重度疼痛；影响自理性日常生活活动	—
胆囊穿孔	—	—	—	危及生命；需要紧急治疗
肝功能衰竭	—	—	扑翼样震颤；轻度肝性脑病；导致药物性肝损害(DILI)；影响自理性日常生活活动	危及生命；中度到重度的肝性脑病；昏迷
肝出血	症状轻微；无需治疗	有中等程度的症状；需要进行干预	需要输血；需要侵入性治疗；导致住院治疗	危及生命；需要紧急治疗
肝坏死	—	—	—	危及生命；需要紧急实施侵入性治疗
肝脏痛	轻度疼痛	中度疼痛；影响日常家务活动	重度疼痛；影响自理性日常生活活动	—
胆管穿孔	—	—	需要侵入性治疗	危及生命；需要紧急手术治疗
门静脉高压	—	门静脉血流降低	门静脉血流反流；与血管曲张和/或腹水相关的症状	危及生命；需要紧急治疗

续表

不良事件	1级	2级	3级	4级
门脉血栓症	—	无需治疗	需要内科治疗	危及生命;需要紧急治疗
肝窦阻塞综合征	—	血胆红素 2~5mg/dl;需要轻微干预(如血液制品,利尿剂,氧气)	血胆红素高于 5mg/dL;需要使用凝血调节剂(如去纤苷);超声显示血流逆转	危及生命(如呼吸机支持、透析、血浆置换、腹腔引流)
肝胆疾病-其他,特别说明	无症状或轻度症状;仅需临床或诊断观察;无需治疗	中度症状;需要较小的、局部的或非侵入性治疗;影响年龄相适应的工具性日常生活活动	重症或临床症状明显,但不会立即危及生命;需要住院治疗或者延长住院时间;影响个人日常生活活动	危及生命;需要紧急治疗

注:5 级:评估对象死亡。

靶向治疗在临床应用日益广泛,欧洲临床肿瘤协会将免疫治疗相关毒性进行了分类,并参照 CTCAE 进行了分级。患者报告结局(patient-reported outcomes,PRO)可反映患者的主观症状,例如恶心和呕吐,美国国家癌症研究所发布的 PRO 版 CTCAE(PRO-CTCAE)包含 124 个针对患者毒副反应的问题,进一步加强了对肿瘤治疗毒副反应的评估。

第三节　肿瘤患者的随访

随访(follow-up)指医护人员对曾在医院就诊的患者以通讯或其他方式,进行定期了解患者病情变化和指导患者康复与进一步治疗的一种观察方法。在肿瘤治疗后,对患者进行定期随访,及时掌握患者病情变化,是临床医生对肿瘤患者疾病全程管理的重要手段。通过定期随访,医生可及时地调整治疗方案,进而改善肿瘤患者相关治疗的预后。随访不仅有助于医生掌握肿瘤的发生、发展及预后情况,且有利于医生对治疗方法做出客观评价,为肿瘤的治疗总结经验,改善患者的生存水平、提高生活质量。

由于肿瘤的种类多样、恶性程度不一、不同治疗方式敏感性不同,肿瘤的随访方式、随访内容及目的、随访时间及频度视具体肿瘤情况及治疗方法而定。

1. 随访方式　流行病学上,随访可分为主动随访和被动随访:

(1)被动随访:是人群肿瘤登记随访最为常用的方式,即死亡病例报告;通过核查肿瘤患者的死因资料与肿瘤登记资料,了解患者的生存情况,同时根据全死因数据库补充患者发病信息。

(2)主动随访:是由肿瘤登记处定期从每个病例报告医院的随访部门收集患者的随访信息,或由医疗机构相关工作人员采用问卷、电话或到患者家中访视等方法,直接向患者或其家属了解肿瘤患者的病情和生存状况,也可由肿瘤登记处从健康保险或社会保险系统收集患者生存信息。在临床上,多采用患者或家属定期返院复查的方式,采用电话通信或网络通信等方式向患者或家属进行相应随访的模式也较为普及。

2. 随访内容及目的　主要随访内容包括患者是否存活、有无症状、生活质量评估、体格检查、常规实验室检查、肿瘤标志物及既往异常的影像学检查，重点检查容易有转移、复发的部位。主要随访目的包括：在近期随访中，临床医师评价肿瘤患者治疗的效果及不良反应，根据情况调整治疗方案；评估患者生活质量，并给予康复指导；对患者肿瘤的复发或转移及时发现，给予有效的处理。在远期随访中，临床医师应主要观察肿瘤患者治疗的长期效果、远期并发症及统计生存时间，收集整理有关基础和临床研究的资料，不断改善肿瘤的治疗。

3. 随访时间及频度　在治疗后需要密切随访，随访的时间以及频度与肿瘤的具体情况密切相关，一般是第1~2年每2~3个月一次，以后可根据情况延长至每0.5~1年一次，直至终身。例如，乳腺癌前2年每3~4个月进行一次随访（低危患者每6个月进行一次），第3~5年每6~8个月进行一次随访，此后每年进行一次随访；根据复发的风险和患者的需要调整就诊的时间间隔。

第四节　常见肿瘤患者预后情况概述

随着早期诊断和治疗技术的不断进步，肿瘤患者的预后显著改善。据美国癌症协会（American Cancer Society，ACS）统计，自20世纪70年代中期以来，除子宫颈和子宫体肿瘤外，所有最常见癌症的存活率均有所提高。2009—2015年，所有被诊断的癌症患者的5年相对生存率为67%。其中，前列腺癌的存活率最高（98%），皮肤黑色素瘤（92%）和女性乳腺癌（90%）次之；胰腺癌存活率最低（9%），肝癌（18%）、肺癌（19%）和食管癌（20%）次之。

一、乳腺癌

早诊早治对乳腺癌的预后非常关键，Ⅰ期乳腺癌患者（占44%）的5年相对生存率接近100%，但在Ⅳ期乳腺癌患者（占5%）中，这一比例降至26%。

二、甲状腺癌

生存率因诊断、分期和组织学类型而异，甲状腺癌患者整体的5年相对生存率为98%。甲状腺髓样癌5年相对生存率为90%，间变癌仅为7%。

三、肺和支气管癌

病程早期患者症状不显著，多数肺癌患者（61%）确诊时已经处于Ⅲ或Ⅳ期。肺癌Ⅰ期患者的5年相对生存率为57%，Ⅳ期患者的5年相对生存率仅4%。小细胞肺癌的5年相对生存率（6%）低于非小细胞肺癌（23%）。

四、肝及肝内胆管癌

肝及肝内胆管癌患者的预后较差，5年相对生存率仅为18%，Ⅰ期患者的5年相对生存率为33%，而Ⅳ期患者的5年相对生存率只有2%。

五、结直肠癌

结直肠癌的生存差异与获得早期诊断和及时、高质量的治疗密切相关。结直肠癌患者的5年相对生存率为65%，直肠癌患者的5年相对生存率(67%)略高于结肠癌患者(64%)。Ⅰ期(占20%)和Ⅱ期(占22%)患者的5年相对生存率分别为91%和82%。然而，Ⅳ期疾病的5年相对生存率下降到12%。目前，通过多学科综合治疗，晚期患者中位生存期明显提高，已达30个月以上，寡转移患者的5年生存率达30%以上。

六、胰腺癌

胰腺癌患者难以根治，预后差，易复发，其5年相对生存率仅9%，Ⅰ期患者的5年相对生存率为37%，Ⅳ期患者的5年相对生存率仅3%。

七、肾癌

肾癌患者的5年相对生存率为75%，Ⅰ期患者的5年相对生存率为93%，Ⅳ患者的5年相对生存率仅12%。

八、前列腺癌

前列腺癌特异性抗原早期筛查及早期诊断的普及，使前列腺癌患者的5年相对生存率从20世纪80年代末的83%上升到近期的99%。大多数(90%)前列腺癌是在区域性分期时即被诊断，5年相对生存率接近100%。然而，晚期患者的5年相对生存率下降到30%。

九、膀胱癌

随着内镜下治疗的发展，膀胱癌患者的5年相对生存率上升为77%。Ⅰ期患者(占20%)的5年相对生存率为79%，而Ⅳ期患者下降至12%。

十、子宫体癌 / 子宫内膜癌

子宫体癌患者的5年相对生存率为81%，Ⅰ期患者(约占60%)的5年相对生存率为96%。

十一、卵巢癌

上皮性卵巢癌，浆液性癌患者常在Ⅲ、Ⅳ期被诊断，其5年特异性生存率较低(43%)；子宫内膜样癌、黏液性癌和透明细胞癌患者在Ⅰ期就能被诊断，其5年特异性生存率较高，分别为82%、71%和66%。对于非上皮性卵巢癌，大部分性索间质细胞瘤(64%)和生殖细胞瘤(57%)患者在Ⅰ期就被诊断，其5年特异性生存率分别为98%和99%，而且即使患者处于Ⅳ期，这些肿瘤的存活率也相对较高，分别为41%和69%。

十二、宫颈癌

宫颈癌是女性好发的肿瘤之一，其 5 年相对生存率为 66%，Ⅰ期患者的 5 年相对生存率为 92%，而Ⅳ期患者的 5 年相对生存率仅为 17%。

十三、黑色素瘤

黑色素瘤患者的 5 年相对生存率为 92%，Ⅰ期患者的 5 年相对生存率接近 100%，然而对于少数Ⅳ期患者，其 5 年相对生存率只有 19%。

十四、血液系统肿瘤

(一) 急性髓系白血病

在 60 岁及以下的急性髓系白血病患者中，60%~85% 患者在第一阶段治疗后达完全缓解状态，其中有 35%~40% 患者可治愈；相比之下，在 60 岁以上的患者中，尚有 40%~60% 患者病情达到完全缓解，只有 5%~15% 患者将被治愈。儿童和青少年的 5 年相对生存率为 67%，而 20~49 岁、50~64 岁和 65 岁及以上的患者分别下降到 54%、32% 和 7%。

(二) 慢性髓系白血病

由于发现和广泛应用酪氨酸激酶抑制剂，慢性髓系白血病的 5 年相对生存率从 31% 上升到 69%。

(三) 急性淋巴细胞白血病

急性淋巴细胞白血病随着年龄的增长，存活率急剧下降，目前的 5 年相对生存率，出生到 19 岁为 89%，20~49 岁为 47%，50~64 岁为 28%，65 岁及以上仅为 17%。

(四) 慢性淋巴细胞白血病

慢性淋巴细胞白血病患者的 5 年相对生存率为 84%，然而个体患者的存活率存在很大差异。

(五) 霍奇金淋巴瘤

霍奇金淋巴瘤患者的 5 年相对生存率为 86%，其中经典霍奇金淋巴瘤为 83%，结节性霍奇金淋巴瘤为 93%。

(六) 非霍奇金淋巴瘤

滤泡性淋巴瘤的 5 年相对生存率为 88%，弥漫大 B 淋巴瘤为 63%。

本章小结

因肿瘤类型及分期不同，不同患者的治疗方案存在差异。在治疗开始后，临床医生应注意观察患者对治疗的反应，通过合理、有效的疗效评估和毒副反应评估，及时调整治疗方案，使得患者能够在治疗过程中达到最大获益。在肿瘤患者治疗过程中或完成后，医生需持续定期随访，尽可能地早期发现患者肿瘤的复发、转移等不良预后情况，为进一步治疗提供良好的条件。除此之外，医生应掌握各类型肿瘤的预后情况，从而更好地向患者解释相关问题并给予心理支持，进一步地提高肿瘤患者的生活质量。

思考题

1. 随着靶向治疗和免疫治疗的进一步深入，如何更加准确地对肿瘤患者的疗效和毒副反应进行评估？
2. 实体肿瘤疗效标准和常见不良事件术语标准主要有哪些内容？
3. 临床上肿瘤患者的失访率较高，请考虑可能的原因有哪些？针对这些原因有哪些解决方法？
4. 临床上肿瘤的早期诊断及精确治疗对患者的预后至关重要，请考虑目前哪些具体措施提高了肿瘤的预后情况？

（王伟林）

推荐阅读

[1] 赫捷. 肿瘤学概论 [M]. 2 版. 北京：人民卫生出版社，2018.
[2] 杨宝峰，陈建国. 药理学 [M]. 9 版. 北京：人民卫生出版社，2013.
[3] 曹广文. 癌症进化发育学 [M]. 上海：第二军医大学出版社，2017.
[4] 苏敏，陈建斌. 血液与肿瘤 [M]. 北京：人民卫生出版社，2015.
[5] 陈杰，周桥. 病理学 [M]. 3 版. 北京：人民卫生出版社，2015.
[6] 步宏，李一雷. 病理学 [M]. 9 版. 北京：人民卫生出版社，2018.
[7] 李兆申，金震东，邹多武. 胃肠道疾病内镜诊断与治疗学 [M]. 北京：人民卫生出版社，2012.
[8] 汤钊猷. 现代肿瘤学 [M]. 3 版. 上海：复旦大学出版社，2011.
[9] 王绿化，朱广迎. 肿瘤放射治疗学 [M]. 北京：人民卫生出版社，2017.
[10] 王锡山. 经自然腔道取标本手术学——胃肠肿瘤 [M]. 2 版. 北京：人民卫生出版社，2018.
[11] 李恩孝. 恶性肿瘤分子靶向治疗 [M]. 2 版. 北京：人民卫生出版社，2011.
[12] CHEN W, ZHENG R, BAADE PD, et al. Cancer statistics in China, 2015 [J]. CA Cancer J Clin, 2016, 66 (2): 115-132.
[13] BRENT MK, TREY I. A census of pathway maps in cancer systems biology [J]. Nature Reviews Cancer, 2020, 20 (4): 233-246.
[14] HANAHAN D, WEINBERG RA. Hallmarks of cancer: the next generation [J]. Cell, 2011, 144 (5): 646-674.
[15] CARMELIET P, JAIN RK. Molecular mechanisms and clinical applications of angiogenesis [J]. Nature, 2011, 473 (7347): 298-307.
[16] KATZKE VA, KAAKS R, KUHN T. Lifestyle and cancer risk [J]. Cancer J, 2015, 21 (2): 104-110.
[17] TURAJLIC S, SWANTON C. Metastasis as an evolutionary process [J]. Science, 2016, 352 (6282): 169-175.
[18] STEEG PS. Targeting metastasis [J]. Nat Rev Cancer, 2016, 16 (4): 201-218.
[19] VALASTYAN S, WEINBERG RA. Tumor metastasis: molecular insights and evolving paradigms [J]. Cell, 2011, 147 (2): 275-292.
[20] SOLÉ C, LAWRIE CH. MicroRNAs and Metastasis [J]. Cancers, 2020, 12 (1): 96.
[21] KALLURI R, LEBLEU VS. The biology function and biomedical applications of exosomes [J]. Science, 2020, 367 (6478): eaau6977.
[22] SCHREIBER RD, OLD LJ, SMYTH MJ. Cancer immunoediting: integrating immunity's roles in cancer suppression and promotion [J]. Science, 2011, 331 (6024): 1565-1570.
[23] MCALLISTER SS, WEINBERG RA. The tumour-induced systemic environment as a critical regulator of cancer progression and metastasis [J]. Nat Cell Biol, 2014, 16 (8): 717-727.
[24] MILLER JF, SADELAIN M. The journey from discoveries in fundamental immunology to cancer immunotherapy [J]. Cancer Cell, 2015, 27 (4): 439-449.
[25] YARCHOAN M, JOHNSON BA 3rd, LUTZ ER, et al. Targeting neoantigens to augment antitumour immunity [J]. Nat Rev Cancer, 2017, 17 (4): 209-222.
[26] NIELSEN SR, SCHMID MC. Macrophages as Key Drivers of Cancer Progression and Metastasis [J]. Mediators Inflamm, 2017, 2017: 9624760.
[27] LEE YT, TAN YJ, OON CE. Molecular targeted therapy: Treating cancer with specificity [J]. Eur J Pharmacol, 2018, 834: 188-196.
[28] GERWING MIRJAM, HERRMANN Ken, HELFEN Anne, et al. The beginning of the end for conventional RECIST-novel therapies require novel imaging approaches [J]. Nat Rev Clin Oncol, 2019, 16: 442-458.
[29] HAANEN J B A G, CARBONNEL F, ROBERT C, et al. Management of toxicities from immunotherapy: ESMO Clinical

Practice Guidelines for diagnosis, treatment and follow-up [J]. Ann Oncol, 2017, 28 (4): iv119-iv142.
[30] U. S. DEPARTMENT OF HEALTH AND HUMAN SERVICES. Common Terminology Criteria for Adverse Events (CTCAE) Version 5. 0, 2017.
[31] SIEGEL RL, MILLER KD, JEMAL A. Cancer statistics, 2020 [J]. CA Cancer J Clin, 2020, 70 (1): 7-30.
[32] MILLER KD, NOGUEIAR L, MARIOTTO AB. Cancer treatment and survivorship statistics, 2019 [J]. CA Cancer J Clin, 2019, 69 (5): 363-385.

中英文名词对照索引

D

E

F

G

H

J

K

L

M

N

O

P

Q

R

S

Y

Z